KB168153

한국사능력검정시험 **1위**

주간동아 선정 2022 올해의교육브랜드파워
온·오프라인 한국사능력검정시험 부문
1위 해커스

해커스한국사

history.Hackers.com

해커스임용

teacher.Hackers.com

듣기만 해도 외워지는 자동암기 한국사
해커스한국사 안지영

해커스 한국사능력검정시험
심화 기본서 종합 강의
무료수강권

A7AB632765K40000

유효기간: ~2025.12.31
교재 별도 구매 / 수강기간 : 60일

해커스 한국사능력검정시험
초단기 5일 합격 심화(3판)
무료 수강권

KK565D09B5933000

유효기간: ~2025.12.31
교재 별도 구매 / 수강기간 : 100일 / 강의 수 : 57강

쿠폰 등록 방법

해커스한국사 홈페이지 접속 (history.Hackers.com)	→	우측 QUICK MENU	→	[쿠폰/수강권 등록] 클릭한 후, 위의 쿠폰번호 등록	→	해당 강의 결제 시 쿠폰사용

해커스임용

02 566 6860   teacher.Hackers.com

김진구 전문상담 연간 강좌 계획

강좌	교과목	일정	교재	특징
2025학년도 합격전략설명회	전문상담교사 OT	**12월**	프린트	공개특강

1-2월 강좌
기본개념반 ❶
기초심리학
	1. 성격심리학
	2. 상담이론
	3. 아동심리학
	4. 청소년심리학
	5. 학습심리와 행동수정
		개강 1월 초	· 해커스임용 김진구 전문상담
			  기본개념 1: 6판(24년 출간)
			· 과목별 개념 구조도
			· 과목별 1차 암기 노트(프린트)
			· 과목별 서답형 기출문제(프린트)
				1. 기존 수험서(5판: 23년 출간)
				  사용 가능함.
				
				2. 과목별 개념 구조도
				  (기본개념 교재 수록),
				  과목별 1차 암기 노트,
				  과목별 보충자료 제공

3-4월 강좌
기본개념반 ❷
상담실제
	6. 상담실제
	7. 학교상담
	8. 진로상담
	9. 가족상담
	10. 집단상담
		개강 3월 초	· 해커스임용 김진구 전문상담
			  기본개념 2: 6판(24년 출간)
			· 과목별 개념 구조도
			· 과목별 1차 암기 노트(프린트)
			· 과목별 서답형 기출문제(프린트)
				3. 과목별 서답형 기출문제 동시풀이
				  예정(전체 기출문제는 기출문제
				  풀이반 강좌에서 실시)
				
				4. 매주 퀴즈 실시

5-6월 강좌
기본개념반 ❸
진단과 평가
	11. 심리검사
	12. 특수아 상담
	13. 이상심리학
	14. 심리학 개론
	15. 교육심리학(일부)
		개강 5월 초	· 해커스임용 김진구 전문상담
			  기본개념 3: 6판(24년 출간)
			· 과목별 개념 구조도
			· 과목별 1차 암기 노트(프린트)
			· 과목별 서답형 기출문제(프린트)
				5. 신청자에 한하여
				  스터디 구성: 밴드 활용

기출문제풀이반	06~24학년도 기출	수시	· 전문상담 기출문제 풀이집 06~23
			  (작년 교재)
			· 24학년도 기출문제(프린트)
				· **2025학년도** 패키지 수강생의
				  경우 **수강생용 혜택 강의**로
				  강좌 무료제공
				· 신청일정은 추후 공지

7-9월 강좌
과목별 문제풀이반
(10주)
	과목별 문제풀이	개강 7월 초	· 2025학년도 대비 과목별 전문상담
			  문제풀이집(출긴 예정) 1, 2권
			· 2024학년도 대비 과목별 전문상담
			  암기박스 1, 2권
			※ 과목별 문제풀이집 및 암기박스는
			  기수강생 구매 제한이 있음(추후 안내)
				· 2022년~2024년 정규강의 수강생
				  선생님만 신청 가능 인/직강 포함.
				  중도환불자 제외)
				
				· 자세한 사항은 추후 공지

9-11월 강좌 **최종 모의고사반** (9주)	전과목 모의고사	개강 9월 중순	프린트/채점(자세한 사항은 추후 공지)	

수강생 특강	1) 학교폭력법
	2) DSM-5-TR 진단체계
	3) WAIS-IV, WISC-V 해석
	4) 상담 프로그램
	  개발 및 평가
	5) 상담정책
		수시
		(1~6월)
			프린트	· 2024년 정규강의 수강생 전용
				  혜택강의로 무료제공
				
				*2) DSM-5-TR 진단체계는
				  공개특강으로 진행됨

※ 강좌계획은 상황에 따라 변경될 수 있으며, 세부계획은 강좌별 수업계획서를 참조

해커스임용

김진구
전문상담

기본개념 ①

김진구

약력

현 | 해커스임용 전문상담 전임교수
　　　마인드 21 진로학습 연구소 대표

전 | 박문각 임용고시학원 전문상담 전임교수
　　　구평회 G고시학원 전문상담 전임교수
　　　가톨릭대학병원 소아정신과 임상심리사
　　　마인드 에듀 심리학습 연구소 소장
　　　퓨처플랜 진로학습 연구소 소장
　　　EBS 교육방송 생방송 60분 부모: 심리학습 클리닉
　　　서울특별시 교육청 학습컨설팅 과정 자문위원
　　　U-wing 자기주도 학습검사 등의 검사 제작
　　　성균관대학교 교육학과 박사과정(석사 임상심리 전공)

저서

해커스임용 김진구 전문상담 기본개념 1, 2, 3
김진구 전문상담교사 U-wing 노트 기본개념 1, 2, 3, 지북스
김진구 전문상담교사 U-wing 노트, 박문각
1등 공부법(부모들이 꼭 알아야 할 학습클리닉 프로젝트), 경향미디어

저자의 말

〈해커스임용 김진구 전문상담 기본개념 1〉은 전문상담 예비 선생님이 임용시험을 효과적으로 대비할 수 있도록 도움을 주기 위한 목적으로 집필되었습니다. 〈해커스임용 김진구 전문상담 기본개념 1〉 교재의 특징은 다음과 같습니다.

첫째, 본 교재는 2016년 7월 22일에 공시된 한국교육과정평가원의 '전문상담 평가영역 및 내용 요소'에 근거하여 만들었습니다. 또한 공시된 17개 평가항목을 토대로 교재를 크게 세 영역으로 분권하여 구성하였습니다. 1권에는 '성격심리학, 상담이론, 아동심리학, 청소년심리학, 학습심리와 행동수정'의 과목을 수록하였습니다.

둘째, 과목별 핵심 이론 흐름을 한눈에 확인할 수 있는 구조도 '핵심 이론 흐름잡기'를 수록**하였습니다.** 방대한 전문상담 이론을 효과적으로 학습할 수 있도록 핵심 키워드를 중심으로 시각화하였습니다. 학습 전에는 전체 흐름을 파악하고, 학습 후에는 구조도를 활용하여 인출 연습을 한다면 서답형 시험에 철저하게 대비할 수 있습니다.

셋째, 다양한 학습요소를 통한 효과적인 이론 학습**이 가능합니다.** '개관', '기출연도 표시', '참고', '더 알아보기'와 같은 학습요소로 학습한다면, 방대하고 다양한 상담이론을 좀 더 쉽고 체계적으로 학습할 수 있고, 기초부터 심화까지 한 번에 학습할 수 있습니다.

6판의 개정방향은 다음과 같습니다.

첫째, 2014학년도부터 2024학년도까지 기출된 개념을 연도로 표기**하였습니다.** 2014학년도부터 현재까지 진행 중인 시험형태가 서답형이기 때문에 이전 기출문제는 따로 표시하지 않았습니다.

둘째, 각 과목을 공부하기 전에 전체적인 내용을 파악할 수 있도록 개념 구조도를 수록**하였습니다.**

셋째, 교재의 과목순서와 형식은 이전 판과 동일하지만 세부 내용은 최근 출간된 전공서를 중심으로 재정리**하였습니다.** 단, 세부내용 변경은 새롭게 출간된 전공서를 기반으로 하기 때문에 과목마다 차이가 있습니다.

매년 수험서를 정리할 때마다 가장 고민되는 것은 바로 교재에서 다룰 내용의 폭(width)과 충실도(fidelity)에 관한 것입니다. 내용의 '폭'은 '얼마나 많은 내용을 다룰 것인가'에 해당하는 '넓이'에 관한 것이며, '충실도'는 '얼마나 자세히 다룰 것인가'에 해당하는 '깊이'에 관한 것입니다. 심리학자인 켈리(Kelly)의 이론을 빌려 온다면, 폭에 해당하는 '편의 범위'와 충실도에 해당하는 '편의 초점' 중 어디에 중점을 둘 것인가에 대한 고민이라고 할 수 있습니다. 하지만 최근 기출문제 양상을 보면 평가영역을 벗어난 문제가 출제되고 있고, 해를 더해가면서 이론보다 실제 사례 중심의 문제 수가 증가하고 있습니다. 그렇기 때문에 한국교육과정평가원에서 제시된 영역보다 조금 더 넓고, 조금 더 깊은 내용을 반영하게 되어 교재 분량이 더 늘어난 것은 사실입니다. 그럼에도 불구하고 더 많은 내용을 다루지 못한 아쉬움이 또한 남아 있습니다. 특히, 〈해커스임용 김진구 전문상담 기본개념 1〉에서 가장 중점을 둔 것은 전문상담 임용시험 대비를 위한 학습에 적합하도록 모든 핵심개념에 번호를 부여하여, 번호에 따라 내용을 숙지하도록 한 점입니다. 부족한 책이지만 그래도 이 교재가 전문상담 예비 선생님들께서 원하는 꿈을 이루는 좋은 도구가 될 수 있기를 소망합니다.

김진구

목차

제1장 | 성격심리학

목차

이 책의 활용법

체계적인 구성으로 전문상담 임용 철저하게 대비하기

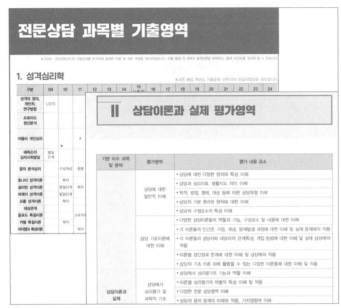

한눈에 볼 수 있는 기출영역 분석표 수록

2009~2024학년도에 출제된 전문상담 임용 시험 기출문제를 분석하고, 기출 내용은 과목별로 정리하였습니다. 각 과목의 출제 이론과 세부개념을 자세하게 파악하고, 최근의 기출문제 흐름을 효율적으로 살펴볼 수 있습니다.

과목별 평가영역 및 평가내용 요소 제시

한국교육과정평가원이 제시한 과목별 평가영역과 평가내용 요소를 부록으로 수록하였습니다. 과목별로 분류한 세부적인 평가내용을 기반으로 출제 근거를 확인하고 학습 방향을 설정할 수 있습니다. 이로써 보다 철저하게 전문상담 임용 시험을 대비할 수 있습니다.

2 과목별 구조도로 핵심 이론 흐름잡기

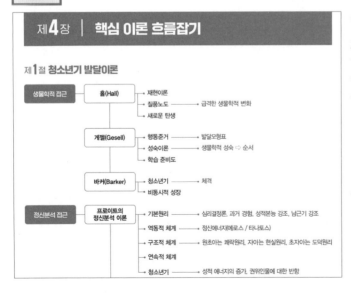

핵심 이론 흐름잡기

과목별 핵심 이론은 한 눈에 파악할 수 있도록 구조도 형식으로 수록하였습니다. 학습 전에는 이론의 흐름을 한눈에 파악할 수 있으며, 학습 후에는 인출 연습을 통한 키워드 암기학습이 가능하여 서답형 시험에 철저하게 대비할 수 있습니다.

3 다양한 요소를 활용하여 효과적으로 이론 학습하기

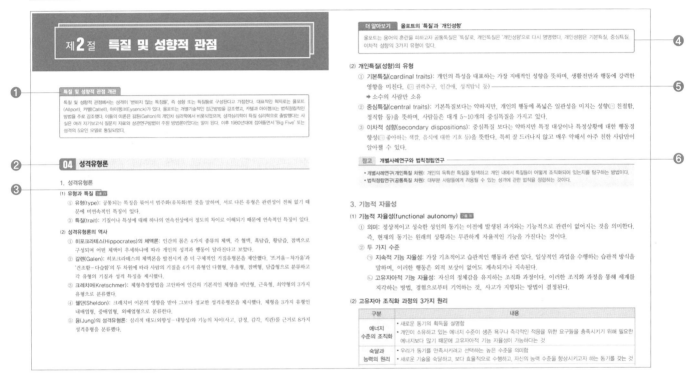

*1~3권 모두 동일한 요소가 수록되어 있습니다.

❶ 개관

해당 절을 학습하기 전에, 관련된 이론 내용이 정리된 '개관'에서 주요 학습내용을 미리 살펴볼 수 있습니다.

❷ 핵심개념 번호

이론의 암기, 점검에 활용할 수 있도록 이론 체계마다 고유번호를 기입하였습니다. 이 번호를 통해 이론 위치를 편리하게 확인하고 핵심 키워드를 손쉽게 정리할 수 있습니다.

❸ 기출연도 표시

기출되었던 개념에 기출연도를 표시하여 기출 이론을 쉽게 파악할 수 있습니다.

❹ 더 알아보기

심화된 이론 내용은 '더 알아보기'로 수록하여 이론에 대한 깊이 있는 학습이 가능합니다.

❺ 예

폭넓은 전문상담 이론의 예시를 보다 구체적이고 풍부하게 제시하여 이론을 쉽게 이해하는 데 도움이 됩니다.

❻ 참고

이론의 배경지식이 될 만한 내용을 '참고'로 제공하여, 보다 확실하게 이해할 수 있습니다.

중등임용 시험 Timeline

* 아래 일정은 평균적인 일정이며, 각 시점은 변경될 수 있습니다.

사전예고

6~8월

사전예고
- **대략적 선발 규모(=가 T.O.)** : 선발예정 과목 및 인원
- **전반적 일정** : 본 시행계획 공고일, 원서접수 기간, 제1차 시험일 등
- 사전예고 내용은 변동 가능성 높음

시행계획 공고

9~10월

원서접수

10월

원서접수
- 전국 17개 시·도 교육청 중 1개의 교육청에만 지원 가능
- 시·도 교육청별 온라인 채용시스템으로만 접수 가능
- **준비물** : 한국사능력검정시험 3급 이상, 증명사진

시행계획 공고
- **확정된 선발 규모(=본 T.O.)** : 선발예정 과목 및 인원
- **상세 내용** : 시험 시간표, 제1~2차 시험 출제 범위 및 배점, 가산점 등
- 추후 시행되는 시험의 변경사항 공지

☑ **아래 내용은 놓치지 말고 '꼭' 확인하세요!**
- ☐ 응시하고자 하는 과목의 선발예정 인원
- ☐ 원서접수 일정 및 방법
- ☐ 제1차 ~ 제2차 시험 일정
- ☐ 스캔 파일 제출 대상자 여부, 제출 필요 서류
- ☐ 가산점 및 가점 대상자 여부, 세부사항

제1차 시험

11월

제1차 합격자 발표

12월

제2차 시험

1월

최종 합격자 발표

2월

제1차 합격자 발표

- 제1차 시험 합격 여부
- 과목별 점수 및 제1차 시험 합격선
- 제출 필요 서류
- 제2차 시험 일정 및 유의사항

제2차 시험

- 교직적성 심층면접
- **수업능력 평가**: 교수·학습 지도안 작성, 수업실연 등(일부 과목은 실기·실험 포함)
- 제1차 합격자를 대상으로 시행됨
- 시·도별/과목별로 과목, 배점 등이 상이함

제1차 시험

- **준비물**: 수험표, 신분증, 검은색 펜, 수정테이프, 아날로그 시계
- 간단한 간식 또는 개인 도시락 및 음용수(별도 중식시간 없음)
- **시험과목 및 배점**

구분	1교시: 교육학	2교시: 전공 A		3교시: 전공 B	
출제분야	교육학	교과교육학(25~35%) + 교과내용학(75~65%)			
시험 시간	60분 (09:00~10:00)	90분 (10:40~12:10)		90분 (12:50~14:20)	
문항 유형	논술형	기입형	서술형	기입형	서술형
문항 수	1문항	4문항	8문항	2문항	9문항
문항 당 배점	20점	2점	4점	2점	4점
교시별 배점	20점	40점		40점	

최종 합격자 발표

- 최종 합격 여부
- 제출 필요 서류 및 추후 일정

전문상담 기본이론 학습 가이드

1. 기본이론 학습시기별 전략

(1) 전문상담 임용 대비 연간 커리큘럼

※ 중등 임용 전문상담 과목의 연간 강의 커리큘럼을 기준으로 작성한 내용으로, 개인의 학습 성향에 따라 학습 방법, 시기 등이 다를 수 있으므로 아래 내용은 참고용으로만 확인하시기 바랍니다.

구분	상반기		하반기	
학습 내용	기본 이론	기출문제 분석	과목별 문제풀이 (10주)	실전 모의고사 (10주)
학습 전략	이론 학습, 개념 이해, 회독, 서브노트 작성 등	기출문제 형식 및 구조 파악, 해당 이론 복습 등	문제와 개념 연결하기, 암기박스로 핵심개념 암기하기	실전 모의고사 풀이, 핵심 이론 복습, 키워드 암기 및 인출 등
강의 시기	1~6월	4~6월	7~9월	9~11월

임용 시험을 처음 준비하는 수험생을 위한 작은 길잡이

• 회독
책 한 권(또는 강의)을 처음부터 끝까지 전반적으로 학습하는 것을 의미한다. 1회독은 1번, n회독은 n번에 걸쳐 학습하는 것이다. 수험생들이 주로 사용하는 단어로, 회독의 목적은 하나의 책(또는 강의)을 여러 번 반복적으로 학습하면서 이론에 대한 이해도를 높이는 것이다.

• 서브노트
학습한 내용 중 요약·보충할 만한 내용을 별도로 적어두는 노트를 말한다. 특히 임용 시험은 학습 범위와 양이 많기 때문에 핵심 키워드, 중요 이론 등을 서브노트에 따로 요약하고 이 노트를 활용하여 학습하는 수험생이 많다.

• 단권화
잘 체계화된 교재(주로 기본서)의 여백에 메모, 필기 등을 추가로 작성하여 여러 권의 교재를 보지 않고도 단 한 권의 교재만으로 학습할 수 있게끔 정리하는 방법이다.

(2) 기본이론 학습시기별 조언

① 초반: 학습목표나 계획을 너무 높게 세우지 않습니다. 충분히 실천 가능한 작은 목표(囫교재 1~3절 학습하기, 학원 강의를 듣는 학생의 경우 결석하지 않기, 인터넷 강의 수강생은 강의 밀리지 않기 등)를 설정하고 우선 이 목표부터 지키도록 합니다. 공부가 습관화된 이후부터 서서히 공부 시간과 빈도를 늘려 나가는 게 좋습니다.

② 1~2월: 대부분의 수험생에게 학습을 시작하는 초반 두 달이 가장 힘든 시기일 것입니다. (1년 단위로 학습하는 수험생의 경우는 1~2월이 고비일 것입니다.) 이 시기가 당연히 힘들다는 사실을 명심해야 합니다. 처음 두 달이 힘든 이유는 공부 습관이 공고화되어 있지 않기 때문입니다. 힘들겠지만 '최대한 버틴다'는 마음가짐으로 학습에 임하기를 바랍니다.

③ 짝수 달: 학습을 처음 시작한 달을 기준으로, 짝수 달(둘째 달, 넷째 달……)은 학업 동기가 떨어지기 쉽습니다. 당장 눈에 보이는 결실이나 결과를 생각하지 말고, '재다짐하기', '주의환기하기' 등을 이용하여 자신의 동기를 의도적으로 높여야 합니다. 스스로에게 맞는 다양한 공부 방법을 고민하고 직접 실천하도록 합니다.

(3) 절, 파트 단위로 쪼개기

폭넓은 이론 단위를 절, 파트 등의 작은 단위로 쪼갠 다음 파트 단위로 학습하는 방법입니다. 하나의 파트를 정독하고 난 후에 해당 파트를 다시 반복하여 읽는 방법을 사용할 수 있습니다. 이때 주의해야 할 점은 반드시 각 이론을 개념별로 구조화해야 한다는 점입니다.

(4) 서브노트, 구조화

시간적으로 여유가 있다면 서브노트, 필기노트 등을 활용하여 구조화한 이론 내용을 직접 손으로 작성하는 것이 좋습니다. 교재를 눈으로 읽는 것도 도움이 되지만 스스로 직접 써 보면 이론의 이해나 암기에 더욱 도움이 될 수 있습니다.

(5) 정독 시 의미 부호화와 조직 부호화 사용하기

기본 이론서를 학습할 때는 내용 범주화하기, 새로 학습한 내용을 기존에 알고 있는 내용들과 연결하기, 개념을 설명할 수 있는 예시 만들기 등의 다양한 의미 부호화, 조직 부호화를 이용할 수 있습니다. 부호화를 활용하면 이론을 더욱 심도 깊게 학습하고, 학습 시에도 보다 몰입도 있게 집중할 수 있습니다.

전문상담 기본이론 학습 가이드

(6) 기본 이론을 학습하는 시기에는 암기보다 정독에 초점을 둘 것

기본 개념 학습 시에는 최대한 여러 개념의 상하관계를 명확하게 파악하고 개념의 의미를 이해하고 분석하는 데 중점을 두는 것이 좋습니다. 암기의 경우 큰 개념과 구성요소까지만 이루어져야 하고, 세부적인 암기는 하반기 문제풀이반 강좌에서 본격적으로 시작하는 것이 좋습니다

(7) 전체 텍스트(full-text) 위주로 정리하기

학습 초반에는 이론을 요점 위주로 정리하기보다 전체 텍스트 위주로 정리하면서 학습하는 것이 더욱 좋습니다. 암기와 마찬가지로 전반적인 이론 학습이 끝난 다음에 요점 정리 위주의 학습을 시작하는 것을 권장합니다.
(온라인 강의와 학원 강의 수강생은 매년 7월에 개강하는 문제풀이 반에서 요점 정리 텍스트를 제공합니다.)

(8) 학습한 내용은 반드시 설명하기

교재 내 이론을 학습할 때 혼자 거울을 보면서 설명한다거나 함께 학습하는 동료, 가족, 친구 등 누구든지 좋으니 다른 사람에게 직접 설명해 보면 좋습니다. 이론 내용을 입으로 직접 설명하는 과정을 통해 내용이 머릿속에 정리되고 더불어 이해한 부분과 이해하지 못한 부분을 파악하는 데 많은 도움이 됩니다.

(9) 이해가 어려운 부분은 넘어가기

학습 과정에서 모든 내용을 알고 넘어가면 좋겠지만 언제나 지나치게 이해하기 어려운 내용이 있기 마련입니다. 이해가 힘든 내용은 과감히 넘어가는 것도 하나의 방법입니다. 기본이론을 학습한 이후에도 기출문제 풀이 및 분석, 모의고사 등의 다른 학습과정을 통해 문제를 풀거나 분석하면서 다시 이해할 기회가 생길 수 있습니다.

(10) 직접 질문하거나 인터넷 카페에 질문 남기기

오프라인(학원) 강의 수강생은 수업 중간에 내용 이해가 어렵다면 언제든지 즉각적으로 물어봐도 좋습니다. 다만 수업의 흐름을 방해하지 않는 선에서 질문해야 합니다. 온라인 강의 수강생이나 교재로 학습하는 수험생도 인터넷 카페를 통해 질문을 남길 수 있습니다. 교재를 학습하면서 모르는 부분이 있으면 인터넷 카페에 가입하여 질문하는 글을 남기길 바랍니다.
(인터넷 카페 들어가는 방법: 해커스임용 사이트(teacher.Hackers.com) 〉 [수험정보] 〉 [강사별 카페 주소] 〉 '[전문상담] 김진구 선생님' 클릭)

2. 기본개념반 공부방법

(1) 공부전략

① **챕터별로 쪼개기**: 한 챕터를 정독한 후 다시 정독한 챕터를 읽기. 이때 반드시 개념별로 구조화 할 것

② **서브노트 이용**:가능하면 서브노트 등을 이용하여 구조화 한 내용을 직접 손으로 쓸 것

③ **정독 할 때에는 의미 부호화와 조직적 부호화를 사용할 것**: 내용을 범주화하거나 새로운 내용을 기존에 알고 있는 내용과 연결시키거나 개념에 예시를 만드는 등 집중해서 볼 것

④ **암기는 최대한 지양할 것**: 본격적인 암기는 7월부터 시작. 기본개념반은 개념의 이해와 상하관계를 명확하게 하거나 의미를 분석하고 이해하는 데 중점을 둘 것.

⑤ **full-text 위주**: 초기에는 요점정리만 보지 말고 full-text 위주로 정리할 것. 요점은 7월 문풀에서 제공할 예정.

⑥ **공부한 내용을 반드시 설명 할 것**: 책 내용을 보면서 혼자서 거울을 보고 설명하거나 다른 스터디원에게 설명을 하는 시간을 가질 것. 자신이 설명을 하면서 내용 정리가 될 수도 있고, 이해한 부분과 이해하지 못한 부분을 파악하기가 용이해짐.

⑦ **이해가 너무 안되는 부분은 집착하지 말고 넘어갈 것**: 차후에 문풀이나 모의고사 등 문제를 통해 이해될 수도 있음.

(2) 초반 학습 시

초반에는 목표나 계획을 너무 높게 세우지 말고, 충분히 실천 가능한 작은 목표(ⓔ 직강의 경우 결석하지 않는다. 인강의 경우 강의를 밀리지 않는다 등)를 설정한다. 차후 공부가 습관화되면 서서히 공부의 시간이나 빈도를 늘려 나간다.

(3) 1 ~ 2월

흔히 1~2월이 가장 힘든 시기임을 명심할 것. 이 두 달 동안은 공부습관이 공고화 되어 있지 않았기 때문에 '최대한 버틴다'는 마음가짐으로 임한다.

(4) 짝수 달

짝수 달은 학업동기가 가장 떨어지는 시기임을 명시할 것. 이런 점을 감안하여 이 시기에는 재다짐으로 하거나 주의 환기를 하는 등 의도적으로 동기를 높일 수 있는 다양한 방법을 생각해 본다.

(5) 질문하기

내용이 잘 이해되지 않는 부분은 반드시 질문을 하거나 카페에 글을 남길 것. 직강의 경우, 수업 중간에라도 내용이 이해되지 않을 경우(수업의 흐름이 방해를 받지 않는 범위 내에서) 즉각 질문을 해도 무방함.

전문상담 답안 작성 Tip

※ 아래 내용은 참고용이며, 자세한 사항은 한국교육과정평가원 사이트(www.kice.re.kr)에서 확인하시기 바랍니다.

1. 문제 유형에 따른 답안 작성 Tip

1) 기본 패턴
① 기입형은 '단어'로, 서술형은 '문장'으로 작성합니다.
② 기호 및 부호는 문제에서 요구한 경우를 제외하고 사용하지 않습니다. (예 ①, →, ※, :(쌍점) 등)
③ 답안에 밑줄(_____)을 긋는 경우 채점이 불가합니다.

2) 기입형: 주로 두 가지 패턴을 사용하며, 예외적인 경우도 있습니다.

문항 내용	작성 가이드	예시답안
순서대로 쓸 것을 요구하는 경우	요구한 순서대로 기재	모험시도, 마법
기호 또는 명칭을 요구하는 경우	기호 또는 명칭 표기	㉠ 모험시도, ㉡ 마법
과업, 목표 등을 작성하는 경우	짧은 구 또는 문장으로 작성	• 진로장벽 지각에 대한 분석 • 기준에 따라 대안을 평가하고 결정하기

3) 서술형: 문장으로 작성하는 것을 권장합니다.
① 권장하는 답안 형식

문항 3 (4점)	관계유형은 방문형이다. ㉠은 척도질문이다. ㉡은 악몽질문으로 사용 목적은 내담자에게 더욱 나쁜 일이 일어나야만 현재와 다른 무엇을 하거나 문제에서 벗어날 수 있을 것이라고 생각할 때, 이 질문을 사용한다.

② 권장하지 않는 답안 형식

문항 3 (4점)	관계유형: 방문형, ㉠: 척도질문, ㉡: 악몽질문, 목적: 내담자에게 더욱 나쁜 일이 일어나야만 현재와 다른 무엇을 하거나 문제에서 벗어날 수 있을 것이라고 판단될 때, 이 질문을 사용함

2. 서술형 답안지 작성 Tip

1) 문제와 답안지의 문항번호를 확인하고, 4행으로 구성된 답안란에 답을 기재합니다.

문항 3 (4점)	동주의 유형은 진로 미결정자다. 특징은 첫째, 자신의 모습, 직업, 의사결정을 위한 지식이 부족하다.
	둘째, 진로 결정을 못 하지만 성격적인 문제는 없다.

2) 줄을 비우거나 띄울 수 있습니다.

문항 3 (4점)	동주의 유형은 진로 미결정자다.
	특징은 첫째, 자신의 모습, 직업, 의사결정을 위한 지식이 부족하다.
	둘째, 진로 결정을 못 하지만 성격적인 문제는 없다.

3) 답안란 내에 세로 줄을 그어 다단으로 활용할 수 있습니다.

문항 3 (4점)	동주의 유형은 진로 미결정자다.	특징은 첫째, 자신의 모습, 직업, 의사결정을 위한 지식이 부족하다.

4) 답안란 내에 가로 줄을 그어 작성 줄을 추가할 수 있습니다.

문항 3 (4점)	동주의 유형은 진로 미결정자다. 특징은 첫째, 자기 모습, 직업, 의사결정을 위한 지식이 부족하다.
	둘째, 진로 결정을 못 하지만 성격적인 문제는 없다.

5) 공간이 부족한 경우, 한 줄에 두 문장을 작성할 수 있습니다.

문항 3 (4점)	동주의 유형은 진로 미결정자다. 특징은 첫째, 자기 모습, 직업, 의사결정을 위한 지식이 부족하다. 둘째, 진로 결정을 못 하지만 성격적인 문제는 없다.

전문상담 답안 작성 Tip

3. 세부 내용 답안 작성 Tip
*'☺'은 권장하는 답안, '☹'는 권장하지 않는 답안을 의미합니다.

1) 문제지에서 작성해야 할 부분을 동그라미로 표시하면 확인하기 편리합니다.

2) 개념과 주제를 문장의 맨 앞부분에 배치하는 것이 좋습니다.

> ☺ 학생의 환경체계는 첫째, 외체계로 아버지 회사가 문을 닫은 것이다. 둘째, 미시체계로 부모님과 친구 때문에 초조하고 걱정이 많은 것이다.

> ☹ 학생의 환경체계는 아버지 회사가 문을 닫았다는 외체계와 부모님과 친구 때문에 초조하고 걱정이 많다는 미시체계가 있다.

3) 상위 개념과 하위 개념을 구분하도록 합니다.
   * 상위 개념인 '잠정기'와 하위 개념인 '가치기'가 있을 때, 문제가 요구하는 답안이 '가치기'인 경우

> ☺ 민규의 단계는 가치기로, 특징은 첫째, 자신이 추구하는 가치관이나 삶의 우선순위를 고려하면서 미래의 진로를 생각하는 것이다.

> ☹ 민규의 단계는 잠정기로, 특징은 첫째, 흥미, 능력, 가치 단계를 거치면서 잠정적인 진로 선택을 하는 것이다.

4) 반드시 주어를 넣어야 합니다. (주어가 없으면 채점이 불가함)

> ☺ 사례의 ㉠에서 나타난 강화가치는 사람들의 주목을 받는 것이다. ㉡은 강화순서에 대한 기대이며, 의미는 단계적으로 예견하는 것이다. ㉢은 행동잠재력이다.

> ☹ 강화가치는 사람들의 주목을 받는 것이다. 강화순서에 대한 기대는 단계적으로 예견하는 것이다. 마지막으로 행동잠재력이다.

5) 신조어, 합성 단어의 사용은 권장하지 않습니다. (주로 불안할 때 나타남)

> ☺ 대인간 위계구조, 사회관찰학습

> ☹ 위계구조, 관찰학습

6) 답안을 사례에서 찾아 쓰는 경우와 사례에 근거하여 설명하는 경우를 구분하도록 합니다.
   ① 답안을 사례에서 찾아 쓰는 경우: 사례에서 필요한 부분을 발췌하여 기입합니다.

> ☺ 영호가 겪은 심리적 문제는 낮은 자기효능감이다. 이 문제를 극복하는 데 도움을 준 요인은 첫째, 실제 성취경험이다. 영호는 다른 학교 학생들과의 시범경기에서 골도 많이 넣고, 한 경기에서는 MVP가 되었다.
> 둘째, 대리경험이다. 영호는 자신과 실력이 비슷한 친구들이 연습 경기에서 잘 하는 모습을 보면서 자신도 잘할 수 있다는 자신감이 생겼다.

   ② 사례에 근거하여 설명, 이유를 작성하는 경우: 근거한 사례(일부)와 함께 설명, 이유 등을 기입합니다.
   *사례에 근거하여 설명하는 문제나 사례에 근거하여 이유를 작성하는 문제는 답안에 '개념 정의'가 포함되어야 함

> ☺ (가)의 개념은 인지부조화이다. (나)의 심리적 상태는 첫째, 상상적 청중이다. 영수는 담배를 피울 때 사람들이 자신을 영화 속 주인공처럼 부러워하면서 쳐다본다고 보고하는데, 이는 자의식이 지나치게 과장된 나머지 자신의 행동이 모든 사람의 관심 대상이라고 생각하는 현상이다. 둘째, 개인적 우화이다. 영수는 담배를 많이 피워도 자신은 폐암에 걸리지 않는다고 보고하는데, 이는 자신이 독특하므로 남들이 겪는 위험이 자신에게는 일어나지 않을 것이라고 생각하는 믿음 때문이다.

7) 잘못된 부분을 고쳐 쓰는 경우, '…이 아니다.' 패턴의 답안은 피하는 것이 좋습니다.

① 틀린 부분을 먼저 명시합니다.

② 틀린 이유를 작성합니다. 틀린 이유 작성 시, '…이 아니다.'의 패턴은 권장하지 않습니다.

> ☺ 틀린 부분은 첫째, 자신이 잘 모르는 검사를 실시한 것이다. 상담교사는 자신이 훈련받은 검사를 사용해야 한다.

> ☹ 상담교사는 자신이 훈련받았거나 전문성 있게 사용할 수 있는 검사를 사용해야 한다. (틀린 부분 누락)

> ☹ 틀린 부분은 첫째, 자신이 잘 모르는 검사를 실시했다는 것이다. 상담교사는 자신이 잘 모르는 검사를 사용하면 안 된다.
> (근거 부족)

8) 기호와 용어를 구분하여 작성하는 것을 권장합니다.

① (가)와 (나) 개념의 의미만 작성하는 문제의 경우: 해당 개념의 기호를 작성합니다.

> ☺ 박 교사의 평가방법은 (나)다. 차이점은 (가) 방법이 특정 행동의 유무에 대한 응답만 하는 것이라면 (나) 방법은
> …(중략)…

> ☹ 박 교사의 평가방법은 평정척도다. 차이점은 체크리스트가 특정 행동의 유무에 대한 응답만 하는 것이라면, 평정척도는
> …(중략)…

② (가)와 (나) 개념과 의미를 모두 작성하는 문제의 경우: 해당 개념의 기호와 명칭(용어)을 함께 작성합니다.

9) 추상적인 답안은 정답이 되기 어렵습니다.

> ☺ ㉠에 해당하는 대처방법은 하위집단 형성에 따른 문제점을 직접적·공개적으로 다룸으로써 하위집단 형성이 비생산적이고 집단
> 응집력을 저해한다는 사실을 인식하게 하는 것이다.

> ☹ ㉠에 해당하는 대처방법은 집단 응집력을 높이는 것이다. (근거 부족)

10) 매개변인 없이 결과만 작성하는 것은 지양하도록 합니다. (설명하듯 작성하는 것을 권장함)

① 사례 1

> ☺ 교사가 고된 체험 기법을 사용한 이유는 증상을 유지하는 것이 포기하는 것보다 더욱 고통스럽다는 사실을 알게 함으로써
> 증상을 포기하게 하기 위함이다.

> ☹ 교사가 고된 체험 기법을 사용한 이유는 증상을 포기하게 하기 위함이다.

② 사례 2

> ☺ 문제가 되는 교사의 진술 내용은 "네가 아직 미성년자라 선생님이 너와 상담한 내용을 모두 부모님과 공유한다"라는 것이
> 다. 미성년자라도 학생의 사적인 정보를 본인 동의 없이 공개하면 안되기 때문에, 상담교사는 학생에게 허락을 받은 후 최
> 소한의 정보만을 제공해야 한다.

> ☹ 문제가 되는 교사의 진술 내용은 "네가 아직 미성년자라 선생님이 너와 상담한 내용을 모두 부모님과 공유한다"라는 것이
> 다. 상담교사는 최소한의 정보만 제공해야 한다.

전문상담 과목별 기출영역

※ 2018 ~ 2024학년도의 기출문제를 분석하여 출제된 이론 및 세부 개념을 정리하였습니다. 이를 통해 각 과목의 출제경향을 파악하고, 출제 포인트를 정리해 볼 수 있습니다.

1. 성격심리학

※ #은 해당 학년도 기출문제 선택지에 언급되었음을 의미합니다.

구분	09	10	11	12	13	14	15(+추시)	16	17	18	19	20	21	22	23	24
성격의 정의, 개인차, 연구방법	LOTS			LOTS+측정내용								실험연구				
프로이드 정신분석													방어기제	초자아, 남근기, 방어기제		
아들러 개인심리			#				콤플렉스 투사 생활양식						우월추구, 가상적 목표, 생활양식			
에릭슨의 심리사회발달	발달단계							마르샤				자아, 위기				마르샤 유형
융의 분석심리		구성개념	원형		학자		자아, 투사				자기, 개성화 과정					자아의 태도와 기능
호나이 성격이론		학자		#	학자											
설러번 성격이론		발달단계	학자	#	성격이론	불안	성격이론									
머레이 성격이론		발달단계			학자						성격개념					
프롬 성격이론		학자														
대상관계					대상관계											
올포트 특질이론			고유자아	#	특질종류											
카텔 특질이론		학자											근원특질			
아이젱크 특성이론			학자			불안										
5요인 및 성격유형론						외향성		신경증, 성실성				유형과 특질		유형, 5요인 모델		클로닝거
켈리 성격이론		구성개념	학자	#	선격이론		Rep 검사									
로터 성격이론		학자									기대-강화가치모델					
미셸 성격이론																
반두라 성격이론	자기효능		#	관찰학습			자기효능감				관찰학습	효능감, 결과기대				사회학습이론 특징, 관찰학습
매슬로우 성격이론			#								결핍과 성장욕구					
로저스 성격이론				구성개념		Q분류			주요개념		개념					성격개념
성격과 자기이론				자기괴리이론										자기개념		히긴스의 자기안내
성격과 동기				학습된 무력감	Dollard 갈등유형	동기		기본심리욕구, 귀인이론	학습된 무력감		귀인이론, 암묵적 이론		유기체통합이론, 과정당화이론	숙달과 수행목표, 학습된 무력감		
성격의 적응 및 정서										대인관계 원형모델						
공격성	사회인지				전 이론											

2. 상담심리학

구분	09	10	11	12	13	14	15 (+추시)	16	17	18	19	20	21	22	23	24
상담심리 개관				통합적 접근										과학자– 실무자 모델		
프로이트 상담이론	목표	사례, 기법			사례	해석	전이(논)		역전이							
아들러 상담이론	목표	사례, 구성개념, 기법			전체 기법	생활양식 상담과정 (논)	격려, 단추 누르기			우월추구 생활양식				우월추구, 가상적 목표, 생활양식		
융 상담이론				단계												
인간중심 상담	목표				사례											
실존주의 상담	구성개념	기법	사례		역설적 의도			프랭클의 3가지 가치		탈숙고 기법	실존적 공허와 신경증					
행동주의 상담	목표	사례			체계적 둔감법		상담과정					체계적 둔감법		노출법, 자기교시		자기관리 프로그램, 토큰경제
합리적 정서행동상담			사례		사례	상담과정							비합리적 사고, 합리정서 심상법			
인지치료	구성개념		인지왜곡 종류			인지왜곡 (논)	자동사고						목표, 철학적 관점, 과정	자동사고, 행동실험, 하향 화살표 인지삼제, 인지오류		
게슈탈트 상담이론	목표	사례	접촉경계 유형		역할연습			접촉경계 혼란(논)				접촉경계 혼란		관계, 접촉경계 혼란, 신경증 층		접촉경계 혼란
현실치료			사례				상담과정	5가지 욕구(논)	전행동			선택이론, WDEP				질적세계
교류분석 상담		사례		각본분석	구성개념		게임분석		이면교류					자아상태, 생활각본		
여성주의 상담																
마음챙김에 근거한 상담								마음챙김			수용전념 치료					
상담과정				접수면접+ 초기단계	중기							초기 (구조화)		사례 개념화		
상담방법과 면담기법	초기단계	면담기법	면담기법	역전이 경험	전체 면담기법	BASIC–ID 직면/ 해석				심리극 기법	나–전달 법	재진술 조하리창 실험연구	명료화, 질문, 종결과업, 동기강화	동기강화, 변화과정 모델, 실험설계		폐쇄질문, 즉시성
발달문제 상담	자살											자살, 인터넷 중독				
사이버 상담		상담과정														
상담윤리	윤리/법 책임	행동원칙	행동원칙	행동원칙	키치너	비밀보장 (논)	사전동의	키치너의 윤리원칙	집단상담 윤리	집단상담 윤리	키치너의 상담윤리	개인상담 윤리		종합적학 교상담 모델, 상담정책	윤리적 의사결정 모델, 비밀보장	
학교상담	구성요소	요구조사	특징, 자문 학교상담 편성/ 절차	비행유형 상담정책 사업	생활지도 특징											
학교폭력법	●	●	●		●					●						

3. 심리검사

※ 2013년의 '객관적 성격검사: MBTI'는 진로상담 과목의 '홀랜드 해석'과 함께 출제되었음을 나타냅니다.

구분	09	10	11	12	13	14	15 (+추시)	16	17	18	19	20	21	22	23	24
심리평가	표준화 검사실시		검사선정 방법	선정, 실시								검사분류				
심리측정	신뢰도/ 타당도		신뢰도/ 타당도		신뢰도/ 타당도	신뢰도 표준화		표준점수		수렴/변 별타당도	편파성 문항, 신뢰도					
객관적 성격검사: MMPI			채점 및 해석	MMPI-A 해석	MMPI-A 해석		해석(논) 해석	해석	해석		해석 (SCT 포함)	2코드	2-4코드	F1-F2 해석, 456 코드 해석	VRIN, 2-3 코드	F2척도, Ma 척도 및 2-7코드
객관적 성격 검사: 기타			PAI 특징		MBTI+ 홀랜드 해석											기질 및 성격검사
웩슬러 지능검사	해석	측정내용	채점 및 해석	해석	K-WAIS 해석	K-WISC -Ⅳ 소검사	합산점수 해석	합산점수 해석		합산점수 /소검사 해석		편차지능, WAIS-Ⅳ 지표 및 소검사		WISC-V 검사체계 (지표)		WAIS-Ⅳ 소검사 및 병전 지능
지능 및 인지기능 검사: 기타																
투사 검사	실시	종류와 특징 SCT 해석	특징 (BG, 로샤, TAT)		TAT, HTP 해석	HTP, SCT 해석	로샤검사 실시/ 채점	SCT해석	SCT, 로샤 실시, SCT 해석		TAT, SCT 실시		KFD 실시			HTP: 강박
정서 및 행동평가		CBCL 해석	CBCL 해석 KPRC	인터넷 중독		CBCL 해석	CBCL 해석				평정척도 오류					
학습 및 진로평가	직업카드 분류	홀랜드 해석	학습방법 학습동기	STRON G		ALSA 해석										
통합 및 활용	검사 요청시 행동원칙, 검사의 윤리적 활용	해석상담		보고서 작성	활용			검사윤리								

4. 진로상담

구분	09	10	11	12	13	14	15 (+추시)	16	17	18	19	20	21	22	23	24
진로상담의 이해 및 진로이론	7차 교육과정													보딘 분류		
특성요인 이론			특징											직업정보 기능		
홀랜드 이론		검사해석					정체성						주요개념 및 검사해석		변별성, 일치성	
진로발달 이론	수퍼	타이드만, 수퍼		긴지버그 및 터크만 발달단계	긴즈버그와 수퍼	수퍼: 생애무지개			긴즈버그: 잠정기		수퍼: 탐색기 과업		수퍼: 진로성숙도, 진로적응	수퍼: 생애역할, C-DAC 모형		
제한-타협 이론			타협	갓프레드슨	학자	내적고유 자아지향, 타협요소							타협과정	사회적 가치지향	성역할	
사회인지 진로이론			용어			진로장벽 지각분석	선택모형		수행모형	맥락변인			선택모형		근접맥락변인	
크롬볼츠 사회학습			계획된 우연	크롬볼츠	주요개념	진로결정 요인		우연학습 모형 및 기술			진로선택 요인			일반화		
직업적응						개인-환경 부조화					MIQ 가치유형			MIQ 가치유형		
관계적 접근				Roe 직업선택	Roe 직업분류		Reo 양육 유형				Roe 양육유형					Roe의 따뜻한 자녀관계, 부모관여 (참여) 진로탐색
의사결정	인지적 정보처리 이론 특징		인지적 정보처리 이론	하렌: 의사결정 유형	하렌: 의사결정 유형	의사결정 5단계		주관적 기대효용	하렌: 의사결정 유형, CIP 단계			CIP: 정보처리 영역, 초인지	하렌: 의사결정 유형		주관적 기대효용 모델	
구성주의 진로이론										구성주의: 진로적응도 차원			구성주의: 진로적응도 차원, 역량	진로유형 면접		
기타 진로이론		길리건		블러의 사회학적 이론									브라운 가치중심 모델: 가치, 흥미	소수민 여성을 위한 다문화 진로상담	진로 무질서 이론,	
진로상담 과정 및 기법		내담자 유형		내담자 유형	우유부단	내담자 유형	생애진로 사정, 진로가계도								생애진로 사정	우유부단
진로평가	자기이해		직업카드		CMI, CBI, Strong, 적성검사	직업카드 분류의 목표		홀랜드 해석							홀랜드 해석	
직업세계와 직업정보 및 진로교육	직업정보 활용	직업정보 활용		진로정보 사이트 (워크넷, 커리어넷)								NCS				교육/직업/심리사회적 정보
진로 프로그램		개발단계														

5. 가족상담

구분	09	10	11	12	13	14	15(+추시)	16	17	18	19	20	21	22	23	24
가족상담과 체계이론		일반체계 이론					가족규칙, 가족 항상성						순환적 인과			
정신역동 및 대상관계	특징												대상관계: 위니컷 거짓자기			
다세대	구성개념	기법	평가	Bowen	기법		분화	정서적 단절	분화, 핵가족 정서체계	삼각관계				상담목표, 정서단절		자아분화, 나의입장 기법
경험	기법		의사소통 유형	상담자 역할	특징		개인빙산 의사소통 유형	개인빙산 목표	의사소통 유형		의사소통 유형		폐쇄체계, 가족조각		빙산기법	
구조	가족지도		기법	미누친	가족지도	주요개념	목표 및 가족도표		모방	경계선 유형	실연화, 가족지도 해석			구조적 지도	목표 (재구조화)	재구조화 기법
전략				Haley		의사소통 이론	순환질문 이중구속	가장기법		고된체험 기법, 불변처방					항상성	긍정적 의미부여
이야기		기법		White, Epston	사회구성 주의와 해결중심 특징	정의예식	문재의 외재화, 독특한 결과				회원 재구성			독특한 결과		문제의 외재화
해결 중심	기법	유형	기본원리	질문기법		관계성 질문 기본가정, 질문기법		관계유형 예외질문	기적질문			관계유형, 척도 및 악몽질문		예외질문		
가족 평가	이론통합	가계도 해석 이론통합	이론통합	가계도 해석	가계도 해석	가계도 +KFD	순환모델	가계도 해석					가계도	순환모델		
가족생활 주기	단계특징															
가족상담 과정			행동지침	문제행동 대처												
특수 가족						재혼 (충성심 갈등)		재혼가족 과업			이혼가족 과업					

6. 집단상담

구분	09	10	11	12	13	14	15 (+추시)	16	17	18	19	20	21	22	23	24
집단상담					집단상담 장점		집단상담 단점									
집단유형과 형태	성장집단 선정	심리교육 집단		성장-문제해결 집단	집단의 종류		구조화집단, 동질집단					집단형태 분류				
집단역동과 치료적 요인	치료적 요인: 대인관계 학습	치료적 요인: Q분류		치료적 요인(알롬), 바람직한 행동		치료적 요인(논술)	치료적 요인: 대인관계 입력, 실존			치료적 요인: 실존, 희망고취		치료적 요인: 피드백, 자기개방, 코틀러: 모험시도, 마법				치료적 요인: 보편성
집단 상담자			초기단계 역할				인간적 자질, 전문성: 개인상담 경험									
집단원					침묵 (소극적 참여)			하위집단			일시적 구원	하위집단, 의존적 행동		소극적 행동	대화독점, 주지화 하위집단	
기법		차단기법	종류		해석	연결	초점, 연결, 자기개방				연결 나-전달법		지금-여기	차단, 초점		
집단상담계획 및 과정	구조화 반응문, 운영방식		비자발적 참여 다루기	종결 성과평가		집단윤리		구조화 활동내용	중도 포기	집단 윤리		집단규칙			예비(사전) 집단회기	회기종결 기술
집단의 발달단계	단계별 특징	연속적 단계이론 (터크만)	단계별 행동지침	단계별 상담자의 역할 (코리)	단계별 특징	마지막 단계		집단 작업단계				초기단계 과업				
프로그램 개발/평가	평가단계		학교집단 상담PR 편성절차									서스만의 활동요소				
이론		정신역동	교류분석					심리극 구성요소		심리극 기법						

7. 특수아 상담

구분	09	10	11	12	13	14	15 (+추시)	16	17	18	19	20	21	22	23	24
특수 아동과 상담			특수아 상담 고려사항	특수아 상담 특징	특수아 상담 특징							범주 및 차원적 분류 (이상)				
장애 발생 원인/평가 도구	(통합)장애아동 상담											정서행동 장애선별 검사				
지적 장애			진단		진단				지적장애 적응기능							
자폐스펙트럼					아스퍼거		진단기준								진단기준	
ADHD	상담접근						진단 및 개입방법		진단		ADHD			지속주의, CPT, 자기교시		증상, 약물치료
CD와 ODD	학교폭력 다루기	진단준거		진단준거				CD진단		진단, CD: 아동기 발병형						
특정 학습 장애			진단		진단 및 특징	능력-성취 불일치										
정서 및 행동 장애			진단평가 도구	청소년기 우울증			외상 후 스트레스 장애		학습된 무력감							
영재아 상담	특징					개입방법			특징				렌줄리, 비동시성과 과흥분성			
행동 수정			연구설계		기법		기법			차별강화			변별	일반화	강화계획	토큰경제, 조형법
특수 아관리		장애아 부모								전환교육						

8. 심리학 개론 및 교육심리 등

1) 심리학 개론 및 교육심리(학습심리 포함)

구분	18	19	20	21	22	23	24
동기와 정서	동기: 성취목표 유형	– 위그필드 등의 기대가치 이론 – 드웩의 암묵적 이론	자기충족적 예언, 낙인, 기대지속효과	자기결정성 이론, 과정당화 이론	– 드웩의 숙달목표와 수행목표 – 자기장애전략	엘리어트 등 목표지향성 이론	라자러스의 정서에 대한 인지적 평가이론
감각과 지각					선택적 주의, 선택적 부주의		
신경과학					교감신경과 부교감 신경		
사회심리	인지부조화			동조			
기억		간섭현상	정보처리모형			조직화 전략	
스트레스		라자러스의 스트레스 대처방식			점진적 이완훈련		
지능과 창의성					확산사고와 창의성 요인, 가드너의 다중지능, 스턴버그의 지능 삼원론		
학습심리 및 행동수정	차별강화			조작적 조건화(변별)	– 고전적 조건형성 : 일반화 – 학습된무력감 : 조작적 조건형성	강화계획	조형법, 토큰경제

2) 아동 및 청소년 (발달)심리

구분	18	19	20	21	22	23	24
아동발달				– 비고츠키 발달개념 – 피아제 발달개념	– 에인스워스의 애착 유형 – 토마스 등의 기질 유형		– 시냅스 상실 – 가소성
청소년발달	– 개인적 우화 – 상상적 청중	– 셀만의 조망수용이론 – 콜버그 도덕성 발단계 특징	생태체계 이론	– 에릭슨 주요개념 – 자살, 인터넷 중독	– 자기중심적 사고 – 자기개념	– 조직화 전략 – 이스트의 또래유형	– 마르샤 정체감 유형

3) 이상심리학(문제: 특수아 상담 기출문제에 포함)

구분	18	19	20	21	22	23	24
분류			범주적 분류와 차원적 분류				
DSM-5			추가연구가 필요한 진단적 상태: 비자살성 자해				
행동장애	반사회성 성격장애 진단(ADHD, CD 포함)						
기분장애						우울증 : 인지삼제	우울유발적 귀인
불안장애			범불안장애 : 지속기간	공황장애 : 클락 모형, 진단기준	2요인 모형		
급식 및 섭식장애			폭식장애				신경성 식욕부진증, 신경성 폭식증
강박장애				노출 및 반응방지법		사고억제의 역설효과, 사고중지 기법	
외상 및 스트레스 사건 관련 장애							PTSD 진단기준
해리장애	이인증				– 비현실감, 통합 – 국소적 기억상실		

제1장

성격심리학

🔍 핵심 이론 흐름잡기

제1장 | 핵심 이론 흐름잡기

제1절 성격의 이해

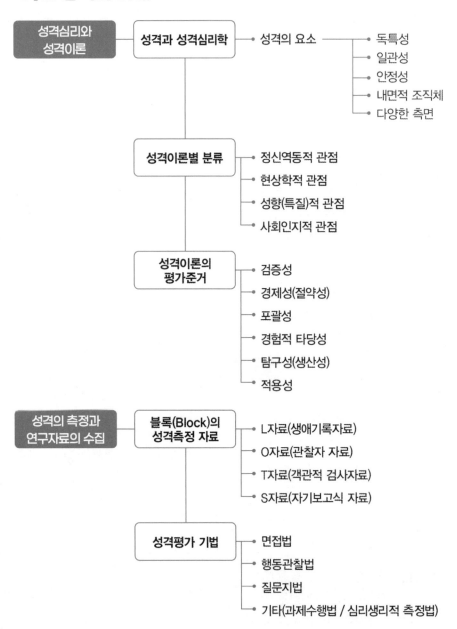

성격심리와 성격이론

성격과 성격심리학 → 성격의 요소
- 독특성
- 일관성
- 안정성
- 내면적 조직체
- 다양한 측면

성격이론별 분류
- 정신역동적 관점
- 현상학적 관점
- 성향(특질)적 관점
- 사회인지적 관점

성격이론의 평가준거
- 검증성
- 경제성(절약성)
- 포괄성
- 경험적 타당성
- 탐구성(생산성)
- 적용성

성격의 측정과 연구자료의 수집

블록(Block)의 성격측정 자료
- L자료(생애기록자료)
- O자료(관찰자 자료)
- T자료(객관적 검사자료)
- S자료(자기보고식 자료)

성격평가 기법
- 면접법
- 행동관찰법
- 질문지법
- 기타(과제수행법 / 심리생리적 측정법)

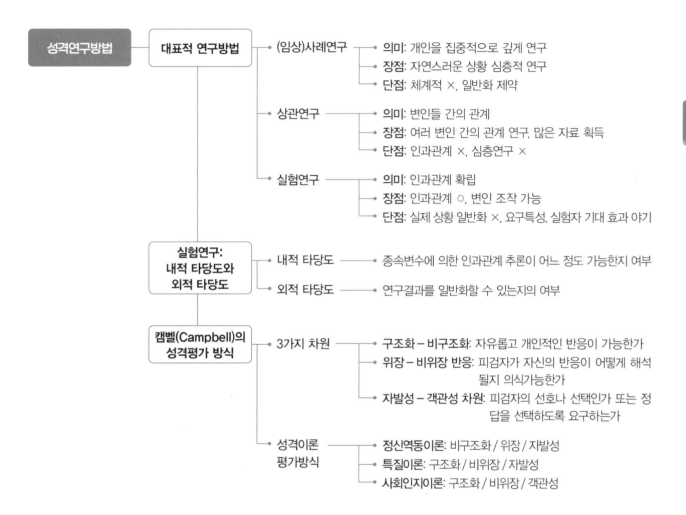

성격연구방법 — 대표적 연구방법
- (임상)사례연구
  - **의미**: 개인을 집중적으로 깊게 연구
  - **장점**: 자연스러운 상황 심층적 연구
  - **단점**: 체계적 ×, 일반화 제약
- 상관연구
  - **의미**: 변인들 간의 관계
  - **장점**: 여러 변인 간의 관계 연구, 많은 자료 획득
  - **단점**: 인과관계 ×, 심층연구 ×
- 실험연구
  - **의미**: 인과관계 확립
  - **장점**: 인과관계 ○, 변인 조작 가능
  - **단점**: 실제 상황 일반화 ×, 요구특성, 실험자 기대 효과 야기

실험연구: 내적 타당도와 외적 타당도
- 내적 타당도 — 종속변수에 의한 인과관계 추론이 어느 정도 가능한지 여부
- 외적 타당도 — 연구결과를 일반화할 수 있는지의 여부

캠벨(Campbell)의 성격평가 방식
- 3가지 차원
  - **구조화 – 비구조화**: 자유롭고 개인적인 반응이 가능한가
  - **위장 – 비위장 반응**: 피검자가 자신의 반응이 어떻게 해석될지 의식가능한가
  - **자발성 – 객관성 차원**: 피검자의 선호나 선택인가 또는 정답을 선택하도록 요구하는가
- 성격이론 평가방식
  - **정신역동이론**: 비구조화 / 위장 / 자발성
  - **특질이론**: 구조화 / 비위장 / 자발성
  - **사회인지이론**: 구조화 / 비위장 / 객관성

제2절 특질 및 성향적 관점

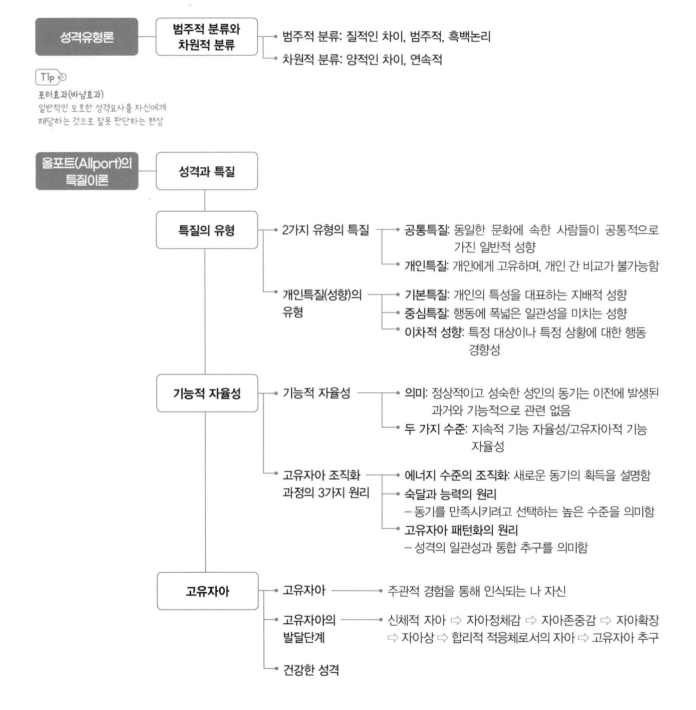

성격유형론 ── 범주적 분류와 차원적 분류
- 범주적 분류: 질적인 차이, 범주적, 흑백논리
- 차원적 분류: 양적인 차이, 연속적

Tip

포러효과(바넘효과)
일반적인 모호한 성격묘사를 자신에게
해당하는 것으로 잘못 판단하는 현상

올포트(Allport)의 특질이론 ── 성격과 특질

특질의 유형
- 2가지 유형의 특질
  - **공통특질**: 동일한 문화에 속한 사람들이 공통적으로 가진 일반적 성향
  - **개인특질**: 개인에게 고유하며, 개인 간 비교가 불가능함
- 개인특질(성향)의 유형
  - **기본특질**: 개인의 특성을 대표하는 지배적 성향
  - **중심특질**: 행동에 폭넓은 일관성을 미치는 성향
  - **이차적 성향**: 특정 대상이나 특정 상황에 대한 행동 경향성

기능적 자율성
- 기능적 자율성
  - **의미**: 정상적이고 성숙한 성인의 동기는 이전에 발생된 과거와 기능적으로 관련 없음
  - **두 가지 수준**: 지속적 기능 자율성/고유자아적 기능 자율성
- 고유자아 조직화 과정의 3가지 원리
  - **에너지 수준의 조직화**: 새로운 동기의 획득을 설명함
  - **숙달과 능력의 원리**
    - 동기를 만족시키려고 선택하는 높은 수준을 의미함
  - **고유자아 패턴화의 원리**
    - 성격의 일관성과 통합 추구를 의미함

고유자아
- 고유자아 ── 주관적 경험을 통해 인식되는 나 자신
- 고유자아의 발달단계 ── 신체적 자아 ⇨ 자아정체감 ⇨ 자아존중감 ⇨ 자아확장 ⇨ 자아상 ⇨ 합리적 적응체로서의 자아 ⇨ 고유자아 추구
- 건강한 성격

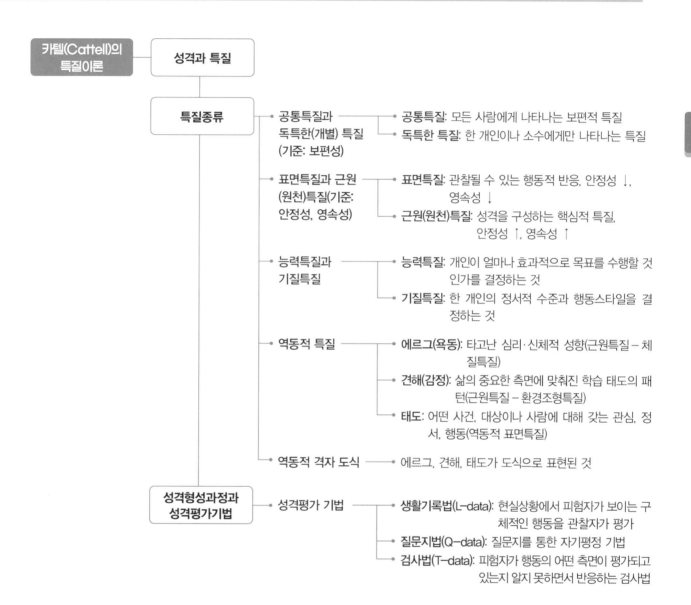

카텔(Cattell)의 특질이론 ── **성격과 특질**

특질종류

- 공통특질과 독특한(개별) 특질 (기준: 보편성)
  - 공통특질: 모든 사람에게 나타나는 보편적 특질
  - 독특한 특질: 한 개인이나 소수에게만 나타나는 특질

- 표면특질과 근원 (원천)특질(기준: 안정성, 영속성)
  - 표면특질: 관찰될 수 있는 행동적 반응, 안정성 ↓, 영속성 ↓
  - 근원(원천)특질: 성격을 구성하는 핵심적 특질, 안정성 ↑, 영속성 ↑

- 능력특질과 기질특질
  - 능력특질: 개인이 얼마나 효과적으로 목표를 수행할 것인가를 결정하는 것
  - 기질특질: 한 개인의 정서적 수준과 행동스타일을 결정하는 것

- 역동적 특질
  - 에르그(욕동): 타고난 심리·신체적 성향(근원특질 – 체질특질)
  - 견해(감정): 삶의 중요한 측면에 맞춰진 학습 태도의 패턴(근원특질 – 환경조형특질)
  - 태도: 어떤 사건, 대상이나 사람에 대해 갖는 관심, 정서, 행동(역동적 표면특질)

- 역동적 격자 도식
  - 에르그, 견해, 태도가 도식으로 표현된 것

성격형성과정과 성격평가기법 ── 성격평가 기법

- 생활기록법(L-data): 현실상황에서 피험자가 보이는 구체적인 행동을 관찰자가 평가
- 질문지법(Q-data): 질문지를 통한 자기평정 기법
- 검사법(T-data): 피험자가 행동의 어떤 측면이 평가되고 있는지 알지 못하면서 반응하는 검사법

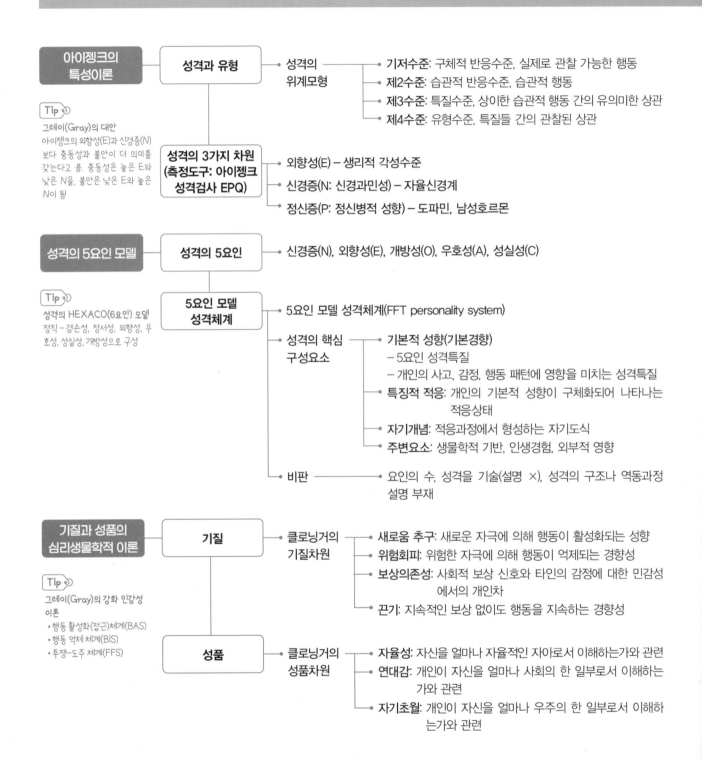

아이젠크의 특성이론

성격과 유형 — **성격의 위계모형**
- **기저수준**: 구체적 반응수준, 실제로 관찰 가능한 행동
- **제2수준**: 습관적 반응수준, 습관적 행동
- **제3수준**: 특질수준, 상이한 습관적 행동 간의 유의미한 상관
- **제4수준**: 유형수준, 특질들 간의 관찰된 상관

Tip
그레이(Gray)의 대안
아이젠크의 외향성(E)과 신경증(N)보다 충동성과 불안이 더 의미를 갖는다고 봄. 충동성은 높은 E와 낮은 N을, 불안은 낮은 E와 높은 N이 됨

성격의 3가지 차원 (측정도구: 아이젠크 성격검사 EPQ)
- 외향성(E) – 생리적 각성수준
- 신경증(N: 신경과민성) – 자율신경계
- 정신증(P: 정신병적 성향) – 도파민, 남성호르몬

성격의 5요인 모델

성격의 5요인 — 신경증(N), 외향성(E), 개방성(O), 우호성(A), 성실성(C)

Tip
성격의 HEXACO(6요인) 모델
정직-겸손성, 정서성, 외향성, 우호성, 성실성, 개방성으로 구성

5요인 모델 성격체계
- 5요인 모델 성격체계(FFT personality system)
- **성격의 핵심 구성요소**
  - **기본적 성향(기본경향)**
    - 5요인 성격특질
    - 개인의 사고, 감정, 행동 패턴에 영향을 미치는 성격특질
  - **특징적 적응**: 개인의 기본적 성향이 구체화되어 나타나는 적응상태
  - **자기개념**: 적응과정에서 형성하는 자기도식
  - **주변요소**: 생물학적 기반, 인생경험, 외부적 영향
- **비판** — 요인의 수, 성격을 기술(설명 ×), 성격의 구조나 역동과정 설명 부재

기질과 성품의 심리생물학적 이론

기질 — **클로닝거의 기질차원**
- **새로움 추구**: 새로운 자극에 의해 행동이 활성화되는 성향
- **위험회피**: 위험한 자극에 의해 행동이 억제되는 경향성
- **보상의존성**: 사회적 보상 신호와 타인의 감정에 대한 민감성에서의 개인차
- **끈기**: 지속적인 보상 없이도 행동을 지속하는 경향성

Tip
그레이(Gray)의 강화 민감성 이론
• 행동 활성화(접근)체계(BAS)
• 행동 억제 체계(BIS)
• 투쟁-도주 체계(FFS)

성품 — **클로닝거의 성품차원**
- **자율성**: 자신을 얼마나 자율적인 자아로서 이해하는가와 관련
- **연대감**: 개인이 자신을 얼마나 사회의 한 일부로서 이해하는가와 관련
- **자기초월**: 개인이 자신을 얼마나 우주의 한 일부로서 이해하는가와 관련

제 **3** 절 **사회인지적 관점**

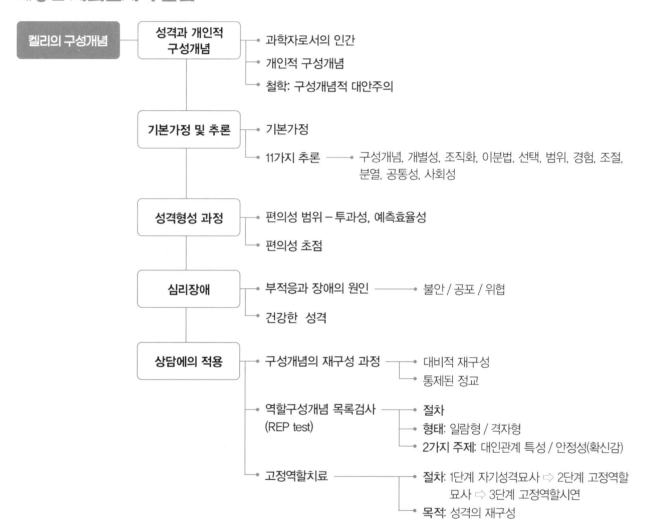

켈리의 구성개념

성격과 개인적 구성개념
- 과학자로서의 인간
- 개인적 구성개념
- 철학: 구성개념적 대안주의

기본가정 및 추론
- 기본가정
- 11가지 추론 ── 구성개념, 개별성, 조직화, 이분법, 선택, 범위, 경험, 조절, 분열, 공통성, 사회성

성격형성 과정
- 편의성 범위 – 투과성, 예측효율성
- 편의성 초점

심리장애
- 부적응과 장애의 원인 ── 불안 / 공포 / 위협
- 건강한 성격

상담에의 적용
- 구성개념의 재구성 과정
  - 대비적 재구성
  - 통제된 정교
- 역할구성개념 목록검사 (REP test)
  - **절차**
  - **형태**: 일람형 / 격자형
  - **2가지 주제**: 대인관계 특성 / 안정성(확신감)
- 고정역할치료
  - **절차**: 1단계 자기성격묘사 ⇨ 2단계 고정역할묘사 ⇨ 3단계 고정역할시연
  - **목적**: 성격의 재구성

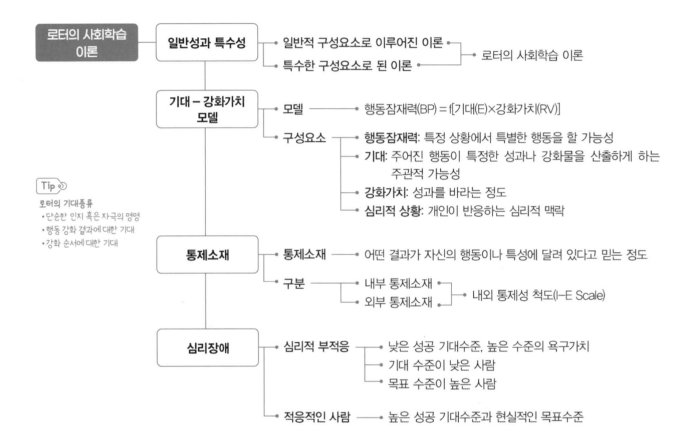

로터의 사회학습 이론

일반성과 특수성
- 일반적 구성요소로 이루어진 이론
- 특수한 구성요소로 된 이론
  - 로터의 사회학습 이론

기대 – 강화가치 모델
- 모델 — 행동잠재력(BP) = f[기대(E)×강화가치(RV)]
- 구성요소
  - **행동잠재력**: 특정 상황에서 특별한 행동을 할 가능성
  - **기대**: 주어진 행동이 특정한 성과나 강화물을 산출하게 하는 주관적 가능성
  - **강화가치**: 성과를 바라는 정도
  - **심리적 상황**: 개인이 반응하는 심리적 맥락

Tip
로터의 기대종류
- 단순한 인지 혹은 자극의 명명
- 행동 강화 결과에 대한 기대
- 강화 순서에 대한 기대

통제소재
- 통제소재 — 어떤 결과가 자신의 행동이나 특성에 달려 있다고 믿는 정도
- 구분
  - 내부 통제소재
  - 외부 통제소재
    - 내외 통제성 척도(I–E Scale)

심리장애
- 심리적 부적응
  - 낮은 성공 기대수준, 높은 수준의 욕구가치
  - 기대 수준이 낮은 사람
  - 목표 수준이 높은 사람
- 적응적인 사람 — 높은 성공 기대수준과 현실적인 목표수준

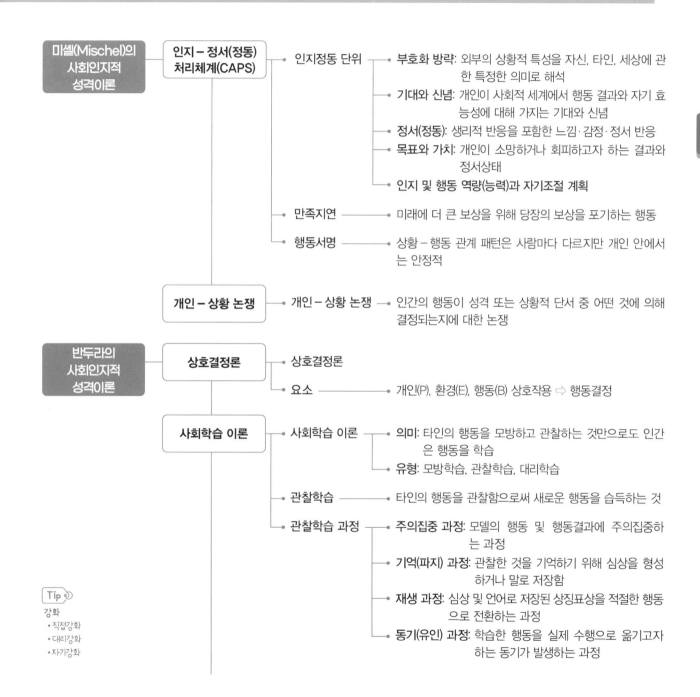

미셸(Mischel)의 사회인지적 성격이론

- **인지 – 정서(정동) 처리체계(CAPS)**
  - 인지정동 단위
    - **부호화 방략**: 외부의 상황적 특성을 자신, 타인, 세상에 관한 특정한 의미로 해석
    - **기대와 신념**: 개인이 사회적 세계에서 행동 결과와 자기 효능성에 대해 가지는 기대와 신념
    - **정서(정동)**: 생리적 반응을 포함한 느낌·감정·정서 반응
    - **목표와 가치**: 개인이 소망하거나 회피하고자 하는 결과와 정서상태
    - **인지 및 행동 역량(능력)과 자기조절 계획**
  - 만족지연
    - 미래에 더 큰 보상을 위해 당장의 보상을 포기하는 행동
  - 행동서명
    - 상황 – 행동 관계 패턴은 사람마다 다르지만 개인 안에서는 안정적
- **개인 – 상황 논쟁**
  - 개인 – 상황 논쟁
    - 인간의 행동이 성격 또는 상황적 단서 중 어떤 것에 의해 결정되는지에 대한 논쟁

반두라의 사회인지적 성격이론

- **상호결정론**
  - 상호결정론
  - 요소
    - 개인(P), 환경(E), 행동(B) 상호작용 ⇨ 행동결정
- **사회학습 이론**
  - 사회학습 이론
    - **의미**: 타인의 행동을 모방하고 관찰하는 것만으로도 인간은 행동을 학습
    - **유형**: 모방학습, 관찰학습, 대리학습
  - 관찰학습
    - 타인의 행동을 관찰함으로써 새로운 행동을 습득하는 것
  - 관찰학습 과정
    - **주의집중 과정**: 모델의 행동 및 행동결과에 주의집중하는 과정
    - **기억(파지) 과정**: 관찰한 것을 기억하기 위해 심상을 형성하거나 말로 저장함
    - **재생 과정**: 심상 및 언어로 저장된 상징표상을 적절한 행동으로 전환하는 과정
    - **동기(유인) 과정**: 학습한 행동을 실제 수행으로 옮기고자 하는 동기가 발생하는 과정

Tip

강화
- 직접강화
- 대리강화
- 자기강화

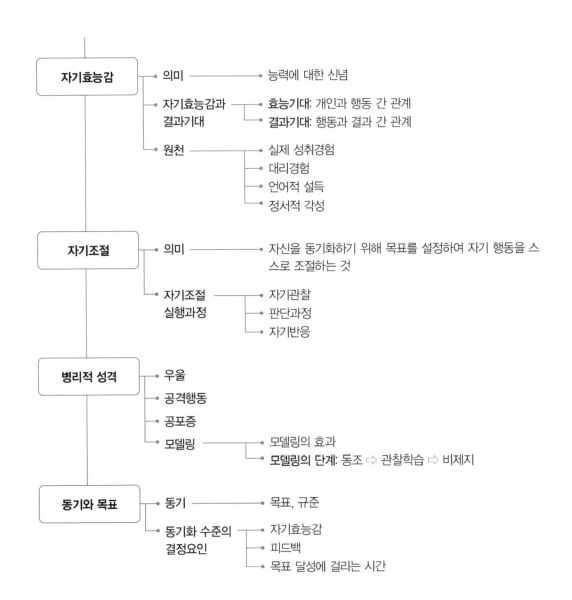

제4절 **정신역동적 관점**

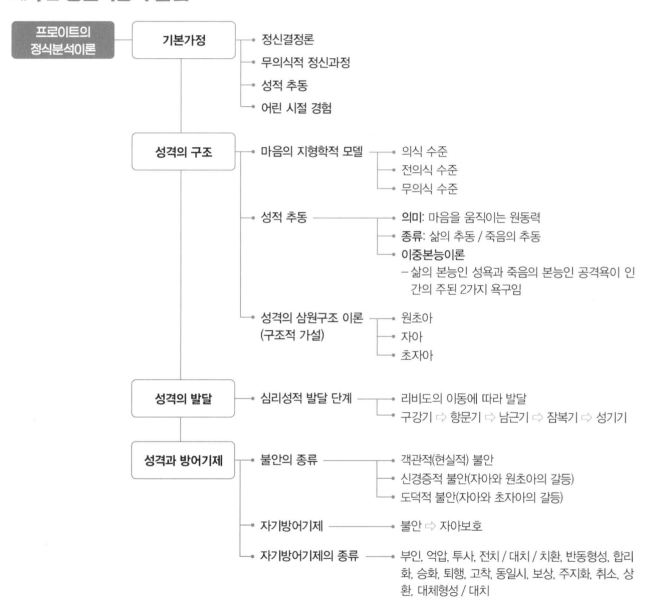

| 프로이트의 정식분석이론 | **기본가정** | • 정신결정론
• 무의식적 정신과정
• 성적 추동
• 어린 시절 경험 |

성격의 구조
- 마음의 지형학적 모델 ── 의식 수준 / 전의식 수준 / 무의식 수준
- 성적 추동 ── **의미**: 마음을 움직이는 원동력 / **종류**: 삶의 추동 / 죽음의 추동 / **이중본능이론** – 삶의 본능인 성욕과 죽음의 본능인 공격욕이 인간의 주된 2가지 욕구임
- 성격의 삼원구조 이론 (구조적 가설) ── 원초아 / 자아 / 초자아

성격의 발달
- 심리성적 발달 단계 ── 리비도의 이동에 따라 발달 / 구강기 ⇨ 항문기 ⇨ 남근기 ⇨ 잠복기 ⇨ 성기기

성격과 방어기제
- 불안의 종류 ── 객관적(현실적) 불안 / 신경증적 불안(자아와 원초아의 갈등) / 도덕적 불안(자아와 초자아의 갈등)
- 자기방어기제 ── 불안 ⇨ 자아보호
- 자기방어기제의 종류 ── 부인, 억압, 투사, 전치 / 대치 / 치환, 반동형성, 합리화, 승화, 퇴행, 고착, 동일시, 보상, 주지화, 취소, 상환, 대체형성 / 대치

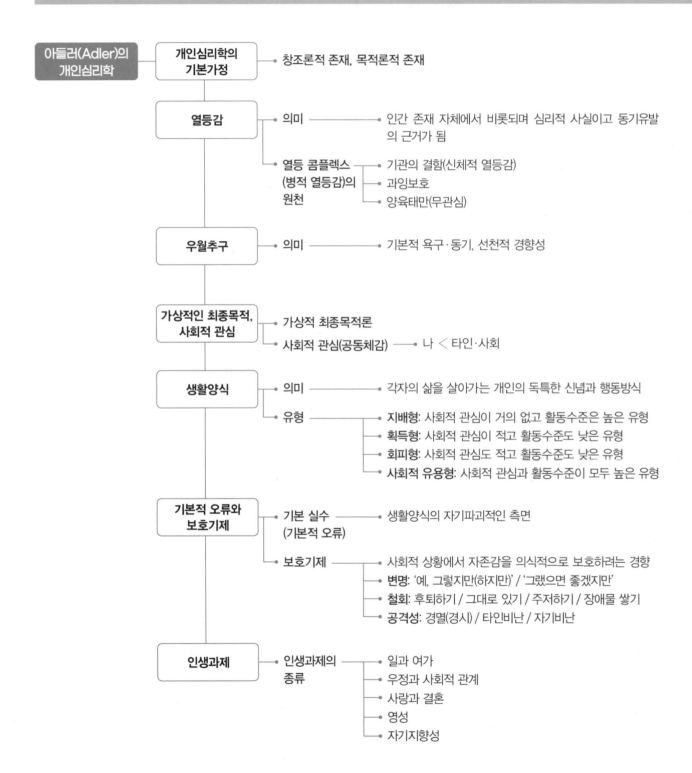

아들러(Adler)의 개인심리학

개인심리학의 기본가정 → 창조론적 존재, 목적론적 존재

열등감
- 의미 → 인간 존재 자체에서 비롯되며 심리적 사실이고 동기유발의 근거가 됨
- 열등 콤플렉스 (병적 열등감)의 원천
  - 기관의 결함(신체적 열등감)
  - 과잉보호
  - 양육태만(무관심)

우월추구
- 의미 → 기본적 욕구·동기, 선천적 경향성

가상적인 최종목적, 사회적 관심
- 가상적 최종목적론
- 사회적 관심(공동체감) → 나 < 타인·사회

생활양식
- 의미 → 각자의 삶을 살아가는 개인의 독특한 신념과 행동방식
- 유형
  - **지배형**: 사회적 관심이 거의 없고 활동수준은 높은 유형
  - **획득형**: 사회적 관심이 적고 활동수준도 낮은 유형
  - **회피형**: 사회적 관심도 적고 활동수준도 낮은 유형
  - **사회적 유용형**: 사회적 관심과 활동수준이 모두 높은 유형

기본적 오류와 보호기제
- 기본 실수 (기본적 오류) → 생활양식의 자기파괴적인 측면
- 보호기제
  - 사회적 상황에서 자존감을 의식적으로 보호하려는 경향
  - **변명**: '예, 그렇지만(하지만)' / '그랬으면 좋겠지만'
  - **철회**: 후퇴하기 / 그대로 있기 / 주저하기 / 장애물 쌓기
  - **공격성**: 경멸(경시) / 타인비난 / 자기비난

인생과제
- 인생과제의 종류
  - 일과 여가
  - 우정과 사회적 관계
  - 사랑과 결혼
  - 영성
  - 자기지향성

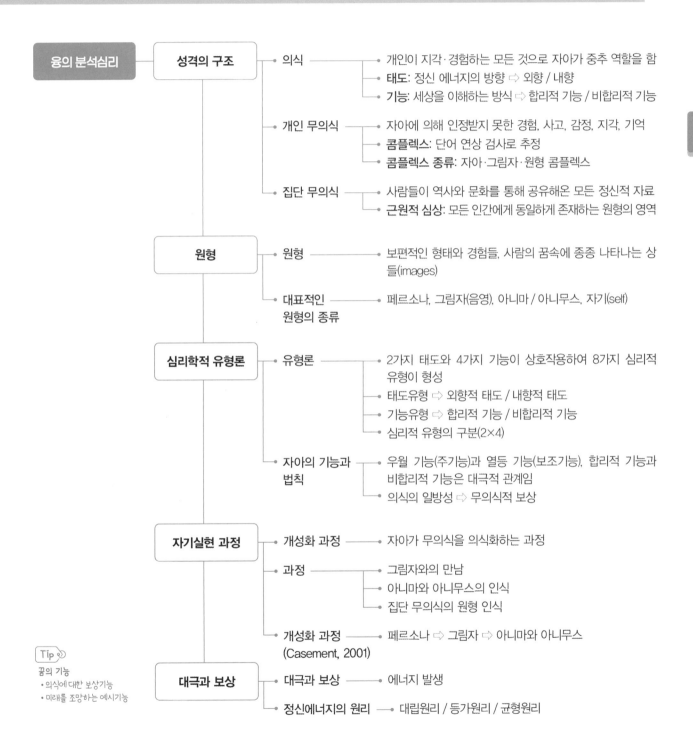

융의 분석심리 ── **성격의 구조** ── 의식 ── 개인이 지각·경험하는 모든 것으로 자아가 중추 역할을 함
- **태도**: 정신 에너지의 방향 ⇨ 외향 / 내향
- **기능**: 세상을 이해하는 방식 ⇨ 합리적 기능 / 비합리적 기능

개인 무의식 ── 자아에 의해 인정받지 못한 경험, 사고, 감정, 지각, 기억
- **콤플렉스**: 단어 연상 검사로 추정
- **콤플렉스 종류**: 자아·그림자·원형 콤플렉스

집단 무의식 ── 사람들이 역사와 문화를 통해 공유해온 모든 정신적 자료
- **근원적 심상**: 모든 인간에게 동일하게 존재하는 원형의 영역

원형 ── 원형 ── 보편적인 형태와 경험들, 사람의 꿈속에 종종 나타나는 상들(images)

대표적인 원형의 종류 ── 페르소나, 그림자(음영), 아니마 / 아니무스, 자기(self)

심리학적 유형론 ── 유형론 ── 2가지 태도와 4가지 기능이 상호작용하여 8가지 심리적 유형이 형성
- 태도유형 ⇨ 외향적 태도 / 내향적 태도
- 기능유형 ⇨ 합리적 기능 / 비합리적 기능
- 심리적 유형의 구분(2×4)

자아의 기능과 법칙 ── 우월 기능(주기능)과 열등 기능(보조기능), 합리적 기능과 비합리적 기능은 대극적 관계임
- 의식의 일방성 ⇨ 무의식적 보상

자기실현 과정 ── 개성화 과정 ── 자아가 무의식을 의식화하는 과정

과정 ── 그림자와의 만남
- 아니마와 아니무스의 인식
- 집단 무의식의 원형 인식

개성화 과정 (Casement, 2001) ── 페르소나 ⇨ 그림자 ⇨ 아니마와 아니무스

대극과 보상 ── 대극과 보상 ── 에너지 발생

정신에너지의 원리 ── 대립원리 / 등가원리 / 균형원리

Tip
꿈의 기능
• 의식에 대한 보상기능
• 미래를 조망하는 예시기능

제**1**장 | 핵심 이론 흐름잡기

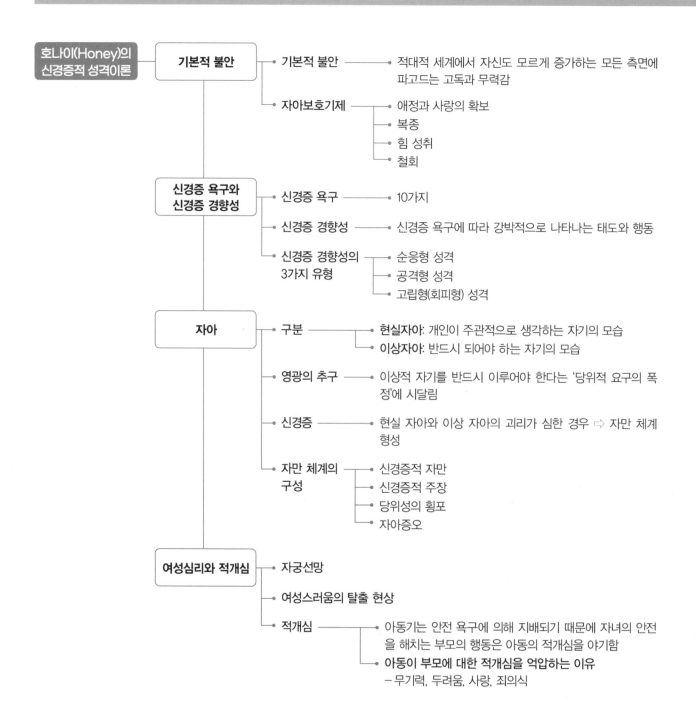

호나이(Honey)의 신경증적 성격이론

기본적 불안
- 기본적 불안 ── 적대적 세계에서 자신도 모르게 증가하는 모든 측면에 파고드는 고독과 무력감
- 자아보호기제
  - 애정과 사랑의 확보
  - 복종
  - 힘 성취
  - 철회

신경증 욕구와 신경증 경향성
- 신경증 욕구 ── 10가지
- 신경증 경향성 ── 신경증 욕구에 따라 강박적으로 나타나는 태도와 행동
- 신경증 경향성의 3가지 유형
  - 순응형 성격
  - 공격형 성격
  - 고립형(회피형) 성격

자아
- 구분
  - **현실자아**: 개인이 주관적으로 생각하는 자기의 모습
  - **이상자아**: 반드시 되어야 하는 자기의 모습
- 영광의 추구 ── 이상적 자기를 반드시 이루어야 한다는 '당위적 요구의 폭정'에 시달림
- 신경증 ── 현실 자아와 이상 자아의 괴리가 심한 경우 ⇨ 자만 체계 형성
- 자만 체계의 구성
  - 신경증적 자만
  - 신경증적 주장
  - 당위성의 횡포
  - 자아증오

여성심리와 적개심
- 자궁선망
- 여성스러움의 탈출 현상
- 적개심
  - 아동기는 안전 욕구에 의해 지배되기 때문에 자녀의 안전을 해치는 부모의 행동은 아동의 적개심을 야기함
  - **아동이 부모에 대한 적개심을 억압하는 이유**
    – 무기력, 두려움, 사랑, 죄의식

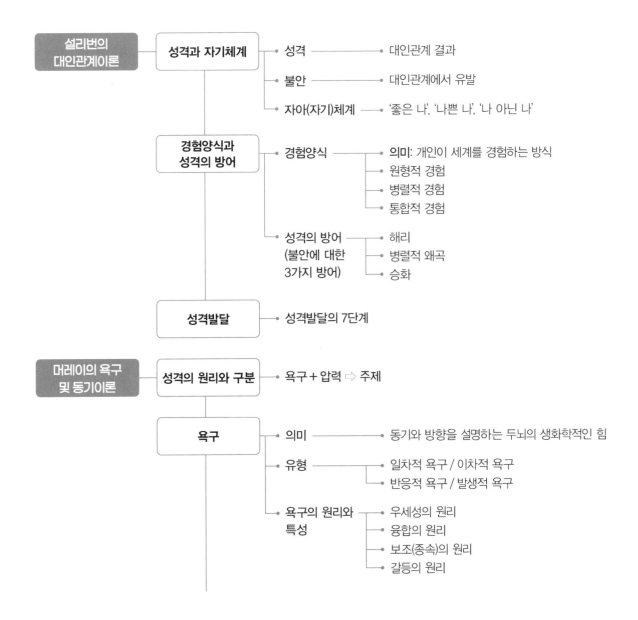

설리번의
대인관계이론 ── **성격과 자기체계** ── 성격 ──────── 대인관계 결과

                              불안 ──────── 대인관계에서 유발

                              자아(자기)체계 ── '좋은 나', '나쁜 나', '나 아닌 나'

**경험양식과
성격의 방어** ── 경험양식 ── **의미**: 개인이 세계를 경험하는 방식

                              원형적 경험

                              병렬적 경험

                              통합적 경험

              성격의 방어 ── 해리

              (불안에 대한 ── 병렬적 왜곡

              3가지 방어) ── 승화

성격발달 ── 성격발달의 7단계

머레이의 욕구
및 동기이론 ── **성격의 원리와 구분** ── 욕구 + 압력 ⇨ 주제

욕구 ── 의미 ──────── 동기와 방향을 설명하는 두뇌의 생화학적인 힘

          유형 ── 일차적 욕구 / 이차적 욕구

                ── 반응적 욕구 / 발생적 욕구

          욕구의 원리와 ── 우세성의 원리

          특성 ── 융합의 원리

                ── 보조(종속)의 원리

                ── 갈등의 원리

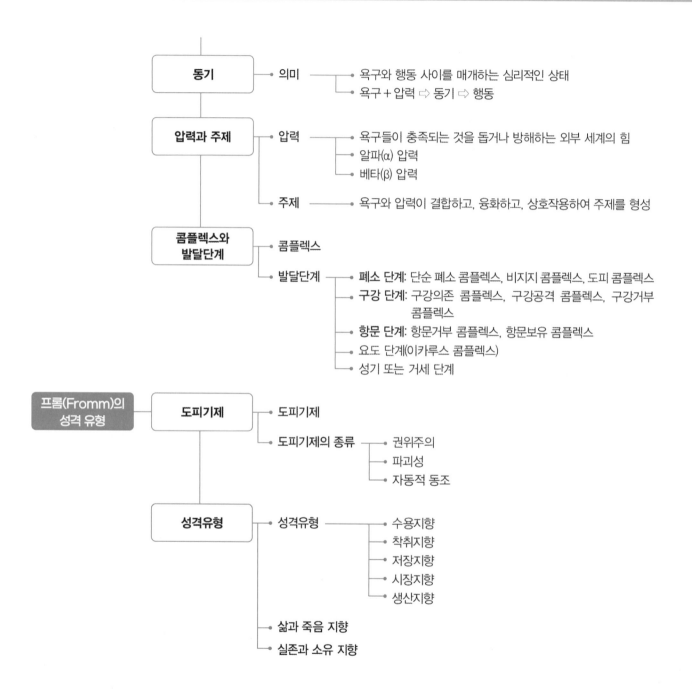

동기 → 의미 → 욕구와 행동 사이를 매개하는 심리적인 상태
→ 욕구 + 압력 ⇨ 동기 ⇨ 행동

압력과 주제 → 압력 → 욕구들이 충족되는 것을 돕거나 방해하는 외부 세계의 힘
→ 알파(α) 압력
→ 베타(β) 압력
→ 주제 → 욕구와 압력이 결합하고, 융화하고, 상호작용하여 주제를 형성

콤플렉스와 발달단계 → 콤플렉스
→ 발달단계 → **폐소 단계**: 단순 폐소 콤플렉스, 비지지 콤플렉스, 도피 콤플렉스
→ **구강 단계**: 구강의존 콤플렉스, 구강공격 콤플렉스, 구강거부 콤플렉스
→ **항문 단계**: 항문거부 콤플렉스, 항문보유 콤플렉스
→ **요도 단계**(이카루스 콤플렉스)
→ **성기 또는 거세 단계**

프롬(Fromm)의 성격 유형

도피기제 → 도피기제
→ 도피기제의 종류 → 권위주의
→ 파괴성
→ 자동적 동조

성격유형 → 성격유형 → 수용지향
→ 착취지향
→ 저장지향
→ 시장지향
→ 생산지향
→ 삶과 죽음 지향
→ 실존과 소유 지향

제5절 현상학적 관점

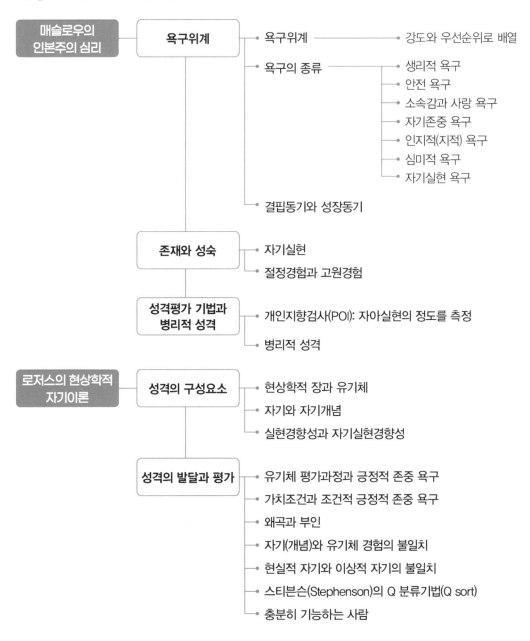

매슬로우의 인본주의 심리

욕구위계
- 욕구위계 ──── 강도와 우선순위로 배열
- 욕구의 종류
  - 생리적 욕구
  - 안전 욕구
  - 소속감과 사랑 욕구
  - 자기존중 욕구
  - 인지적(지적) 욕구
  - 심미적 욕구
  - 자기실현 욕구
- 결핍동기와 성장동기

존재와 성숙
- 자기실현
- 절정경험과 고원경험

성격평가 기법과 병리적 성격
- 개인지향검사(POI): 자아실현의 정도를 측정
- 병리적 성격

로저스의 현상학적 자기이론

성격의 구성요소
- 현상학적 장과 유기체
- 자기와 자기개념
- 실현경향성과 자기실현경향성

성격의 발달과 평가
- 유기체 평가과정과 긍정적 존중 욕구
- 가치조건과 조건적 긍정적 존중 욕구
- 왜곡과 부인
- 자기(개념)와 유기체 경험의 불일치
- 현실적 자기와 이상적 자기의 불일치
- 스티븐슨(Stephenson)의 Q 분류기법(Q sort)
- 충분히 기능하는 사람

제1장 │ 핵심 이론 흐름잡기

제6절 성격과 인지 및 정서

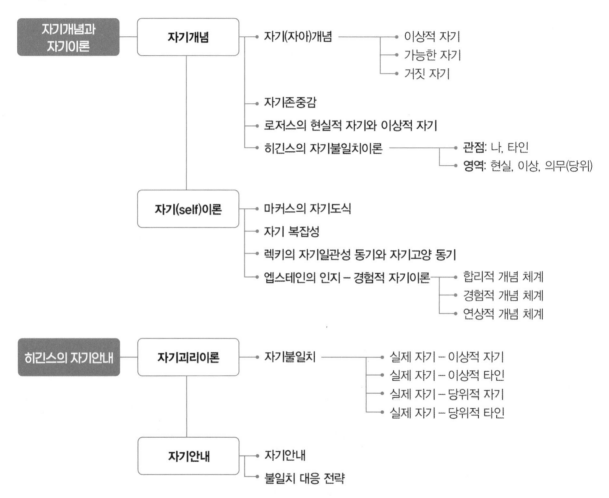

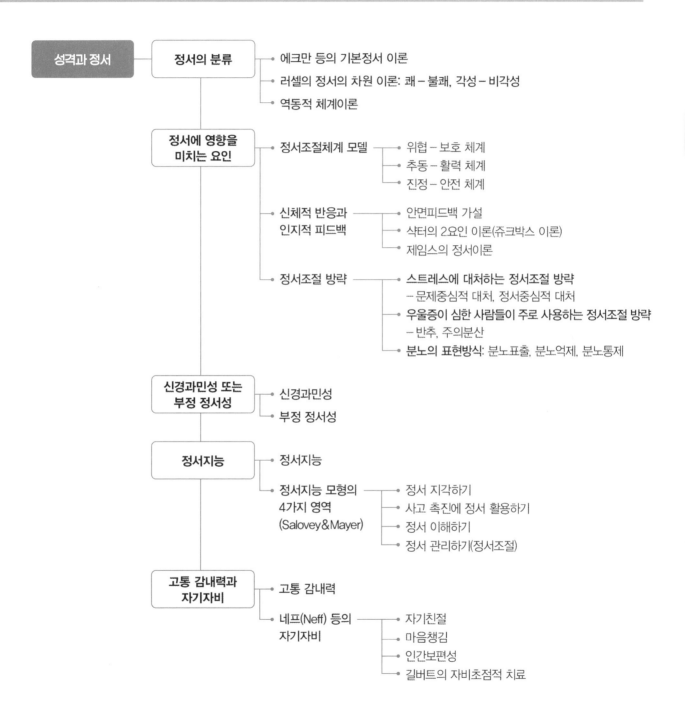

성격과 정서 ─── 정서의 분류 ─── • 에크만 등의 기본정서 이론

• 러셀의 정서의 차원 이론: 쾌 − 불쾌, 각성 − 비각성

• 역동적 체계이론

정서에 영향을
미치는 요인 ─── • 정서조절체계 모델 ─── • 위협 − 보호 체계

• 추동 − 활력 체계

• 진정 − 안전 체계

• 신체적 반응과
인지적 피드백 ─── • 안면피드백 가설

• 샥터의 2요인 이론(쥬크박스 이론)

• 제임스의 정서이론

• 정서조절 방략 ─── • **스트레스에 대처하는 정서조절 방략**
− 문제중심적 대처, 정서중심적 대처

• **우울증이 심한 사람들이 주로 사용하는 정서조절 방략**
− 반추, 주의분산

• **분노의 표현방식**: 분노표출, 분노억제, 분노통제

신경과민성 또는
부정 정서성 ─── • 신경과민성

• 부정 정서성

정서지능 ─── • 정서지능

• 정서지능 모형의
4가지 영역
(Salovey&Mayer) ─── • 정서 지각하기

• 사고 촉진에 정서 활용하기

• 정서 이해하기

• 정서 관리하기(정서조절)

고통 감내력과
자기자비 ─── • 고통 감내력

• 네프(Neff) 등의
자기자비 ─── • 자기친절

• 마음챙김

• 인간보편성

• 길버트의 자비초점적 치료

제**7**절 **성격과 동기**

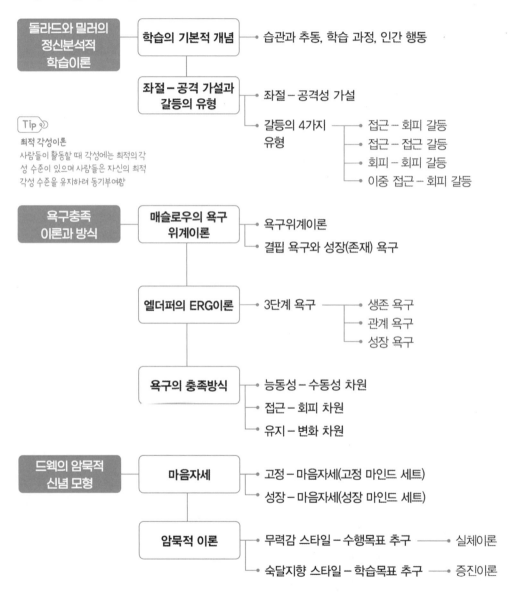

돌라드와 밀러의 정신분석적 학습이론

학습의 기본적 개념 ── 습관과 추동, 학습 과정, 인간 행동

좌절 – 공격 가설과 갈등의 유형
- 좌절 – 공격성 가설
- 갈등의 4가지 유형
  - 접근 – 회피 갈등
  - 접근 – 접근 갈등
  - 회피 – 회피 갈등
  - 이중 접근 – 회피 갈등

Tip

최적 각성이론
사람들이 활동할 때 각성에는 최적의 각성 수준이 있으며 사람들은 자신의 최적 각성 수준을 유지하려 동기부여함

욕구충족 이론과 방식

매슬로우의 욕구 위계이론
- 욕구위계이론
- 결핍 욕구와 성장(존재) 욕구

엘더퍼의 ERG이론
- 3단계 욕구
  - 생존 욕구
  - 관계 욕구
  - 성장 욕구

욕구의 충족방식
- 능동성 – 수동성 차원
- 접근 – 회피 차원
- 유지 – 변화 차원

드웩의 암묵적 신념 모형

마음자세
- 고정 – 마음자세(고정 마인드 세트)
- 성장 – 마음자세(성장 마인드 세트)

암묵적 이론
- 무력감 스타일 – 수행목표 추구 ── 실체이론
- 숙달지향 스타일 – 학습목표 추구 ── 증진이론

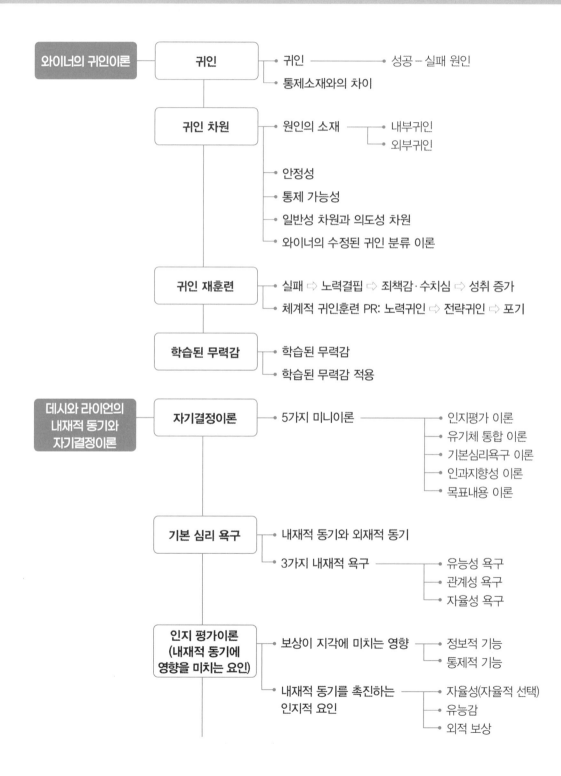

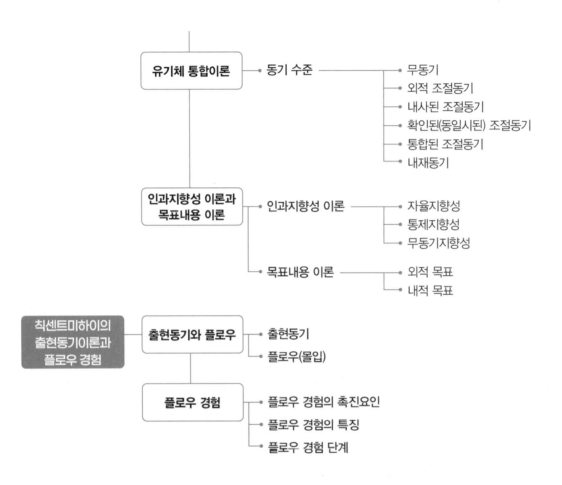

제**8**절 **성격의 적응과 공격성**

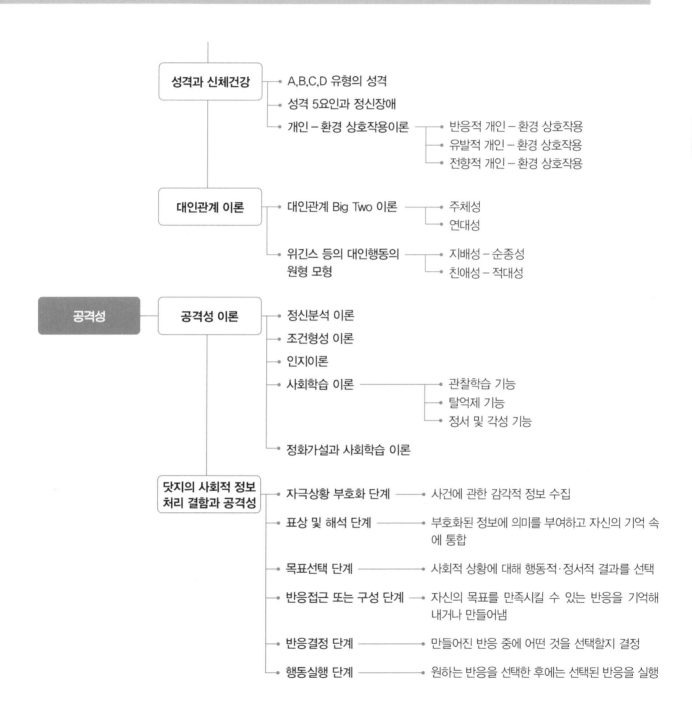

성격과 신체건강
- A,B,C,D 유형의 성격
- 성격 5요인과 정신장애
- 개인 – 환경 상호작용이론
  - 반응적 개인 – 환경 상호작용
  - 유발적 개인 – 환경 상호작용
  - 전향적 개인 – 환경 상호작용

대인관계 이론
- 대인관계 Big Two 이론
  - 주체성
  - 연대성
- 위긴스 등의 대인행동의 원형 모형
  - 지배성 – 순종성
  - 친애성 – 적대성

공격성

공격성 이론
- 정신분석 이론
- 조건형성 이론
- 인지이론
- 사회학습 이론
  - 관찰학습 기능
  - 탈억제 기능
  - 정서 및 각성 기능
- 정화가설과 사회학습 이론

닷지의 사회적 정보 처리 결함과 공격성
- 자극상황 부호화 단계 ── 사건에 관한 감각적 정보 수집
- 표상 및 해석 단계 ── 부호화된 정보에 의미를 부여하고 자신의 기억 속에 통합
- 목표선택 단계 ── 사회적 상황에 대해 행동적·정서적 결과를 선택
- 반응접근 또는 구성 단계 ── 자신의 목표를 만족시킬 수 있는 반응을 기억해내거나 만들어냄
- 반응결정 단계 ── 만들어진 반응 중에 어떤 것을 선택할지 결정
- 행동실행 단계 ── 원하는 반응을 선택한 후에는 선택된 반응을 실행

제1절 성격의 이해

01 성격심리와 성격이론

1. 성격과 성격심리학

(1) 성격의 요소

요소	내용
독특성 (uniqueness)	개인의 성격은 다른 사람과 구별되는 그 사람만의 고유성, 독특성, 특이성을 설명할 수 있어야 함
일관성 (consistency)	성격은 개인이 여러 상황에서 나타내는 다양한 행동의 공통성을 설명할 수 있어야 함
안정성 (stability)	시간과 상황의 변화에도 불구하고 일관된 행동 패턴이 지속적이고 안정적으로 나타나야 함
내면적 조직체 (organization)	• 개인의 행동이 가진 독특성과 일관성을 설명하기 위한 심리학적 구성개념으로, 인간은 안정된 구조를 지닌 내면적 조직체로 인해 행동이 일관성 있게 안정된 방식으로 나타날 수 있음 • 이러한 조직체는 상황의 변화에 따라 유연하게 반응하게 하는 내면적 구조 간의 역동적 과정을 통해 기능함
다양한 측면	• 개인마다 동일한 자극 상황에서 나타내는 동기, 정서, 행동의 반응이 다름 • 성격은 다양한 생활사건에 반응하는 개인의 독특성을 동기(주된 욕구와 행동 동기), 인지(사고방식과 신념체계), 정서(정서적 체험과 행동적 표현 방식), 행동(외현적 반응방식과 습관)의 측면에서 설명할 수 있어야 함

(2) 성격 심리학

① **성격 심리학**: 개인의 성격을 연구하는 심리학의 한 분야로서 한 인간을 통합적으로 이해하는 데에 초점을 맞추고 있다.

② **성격의 개인적 특성인 개인차**: 성격 심리학은 개인의 독특한 성격특성, 즉 개인차를 이해하고 설명하는 것이다.

③ **성격의 집단 고유적 특성**: 개인은 집단의 문화적 특성을 내면화하기 때문에 성격을 이해하기 위해서는 집단 구성원들이 공유하고 있는 심리적 특성을 이해하는 것이 중요하다.
   ➡ 문화 심리학, 비교문화 심리학

④ **인간의 보편적 특성인 인간본성**: 개인은 모든 인간이 공유하는 보편적인 심리적 속성을 지닌 존재이기 때문에 개인을 이해하려면 그 사람의 바탕에 깔려 있는 인간 보편적 특성을 이해하는 것이 필수적이다.
   ➡ 인간 본성론, 진화 심리학 등

2. 성격이론별 분류

(1) 정신역동적 관점

① 프로이트(Freud)에 의해 창시된 이론으로, 성격 내부의 역동적인 갈등을 강조한다.

② 이론: 프로이트의 정신분석이론, 아들러의 개인심리이론, 융의 분석심리이론, 에릭슨의 심리사회이론 등이 있다.

③ 초점: 인간의 내적인 정신구조와 발달과정에 초점을 둔다.

④ 프로이트(Freud)와 융(Jung): 프로이트는 의식 너머에 무의식이 존재하고 그 무의식에 인간을 움직이게 하는 힘(forces)이 존재한다고 보았다. 융은 무의식에 개인 무의식과 집단 무의식이 포함된다고 여겼다.

⑤ 아들러(Adler)와 에릭슨(Erickson): 무의식보다는 의식 속에 인간을 움직이는 힘이 있다고 본다.

⑥ 신프로이트 학파(호나이, 프롬, 설리번 등): 성 충동보다는 사회적 환경의 중요성을 강조한다.

⑦ 자아심리학: 자아를 원초아의 봉사자로 보는 프로이트 입장을 반대하면서 자아의 독립적 영역을 주장한다.

⑧ 대상관계: 성 충동의 단순한 충족보다 유아기의 중요한 타인인 대상과의 관계 형성에 초점을 맞춰 성격발달을 조명한다.

(2) 현상학적 관점

① 개인의 주관적 세계를 강조하고, 자기실현의 성향과 역량을 인정하며 과거보다 현재와 미래를 중시한다.

② 이론: 대표적으로 로저스의 인간중심이론과 매슬로우의 자아실현이론 등이 있다.

③ 로저스(Rogers): 인간의 긍정적인 힘을 강조한다. 인간은 자신의 잠재력을 실현하려는 경향이 있으며, 이러한 자기실현의 경향성을 제대로 발현하지 못하는 것은 개인의 잠재력에 대한 이해가 부족한 주위의 간섭이나 압력 때문이라고 생각한다.

④ 매슬로우(Maslow): 자기실현을 최고 목표로 생각하지만, 로저스와 달리 자기실현이 무조건적인 존중의 결과로 자연스럽게 얻어지는 것으로 보지 않는다. 욕구위계의 최상위인 자기실현 욕구는 하위 욕구가 충족된 후에 충족 가능하다고 보았다.

⑤ 켈리(Kelly): 인간의 과학자적인 속성에 주목하여 성격이론을 구성하였다. 과학자가 구성개념을 통해 현상에 접근하듯이 인간도 구성개념을 통해 세상을 경험하고 해석한다고 본다.

(3) 성향(특질)적 관점

① 모든 인간은 각자가 가진 독특하고 안정적인 특질들로 구성되며, 이러한 특질들이 성격을 이루는 기본 요소가 된다고 본다. 특히 과학적인 특질이론에서는 인간을 어떤 유형으로 분류하는 대신, 해당 특질 차원의 연속선상에서 위치로 표현하는 양적 접근을 시도했다.

② 이론

구분	특징
올포트(Allport)	특질을 '많은 자극에 대해 유사하게 반응하도록 만들고, 일관성 있는 적응행동 및 표현행동을 하게 하는 능력을 가진 신경적·정신적 체계'로 정의함
카텔(Cattell)	요인분석을 통해 16개의 근원특질을 발견함 ➡ 16PF
아이젱크(Eysenck)	'P(정신병) – E(외향성) – N(신경증)'의 3가지 특질(유형) 차원을 제안함

③ 성격 5요인: 5가지의 특질 차원(외향성, 신경증, 경험에 대한 개방성, 우호성, 성실성)이 일관성 있게 확인되었다.

(4) 사회인지적 관점

① 개인차의 근저에 놓인 사회인지적 과정·구조들을 탐색하는 접근법을 택하며 미셸, 로터, 반두라 등이 주장했다.

② 미셸(Mischel): 특질이론에 기반을 둔 성격검사들이 행동을 잘 예언하지 못하는 점을 지적했다. 미셸의 비판 후 '행동을 결정하는 데 개인변인과 상황변인 중 어느 쪽이 더 중요한가'의 논쟁이 일어났고, 논쟁이 발전하면서 개인과 상황의 역동적인 관계와 개인의 능동적 인지과정에 초점을 맞추는 성격이론이 등장하게 된다.

③ 사회인지이론은 성격의 전 측면을 설명하는 대규모 이론보다는 성격의 일부 측면에만 초점을 맞추어 설명을 적용하는 소규모 이론이 대부분이다.

④ 자기(self)이론: 자기에 대한 의식은 인간의 반성적 능력, 즉 자기 바깥에서 자기를 바라볼 수 있는 능력에서 비롯된다. 자기에 대한 지식, 감정, 평가 등은 개인의 사고나 행동에 중요한 영향을 미치기 때문에 자기와 결합된 개념들은 심리학에서 다양한 자기이론 주제를 이루고 연구되어 왔다. 이들 중 중요한 개념으로 자기개념, 자기도식, 자기존중감, 자기통제, 자기효능성 등이 있다.

3. 성격이론의 평가준거(Ryckman, Pervin 등)

(1) 검증성(testability)

① 성격이론은 명확하게 기술되고, 측정될 수 있는 개념을 가져야 한다.

② 정확한 검증성을 위해서는 심리적 현상에 대한 조작적 정의를 내려야 한다.

(2) 경제성(절약성, parsimony)

① 성격이론은 가능한 단순하고 경제적이어야 한다.

② 즉, 이론은 어떤 영역의 자료 및 현상을 경제적이고 일관적으로 설명할 수 있는 개념이나 가정을 가져야 한다.

(3) 포괄성(comprehensiveness)

① 성격이론은 인간성격에 대한 단편적 지식을 제공하기보다 광범위한 자료를 바탕으로 종합적으로 인간을 설명할 수 있어야 한다.

② 즉, 성격이론이 다양한 심리적 현상, 행동, 그리고 행동 간의 관계 등을 포괄적으로 설명할 수 있어야 한다.

(4) 경험적 타당성(empirical validity)

① 성격이론은 지지해 주는 자료를 통해 경험적으로 타당하다는 것을 보여줄 수 있어야 한다.

② 이론에 대한 경험적 타당성은 가설검증을 통해 결정된다.

(5) 탐구성(생산성, heuristic value)

① 이론이 절대적인 것이 아니라 도전 받을 수 있고, 새로운 아이디어와 후속 연구를 촉발하는 것을 의미한다.

② 즉, 성격이론이 연구 분야의 새로운 아이디어나 후속 연구를 얼마만큼 촉발할 수 있는지의 정도를 의미한다.

(6) 적용성(applied value)

① 성격이론은 인간의 삶에 실제적으로 적용될 수 있어야 한다.

② 즉, 좋은 이론은 삶의 질을 높일 수 있도록 현실생활에 적용가치를 갖는 것이 필요하다.

02 성격의 측정과 연구자료의 수집

1. 블록(Block)의 성격측정 자료

유형	내용	특성	장점	단점	예시
L자료 (생애기록 자료)	생애 기록, 생애 역사 자료로 구성	객관적	정확한 자료이므로 매우 객관적이고 중요한 정보를 제공	–	성적 범죄기록
O자료 (관찰자 자료)	부모, 교사, 배우자, 동료와 같은 관찰자의 평가	주관적, 평정형태	자연적인 상황에서 자료를 얻음	• 주관적 평정에 의존하므로 신뢰도 문제가 발생 • 평가자 간의 의견 불일치	타인평정
T자료 (객관적 검사 자료)	실험이나 표준화된 검사로 얻은 정보	객관적, 표집한계	실험 상황· 검사로부터 얻은 자료이므로 객관적	• 인위적 상황 – 한정된 피험 자 표집 • 제한된 표본의 일반화 문제	투사검사, 실험과제, 만족지연 실험 등
S자료 (자기보고식 자료)	응답자가 직접 자기에 대해 보고하는 자기보고 자료 (self-report data)	주관적, 문항반응 양식 영향	빠른 시간에 많은 표본 추출	다음과 같은 가정에 의존: 1. 솔직하고 정확하게 반응 할 것이다. 2. 문장을 제대로 읽고 답변 할 것이다.	Rep Test, Neo 성격검사 등

참고 성격측정 자료 예시

구분	척도	자료의 종류	개념
내용	TAT	T	성취동기
	구조화된 면담	S	A 타입
	EPQ	S	특질
	NEO-PI	S	특질
	Rep 검사	S	개인 구성요소
	I-E 척도	S	일반화된 기대
	ASQ	S	귀인 양식
	접근-회피	T	갈등
	전과기록	L	범죄성
	대처방식	S	대처
	LOT	S	낙관주의
	GSR	T	각성

2. 성격평가 기법

(1) 면접법(interview method)

① 의미: 질문과 응답으로 이루어지는 언어적 의사소통을 통해 피면접자의 언어적 반응내용과 방식을 정밀히 분석하고 수량화하는 방법이다.

② 목적: 개인적이고 심층적인 자료를 얻는 것이다.

③ 면접법을 사용할 경우에는 2명 이상의 면접자가 동일한 평가를 하는 정도를 반영하는 '평가자 간의 일치도'에 의해서 객관성을 평가하게 된다.

④ 유형

ㄱ. **구조화된 면접**: 평가자의 주관성을 배제하기 위해서 질문의 구체적인 내용과 순서를 비롯하여 응답에 대한 채점방식이 정해져 있다.

ㄴ. **비구조화된 면접**: 평가자가 개인에 관해서 자유롭게 질문하면서 다양한 정보를 수집한다.

(2) 행동관찰법(behavior observation)

① 의미: 개인이 특정 상황에서 어떤 행동을 하는지를 관찰하여 그 행동의 내용을 구체적으로 기술하고 그 빈도나 강도를 수량화하는 방법이다.

② 유형

ㄱ. **자연적 관찰**: 관찰의 상황을 조작하거나 인위적으로 어떤 특별한 자극을 주는 일 없이 자연적인 상태에서 일어나는 현상이나 사건을 있는 그대로 관찰하는 방법이다.

ㄴ. **통제적 관찰**: 관찰의 시간·장면·행동 등을 의도적으로 설정해 놓고 이러한 조건하에서 나타나는 행동을 관찰하는 방법이다.

ㄷ. **참여 관찰**: 연구자가 관찰하고자 하는 상황 속에 직접 뛰어들어 연구 대상과 같이 생활하며 관찰하는 것이다.

ㄹ. **비참여 관찰**: 연구자가 연구 대상의 생활에 참여하지 않고 관찰하는 것을 말한다.

③ 장점: 연구대상의 조사결과가 심리상태에 따라 달라지지 않고, 연구 대상자가 자신의 생각이나 느낌을 정확히 표현할 수 없어도 자료수집이 가능하다.

④ 단점: 겉으로 드러나지 않는 특성은 관찰이 불가능하며, 연구 대상의 지극히 사적인 행동이나 혹은 피험자가 타인에게 관찰되기를 원치 않는 행동은 관찰하기가 어렵다.

(3) 질문지법(questionnaire method)

① 의미: 연구자가 묻고자 하는 사항을 문장으로 기술한 문항을 제시하고 피검자로 하여금 그 문항에 대한 자신의 상태를 응답하게 하는 방법이다.

② 장점: 비용이 적게 들고 간편하며 연구자가 응답자에게 미치는 영향을 줄일 수 있을 뿐만 아니라 개인적 생활경험이나 심리적 특성같이 조사하기 어려운 것을 알아보기 용이하다.

③ 단점: 응답자의 문장이해능력과 표현능력에 의존하기 때문에 언어능력이 부족한 대상에게는 적용하기 어려우며, 응답한 내용의 진위를 파악하기 어렵다는 점과 질문지의 회수율이 낮다는 점 등이 있다.

(4) 기타

① **과제수행법(task performance)**: 평가하고자 하는 심리적 특성이 요구되는 과제를 주고 그 과제의 수행에 소요된 시간, 수행반응의 내용 및 정확도, 수행방식 등의 면에서 과제수행반응을 객관적으로 수량화하고 이를 통해 심리적 특성을 평가하는 방법이다.

② 심리생리적 측정법(psychophysiological measurement): 뇌파, 심장박동, 혈압, 피부전기저항반응 등의 생리적 상태를 측정할 수 있는 측정도구를 통해 심리적 상태나 특성을 평가하는 방법이다.

03 성격연구방법

1. 대표적 연구방법

(1) (임상)사례연구

① 의미: 임상 장면에서 한 개인을 집중적으로 깊게 연구하는 방법이다.
② 프로이트, 융, 아들러, 에릭슨 등 정신역동이론가들이 주로 사용했다.
③ 장점: 자연스러운 상황에서 다양한 현상을 기회로 제공하고, 많은 가설을 생성하게 한다.
④ 단점: 변인 통제가 어렵고 일반화에 제약이 있으며, 체계적인 관찰과 객관적인 자료 해석이 이루어지기 어렵다.

(2) 상관연구

① 의미: 변인들 간의 방향과 크기를 연구할 때 사용하는 방법으로, 한 변인과 다른 변인 간의 관계를 규명한다.
② 카텔, 아이젱크 등의 특질이론가들이 성격의 개인차를 반영하는 특질들을 발견하기 위해 주로 사용했다.
③ 장점: 여러 변인 간의 관계를 알아볼 수 있고, 한 번에 많은 피험자로부터 많은 양의 정보를 얻을 수 있다.
④ 단점: 자료 수집 시 자기보고에 치우쳐 잠재적 왜곡이 생길 수 있고, 변인 간의 인과관계 확립이 불가능하다.

(3) 실험연구

① 의미: 알아보고자 하는 변인을 실험자 의도대로 조작 또는 변화시킴으로써 다른 변인에 미치는 영향을 밝히고, 변인들 간의 인과관계를 확립하기 위한 연구이다.
② 변수(변인, variation)
ㄱ 독립변수: 다양한 변인 중 결과에 영향을 미칠 것이라고 예상되는 변인으로, 조작하여 처치하는 변수이다.
ㄴ 종속변수: 독립변수에 의해 영향을 받는 변수로, 실험의 마지막에 측정된다.
③ 실험참가자
ㄱ 실험집단: 독립변수에 노출된, 처치를 받는 집단이다.
ㄴ 통제집단: 실험집단과 비슷하지만 처치를 받지 않는 집단이다.
④ 무선배당(random assignment): 실험자는 무선배당을 사용하여 실험집단과 통제집단의 동질성을 확보한다. 우연절차로써 참가자를 선택하는 방식으로, 각 참가자가 어떤 집단에 할당될 확률을 동일하게 한다.
⑤ 장점: 실험연구는 변수 사이에 존재하는 인과관계를 밝히는 유일하고 가장 강력한 방법이다.
⑥ 단점: 너무 인위적인 실험실 상황이 실제 생활과 관련이 적을 수 있다. 또한 통제를 많이 할수록 연구 상황은 점점 더 인위적이고 자연스럽지 못하게 되어, 연구결과를 실제 상황에 일반화하기가 어려워진다.

2. 실험연구: 내적 타당도와 외적 타당도

(1) 내적 타당도

① 의미: 종속변수, 즉 연구결과에서 나타나는 변화가 독립변수의 변화에 의한 것임을 확신할 수 있는 정도를 의미하는 것으로 인과관계에 대한 추론이 어느 정도 가능한지를 나타낸다.

② 내적 타당도를 저해하는 요인

위협 요인	설명
역사 (특정 사건의 영향력)	연구기간 동안 천재지변이나 예상치 않았던 행사와 같이 특정사건이 일어나는 경우, 환경이 바뀌고 이에 따라 연구결과가 다르게 나타날 수 있음
성숙효과	시간에 따라 자연적으로 연구 참여자의 특성이 변화하여 결과에 영향을 미치는 효과
시험(검사, 학습) 효과	두 번 이상의 검사를 실시하는 연구들에서 나타나는 현상으로 사전검사의 경험 자체가 사후에 실시되는 검사결과에 영향을 미치는 것
검사도구(측정도구) 효과	사전과 사후의 검사를 다른 검사도구로 실시하였을 때 발생하는 문제 혹은 연구가 진행되는 과정에서 측정도구나 측정기준이 변하여 측정값이 다르게 나타나는 경우
통계적 회귀	매우 높은 점수나 매우 낮은 점수를 갖는 사람들이 평균으로 되돌아가고자 하는 회귀경향을 가지는 것
편향된 표본 선정	표본을 잘못 선택하여 변수 간에 엉뚱한 결과가 나타나거나, 두 집단의 비교연구에서 실험집단과 대조집단 사이에 이미 차이가 존재하는 경우
연구대상의 손실(탈락)	실험 대상자들이 어떤 이유에서든 실험 도중에 실험에 참여하지 않는 것
확산 혹은 모방효과	실험집단과 통제집단 간의 상호작용이나 모방으로 인해 의도했던 집단 간의 차이가 분명해지지 않게 되는 것

(2) **외적 타당도**

① 의미: 표본에서 얻어진 연구결과를 다른 집단 혹은 다른 환경에 해석 또는 일반화할 수 있는 정도를 의미한다.

> **참고** **외적 타당도**
>
> 내적 타당성이 있는 연구결과를 대상으로 외적 타당성을 검토하고자 한다면, 크게 두 가지 측면에서 검토가 이루어질 수 있는데 첫째는 모집에 대한 타당성이고, 둘째는 환경에 의한 타당성이다. 환경에 의한 타당성과 관련된 문제로서 실험그룹이나 대조그룹에 속한 연구 참여자가 스스로 어떠한 의미를 부여하여 종속변수의 값을 변하게 하는 효과가 발생할 수 있는데, 그 효과가 어떤 그룹에서 나타나느냐에 따라 '호손효과'와 '존헨리효과'로 구분된다. 또한 환경에 의한 타당성과 관련된 효과로서 '연구자 효과'가 있다.

② 모집단에 대한 타당도: 연구에 사용되고 있는 표본이 모집단의 특성을 충분히 반영하고 있는지를 평가하는 것이다. 이는 표집(sampling)과 관련된 것으로 적절한 표집방법을 선택하면 연구결과를 모집단에 일반화할 수 있다.

③ 생태학적 타당도(환경에 의한 타당성): 표본자료에서 발견된 사실들이 다른 일반적인 환경들에게도 적용될 수 있는지의 여부를 검토하는 것이다.

④ 연구자(실험자) 효과: 연구자가 연구결과에 영향을 미치는 말이나 행동을 함으로써 연구대상이 평상시와 다르게 행동하는 것을 의미한다. 연구자 효과를 줄이기 위해서는 실험을 담당하는 사람이나 실험 대상자 모두에게 연구의 목적에 대하여 알리지 않고 연구를 진행시키기도 한다.

⑤ 호손효과(Hawthorne effect): 연구대상이 연구의 목적을 알고 있거나 알게 될 때 평상시와는 다르게 행동함으로써 연구결과에 영향을 미치는 것이다.

⑥ 존헨리효과(John Henry effect): 통제집단에 있는 연구대상들이 실험집단에 있는 연구대상들보다 더 나은 결과가 나타나도록 노력하는 현상이다.

3. 성격연구방법의 잠재적 장단점

구분	잠재적 장점	잠재적 단점
임상연구	• 실험실의 인위성을 피할 수 있음 • 사람 – 환경 관계들의 복합성을 연구할 수 있음 • 변인들을 심층적으로 연구할 수 있음	• 체계적이지 않은 관찰이 이루어짐 • 자료에 대한 주관적인 해석을 부추김 • 변인들 간의 복잡한 관계를 밝혀내기가 어려움
상관연구	• 여러 변인을 연구할 수 있음 • 많은 변인 간의 관계를 연구할 수 있음 • 많은 자료를 쉽게 얻을 수 있음	• 원인보다는 관계를 밝힐 뿐임 • 자기보고 질문지의 신뢰도와 타당도 문제가 있음 • 개인을 심층적으로 연구할 수 없음
실험연구	• 특정 변인을 조작할 수 있음 • 자료를 객관적으로 기록할 수 있음 • 인과관계를 밝힐 수 있음	• 실험실에서 연구할 수 없는 현상들을 배제함 • 결과의 일반화를 제약하는 인위적 틀을 만듦 • 요구특성과 실험자의 기대 효과를 야기함

4. 캠벨(Campbell)의 성격평가 방식

(1) 3가지 차원

① **구조화 – 비구조화**: 개인이 얼마나 자유롭고 개인적인 반응을 할 수 있도록 허용하는가와 관련된다.

② **위장 – 비위장 반응**: 피검자가 자신의 반응이 어떻게 해석될지 의식하는 정도와 관련된다.

③ **자발성 – 객관성 차원**: 피검자가 선호나 선택을 표현하는가 혹은 정답을 선택하도록 요구하는가와 관련된다.

(2) 성격이론 평가방식

① **정신역동이론**: 무의식적 영역의 갈등이나 욕구를 찾아내는 것이 중요하므로 비구조화, 위장, 자발성의 특성을 갖춘 투사검사가 적당하다.

② **특질이론**: 개인이 중요한 성격차원(특질)들로 기술될 수 있다고 보고, 자기 자신에 관해 보고할 수 있는 능력을 인정한다. 따라서 구조화, 비위장, 자발성의 특성을 갖춘 자기보고 질문지가 개발되었다.

③ **사회인지이론**: 실험심리학의 틀 속에서 발전했으므로 구조화, 비위장, 객관성 등을 갖춘 수행검사가 적당하다.

제2절 특질 및 성향적 관점

특질 및 성향적 관점 개관

특질 및 성향적 관점에서는 성격이 '변하지 않는 특징들', 즉 성향 또는 특질들로 구성된다고 가정한다. 대표적인 학자로는 올포트(Allport), 카텔(Cattell), 아이젱크(Eysenck)가 있다. 올포트는 개별기술적인 접근방법을 강조했고, 카텔과 아이젱크는 법칙정립적인 방법을 주로 강조했다. 이들의 이론은 갈톤(Galton)의 개인차 심리학에서 비롯되었으며, 성격심리학이 특질 심리학으로 출발했다는 사실은 여러 자기보고식 질문지 자료와 상관연구방법이 주된 방법론이었다는 말이 된다. 이후 1980년대에 접어들면서 'Big Five' 또는 성격의 5요인 모델로 통일되었다.

04 성격유형론

1. 성격유형론

(1) 유형과 특질 기출 23

① 유형(type): 공통되는 특징을 묶어서 범주화(유목화)한 것을 말하며, 서로 다른 유형은 관련성이 전혀 없기 때문에 비연속적인 특징이 있다.

② 특질(trait): 기질이나 특성에 대해 하나의 연속선상에서 정도의 차이로 이해되기 때문에 연속적인 특징이 있다.

(2) 성격유형론의 역사

① 히포크라테스(Hippocrates)의 체액론: 인간의 몸은 4가지 종류의 체액, 즉 혈액, 흑담즙, 황담즙, 점액으로 구성되며 어떤 체액이 우세하냐에 따라 개인의 성격과 행동이 달라진다고 보았다.

② 갈렌(Galen): 히포크라테스의 체액론을 발전시켜 좀 더 구체적인 기질유형론을 제안했다. '뜨거움-차가움'과 '건조함-다습함'의 두 차원에 따라 사람의 기질을 4가지 유형인 다혈형, 우울형, 점액형, 담즙형으로 분류하고 각 유형의 기질과 성격 특징을 제시했다.

③ 크레치머(Kretschmer): 체형측정방법을 고안하여 인간의 기본적인 체형을 비만형, 근육형, 쇠약형의 3가지 유형으로 분류했다.

④ 쉘던(Sheldon): 크레치머 이론의 영향을 받아 그보다 정교한 성격유형론을 제시했다. 체형을 3가지 유형인 내배엽형, 중배엽형, 외배엽형으로 분류한다.

⑤ 융(Jung)의 성격유형론: 심리적 태도(외향성-내향성)와 기능의 차이(사고, 감정, 감각, 직관)를 근거로 8가지 성격유형을 분류했다.

(3) 유형론의 문제점

① 동일한 성격유형에 속하는 사람 간에 매우 큰 개인차가 존재한다.

② 성격유형을 구분하는 기준의 과학적 근거가 부족하다.

③ 성격에 대한 기술적인 이론일 뿐이라는 점이다. 즉 원인, 발달과정 등에 대한 설명이 부족하다.

④ 개인에 대한 고정관념과 편견을 초래할 수 있다.

2. 유형과 특질의 비교

구분	유형	특질
공통점	성격의 안정성	
차이점	질적 접근	양적 접근
	범주적: 상호배제적 범주에 할당	**연속적**: 특질차원의 연속성 가정
	MBTI, 혈액과 성격 등	NEO-PI 등

3. 범주적 분류와 차원적 분류 기출 21

(1) 범주적 분류

① 성격의 개인차를 질적인 차이로 간주하며 동질적 속성을 공유하는 여러 개의 성격유형으로 분류한다.

② 이러한 분류는 성격의 배타적 이질성을 강조하고 흑백논리적인 분류의 특성을 지닌다.

(2) 차원적 분류

① 성격의 개인차가 양적인 것으로서 정도의 문제일 뿐, 질적인 차이는 없다는 가정에 근거한다.

② 이 분류는 개인의 성격을 몇 가지 성격차원의 특정한 지점에 위치하는 것으로 평가한다.

> **참고** **포러효과(바넘효과)**
>
> 포러(Forer)효과는 일반적인 모호한 성격묘사를 자신에게 해당하는 것으로 잘못 판단하는 현상을 의미한다. 즉, 사람들에게 자신의 성격을 묘사하는 것으로 어떤 내용을 제시하면, 사실을 그 내용이 대부분의 사람에게 해당될 수 있는 모호하고 일반적인 것임에도 불구하고, 그러한 성격묘사가 자신에게 매우 정확하게 해당되는 것이라고 인식하는 현상을 말한다.

05 올포트(Allport)의 특질이론

1. 성격과 특질

(1) 성격

① **성격**: "성격은 개인의 특유한 행동과 사고를 결정하는 정신적·신체적 체계인 개인 내의 역동적인 조직이다."

② **구분**

㉠ 성격은 계속적이고 변화하고 성장하는 조직이라 하는 것이다.

㉡ 성격은 정신(심리)과 신체의 결합에 따른 상호작용이라는 것이다.

㉢ 성격의 모든 측면은 구체적 행동과 생각을 활성화 또는 방향 짓는다는 것이다.

㉣ 개인의 성격은 독특하다는 것이다.

(2) 특질

    ① 성격의 기본적 구성요소로 '자극에 대해서 특정한 방식으로 반응하는 경향성'이다. 이러한 특질은 신경정신적 구조로서 다양한 자극에 대해서 동일한 반응을 일관성 있게 나타내도록 만든다.

    ② 모든 사람은 특질이라는 행동경향성을 지니고 있으며 이러한 행동경향성의 본질을 밝혀내는 것이 성격심리학의 과제이다.

[그림 1-1] 감각추구적 특질

(3) 특질의 특징

    ① 특질은 실재적이다. 특질은 인간의 행동을 설명하기 위해 만들어진 이론적인 구성개념 혹은 명칭이 아니며 개인 안에서 실재한다.

    ② 특질은 습관보다 더 넓은 의미를 가진다. 습관은 단편적인 행동이 특정 상황에서 반복적으로 나타나는 것을 의미하는 반면, 특질은 일관성 있는 행동이 대부분의 상황에서 반복적으로 나타난다.

    ③ 특질은 역동적이며 행동을 결정한다. 특질은 행동을 결정하거나 행동의 원인이 된다. 특질은 어떤 자극에 대한 반응으로 생기는 것이 아니며 적절한 자극을 찾을 수 있게 개인을 동기화하고, 행동을 생성하기 위해 환경과 상호작용한다.

    ④ 특질의 존재는 경험적으로 증명될 수 있다. 개인의 행동을 반복적으로 관찰함으로써 특질의 존재에 대한 증거를 추론할 수 있다.

    ⑤ 특질은 서로 관련되고 중복될 수 있다. 특질은 서로 다른 특성을 나타내지만 서로 밀접한 관계가 있다.

    ⑥ 특질은 상황에 따라 변한다. 개인은 어떤 상황에서는 청결의 특질이 나타날 수 있고 다른 상황에서는 그렇지 않을 수 있다.

2. 특질의 유형

(1) 2가지 유형의 특질

구분	내용
공통특질	• 동일한 문화에 속한 사람들이 공통적으로 지니고 있으며 다만 그 정도에서 차이를 나타내는 일반적인 성향 • 정상분포를 그리고, 표준화된 측정도구를 통해 개인 간 차이를 확인할 수 있음
개인특질	• 개인에게 고유하여 개인 간 비교가 가능하지 않는 특질로 개인의 성격구조를 명확하게 반영함 • 개인의 진정한 성격은 개인특질을 조사함으로써 밝힐 수 있으며 이를 위해 개인적인 정보(성장사, 개인사, 일기나 편지, 개인적 기록)를 활용해서 파악함

올포트는 용어의 혼란을 피하고자 공통특질은 '특질'로, 개인특질은 '개인성향'으로 다시 명명했다. 개인성향은 기본특질, 중심특질, 이차적 성향의 3가지 유형이 있다.

(2) 개인특질(성향)의 유형

① **기본특질(cardinal traits)**: 개인의 특성을 대표하는 가장 지배적인 성향을 뜻하며, 생활전반과 행동에 강력한 영향을 미친다. (예 권력추구, 인간애, 성적탐닉 등)

　➡ 소수의 사람만 소유

② **중심특질(central traits)**: 기본특질보다는 약하지만, 개인의 행동에 폭넓은 일관성을 미치는 성향(예 친절함, 정직함 등)을 뜻하며, 사람들은 대개 5~10개의 중심특질을 가지고 있다.

③ **이차적 성향(secondary dispositions)**: 중심특질 보다는 약하지만 특정 대상이나 특정상황에 대한 행동경향성(예 좋아하는 색깔, 음식에 대한 기호 등)을 뜻한다. 특히 잘 드러나지 않고 매우 약해서 아주 친한 사람만이 알아챌 수 있다.

> **참고　개별사례연구와 법칙정립연구**
>
> • **개별사례연구(개인특질 차원)**: 개인의 독특한 특질을 탐색하고 개인 내에서 특질들이 어떻게 조직화되어 있는지를 탐구하는 방법이다.
> • **법칙정립연구(공통특질 차원)**: 대부분 사람들에게 적용될 수 있는 성격에 관한 법칙을 정립하는 것이다.

3. 기능적 자율성

(1) 기능적 자율성(functional autonomy) 기출 16

① **의미**: 정상적이고 성숙한 성인의 동기는 이전에 발생된 과거와는 기능적으로 관련이 없어지는 것을 의미한다. 즉, 현재의 동기는 원래의 상황과는 무관하게 자율적인 기능을 가진다는 것이다.

② **두 가지 수준**

　㉠ **지속적 기능 자율성**: 가장 기초적이고 습관적인 행동과 관련 있다. 일상적인 과업을 수행하는 습관적 방식을 말하며, 이러한 행동은 외적 보상이 없어도 계속되거나 지속된다.

　㉡ **고유자아적 기능 자율성**: 자신의 정체감을 유지하는 조직화 과정이다. 이러한 조직화 과정을 통해 세계를 지각하는 방법, 경험으로부터 기억하는 것, 사고가 지향되는 방법이 결정된다.

(2) 고유자아 조직화 과정의 3가지 원리

구분	내용
에너지 수준의 조직화	• 새로운 동기의 획득을 설명함 • 개인이 소유하고 있는 에너지 수준이 생존 욕구나 즉각적인 적응을 위한 욕구들을 충족시키기 위해 필요한 에너지보다 많기 때문에 고유자아적 기능 자율성이 가능하다는 것
숙달과 능력의 원리	• 우리가 동기를 만족시키려고 선택하는 높은 수준을 의미함 • 새로운 기술을 숙달하고, 보다 효율적으로 수행하고, 자신의 능력 수준을 향상시키고자 하는 동기를 갖는 것
고유자아 패턴화의 원리	• 성격의 일관성과 통합을 위한 추구를 의미함 • 자신의 자아상을 향상시키는 것은 유지하고 그렇지 않은 것은 버리면서 자기에 대한 지각 및 인지 과정을 조직화 또는 패턴화함

4. 고유자아

(1) 고유자아(proprium)

① 의미: 한 개인이 자신을 지칭하는 용어로, 주관적 경험을 통해 인식되는 나를 의미한다.

② 고유자아는 특질에 통일성, 일관성, 통합성을 포함하고 있어, 일정한 형태의 질서나 법칙을 부여하고 한 개인의 성격을 통합하는 기능을 가진다.

③ 기능: 자신의 정체감을 유지하고자 자기에 대한 지각 및 인지과정을 조직화한다. 조직화 과정을 통해 세계를 지각하는 방법, 경험으로부터 기억하는 방법, 사고가 지향되는 방법이 결정된다.

(2) 고유자아의 발달단계와 특징

단계	연령	특징
신체적 자아	6개월~1세	자신의 신체와 환경에 있는 대상을 구별함
자아정체감	1~2세	정체감의 연속성을 느끼고, 자신이 같은 사람으로 유지됨을 깨달음
자아존중감	3~4세	자신의 성취를 자랑스러워하고 자존감을 느낌
자아확장	4~5세	주변에 있는 대상과 사람들이 자신의 세계에 속한 일부임을 깨달음
자아상	5~6세	자신의 실제적 자아와 이상적 자아상을 발달시킴
합리적 적응체로서의 자아	6~12세	일상적인 문제해결을 위해 이성과 논리를 적용하기 시작함
고유자아 추구	청소년기	인생의 장기 목표와 계획을 형성하기 시작함

> **참고** **고유자아 예시**
>
> 자신이 인생에 있어서 중요한 시험을 치르고 있다고 상상해 본다면 의심할 여지도 없이 가슴이 두근거리고(신체적 자아), 당신은 시험의 중요성을 인식하고 있으며(자아정체감), 당신의 명예와 자존심이 관여되어 있음을 알고(자아존중감), 시험의 성공이나 실패가 당신 가족에게 주는 의미를 인식하고 있을 것이다(자아확장). 또한 당신 자신의 희망과 열망도 알고 있으며(자아상), 시험문제의 해결자로서 당신의 역할을 인식할 뿐만 아니라(합리적 적응체로서의 자아) 시험과 당신의 장기 목표 간의 관련성도 알고 있을 것이다(고유자아 추구). 이처럼 실제 생활에서 자아 상태는 통합될 수밖에 없다.

(3) 건강한 성격(Hjelle & Zieglar, 1981)

① 성숙한 성인은 자기 외의 사람 및 활동에 자아감을 확장한다.

② 성숙한 성인은 친밀감, 애정, 인내를 보이면서 타인과 따뜻하게 관계한다.

③ 성숙한 성인은 자기 수용을 보이고 정서적 안정감을 가진다.

④ 성숙한 성인은 현실적 지각을 가지며, 개인적 기술을 개발하고, 하는 일에 매진한다.

⑤ 성숙한 성인은 자기에 대한 이해와 통찰로 유머 감각 및 자기 객관화를 보인다.

⑥ 성숙한 성인은 미래 목표로 성격을 지향하게 하는 통합된 철학이 있다.

5. 평가

(1) 공헌점

① **성격에서 전인적인 개인 강조**: 올포트는 개성과 독특성을 강조한 최초의 성격심리학자로, 사람들을 서로 비교하는 것보다 개인의 독특한 특질과 특질의 개인패턴을 아는 것이 더 중요하다고 믿었다. 특히 법칙정립적 접근보다 개별사례적 접근을 더 강조했으며, 성격에 합당한 이론은 개인의 고유성을 포착할 수 있어야 한다고 주장했다.

② **인본주의 관점에서의 특질연구**: 인간을 인본주의 입장에서 긍정적으로 바라보았다. 각 개인이 가지는 개성과 독특성을 인정하고, 특히 고유자아와 기능적 자율성을 강조했다. 인간이 무의식적 과정에 따라 움직이는 존재가 아닌 합리적인 존재임을 입증하고자 병리적인 사람보다 건강한 사람을 대상으로 연구했다.

(2) 한계점

① **특질의 비가시성**: 특질이 실제로 존재한다고 믿었지만 뇌 또는 신체의 어느 부분에 어떻게 존재하는지 분명한 증거를 제시하지 못하였다. 또한 특질이 행동으로 표현된다고 보았으나 내면적인 특질이 외현적인 행동으로 나타나는 과정에 대한 설명이 불명확하다.

② **개념의 모호성**: 고유자아와 기능적 자율성의 정의 및 내용을 명확히 제시하지 못했으며, 동기가 어떻게 기능적 자율성을 획득하는지도 설명하지 못한다.

③ **일반화의 한계**: 개인의 독특성을 지나치게 강조하기 때문에 연구에서 나타난 결과를 일반화하기에 한계가 있다.

06 | 카텔(Cattell)의 특질이론

1. 성격과 특질

(1) 성격이론

① 요인분석이라는 통계적 절차를 통해 특질을 찾아내고 이를 측정할 수 있는 성격검사를 제작하였다.

② '정상인'을 대상으로 성격을 연구하였다.

③ 성격은 개인에게 어떤 환경이 주어졌을 때 그가 무엇을 할 것인가를 예언해 주는 것이다.

$$R = f(P, S)$$
R = 개인의 행동과 반응, P = 성격, S = 자극

④ 상황이 성격 특질과 결합하여 행동에 영향을 주는 방식을 설명하고자 했다.

(2) 특질

① **특질**: 한 개인의 성격을 구성하는 기본단위로, 시간과 상황이 달라져도 일관성 있게 나타난다. 따라서 개인의 성격은 특질의 패턴으로 설명될 수 있다. 카텔에 따르면 특질은 행동으로부터 추론된 정신구조이며, 행동의 규칙성과 일관성을 설명하는 근본적인 구성개념이다.

② 올포트가 특질을 개인 내에 실재하는 것으로 본 반면, 카텔은 특질을 행동의 객관적 관찰에서 추론되는 가설적 또는 상상적 구성개념으로 보았다.

③ 올포트가 개인의 독특성에 초점을 두고 사례연구를 통해 개별사례적 접근을 선호한 반면, 카텔은 보편성에 초점을 두고 요인분석을 통하여 특질을 범주화하는 법칙정립적 접근을 했다.

2. 특질종류

(1) 공통특질과 독특한(개별) 특질(기준: 보편성)

구분	내용
공통특질	• 모든 사람에게서 나타날 수 있는 보편적인 특질을 의미함 • 모든 사람이 이러한 특질을 갖지만, 어떤 사람은 다른 사람보다 그 정도가 높거나 낮음 　예 지능, 외향성 등 • **공통성을 가지는 이유**: 모든 사람이 거의 유사한 유전적 잠재력을 가지고 유사한 사회적 압력을 받으며, 많은 공통점을 가진 문화 내에서 생활하기 때문임
독특한 특질	• 대다수의 사람과 공유하지 않고 한 개인이나 소수에게만 나타나는 특질임 • 개인차가 반영되기 때문에 다른 사람과의 구별을 가능하게 하는 특질을 의미함 　예 따뜻함, 솔직함, 소심함 등

(2) 표면특질과 근원(원천)특질(기준: 안정성과 영속성) 기출 21

구분	내용
표면특질	제3자에 의해 관찰될 수 있는 외현적 또는 행동적 반응들의 군집을 뜻하며, 안정성과 영속성이 크지 않음
근원(원천)특질	• 성격을 구성하는 핵심이 되는 특질로서 비교적 안정적이고 영속적인 특징을 가지고 있음 • 여러 개의 표면특질로부터 하나의 근원특질이 도출될 수 있음 • 카텔은 요인분석을 통해 인간 성격의 기본적 요인으로서 16가지 근원특질을 확인하였는데, 이 요인은 객관적 성격검사로 알려진 16PF(Sixteen Personality Factor)를 구성하는 요인임

> **참고** **16가지 근원특질**
>
> 카텔은 요인분석을 통해 인간 성격의 기본적 요인으로 알려진 16가지 근원특질을 확인했다. 이들 요인은 16PF 검사의 구성 요인이다. 근원특질은 체질적인 요인을 반영하는 체질특질(생물학적 특질에 기원을 두지만 반드시 타고나는 것은 아님)과 환경조건을 반영하는 환경조형특질(사회제도나 객관적 현실의 영향을 받아 형성된 것으로, 성격에 어떤 패턴을 부여하는 학습된 특성과 행동)로 나뉜다.

(3) 능력특질과 기질특질

① 능력특질: 개인이 얼마나 효과적으로 목표를 수행할 것인가를 결정하는 특질이다. 예 지능
② 기질특질: 한 개인의 정서적 수준과 행동 스타일을 결정하는 것으로, 개인이 환경적 자극에 얼마나 빠르게 적극적으로 그리고 정서적으로 반응하는지를 알 수 있게 해 준다.

(4) 역동적 특질

① 의미: 개인의 행동을 유발하는 추진력을 의미하는 것으로 동기, 흥미, 야망 등을 포함한다.

구분	내용
에르그 (욕동)	• 타고난 심리·신체적 성향으로, 근원특질로서 체질특질에 해당함 • 모든 행동을 위해 타고난 에너지의 원천 또는 추진력으로, 구체적인 목표를 향해 행동하게 하는 기본적 동기 • 체질특질이기 때문에 성격의 영속적인 구성으로서 강해지거나 약해질 수 있지만 사라지지는 않음 • **종류**: 분노, 호소, 군거성, 성, 호기심, 혐오, 배고픔, 안전, 보호, 자기표현, 자기복종 • **특징**: 개인이 특정한 자극에만 주의를 기울이게 하고, 다음으로 특정 자극에 대한 정서적 반응을 유도하거나 목표한 것을 이루기 위한 활동을 일으키고, 마지막으로 반응행동을 일으킴
견해 (감정)	• 삶의 중요한 측면에 맞춰진 학습된 태도의 패턴으로, 근원특질로서의 환경조형특질 • 견해가 환경조형특질인 이유는 외적인 사회적·물리적 환경에서 파생되기 때문임 • 에르그와 달리, 견해는 삶에서 더 이상 중요하지 않으면 사라지거나 바뀔 수 있음
태도	• 어떤 사건, 대상이나 사람에 대해 갖는 관심, 정서, 행동을 말함 • 역동적 표면특질이며 에르그와 견해 및 이들의 상호관계로 추론되는 숨은 동기의 관찰된 표현임 • 특별한 상황에서 어떤 개인의 태도는 어떤 대상과 관련된 행동과정으로, 그의 높은 관심을 반영함

> **참고** **역동적 특질의 측정**
>
> 능력특질과 기질특질은 타인평정(L) 자료와 질문지(Q) 자료에서 주로 나타나는 반면, 역동적 특질은 실험(T) 자료에서 주로 나타난다.

(5) 역동적 격자 도식

① 역동적 특질인 에르그, 견해, 태도가 도식으로 표현된 것을 말한다.

② 에르그, 감정 태도는 보조(subsidiation: 단순히 성격 내에서 어떤 요소가 다른 요소에 보조적이라는 것을 의미함)를 통해 서로 관련된다.

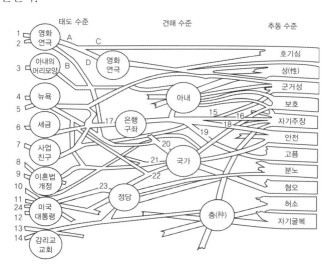

[그림 1-2] 역동적 격자 도식

3. 성격형성과정과 성격평가 기법

(1) 성격평가 기법

구분	내용
생활기록법 (L-data)	• 학교 교무실, 사무실 등의 현실 상황에서 피험자가 보이는 구체적인 행동에 대해 관찰자가 평가하는 것 • **장점**: 통제된 실험실 상황이 아닌 자연스러운 상황에서 일어나는 행동을 관찰할 수 있음 예 관찰자는 결석 빈도, 학업성적, 성실성, 경기장에서 감정의 안정성, 사무실에서 사교성 등을 기록함
질문지법 (Q-data)	• 질문지를 통한 자기평정 기법 • 피험자에게 스스로 자신을 평가하도록 요청함 • 태도, 흥미, 의견을 측정하는 척도와 같은 표준화된 자기보고 성격검사를 포함한 여러 질문지가 사용됨 • **단점**: 사회적 바람직성을 배제할 수 없다는 한계점이 있음 예 MMPI, 태도, 흥미, 의견을 측정하는 척도와 같은 표준화된 자기보고 성격검사 등
검사법 (T-data)	• 피험자가 행동의 어떤 측면이 평가되고 있는지 알지 못하면서 반응하는 검사법 • **장점**: 방어가 어렵기 때문에 보다 솔직하게 자신을 드러냄 예 Rorschach, TAT, 단어연상검사 등의 투사검사

(2) 성격형성 과정

① 유아기(출생~6세): 주요한 성격형성이 이루어지는 시기이다. 주요 발달내용은 이유, 대변훈련, 자아, 초자아, 사회적 태도의 형성이며 주로 부모와 형제에 의해 영향을 받는다.

② 아동기(6~14세): 이 시기는 심리적 문제가 거의 없다. 주요 성격발달내용은 부모로부터 독립하려는 경향과 또래와의 동일시이다.

③ 청소년기(14~23세): 아동기보다 훨씬 많은 문제와 스트레스를 겪는다. 독립성, 성, 자기표현 등에 대한 갈등을 겪거나 정서적 장애와 일탈행동이 발생하기도 한다.

④ 성인기(23~50세): 일반적으로 직업, 결혼, 가족 등과 관련된 일이 수행되는 만족스럽고 생산적인 시기이다. 성격은 이전 단계와 비교할 때 더 안정적이고 정서적 안정성이 증가하고, 흥미와 태도의 변화는 거의 일어나지 않는다.

⑤ 성인후기(50~65세): 신체적·심리적·사회적 변화에 대한 반응으로 성격의 변화가 일어난다. 건강과 열정은 50세 이후로 신체적 매력에 대한 관심의 감소와 더불어 줄어들 수 있다. 이 시기의 사람들은 자신의 가치를 검토하고 새로운 자기를 찾는다.

⑥ 노년기(65세 이후): 주요 발달내용은 여러 종류의 상실에 대한 적응이다. 배우자나 친척, 친구의 죽음, 은퇴로 인한 직업 상실, 젊음을 숭상하는 문화에서 지위 상실, 엄습하는 고독과 불안을 경험하면서 인생을 정리한다.

4. 평가

(1) 병리적 성격

① 정상적인 성격특질이 비정상적인 불균형을 이룬 결과로 정신병리가 발생한다.

② 정상적인 사람은 가지지 않은 비정상적인 성격특질을 소유했기 때문에 정신병리가 발생한다.

➡ **임상분석질문지**: 12가지 비정상적인 성격특질은 건강염려증, 욕구불만, 불안, 우울, 죄책감, 절망감, 편집증, 정신분열증, 신경쇠약, 일반적인 정신병, 신경증 등이며 이 중 8가지는 우울특질이고 그 외 4가지는 보다 심각한 정신병적 특질이다.

(2) 평가

① 성격의 본질을 객관적으로 연구했다. 즉, 요인분석과 같은 양적인 방법을 사용하여 경험적인 연구에 바탕을 두었다.

② 특질의 결정인자를 연구하기 위해 상이한 특질 발달에 유전과 환경이 어느 정도 영향을 미치는지 확인하는 방법을 개발했다.

③ 보편적인 성격특성을 발견하는 데 초점을 두어 인간의 개성과 독특성을 잃어버리는 개연성을 만들었다.

④ 연구방법이 지나치게 기계적이고 공식을 통해 인간을 이해하려 한다는 비판을 받는다.

07 아이젱크(Eysenck)의 특성이론

1. 성격과 유형

(1) 성격

① **성격**: 환경에 대한 개인의 독특한 적응에 영향을 미치는 인격, 기질, 지성, 그리고 신체 요소들이 다소 안정되고 영속적으로 조직화한 것이다.

② 유형을 성격의 기본차원으로 간주한다.

③ 개인차를 생물학적 기능에서의 차이와 연결시켰다.

④ **유형론**: 위계적으로 조직되고, 유형·특질·습관으로 구성된다.

(2) 성격의 위계모형

① 카텔의 성격모델은 너무 많은 수의 특질을 포함하고 있을 뿐만 아니라 위계적인 구조가 결여되어 있다는 비판을 하였다. 아이젱크는 좀 더 적은 수의 기본적인 성격특질에 초점을 맞추었으며 4수준의 위계구조를 지닌 성격모델을 제시하였다.

② **성격유형**: 성격구조의 최상위에 위치하는데, 여러 특질들로 구성되어 있고, 성격 전반에 가장 강력한 영향을 미친다.

③ 위계구조 모델

구분	내용
기저수준	구체적 반응수준으로, 실제로 관찰 가능한 행동들로 이루어짐
제2수준	습관적 반응수준으로, 습관적인 행동들로 이루어짐
제3수준	(보편적) 특질수준으로, 상이한 습관적 행동들 간의 유의미한 상관으로 구성됨 예 사교성 특질: 파티가기, 읽는 것보다 듣는 것 선호 등으로 구성
제4수준	보편적 차원 혹은 (기본적) 유형수준으로, 특질들 간의 관찰된 상관으로 정의됨 예 외향성 유형: 사교성, 활동성, 충동성, 지배성 등으로 구성

2. 성격의 3가지 차원(측정도구: 아이젠크 성격검사 EPQ)

(1) 외향성(E)

① 외향성-내향성 차원으로 불리며, 사회적 환경과 물리적 환경의 외적인 자극에 관심이 많은 사람들의 특징으로서 반대의 극단에는 내면적인 문제에 관심을 지니는 내향성이 존재한다.

② 하위특질: 사교성, 활동성, 충동성, 생동감, 흥분성의 하위특질들로 구성된다.

③ 생물학적 특징

　㉠ 외향성: 생리적 각성 수준이 낮아 최적 자극을 추구하기 위해 사회적 자극을 추구하는 경향이 있다. 보상의 영향을 더 크게 받는다.

　㉡ 내향성: 생리적 각성 수준이 높아 외부 자극에 쉽게 각성되기 때문에 최적 자극을 추구하기 위해 사회적 자극을 회피하는 경향이 있다.

(2) 신경증(N: 신경과민성)

① 정서적 안정성-불안정성 차원으로 불리며 정서적으로 불안정한 성향을 의미한다.

② 하위특질: 불안, 우울, 수줍음, 죄책감, 낮은 자존감의 하위특질들로 구성된다.

③ 생물학적 특징: 자율신경계(또는 시상하부 및 변연계) 기능에서의 생물학적 차이와 연관성이 있다. 즉, 자율신경계가 더 잘 흥분하고, 한번 흥분하면 여파가 길기 때문에 스트레스에 빠르게 반응하고 위험 상황이 지나간 후에도 스트레스 반응이 더 오래 지속된다.

(3) 정신증(P: 정신병적 성향)

① 충동조절-정신병 차원으로 불리며, 빈약한 현실감과 무기력을 특징으로 나타내는 정신병의 취약성과, 타인의 권리를 존중하지 않는 반사회적 성향을 포함한다.

② 하위특질: 공격성, 공감의 결여, 대인관계에서의 냉담함, 반사회적 행동 경향성의 하위특질들로 구성된다.

③ 생물학적 특징: 도파민 수준과 관련이 있으며 남성 호르몬 수준과도 연관성이 높다.

> **더 알아보기　그레이(Gray)의 대안** `기출 14`
>
> 그레이는 아이젠크의 외향성(E)과 신경증(N)보다 충동성과 불안이 더 의미를 갖는다고 본다. 충동성은 높은 E와 낮은 N을, 불안은 낮은 E와 높은 N이 된다. 그레이의 차원으로 정의하면, 아이젠크의 E는 높은 충동성과 낮은 불안, N은 낮은 충동성과 높은 불안이다. 그레이도 아이젠크처럼 자신의 특질차원의 생리적 토대를 가정했다. 행동접근체계(BAS)와 행동억제체계(BIS)가 그것이다. 행동접근체계는 신경전달물질인 도파민 방출과 관련 있다고 추측되며, 행동억제체계는 편도핵이 중요한 역할을 한다고 추측된다.

08 성격의 5요인 모델

참고 **이론의 발달과정**

- 노먼(Norman): 동료 평정의 요인분석 연구에서 5개의 기본적인 성격차원을 발견한 후, 다양한 표본과 측정 도구를 사용한 연구에서 5요인을 반복적으로 발견했다.
- 코스타(Costa)와 맥크레이(McCrae): 5요인을 설명하는 6개의 하위 차원을 발견하고, 이를 바탕으로 240개 항목의 질문지법검사인 NEO-PI-R(The Revised NEO Personality Inventory)을 개발했다.
- 5요인: 상당한 신뢰도와 타당도를 가지며 성인기 동안에도 비교적 안정적인 특성들로 밝혀졌다.
- 빅 파이브(Big Five): 1981년에 골드버그(Goldberg)가 그때까지의 연구를 종합한 후 붙인 애칭이다.

1. 성격의 5요인 기출 16

(1) **신경증(N)**: 불안, 우울, 분노 등 부정적 정서를 잘 느끼며, 부정 정서성, 정서적 불안정성이라고도 한다.
  ① 높은 경우: 정서적으로 예민하고 불안정하며 사소한 일에 상처를 잘 받는 경향이 있다.
  ② 낮은 경우: 침착하고 편안하며 기분의 변화가 적고 스트레스에 대한 정서적 반응의 강도가 낮다.
  ③ NEO-PI-R 요인: '불안, 적대감, 우울, 자의식, 충동성, 스트레스 취약성'이 있다.

(2) **외향성(E)**: 다른 사람과 함께 교류하는 인간관계적 자극을 추구하는 성향을 뜻한다.
  ① 높은 경우: 심리적 에너지 방향이 외부로 향하고 활동수준이 높아 사교적·자기주장적이고 긍정적 정서를 잘 느낀다.
  ② 낮은 경우: 혼자서 하는 일을 더 좋아하는 경향이 있다.
  ③ NEO-PI-R 요인: '따뜻함, 군집성, 주장성, 활동성, 흥분 추구, 긍정적 정서'가 있다.

(3) **개방성(O)**: 호기심이 많고 새로운 체험을 좋아하며 다양한 경험과 가치에 열린 자세를 지닌 개방적 성향을 뜻한다.
  ① 높은 경우: 모험적이고 미적 감수성이 뛰어나며 상상력이 풍부하고 지적 탐구심이 강하다.
  ② 낮은 경우: 인습적·현실적이며 권위와 전통에 대해 수용적 태도를 지닌다. 전통, 권위, 안정, 질서를 좋아하고 전통적 권위에 순응적이며 의견통일을 중요시하는 경향이 있다.
  ③ NEO-PI-R 요인: '상상력, 심미안, 감정 자각, 다양한 행위, 지적 호기심, 가치 개방성'이 있다.

(4) **우호성(A)**: 다른 사람에 대해 우호적이고 협동적인 성향을 뜻하며, 친화성이라고 불리기도 한다.
  ① 높은 경우: 따뜻하고 부드러우며 공감적이고 이타적인 행동을 보인다.
  ② 낮은 경우: 적대적이고 호전적일 뿐만 아니라 다른 사람의 감정을 이해하는 공감능력이 부족하며, 자신의 욕구 충족을 위해 다른 사람의 감정을 무시하고 타인의 고통에 둔감하다.
  ③ NEO-PI-R 요인: '신뢰성, 솔직성, 이타성, 순응성, 겸손함, 온유함'이 있다.

(5) **성실성(C)**: 자기조절을 잘하고 책임감이 강한 성취지향적 성향을 말한다.
  ① 높은 경우: 주어진 일을 유능하게 처리하며 계획적이고 신중하며 질서정연한 것을 좋아한다. 자신의 원칙·목표에 따라 삶을 계획적으로 영위하고, 약속시간을 잘 지키며 과제에 체계적으로 접근하고 논리적으로 분석한다.
  ② 낮은 경우: 산만하고 일관성이 없으며 분명한 목표와 계획 없이 나태한 삶을 영위하는 경향이 있다. 책임감이 부족하여 신뢰감 있는 인간관계를 유지하는 것을 어려워한다.
  ③ NEO-PI-R 요인: '유능성, 질서정연, 책임의식, 성취 추구, 자기절제, 신중성'이 있다.

2. 5요인 모델 성격체계

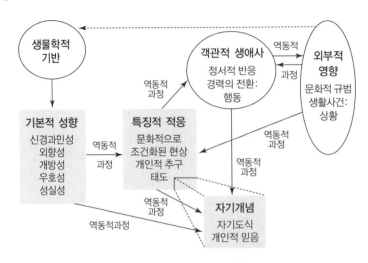

[그림 1-3] 5요인 모델 성격체계

(1) 5요인 모델 성격체계(FFT personality system)
① 5요인의 성격특질이 개인과 환경 속에서 어떤 과정을 통해 개인의 삶에 영향을 미치는지를 설명하고자 5요인 이론 성격체계를 제안했다.
② 성격을 구성하는 핵심요소로 기본적 성향, 특징적 적응, 자기개념이 있다.

(2) 성격의 핵심 구성요소
① **기본적 성향(기본경향)**: 개인의 사고, 감정, 행동 패턴에 영향을 미치는 일련의 성격특질을 뜻한다. 이는 생물학적 요인에 기반을 둔 것으로 생애 초기에 영향을 받고 전 생애에 걸쳐 지속되지만 질병, 외부적 사건에 의해 변형되기도 한다.
② **특징적 적응**: 개인의 기본적 성향이 특정한 사회문화적 환경에서 구체화되어 나타나는 적응상태를 의미한다.
③ **자기개념**: 적응과정에서 형성하는 자기도식으로, 개인이 의식할 수 있는 스스로에 관한 인지적－정서적 인식체계를 의미한다. → 자신에 대한 평가, 신념, 태도로서 삶의 목적과 일체감을 주는 정체성을 말한다.
④ **주변 요소**
　㉠ **생물학적 기반**: 성격특질을 결정하는 유전적 요인과 생물신체적 요인을 의미한다.
　㉡ **인생경험**: 특징적 적응이 전 생애를 통해 나타난 역사적 사건들을 의미한다. 특정한 시기의 행위와 경험은 당시 상황에 의해 촉발된 특징적 적응의 다양한 측면이 복합적으로 작용한 것이다.
　㉢ **외부적 영향**: 개인의 삶에 영향을 미치는 문화적 규범과 생활사건을 의미한다. 사회적·물리적 환경은 성격특질과 상호작용하여 개인적 적응에 영향을 미치고, 또한 개인적 적응과 상호작용하여 행동을 조절한다.

3. 5요인 이론의 평가

(1) 타당성에 대한 증거

① 비교문화적 일관성: 여러 문화권에서 성격을 기술하는 자연언어를 요인분석한 결과, 5요인과 동일하거나 유사한 요인들이 일관성 있게 발견되었다.

> **참고** 골드버그(Goldberg)의 기본어휘가설(1990)
>
> 인간의 상호작용에서 중요한 의미를 지니는 개인의 성격특성은 언어의 어휘로 자리 잡고 있으며, 대인관계에서 중요한 성격특성일수록 그 특성과 관련된 어휘가 더 많다.

② 진화론적 관점: 성격 5요인은 인간뿐만 아니라 영장류의 생존과 번식에 중요한 역할을 하는 심리적 속성이다.

③ 유전적 기반: 5요인에 관여하는 유전의 영향이 확인되었다. 유전성 추정치는 개방성이 가장 높고, 우호성과 성실성은 낮았다.

④ 성격장애와 관련성: 성격장애는 정상적인 성격특질이 극단적인 형태로 나타난 것이다.

   예 강박성 성격장애의 경우 성실성이 극단적으로 높고, 반사회성 성격장애의 경우 우호성이 극단적으로 낮다.

⑤ 개인의 삶을 예측하는 데 유용함: 성실성은 취업가능성, 직무수준을 예측하고, 신경증은 다양한 정신장애 가능성을, 우호성과 성실성은 부부관계나 직장 생활에서 대인관계 양상을 예측하는 성격특질로 알려져 있다.

(2) 비판 기출 23

① 성격의 5요인 모델에 모든 학자가 동의하는 건 아니다. 요인분석에서 도출되는 요인의 수는 어떤 절대적인 기준에 의해 결정되는 것이 아니라 해석 가능성에 의해 결정된다.

② 이론적 기반이 취약하다. 5요인은 심리학적 또는 생물학적 이론 기반 위에서 도출된 것이 아니라 성격을 기술하는 단어나 문장에 대한 요인분석을 통해 도출된 것이다.

③ 개인을 이해하는 데 중요한 성격특질들(예 정직성, 남성성 또는 여성성, 보수성향, 종교성, 성적매력, 유머감각 등)을 포함하지 못한다.

④ 기타: 성격의 내면적 구조나 역동 과정에 대한 설명을 제시하지 못하며, 성격특질이 특정한 상황에서 특정한 행동을 하도록 만든다는 심리적 과정에 대한 설명도 부족하다.

> **더 알아보기** 성격의 HEXACO(6요인) 모델
>
> - 6요인: 정직-겸손성, 정서성, 외향성, 우호성, 성실성, 개방성으로 구성되어 있다.
> - 정직 – 겸손성
>   - 높은 경우: '성실한, 정직한, 믿음직한, 충직한, 겸손한' 경향
>   - 낮은 경우: '교활한, 사기적인, 탐욕스러운, 가식적인, 위선적인, 자기자랑하는, 거만한' 속성
> - 성격의 검은 삼인조(the dark idea): 비윤리적이고 반사회적인 착취적 대인관계 스타일과 관련된 3가지 성격특질, 즉 '반사회성/정신병질', '권모술수적 교활성', '자기애'를 말한다.

1. 기질

(1) 기질의 의미

① 기질: 한 사람의 전반적인 '정서적 특질'로 다양한 인간 행동에 영향을 미친다.

② 클로닝거(Cloninger): 선천적으로 각인되어 자동적으로 발현되는 정서적 반응으로 개인의 심리적 적응에 강한 영향을 미친다.

(2) 클로닝거의 기질차원 기출 24

구분	특징
새로움 추구 (NS; Novelty Seeking)	• 새로운 자극에 의해 행동이 활성화되는 성향 • **구성**: 흥분성, 충동성, 무절제성, 무질서성 • **강한 사람**: '활발히 탐색하는', '충동적인', '씀씀이가 헤픈', '화를 잘 내는' 특성 • **약한 사람**: '절제하는', '융통성이 없는', '검소하고 절약하는', '태연자약한' 특성 ➡ 외향성 및 충동성과 관련, 두뇌의 행동 활성화 시스템(BAS, 행동접근체계), 도파민
위험회피 (HA; Harm Avoidance)	• 위험한 자극에 의해 행동이 억제되는 경향성 • **구성**: 예기적 걱정, 불확실성에 대한 공포, 수줍음, 피로 민감성 • **강한 사람**: '비관적인', '두려움이 많은', '수줍어하는', '쉽게 지치는' 특성 • **약한 사람**: '낙관적인', '위험을 무릅쓰는', '사교적인', '활력이 넘치는' 특성 ➡ 불안 성향과 관련, 두뇌의 행동 억제 시스템(BIS, 행동억제체계), 세로토닌
보상의존성 (RD; Reward Dependence)	• 사회적 보상 신호와 타인의 감정에 대한 민감성에서의 개인차 • **구성**: 감수성, 따뜻한 의사소통, 애착, 의존성 • **강한 사람**: '감수성이 예민한', '사회적인', '따뜻한', '동정심이 많은' 특성 • **약한 사람**: '비판적인', '혼자 지내는', '거리를 두는', '독립적인' 특성 ➡ 인정 및 승인 추구 성향을 반영, 두뇌의 행동 유지 시스템(BMS), 노르에피네프린
끈기 (P; Persistence)	• 지속적인 보상 없이도 행동을 지속하는 경향성 • **구성**: 인내심, 노력의 적극성, 완고한 직업, 야망성, 완벽주의 • **강한 사람**: '목적 달성에 열심인', '단호한', '성취의 야망이 있는', '완벽주의적인' 특성 • **약한 사람**: '무관심한', '자기조절을 못하는', '적게 성취하는', '실용적인' 특성 ➡ 두뇌의 행동 유지 시스템(BMS)

2. 성품

(1) 성품의 이해

① 특정한 기질을 가지고 태어나더라도 어떤 후천적인 경험을 하느냐에 따라서 개인의 성격과 적응수준은 달라질 수 있다.

② 클로닝거(Cloninger): 개인의 성격에 대한 가치평가적 용어로서 긍정적인 성격특질을 뜻한다.

(2) 클로닝거의 성품차원 _{기출 24}

구분	특징
자율성	• 개인이 자신을 얼마나 자율적인 자아로서 이해하는가와 관련된 척도 • 자기결정력, 의지력의 두 가지 기본 개념에 기초하는 특성 • 자신이 선택한 목표, 가치를 이루고자(자기 결정력) 자신의 행동을 상황에 맞게 통제·조절·적응하는 능력(의지력)으로 정의할 수 있음
연대감	• 개인이 자신을 얼마나 사회의 한 일부로서 이해하는가와 관련된 성격 척도 • 타인에 대한 수용 능력 및 타인과의 동일시 능력에서의 개인차를 측정함
자기초월	• 개인이 자신을 얼마나 우주의 한 일부로서 이해하는가와 관련된 성격 척도 • 우주 만물과 자연을 수용하고 동일시하며 이들과 일체감을 느끼는 능력에서의 개인차를 측정함

참고 ── **그레이(Gray)의 강화 민감성 이론**

• 강화 민감성 이론(RST; Reinforcement Sensitivity Theory): 보상과 처벌에 대한 민감성이 개인마다 다르다는 점에 주목하여 강화 민감성 이론을 제시했다. 보상과 처벌에 대한 민감성에서 개인차가 나타나는 이유는 뇌 구조와 관련된 3가지 행동 체계가 존재하기 때문이다.

• 행동체계

행동 활성화(접근) 체계(BAS)	• 보상체계라고 불리며 보상 자극에 민감하게 반응해 미래에 얻게 될 예기적 쾌감을 촉진하고 접근행동을 유발 • 각성을 조절하는 뇌 부위(대뇌피질, 시상, 선조체)와 관련되며 외향성, 충동성, 낙관주의, 보상지향성과 같은 성격특질에 영향을 미침
행동 억제 체계(BIS)	• 처벌체계라고 불리며 처벌, 불확실성, 낯선 자극에 민감하게 반응하여 회피행동을 유발 • 뇌간과 전두엽 일부가 관련되며 위험을 신속하게 인식하고 조심스러운 회피행동을 촉진함으로써 걱정과 불안을 느끼기 쉬운 성격특질에 영향을 미침
투쟁-도주 체계 (Fight-Flight system; FFS)	• 긴박한 위협 상황에서 공격행동, 도주행동을 유발하며 분노와 공포 정서에 영향을 미침 • 위협적인 혐오자극에 민감하기 때문에 위협체계라고 불림

제 **3** 절 사회인지적 관점

사회인지적 관점은 성격심리학에서 비교적 최근에 부각된 이론으로, 성격에서 인간의 인지적 요소를 강조하는 관점이다. 즉, 상황의 요구를 변별하는 능력, 자신의 내적 상태와 행동을 검색하는 능력, 목표를 설정하고 설정된 목표를 지향하여 행동을 계획·수행하는 능력 등이 성격의 인지이론에서 강조하는 요소이다. 인지이론에서는 켈리(Kelly)와 로터(Rotter)가 선구자로 간주된다. 이후 사회적 정보처리를 강조한 사회인지적 성격이론이 등장하였으며, 대표적인 학자로는 미셸(Mischel), 반두라(Bandura) 등이 있다.

10 켈리(Kelly)의 구성개념

1. 성격과 개인적 구성개념

(1) 과학자로서의 인간

① **의미**: 과학자가 사실을 기술, 설명, 예측, 통제하는 과정에서 가설을 설정하고 실험을 하는 것과 마찬가지로 인간은 모두 사실에 대한 구성개념을 가지고 있으며, 이 구성개념을 가지고 어떤 사건을 예측하고 통제한다.

② **'구성개념적 대안주의' 철학**: 세상을 구성하는 방식에는 다양한 대안이 존재하며 개인은 자신의 구성방식을 다른 대안으로 얼마든지 변화시킬 수 있다는 것이다. 즉, 인간은 자신이 가진 구성개념을 상황에 맞는 대안적 구성개념으로 수정하거나 대체하는 주체로서 현실에 적응해 가는 존재다.

③ **중요성**: 미래지향적인 관점을 가지게 하며, 환경에 단순히 반응하기 보다는 환경을 능동적으로 표현해 가는 능력을 가지고 있다.

(2) 개인적 구성개념

① **성격**: 개인의 구성개념을 파악하는 것이다.

② **개인적 구성개념**: 개인이 세계 속에 있는 사건을 보는 방식, 즉 인생의 사건을 해석·설명하기 위해 고안된 지적 가설이다.

③ **구성개념의 형성**: 유사성과 상이성의 인지적 과정으로 개인적 구성개념을 형성한다. 3가지 요소가 필요(유사성−상이성)하며, 비교와 대조가 동일한 맥락에서 발생해야 한다.

2. 기본가정 및 추론

(1) 기본가정

개인의 과정은 그가 사건을 예견하는 방식에 의해 심리적으로 통로화된다.

(2) 11가지 추론

구분	내용
구성개념	• 개인은 사건의 반복을 해석함으로써 사건을 예견함 • 반복되는 사건들 간 유사성 때문에 우리가 미래에 그러한 사건을 어떻게 경험할 것인가를 예언할 수 있음을 의미함
개별성	• 개인의 사건 구성개념은 각자 다름 • 개인이 사건을 해석하는 데 있어 보이는 개인차를 강조한 것으로, 사람들은 각기 다른 방식으로 지각하고 해석함을 의미함
조직화	• 각 개인은 특성적으로, 예견하는 사건에서 자신의 편의를 위해 구성개념들 간의 서열 관계를 수용하는 어떤 구성개념 체계를 발전시킴 • 구성개념 간의 관계성을 강조한 것으로, 개인이 구성개념들의 유사성과 차이점에 따라 구성개념들을 체계적 패턴으로 배열함을 의미함
이분법	• 개인 구성개념 체계는 유한한 이분법적 구성개념들로 구성됨 • 두 가지의 배타적인 대안적 구성개념을 가정한 것으로, 구성개념이 양극적임을 의미함
선택	• 개인은 자신을 위해 이분법적 구성개념 중 어느 하나를 선택하며, 이 선택을 통해 개인은 자신이 가진 체계의 확장과 정의를 위해 더 큰 가능성을 예견함 • 개인의 선택 자유를 강조한 것으로, 개인은 자신에게 가장 부합하게 작동하는 대안적 구성개념을 선택한다는 것을 의미함. 개인이 선택한 구성개념은 그에게 예견되는 사건의 결과를 예언하도록 허용할 것임
범위	• 구성개념은 유한한 사건만을 예견하기에 편리하다는 것 • 구성개념의 편리함 또는 적용성의 범위를 강조한 것으로, 개인의 어떤 구성개념이 단지 하나의 상황이나 한 사람에게 제한될 수도 있고 많은 상황이나 많은 사람에게 적용될 수도 있음을 의미함
경험	• 개인의 구성개념 체계는 그가 연속적으로 사건들의 반복을 해석함으로써 변화됨 • 새로운 경험에 대한 노출을 강조한 것으로, 인간은 끊임없이 경험들을 통해 자신의 구성개념을 검증하여 불필요하고 부적절한 구성개념은 수정하고 대체해 나간다는 것을 의미함
조절	• 개인 구성개념 체계에서의 변화는 변형된 구성개념들이 위치한 편리함의 범위 내에서 구성개념들의 침투성에 의해 제한됨 • 구성개념의 새로운 경험에 대한 적응을 강조한 것으로, 구성개념의 침투성에 따라 새로운 요소를 편리함의 범위에 투과시키거나 받아들이도록 허용한다는 것을 의미함
분열	• 개인은 추론적으로 서로 비교할 수 없는 다양한 구성개념 하위 체계를 계속적으로 이용할 수 있음 • 구성개념들 간의 경쟁을 강조한 것으로, 개인은 때때로 자신의 전체적인 구성개념 체계 내에 모순되거나 비일관적인 하부 구성개념들을 가질 수 있다는 것을 의미함
공통성	• 한 사람이 다른 사람이 사용하는 것과 유사한 경험의 구성개념을 사용하는 정도에 따라, 그의 심리적 과정은 다른 사람의 심리적 과정과 유사하다는 것 • 사건을 해석하는 사람들의 유사성을 설명한 것으로, 개인의 구성개념은 독특하지만, 같은 문화 또는 집단에 속한 사람들은 유사한 구성개념들을 가진다는 것을 의미함
사회성	• 한 사람이 다른 사람의 구성개념 과정을 해석하는 정도에 따라, 그는 다른 사람을 포함하는 사회적 과정에서 역할을 수행할 수 있다는 것 • 인간의 대인관계를 강조한 것으로, 우리는 타인이 생각하는 방식을 이해하고 타인이 어떻게 행동할 것인가를 예언하려 노력하며, 그에 따라 우리의 행동을 수정한다는 것을 의미함

3. 성격형성 과정

(1) 편의성 범위(range of convenience)

① 의미: 한 구성개념이 유용하게 사용되는 일련의 사건을 의미하는 것으로, 어떤 구성개념에게는 넓고 또 다른 어떤 구성개념에게는 좁을 수 있다.

② 예측효율성 손실: 하나의 구성개념을 편의성 범위 밖의 사건들에 적용하려고 할 때 발생한다.

③ 구성개념의 투과성(삼투성): 편의성 범위가 새로운 사건을 포함하기 위해 펼쳐질 수 있는 정도이다.

ㄱ 투과적인 구성개념: 새로운 유형의 사건이 매우 쉽게 그 편의성 범위 안으로 들어오게 허용한다.

ㄴ 비투과적인 구성개념: 더욱 완고하며 새로운 사건이 그 구성개념의 편의성 범위 안에 들어가기 어렵다.

④ 예측효율성: 편의성 범위를 확장하여 증진할 수 있고, 정의나 확장을 통해 개선될 수 있다.

ㄱ 정의(definition): 과거에 적용했던 방식으로 구성개념을 유사하게 적용하는 것을 말한다. 현재 예측이 정확하다면 그 구성개념은 또 다른 새로운 사건을 성공적으로 예측할 수 있으므로 보다 정확하고 정밀해진다.

ㄴ 확장(extension): 구성개념의 편의성 범위를 증가시켜서 그 구성개념의 유용성을 확대하는 선택이다. 확장시키는 한 가지 방법은 친숙한 사건을 예측하기 위해 새로운 방식으로 구성개념을 사용하는 것이다.

(2) 편의성 초점(focus of convenience)

① 의미: 구성개념이 가장 잘 예측할 수 있는 사건들을 말한다.

② 한 구성개념의 편의성 초점은 그 편의성 범위의 한 부분이다.

③ 성격이론을 평가하는 데도 적용된다.

ㄱ 정신역동: 넓은 편의성 범위이며, 정신병리가 편의성 초점이다.

ㄴ 사회인지: 좁은 편의성 범위이며, 일반인이 편의성 초점이다.

4. 심리장애

(1) 부적응과 장애의 원인

① 어떤 해석이나 예언이 계속 틀린 것으로 확인되는데도 고치지 않는 것이다.

② 불안: 직면하고 있는 사건이 자신의 구성개념 체계의 편의성 범위 밖에 놓여 있다는 인식이다.

③ 공포: 새로운 구성개념이 기존의 구성개념 체계 속으로 들어오려고 할 때 경험된다.

④ 위협: 기존의 구성개념 체계가 포괄적인 변화에 직면했을 때 경험된다.

(2) 건강한 성격

① 구성개념들의 타당성을 평가하고자 하는 의지를 지니고 있다.

② 타당하지 않은 것으로 밝혀진 구성개념들을 포기하거나 재구성할 수 있다.

③ 구성개념 체계의 범위와 조망을 확장하려는 욕구가 있다.

④ 다양한 사회적 역할을 잘 수행하는 능력을 가지고 있다.

5. 상담에의 적용

(1) 구성개념의 재구성 과정

① 구성개념체계의 예측효율성을 증진시키기 위하여 내담자들이 구성개념체계를 정교화하거나 바꾸도록 돕는 것이다.

➡ 내담자의 예측을 개선하도록 돕는 과정으로 내담자를 더 나은 과학자로 만든다.

② 재구성의 유형

㉠ 대비적 재구성(contrast reconstruction): 상담과정에서 내담자가 자신에 대해 호의적–적대적 과정을 계속 되풀이하는 형태의 재구성을 말한다.

㉡ 통제된 정교(controlled elaboration): 명료화를 통해 재구성을 가져오는 방식으로 구성개념들의 서열체계를 재조직하는 것을 말한다.

(2) 역할구성개념 목록검사(REP test) 기출 15 추시

① 개인적 구성개념 체계를 이해하는 것을 돕기 위해 고안되었다.

② 이 검사는 한 개인의 인생에서 유의미한 사람들의 유사점과 차이점을 비교함으로써 구성개념을 나타내 줄 수 있으며, 한 개인의 구성개념 체계의 복잡성과 일생에 걸친 구성개념의 변화를 탐색하기 위해 사용된다.

③ 절차

㉠ 피검자에게 개인적으로 중요한 의미를 가지고 있으리라고 예상되는 20~30명의 사람을 규정하는 역할명칭목록(역할명칭일람)을 제시한다.

㉡ 각각의 역할에 설명되어 있는 것과 가장 일치하는 사람의 이름을 인물이라고 부르기도 하는데, 각 역할에 해당되는 인물이 결정되면 피검자가 기록한 인물 가운데 세 명의 인물을 제시하고,

㉢ 그 중 두 명의 인물이 어떤 중요한 점에서 비슷하며 나머지 한 명의 인물과는 어떤 점에서 다른가를 말하게 한다.

④ 형태

㉠ 일람형(list form): 구성개념의 내용적 측면을 측정한다.

㉡ 격자형(grid form): 내용적 측면과 더불어 구조적 측면까지 측정할 수 있다.

⑤ 제한점: 사람들의 구성개념을 항상 말로 표현할 수는 없다.

⑥ 2가지 주제

㉠ 대인관계 특성에 관한 내용: 구성개념 내에서 서로 대립되는 '사랑을 베푸는 – 자기중심적인, 민감한 – 둔감한, 타인과 교류 – 무관심' 등으로 표현된다.

㉡ 안정성(확신감)에 대한 내용: '의존적 – 건강한, 불안정한 – 자기확신적인, 삶에 만족 – 불만족' 등으로 표현된다.

⑦ 역할구성개념 목록 예시

구분	유사 인물	유사 구성개념	구별 인물	대조적 구성개념
내용	자신 – 아버지	행복을 중요시함	어머니	실용성을 중요시함
	교사 – 행복한 사람	침착함	언니	불안함
	남자친구 – 여자친구	좋은 경청자	과거의 친구	감정을 표현하지 못함
	싫어하는 사람 – 직장 상사	자신의 목표를 위해 사람을 이용함	좋아하는 사람	타인을 배려함
	아버지 – 성공한 사람	지역사회에서 활동적임	상사	지역사회에서 비활동적임
	싫어하는 사람 – 상사	남을 비하함	언니	타인을 존중함
	어머니 – 남자친구	내향적임	과거의 친구	외향적임
	자신 – 교사	자기충족적임	도움을 받는 사람	의존적임
	자신 – 여자친구	예술적임	남자친구	창조력이 부족함
	상사 – 여자친구	세련됨	오빠	세련되지 못함

(3) 고정역할치료

① 1단계 자기성격묘사: 내담자가 자기 자신에 대해 기술하되 3인칭으로 시작하도록 한다.

② 2단계 고정역할묘사: 주요활동은 어떤 구성개념 특성을 지닌 인물의 특성을 묘사하여 그 인물의 고정된 역할을 제시하는 것이다. 고정역할은 어디까지나 마치 그 사람인 것처럼 가정하고 해본다는 점을 유의해야 한다.

③ 3단계 고정역할시연: 상담자가 작성한 고정역할묘사를 내담자에게 제시한 다음, 이를 제대로 이해하고 있는지와 고정역할을 수락하는지를 확인하고 이를 실생활에서 시연하도록 하는 것이다.

④ 목적: 성격의 재구성이다. 내담자가 자기 스스로 새로운 방식으로 표현하도록 하고, 새로운 방식으로 이해하게 함으로써 전보다 더 만족스러운 삶을 살도록 허용하는 예측효율성을 가진 구성개념 체계의 진화를 촉진하고자 한다.

11 로터(Rotter)의 사회학습이론

1. 일반성과 특수성

(1) 일반적 구성요소로 이루어진 이론

① 장점: 적은 양의 정보를 가지고 여러 상황에서 많은 예측이 가능하다.

② 단점: 측정이 어렵고 예측의 정확도가 떨어진다.

(2) 특수한 구성요소로 된 이론

① 장점: 측정하기 쉽고 예측의 정확도는 높다.

② 단점: 특정 상황에서만 가능하다는 한계가 있다.

(3) 로터의 사회학습이론

① 일반적 구성요소와 특수한 구성요소의 혼합체이므로 두 이론의 장점을 모두 가진다. 이 이론에서는 각 상황에 대한 특수한 기대가 있는 반면, 상황을 초월하는 일반화된 기대도 존재한다.

② **일반화된 기대**: 다양한 상황에 적용되는 기대로, 우리가 새로운 상황에 직면할 때 적용되는 기대이다.

　예 사람들을 믿을 수 있다고 생각하는 정도인 '대인신뢰'는 로터가 강조한 일반화된 기대 중 하나이다.

2. 기대−강화가치 모델 기출 20

(1) 2가지 기본가정

① 성격은 학습된다.

② 성격은 구체적 목적으로 동기화된다.

(2) 모델

① **의미**: 어떤 상황에서 특정 행동이 나타날 잠재력은 그 행동이 특정 결과를 가져올 확률인 기대(E)와 그 결과와 연합된 부적 또는 정적 값, 즉 강화 값(RV)의 함수이다.

$$B(Behavior\ Potential) = f(Expectancy,\ Reinforcement\ Value)$$
$$행동잠재력(BP) = f(기대: E,\ 강화가치: RV)$$

② **행동경향성(R)은** 두 가지 요소인 강화가치와 기대에 달려 있다. 강화가치와 기대는 독립적이므로 행동요소는 두 요소를 모두 고려해서 예견해야만 한다(행동경향성 = 강화가치×기대).

　예 상습적인 도둑은 잡혀서 처벌받을 확률(E)을 일반인보다 낮게 볼 뿐만 아니라 처벌 자체에 대한 두려움(RV)도 일반인보다 낮기 때문에 도둑질을 한다.

(3) 구성요소

① **행동잠재력**: 특정 상황에서 특별한 행동을 할 가능성을 의미한다.

② **기대**: 주어진 행동이 특정한 성과나 강화물을 산출하게 하는 주관적 가능성을 말한다.

더 알아보기　**로터의 기대 종류**

- 첫째, 단순한 인지 혹은 자극의 명명이다. 예를 들어 "나는 저 그림이 피카소가 그린 그림이라고 생각한다."라고 말하는 것처럼 단순한 인식을 말한다.
- 둘째, 행동 강화 결과에 대한 기대이다. 예를 들어 "만약 내가 동생의 옷을 입으면, 동생이 나에게 화를 낼 것이다."라고 예견하는 것이다.
- 셋째, 강화 순서에 대한 기대이다. 예를 들어 "서울대학교에 합격하고 졸업하면, 좋은 직장에 취업하게 될 것이고, 경제적으로 어려움이 없을 것이다."라고 단계적으로 예견하는 것을 말한다.

---

③ **강화가치**: '행동의 성과'와 동의어로, 성과를 바라는 정도를 의미한다. 즉, 개인이 많은 강화 중 특별한 강화에 중요성이나 선호도를 부여하는 것을 의미한다.

④ **심리적 상황**: 개인의 자극에 대한 지각·반응에 영향을 주는 내적 및 외적 조합, 즉 개인이 반응하는 심리적 맥락을 말한다. 각 개인이 같은 상황을 각기 다르게 해석하는 것이 중요하다.

3. 통제소재

(1) 통제소재

① 의미: 어떤 결과가 자신의 행동이나 특성에 달려있다고 믿는 정도이다.

② 강화의 원천에 대한 우리의 신념에서 성격차이를 설명하기 위해 통제소재라는 개념을 제안했다. 사람들이 갖는 일종의 일반화된 기대를 통제소재라고 할 수 있다.

(2) 구분

① 내부 통제소재: 자신의 성공, 실패가 내부 요인(예 노력, 능력 등)에 의해 결정된다고 보는 일반화된 기대이다. 자신의 삶은 자신의 통제하에 있다고 믿으며 그러한 신념에 따라 행동한다.

② 외부 통제소재: 성공과 실패가 자신의 노력보다는 외부 요인(예 운)에 의해 결정된다는 일반화된 기대이다. 자신의 행동과 능력이 그가 받는 강화에 전혀 영향을 미치지 못한다고 믿으므로 상황을 개선하려는 노력에 가치를 거의 부여하지 않는다.

③ 주의점

    ㉠ 통제소재의 개념을 유형론으로 해석하면 안 된다. 즉, 두 가지 유형으로만 나누어 설명해서는 안 된다.

    ㉡ 일반화된 기대이기 때문에 상황을 초월하여 사람의 행동을 예측하지만 상황에 따라 달라질 수 있다.

④ 내외 통제성 척도(I-E Scale): 외적 통제를 하는 사람과 내적 통제를 하는 사람은 서로 다르기 때문에, 로터는 이러한 성격변인을 측정하기 위해 자기보고식 검사인 '통제소재 척도'를 개발했다.

4. 심리장애

(1) 심리적 부적응

① 낮은 성공 기대수준과 높은 수준의 욕구가치를 보인다. 따라서 자신의 노력을 통해 자신이 원하는 바를 이루지 못할 것이라 믿는다.

② 기대 수준이 낮은 사람: 자신의 기대가 비합리적이라는 것에 통찰을 가지게 하고, 실패에 대한 공포에서 벗어날 수 있도록 해야 한다.

③ 목표 수준이 높은 사람: 목표 수준을 조정하여 성취할 수 있는 수준이 되도록 도와야 한다. 특히 순차적으로 작은 목표를 성취하게 하는 것이 중요하다.

(2) 적응적인 사람

높은 성공 기대수준과 현실적인 목표 수준을 지닌다.

---

12 미셸(Mischel)의 사회인지적 성격이론

1. 인지-정서(정동) 처리체계(CAPS)

(1) 인지정동 단위

① 부호화 방략(encoding strategies): 외부의 상황적 특성을 자신, 타인, 세상에 관한 특정한 의미로 해석한 내용을 의미한다.

② **기대와 신념(expectancies and belief)**: 개인이 사회적 세계, 즉 특정한 상황에서의 행동의 결과와 자기 효능성에 대해 가지는 기대와 신념을 뜻한다.

➡ 행동결과 기대, 자극결과 기대, 효능기대 등이 있다.

③ **정서(정동, affection)**: 생리적 반응을 포함한 느낌·감정·정서 반응을 말한다.

➡ 뜨거운 인지(hot cognition): 인지 과정에서 강렬한 정서를 활성화시키는 사고다.

④ **목표와 가치(goals and values)**: 개인이 소망하는 바람직한 결과와 정서 상태 또는 회피하고자 하는 혐오스러운 결과와 정서 상태로, 개인적인 목표, 가치, 인생과업을 포함한다.

⑤ **인지 및 행동 역량(능력)과 자기조절 계획(competencies and self-regulatory plans)**: 선택할 수 있는 행동 가능성과 행동 각본을 포함하여 행위를 조직화하고 결과에 영향을 미치기 위한 계획과 방략을 의미한다.

㉠ **인지 및 행동 역량**: 목표를 달성하기 위해 필수적인 과제를 수행하거나 문제를 풀 수 있는 개인의 인지 및 행동상의 능력이다.

㉡ **자기조절 체계**: 자신의 행동을 조절하기 위해 인지과정을 활용하는 체계를 말한다. 이러한 자기조절 체계는 복합적·장기적인 목표를 외적 자원이 없을 때조차 오랜 기간 발달·유지하는 현상을 설명한다.

(2) 만족지연

① **의미**: 미래의 더 큰 보상을 위해 당장의 보상을 포기하는 행동이다.

② **방략**: 주의전환이나 인지적 변환을 통해 좌절된 상황을 중성적이거나 유쾌한 상황으로 전환시키는 방략이 더 효과적이다.

(3) 행동서명(behavior signature)

서명이 사람마다 다르면서도 시간이 지나도 변하지 않기 때문에 신원 확인에 사용되는 것처럼, 상황-행동 관계 패턴도 사람마다 다르지만 개인 안에서는 안정적이다.

2. 개인-상황 논쟁

(1) 개인-상황 논쟁

① 인간의 행동이 성격 또는 상황적 단서 중 어떤 것에 의해 결정되는지에 대한 논쟁을 뜻한다.

② 미셸이 성격특성으로 개인의 행동을 예측할 수 없다고 주장하면서 제기되었다.

(2) 상황론자와 성격론자

① **상황론자**: 성격이 허구적 개념이라고 주장했다. 개인의 행동은 상황에 따라 달라지며 상황적 요인에 의해서 결정되기 때문이라는 것이다. 특히 개인의 행동에 일관성이 없다는 것은 성격의 개인차가 존재하지 않는 증거다.

② **성격론자**: 개인이 상황마다 다른 행동을 나타내는 것에는 나름대로의 일관성이 있으며 개인의 행동은 직면한 상황과 그의 성격을 함께 고려함으로서 예측 가능하다.

1. 상호결정론

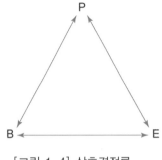

[그림 1-4] 상호결정론

(1) 상호결정론

① 개인, 환경, 행동의 상호작용을 이해해야 개인의 심리적 기능을 이해할 수 있다. 즉, 사람(P)과 그가 처한 환경(E), 그의 행동(B)의 세 요인이 상호작용하여 인간의 행동이 결정된다는 이론이다.

② 상호작용 방향

    ㉠ 개인과 환경이 상호작용한다.

    ㉡ 개인과 행동이 상호작용한다.

    ㉢ 환경과 행동이 상호작용한다.

(2) 요소

① **개인(P):** 인지능력, 신체적 특성, 성격, 신념, 태도 등을 뜻한다.

② **환경(E):** 물리적 환경, 가족, 친구, 사회적 환경을 뜻한다.

③ **행동(B):** 신체적 반응, 사회적 상호작용, 언어 등을 뜻한다.

2. 사회학습 이론 `기출 24`

(1) 사회학습 이론

① **의미:** 타인의 행동을 모방하고 관찰하는 것만으로도 인간은 행동을 학습할 수 있다.

② 사회학습의 유형

구분	내용
모방학습 (modeling)	다른 사람의 행동을 그대로 따라 하는 것
관찰학습 (observational learning)	사회적 상황에서 다른 사람의 행동을 관찰해 두었다가 관찰한 행동 중에서 성공할 수 있다는 확신을 가질 수 있는 행동만을 선택적으로 반복하는 학습방법
대리학습 (vicarious learning)	다른 사람의 행동이 어떤 결과를 가져오는지를 관찰함으로써 자신이 그러한 행동을 했을 경우 초래될 결과를 예상하는 학습방법

(2) 관찰학습

① 사회적 환경에서 타인의 행동을 관찰함으로써 새로운 행동을 습득하는 것이다.

② 강화가 없더라도 학습이 일어나지만, 수행은 강화가 존재할 때 나타난다.

③ 모델링에 영향을 주는 3가지 요인

    ㉠ 모델의 특성은 모델을 모방할 경향성에 영향을 준다.

    ㉡ 관찰자의 특성은 모델링에 영향을 준다. 자존감과 자신감이 낮은 사람이 특히 모델을 모방할 경향이 높다.

    ㉢ 행동과 관련된 보상 결과는 모델링의 효과에 영향을 준다.

(3) 관찰학습 과정 `기출 19, 24`

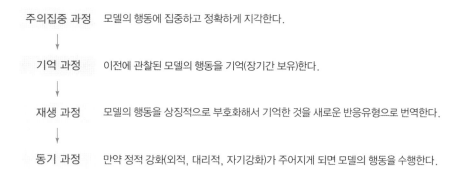

[그림 1-5] 관찰학습 과정

과정	내용
주의집중 과정	• 관찰대상이 되는 모델의 행동 및 행동결과에 주의를 집중하는 과정 • 주의집중에 영향을 미치는 요인: 관찰자의 특징, 모델의 특징, 행동의 기능적 가치(모델의 행동이 관찰자에게 이득이 된다고 판단되는 정도), 인간관계의 구조적 성질(자주 접촉하는 모델에 더 집중) • 모델의 특성: 유사성이 높은 모델, 모델이 유능한 사람일 때, 호감도가 높은 사람
기억(파지) 과정	• 관찰한 것을 기억하기 위해 심상을 형성하거나 말로 저장함 • 기억(파지) 과정이 중요한 이유: 모델을 관찰하여 학습한 내용을 학습 직후에 바로 행동으로 옮기는 것이 아니라, 나중에 그러한 행동이 필요할 때에 행동에 옮기기 때문 • 심상과 언어적 부호화: 모델의 행동이 기억되어 나중에 행동으로 전환되도록 하는 수단 • 심상: 모델을 관찰하는 동안에 보고 있는 내용을 생생하고 쉽게 기억해 낼 수 있는 심상을 형성함 • 언어체계: 개인은 관찰한 내용을 언어로 부호화하여 저장함
재생 과정	• 모델을 모방하기 위해 심상 및 언어로 저장된 상징표상을 적절한 행동으로 전환하는 과정 • 반복적인 연습(재현과정): 인지조직화 – 반응 시작 – 반응 조정 – 반응 정교화 • 모델의 행동에 대한 기억과 자신의 행동 사이에 불일치가 지각되면 교정이 시도되며, 반복과 피드백에 기초하여 운동이 비슷하게 재생됨
동기(유인) 과정	• 강화를 통해 행동의 동기를 높여주는 단계 즉, 관찰을 통해 학습한 행동을 실제 수행으로 옮기고자 하는 동기가 발생하는 과정 • 행동의 수행 여부는 강화에 의해 동기화가 이루어졌는지에 따라 좌우될 수 있음 • 직접강화, 대리강화, 자기강화와 같은 다양한 형태의 강화가 동기화를 이룸

- **직접강화**: 과거에 자신이 직접 다른 사람으로부터 어떤 강화를 받았느냐에 따라 수행 여부를 판단하는 것이다.
- **대리강화**: 관찰자가 모델이 한 행동이 강화 받는 것을 보는 것만으로도 강화로 작용하는 것을 말한다. 즉, 개인이 어떤 행동을 했을 때 다른 사람에게 직접 강화를 받는 것보다는 덜하겠지만 강화를 받는 타인의 모습을 보는 것만으로도 강화 효과가 있어 학습이 이루어진다는 것이다.
- **자기강화**: 어떤 행동에 대해 자기 자신에게 내적 강화를 주는 것이다.

3. 자기효능감

(1) 자기효능감

① **의미**: 어떤 일(과제)을 잘 해내는데 필요한 행동을 자신이 성공적으로 실행할 수 있다는 개인적 신념이나 기대를 뜻한다.
➡ 자신이 특정한 목표를 달성해 낼 수 있다는 능력에 대한 신념이다.

② **자아존중감과의 차이점**: 자아존중감은 자기가치에 대한 판단을 포함하지만, 자기효능감은 개인의 능력에 대한 판단을 의미한다.

③ **로터의 통제소재와의 차이점**: 로터의 통제소재는 '행동이 결과에 영향을 줄 것인가'의 여부를 기대하는 것이고, 자기효능감은 '개인이 특정 행동을 할 것인가'를 예측하게 한다.

④ **관찰학습과 연관**: 관찰학습은 관찰자가 타인의 행동을 관찰하고, 관찰한 행동의 실행여부를 인지적으로 결정한다. 즉, 인지적 의사결정 과정에 해당하는 개인의 자기효능감이 관찰한 행동의 실행여부를 결정한다.

⑤ 자신에 대한 전반적 효능감도 존재하지만 특수한 영역에서의 효능감도 존재한다.
　㉠ **일반적 자기효능감**: 자신이 일반적인 상황 대부분에서 적절하게 행동하고 바람직한 결과를 얻을 수 있다고 기대하고 믿는 것이다.
　㉡ **특수적 자기효능감**: 특정영역이나 과제에 국한되는 것으로 사회적, 학업적 자기효능감 등이 있다.

(2) 자기효능감과 결과기대 `기출 21`

① 개인과 행동 간 관계에 대해 형성되는 것이 자기효능감 즉 효능기대라면, 행동과 결과 간 관계에 대해 형성되는 믿음이 결과기대이다.

② **효능기대**: 자신이 어떠한 행동을 해낼 수 있다는 기대로, 상황에 필요한 행동을 자신이 성공적으로 수행할 수 있다는 기대다.

③ **결과기대**: 어떤 상황에서 자신이 한 행동이 특정한 결과를 유발할 것이라는 기대다.

(3) 원천 `기출 15 추시`

① **실제 성취경험**: 목표를 달성하는 시도에서 비롯된 성공과 실패에 대한 과거 경험은 자기효능감의 가장 중요한 결정요인이다.

② **대리경험**: 타인의 성공과 실패를 목격하는 것은 유사한 상황에서 개인의 유능감을 평가하기 위한 비교 근거를 제공한다. 다시 말해, 개인의 관찰경험도 자기효능감의 중요한 결정요인이 된다.

③ **언어적 설득**: 타인으로부터 과제 숙달 가능 여부에 대해 듣는 것도 자기효능감을 증가 또는 감소시킬 수 있다. 비록 이러한 언어적 설득은 효과가 약하지만 자기효능감의 결정요인으로 작용한다.

④ **정서적 각성**: 주어진 상황에서 개인이 느끼는 정서적 각성의 정도와 질로부터 영향을 받는다. 개인이 느끼는 불안의 정도는 어려움, 스트레스, 어떤 과제가 나타내는 지속성의 지각된 정도에 대한 중요한 정보를 제공한다. 높은 불안 수준은 과제를 효과적으로 해결하지 못하고 있다는 인식을 통해 자기효능감을 낮추는 반면 평안하고 유쾌한 정서는 자기효능감을 높인다.

4. 자기조절

(1) 의미
사람들이 자신을 동기화하기 위해 목표를 설정하여 자기 행동을 스스로 조절하는 것이다.

(2) 자기조절 실행과정

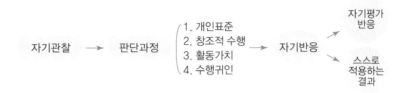

[그림 1-6] 자기조절 실행과정

① **자기관찰**: 자신의 행동을 스스로 관찰하는 것이다.
② **판단과정**: 인간이 자신의 행동을 어떤 기준과 비교하는 것을 말한다. 이러한 기준은 사회적인 기준이나 자신의 개인적인 기준이 될 수 있다.
③ **자기반응**: 기준에 따라 스스로를 판단한 후 기준에 비해 잘했다고 생각되면 스스로에게 보상을 주고(자기강화), 기준에 비해 모자란다고 생각되면 처벌하는 것(자기처벌)을 의미한다.
　　㉠ 자기강화가 일어나면 더 발전한 학습행동을 동기화한다.
　　㉡ 자기처벌은 적절하지 못한 행동을 억제하거나 수정하도록 동기화한다.

5. 병리적 성격

(1) 우울
① **원인**: 달성하기 힘든 목표로 인해 자신의 가치가 부정적으로 평가되면서 발생한다.
② **자기관찰**: 자신의 실수는 과장하여 지각하고 과거에 자기가 성취한 것들은 축소하여 지각한다.
③ **판단과정**: 성공 기준을 비현실적으로 적용하여 다른 사람이 성공이라고 판단하는 것도 자신은 실패로 판단한다.
④ **자기반응**: 자신에 대한 평가가 가혹할 뿐만 아니라 자신의 수행 결과와 관련하여 자신을 호되게 꾸짖는 경향이 있다. 이들은 자신의 실수나 단점과 관련하여 자신을 혹독하게 대한다.

(2) 공격행동
① **정적 강화**: 피해자에게 상처를 입히는 것을 즐기기 위해서이다.
② **부적 강화**: 타인의 공격으로부터 해를 입는 것을 피하거나 방지하기 위해서이다.
③ **처벌**: 공격적으로 행동하지 않았다는 이유로 야단을 맞거나 해코지를 당하기 때문이다.
④ **자기강화**: 공격행동을 개인의 수행표준으로 삼고 살아가기 때문이다.
⑤ **대리강화나 처벌**: 타인이 공격행동을 하여 보상 받거나 공격행동을 하지 않아 처벌 받는 것을 관찰해서이다.

(3) 공포증

① 대상에 대한 직접적인 접촉이나 부적절한 일반화에 의해서도 학습되지만, 주로 관찰학습으로 습득된다.

② 공포증이 한번 자리를 잡으면 공포 대상을 회피하여 얻게 되는 부적 강화로 인해 그 행동이 유지된다.

(4) 모델링

① 모델링의 효과

㉠ 새로운 반응이나 기술, 기술을 수행하는 방법 등을 획득할 수 있다.

㉡ 학습된 반응이 촉진될 수 있으며, 공포나 불안이 줄어들 수 있다.

② 모델링의 단계

㉠ 동조: 단순히 타인의 행동과 똑같은 행동을 하는 것이다.

㉡ 관찰학습: 모델이 행동하는 것을 관찰한 다음 그 행동을 비슷하게 재생하는 것이다.

㉢ 비제지: 타인이 처벌받지 않고도 자신에게 위협적인 행동을 하는 것을 관찰한 후, 그 행동을 시도해 보는 것이다.

6. 동기와 목표

(1) 동기

① 사회인지적 개념인 목표와 표준(규준)을 통해 동기에 접근한다.

② 목표: 개인이 추구하여 궁극적으로 도달하고자 하는 종착점이다.

③ 표준(규준, standard): 목표를 추구하는 과정에서 개인이 자신의 행동이나 중간 결과를 평가하는 기준점이다.

㉠ 자신이 설정하거나 타인의 의해 주어질 수 있으며, 표준 도달 여부에 따라 보상과 처벌을 기대하게 된다.

㉡ 표준은 자기평가와 자기강화의 기준이 된다.

(2) 동기화 수준의 결정요인

① 자기효능감: 특정 행동에 대한 자기효능감은 그 행동을 수행하고자 하는 자기동기화를 크게 증가시킨다.

② 피드백: 사람은 피드백을 통해 자신의 노력 수준을 조절할 수 있어, 목표를 현실화하는 가능성을 높일 수 있다. 또한 어떤 행동을 수행하고 성취한 때 받는 피드백은 그 행동에 대한 자기효능감 수준을 증가시킨다.

③ 목표 달성에 걸리는 시간: 멀리 보이는 목표보다 머지않아 성취할 수 있을 것 같은 목표에 동기화될 가능성이 더 크다.

제 4 절 정신역동적 관점

정신역동적 관점의 기본가정은 성격이 사람 내부에 있는 힘에 의해 유도된다는 것이다. 이 관점을 취한 이론가들은 모든 인간 행동을 동기화하고 움직이도록 하는 힘에 초점을 맞춘다. 프로이트에 의해 창시되었으며 성격 내부의 역동적인 갈등을 강조하기 때문에 정신역동이론이라고 불린다. 후기에 등장한 신프로이트 학파는 몇 가지 점에서 프로이트의 입장과 차이를 보였다. 융(Jung)은 무의식이 프로이트의 이론에서처럼 억압된 내용으로 구성되어 있지 않다고 주장했으며, 부정적인 역할보다 인류와 지혜, 경험이 축적된 저장고의 역할을 한다고 보았다. 호나이(Horney), 프롬(Fromm), 설리번(Sulivan) 등은 성 충동보다 사회적 환경의 중요성을 강조했다. 하트만(Hartmann)과 에릭슨(Erikson) 등의 자아심리학자들은 자아를 원초아의 봉사자로 보는 프로이트의 입장에 반대하면서 자아의 독립적 영역을 주장했다. 클레인(Klein), 캔버그(Kenberg), 말러(Mahler) 등의 대상관계이론가들은 유아의 중요한 타인(대상)과의 관계에 초점을 두었다.

14 프로이트(Freud)의 정신분석이론

1. 기본가정

(1) 정신결정론

정신결정론은 인과론의 원리, 즉 인간의 모든 행동은 원인 없이 일어나지 않는다고 가정한다.

(2) 무의식적 정신과정

인간의 심리적 세계에는 개인에게 자각되지 않은 무의식적 정신현상이 존재하며, 인간의 행동은 의식적 요인보다 무의식적 요인에 의해 훨씬 더 강력한 영향을 받는다는 것이다.

(3) 성적 추동

성적 추동이 인간의 가장 기본적 욕구이며 무의식의 주된 내용을 구성한다는 가정이다.

(4) 어린 시절 경험

어린 시절의 경험, 특히 부모와의 상호작용 경험이 성격을 형성하는 기초를 이룬다고 본다.

2. 성격의 구조

(1) 마음의 지형학적 모델

① 의식 수준: 항상 자각하고 있는 지각, 사고, 정서경험을 포함한다. 이러한 의식적 경험은 인간의 정신세계에 있어 극히 일부분에 해당된다.

② 전의식 수준: 평소에 의식하지 못하지만 약간의 노력을 기울이면 쉽게 의식으로 떠올릴 수 있는 기억과 경험을 의미한다. 특히 전의식은 무의식의 내용을 의식으로 연결하는 교량 역할을 한다.

③ 무의식 수준: 자각하려는 노력에도 불구하고 쉽게 의식화되지 않는 다양한 심리적 경험을 포함한다. 무의식은 수용되기 어려운 성적 욕구, 폭력적 동기, 부도덕한 충동, 비합리적 소망, 수치스러운 경험과 같이 의식에 떠오르면 위협적인 것으로 느껴지기 때문에 억압된 욕구, 감정, 기억의 보관소라고 할 수 있다.

> **참고** **지형학적 모델**
>
> 지형학적 모델은 무의식의 중요성을 강조한다. 무의식에 존재하는 심리적 요인에 의해 정신장애가 유발될 뿐 아니라 인간의 행동 대부분이 결정된다는 것이다. 따라서 정신분석치료의 핵심은 무의식에 억압된 심리적 내용을 찾아내고 의식화하는 것이다.

(2) 성적 추동

① 의미: 마음을 움직이는 원동력으로, 정신에너지의 근본은 신경생리적 흥분 상태에서 비롯된다. 추동은 신체적 흥분이 소망의 형태로 나타나는 것이다.

② 종류
  ㉠ 삶의 추동(eros): 성 본능은 신체기반이 된다. 리비도는 정신에너지의 일부분이며 생존 본능과 성 본능이 내재하는 힘이다.
  ㉡ 죽음의 추동(thanatos): 잔인성, 공격, 자살, 살인 등을 나타내는 것으로, 생존 본능인 리비도적 에너지와 달리 죽음의 본능 에너지 체계에는 아무런 이름이 붙여지지 않았다.

③ 이중본능이론: 삶의 본능인 성욕과 죽음의 본능인 공격욕이 인간의 주된 2가지 욕구라는 것이다.

(3) 성격의 삼원구조이론(구조적 가설) 기출 23

① 원초아: 충동적 행동을 유발하는 원초적 욕구와 이를 충족시키려는 심리적 과정을 의미한다.
  ㉠ 쾌락원리: 현실적 여건을 고려하지 않고 즉각적으로 욕구를 충족하는 원리이다.
  ㉡ 일차과정: 자기중심적이고 비현실적이며 비논리적인 원시적 사고이다.
  ㉢ 부착: 리비도는 욕구를 충족시켜 줄 대상에게 지향되어 투여되는데, 이 과정을 부착이라고 한다.

② 자아: 환경에 대한 현실적인 적응을 담당하는 심리적 구조와 기능을 의미한다.
  ㉠ 현실원리: 현실적 여건을 고려하여 판단하고 욕구충족을 지연하며 행동을 통제한다.
  ㉡ 이차과정: 자아는 인지기능을 비롯한 감정조절, 만족지연, 좌절 인내와 같은 다양한 적응기능을 담당하며, 현실적이고 이성적인 사고과정을 나타낸다.

③ 초자아: 마음속에 내면화된 사회적 규범과 부모의 가치관을 말한다.
  ㉠ 2가지 구성요소: 자아이상(자신이 잘한 행동에 대해서 자부심을 느끼는 것으로 부모의 보상이나 칭찬으로 발생), 양심(자신이 잘못한 행동에 대해 죄책감을 느끼는 것으로 부모의 통제나 처벌을 통해 발생)이다.
  ㉡ 도덕원리: 행동의 선악을 판단하는 도덕적 규범이나 가치관이다.

3. 성격의 발달

(1) 심리성적발달단계

① 리비도의 이동에 따라 발달하며, 발달순서와 특징은 범문화적이다.
② 심리성적발달단계에서 욕구가 과도하게 좌절되거나 충족되면, 성적 에너지가 그 단계에 고착되어 성인이 된 이후에도 그 단계의 만족을 추구하는 성격특성을 나타낸다.

(2) 심리성적발달단계 특징

발달단계	특징
구강기 (0~1.5세)	리비도가 입에 집중되는 시기로 영아는 구강경험을 통해서 세상의 쾌락과 고통을 경험함
항문기 (1.5~3세)	리비도가 항문에 집중되는 시기로 유아는 배변훈련을 통해 긴장과 이완을 느끼며 쾌락과 고통을 경험함
남근기 (4~6세)	• 리비도가 남근에 집중되는 시기로 아동은 자신의 성기에 대해 관심을 갖기 시작하며 부모와의 삼각관계 속에서 갈등과 불안을 경험함 • 프로이트는 이러한 삼각관계에서 겪게 되는 복잡한 심리적 갈등과 불안을 남아의 경우 오이디푸스 콤플렉스, 여아는 엘렉트라 콤플렉스라고 명명했는데, 이러한 콤플렉스는 동성 부모와의 동일시를 통해 극복되고 초자아가 더욱 발달됨
잠복기 (7세~사춘기 이전)	• 리비도의 에너지가 잠복되어 있는 시기로 동성친구나 선생님, 이웃 등 외부세계에 관심이 집중되는 시기 • 아동들은 잠복기 동안에 우정관계, 운동, 취미, 학교 활동 등을 통해 성적충동을 승화시킴
성기기 (사춘기 이후)	• 사춘기의 신체적, 생리적 변화로 인해 잠복기에 억압되었던 성적 충동이 다시 강해지면서 이성과의 친밀한 관계를 형성하고자 함 • 성역할 정체감과 성인으로서의 사회적 관계가 발달함

4. 성격과 방어기제

(1) 불안의 종류

① 객관적(현실적) 불안: 외부 세계로부터 오는 위협에 대한 두려움으로, 외부 세계가 주는 실제 위협의 정도와 불안의 정도가 비례한다.

② 신경증적 불안(자아와 원초아의 갈등)

    ㉠ 자아가 원초아의 충동을 적절히 조절하지 못하여 처벌 받을지도 모른다는 생각에서 발생한다.

    ㉡ 발생과정: 내적 충동 → 외적인 처벌과 위험 → 객관적 불안 → 충동의 억압 → 억압의 부분적인 붕괴 → 충동 파생체 출현 → 신경증적 불안

③ 도덕적 불안(자아와 초자아의 갈등)

    ㉠ 양심에 대한 두려움으로 자아가 초자아의 양심이나 기대에 미치지 못할 때 발생한다.

    ㉡ 양심에 근거하며 원초아 충동은 사회의 도덕적·이상적 규준에 대립되므로 죄책감, 부끄러움을 느낀다.

(2) 불안이 발생했을 때 자아의 반응

① 자아는 합리적으로 문제를 해결하기 위해 대처 노력을 증가시킨다. 이 방법은 현실불안을 다룰 때 적합하다.

② 자아는 무의식적으로 방어기제를 사용한다.

(3) 자기방어기제

① 의미: 사회적으로 용납되기 어려운 원초아의 충동표출과 초자아의 강한 도덕적 압력으로 생기는 불안으로부터 자아를 보호하기 위한 기제이다.

② 자아가 원초아의 충동이 의식으로 나오려는 위협에 대응하는 방법

    ㉠ 충동이 의식적 행동으로부터 표현되는 것을 봉쇄하는 방법이다.

    ㉡ 충동을 왜곡시켜서 원래의 강도를 현저하게 감소시키거나 빗나가게 하는 방법이다.

③ 방어기제의 특징
　㉠ 방어기제는 무의식적으로 작용하기 때문에 스스로 자기 자신을 알지 못하는 자기기만적인 특성이 있다.
　㉡ 개인이 현실을 거부하거나 왜곡하여 지각하게 함으로써, 불안으로부터 자아를 보호하려는 비현실적·방어적
　　체계이다.
　㉢ 문제에 대한 직접적인 해결방법이 아닌 간접적·우회적인 문제 해결방법이다.
④ 방어기제의 종류 기출 22, 23

구분	내용
부인 (denial)	자신의 감각·사고·감정을 심하게 왜곡하거나 인식하지 못함으로써 고통스러운 현실을 부정하는 것
억압 (depression)	수용하기 힘든 원초적 욕구나 불쾌한 경험이 의식에 떠오르지 못하도록 무의식 속에 눌러 두는 것
투사 (projection)	용납할 수 없는 자신의 감정, 욕구를 다른 사람의 것으로 돌리는 것
전치/대치/치환 (displacement)	자신의 본능적 충동을 위협적인 대상이 아닌 보다 안전한 대상에게로 이동시켜 발산하는 것
반동 형성 (reaction formation)	받아들일 수 없는 충동이나 욕구로부터 벗어나기 위해 그와 정반대인 행동을 하는 것
합리화 (rationalization)	빈약한 성과나 실패와 같이 불쾌한 상황을 그럴듯한 이유로 정당화하여 불안을 회피하는 것
승화 (sublimation)	성적 욕구나 공격적인 욕구를 사회적으로 수용될 수 있는 건설적인 행동으로 변환하는 것
퇴행 (regression)	이전의 발달 단계로 되돌아감으로써 현재의 불안이나 책임감을 회피하는 것
고착 (fixation)	다음 단계로 발달해 나가는 것이 불안하여 그냥 현재 단계에 머무는 것
동일시 (identification)	다른 사람의 특징을 자신의 것으로 여기면서 불안과 같은 부정적인 감정을 감소시키는 것
보상 (compensation)	자신의 부족한 부분을 감추려 약점을 지각하지 않거나 어떤 긍정적인 특성을 발전시키는 것
주지화 (intellectualization)	정서적인 주제를 이성적인 주제로 전환하여 추상적으로 다룸으로써 불안을 회피하는 것
취소 (undoing)	허용될 수 없는 상상이나 행동을 반증하거나 물리는 것
상환 (restitution)	무의식의 죄책감을 씻으려고 사서 고생하는 것 예 한 가장이 가족은 끼니를 때울 것이 없어 굶는데, 조금이라도 돈이 생기면 몽땅 자선 사업에 바쳐 버리는 경우
대체형성/대치 (substitution)	목적한 것을 갖지 못해 생기는 좌절감을 줄이고자 원래 것과 비슷한 것을 취해 만족을 얻는 것

⑤ 베일런트(Vaillant)의 방어기제 성숙도에 따른 분류
  ㉠ 성숙한 방어: 승화, 이타주의, 유머 등이 있다.
  ㉡ 신경증적 방어: 억압, 반동 형성, 대치, 합리화 등이 있다.
  ㉢ 미성숙한 방어: 퇴행, 신체화, 동일시, 행동화 등이 있다.
  ㉣ 자기애적 방어: 부정, 분리, 투사 등이 있다.
⑥ 방어기제의 유형
  ㉠ 기만형: 불안이나 위협을 감정이나 태도를 변경시킴으로써 인식을 달리하려는 기제 → 합리화, 억압, 투사
  ㉡ 대체형: 불안이나 위협을 그럴듯한 것으로 대신하려는 기제 → 보상, 전치, 치환, 반동 형성, 승화, 주지화
  ㉢ 도피형: 불안이나 위협적인 현실에서 탈출, 비현실적 세계로부터 도피를 통해 만족과 위안을 추구하려는 기제 → 고착, 퇴행, 부인, 동일시

5. 꿈 해석

(1) 현재몽과 잠재몽

구분	현재몽	잠재몽
내용	• 수면자의 감각기관으로부터 들어오는 영상 • 의식적이며, 감각적 인상으로 구성	• 무의식적 사고, 느낌, 소망 등이 꿈으로 나타나는 것 • 무의식적이며, 충동과 소망으로 구성

(2) 잠재몽의 내용

① 현재적 감각 경험: 잠을 자고 있는 동안에 엄습하는 감각 자극이다. 이러한 의미에서 꿈은 '수면 보호자'의 역할을 한다. 외부자극을 꿈속에 혼합시키기 때문에 수면 중에 각성을 방지할 수 있다.
② 현재의 관심과 걱정: 이러한 관심과 걱정은 수면자의 무의식에서 계속 활성화되어 있다.
③ 충족되지 못한 무의식적 충동: 잠재몽에서 가장 중요한 것으로, 각성 시에 자아의 작용으로 충족되지 못한 무의식적 원초아의 충동이다. 이 충동은 아동기의 갈등과 관련있으며 유아적이고 원초적인 내용이 많다.
④ 꿈 작업: 무의식적 욕구가 의식수준에 직접 표현된다면 혼란스럽거나 죄책감을 느낄 수밖에 없다. 자아가 의식하기에는 너무나 고통스럽고 위협적인 잠재 내용을 덜 고통스럽고 의식적으로 수용할 수 있으며 덜 위협적인 현재 내용으로 바꾸는 것을 꿈 작업이라 한다.

15 아들러(Adler)의 개인심리학

1. 개인심리학의 기본가정

(1) 창조론적 존재

① 인간을 사회적 환경 속에서 나름대로의 인생목표를 추구하는 창조론적인 존재로 보았다.
② 프로이트는 인간을 결정적이고 생물학적 관점에서 바라본 반면, 아들러는 목적론적이고 사회심리적인 관점에서 인간을 이해하고자 했다.
③ 인간은 사회적 관계 속에서 자신이 선택한 목표와 가치를 추구하는 존재이며, 유전과 환경의 영향을 받지만 자신의 모든 경험을 개인적이고 주관적인 방식으로 해석하는 창조적인 힘을 가지고 있다.

(2) **가정**

① **인간은 목적론적 존재**: 모든 인간의 행동은 목적성을 지니고 있으며 과거에 끌려가는 존재가 아니라 미래의 목표를 향해 나아가는 창조적 존재다.

② 인간 행동의 기본적인 목적은 열등감을 극복하는 것이다.

③ 현실에 대한 주관적 인식을 강조하며 무의식보다 의식을 중시한다.

④ 인간은 사회적 존재다. 인간은 기본적으로 공동체 의식, 즉 사회적 관심을 지니는 존재다.

⑤ 인간은 자신의 목표를 향해 통일성 있게 나아가는 통합적인 존재다.

> **참고**　**개인심리학의 인간관**
>
> 인간은 '유일한', '분해할 수 없는', '자아 일치된', '통합된' 실체로 사회·생태적 체계 속에 한 구성요소로 속한 것으로 보아야 하며 사람은 인생 목표를 무시하고는 이해될 수 없다. 개인심리학에서는 인간을 자신의 성격을 만들어 가는 창조자로 보고 사회적인 측면을 강조한다.

2. 열등감

(1) **열등감**

① **기관열등**: 열등한 기관의 성장이 억제되거나 전체 또는 부분이 변형된 신체 부분이다.

② **기관열등의 원인**: 기관열등은 유전적이거나 혹은 환경적 손상이나 사건, 변이의 결과일 수 있다.

③ **기관열등의 보상**: 기관열등의 보상은 긍정적 또는 부정적 방향으로 이루어진다.

④ **열등감**: 인간 존재 자체에서 비롯되며 심리적 사실이고 동기유발의 근거가 된다. 열등감은 사회적 관심, 용기 등과 연결되어야 한다.

⑤ **열등감을 보상하는 스타일의 차이**: 열등감을 보상하는 스타일의 차이는 생활양식에서 나타난다.

(2) **열등 콤플렉스(병적 열등감)의 원천**

① **기관의 결함(신체적 열등감)**: 원천은 개인의 신체와 관련된 것으로 개인이 부모에게서 물려받은 자신의 신체를 어떻게 생각하는가와 관련된다. 하지만 신체적으로 허약한 정도와 열등감의 정도가 비례하는 건 아니다. 특히 신체적 결함에 대한 열등감을 극복하지 못하고 열등 콤플렉스에 빠질 때 정신적인 문제가 생긴다.

② **과잉보호**: 원천은 부모의 자녀교육과 관련된 것으로, 자녀를 독립적으로 키우느냐 혹은 의존적으로 키우느냐는 부모의 양육방식에 따라 달라진다. 부모에게 과잉보호를 받고 자란 아이는 다른 사람이 항상 모든 것을 대신 해주므로 자신감이 부족하여, 어려운 고비에 부딪히면 자신에게 해결할 능력이 없다고 믿고 열등 콤플렉스에 빠진다. 예 마마보이

③ **양육태만(무관심)**: 원천은 부모가 자녀에 대한 최소한의 도리를 하지 않는 것이다. 방임된 아이들은 근본적으로 자기가 필요하지 않다고 느끼기 때문에 열등 콤플렉스에 빠질 수 있다. 즉, 방임된 아이들은 자신의 능력을 인정받거나 애정을 얻거나 남들에게 존경받을 기회를 갖지 못해 자신감을 잃고 세상을 살아가게 된다.

3. 우월추구

(1) 우월추구 `기출 22`

① 의미: 모든 인간이 문제에 직면할 때, 부족한 것은 보충하고 낮은 것은 높이고 미완성의 것은 완성하며 무능한 것은 유능하게 만드는 선천적인 경향성이다.

② 아들러: 우월감 추구는 삶의 기초적인 사실이며 인간의 기본적인 욕구이고 모든 사람의 선천적인 경향성으로 보았다.

(2) 특징

① 유아기의 무능과 열등에 뿌리를 두는 기초적인 동기이다.

② 정상인과 비정상인에게 공통적으로 존재한다.

③ 우월추구의 목표는 긍정적(사회적 관심과 연결) 또는 부정적 방향(이기적 목표, 신경증적 증상)이 있다.

④ 많은 힘과 노력을 소모하므로 긴장이 해소되기보다는 증가한다.

⑤ 개인 및 사회적 수준에서 동시에 일어난다. 즉, 개인의 완성을 넘어 문화의 완성을 도모한다.

4. 가상적인 최종목적과 사회적 관심

(1) 가상적 최종목적론 `기출 22`

① 인간의 행동은 어떤 목표를 지향하며 이 목표는 유전적 산물이 아닌 자유롭고 창의적인 선택의 산물이다. 인간은 누구나 자신의 인생에서 실현하고자 하는 궁극적인 목표를 지니며, 이를 가상적(허구적) 최종목표라고 한다.

② 이러한 목적론은 아동기 때 형성된 것으로, 열등감을 느끼는 순간부터 이를 극복하려는 목적에서 만들어진다.

③ 목적론적 입장: 인간의 심리현상을 이해하려면 목적을 아는 게 중요한데, 최종목적이 개인의 성격을 구성한다.

④ 한 사람의 가상적 목표를 알면 그 행동이 지니는 의미와 그의 생활양식이 지니는 의미를 알게 된다.

⑤ 근거: 철학자 바이빙거(Vaihinger)의 저서 '만일 ~처럼의 철학'에 근거한다. 인간은 누구나 허구적인 이상에 의해서 살아가는데 이러한 허구적 이상은 실제적인 대응물을 갖지 못하는 관점에 불과하지만 개인의 삶에 강한 영향을 미칠 뿐만 아니라 중요한 실제적인 유용성을 지닌다.

(2) 사회적 관심(공동체감)

① 타인이나 사회적 환경과 조화를 이루기 위해서 타협하고 협동하려는 노력 그리고 사회적 이익과 발전을 위해서 자신을 희생하며 기여하려는 노력을 모두 포함하는 개념이다.

② 사회적 관심, 즉 공동체감을 정신건강의 중요한 지표로 보았으며, 교육과 훈련을 통해 함양될 수 있다고 보았다.

③ 3가지 발달적 측면

㉠ 1단계 타고난 기질: 다른 사람과의 관계를 추구하고 협동하는 기질적 측면을 의미하며 선천적인 개인차를 나타낼 수 있다.

㉡ 2단계 개인적 능력: 타인을 이해하고 공감하며 협동과 기여를 할 수 있는 사회적 능력을 말한다. 이러한 능력은 교육과 훈련을 통해 함양될 수 있는 협동의 기술이다.

㉢ 3단계 일반적인 태도: 다른 사람과의 협동을 소중하게 여기고 사회적 이익을 위해 헌신하려는 의지를 말한다.

5. 생활양식

(1) 생활양식

① 각자의 삶을 살아가는 개인의 독특한 신념과 행동방식: 개인이 자신과 타인, 세상에 대해 지니는 나름대로의 신념체계뿐 아니라 일상적인 생활을 이끌어 나가는 감정과 행동방식이다.

➡ 개인의 성격을 움직이는 체계적인 원리로, 삶의 목표를 향해 나아가는 개인의 독특한 방식을 의미하며 인생목표, 자기개념, 가치, 태도 등이 포함된다.

② 4~5세경에 이미 정해지고 쉽게 변하지 않으며, 수동적이 아니라 창조적으로 형성된다.

(2) 유형 기출 22

① 생활양식은 사회적 관심과 활동수준으로 구분되는 이차적인 모형이다.

② 유형별 특징

영역	사회적 관심	활동 수준	내용
지배형	↓	↑	• 사회적 관심이 거의 없고 활동수준은 높은 유형 • 주장적이고 공격적이며 적대적인 태도를 보임 • 부모가 힘으로 자녀를 지배하고 통제할 때 형성됨 • 능동적이지만 다른 사람의 복지를 고려하지 않고 공격적, 반사회적인 태도를 보임
획득 (기생)형	↓	↓	• 사회적 관심이 적고 활동수준도 낮은 유형 • 자신의 욕구충족을 위해 다른 사람에게 의존함 • 부모가 자녀를 지나치게 과잉보호할 때 형성됨 • 다른 사람으로부터 가능한 한 더 많은 것을 얻는 것이 주된 관심사임
회피형	↓	↓	• 사회적 관심도 적고 활동수준도 낮은 유형 • 인생의 모든 문제를 회피함으로써 모든 실패 가능성도 모면함 • 부모가 자녀의 기를 꺾어버리는 경우에 형성됨 • 매사 소극적이고 부정적이며, 자신감이 없어 적극적으로 직면하는 것을 피함
사회적 유용형	↑	↑	• 사회적 관심과 활동수준이 모두 높은 유형 • 자신과 타인의 욕구충족은 물론이고, 인생의 과제를 완수하기 위해 기꺼이 다른 사람에게 협력하려는 의지를 가짐 • 부모가 이타적인 모습을 보이는 경우에 형성됨 • 성숙하고 긍정적이며, 심리적으로 건강한 사람의 표본이 됨

㉠ 사회적 관심: 개인의 이익보다 사회 발전을 위해 다른 사람과 협력하는 것을 뜻한다.

㉡ 활동수준: 개인이 보여주는 에너지의 양이며, 활동수준이 건설적인지 파괴적인지는 사회적 관심과 결합될 때 알 수 있다.

6. 기본적 오류와 보호기제

(1) 기본 실수(기본적 오류)

① 초기 회상에서 파생되는 것으로, 생활양식의 자기파괴적인 측면을 의미한다. 따라서 이러한 기본실수를 상식적으로 바꾸고 사회적 관심을 포함시켜야 한다.

② 범주: 과잉일반화, 안전에 대한 그릇된 또는 불가능한 목표, 생활과 생활 요구에 대한 잘못된 지각, 개인 가치의 최소화 또는 부정, 잘못된 가치관이 있다.

(2) 보호기제

① 프로이트의 방어기제와 같이 아들러도 정신적 보호기제가 있다고 보았고, 이를 보호성향이라고 불렀다.

② 프로이트의 방어기제는 불안으로부터 자아를 보호하기 위해 무의식적으로 작동하는데, 아들러의 보호기제는 사회적 상황에서 자존감을 의식적으로 보호하는 경향이다. 또한 방어기제는 개인적·내적인 반면, 아들러의 보호기제는 일차적으로 대인관계라는 점에서 차이가 있다.

③ 종류

구분	내용
변명	• '예, 그렇지만(하지만)' 유형: 처음에는 다른 사람이 듣기 좋게 말하고 나중에 어떤 핑계거리를 대는 것 예 "그래요, 내가 당신을 따라가 줄게요! 하지만 그렇게 하다간 직장에서 해고당할 수도 있어요." • '그랬으면 좋겠지만' 유형: 자신의 약점을 보호하고 자기 가치를 부각하기 위한 것으로 남들이 자신을 실제보다 우월하게 생각하도록 만들고자 하는 것
철회	• 후퇴하기: 자신의 삶에서 가장 안전하고 좋았던 때로 심리적으로 돌아가는 것으로, 우월성에 대한 자신의 가상 목표를 보호하려는 것을 의미함. 프로이트의 퇴행과 비슷하나 의식적으로 이루어진다는 점이 차이임 • 그대로 있기: 후퇴만큼 심한 수준은 아니지만 단지 그 자리에 그대로 있는 것만으로 실패에 대한 책임을 면할 수 있기 때문에 열등감을 덜 느껴 가상의 목표를 보호하려는 것 • 주저하기: 어려움을 당하면 주저하게 되는데, 이것은 '그대로 있기'와 유사한 행동임. 아들러는 강박행동 중에 대부분이 이런 목적으로 시간을 소비하는 식으로 행해진다고 봄 예 반복적으로 손을 씻는 행위, 강박적으로 순서를 따르는 행위 등이 주저하기의 전형 • 장애물 쌓기: 보호성향 중 가장 강도가 약한 것으로, 넘을 수 있는 정도의 장벽을 쌓고 그것을 극복하면서 위신과 자존감을 지키는 것을 말함. 만약 그 장애물을 극복하지 못하면 변명하기에 돌입함
공격성	• 경멸(경시): 타인의 성취를 과소평가하고 자신의 성취는 과대평가하는 방식. 주로 비난과 뒷담화로 나타남 • 타인비난: 타인의 실패를 공개적으로 헐뜯고 대가를 치르게 만들어 자신의 자존감을 보호하는 것을 의미하며, 남들이 자신보다 더 괴로워하는 것을 즐김 • 자기비난: 신경증적 공격성향을 의미하며 자기고문이나 죄책감의 형태로 나타남 − 자기고문은 자기학대, 우울, 자살 등으로 나타남 − 죄책감은 자신의 잘못을 인정하고 후회하는 식으로 표현됨

7. 인생과제

(1) 인생과제

사람은 누구나 인생에서 3가지 인생과제인 일과 여가, 우정과 사회적 관계, 사랑과 결혼에 직면한다.

(2) 인생과제의 종류

인생과제	내용
일과 여가	• 직업은 일 자체를 위한 것이 아니라 개인이 상호작용해야 하는 사람들을 위해 행동하는 것이 되어야 함 • 일은 우월성 추구를 충족할 수 있는 하나의 길이 되며, 부모는 자녀가 가장 적절한 직업을 발견하고 선택하게 도움을 줄 수 있음
우정과 사회적 관계	• 개인 모두를 묶는 공통점은 모두가 인간이라는 종족의 일원이라는 점임. 개인 각자가 혼자 살고 일하는 것을 선택한다면, 삶은 매우 어려울 수 있기 때문에 다른 사람과의 협력이 생존의 핵심임 • 과잉보호된 아이는 혼자 힘으로만 살아가기 때문에 진정한 사회적 관계를 맺기 어려움
사랑과 결혼	• 안정, 동정심 때문에 또는 단순히 서비스 제공자를 찾기 위해 결혼하는 것은 위험함 • 결혼은 상호매력, 지적인 적합성, 타인에 대한 관심, 상호협력의 태도, 사랑과 우정의 능력을 수반해야 함 • 이 인생과제를 실패하면 낙담하게 되고, 이로 인해 자신감과 자아존중감을 잃게 됨
영성	• 우주, 신과 관련된 개인의 영적 자아를 의미함 • 희망과 난관, 삶의 목적, 안전감, 기도를 통한 효과, 가정과 지역사회 관계, 이타적 활동 등이 포함됨
자기지향성	• 성격과 개인의 습성으로서 일상생활뿐 아니라 장기 목표를 추구함에 자신을 규제하고 지향하며 훈련하는 방식임 • 가치감, 통제감, 현실적인 신념, 정서적 자각과 대처, 문제해결과 창의성, 유머감, 영양, 운동, 자기 보살핌, 스트레스 관리, 성 정체감, 문화 정체감 등이 포함됨

> **참고** **영성과 자기지향성**
>
> 영성과 자기지향성은 모삭(Mosak)과 드라이커스(Dreikurs)가 추가로 제시한 요소이다.

8. 가족구조와 출생순위

(1) 가족구조

① 가족구조와 출생순위가 개인의 생활양식과 성격형성에 중요한 영향을 미친다.
② 가족구조: 가정에서 부모를 중심으로 자녀와의 가족관계가 어떻게 형성되고 있는지를 의미한다.
③ 출생순위: 가족 내의 형제서열에 따라 아이가 겪을 수 있는 특별한 경험의 가능성을 제시한 것이므로, 개인의 행동양식과 성격형성에 절대적인 영향을 미치는 것은 아니다.

(2) 출생순위와 성격특성

출생순위	성격 특징
첫째아이	• 부모로부터 많은 관심을 받으며 응석받이로 자랄 수 있음. 그러나 동생이 태어나면서 자신이 왕좌에서 물러나는 듯한 박탈감을 느낌. 이러한 박탈감으로 자신이 사랑받지 못하고 무시당한다고 여겨질 수 있는데, 착한 행동을 함으로써 우월한 지위를 되찾으려고 노력함 • 책임감이 강하며 성장 후 가정을 돌보는 일에 몰두하여 친구관계나 사회생활을 경시할 수 있음
둘째아이	• 태어날 때부터 이미 첫째아이가 존재하기 때문에 부모의 사랑을 나눠 가져야 함. 또한 첫째아이가 항상 자신보다 앞서가기 때문에 압박감을 느끼는 동시에 경쟁적인 성향을 보일 수 있음 • 첫째아이와 다른 능력을 개발시켜 인정받으려 하는 경향이 있으며, 특히 첫째아이가 실패한 것을 성취함으로써 부모의 애정을 받고자 노력함. 이 과정에서 첫째아이와 반대되는 성격이 발달함

중간아이	• 위와 아래로 형제자매를 두고 있기 때문에 압박감을 느낌 • 이들은 따라잡히지 않도록 애쓰는 한편, 앞서가기 위해 노력해야 함 • 자신의 능력에 확신을 가지지 못한 채 무력감을 느끼며 다른 형제자매에게 의존하는 태도를 보일 수 있음 • 친구를 사귀거나 사회적 관계를 맺는 일에서는 강점을 보일 수 있으며 갈등이 많은 가족에서는 갈등 조정자나 평화유지군 역할을 할 수 있음
막내아이	• 가족의 관심을 듬뿍 받을 수 있는 위치에서 성장함 • 부모, 형제자매로부터 과잉보호를 받을 수 있으며 의존적·자기중심적이고 무책임한 아이로 성장할 수 있음 • 때로는 가장 낮은 위치에 있기 때문에 가족 구성원에게 제대로 대우 받지 못해 열등감과 무력감을 느낄 수 있음 • 그러나 자유로움 속에서 자신의 길을 추구하며 매우 독특한 영역에서 탁월한 성취를 나타낼 수 있음

외동아이	• 경쟁자가 존재하지 않기 때문에 어른 수준의 성취를 이루고자 노력하며 높은 성취동기를 지닐 수 있음
	• 부모가 유능한 경우, 아이는 부모와 경쟁하는 것이 불가능하다고 여겨 낙담하거나 자신이 유능함을 발휘할 수
	  있는 다른 영역을 찾을 수 있음
	• 형제자매와 협동·분배하는 것을 배우지 못해 자기중심적인 행동을 보일 수 있으며, 무대 중심에서 다른 사람의
	  관심을 독차지하는 것을 즐기고 이 욕구가 좌절될 경우 과민반응이 나타날 수 있음

16 융(Jung)의 분석심리

1. 성격의 구조

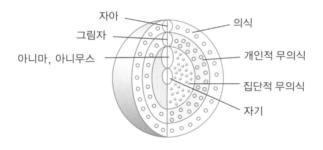

[그림 1-7] 마음의 구조

(1) 의식

① **의식**: 개인이 지각·경험하는 모든 것으로, 자아가 중추 역할을 한다.

② **자아**: 현실에서 느끼고 생각하고 판단하는 의식의 주체로 의식의 문지기이기도 하고, 성격의 집행자이다.

  ㉠ 인간은 자아를 통해 자신을 외부로 표현하고 외부 현실을 인식한다.

  ㉡ 약한 자아는 성격의 일관성과 연속성이 없고 자신이 누구인지 잘 모른다.

③ **태도와 기능** 기출 15, 24

구분	의미	내용
태도	정신 에너지의 방향	• **외향**: 의식을 외적 세계 및 타인에게 향하게 하는 성격 태도 • **내향**: 의식을 자신의 내적 주관 세계로 향하게 하는 성격 태도
기능	세상을 이해하는 방식	• **합리적 기능**: 사고, 감정으로 구성되며 이성적 판단을 요구함 • **비합리적 기능**: 감각, 직관으로 구성되며 이성적 판단이나 의도가 들어 있지 않고 '그냥' 일어남

(2) 개인 무의식

① 자아에 의해 인정받지 못한 경험, 사고, 감정, 지각, 기억을 의미한다.

② 콤플렉스(complex): 개인 무의식의 고통스러운 사고, 기억, 감정이 어떤 주제를 중심으로 뭉치고 연합되어 심리적인 복합체를 이루는 것이다.

  ㉠ 융이 단어연상검사에서 발견한 심리적 구조를 지칭하기 위해 처음 사용한 것이다.

  ㉡ 원형적 핵(archetypal core): 개인 무의식뿐만 아니라 집단 무의식의 요소를 지니고 있으며, 아버지, 어머니, 구세주, 순교자 콤플렉스와 같이 원형과 관련된 주제를 중심으로 구성되어 있다.

  ㉢ 콤플렉스는 개인에게 의식되지 않을 뿐만 아니라 부정적인 영향을 미치기 때문에 콤플렉스를 의식화하는 것이 상담의 목표가 된다.

③ 콤플렉스는 자아, 개인의 무의식의 그림자, 집단 무의식의 원형을 포함한다.

  ㉠ 자아 콤플렉스: 개인이 쉽게 기억해 내거나 비교적 쉽게 발견되는 감정 덩어리로, 자아가 어느 정도 인지하고 있는 경계적 개인 무의식이다.

  ㉡ 그림자 콤플렉스: 자아 콤플렉스보다 더 부정적인 내용으로, 자아가 기억해 내지 못하는 과거의 개인적인 억압적 경험에 의한 개인 무의식이다.

  ㉢ 원형 콤플렉스: 집단 무의식에 가까운 것으로 개인의 경험이 아닌 인류 본연으로부터 개인에게 전이되어 온 것이다. 신경증 증상도 콤플렉스의 작용이기 때문에 이 콤플렉스를 인지하고 의식화하는 것이 건강한 인격 형성에 중요한 과제가 된다.

> **더 알아보기** **무의식의 역할과 특성** 기출 15 추시
>
> • 무의식은 투사하는 역할을 한다. 인간은 자신 안에 무의식이 들어 있다는 것을 알지 못한 채 다른 사람에게 그 일면을 보여 주거나 다른 사람에게서 그 특성을 찾아내려고 한다.
> • 무의식은 자아를 비난하거나 깎아내리는 요소를 의식에서 몰아내는 역할을 한다. 자아가 수용할 수 없는 것을 개인 무의식으로 쫓아내는 주체가 그림자이다.
> • 무의식은 의식을 보상하는 역할을 한다. 의식이 한 가지 정신요소에만 과도하게 에너지를 쏟을 때 정신의 전체적인 균형 유지를 위해 무의식은 그와 반대되는 요소를 강화시키는 보상 작용의 역할을 한다.
> • 무의식은 자율성을 가진다. 자신을 향한 공격에 대항하여 자아가 의식적으로 통제할 겨를도 없이 실언, 실수하는 게 그 예이다.
> • 초월 기능을 가진다. 서로 상반되는 정신요소가 맞설 때 무의식에서 제3의 것을 만들어 대립적인 두 정신요소를 통합한다.

(3) 집단 무의식

① 사람들이 역사와 문화를 통해 공유해 온 모든 정신적 자료, 즉 인류의 보편적인 종교적·심령적·신화적 상징과 경험들이 저장되어 있다.

② 개인의 삶의 경험에서 의식되지 못한 것이 개인 무의식에 저장되듯, 오래 전 인류의 역사에 따라 전수되어 온 인류 공동체의 집단적 경험이 집단 무의식에 저장된다.

③ 근원적 심상(primordial image)

  ㉠ 근원적 심상, 즉 원형(archetypes)의 영역은 개인적 경험과 달리 모든 개인에게 똑같이 작동하는 행동의 원형을 가지고 있다.

  ㉡ 이는 모든 인간에게 동일하게 존재하는, 초개인적 성질을 지닌 보편적 정신의 토대를 이룬다.

2. 원형

(1) 원형

① 의미: 보편적인 형태와 경험들, 사람의 꿈속에 종종 나타나는 상들(images)이다.

② 내용 없이 형태만 가지고 있으며, 집단 무의식 내에서 서로 별개의 구조를 가지지만 결합하기도 한다.

③ 대표적인 원형적 심상: 영웅, 순교자, 전사, 위대한 어머니, 현명한 노인, 악마, 사기꾼, 고통 받는 소녀 등
   ➡ 이러한 심상을 중심으로 경험이 계속 추가되어 힘을 얻으면, 콤플렉스는 의식에 침입할 수 있게 된다.

(2) 대표적인 원형의 종류 [기출 19]

원형	종류
페르소나	• 가면을 뜻하며, 개인이 사회적 요구에 대한 반응으로 밖으로 내놓는 공적인 얼굴 • 사람이 특정한 상황에서 자신의 감정, 사고, 행동을 조절해야 하는 것을 배우는 데 유용함 • 페르소나를 너무 중요하게 여기면 개인은 진정한 자신으로부터 유리되어 형식적이고 피상적인 삶을 살게 될 뿐만 아니라 순수한 감정을 경험하기가 어려워짐 • 없애야 할 것이 아니라 구별되어야 하며, 페르소나가 자아와 동일한 것이 아님을 지각하고, 사회생활에 필요한 수단이지만 절대적인 것이 아님을 인식하는 것이 필요함
그림자 (음영)	• 개인이 의식적으로 성격으로 인식하는 것과 반대되는 특성 • 의식되지 않은 자아의 분신, 즉 자아의 어두운 부분으로 동물적·공격적 충동이 있음 • 부정적 측면이 많지만 어떤 측면에서는 생명력, 창조성과 자발성의 원천이 되기도 하여 이로움을 주는 양면성을 지님
아니마, 아니무스	• 인간이 가지는 양성적인 특성으로, 남성이 가지는 여성성을 '아니마', 여성이 가지는 남성성을 '아니무스'라고 함 • 남성의 대표적인 특성은 '이성'이고, 여성의 대표적인 특성은 '감성'임 • 조화와 균형의 관점에서 보면, 성숙한 인간이 되기 위해서 남자는 자신의 내부에 있는 여성성인 감정을 개발할 필요가 있고, 여자는 자신의 내부에 잠재된 남성성인 이성을 개발하는 것이 도움이 됨
자기 (self)	• 자아가 의식의 중심이라면, 자기는 의식과 무의식을 포함한 정신 전체의 중심으로, 성격의 상반된 측면을 통합하여 조화와 균형을 이루는 조정자 • 자기는 진정한 '대극의 복합체'이며 모순적이고 양면적인 성질을 지니고 있음 • 융 심리학의 목표는 자기가 의식화되어 정신의 모든 측면이 통일성, 통합성, 전체성을 이루는 것

3. 심리학적 유형론

(1) 유형론

① 2가지의 태도와 4가지의 기능이 상호작용하여 8가지의 심리적 유형이 형성된다.

   ㉠ 힘의 근원: '에너지를 어디에서 얻는가?'에 따라 외향과 내향으로 형성된다.

   ㉡ 의사결정 근거: '결정을 내릴 때 어떠한 체계를 사용하는가?'에 따라 사고와 감정이 형성된다.

   ㉢ 사물을 보는 관점: '정보를 수집할 때 어떤 것에 주의를 기울이는가?'에 따라 감각과 직관이 형성된다.

   ㉣ 삶의 양식: '어떤 삶을 살기 원하는가?'에 따라 판단과 인식이 형성된다.

② **태도 유형**: 자아가 갖는 에너지의 방향을 말하며, 외향적 태도와 내향적 태도로 나눈다. 태도가 그 사람의 전 생애를 거쳐 하나의 생활습관이 되었을 때, 외향형 성격과 내향형 성격이라고 한다.

　㉠ **외향적 태도**: 자아가 자신 밖의 외부 대상으로 향하는 것이다.

　㉡ **내향적 태도**: 자아가 자신의 내적인 주관적 세계로 향하는 것이다.

③ **기능 유형**: 주관적 세계와 외부적 세계를 지각하고 이해하는 서로 다른 방식을 의미한다.

　㉠ **의식 기능**: 합리적 기능과 비합리적 기능을 한다.

　㉡ **합리적 기능**: '의사결정을 위한 판단기준을 어디에 두는가'에 대한 것이다. 사고형은 객관적인 기준으로 판단하는 반면, 감정형은 개인적·주관적인 기준으로 판단한다.

　㉢ **비합리적 기능**: '정보를 수집할 때 어떤 것에 주의를 기울이는가'와 관련 있다. 감각형은 정보를 수집할 때 오감을 통해 직접적으로 인식되는 정보에 주의를 기울이며, 실제로 존재하는 것에 관심을 둔다. 직관형은 육감으로 느끼는 것과 가능성이 있는 것에 주의를 기울인다.

④ **심리적 유형의 구분**

구분	외향형	내향형
사고	사실에 방향을 맞추며 '공식'에 맞는 것은 옳다고 여김 예 자연과학자, 개혁가, 선전가 등	생각에 방향을 두며 '내적 현실'에 몰두하고, 외적 사실은 예(例)만 되어줄 뿐임 예 철학자, 상아탑 속의 학자
감정	• 가치평가가 객관적·전통적·보편적 기준과 일치함 • 상황에 따라 가치판단이 달라지며 사교적이고 친절함 예 배우, 모임이나 단체의 회장, 사회사업가	밖으로는 차갑고 타인이나 환경에도 무관심한 것처럼 보이지만 안으로는 강렬한 감정체험을 함 예 작품에서만 강한 감정을 표현하는 작가, 예술가
감각	• 구체적·감각적 사실과 만질 수 있는 현실을 중시하고 이상이나 원칙이 없는 것처럼 보임 • 현실적·실제적이고 감각적인 즐거움을 밝힘 예 사업가, 세련된 심미주의자(또는 천박한 향락주의자)	• 물리적 세계의 표면보다는 배경들을 포착함 • 바깥세계에 관심이 없고 주관적인 내적 감각들에만 빠져 있는 것처럼 보임 예 추상적 음악가, 화가
직관	• 미래가 약속된 것을 냄새 맡을 줄 알고 새로운 세계를 정복하고 싶어 함 • 시작은 많이 하지만 끝을 보거나 열매를 거두진 못함 예 외교관, 투기업자, 정치인	• 바깥 현실에 어둡고 자신도 잘 이해 못하는 원형들이 고태적 세계 속에 빠짐 • 타인에게 몽상가로 보임 예 예언가, 예술가

(2) 자아의 기능과 법칙

① 우월 기능(주기능)과 열등 기능(보조기능), 합리적 기능과 비합리적 기능은 대극적 관계에 있다.

　예 사고는 우월 기능, 감정은 열등 기능으로 비합리적 기능 중 하나는 보조 기능이다.

② 의식의 한 태도, 기능이 너무 높은 우위를 차지하면 그 태도, 기능의 장점이 어느덧 단점이나 위험으로 변하고 열등 기능은 빛을 보지 못하기 때문에 유아적·고태적 상태로 남는다. 이때 의식의 일방성에 무의식적 보상이 따라온다.

4. 자기실현 과정

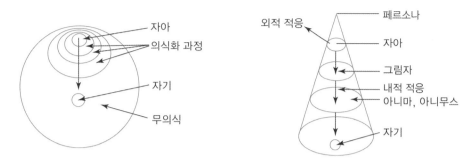

[그림 1-8] 자기실현의 과정

(1) 개성화 과정 기출 19

① 자아가 무의식을 의식화하는 과정, 즉 정신의 대극적인 요소들을 통합하는 과정이며, 이러한 과정은 인간이면 누구나 추구하게 되는 원초적 욕구
➡ 다른 사람과 구별되는 자기만의 독특한 개별적 존재가 되는 것이다.

② 분화와 통합: 자기를 실현하기 위해 인생 전반기에는 자기의 방향이 외부로 지향되어 분화된 자아를 통해 현실에서 자기를 찾으려고 노력한다. 하지만 중년기를 기점으로 인생 후반기에는 자기의 방향이 내부로 지향되어 자아가 다시 자기로 통합되면서 성격발달이 이루어진다.

구분	인생 전반기	인생 후반기
적응	사회 적응을 위한 자아강화	내면 세계의 적응을 위한 자기강화
태양의 진행과정	오전	오후
기간	삶	죽음
탄생	신체적 아기	정신적 아기

(2) 과정

① 그림자와의 만남: 그림자가 내면에 있다는 사실을 인정하고 의식을 통해 그림자를 받아들이는 것이 필요하다.

② 아니마와 아니무스의 인식
 ㉠ 아니마와 아니무스는 이성에게 투사된다. 젊을 때는 이성과의 관계가 주로 신체적인 결합을 목표로 하지만 중년부터 심리적 결합, 즉 상대(배우자)의 특성들을 자신의 체험 속에서 인식·인정하는 게 더 중요해진다.
 ㉡ 아니마와 아니무스가 의식에 통합되지 못하면 그것은 무의식으로부터 계속 영향력을 발휘한다.
 ㉢ 아니마와 아니무스를 인식하고 통합하면 더 이상 투사가 일어나지 않고 투사에 쓰이던 에너지는 인격발달에 사용된다.

③ 집단 무의식의 원형 인식: 집단 무의식의 원형은 자율적, 초월적, 비인격적인 요소를 가진다. 이러한 원형을 인식할 때 비로소 참된 자기와 만날 수 있다.

(3) 개성화 과정(Casement, 2001)

① 1단계: 우리는 '사회적 관습과 무의식적 동일시로부터 벗어나라'는 자기 소리를 듣는다. 외부 세계와 관계를 맺는 페르소나와 의식세계의 중심인 자아의 욕망과 집착을 내려놓는 것은 페르소나의 사회적 팽창이나 잘못된 은폐로부터 내면의 자기를 해방시키는 첫 단계 작업이다.

② 2단계: 우리가 부인하고 거부한 우리 자신의 어두운 부분(그림자)을 인식하고 그와 화해하라는 자기의 소리를 듣는다.

③ 3단계: 우리는 우리의 의식적인 성 정체성과는 반대되는 성적 요소와 통합을 이루도록 부름을 받는다(아니마, 아니무스). 반대되는 성적인 요소들은 성적으로, 영적으로 우리가 전체 정신의 중심과 대화할 수 있게 해 준다. 이 부름은 우리 존재의 모든 부분을 하나의 살아있는 전체로 통합하여 보다 생명력이 넘치는 고유한 존재로서 삶을 살아가라는 초대이다.

5. 대극과 보상

(1) 대극과 보상

① 대극과 보상은 삶의 본질이며 대극이 있기 때문에 에너지가 발생한다.

② 선과 악, 남성과 여성, 아이와 노인, 외향과 내향도 전부 우리 속에 있는 성향들이기 때문에, 대극의 한쪽 면만 인정하고 표출하면 내적 분열이 발생한다.

③ 동시성: 사건을 초자연적인 성질로 보기 위해 사용한 주요 개념으로, 동시성을 비인과적 관계에 대한 논리로서 설명하는 것이다. 우연의 일치(집단 무의식을 통해 다른 사람들 및 자연과 연결)이다.

(2) 정신에너지의 원리

① 대립원리: 신체에너지 내에 반대되는 힘이 대립 혹은 양극성으로 존재하여 갈등을 야기하며, 이러한 갈등이 정신에너지를 생성하는 데 필요하다.

② 등가원리: 어떤 조건을 생성해 내는 데 사용된 에너지는 상실되지 않고 성격의 다른 부분으로 전환되어 성격 내에서 에너지의 재분배가 이루어진다. 즉, 어떤 특별한 영역의 정신가치가 약해지거나 사라지면, 그 에너지는 정신 내의 다른 영역으로 전환된다.

③ 균형원리: 에너지 차이의 평형을 의미한다. 즉, 성격 내 균형의 경향성이 있다. 만일 2가지 욕망이 정신가치에서 크게 다르면, 에너지는 보다 강한 욕망에서 약한 욕망으로 흐른다.

> **더 알아보기** **꿈의 기능**
>
> • 의식에 대한 보상기능: 의식에서 부족한 부분을 보충하고 의식이 일방적으로 흐르는 것을 막음으로써 마음의 평정을 유지하는 것이다.
> • 미래를 조망하는 예시기능: 무의식이 의식으로 통제할 수 없는 보다 넓고 먼 것을 볼 수 있도록 한다.

17 호나이(Horney)의 신경증적 성격이론

1. 기본적 불안

(1) 기본적 불안

① 호나이의 정의: "적대적 세계에서 자신도 모르게 증가하는 모든 측면에 파고드는 고독과 무력감"이다.

② 기본적 불안: 버려진 느낌, 적대적인 세상에서 고립되고 무력한 감정을 느끼는 것이다. 관계의 불안정감에서 비롯되며 안정과 신뢰, 온정, 관용이 있는 가정에서 양육됨으로써 최소화된다.

③ 기본적 악(basic evil): 아이로부터 불안전을 야기할 수 있는 환경 내의 모든 부정적 요인이다.

　　例 지배, 고립, 과보호, 적의, 무관심, 무시, 부모불화 등

(2) **자아보호기제**: 목적은 기본적 불안을 방어하는 것이다.

① 애정과 사랑의 확보: 애정과 사랑을 확보하기 위해 타인이 원하는 것은 무엇이든 하려고 노력하거나, 타인에게 잘 보이기 위해 아부하려고 노력하거나, 타인을 위협하는 방법을 사용할 수 있다.

② 복종: 타인에게 반감을 사는 행위를 피하고 자신의 욕망을 억압한다.

③ 힘 성취: 타인을 능가하는 힘 성취, 즉 성공과 우월성 확보를 통해 자신의 무력감을 보상하고 안전을 성취한다.

④ 철회: 신체적으로나 심리적으로 타인들과 관계를 맺지 않는다.

2. 신경증 욕구와 신경증 경향성

(1) **신경증 욕구**

① 의미: 개인이 안전을 얻기 위해 기본적 불안을 처리하는 데 사용하는 방어적 태도이다.

② 10가지 욕구가 있으며, 문제를 해결하는 데 비합리적이기 때문에 신경증 욕구라고 한다.

③ 종류: 애정과 인정 욕구, 지배적 파트너의 욕구, 힘의 욕구, 착취 욕구, 특권에 대한 욕구, 존경에 대한 욕구, 성취 혹은 야망 욕구, 자아충족 욕구, 완전 욕구, 생의 편협한 제한 욕구

(2) **신경증 경향성**

① 의미: 신경증 욕구에 따라 강박적으로 나타나는 태도와 행동이다.

② 신경증 욕구와 경향성

구분	욕구	유형	경향성
내용	애정과 인정 욕구, 지배적 파트너의 욕구	순응형 성격	타인을 향해 움직이기
	힘의 욕구, 착취 욕구, 특권 욕구, 존중 욕구, 성취 및 야망 욕구	공격형 성격	타인에 반해 움직이기
	자아충족 욕구, 완전 욕구, 생의 편협한 제한 욕구	고립형 성격	타인으로부터 멀어지기

(3) **신경증 경향성의 3가지 유형**

① 순응형 성격: 타인으로부터 애정과 보호를 얻기 위해 노력하며 순종적이고 의존적인 삶을 추구한다.

② 공격형 성격: 타인에 대해 적대감을 지니고 있고 자신의 우월함과 강함을 추구하면서 타인에 대해 지배적이고 경쟁적인 삶을 추구한다.

③ 고립형(회피형) 성격: 타인과 정서적으로 밀착되는 관계를 회피하고 자신의 사생활을 중시하면서 개인적이고 고립된 삶을 추구한다.

　　➡ 이 세 가지 유형은 아들러가 제시한 성격유형과 유사하다. 순응형은 아들러의 기생형, 공격형은 지배형, 고립형은 회피형과 비슷하다.

3. 자아

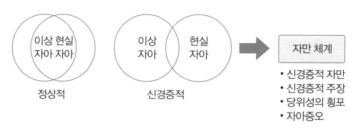

[그림 1-9] 정상적인 자아와 신경증적인 자아

(1) 구분

① **현실자아**: 개인이 주관적으로 생각하는 자기의 모습으로 흔히 부모로부터 충분히 사랑받지 못해 자신을 무가치하고 열등한 존재로 여기는 자기인식을 뜻한다.

② **이상자아**: 반드시 되어야 하는 자기의 모습으로서 자기실현을 위한 원동력이 되기도 하지만, 현실적 자기와의 괴리가 크면 신경증적 성격을 유발할 수 있다.

(2) 영광의 추구

① 신경증적 삶을 살아가는 사람은 현실적 자기에 경멸적 태도를 취하면서 이상적 자기의 성취를 통한 영광의 추구에 강박적으로 매달릴 때 나타난다.

② 이상적 자기를 반드시 이루어야 한다는 '당위적 요구의 폭정'에 시달리게 된다.

(3) 신경증

① 현실 자아와 이상 자아의 괴리가 심하거나 분리되어 있다.

② 즉, 신경증을 가진 사람의 자아상은 유연성이 없고 비현실적 자아평가에 근거하여 나타난다.

③ 이러한 사람에게 자아 이상화는 '자만 체계(pride system)'를 형성하게 된다.

(4) 자만 체계의 구성

구분	내용
신경증적 자만 (neurotic pride)	• 현실적인 자신감과 자아존중감을 형성하기 위한 이상적 자아의 요건인 자부심이 대체된 것 • 자부심에 위협이 되는 것들은 불안과 적대감을 유발함
신경증적 주장 (neurotic claims)	자만심을 바탕으로 과장된 자아에 걸맞은 대접을 요구하며 세상에 대한 신경증적 주장을 내세움
당위성의 횡포 (the tyranny of the shoulds)	• 신경증 환자가 자신이 반드시 되어야만 하거나 해야만 한다고 느끼는 것 • 이러한 것들은 비타협적이며 이상적 자아상을 만드는 성격의 왜곡 과정을 불러일으킴 • 영광의 추구(다다를 수 없는 이상을 향한 노력)를 하게 됨
자아증오 (self-hate)	본질적으로 실제적 자아의 모습이 당위적 자아의 모습과 일치하지 않을 때 이상적 자아가 느끼는 분노를 의미함

4. 여성심리와 적개심

(1) 자궁선망

① **생물학적 창조능력**: 여성만 가능하여 남성은 여성을 매우 시기하며 이러한 시기는 공개적 형태가 아닌 '월경과 출산 등과 관련된 금기, 여성의 성취를 폄하하는 것, 동등한 권리를 부여하지 않는 것' 등의 형태로 표출된다.

② 창조·생산의 충동: 여성은 임신과 출산을 통해서 자연스럽게 내부적으로 이러한 욕구를 충족시킬 수 있지만, 남성은 외부 세계의 성취를 통해서만 이 욕구를 충족할 수 있다. 직장이나 기타 창의적 분야에서 성공하는 남성은 아이를 출산할 수 없는 자신의 능력을 보상하기 위해 노력하는 것으로 여겨진다.

(2) 여성스러움의 탈출 현상

① 여성의 열등감은 본능적인 것이 아니라 습득된 것이다.

② 가부장적 사회: 자신의 여성성을 억제해 성적으로 냉랭한 사람이 된다. 이러한 여성은 자신이 남자이길 바란다.

③ 여성스러움의 탈출 현상은 본능적인 발달이 아니라 사회문화적 불이익에 근거한 것이다.

(3) 적개심

① 아동기는 안전 욕구에 의해 지배되기 때문에 자녀의 안전을 해치는 부모의 행동은 아동의 적개심을 야기한다. 그러나 아동은 적개심을 부모에게 표현하지 못하고 억압할 필요를 느낀다.

② 아동이 부모에 대한 적개심을 억압하는 4가지 이유: 무기력(누구가 필요하기 때문), 두려움(두렵기 때문에), 사랑(애정을 잃어버릴까 봐), 죄의식(적개심과 반항심에 대한 죄의식)이 있다.

③ 부모의 행동에 의해 야기된 억압된 적대감은 안정에 대한 아동의 욕구를 해치고, 기본적 불안 상태를 유발한다.

18 설리번(Sullivan)의 대인관계이론

1. 성격과 자기체계 기출 15 추시

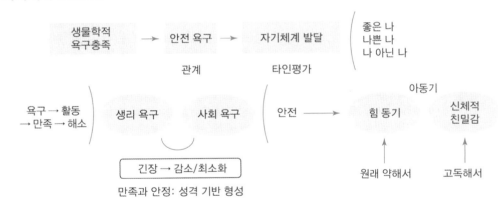

[그림 1-10] 설리번의 대인관계이론

(1) 성격

① 인간의 삶을 특징짓는 '되풀이되는 대인관계 상황'의 비교적 지속적인 패턴이다.

② 성격의 본질은 생리적 욕구와 심리사회적 욕구에서 야기되는 긴장에 의해 결정된다.

(2) 불안

① 항상 대인관계에서 비롯된다. 단기적이든 장기적이든 사람들 간의 건강하지 못한 관계로부터 야기되고, 불안을 경험하면서 개인의 '자기체계'가 손상을 받는다.

② **불안의 원천:** 인간은 인간적·사회적 안전감의 욕구를 지니고 이러한 욕구가 좌절되면 불안을 경험한다. 즉, 불안의 주요 원천은 대인관계이며, 불안을 유발하는 대인관계는 개인의 자기가치감과 유능감을 위협하고 자기존중감을 손상시킨다.

(3) 자아(자기)체계

① 아동은 불안으로부터 자신을 보호하고 정서적 안정감을 얻기 위한 자기보호장치로써 자기체계를 발달시킨다.

② 자신에 대한 인식의 집합체이자 안정된 자기표상으로서, 어린 시절에 부모와의 관계경험을 통해 형성된다.

③ 아동은 부모와의 관계에서 여러 수준의 불안을 경험하면서 '좋은 나', '나쁜 나', '나 아닌 나'로 구성된 자기체계를 형성하게 된다.

④ 자기체계 유형

구분	내용
좋은 나	아동이 어머니와 안정감 있고 만족스러운 유쾌한 관계를 경험하면서 자신에게 주어진 긍정적 피드백에 근거하여 형성한 자기상
나쁜 나	자녀의 행동에 대한 어머니의 불안정하고 과민한 반응이 내재화된 자기상
나 아닌 나	참을 수 없는 강렬한 불안을 경험하면서 자신의 것이 아닌 것으로 거부된 자기의 부분

2. 경험양식과 성격의 방어

(1) 경험양식

① 개인이 세계를 경험하는 3가지의 다른 방식, 즉 개인이 다른 사람들과 관계하는 3가지의 인지 또는 사고 수준이 있다고 본다.

② 3가지의 경험양식

구분	내용
원형적 경험	• 조잡한 감각 단계의 사고 • 인생 가장 초기의 원초 경험으로 생후 몇 개월의 유아에게서 나타남 • 단순하고 직접적으로 경험하는 감각, 생각, 감정을 수반하며 서로 간에 어떤 관련성을 끌어내거나 해석의 과정이 없이 즉각적으로 일어남
병렬적 경험	• 사물끼리의 연관성을 잘 맺지 못하는 단계의 사고 • '병렬적'은 사물을 나란히 놓지만 서로 간에 관련성을 짓지 못하는 배열을 말함 • 유아는 다양한 경험 간의 관련성을 짓지만 이러한 관련은 논리적인 인과관계의 규칙을 따르지 않음 • 병렬적 사고를 통해 유아는 자신과 자신이 아닌 것을 구별하기 시작하며 초보적 단계이지만 의사소통에 언어를 사용함
통합적 경험	• 현실적인 평가 단계의 사고 • '통합적'은 조화로운 방식으로 연결되도록 사물들을 배열하는 것을 의미함 • 현실의 통합적 경험은 물리적·공간적 인과관계를 이해하는 능력과 결과에 대한 지식으로 원인을 예언할 수 있는 능력을 가정함 • 현재, 과거, 미래의 논리적인 통합을 통합적 양식이라고 함

- **원형적(미분화적)**: 감각과 심상이 조직화되지 않은 채로 흘러가는 유아적이고 원초적인 경험 방식이다.
- **병렬적(현실괴리적)**: 불안을 줄이고자 현실을 왜곡하여 경험하는 것을 뜻한다. 매우 비논리적이고 경직되어 있으며 자기체계를 확증하기 위해 타인의 반응을 편향된 방향으로 몰아가는 제한적인 상호작용을 유발한다.
- **통합적**: 현실을 유연하게 수용하고 통합하는 성숙한 정서적 교류방식을 의미한다.

(2) 성격의 방어(불안에 대한 3가지 방어) 기출 15 추시

① **해리**: 프로이트의 부정·억압과 유사한 개념으로 자기 역동성과 부합하지 않는 행동, 태도, 욕망을 의식적 자각으로부터 배제하는 것이다.

② **병렬적 왜곡**: 타인에 대한 개인의 반응이 자신이 경험해 왔던 나쁜 관계에 의해 편향되거나 왜곡되는 것을 의미한다. 이러한 왜곡은 대인관계에 영향을 준다.

③ **승화**: 프로이트의 승화와 유사한 개념으로, 승화를 통해 개인은 자신에게 혼란을 주는 위협적인 충동을 사회적으로 수용하고 자기-향상적인 충동으로 변화시킨다.

3. 성격발달

(1) 성격발달 기출 15 추시

① 성격은 개인의 대인관계, 특히 친밀한 사람들과의 관계에 의해 일생에 걸쳐 형성된다.

② 성장과정에서 대인관계 양상이 달라지기 때문에 성격도 수정되지만, 유아기에서 청소년 초기까지의 성격은 광범위하고 보편적인 틀을 제공한다.

(2) 성격발달의 7단계

기간	연령	자아 체계	경험양식	관련 대인관계 경험
유아기	0 ~ 18개월	거의 발달되지 않음	원형적	• 수유 - 모유 또는 우유: 젖을 먹는 스트레스 • 선 - 악 양면을 지닌 엄마에 대한 두려움 • 엄마와는 별개로 가끔 자신을 만족시키는 데 성공함 • 부모의 돌봄에 완전히 의존적
아동기	18개월 ~ 5, 6세	성역할 인지	주로 병렬적이지만 통합적인 양식이 발달되기 시작	• 인간상 형성 • 극화 - 성인역할 놀이 • 악의가 드러남 - 세상은 내 뜻대로 되는 게 아님 - 고립이 시작됨 • 의존적
소년기	5, 6세 ~ 11세	욕구 통합 - 내적 통제	주로 통합적이지만 상징에 매료되기 시작	• 사회화 - 협동과 경쟁 • 통제하는 법을 배움 • 삶에 대한 지향 • 의존적
청소년 전기	11 ~ 13세	다소 안정적	통합적	• 동성의 또래에 대한 강한 욕구 • 순수한 인간관계 시작 • 평등한 기회에 대한 욕구 • 독립심이 나타나지만 혼란감을 느낌

기간	연령	자아 체계	경험양식	관련 대인관계 경험
청소년 중기	13 ~ 17세	혼란스럽지만 여전히 안정적	통합적 (성적인 것에 끌림)	• 강한 성욕 • 이중 사회성 요구: 이성에 대한 성욕과 또래에 대한 친근감 (혼란감은 동성애로 이어짐) • 매우 독립적
청소년 후기	17 ~ 19세, 20대 초반	통합되고 안정됨	완전히 통합적	• 불안에 대한 안전 욕구 • 연장된 시기 • 집단의 일원이 됨 • 완전히 독립적
성인기	20 ~ 30세	완전히 안정됨	통합적이며 완전히 상징적	• 사회화가 완전히 이루어짐 • 부모의 통제로부터 완전히 독립

19 머레이(Murray)의 욕구 및 동기이론

1. 성격의 원리와 구분

(1) 성격의 원리

① 성격은 뇌에 근거를 둔다.
② 성격은 유기체의 욕구로 유도된 긴장의 감소와 관련된다.
③ 성격은 시간에 따른 종단적 본질이다.
④ 성격은 변화하고 발달한다.
⑤ 성격은 유사성뿐만 아니라 각 개인의 독특성을 내포한다.

(2) 성격체계

성격의 체계를 개인적 욕구와 환경적 압력의 상호작용을 통해 나타나는 행동인 '주제'의 개념으로 설명했다.

2. 욕구

(1) 의미

① 행동의 동기와 방향을 설명하는 두뇌의 생화학적인 힘이다.
② 욕구는 지향성을 지니며 행동의 방향에 영향을 미친다. 즉, 욕구는 한 시점에서 선택 가능한 다양한 행동 중에서 특정한 것을 선택하는 데 영향을 미친다.
③ 욕구는 접근과 회피라는 두 가지 측면을 나타낸다. 욕구는 어떤 대상에 접근을 하거나 회피를 하려는 지향성 중 하나다.
④ 욕구는 행동의 강도에 영향을 미친다. 즉, 욕구가 강렬할수록 특정한 행동을 하려는 강도가 커진다.
⑤ **종류**: 굴욕, 성취, 소속, 공격, 자율, 반작용, 방어, 존경, 지배, 과시, 위험회피, 열등회피, 양육, 질서, 유희, 거절, 감각, 성욕, 의존, 이해 등이 있다.

(2) 유형

① 일차적 욕구와 이차적 욕구

 ㉠ 일차적 욕구: 생리적 욕구로 신체의 내부 상태에 기인한다.

 ㉡ 이차적 욕구: 심리적 욕구로 일차적 욕구에서 부차적으로 발생하며 정서적 만족과 관련된다.

② 반응적 욕구와 발생적 욕구

 ㉠ 반응적 욕구: 환경에서 특별한 사물에 반응하는 것을 의미하고, 오직 그 대상이 존재할 때만 발생한다.

 ㉡ 발생적 욕구: 인간 내부에서 일어나는 어떤 상태 변화에 의해 일어난다. 반응적 욕구가 특별한 사물에 대한 반응을 수반하는 반면, 발생적 욕구는 자발적으로 생긴다.

(3) 욕구의 원리와 특성

① 우세성의 원리: 욕구는 행동을 유발하는 긴급성의 정도에 따라 서로 다르다.

② 융합의 원리: 한 행동의 수행 과정에서 동시에 둘 또는 그 이상의 욕구가 충족되는 것을 말한다. 이때 융합은 두 개의 욕구가 동일하게 되는 것을 의미하는 것이 아니라 서로 보충되어서 같은 행위에 의해 이 욕구가 모두 충족되는 것을 의미한다.

③ 보조(종속)의 원리: 어떤 욕구가 비교적 덜 강력한 욕구의 충족을 통해서만 만족되는 것을 말한다. 즉, 어떤 욕구를 충족시키기 위해 다른 욕구를 활성화하는 상태를 말한다.

④ 갈등의 원리: 동등한 힘을 가진 욕구들은 흔히 서로 다른 것과 갈등 상태에 있을 수 있기에 긴장을 초래한다. 많은 인간의 불행과 신경증적인 행동은 바로 이와 같은 내적 갈등의 직접적 결과 때문이다.

3. 동기

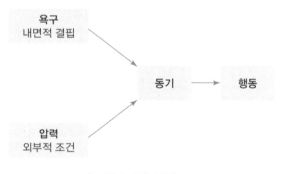

[그림 1-11] 동기

(1) 동기 `기출 18`

① 동기: 욕구와 행동 사이를 매개하는 심리적인 상태이다. 즉, 동기는 내재해 있는 욕구가 특정한 행동에 한 단계 더 가깝게 다가가 구체화된 심리적 상태를 의미한다.

② 동기화: 욕구가 구체적인 목표를 추구하는 동기로 진전되어 특정한 행동으로 발현되는 심리적 과정을 말한다.

(2) 동기의 3가지 기능

① 동기는 목표지향적 행동을 유발한다. 목표의 달성을 위해 특정 행동을 하도록 구체적인 방향을 결정한다.

② 동기는 목표지향적 행동을 지속하게 하는 추진력, 즉 에너지를 제공한다.

③ 동기는 목표지향적 행동을 조절하는 기능을 한다.

4. 압력과 주제

(1) 압력 기출 18

① 의미: 욕구들이 충족되는 것을 돕거나 방해하는 외부 세계의 힘이다.

② 종류

  ㉠ 알파(α) 압력: 객관적으로 지각된 압력으로 직접적인 현실을 반영한 것이다. 환경의 객관적 또는 실제적 측면을 나타낸다.

  ㉡ 베타(β) 압력: 개인이 주관적으로 지각·해석하여 나타나는 압력이다. 같은 사건을 봐도 개인이 어떻게 느끼고 해석하는가에 따라 그 수준이 달라진다.

(2) 주제

[그림 1-12] 주제, 욕구, 압력의 상호작용

① 주제: 욕구와 압력이 결합하고, 융화하고, 상호작용하여 주제를 형성한다.

② 초기 아동기 경험을 통해 형성되고 성격을 결정: 차후 주제통각검사(TAT)의 이론적 근거가 된다.

③ 통일주제: 압력과 욕구가 결합된 주제가 평생 동안 여러 형태로 반복되는 것을 말한다.

5. 콤플렉스와 발달단계

(1) 콤플렉스 기출 15

① 모든 사람은 5단계 콤플렉스를 경험한다. 각 단계의 특징은 사회적 요구에 의해 필연적으로 경험되는 즐거움의 종류이다.

② 콤플렉스가 문제가 되는 경우는 개인이 어떤 단계에 고착되어 있는 상태가 명백한 경우이다.

(2) 발달단계

① 폐소 단계(개인의 자궁이나 출생 전 경험): 자궁 안에서와 같이 안전한 상태이다. 자궁 안은 안전하고 의존적인 공간이어서 우리는 가끔 다시 자궁 안으로 되돌아가기를 소망한다.

구분	내용
단순 폐소 콤플렉스	• 출생 전의 상태로 돌아가려는 욕망으로 자궁과 같은 폐쇄된 곳을 찾는 형태를 취함 • 수동적이고 의존적이며 과거 지향적이고, 새로운 것이나 변화를 주저하는 특징이 있음
비지지 콤플렉스	• 기본적인 불안정과 무력감에 대한 불안을 나타냄 • 비지지의 공포는 개방된 공간, 추락, 익사, 지진, 화재, 가족의 지지 상실에 대한 공포로 표현됨
도피 콤플렉스	• 질식과 감금의 공포와 관련됨 • 개방된 공간, 신선한 공기, 운동, 여행, 변화에 강한 애착을 가짐

② 구강 단계(초기 수유 경험): 어머니의 젖이나 우유병에서 영양분을 흡수하는 감각적 즐거움을 느끼는 단계이다.

구분	내용
구강의존 콤플렉스	• 수동적이고 의존적 경향이 혼합된 구강 활동을 나타냄 • 빠는 것, 먹는 것, 입맞춤, 동정심, 보호, 사랑, 돌봄에 대한 욕구의 형태로 나타남
구강공격 콤플렉스	• 구강의 깨무는 행동은 공격의 욕구와 관련됨 • 침 뱉기, 깨무는 것, 소리치는 것, 권위적 인물에 대한 양가감정 등을 포함함
구강거부 콤플렉스	침 뱉기, 토하기, 음식 가려 먹기, 적게 먹기, 말 더듬기, 구강 감염, 식욕 상실, 일반적인 의존적 관계에 대한 혐오감 등의 형태로 나타남

③ 항문 단계(배설과 배변훈련): 배변하는 즐거움을 느끼는 단계이다.

구분	내용
항문거부 콤플렉스	• 대변의 배설과 관계되는 것으로, 배변에 지나치게 관심을 가지고 배변적 유머를 즐김 • 배변과 같은 물질에 대한 관심을 나타냄 • 지저분하고 파괴적임 • 공격의 욕구가 이 콤플렉스의 일부가 될 때 인간의 행동은 적의가 있고 파괴적임
항문보유 콤플렉스	• 대변의 보유와 관계되는 것으로, 물건을 저장하고, 약탈을 두려워하고, 완고하고 부정적이며, 심한 질서 소유감과 같은 경향을 나타냄 • 질서와 청결에 대한 강한 욕구가 있음

④ 요도 단계(이카루스 콤플렉스): 배뇨하는 즐거움을 느끼는 단계이다. 이 단계는 지나친 야망, 왜곡된 자부심, 과시벽, 야뇨증, 성적 갈망, 이기주의와 관련된다. 이 콤플렉스를 가진 사람은 지나치게 높은 목적을 추구하나 꿈을 이루지는 못한다.

⑤ 성기 또는 거세 단계: 생식기에서 오는 즐거움을 느끼는 단계로, 성기가 거세될지도 모른다는 공상에 의해 야기되는 단순한 불안이다. 이는 아동기 때의 자위행위와 그에 대한 부모의 처벌에서 생겨난다.

20 프롬(Fromm)의 성격 유형

1. 도피기제

(1) 도피기제

① 사람들은 많은 자유를 성취함으로써 보다 많은 고독, 무의미성, 고립을 느끼게 되고, 역으로 보다 적은 자유를 가질수록 보다 많은 소속·안정감을 느낀다. 이것은 자유와 안전에 대한 인간의 기본적 딜레마이다.

② 자유의 부정적 측면으로부터 도피하고 잃어버린 안정을 되찾기 위해 사용하는 정신기제이다.

③ 도피기제에는 권위주의, 파괴성, 자동적 동조가 포함된다.

(2) 도피기제의 종류

구분	내용
권위주의	• 지배 혹은 복종의 새로운 형태에 집착함으로써 자유의 문제에서 도피하려고 추구함 • **형태**: 타인이 자신의 행동을 지배하도록 허용하거나 자신이 타인의 행동을 지배함 • **특징**: 삶이 외부의 힘에 의해 결정되고 행복은 힘에 복종하는 것이라고 믿음. 이는 가학, 피학적 추구로 나타남

구분	내용
파괴성	• 타인이나 외부 세계를 제거함으로써 자유의 문제를 해결하려고 추구함 • **세계의 파괴**: 자신을 보호하려는 시도임 • 파괴성은 사랑, 의무, 양심, 애국주의로 합리화되거나 위장됨
자동적 동조	• 자신의 본연의 모습을 포기하고 사회, 문화에 의해 지배되고 선호된 성격 유형을 채택함 • 자동적 동조를 통해 '자기의 상실'이라는 높은 대가를 치르면서 시대적 유행에 동조함으로써 고독과 불안감을 느끼지 않으려고 함

2. 성격유형

(1) 성격유형

① **수용지향**: 자신이 원하는 것(사랑, 지식 등)을 외부의 원천인 타인에게서 얻기를 기대한다.

② **착취지향**: 자신이 원하는 것에 대해 타인에게 얻기를 기대하며 이를 위해 힘이나 책략 등을 이용한다.

③ **저장지향**: 자신이 저장하여 자기수중에 가지고 있는 것에 대해 안전을 느낀다.

④ **시장지향**: 상품에 근거한 시장문화에서 개인의 성공 혹은 실패는 자신을 얼마나 잘 파는가에 의존한다. 따라서 가장 중요하게 여기는 것은 얼마나 훌륭하게 포장되어 있는가이다.

⑤ **생산지향**: 자신과 타인을 있는 그대로 존중하고 외부 환경과의 교류에도 정확한 지각 능력을 바탕으로 주변 환경을 왜곡하지 않는다.

(2) 삶과 죽음 지향

구분	내용
삶 지향	• 삶을 사랑하는 생산적 지향형 • 삶 자체에 사랑이 있으며 성장, 창조, 건설에 매력을 느낌 • 힘이 아니라 사랑, 이성, 솔선수범으로써 타인에게 영향을 주려고 함 • 프로이트의 삶의 본능과 유사함
죽음 지향	• 죽음에 매력을 느끼는 비생산적 지향형 • 과거에 집착하고 병, 죽음, 시체, 매장 등에 대해 이야기할 때 행복을 느낌 • 프로이트의 죽음이 본능과 유사함

(3) 실존과 소유 지향

구분	내용
실존 지향	• 있는 그대로의 자신에 의해 자기를 정의하고 타인과 비교한 가치보다 자기 내부에서 비롯된 가치를 존중함 • 이러한 사람은 협동적이고 생산적으로 살아감
소유 지향	• 자신의 의미를 그가 가진 소유물을 기준으로 정의함 • 자기의 소유물이 자신과 자기의 정체감을 구성한다고 믿음

> **참고** **사랑**
>
> 사랑은 인류의 황폐함을 해결할 수 있는 열쇠이며, 사랑받는 건 누군가를 사랑하는 것으로 사랑은 소유하는 대상이 아닌 기능이며 능력이다. 이것은 연습과 훈련이 필요하다. 사랑의 4요소는 돌봄, 책임감, 존중, 지식이다. 네 요소는 서로 상호작용하며 어떤 것도 다른 것보다 더 중요하지 않다.

제5절 현상학적 관점

21 매슬로우(Maslow)의 인본주의 심리

1. 욕구위계

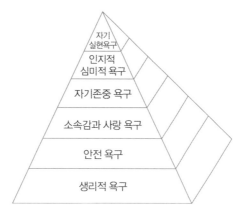

[그림 1-13] 욕구위계

피라미드 (위에서 아래로):
자기실현욕구 / 인지적 심미적 욕구 / 자기존중 욕구 / 소속감과 사랑 욕구 / 안전 욕구 / 생리적 욕구

(1) 욕구위계

① 욕구(동기)는 타고난 것으로 그 강도와 우선순위에 따라 위계적으로 배열할 수 있다.

② 어떤 욕구에 대한 의식이나 동기부여가 일어나기 위해서는 그 아래 수준의 욕구가 어느 정도 만족되어야 한다.

③ 일반적으로 낮은 단계일수록 그 강도와 우선순위가 높아진다.

(2) 욕구의 종류 기출 20

① **생리적 욕구**: 개인의 생존을 위해 가장 기본적이며 필수적인 욕구다. 예 음식, 물, 호흡, 수면, 성

② **안전 욕구**: 다양한 위험을 회피하고 안전한 상태를 갈구하는 욕구다. 여기에서는 신체적인 안전과 심리적인 안전 모두를 포함하며 건강, 직장, 가족, 재산 등의 안정을 추구하는 욕구도 포함된다.

③ **소속감과 사랑 욕구**: 다른 사람과 사랑을 주고받으며 집단에 소속되고자 하는 욕구다

④ **자기존중 욕구**: 어떤 일의 성취를 통해 타인으로부터 인정을 받고 자긍심과 자기만족을 위해 자신을 발전시키려는 욕구다.

⑤ **인지적(지적) 욕구**: 어떤 것을 알고 싶어 하는 욕구와 이해하고자 하는 욕구다.

⑥ **심미적 욕구**: 아름다운 것을 추구하는 욕구로, 인간은 아름다운 주변 환경을 추구하고 그 환경을 통해 병리적 증상을 해소할 수 있다.

⑦ **자기실현 욕구**: 자신의 잠재력을 최대한 발휘하여 자기를 완성하려는 욕구다.

(3) 결핍동기와 성장동기 _{기출 16}

① **결핍동기**: 욕구위계 중 우선적으로 충족해야 하는 아래 4단계의 욕구이다.
    ㉠ 하위단계의 욕구는 그 상위단계에 해당하는 욕구보다 빈번히 일어나며, 하위단계 욕구가 충분히 실현되어야 비로소 상위단계 욕구가 발현된다.
    ㉡ 특징: 긴장 이완이 최종목표며 완전충족이 가능하다. 만족의 대상이 외부로부터 오는 타율적 충족을 요구한다.

② **성장동기**: 결핍욕구가 충족되어야 비로소 발현되는 것으로 욕구의 위계 중 위 3단계(지적, 심미적, 자기실현)에 해당하는 욕구이다.
    ㉠ 특징: 긴장을 일으키는 것, 긴장 자체를 즐기는 것이 목표여서 완전충족이 불가능하고 끝이 보이지 않는 욕구이다. 또한 만족의 대상이 자기 자신으로부터 오는 자율적 충족을 요구한다.
    ㉡ 이 욕구가 강한 사람은 자율적이고 자기지시적이라 스스로를 도울 수 있다.

2. 존재와 성숙

(1) 자기실현

① **자기실현에 도달한 사람**: 뛰어난 현실감각과 작업역량을 지닐 뿐만 아니라 독립성, 자율성, 깊은 우정, 유머의 철학적 감각 등을 지닌다.
② 이후 자기실현이라는 표현을 존재(being)와 성숙(become)이라는 용어로 대신하였다.
③ 자기실현자는 그냥 자기 자신으로 존재하고(be) 무엇이 자기 자신이 되지만(become), 일반인은 타인 또는 바깥 환경으로부터 무엇을 원하고 구한다.
④ **초욕구(metaneeds)**: 자기실현자는 일반인과 질적으로 다른 성장동기, 성장가치 등을 갖는다. 초욕구는 자기실현 욕구와 함께 인간이 자신과 세상을 알고 이해하고자 하는 고차원적인 욕구를 의미하는 것으로 이러한 초동기의 좌절은 메타병리(초병리) 현상을 초래할 수 있다.

(2) 절정경험(peak experience)과 고원경험(plateau experience)

① **절정경험**: 인생의 과정에서 경험하게 되는 매우 기쁘고 흥분되는 감격적인 순간으로, 자기실현의 과정에서 느끼는 일시적인 경험이라고 할 수 있다.
② **고원경험**: 절정경험에 비해 인지적 속성이 강한 것으로, 지금 – 여기에 매몰되지 않고 많은 것과의 연관성 속에서 사물을 보기에 새롭게 느껴지며 강렬하진 않지만 평온함 속에서 세상의 소중함과 아름다움을 경험하게 된다.

3. 성격평가 기법과 병리적 성격

(1) 개인지향검사(POI)

① 쇼트롬(Shostrom)이 1963년에 개발한 검사로 자아실현의 정도를 측정하는 데 이용된다.
② 자기보고식 질문지로, 자아실현을 한 사람이 중요하다고 여기는 가치와 행동을 나타낸 문항으로 이루어진다.

(2) 병리적 성격

① 충분한 안정감, 사랑, 존중 등을 받지 못한 사람이다. 사랑, 존중 등은 타인들에게서만, 인간관계 속에서만 얻을 수 있기 때문에 마음의 병이 든 사람은 타인들과 좋은 관계를 가진 적이 없는 사람이다.
② 따라서 지금까지 충족 받지 못한 기본욕구들을 충족 받으면 긍정적인 쪽으로 변화하게 된다.
③ 상담에서 일어나는 변화는 모두 좋은 인간관계에서 일어난다.

1. 성격의 구성요소 [기출 24]

(1) 현상학적 장과 유기체(organism)

① 현상학적 장: 한 개인의 경험적 세계 또는 주관적 체험의 세계를 말하는 것으로, 개인이 주관적으로 인식하고 경험하는 모든 것이다.

② 유기체: 육체와 정신을 모두 포함하는 전체로서의 개별적 생명체다. 유기체인 인간은 매 순간 고정되어 있지 않고 끊임없이 변화한다는 특징이 있다.

(2) 자기(self)와 자기개념(self concept)

① 개인이 자신에 대하여 지니고 있는 지속적인 체계적 인식을 의미한다.

② 자기는 개인의 경험세계로부터 분화된 것으로서 자신에 대해서 의식적으로 지각한 것과 자신이 소중히 여기는 가치를 포함한다.

③ 로저스는 자기와 자기개념이라는 용어를 혼용하고 있는데, 자기개념은 현재 자신이 어떤 사람인지에 대한 개인의 인식, 즉 자아상을 의미한다.

(3) 실현경향성과 자기실현경향성

① 실현경향성: 모든 유기체는 자신의 고유한 잠재 가능성을 바람직한 방향으로 성취하고자 하는 실현경향성을 가진다. 태어날 때부터 존재하고 행동의 중요한 동기로 작용하며 신체적·심리적 요인을 두루 망라한다.

② 자기실현경향성: 자신을 성장시키고 발전시키기 위해서 자신의 모든 잠재력을 발휘하는 인간의 선천적 경향성이다. 이는 다음과 같은 2가지 방향성을 지닌다.

ⓧ 개인이 선천적으로 타고난 신체적·심리적 기질을 그대로 유지하고 나타내려는 성향이다.

ⓒ 개인이 지닌 모든 잠재능력을 최대한 발휘하려는 성향이다.

③ 실현경향성과 자기실현경향성은 서로 일치하거나 상반되게 작용할 수 있다.

ⓧ 실현경향성: 생리적 영향을 많이 받으며 신체적 요소가 우세하고, 유기체의 성장·성숙과 관련되어 학습과 경험의 영향은 적게 받는다.

ⓒ 자기실현경향성: 사회적 영향을 많이 받으며 심리적 요소가 우세하고, 학습과 경험에 의해 촉진되거나 방해받을 수 있다.

2. 성격의 발달과 평가 [기출 24]

(1) 유기체의 평가과정과 긍정적 존중 욕구 [기출 17]

① 유기체의 평가과정: 자신의 잠재력을 유지·향상시키는 경험은 긍정적으로 평가하여 더 추구하려 하는 반면, 방해되는 경험은 부정적으로 평가하여 회피한다는 것이다. 그리하여 유기체를 유지·고양하는 것으로 지각되는 체험에는 긍정적 가치가 부여되고, 역행하는 것으로 지각되는 체험에는 부정적 가치가 부여된다.

② 긍정적 존중 욕구: 중요한 사람들로부터 사랑과 인정받고 싶은 욕구를 의미한다. 이 욕구는 유기체의 평가과정보다 강력하게 작용하기 때문에, 긍정적 존중 욕구를 받기 위해 유기체의 평가과정이 무시될 수도 있다.

(2) 가치조건과 조건적 긍정적 존중 욕구

① **가치조건**: 아동은 부모, 중요한 타인이 제시하는 가치조건에 부합하게 행동할 때 긍정적 존중 욕구를 받는다. 즉, 부모의 기대에 맞게 행동하면 관심과 사랑을 더 받게 되지만, 그렇지 못할 경우 관심을 덜 받게 되는 것이다.

② **조건적 긍정적 존중**: 타인의 기대에 맞게 행동할 때만 개인이 긍정적 존중을 받게 되는 것이다.

③ **무조건적 존중의 욕구**: 조건 없이 타인이 개인을 있는 그대로 수용하고 존중하는 것을 의미한다.

(3) 왜곡과 부인

① **왜곡**: 의식은 하지만 실제 경험 내용과 다르게 경험을 지각하는 것을 말한다.

② **부인**: 자기개념에 위협이 되는 존재 자체를 무시하거나 경험을 인식하지 않음으로써 자기개념을 유지하려는 것을 말한다.

③ 인간은 자기개념이 위협을 받는다고 느낄 때 자기개념을 유지하기 위한 방법으로 왜곡과 부인 기제를 사용한다.

(4) 자기(개념)와 유기체 경험의 불일치 `기출 17`

① 개인이 자신의 유기체 경험을 자기개념과 일치하는 것으로 받아들여 통합할 때 심리적 적응이 이루어진다.

② 개인은 실현 경향성에 따르는 유기체적 욕구와 가치의 조건을 획득하려는 자기존중 욕구 간의 갈등을 겪게 될 수 있는데, 개인이 유기체로 소망하며 경험하는 것들과 자기존중을 느끼기 위해 추구하는 것들 사이에 불일치가 생겨나면 자기와 유기체 경험의 불일치를 경험한다.

③ 개인이 자신의 유기체적 경험을 무시하거나 왜곡하여 그러한 경험이 자기구조로 통합되지 못할 때 심리적 부적응이 발생한다.

④ 자기개념과 유기체 경험이 불일치하면 인간은 불안을 느끼고 신경증이 나타난다. 불일치가 심하면 왜곡과 부인 같은 방어기제조차 사용할 수 없게 되어 성격장애와 정신병리가 나타나는데, 로저스는 이를 정신병이라 본다. 정신병은 자기와 유기체가 불일치하면 자신의 체험을 선택적으로 지각하여 가치조건에 맞는 것만 제대로 인식하고, 맞지 않은 것은 부분 또는 전체를 인식하지 못하거나 왜곡하여 지각하게 된다.

> 예 '동생을 미워하면 나쁜 아이', '동생을 좋아하면 착한 아이'라는 가치 조건이 자기 속에 발생하면, 자기존중 욕구 때문에 그의 자기개념에는 '나는 동생이 예쁘다.'가 들어 있다. 동생이 미워지면 자기가 싫어지기 때문에 그런 부정적 감정은 아예 의식되지 않거나 왜곡되어 버린다.

⑤ 상담자가 조건 없이 내담자를 있는 그대로 수용하는 '무조건적 긍정적 존중'을 보이면, 내담자는 자신이 왜곡하고 부인했던 경험을 포함한 모든 경험을 있는 그대로 받아들일 수 있게 된다. 이 과정을 통해 내담자의 자기개념과 유기체 경험이 일치하게 되어 적응을 잘하게 되고 결국 자신의 잠재력을 충분히 발휘하는 사람으로 거듭난다.

(5) 현실적 자기와 이상적 자기의 불일치

① 현재의 자신에 대한 지각은 '현실적 자기'이고, 앞으로 되고 싶은 자신의 모습에 대한 지각은 '이상적 자기'이다.

② 현실적 자기와 이상적 자기의 불일치 정도가 심하면 부적응이 발생할 수 있다.

(6) 스티븐슨(Stephenson)의 Q 분류기법(Q sort) 기출 14

① 질문지로 된 많은 카드로 구성되고 카드에 '나는 호감 주는 사람이다.', '나는 충동적인 사람이다.' 등의 진술문이 있다.

② 자기기술, 즉 어떤 사람이 되고 싶은지나 그 관계가 어떤지를 기술하는 데 사용할 수 있다.

③ 자기분류

　㉠ 자신과 가장 유사하지 않은 속성부터 가장 유사한 속성까지, 자신이 현재의 자신을 있는 그대로 기술하기 위해 카드를 분류하도록 지시한다.

　㉡ 개인이 가장 되고 싶은 사람을 기술하기 위해 카드를 사용하도록 지시할 수 있다. 자신의 이상적인 모습을 기술하고자, 이상적인 특성과 가장 가까운 것부터 가장 먼 것에 이르기까지 파일에 카드를 분류한다.

　㉢ 내담자는 자신과 가장 먼 특징부터 자신과 가장 가까운 특징에 이르기까지 연속선상에서 정상분포에 따라 카드를 분류한다.

④ Q 분류기법의 문항들을 사용하여 특정 과제에서 성공적인 수행과 연합된 특징을 기술할 수도 있다.

(7) 충분히 기능하는 사람 기출 20

① 의미: 자신의 잠재력을 인식하고 능력과 체질을 발휘하여 자신에 대한 완벽한 이해와 경험을 풍부하게 하는 방향으로 이동해 나가는 개인을 지칭하기 위해 사용한 용어이다.

② 충분히 기능하는 사람의 성격특성

　㉠ 자신이 경험하고 있는 것들을 왜곡하거나 부정하지 않고 있는 그대로 받아들이는 개방성을 보인다.

　㉡ 실존의 삶에 가치를 두며 매 순간에 충실한 삶을 영위한다.

　㉢ 어떤 상황에서든 자신을 신뢰한다.

　㉣ 자신의 결정과 행동에 융통성이 있어서 새로운 삶을 창출해나갈 수 있는 창조성이 있다.

　㉤ 자신이 선택한 인생을 제약 없이 자유롭게 살아간다.

더 알아보기　**자기개념과 유기체 경험의 불일치**

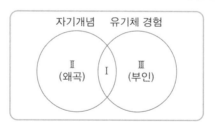

[그림 1-14] 자기개념과 유기체 경험의 불일치

• 유기체 경험을 표시한 원은 인간의 전체적인 경험으로서 한 개인이 성장해 오면서 경험한 모든 것을 뜻한다.
• 자기개념은 개인의 성격, 가치관 등을 포함하는 여러 자기 모습이 통합된 특성을 의미한다. 즉, 주어진 현실적 장 속에서 자신의 특성으로 받아들인 내용이다.
• 영역 Ⅰ은 자기개념과 유기체 경험이 일치하는 부분이다. 영역 Ⅰ의 크기가 적응과 부적응을 결정한다. 부적응은 영역 Ⅰ이 작아서 자기개념과 유기체 경험의 불일치가 큰 경우를 뜻한다.
• 영역 Ⅱ는 자기개념 중 유기체 경험과 일치하지 않는 부분이다. 이것은 '왜곡'에 의해 실제 경험하지 않은 내용을 사실과 다르게 자신의 것으로 받아들인 부분이다.
• 영역 Ⅲ은 유기체 경험 중 자기개념과 일치하지 않는 부분이다. 이는 '부인' 방어기제를 사용함으로써 실제 경험한 내용의 의식화를 거부하는 부분이다.

23   자기개념과 자기이론

1. 자기개념

(1) 자기(자아)개념(self-concept)

① 의미: 일반적으로 자기개념은 자기 자신에 대한 개인의 주관적인 인식과 평가를 반영하는 인지적 관념으로 정의된다.

② 제임스(James)의 자기개념: 물질적 자기, 정신적 자기, 사회적 자기로 범주화 하였다.

③ 청소년기 자기개념

　㉠ **이상적 자기**: 자신이 원하는 최고 상태의 자기를 의미하며 청소년기의 개인적 우화와 관련해서 비현실적으로 높은 이상을 지니는 경향이 있다.

　㉡ **가능한 자기**: 자신이 미래에 도달할 수 있다고 믿는 자기의 최고 상태를 의미한다. 가능한 자기는 미래에 대한 자신감을 뜻하는 반면, 이상적 자기는 자신이 원하는 미래의 모습이라고 할 수 있다.

　㉢ **거짓 자기**: 청소년들이 미래에 꿈꾸는 자신의 모습을 마치 자신의 진정한 모습인 것처럼 잘못 생각하며 행동하는 현상이다.

(2) 자기존중감

① 의미: 개인이 얼마나 자기를 가치 있다고 느끼는지를 가리키는 용어이며 자기가치감, 자기존중, 자아존중감 등이 유사한 용어로 사용된다.

② **자아존중감의 요소(Branden)**: 삶의 기본적인 문제들에 대처할 능력과 자신이 행복할 가치가 있는지에 대한 경험으로 정의한다.

　㉠ **능력에 대한 태도**: 어떤 사람이 자신의 삶에서 겪는 문제들을 이해하고 해결하는 능력이 얼마나 있다고 판단하는지를 뜻한다.

　㉡ **가치에 대한 태도**: 그 사람이 스스로의 흥미와 욕구를 존중하면서 행복을 얻을 권리가 얼마나 있다고 판단하는지를 뜻한다.

③ **사회적 지표이론**: 자존감이 개인의 사회적 집단에서 어떤 위치에 있는지를 알려주는 지표가 된다는 관점이다. 자존감이 높거나 낮음은 어떤 사람이 사회에 안전하게 소속되어 있음을 알리거나 사회로부터 내쳐질 것임을 경고하는 척도가 된다.

④ **불안관리 이론**: 자기를 긍정적으로 보는 태도가 삶의 무의미함이나 죽음에 대한 자각으로 인한 불안에서 자기를 보호하는 역할을 한다는 것이다. 이와 관련하여 실존주의 관점에서 자존감이란 인간이 스스로를 가치 있는 존재로 봄으로써 무의미한 삶에 의미를 부여하여 실존적 불안을 경감시키는 역할을 한다.

(3) 로저스(Rogers)의 현실적 자기와 이상적 자기

① 현실적 자기: 현재 있는 그대로 자신의 상태에 대한 지각을 의미한다.

② 이상적 자기: 자신이 바라는 이상적인 모습이나 상태를 의미한다.

③ 현실적 자기와 이상적 자기의 불일치가 심리적 고통을 초래한다.

(4) 히긴스(Higgins)의 자기불일치이론

① 자기의 평가과정: 자기에 대한 관점과 자기의 영역이 중요하다.

② 자기에 대한 관점: '나에 대한 나의 관점'과 '나에 대한 타인의 관점'으로 구분된다.

③ 자기의 영역: 현실적 자기, 이상적 자기, 의무적 자기로 나누어진다.

참고 히긴스의 불안과 우울

• 히긴스에 따르면, 불안이나 우울과 같은 구체적인 정서경험은 인지적 요소들 간의 관계에 의해 결정된다. 이러한 정서경험이 유발되는 과정에는 인지적 요소들 간의 평가가 중요하다. 평가는 현재 상태에 대한 표상과 원하는 상태에 대한 표상을 비교함으로써 이루어진다.

• 우울이 '현실적 자기'와 '이상적 자기'의 불일치로 유발되는 반면, 불안은 '현실적 자기'와 '의무적 자기'의 불일치로 유발되는 감정이다.
  – 특히 '현실적 자기'가 '타인의 관점에서 의무적 자기'와 불일치하면, 타인으로부터의 징벌, 처벌을 예상하게 되고 불안을 경험한다.
  – '현실적 자기'가 '나의 관점에서의 의무적 자기'와 불일치하면, 죄책감, 자기경멸, 불쾌감 등의 형태로 불안을 경험한다.

---

2. 자기(self) 이론

(1) 마커스(Markus)의 자기도식

① 자기도식: 인지구조로서 '자신이 경험한 특정 사건과 상황들로부터 유도된 개인적인 인지적 표상들'과 '자신의 행동에 대한 자기 및 주위 사람들의 반복된 범주화와 평가로부터 유도된 보편적인 인지적 표상들'로 구성된다.

② 자기도식이 수립되면 여러 인지적 과정에 영향을 미친다. 다른 인지구조와 유사하게 기능하는 일종의 인지구조로 간주될 수 있고, 유입된 모든 자극은 '자기'와의 관련성에 따라 평가되며 자기 확인적 편파가 존재한다.

(2) 자기 복잡성(self-complexity)

① 의미: 자기개념 속에 들어 있는 개별적이고 관련이 없는 자기측면들을 지칭하는 개념이다. 자신이 누구인지를 생각할 때 어떤 사람들은 자신의 다양한 사회적 역할, 대인관계, 활동, 성격특성, 목표 등을 고려할 수 있는 반면, 어떤 사람들은 이 중에서 1~2가지만 고려할 수 있다.

② 평가방식

　㉠ 자기개념 속에 있는 자기측면의 개수: 자기측면의 개수가 많을수록 자기복잡성은 증가한다.

　㉡ 자기측면들의 중첩 정도: 중첩 정도는 다양한 자기의 모습들이 얼마나 비슷한지 혹은 다른지를 나타낸다. 자기측면들이 서로 많이 중첩되어 있는 경우 파급효과가 생겨 자기의 한 측면과 관련해서 발생한 반응이 다른 측면에까지 영향을 주게 된다.

③ 자기측면 개수가 많을수록, 그리고 이들 간의 중첩 정도가 적을수록 스트레스 사건의 부정적인 영향력은 적어진다.

④ 자기측면 개수가 적을수록, 그리고 이들 간의 중첩 정도가 많을수록 스트레스 사건의 부정적인 영향력은 많아진다.

(3) 렉키(Lecky)의 자기일관성 동기와 자기고양 동기

① 자기일관성 동기(self consistency): 자기개념을 일관성 있게 유지하려고 하는 것으로, 자기지각들 간의 일치성, 자기지각과 유입되는 정보들 간의 일치성을 발견하려는 인지적 요구이다. 이러한 자기일관성은 사회적 관계에서 서로의 행동을 안정된 방식으로 예측·통제할 수 있게 하므로 생존과 적응에 매우 중요하다.

② 자기고양 동기(self-enhancement): 자존감을 유지하거나 상승시키는 정보를 발견하려는 감정적 요구이다. 인간은 항상 자신을 개선하고 성장시키려고 부단히 노력함으로써 좀 더 긍정적인 자기존중감을 지니고자 한다.

(4) 엡스테인(Epstein)의 인지 – 경험적 자기이론

① 인지－경험적 자기이론은 경험적·전의식적 자기를 강조하는 이론이다.

② 개념 체계

　㉠ 합리적 개념 체계: 의식수준에서 작동된다.

　㉡ 경험적 개념 체계: 전의식적 수준에서 작동된다.

　㉢ 연상적 개념 체계: 무의식적 수준에서 작동된다.

③ 경험적 개념 체계와 합리적 개념 체계의 비교

　㉠ 마음과 정신 간의 갈등이 일상생활에 많다.

　　예 차를 사려고 할 때 이성과 마음이 주장하는 바가 서로 다른 것, 공부를 하고 싶은데 하고 싶지 않은 것 등

　㉡ 비합리적 공포를 느낀다.

　　예 비행기가 더 안전하다는 것을 알면서도 자동차가 더 안전하다는 느낌에 따라 자동차 여행을 선택하는 경우

　㉢ 통찰과 지적인 지식 간에 차이가 있다.

　　예 치료자들은 환자에게 장애에 대한 지적인 정보를 주는 것보다 정서적으로 의미 있는 경험을 통해 통찰을 얻도록 하는 것이 보다 효과적이라는 사실을 종종 발견한다.

　㉣ 광고에서 그림을 사용하는 것이 문자를 사용하는 것보다 종종 효과적이다.

　㉤ 과제를 수행할 수 있지만 말로는 설명하기 어려운 경우가 있다.

24　히긴스(Higgins)의 자기안내(self-guides) 기출 24

1. 자기괴리이론

(1) 개관

① 의미: 인간은 실제 자기와 이상적 자기 간 괴리, 실제 자기와 당위적 자기 간 괴리를 감소하려는 동기를 가진다.

② 불안, 우울과 같은 구체적인 정서경험: 인지적 요소들 간의 관계에 의해 결정된다.

　㉠ 우울: '현실적인 자기'와 '이상적인 자기'의 불일치에 의해 유발되는 감정이다.

　㉡ 불안: '현실적인 자기'와 '의무적인 자기'의 불일치에 의해 유발되는 감정이다.

　㉢ '현실적인 자기'와 '타인의 관점에서 의무적인 자기'의 불일치: 타인으로부터의 징벌과 처벌을 예상하게 되며 불안을 경험한다.

　㉣ '현실적인 자기'와 '나의 관점에서의 의무적 자기'의 불일치: 죄책감, 자기경멸, 불쾌감 등의 형태로 불안을 경험한다.

(2) 자기 불일치

불일치 유형	유발되는 정서	예시
실제 자기 – 이상적 자기	실망, 불만	"나는 내가 되기를 원하는 만큼 매력적이지 않기 때문에 실망스럽다."
실제 자기 – 이상적 타인	수치심, 당황	"내 부모님이 내가 되기를 원하시는 만큼 친절한 사람이 되지 못해 부끄럽다."
실제 자기 – 당위적 자기	죄책감, 경멸	"내가 더 많은 결단력을 가지고 있어야 하기 때문에 나 자신이 밉다."
실제 자기 – 당위적 타인	두려움, 위협감	"나는 아버지가 내가 해야 한다고 믿는 만큼 공부하지 않았기 때문에 아버지가 화를 낼까봐 두렵다."

① 실제 자기: 내가 실제로 소유하고 있다고 믿는 속성들이다.

② 이상적 자기: 이상적으로 우리가 보유하고 싶어 하는 속성이다. 정적 결과와 연합되어 있으며 자신의 초기 환경에서 중요했던 인물들에 의해 설정된 기준에 도달하는 것과 연합된 정적 감정으로부터 도출된다.

③ 당위적 자기: 내가 보유해야 한다고 느끼는 속성(의무, 책임)이다. 부적 결과와 연합되어 자신의 초기 환경에서 중요했던 인물들에 의해 부과된 의무와 책임을 달성하지 못하는 것과 연합된 부적 감정이다.

④ 실제 자기와 이상적 자기 간의 괴리(불일치): 슬픔, 실망과 같은 감정들을 경험하게 된다. 나 자신이나 중요한 타인이 나에게 품은 꿈이나 희망을 이룰 수 없었다고 내가 믿기 때문이며, 이는 우울 원인이 된다.

⑤ 실제 자기와 당위적 자기 간의 괴리(불일치): 공포, 불안, 죄책감 등의 감정들을 경험하게 된다. 의무와 책임의 표준에 맞게 살지 못했고 해야 할 바를 하지 않아 벌 받고 있다고 느끼기 때문이다. 이는 불안 원인이 된다.

2. 자기안내

(1) 자기안내(self guide): 이상적 자기와 당위적 자기는 한 사람이 바라는 '나'와 현재 생활 상황을 비교하는 표준·목표를 제공한다는 점에서 자기안내(자기길잡이)이다.

① 이상적 자기길잡이: 가능한 성취, 긍정적 결과에 초점을 맞춘다.

예 승진: 성취하면 즐거움이 발생한다.

② 당위적 자기길잡이: 안전, 책임, 피해 회피에 초점을 맞춘다.

예 예방: 성취하면 안심이 발생한다.

③ 이상적 자기는 '촉진'에, 당위적 자기는 '방어'에 더 초점을 둔다.

(2) 불일치 대응 전략

① 실제 자기와 이상적 자기 간 불일치를 다루고자 과거의 새로운 사상에 대한 부정적인 해석을 재평가할 수 있다.

② 불일치를 없애기 위해 중요한 기준에 맞춰 실제 행동을 변화시킬 수도 있다.

1. 정서의 분류

(1) 에크만(Ekman) 등의 기본정서 이론

① 가정: 범문화적으로 발견되는 기본정서, 또는 일차정서가 존재한다.

② 기본정서는 진화론적으로 중요한 적응적 가치를 지닌다.

③ 각 기본정서는 고유한 속성(얼굴표정, 생리적 반응패턴)을 가진다.

ㄱ **얼굴표정**: 기본정서 이론의 가장 강력한 증거이다.

ㄴ 기본정서에 대한 공통된 얼굴 표정은 어린 아동과 어른, 상이한 문화집단에서도 발견된다.

④ 기본정서 이론의 문제점

ㄱ 기본정서의 수, 종류에서 학자들 간에 일치를 보이지 않는다.

ㄴ 기본정서가 생물학적 근거를 가진다는 증거가 충분하지 않다.

ㄷ 어떤 정서가 다른 정서보다 더 기본적이라는 주장은 문화적 편파를 반영한다.

(2) 러셀(Russell)의 정서의 차원 이론

① 가정: 정서는 기본정서로 환원되는 것이 아니라 비정서적인 몇 개의 차원(성분)으로 환원된다.

② 모든 정서는 쾌-불쾌와 각성-비각성의 두 차원으로 이루어진 평면상의 좌표로 표현될 수 있다.

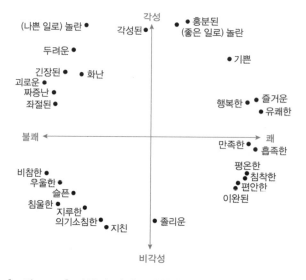

[그림 1-15] 러셀의 감정 2차원과 개별 정서의 위치

(3) 역동적 체계이론

① 정서를 구성하는 성분들이 초기에는 독립적이었다가 발달과 사회적 상호작용을 통해 통합되고 정제되어 성인의 정서로 이행된다.

② 유아의 내적 상태와 얼굴 표정 간 관계는 성인의 것과 다르므로 표정만 보고 내적 상태를 추론하면 안 된다.

2. 정서에 영향을 미치는 요인

(1) 정서조절체계 모델

① 정서조절체계 모델: 뇌에는 다양한 정서를 유발하고 반응하도록 만드는 여러 유형의 신경 경로가 존재한다.

② 3가지 유형의 정서조절 체계

구분	내용
위협-보호 체계	• 위험을 빠르게 탐지하여 대처반응을 하게 함 • 불안, 증오, 혐오감과 같은 폭발적 감정을 일으키고 이러한 감정이 몸으로 전파되어 경계심을 갖게 함으로써 위험에 대처하는 행동을 취하게 함 • 편도체와 시상하부-뇌하수체-부신(HPA) 축과 같은 특정한 뇌의 부분에서 작동함
추동-활력 체계	• 생존과 번영을 위해 필요한 자원을 찾도록 안내하고 동기를 부여하며 긍정적 감정을 제공함 • 좋은 것(예 음식, 안락, 우정, 섹스, 인정)을 추구, 소비, 성취하도록 동기화함으로써 즐거움을 느낌 • 도파민의 영향을 받으며 한번 활성화되면 점점 더 확산되는 경향이 있음
진정-안전 체계	• 진정과 휴식, 평화로운 느낌을 일으켜 균형을 회복하도록 도와줌 • 무언가를 갈망하거나 원하지 않는 평온한 내적 상태로, 고조·흥분된 상태와 다른 긍정적인 정서 상태 • 엔도르핀이나 옥시토신과 같은 신경전달물질이 관여함

(2) 신체적 반응과 인지적 피드백

① 인지적 요소: 정서경험을 유발한 자극과 상황에 대한 인지적 해석·평가를 의미한다.

② 안면피드백 가설: 정서가 얼굴표정으로 산출될 뿐만 아니라 반대로 얼굴표정도 정서의 체험에 영향을 미친다.

  예 슬픈 얼굴표정을 하고 있으면 슬퍼지는 것

③ 샥터(Schachter)의 2요인 이론(쥬크박스 이론)

  ㉠ 정서체험은 신체변화와 인지적 단서가 모두 필요하다.

  ㉡ 정서체험을 위해서는 신체변화가 필요조건이며, 신체변화 해석에 필요한 인지적 단서가 요구된다.

④ 제임스(James)의 정서이론: 정서가 신체적 반응을 유발하는 것이 아니라 신체반응이 정서경험에 선행한다.

(3) 정서조절 방략

① 스트레스에 대처하는 정서조절 방략(Lazarus & Folkman, 1984)

  ㉠ 문제중심적 대처: 문제와 자극상황을 변화시키기 위한 시도로, 문제를 규정하고 해결방안을 모색하는 문제해결 전략들이 이에 속한다.

  ㉡ 정서중심적 대처: 문제로 인해 유발된 정서적 반응을 조절하기 위한 활동들에 참가하는 것으로 선택적 주의, 회피, 긍정적 측면 보기, 인지적 재평가 등이 해당된다.

② 우울증이 심한 사람들이 주로 사용하는 정서조절 방략(Nolen-Hoeksema, 1991)

  ㉠ 반추(rumination): 우울한 기분이 들 때 부정 정서나 피곤함 같은 우울 증상과 그 의미에 주의를 계속 기울이는 사고와 행동을 의미한다.

  ㉡ 주의분산(distraction): 우울한 기분에서 벗어나려 유쾌하고 중성적인 활동으로 주의를 돌리는 반응이다.

  ➡ 반추가 우울을 유지·심화시키는 반면, 주의전환은 우울을 경감하고 우울의 지속시간을 짧아지게 한다.

③ **분노의 표현방식(Spieberger 등, 1985)**
ⓐ **분노표출(anger-out)**: 화가 나면 겉으로 드러내는 것으로 화난 표정을 지어 보이는 것, 욕하는 것, 말다툼이나 과격한 공격행동을 보이는 것 등이 포함된다.
ⓑ **분노억제(anger-in)**: 화나 있지만 이를 겉으로 드러내지 않는 것으로 화가 나면 오히려 말을 하지 않거나 사람을 피하고 속으로만 상대방을 비판하는 경우이다.
ⓒ **분노통제(anger-control)**: 화가 난 상태를 지각하고 관찰하면서 화를 진정시키기 위해 다양한 방략들을 구사하는 것으로, 냉정을 유지하고 상대방을 이해하려 노력하는 것이 대표적인 예다.
  ➡ 분노표출과 억제는 역기능적인 분노표현 행동으로, 분노통제는 기능적인 분노표현 행동으로 분류된다.

3. 신경과민성 또는 부정 정서성

(1) 신경과민성(neuroticism)
① 불안, 우울, 분노 등의 부정정서를 잘 느끼는 성격특성으로, '정서적 불안정성'이라고도 불린다.
② **높은 사람**: 정서적으로 예민하고 불안정하며 사소한 일에도 상처를 잘 받는다.
③ **낮은 사람**: 침착하고 편안하며 기분의 변화가 적고 스트레스에 대한 정서적 반응의 강도가 낮다.

(2) 부정 정서성(negative affectivity)
① 신경과민성과 유사한 개념으로 불안, 우울, 분노, 경멸, 혐오, 죄책감 등의 다양한 부정정서를 경험하기 쉬운 성격특성이다. 특별한 사건으로 인해 유발되는 감정이 아닌 일반적인 기분 성향에 속한다.
② **높은 사람**: 사소한 실패나 좌절, 일상생활의 불편함에 민감하다. 이들은 기분변화가 잦고 슬픔, 걱정, 혼란감을 쉽게 느낄 뿐만 아니라 스트레스와 건강문제, 미숙한 대처기술, 불쾌한 생활사건의 경험을 호소한다.

4. 정서지능

(1) 정서지능
① **의미**: 자신과 다른 사람의 감정을 인식하고 구별하며 이해하는 능력이다. 또한 이를 바탕으로 감정에 따라 적절하게 행동하는 것을 의미한다.
② **지능의 구분**
ⓐ 차가운 인지적 지능
ⓑ 동기, 정서 또는 사회적 관계를 다루는 따뜻한 감성적 지능

(2) 정서지능 모형의 4가지 영역(Salovey&Mayer)
① **정서 지각하기**: 자신이나 타인의 정서를 지각하는 능력이다. 정서 지각은 정서적인 메시지가 표정, 목소리 톤, 문화적 장치로 표현될 때 그에 대한 인상을 형성하고, 주의를 기울이며, 번역하는 것을 포함한다.
② **사고 촉진에 정서 활용하기**: 사고에 정서를 통합하고 인지적 활동을 촉진하는 방향으로 정서를 사용하는 능력을 의미한다. 이는 정서가 인지 체계에 어떻게 영향을 주는지에 초점을 두고, 더 효과적인 문제 해결 추론, 의사결정, 창조적 노력이 이루어지게 한다.
③ **정서 이해하기**: 정서적 개념과 의미, 정서와 그것이 나타내는 관계들 간의 연결, 시간에 따라 정서가 어떻게 혼합되고 진행되는지를 이해하는 능력을 말한다. 이 하위능력에서 가장 기본적인 것은 정서에 이름을 붙이고, 정서 어휘목록의 예들 간의 관계성을 인식하는 능력에 관한 것이다.

④ 정서 관리하기(정서조절): 개인의 성장과 사회적 관계를 향상시키기 위해서 정서를 관찰하고 규제하는 능력을 의미한다. 정서지능이 높은 사람은 자신의 상황에 맞게 부정적인 기분과 정서를 수정하고, 긍정적인 기분과 정서를 유지할 수 있다.

> **참고** **정서인식불능증(alexithymia)**
>
> 자신의 정서를 인식하고 묘사하는 능력이 미숙함을 의미하며 정서표현 어휘부족증으로 불리기도 한다.

5. 고통 감내력과 자기자비

(1) 고통 감내력(distress tolerance)

① 의미: 주관적으로 혐오스럽거나 위협적인 심리상태를 견디는 능력이다.

② 정서적 고통 감내력이 낮은 사람: 고통을 견디기 어렵고 다룰 수 없는 것으로 지각하고 고통에 대한 수용이 부족하며 고통스러운 감정에 주의가 함몰되어 기능이 저하되고 부정 정서를 회피하는 경향이 있다.

③ 정서적 고통 감내력(emotional distress tolerance): 슬픔, 공포, 분노, 혐오와 같은 부정 정서경험을 감내하는 정도를 나타내며 부정 정서경험에 대한 평가, 신념, 기꺼이 경험하기 등의 상위 인지과정을 포함한다.

(2) 네프(Neff) 등의 자기자비(self-compassion, 2003)

① 의미: 고통에 처했을 때 혹독한 자기비난 대신 자신을 돌보는 온화한 태도로서 건강한 형태의 자기수용이다.

② 높은 사람: 부정적 사건을 자기에 대한 위험으로 해석하고 방어적으로 대응하기보다 자신의 단점이나 취약점을 인정하면서도 평정심과 긍정적 자기감을 유지한다. 또한 자기와 세상의 불완전함을 수용하고 힘든 일을 겪을 때도 비교적 담담히 받아들인다.

③ 하위 개념

㉠ 자기친절(self-kindness): 고통과 실패를 겪을 때 혹독히 자책하기보다 자신을 친절하게 대하고 온화하게 이해하는 태도로 전환하는 것이다.

㉡ 마음챙김(mindfulness): 고통스러운 생각이나 감정을 억제하거나 과장하지 않고 비판단적으로 관찰하는 것을 의미한다. 고통을 알아차리고 선명하게 보는 것이 자기자비의 전제조건이다.

㉢ 인간보편성(common humanity): 부정적인 경험을 할 때 자신만의 부족함 때문이라고 생각하여 외로움, 단절감, 고립감을 느끼는 대신 취약성과 고통을 인간 경험의 일부로 받아들이는 것이다.

④ 길버트(Gilbert)의 자비초점적 치료(compassion focused therapy, 2010)

㉠ 내담자가 자기자비로 전환하는 능력을 함양함으로써 심리적 고통을 극복하도록 돕는 방법이다.

㉡ 자기자비를 증진하려면 자신을 진정시키기 위해 자비로운 이미지를 일으키는 심상화가 중요하다.

제 **7** 절 성격과 동기

26 돌라드(Dollard)와 밀러(Miller)의 정신분석적 학습이론

1. 학습의 기본적 개념

(1) 습관과 추동

돌라드와 밀러는 정신역동 개념을 학습심리학의 원리로 설명한다.

(2) 학습 과정

① **추동(동기)**: 무엇인가를 원하는 상태로서 행동을 추진하는 내적인 자극을 의미한다. 자극이 강할수록 추동이나 동기 기능이 더욱 커진다.

② **추동자극**: 배고픔이나 어떤 생각 같은 내적인 것과 함께 통증을 부여하는 자극, 불쾌감을 주는 환경 요인과 같은 외부적인 것이 있다.

③ **단서**: 행동의 방향을 결정하는 것으로 변별자극을 뜻한다. 흔히 단서는 추동자극이 외적 행동을 유발하는 근거가 되며 언제, 어디서, 어떤 반응을 해야 하는지를 결정한다.

④ **반응**: 추동자극과 단서의 연합으로 나타나는 행동을 말한다.

⑤ **반응위계**: 가장 먼저 튀어나오는 지배적 반응부터 가장 늦게 나타나는 미약한 반응으로 구성된다. 지배적 반응에 대한 처벌이 이루어지면 다음 순서의 대안적 반응이 나타난다.

⑥ **강화(보상)**: 반응이 일어난 후 주어지는 긍정적 결과로, 보상에 의해 반응이 증가한다. 흔히 추동이 없으면 보상도 의미가 없는데, 추동의 감소가 보상이기 때문이다.

> 예 배고픔 추동으로 동기화된 동물은 산만한 행동을 한다. 어느 한 시점에 동물은 레버를 우연히 보게 된다(단서). 처음에 우연히 레버를 누르면 그의 컵 안으로 먹이가 떨어진다. 이 동물은 그 즉시 먹이를 먹고, 그것에 의해 배고픔 추동의 긴장이 감소된다(보상, 강화). 이후 그 동물이 배가 고플 때마다 레버를 누를 가능성은 더욱 커진다. 자극(레버)과 반응(레버 누르기) 간 연합은 더 강해지고, 연속적인 시행으로 배고픈 동물은 더 빨리 레버를 누를 것이다.

(3) 인간행동

① 인간은 일차추동으로부터 학습과정을 통해 다양한 이차추동을 형성하게 되는데, 이러한 학습된 추동은 성격의 중요한 부분을 형성한다.

② 불안, 공포, 수치심, 인정 욕구, 성취 욕구 등은 고전적 또는 조작적 조건형성으로 학습된 이차추동이다.

2. 좌절 – 공격 가설과 갈등의 유형

(1) 좌절-공격성 가설

① 공격성을 인간의 추동으로 본 프로이트와 달리, 좌절의 결과로 인한 이차추동이라고 설명한다.

② 공격성은 좌절의 결과, 즉 개인이 추구한 목표지향적 행동이 방해 받아 추동감소가 좌절될 때 나타나는 것이다.

③ 추동이 강력하며 추구하는 목표가 크게 방해를 받고 좌절이 반복적일 때 공격행동이 나타날 가능성이 커진다.

(2) 갈등의 4가지 유형 기출 14

① 갈등은 개인이 서로 배타적인 두 가지 이상의 목표를 추구하기를 원할 때 경험한다.

② 유형

　㉠ 접근 – 회피 갈등: 동일한 대상이나 상황에 대해 접근과 회피 성향을 동시에 지니고 있을 때 발생한다.

　㉡ 접근 – 접근 갈등: 둘 중에 하나를 선택해야 하는 상황에서 두 가지 모두에 대한 선호를 지니고 있을 뿐만 아니라 접근 성향의 강도가 비슷할 때 발생한다.

　㉢ 회피 – 회피 갈등: 둘 중에서 하나를 선택해야 하는 상황에서 두 가지 모두에 대한 혐오를 지니고 있을 뿐만 아니라 회피 성향의 강도가 비슷할 때 발생한다.

　㉣ 이중 접근 – 회피 갈등: 두 가지 선택이 각각 바람직한 측면과 혐오적 측면을 모두 가지는 경우이다. 이러한 상황에 처한 사람은 이러지도 저러지도 못하고 결정을 미루는 우유부단한 행동을 보일 수 있다.

③ 신경증 갈등의 핵심: 접근 – 회피 갈등, 즉 어느 한 가지를 원하기도 하고 두려워하기도 한다.

참고　**최적 각성이론**

• 사람들은 추동이론에서와 같이 생리적 긴장을 줄이는 방향으로 행동할 뿐만 아니라, 생리적 흥분이나 각성 상태를 높이는 방향으로 행동한다. 또한 사람들은 적정한 상태의 흥분 상태를 유지하기 위해 특정 행동을 한다.
　㉮ 수영, 다이빙, 암벽 등반, 카페인 음식 섭취, 이성과의 사랑 등
• **최적 각성이론**: 사람들이 활동할 때 각성에는 최적의 각성 수준이 있으며 사람들은 자신의 최적 각성 수준을 유지하려 동기부여한다.
• **여키스 – 도슨(Yerke-Dodson)의 역전된 U함수이론**: 각성이 높아질수록 사람들의 수행은 가장 능률적이 되고, 최적 각성 수준을 넘기면 수행 수준이 떨어지는 경향을 말한다.

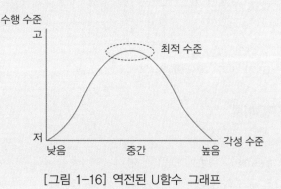

[그림 1-16] 역전된 U함수 그래프

1. 매슬로우의 욕구위계이론

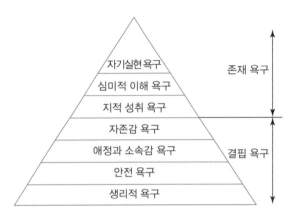

[그림 1-17] 매슬로우의 욕구위계

(1) 욕구위계이론

① 행동주의 강화이론이 외적인 동기만을 강조하고 개인의 내적인 측면을 무시하는 것에 반발하여 개인의 욕구나 내적 상태 등을 강조했다.

② 인간의 다양한 욕구들은 일정한 위계적 순서에 따라 발달한다. 특히 하위욕구가 만족되지 않으면 상위욕구의 발달이 이루어지지 않는다. 따라서 상위욕구의 발달은 하위욕구의 충족을 전제로 이루어진다.

(2) 결핍 욕구와 성장(존재) 욕구

① 결핍 욕구(deficiency needs): 무언가 부족하다는 결핍감에 의해서 생겨나는 욕구로서, 첫 네 단계의 욕구들 (생리적 욕구, 안전 욕구, 애정과 소속감 욕구, 자존감 욕구)이 해당된다.

② 성장 욕구(growth needs): 부족한 것을 채우기 위해서가 아닌 가치 있는 것을 추구하는 것으로 '존재 욕구'라 고 지칭하기도 한다. 성장 욕구는 결핍 욕구가 잘 충족된 후 생성되는 것으로 지적 성취 욕구, 심미적 이해 욕구, 자기실현 욕구를 포함한다.

➡ 매슬로우는 말년에 이러한 욕구 발달의 최상위에 초월 욕구(transcendence needs)를 추가했다.

2. 앨더퍼(Alderfer)의 ERG이론

(1) 3단계 욕구

① 생존 욕구(Existence needs): 생존에 필요한 여러 유형의 물리적 및 생리적 욕구를 포함한다. 매슬로우의 욕구위계를 보면, 생리적 욕구와 (물리적) 안전 욕구가 포함된다.

② 관계 욕구(Relatenness needs): 자신에게 중요한 타인과 친밀하고 신뢰하는 인간관계를 형성·유지하려는 욕구를 의미한다. 매슬로우의 안전 욕구(대인관계에서의 안전), 자존감 욕구(대인관계에서의 자존심), 애정과 소속감 욕구 등의 사회적 동기가 모두 관계 욕구에 포함된다.

③ 성장 욕구(Growth needs): 개인이 중요하게 생각하는 능력이나 잠재력을 발전시키려 하는 욕구를 말한다. 이러한 욕구는 타인과의 비교를 통해 얻는 자존감이 아닌 자기확신을 통해 얻는 자존감의 욕구가 포함된다. 성장 욕구는 매슬로우의 자기실현 욕구와 유사하다.

(2) 기본적 내용

① 특정한 욕구가 덜 충족될수록 그 욕구에 대한 갈망이 더욱 강해진다.

② 한 욕구가 충족되면 상위 욕구가 일어난다.

③ 상위 욕구의 충족이 좌절되면 하위 욕구가 일어난다.

3. 욕구의 충족방식

(1) **능동성 – 수동성 차원**: 특정한 욕구를 충족하기 위한 행동을 스스로 시작하는가, 환경적 요인에 의해 시작하는가를 의미한다.

① **능동적인 사람**: 욕구를 충족하기 위해 스스로 행동의 방향과 계획을 설정하며 미래에 대해 예상하고 준비하는 경향을 나타낸다.

② **수동적인 사람**: 다른 사람에 의해 촉발된 상황에 대해 반응적으로 행동하며 순응적·개방적인 태도를 나타내는 경향이 있다.

(2) **접근 – 회피 차원**

① **접근 지향적인 사람**: 행동을 통해 성취할 결과의 긍정적인 측면에 초점을 둔다. 따라서 대인관계에서 다른 사람에게 접근적인 태도를 나타낸다.

② **회피 지향적인 사람**: 행동을 통해 초래될 결과의 부정적인 측면에 초점을 둔다. 따라서 특정 대상에 접근하기보다 회피하는 행동을 나타낸다.

(3) **유지 – 변화 차원**

① **유지 지향적인 사람**: 현재의 상태를 변화시키지 않고 안정된 상태로 지속하려는 현상유지적인 태도를 취한다. 따라서 새로운 행동이나 변화를 통해서 불필요한 혼란과 동요를 경험하지 않으려 한다.

② **변화 지향적인 사람**: 현재의 상태에 만족하지 않고 변화나 개선을 위한 향상 지향적인 태도를 갖는다. 따라서 현재의 상황을 변화시키기 위한 시도를 끊임없이 한다.

28 드웩(Dweck)의 암묵적 신념 모형

1. 마음자세 기출 19

(1) **구분**

① **고정 – 마음자세(고정 마인드 세트)**: 학업성적은 지능에 의해 결정되고 지능은 선천적 능력으로 고정된 것이라 믿는다. 이 마음자세를 가진 사람은 실패를 두려워한다. 실패는 자신의 고정된 능력에 대한 부정적 평가를 의미하기 때문이다.

② **성장 – 마음자세(성장 마인드 세트)**: 학업성적은 열심히 배우고 연습하면서 노력한 결과로 자신의 노력에 따라 얼마든 변화 가능하다고 믿는다. 이 마음자세를 가진 사람은 실패를 두려워하지 않는다. 실패하더라도 열심히 노력하면 개선할 수 있으며, 실패를 통해 무언가를 배울 수 있다고 믿기 때문이다.

(2) 마음자세의 변화

① 마음자세의 변화를 위해서는 성공경험이나 실패경험에 대한 귀인이 중요하다.

② 좋은 성적을 가진 아이에게 "머리가 좋은 아이구나."라고 칭찬하면 고정-마음자세를 갖게 되고, "열심히 노력했구나."라고 칭찬하면 성장-마음자세를 갖게 된다.

2. 무력감 스타일과 숙달지향 스타일 `기출 19`

(1) 무력감 스타일

① 과제를 잘 못하면 자신이 실패했고 능력이 없는 탓이며, 미래에 대한 전망이 좋지 않다고 생각한다.

② 지루함, 불안, 과제에 대한 염려 증상을 보이고 후속 과제에서 수행이 낮아진다.

(2) 숙달지향 스타일

① 과제를 못하더라도 일시적인 차질이며 노력으로 숙달할 수 있는 도전이라고 생각한다.

② 자신에 대한 신뢰감과 도전 의욕을 유지하고 후속 과제에서 수행이 증대된다.

3. 암묵적 이론

(1) 무력감 스타일 – 수행목표 추구

① 목표: 자신의 능력을 확립하는 것이다.

② 실체이론(지능을 고정된 것으로 간주): 과제 자체를 자신의 불변하는 능력을 시험하는 것으로 생각하고, 실패하면 무력감에 빠진다.

(2) 숙달지향 스타일 – 학습목표 추구

① 목표: 자신의 능력을 추구하는 것이다.

② 증진이론(지능을 변화될 수 있는 것으로 간주): 과제 자체를 도전과 학습의 기회로 보고 실패하더라도 노력을 통해 개선할 수 있다고 생각한다.

---

29 와이너(Weiner)의 귀인이론

1. 귀인

(1) 귀인(attribution)

개인이 어떠한 과제 또는 행동에서의 성공과 실패에 대한 원인을 어떠한 방식으로 지각하는가에 관한 이론이다.

(2) 통제소재와의 차이

통제소재의 관심은 장래의 사태에 대한 인간의 기대에 있지만, 귀인이론은 이미 발생한 사태의 인지적 원인 지각을 연구한다.

2. 귀인 차원 기출 16

(1) 원인의 소재

① 귀인을 할 때 성공과 실패의 원인이 자기 자신에게 있느냐, 외부에 있느냐에 관한 것이다.

② 내부와 외부

ⓐ 내부귀인: 어떤 일의 성공이나 실패에 대한 책임을 내부요인에 둔다. 예 능력, 노력

ⓑ 외부귀인: 어떤 일의 성공이나 실패에 대한 책임을 외부요인에 둔다. 예 운, 과제 난이도

③ 내부귀인 성공 시 자부심과 동기가 향상되지만, 실패 시 수치심이 발생한다.

④ 외부귀인 성공 시 외부 힘이나 여건에 감사함을 느끼지만, 실패 시 분노감이 발생한다.

(2) 안정성

① 성공과 실패의 원인이 시간과 장소에 상관없이 동일한 것이냐, 시간과 장소에 따라 변하기 쉬운 것이냐에 관한 것이다.

② 안정성의 차원은 미래에 대한 기대와 관련되어 있다. 자신의 성공 또는 실패를 안정적 요인에 귀인하면, 미래에 비슷한 과제에서 비슷한 결과를 기대한다.

(3) 통제 가능성

① 성공과 실패의 원인을 자신의 의지로 통제할 수 있느냐의 여부에 관한 것이다.

② 통제 가능성 차원은 자신감과 미래에 대한 기대와 관련된다. 자신의 성공이나 실패를 통제 가능한 요인으로 귀인하면 다음에도 비슷한 결과를 기대할 수 있다.

(4) 원인소재, 안정성, 통제성 차원에 따라 분류한 학업실패의 원인의 예

구분	원인의 소재	안정성	통제 가능성
능력	내부	안정	통제 불가능
노력	내부	불안정	통제 가능
운	외부	불안정	통제 불가능
과제 난이도	외부	안정	통제 불가능

인과 소재 통제성 ＼ 안정성	내부		외부	
	안정	불안정	안정	불안정
통제 가능	원래 공부를 안 함	그 시험에 대한 공부를 안 함	교사가 편파적임	친구들이 도와주지 않음
통제 불가능	적성이 낮음	시험 당일에 아팠음	학교의 성적기준이 너무 높음	운이 나빴음

(5) 일반성 차원과 의도성 차원

① 일반성 차원: 인과 요인의 다른 상황이나 사람들에 대한 일반화 가능성과 관련된 것이다.

➡ 안정성 차원이 시간적 측면에 초점을 둔 것이라면, 일반성 차원은 장면에 초점을 둔 것이다.

예 수학시험에서 낙제 점수를 받았을 때 그 이유를 '머리가 나빠서'라고 할 수도 있고, '내가 원래 수학을 못해서'라고 할 수 있다. 전자는 일반성 차원에서 보면 일반적 귀인이고, 후자는 상황 특수적이라는 것이다.

② **의도성 차원**: 책임감 및 목적과 관련된 것이다. 이는 내적이며 불안정적 원인인 노력과 질병을 구분하기 위해 도입된 개념으로, 노력의 경우 책임이 따르지만 질병이나 피로 때문에 실패했다면 책임의 회피로 볼 수 없기 때문이다.

(6) 와이너의 수정된 귀인 분류 이론

① **수정된 분류**: 귀인의 3가지 차원 중 소재와 안정성 차원에서 이 4가지 귀인의 특징을 다음과 같이 설명하였다.

	내부	외부
안정적	적성, 장기간의 노력	객관적인 과제특성
불안정적	기술/지식, 일시적/상황적 노력	기회

   ㉠ **능력**: 적성과 기술/지식으로 구분된다.
   ㉡ **노력**: 장기간의 노력과 일시적/상황적 노력으로 구분된다.
   ㉢ **초기 분류에서 과제 난이도**: 객관적인 과제특성으로 변경되었다.
   ㉣ **운**: 기회로 변경되었다.

② 수정된 분류에 통제성 차원을 함께 고려하여, 학업 성취에서의 성패에 밀접한 관련이 있는 원인들을 3가지 차원으로 구분하면 다음과 같이 분류할 수 있다.

인과 소재 / 통제성 / 안정성	내부		외부	
	통제가능	통제 불가능	통제 가능	통제 불가능
안정적	장기간의 노력	적성	교사의 편견/편애	학교나 수업의 요구수준 정도(난이도)
불안정적	기술/지식, 시험을 위한 일시적 노력	시험 당일의 건강, 기분	교사나 친구들의 도움	기회

3. 적용

(1) 교육관련 상황

① 학생 자신뿐만 아니라 주변 사람들의 성공과 실패에 대한 인과적 설명의 특징을 확인해 본다. 자신의 귀인성향이 불안정적, 내적, 통제 가능한 원인들 중에서 어떤 특징으로 가장 잘 대표될 수 있을지 확인해 보는 것은 자신을 이해하는 데 도움을 주고 후속 상황을 예측하고 통제할 수 있게 한다는 점에서 의미 있는 일이다.

② 학생들의 귀인성향을 의식하도록 권장한다. 즉, 학생들로 하여금 학업적 활동이나 스포츠, 사회적 행동결과를 설명해 보게 한다. 이 과정에서 능력 부족보다 노력 부족이나 잘못된 공부방법 등의 통제 가능한 원인으로 실패에 대한 귀인을 하는 습관을 키우면 후속 상황에서 동기유발에 도움이 될 것이다.

③ 어떤 사건에 대한 가능한 한 노력이나 흥미, 결단성 등을 증진시킬 가능성이 있는 원인에 초점을 맞추도록 한다. 예를 들어 학생들의 폭력성, 계속적인 실패, 부모의 불평, 교사와 학생들 혹은 행정당국 간 갈등과 같은 사건은 대개 그 원인이 복합적이다. 이러한 사건들은 많은 인과 요인을 포함한다. 그러나 다양한 원인 중에 불안정적, 내적, 통제 가능한 원인들을 찾아낸다면 아마도 문제해결이 쉬워질 것이다.

④ 다양한 교수전략을 사용하며 학생들로 하여금 여러 다른 시험공부 전략, 친구 사귀기 전략, 노트필기 전략 등을 개발하고 토론하며 비교하도록 장려한다. 학생들로 하여금 잘 정리된 공부방법이나 복습방법 중에 선택하게 하고, 다양한 전략의 효과를 스스로 비교해 볼 수 있게 도와준다. 성공은 때로는 좋은 전략을 발견한 결과를 의미하는 것일 수도 있고, 실패는 보다 적절한 전략을 계속 찾아봐야 함을 의미할 수 있다는 점을 강조한다.

⑤ 학생들 자신이 지각하는 원인을 스스로 찾도록 유도한다. 학생이 실패를 보다 건설적으로 귀인할 것을 권장하고, 교사가 학생들의 실패를 이러한 관점에서 설명해 줄 수도 있다.

(2) 귀인 변경 프로그램(귀인 재훈련)

① 학습자가 성취 결과에 대한 원인을 무엇이라고 지각하는지 알면, 미래의 학습 성취도를 예언할 수 있고 학습자의 인과적 귀인을 바람직한 요인으로 변경하면 미래의 학업 성취도를 예언할 수 있다.

② 바람직한 귀인과 바람직하지 못한 귀인

ㄱ 바람직한 귀인: 실패 → 노력결핍 → 죄책감과 수치심 → 성취 증가

ㄴ 바람직하지 못한 귀인: 실패 → 추론된 능력 부족 → 무능감, 우울감 → 성취 감소

③ 체계적 귀인훈련 프로그램

ㄱ 1단계: 노력귀인으로 갈 수 있도록 한다. 이때 목적은 '실패 → 능력 부족 → 무력감 → 성취 감소'의 귀인유형을 '실패 → 노력 부족 → 죄책감과 수치심 → 성취 증가'의 형태로 바꾸는 것이다.

ㄴ 2단계: 학습자가 충분히 노력했음에도 결과가 좋지 않을 때는 전략귀인으로 가도록 한다. 전략귀인은 실패의 원인을 자신의 학습방법이나 학습전략 등으로 귀인하는 것을 의미한다. 즉, 학습방법이나 습관을 스스로 점검해 보고 더욱 바람직한 방법으로 바꾸어 주는 전략이 필요하다.

ㄷ 3단계: 노력귀인과 전략귀인을 다 거쳤음에도, 충분한 노력과 적절한 전략을 사용했음에도 결과가 좋지 않을 때는 포기하도록 유도함으로써 학습자의 기대 자체를 수정하고 새로운 길을 모색하는 것이 좋다.

④ 귀인 재훈련은 실패를 능력부족과 같은 안정적인 요인으로 귀인하는 것을 노력부족이나 과제 난이도와 같은 불안정적 요인으로 바꾸는 것뿐만 아니라 잘못된 전략사용으로 귀인하도록 훈련한다.

4. 학습된 무력감

(1) 학습된 무력감

① 의미: 삶을 전혀 통제할 수 없고 무엇을 하더라도 실패를 피할 수 없다는 신념을 의미한다.

② 학습된 무력감 발생 요인: 자신의 반응이 미래에 일어날 결과를 통제하지 못할 것이라는 예측, 즉 반응과 결과가 무관할 것이라는 기대이며, 이는 통제되지 않았던 경험의 반복으로 형성된다.

> **참고** **학습된 무력감의 사례**
>
> 자신이 퍼즐을 푸는 것은 자신의 통제 밖에 있다고 추론하여 무력감을 느끼게 되고, 그 다음에는 풀 수 있는 퍼즐이 나와도 노력을 기울이지 않을 가능성이 높아진다.

(2) 학습된 무력감 적용

① 실패경험으로부터 과잉보호하지 않는다.

② 통제감을 경험할 수 있는 환경을 조성한다.

③ 부모, 교사 등 통제권을 가진 사람이 반복적으로 너무 어려운 과제를 부여하는 것을 피한다.

④ 실패결과가 예상되면 실패결과를 수용할 준비를 할 수 있도록 사전에 정보를 제공한다.

⑤ 수행 피드백에 대한 결과를 적절히 사용한다.

　　예 구체적이고 분명한 피드백을 통해 원인을 정확히 파악한다.

⑥ 귀인변경(노력 혹은 전략귀인)을 시도한다.

30 데시(Deci)와 라이언(Ryan)의 내재적 동기와 자기결정이론

1. 자기결정이론

(1) 개관 기출 15

① 자기결정성 혹은 자율성이라는 관점에서 내재동기와 외재동기의 개념을 재정립하고 자기결정성 수준에 따라 세분화된 동기유형을 제시하였다.

② 자기결정: 개인이 어떤 행동을 선택, 시작, 조절하는 과정에서 어느 정도의 자율성을 갖는가를 의미한다.

③ 내재적으로 동기화된 행동: 개인의 흥미와 관심에 따라 선택된다는 점에서 자기결정성이 가장 높은 동기다.

④ 외재적으로 동기화된 행동: 외적 압력이나 보상에 따라 선택된다는 점에서 자기결정성이 가장 낮은 동기다.

⑤ 기본가정: 인간은 자율적으로 행동하려는 욕구를 가지고 있으며, 자신이 원하는 활동을 하게 될 때 가장 잘 동기화된다는 것이다.

(2) 5가지 미니이론

① 인지평가 이론(cognitive psychological theory)

② 유기체 통합 이론(organismic integration theory)

③ 기본심리욕구 이론(basic psychological need theory)

④ 인과지향성 이론(causality orientation theory)

⑤ 목표내용 이론(goal content theory)

2. 기본 심리 욕구

(1) 내재적 동기와 외재적 동기

① 외재적 동기: 과제를 완수하려는 보상 때문에 참여하려는 동기이다.

② 내재적 동기: 과제 자체에 대한 흥미 때문에 참여하려는 동기이다.

➡ 내재적 동기는 기본적인 심리적 욕구에 의해 생겨나는 것으로 그러한 동기를 충족시키기 위한 행위에서 자체적으로 만족감을 느낄 수 있다.

(2) 3가지 내재적 욕구 기출 16

① 유능성 욕구: 자신의 능력에 맞게 최적의 도전을 추구하고, 이러한 행위를 통해서 기술과 역량을 유지, 향상시키려는 것이다.

➡ 획득한 기술이나 역량 자체라기보다 개인이 유능해지고 싶어 하는 지각에 대한 것이다.

② 관계성 욕구: 타인과 관계를 맺음으로써 서로 연결되고, 상호 관심과 배려를 느끼고, 자신이 속한 집단에서 소속감을 느끼고 싶은 욕구다.

③ **자율성 욕구**: 개인이 자신의 흥미와 가치에 기반을 두어 행동을 선택, 결정함으로써 행동에 대한 주도권을 갖는 것이다.

3. 인지 평가이론(내재적 동기에 영향을 미치는 요인)

(1) 개관
① 사회적 환경이 제공한 외적보상이 내재동기에 어떤 영향을 미치는지를 설명한다.
② 인간은 자신의 환경을 인지적으로 평가함으로서 외적 보상이 자신의 행동을 통제하려는 목적인지, 과제수행능력에 대한 정보를 제공하려는 목적인지를 파악한다.

(2) 보상이 지각에 미치는 영향

구분	내용
정보적 기능	• 보상은 수행의 질이 높다는 것을 알려줄 때 정보적 기능을 함 • 이 경우 보상은 지각된 유능성과 내재동기를 증진시킴
통제적 기능	• 보상은 행동에 대해 통제적 기능을 할 수 있음 • 행동을 하면 상을 주겠다는 제안을 하는 경우로, 이 경우 보상은 지각된 내적 통제감과 내재동기를 감소시킴

① 통제적인 보상은 내재적 동기에 부정적인 영향을 미치지만, 정보적인 보상은 내재적인 동기에 긍정적인 영향을 미친다.
② 정보적 보상은 학습자의 유능성 욕구충족에 도움을 주는 반면, 통제적 보상은 학습자의 자율성 욕구를 훼손한다.

(3) 내재적 동기를 촉진하는 인지적 요인
① **자율성(자율적 선택)**: 자율적 선택에 의해 행동할 수 있는 환경에서는 내재적 동기가 촉진된다.
② **유능감**: 자신이 잘할 수 있다고 생각되는 과제나 상황에서 내재적 동기가 강화된다. 적절한 수준의 도전적 과제를 제시하고, 긍정적인 피드백을 부여하며 통제적인 평가를 하지 않을 때 내재적 동기가 촉진되는 반면, 부정적인 평가는 내재적 동기를 훼손한다.
③ **외적 보상**: 외적 보상은 내재적 동기를 손상시킨다. 이는 보상이 개인으로 하여금 행동의 이유가 자기 외부에 있다고 지각하도록 만들기 때문이다. 또한 내재적 동기를 외적인 보상으로 대체하는 과잉정당화 때문이다.

> **참고** **자기결정력에 영향을 미치는 기타 요인**
> • **위협과 마감시한**: 자신이 통제받고 있다는 느낌을 제공하여 자기결정력을 감소시킨다.
> • **외적 보상**: 과정에 대한 정보 제공이 아닌, 행동 통제나 조정의 수단으로 인식될 때 자기결정력에 역효과를 준다.
> • **통제적인 표현**: 나의 행동을 다른 사람이 통제하는 언급은 자기결정력을 감소시킨다.
> • **감독과 평가**: 자기가 평가받고 있다고 느낄 때 자기결정력이 감소한다.

4. 유기체 통합이론

(1) 의미
① 외부적 보상에 의해서 유발된 동기가 내재적 동기로 내면화하면서 통합되는 과정을 설명하기 위해 유기체 통합이론을 제시했다.
② 유기체 통합이론은 외재적 동기로부터 내재적 동기로 변화해 가는 점진적인 과정을 보여준다.

(2) 유기체 통합이론에서 제시한 다양한 동기 수준

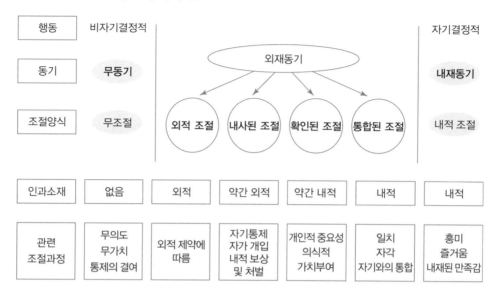

[그림 1-18] 자기결정성의 연속선상에서 동기의 위치

동기	내용
무동기	자기결정성이 전혀 없는 것으로 행동하려는 의지가 결핍된 상태
외적 조절동기	• 외적 보상이나 제약이 개인의 행동을 조절함 • 용돈을 받기 위해, 야단이나 처벌을 피하기 위해, 혹은 부모님이나 선생님의 요구에 응하기 위해 행동함
내사된 조절동기	• 개인의 행동에 내적 압력이 영향을 미치는 상태 • 내적압력은 어떤 행동을 해야만 한다고 생각하는 의무감이나 과제에 성공해서 자존심을 지켜야 한다는 압박감을 의미함
확인된 (동일시된) 조절동기	• 개인이 학습의 가치를 확인하고 인정하여 수용한 상태 • 학습에서 배운 내용을 일상생활에서 유용하게 활용하거나, 진학이나 취업과 같은 목표를 달성하는데 도움이 되기 때문에 과제에 참여함 • 스스로 그 행동이 가치 있다고 판단하여 행동을 하지만 그것 자체에 대한 기쁨이나 자기만족보다는 어떤 목표를 달성하기 위해 행동하기 때문에 완전히 내면화된 것은 아님
통합된 조절동기	• 해당 과제의 중요성을 넘어 개인의 가치체계나 자기도식, 정체성과 부합되는 상태 • 과제수행의 즐거움 보다는 개인의 정체성에 부합하는 중요한 가치를 실현하기 위해 동기화된다는 점에서 외재동기에 해당되지만, 외재동기 유형들 중에서 자기결정성 수준이 가장 높음
내재동기	행위를 하는 그 자체가 만족스럽기 때문에 하는 경우를 의미함

5. 인과지향성 이론과 목표내용 이론

(1) 인과지향성 이론

① 개인의 내적 자원, 즉 사회적 세계를 향한 개인의 동기적 지향성에서의 비교적 안정적인 개인차를 설명하기 위해 개발되었다.

② 구분

구분	특징
자율지향성	• 개인의 흥미와 스스로 확인한 가치에 기초한 행동 조절을 수반함 • 내재동기와 충분히 통합된 외재동기를 향한 경향성
통제지향성	• 어떻게 행동해야 하는가에 대해 타인의 통제와 지시를 따르는 경향성 • 외적 조절, 내사된 조절과 관련됨
무동기지향성	무력감, 무동기, 무의도적인 행동에 대한 지표에 초점을 둠

③ 개인이 자신의 욕구, 흥미와 같은 내부요인에 습관적으로 의존하는 정도는 자율지향성 정도를 나타내며, 환경적 유관성, 압력과 같은 외부요인에 습관적으로 의존하는 정도는 통제지향성 정도를 나타낸다.

(2) 목표내용 이론

① 삶의 목표를 내적인 것과 외적인 것으로 규정하기 위해 목표의 내용을 탐색한다.

② 외적 목표보다 내적 목표를 가진 경우에 바람직한 성취결과와 심리적 안녕을 경험할 수 있다.

  ㉠ 외적 목표: 경제적 성공, 권력, 사회적 인정, 신체적 매력 등이 있다.

  ㉡ 내적 목표: 자기실현과 같은 개인적 성장과 건강, 활력, 양육적 관계, 공동체 참여 등이 있다.

> **더 알아보기** **내재적 동기 증진방법**
>
> • **외적 제약의 최소화**: 보상이나 감독과 같은 외적 제약의 사용을 최소화하여 꼭 필요한 경우에만 사용하고, 가능한 한 관심을 두지 않는 편이 좋다.
> • **과제 선택의 자유와 가능성 제공**: 자신이 수행할 과제의 종류, 수준 등을 선택할 수 있도록 복수의 과제유형이나 수준을 제공하는 것이 좋다.
> • **실패결과에 대한 노력귀인 권장**: 학생들이 수행한 과제에 대한 실패결과는 자신의 책임으로 원인을 돌리는 습관을 형성하는 것이 좋다.
> • **수행결과에 대한 구체적·정보적 피드백 제공**: 수행한 결과에 대해 가능하면 즉각적으로 피드백을 주는 것이 좋다. 평가결과는 교사, 부모 등 과제를 관리하는 주체가 직접 제공하는 것이 신뢰를 주어 효과적이다. 피드백은 다른 사람과 비교하는 규준참조적인 것이 아닌 수행의 질적 측면에 초점을 둔 준거참조적 형태인 것이 과제에 대한 관심을 증진시킬 수 있어 효과적이다.
> • **적정 수준의 과제 난이도 제공**: 개인의 능력수준과 과제 난이도 수준의 조화가 필요한 만큼 적정 수준의 난이도를 가진 과제를 제공하는 것이 필수적이다.
> • **적절한 보상 제시**: 외적 보상을 사용할 때는 보상을 주는 주체의 가치나 기준에 의한 보상이 아니라 수행의 수월성에 대한 보상임을 강조해야 한다.
> • **즐거운 수행환경 마련**: 기분이 좋고 편안하게 공부할 수 있도록 즐거운 분위기와 쾌적한 환경을 마련해 주는 데 신경을 써야 한다.

31 칙센트미하이(Csikszentmihalyi)의 출현동기이론과 플로우 경험

1. 출현동기와 플로우

(1) 출현동기(emergent motivation theory)

① 예상하는 목표나 보상의 관점에서 설명될 수 없는 활동이 많고, 진행되는 행위에 직접 관여함으로써 나타나는 목표와 보상의 관점에서 설명해야만 한다고 전제한다.

② 출현동기는 상황 속에서 계속 상승되는 도전과 그 도전을 극복한 후에 생기는 잠재적 보상과 만족감에 의해 유지된다.

(2) **플로우(flow: 몰입)**

　① 활동이 주는 즐거움 때문에 사람들이 반복적으로 그 활동을 하려고 하는 것으로 행위에 완전히 몰입한 집중상태를 말한다.

　　➡ 최적경험을 하는 상태

　② 개인이 어떤 도전을 극복하기 위해 자신의 기술을 사용할 때 도전과 자신의 기술 간의 적절한 조화를 이루면 플로우 상태로 들어가게 된다.

2. 플로우 경험

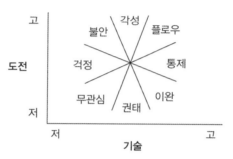

　• 자신의 능력이나 기술수준과 도전수준의 적절한 조화: 플로우 경험
　• 도전수준이 너무 높고 기술수준이 너무 낮은 경우: 불안
　• 도전수준이 기술수준에 비해 너무 낮은 경우: 권태(지루함)

[그림 1-19] 기술수준과 도전수준에 따른 심리 변화

(1) **플로우 경험의 촉진요인**

　① 분명한 목표가 있는 활동이다.
　② 즉각적인 피드백이 주어지는 활동이다.
　③ 개인의 기술수준과 과제 난이도가 적절한 균형을 이루는 상태이다.

(2) **플로우 경험의 특징**

　① 현재 과업에 대한 강렬한 주의집중이 일어난다.
　② 행위와 인식의 융합이 일어난다.
　③ 자기와 환경의 구분이 거의 사라질 뿐만 아니라 시간의 흐름도 망각하게 된다.
　④ 현재 하고 있는 활동을 장악하는 듯한 강력한 통제감을 느낀다.
　⑤ 그 자체가 즐거운 것으로 자기충족적인 속성을 지닌다.

(3) **플로우 경험 단계**

　① **주의를 기울이는 단계**: 새롭게 시작한 활동에 관심을 갖고 참여하게 된다.
　② **흥미를 느끼는 단계**: 주의를 기울인 활동에서 흥미와 즐거움을 느끼게 되며 지속적인 주의를 기울인다.
　③ **주의가 완전히 집중되는 단계**: 지속적인 활동에 몰두하게 되며 주변 상황에 대한 인식이 약화되고 시간과 공간에 대한 지각이 변형된다.
　④ **자아와 활동의 융합이 일어나는 단계**: 진정한 몰입의 상태로, 활동에 흠뻑 빠져 자아의식이 사라지는 무아지경의 상태에 이르게 된다.

제 8 절 성격의 적응과 공격성

32 성격과 적응

1. 주관적 안녕감

(1) 주관적 안녕감(subjective well-being)

① 행복에 대응하는 심리학 용어로 자신의 삶에 만족하며 높은 긍정 정서와 낮은 부정 정서를 경험하는 심리상태다.

② 구성

　　㉠ 인지적 요소: 개인이 나름대로의 기준과 비교하여 자신의 삶을 평가하는 의식적·인지적인 판단으로 삶의 만족도를 말한다.

　　㉡ 정서적 요소: 긍정 정서와 부정 정서를 말한다. 두 정서는 연관되지만 상당히 독립적인 것으로 알려져 있다.

(2) 행복에 영향을 미치는 요인

① 낮은 상관: 나이, 성별, 교육수준, 사회계층, 수입액, 자녀유무, 지능수준, 신체적 매력도 등이 있다.

② 중간 정도의 상관: 결혼, 종교, 여가활동, 친구 수, 신체건강, 성실성, 외향성, 정서적 안정성, 내적 통제소재 등이 있다.

③ 높은 상관: 낙관성, 자존감, 직업만족도, 성적 활동 빈도, 긍정 감정경험 빈도, 일란성 쌍둥이의 행복도, 감사경험 등이 있다.

(3) 기질과 주관적 안녕감

① 행복감을 결정하는 가장 큰 요인은 유전이다.

② 공유된 가정환경과 유전의 영향은 정적 감정보다는 부적 감정에서 더욱 크다.

③ 시간뿐만 아니라 상황에 걸쳐서도 안정적이다.

④ 환경이 주관적 안녕감에 미치는 영향은 생각만큼 크지 않다.

(4) 성격과 주관적 안녕감

① 외향성과 신경증: 외향성은 정적 감정과 상관이 높은 반면, 신경증은 부적 감정과는 아주 높은 상관을 보인다. 이는 뇌의 접근 및 회피 체계의 개인차를 반영한다.

② 자기존중감: 주관적 안녕감과 높은 상관을 보이지만 문화에 따라 차이가 있다.

③ 낙관성: 미래에 대해 긍정적인 기대와 전망을 하는 인지적 경향성으로, 주관적 안녕을 예측하는 강력한 성격요인이다

④ 통제감: 통제감은 개인적으로 중요한 삶의 사건을 자신이 스스로 통제할 수 있다는 신념으로 자기유능감, 삶에 대한 자신감, 미래에 대한 긍정적인 확신감을 심어주어 행복감을 증진시킨다

2. 성격과 신체건강

(1) A, B, C, D 유형의 성격

성격	내용
A유형의 성격 (Type A)	• 핵심적 특징은 사소한 일에도 쉽게 촉발되는 분노, 조급함과 분노를 유발하는 시간 압박감과 인내심 부족, 스트레스와 성취지향적 태도를 유발하는 경쟁적인 욕구임 • 이 패턴을 보이는 사람은 심장혈관 질환에 걸릴 가능성이 높음
B유형의 성격 (Type B)	• A유형과 반대되는 성격을 지칭하며 침착하고 유연하며 여유로움을 좋아하는 성격특성 • 이 유형에 속하는 사람은 스트레스를 잘 받지 않고 일을 즐기며 여유로운 삶을 영위하는 패턴을 보임
C유형의 성격 (Type C)	• 사소한 것에 과도하게 신경 쓰고 자기주장을 잘 못하는 성격 • 자신보다 다른 사람의 욕구를 우선시하고 정서적 억압이 심한 성격으로 '암 취약 성격'이라고도 함 • 이 성격의 사람은 갈등을 회피하고 분노를 억제하며 사회적으로 선호하는 반응을 과도하게 보이는 병적인 친절성을 보이는 것으로 알려짐
D유형의 성격 (Type D)	• 부정 정서성과 억제를 특징적으로 나타내는 성격을 뜻함 • 이 성격 소유자는 걱정이 많고 우울하며 만성적으로 부정 정서를 경험할 뿐만 아니라 자신감이 부족하고 대인관계를 회피하는 경향을 나타냄 • 이 유형은 심장혈관 장애와 밀접하게 관련되는 것으로 알려짐

(2) 성격 5요인과 정신장애

구분	내용
신경과민성	우울증, 양극성 장애, 불안장애, 섭식장애, 해리장애, 조현병 스펙트럼 장애를 비롯한 다양한 정신장애와 연관되는 것으로 보고되고 있음
외향성	• 넓은 대인관계와 긍정 정서를 촉진하는 성격특성으로서 정신장애의 억제요인으로 여겨짐 • 특히 우울증, 강박장애, 조현병, 사회적 위축성향과 부적 상관을 나타내는 것으로 보고됨
개방성	• 창의적인 삶을 촉진하지만 관습적인 문화에 부적응을 나타낼 수 있음 • 특히 성정체감 문제, 반사회성, 편집성, 경조증, 조현병과 유의미한 상관을 나타낸다고 보고됨
우호성	부정 정서의 억압을 유발하여 히스테리, 우울증과 같은 임상적 문제를 유발할 수 있음
성실성	• 정신건강에 긍정적인 영향을 미치는 성격요인 • 대부분의 임상문제와 부적 상관을 나타내는 것으로 보고됨

(3) 개인-환경 상호작용 이론: 성격이 개인으로 하여금 환경과 부정적인 상호작용을 하게 하여 정신장애를 유발하게 한다는 주장이다. 이때 상호작용이 일어나는 방식은 3가지가 있다.

① 반응적 개인-환경 상호작용: 개인의 성격이 환경적 사건에 반응하고 그러한 사건을 해석하는 방식에 영향을 미친다는 것이다. 사람마다 동일한 사건에 반응하는 방식이 다른 것은 성격의 개인차 때문이다.

② 유발적 개인-환경 상호작용: 개인의 성격이 다른 사람으로부터 독특한 반응을 유발함으로써 부적응 상태를 악화시키는 경우를 말한다.

③ 전향적 개인-환경 상호작용: 성격이 개인으로 하여금 편안하게 느끼는 환경적 상황을 선택하게 하여 부적응을 더욱 심화시키는 경우를 의미한다.

3. 대인관계 이론

(1) 대인관계 Big Two 이론

① **주체성(agency)**: 독립적인 존재로서 자기보호와 자기확장을 위해서 유능성과 권력을 추구하는 경향성이다. 이는 세상과 분리된 자율적인 존재로서 자신의 영향력을 확대하려는 광범위한 성향으로 독립성, 자율성, 권력, 지위, 성취, 책임감 등의 개념과 관련된다.

② **연대성(communion)**: 개인이 자신보다 더 큰 어떤 것과 연결하여 친밀한 유대관계를 형성하려 하는 경향성을 뜻한다. 이는 타인이나 세상과 연결된 존재로서 친밀감과 소속감을 강화하려는 광범위한 성향을 보이며 사랑, 우정, 친밀감, 협동성, 대화, 공유, 돌봄 등의 개념과 관련된다.

(2) 위긴스(Wiggins) 등의 대인행동의 원형 모형 `기출 18`

① **대인관계 원형**: 원형의 구조에 따라 개인의 대인관계, 동기, 성격특성을 이해하고 평가하는 개념틀을 의미한다.

② **차원**: '지배 – 복종'과 '사랑(친애) – 미움'의 두 축으로 이루어진 대인행동의 원형 모형을 제안했다.

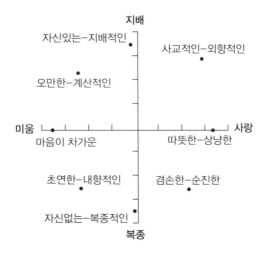

[그림 1-20] 대인행동의 원형 모형

㉠ **지배성(dominance)**: 타인의 행동을 자신의 뜻대로 통제하려는 정도로, 대인관계 패턴은 지배성–순종성의 연속선상에서 평가될 수 있다.

㉡ **친애성(affiliation)**: 타인을 호의적으로 대하는 정도를 의미하며, 대인관계 패턴은 친애성(사랑)–적대성(미움)의 연속선상에서 평가될 수 있다.

1. 공격성 이론

(1) 정신분석 이론

① 프로이트: 사람들에게는 자기 파괴적인 죽음의 욕망이 있으며 죽음의 욕망을 타인에게 전가하려는 자기보호적 본능 때문에 공격행동이 표출된다. 특히 공격성은 타인에게 향할 수도 있고 자살처럼 자신에게 향할 수도 있다.

② 돌라드(Dollard) 등의 좌절-공격 가설: 욕구 좌절은 공격행동의 표출에 필수적이다. 욕구의 좌절이 공격추동을 유발하고, 유발된 공격추동은 공격행동을 함으로써 감소된다.

(2) 조건형성 이론

① 고전적 조건형성: 공격행동과 특정 자극이 연합되어 이후 유사한 상황에서 특정 자극이 제시될 경우 공격행동이 유발된다.

② 조작적 조건형성: 특정 상황에서 공격반응을 보였을 때 강화를 받으면 유사한 상황에서 동일한 공격행동이 나타날 가능성이 증가한다.

③ 자극 일반화: 한 상황에서 보인 공격행동이 보상을 받게 되면 유사한 상황에서도 공격행동을 보일 가능성이 높아진다.

④ 자극 변별: 상황에 따라 공격행동이 보상 받기도 하고 처벌 받기도 한다는 사실을 알게 되면, 보상 받는 상황에서만 공격행동이 나타난다.

⑤ 일반화: 한 형태의 공격행동이 보상을 받으면 유사한 형태의 다른 공격행동도 증가한다.

⑥ 변별: 한 형태의 공격행동은 처벌 받지 않고 다른 형태의 공격행동은 처벌 받으면 처벌 받지 않는 쪽을 선택한다.

(3) 인지이론

① 미셸(Mischel): 공격행동을 보이는 사람은 이전에 공격행동을 통해 좌절상황에서 벗어났던 사실을 학습했기 때문이다.

② 페쉬베이크(Feshbach): 좌절당하면 공격해야 한다는 사회적 규범을 학습했기 때문에 공격행동을 보인다.

③ 닷지(Dodge): 좌절상황에 대한 사회인지적 정보의 처리가 불완전하거나 편파적이기 때문에 공격행동을 한다.

④ 버코위츠(Berkowitz): 좌절이 항상 공격행동을 유발하지는 않고 분노의 매개를 필요로 한다는 '좌절-분노-공격 가설'을 제안했다.

(4) 사회학습 이론

① 공격행동은 관찰과 모방을 통해 학습된다.

② 모델링: 사람은 다양한 공격행동을 관찰, 모방을 통해 학습하지만 항상 학습한 공격행동을 표출하는 것은 아니며, 정적인 보상이 기대되는 행동의 상황에서만 학습한 공격행동을 나타낸다.

③ 모델링의 기능

㉠ 관찰학습 기능: 공격행동을 수행하는 모델이 관찰자에게 새로운 공격방법을 가르쳐 준다.

㉡ 탈억제 기능: 공격행동을 하고 처벌받지 않은 모델을 관찰하는 것은 공격행동에 대한 억제를 낮춰 공격행동의 확률을 높인다.

㉢ 정서 및 각성 기능: 공격을 관찰하는 것만으로도 정서적 흥분이 유발되어 충동적·공격적으로 반응하게 된다.

(5) 정화가설과 사회학습 이론

① 정화가설: 좌절당하거나 분노의 감정을 경험하는 사람이 타인의 공격행동을 관찰하거나 실제로 공격행동을 하면 공격추동이 감소되어 공격행동이 감소된다.

② 사회학습 이론: 직접적이든 대리적이든 공격행동의 수행은 오히려 공격행동의 경향성을 증가시킨다.

③ 대중매체

　　㉠ 정화가설: 대중매체의 폭력물이 공격성을 감소시킨다.

　　㉡ 사회학습 이론(모델링 가설): 대중매체의 모델링 효과 때문에 청소년의 공격성이 증가한다. 공격하는 모델과 동일시함으로써 공격행동을 학습하고, 공격의 다양한 방식에 대한 지식을 습득하며, 공격행동에 대한 억제심리로부터 벗어난다.

2. 닷지(Dodge)의 사회적 정보처리 결함과 공격성(1986)

(1) 자극상황 부호화 단계

사건에 관한 감각적 정보를 수집한다. 공격적인 사람은 일차적으로 적대적인 단서에만 집중하며 비적대적인 단서에는 주의를 기울이지 않는다.

(2) 표상 및 해석 단계

부호화된 정보에 의미를 부여하고 그것을 자신의 기억 속에 통합시킨다. 인지왜곡이 사건에 대한 개인의 지각을 변화시키는 단계이다. 특히 인과귀인이 중요하며, 적대적 의도로 귀인한다.

(3) 목표선택 단계

사회적 상황에 대해 행동적·정서적 결과를 선택한다. 공격적이지 않은 사람은 타인의 기분을 상하지 않게 하면서 자신의 하루를 계속하는 목표를 선택할 것이나 공격적인 사람은 방어적·공격적 목표를 선택하기 쉽다.

(4) 반응접근 또는 구성 단계

자신의 목표를 만족시킬 수 있는 반응을 기억해 내거나 만들어 낸다. 흔히 공격적인 사람은 욕하기, 소리 지르기, 밀기 등의 공격적 반응을 만들어 낸다.

(5) 반응결정 단계

만들어진 반응 중에 어떤 것을 선택할 것인지 결정한다.

(6) 행동실행 단계

일단 원하는 반응을 선택한 후에는 선택된 반응을 실행하는 행동실행 단계로 옮겨간다.

제2장

상담이론

제2장 | 핵심 이론 흐름잡기

제1절 상담의 기초

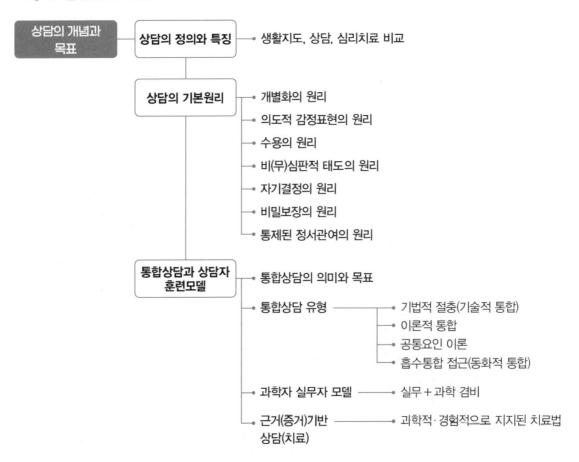

상담의 개념과 목표

상담의 정의와 특징 → 생활지도, 상담, 심리치료 비교

상담의 기본원리
- 개별화의 원리
- 의도적 감정표현의 원리
- 수용의 원리
- 비(무)심판적 태도의 원리
- 자기결정의 원리
- 비밀보장의 원리
- 통제된 정서관여의 원리

통합상담과 상담자 훈련모델
- 통합상담의 의미와 목표
- 통합상담 유형
  - 기법적 절충(기술적 통합)
  - 이론적 통합
  - 공통요인 이론
  - 흡수통합 접근(동화적 통합)
- 과학자 실무자 모델 → 실무 + 과학 겸비
- 근거(증거)기반 상담(치료) → 과학적·경험적으로 지지된 치료법

제 2 절 **정신역동 상담이론**

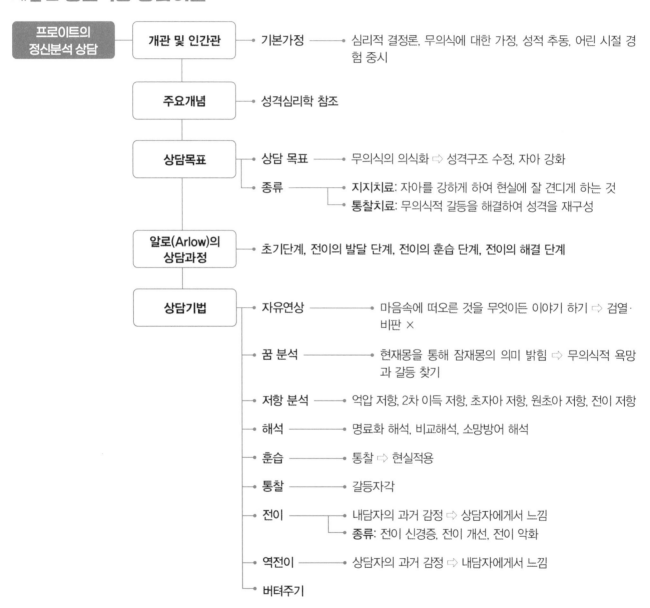

프로이트의 정신분석 상담

개관 및 인간관 → 기본가정 —— 심리적 결정론, 무의식에 대한 가정, 성적 추동, 어린 시절 경험 중시

주요개념 → 성격심리학 참조

상담목표 → 상담 목표 —— 무의식의 의식화 ⇨ 성격구조 수정, 자아 강화
→ 종류 —┬— **지지치료**: 자아를 강하게 하여 현실에 잘 견디게 하는 것
　　　　　└— **통찰치료**: 무의식적 갈등을 해결하여 성격을 재구성

알로(Arlow)의 상담과정 → 초기단계, 전이의 발달 단계, 전이의 훈습 단계, 전이의 해결 단계

상담기법
→ 자유연상 —— 마음속에 떠오른 것을 무엇이든 이야기 하기 ⇨ 검열·비판 ×
→ 꿈 분석 —— 현재몽을 통해 잠재몽의 의미 밝힘 ⇨ 무의식적 욕망과 갈등 찾기
→ 저항 분석 —— 억압 저항, 2차 이득 저항, 초자아 저항, 원초아 저항, 전이 저항
→ 해석 —— 명료화 해석, 비교해석, 소망방어 해석
→ 훈습 —— 통찰 ⇨ 현실적용
→ 통찰 —— 갈등자각
→ 전이 —┬— 내담자의 과거 감정 ⇨ 상담자에게서 느낌
　　　　└— **종류**: 전이 신경증, 전이 개선, 전이 악화
→ 역전이 —— 상담자의 과거 감정 ⇨ 내담자에게서 느낌
→ 버텨주기

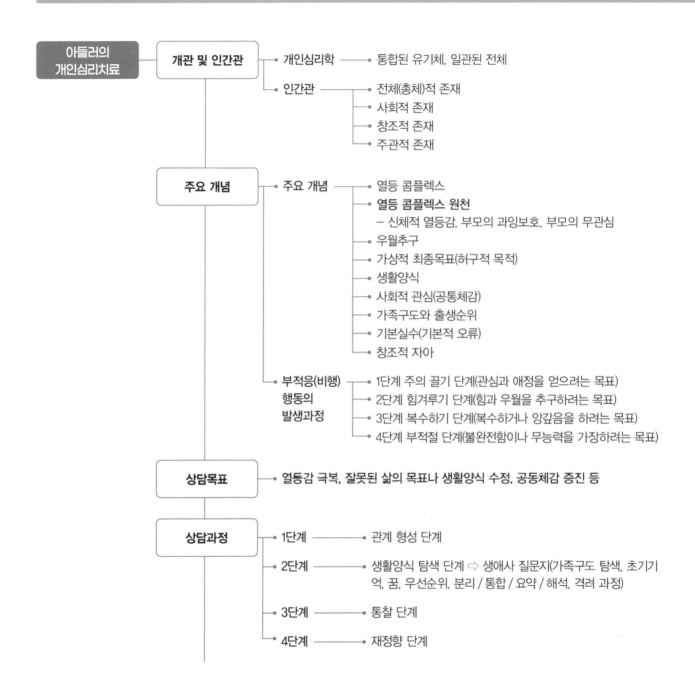

아들러의 개인심리치료

개관 및 인간관
- 개인심리학 — 통합된 유기체, 일관된 전체
- 인간관
  - 전체(총체)적 존재
  - 사회적 존재
  - 창조적 존재
  - 주관적 존재

주요 개념
- 주요 개념
  - 열등 콤플렉스
  - **열등 콤플렉스 원천**
    - 신체적 열등감, 부모의 과잉보호, 부모의 무관심
  - 우월추구
  - 가상적 최종목표(허구적 목적)
  - 생활양식
  - 사회적 관심(공동체감)
  - 가족구도와 출생순위
  - 기본실수(기본적 오류)
  - 창조적 자아
- 부적응(비행) 행동의 발생과정
  - 1단계 주의 끌기 단계(관심과 애정을 얻으려는 목표)
  - 2단계 힘겨루기 단계(힘과 우월을 추구하려는 목표)
  - 3단계 복수하기 단계(복수하거나 앙갚음을 하려는 목표)
  - 4단계 부적절 단계(불완전함이나 무능력을 가장하려는 목표)

상담목표
- **열등감 극복, 잘못된 삶의 목표나 생활양식 수정, 공동체감 증진 등**

상담과정
- 1단계 — 관계 형성 단계
- 2단계 — 생활양식 탐색 단계 ⇨ 생애사 질문지(가족구도 탐색, 초기기억, 꿈, 우선순위, 분리 / 통합 / 요약 / 해석, 격려 과정)
- 3단계 — 통찰 단계
- 4단계 — 재정향 단계

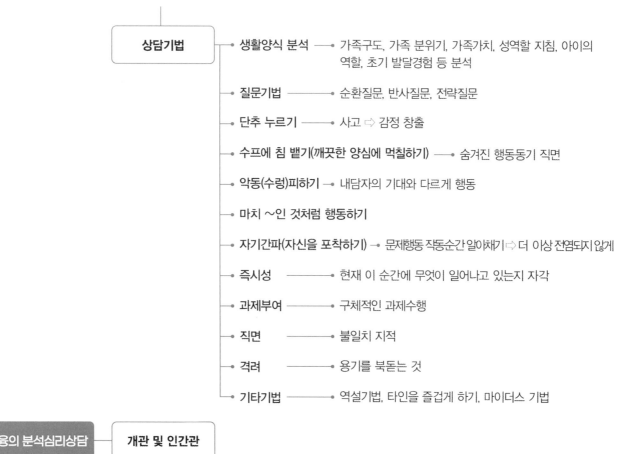

상담기법

생활양식 분석 ── 가족구도, 가족 분위기, 가족가치, 성역할 지침, 아이의 역할, 초기 발달경험 등 분석

질문기법 ──── 순환질문, 반사질문, 전략질문

단추 누르기 ──── 사고 ⇨ 감정 창출

수프에 침 뱉기(깨끗한 양심에 먹칠하기) ──── 숨겨진 행동동기 직면

악동(수렁)피하기 → 내담자의 기대와 다르게 행동

마치 ~인 것처럼 행동하기

자기간파(자신을 포착하기) → 문제행동 작동순간 알아채기 ⇨ 더 이상 전염되지 않게

즉시성 ──── 현재 이 순간에 무엇이 일어나고 있는지 자각

과제부여 ──── 구체적인 과제수행

직면 ──── 불일치 지적

격려 ──── 용기를 북돋는 것

기타기법 ──── 역설기법, 타인을 즐겁게 하기, 마이더스 기법

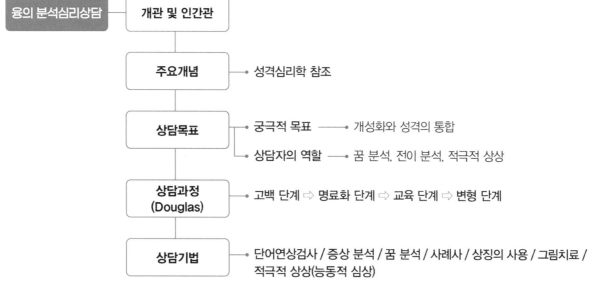

융의 분석심리상담

개관 및 인간관

주요개념 ── 성격심리학 참조

상담목표 ── 궁극적 목표 ──── 개성화와 성격의 통합

상담자의 역할 ── 꿈 분석, 전이 분석, 적극적 상상

상담과정 (Douglas) ── 고백 단계 ⇨ 명료화 단계 ⇨ 교육 단계 ⇨ 변형 단계

상담기법 ── 단어연상검사 / 증상 분석 / 꿈 분석 / 사례사 / 상징의 사용 / 그림치료 / 적극적 상상(능동적 심상)

제 2 장 │ 핵심 이론 흐름잡기

제 3 절 현상학적 상담이론

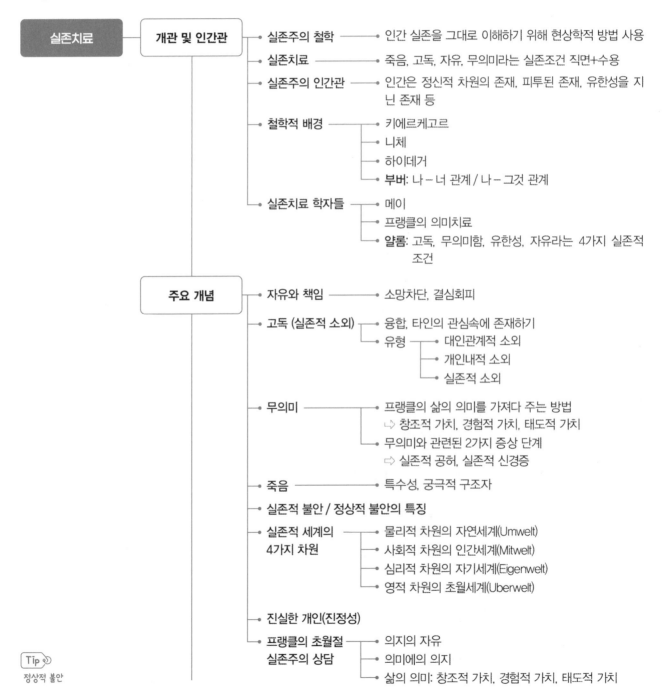

실존치료

개관 및 인간관
- 실존주의 철학 ── 인간 실존을 그대로 이해하기 위해 현상학적 방법 사용
- 실존치료 ── 죽음, 고독, 자유, 무의미라는 실존조건 직면+수용
- 실존주의 인간관 ── 인간은 정신적 차원의 존재, 피투된 존재, 유한성을 지닌 존재 등
- 철학적 배경
  - 키에르케고르
  - 니체
  - 하이데거
  - **부버**: 나 – 너 관계 / 나 – 그것 관계
- 실존치료 학자들
  - 메이
  - 프랭클의 의미치료
  - **얄롬**: 고독, 무의미함, 유한성, 자유라는 4가지 실존적 조건

주요 개념
- 자유와 책임 ── 소망차단, 결심회피
- 고독 (실존적 소외)
  - 융합, 타인의 관심속에 존재하기
  - 유형
    - 대인관계적 소외
    - 개인내적 소외
    - 실존적 소외
- 무의미
  - 프랭클의 삶의 의미를 가져다 주는 방법
    ⇨ 창조적 가치, 경험적 가치, 태도적 가치
  - 무의미와 관련된 2가지 증상 단계
    ⇨ 실존적 공허, 실존적 신경증
- 죽음 ── 특수성, 궁극적 구조자
- 실존적 불안 / 정상적 불안의 특징
- 실존적 세계의 4가지 차원
  - 물리적 차원의 자연세계(Umwelt)
  - 사회적 차원의 인간세계(Mitwelt)
  - 심리적 차원의 자기세계(Eigenwelt)
  - 영적 차원의 초월세계(Uberwelt)
- 진실한 개인(진정성)
- 프랭클의 초월절 실존주의 상담
  - 의지의 자유
  - 의미에의 의지
  - 삶의 의미: 창조적 가치, 경험적 가치, 태도적 가치

Tip
정상적 불안

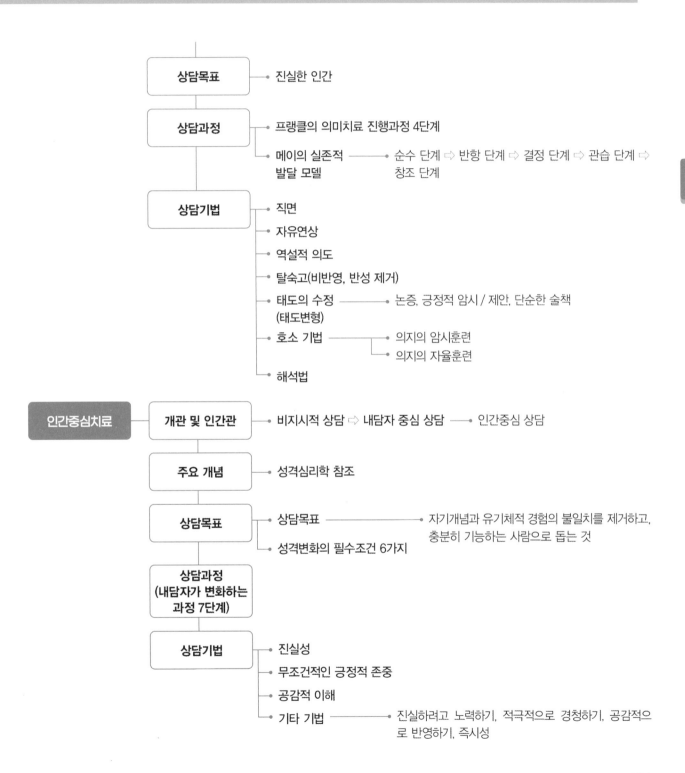

상담목표 → 진실한 인간

상담과정 → 프랭클의 의미치료 진행과정 4단계

→ 메이의 실존적 발달 모델 —— 순수 단계 ⇨ 반항 단계 ⇨ 결정 단계 ⇨ 관습 단계 ⇨ 창조 단계

상담기법
→ 직면
→ 자유연상
→ 역설적 의도
→ 탈숙고(비반영, 반성 제거)
→ 태도의 수정 (태도변형) —— 논증, 긍정적 암시 / 제안, 단순한 술책
→ 호소 기법 —— 의지의 암시훈련
　　　　　　　—— 의지의 자율훈련
→ 해석법

인간중심치료

개관 및 인간관 → 비지시적 상담 ⇨ 내담자 중심 상담 —— 인간중심 상담

주요 개념 → 성격심리학 참조

상담목표
→ 상담목표 —— 자기개념과 유기체적 경험의 불일치를 제거하고, 충분히 기능하는 사람으로 돕는 것
→ 성격변화의 필수조건 6가지

상담과정 (내담자가 변화하는 과정 7단계)

상담기법
→ 진실성
→ 무조건적인 긍정적 존중
→ 공감적 이해
→ 기타 기법 —— 진실하려고 노력하기, 적극적으로 경청하기, 공감적으로 반영하기, 즉시성

제 2 장 | 핵심 이론 흐름잡기

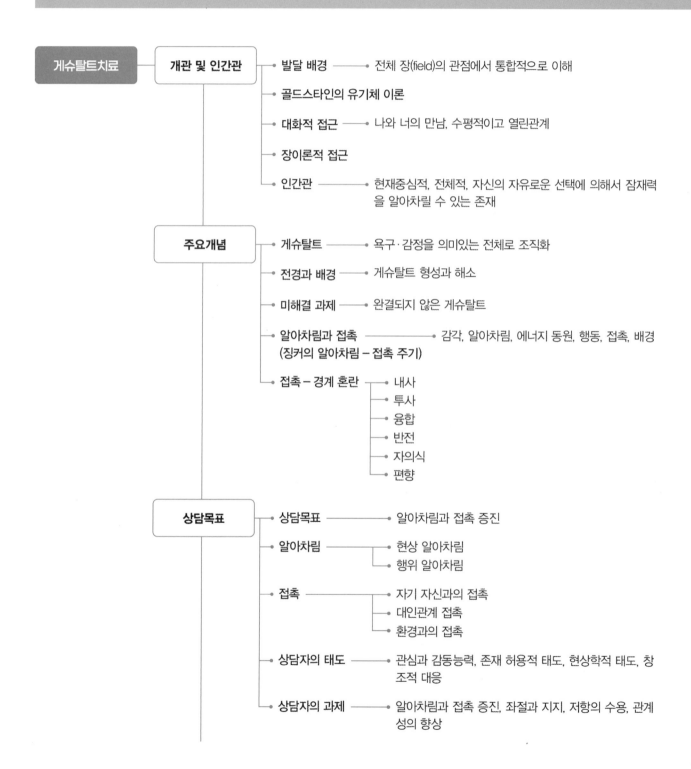

게슈탈트치료

개관 및 인간관
- 발달 배경 ——— 전체 장(field)의 관점에서 통합적으로 이해
- 골드스타인의 유기체 이론
- 대화적 접근 ——— 나와 너의 만남, 수평적이고 열린관계
- 장이론적 접근
- 인간관 ——— 현재중심적, 전체적, 자신의 자유로운 선택에 의해서 잠재력을 알아차릴 수 있는 존재

주요개념
- 게슈탈트 ——— 욕구·감정을 의미있는 전체로 조직화
- 전경과 배경 ——— 게슈탈트 형성과 해소
- 미해결 과제 ——— 완결되지 않은 게슈탈트
- 알아차림과 접촉 ——— 감각, 알아차림, 에너지 동원, 행동, 접촉, 배경
  (징커의 알아차림 – 접촉 주기)
- 접촉 – 경계 혼란
  - 내사
  - 투사
  - 융합
  - 반전
  - 자의식
  - 편향

상담목표
- 상담목표 ——— 알아차림과 접촉 증진
- 알아차림
  - 현상 알아차림
  - 행위 알아차림
- 접촉
  - 자기 자신과의 접촉
  - 대인관계 접촉
  - 환경과의 접촉
- 상담자의 태도 ——— 관심과 감동능력, 존재 허용적 태도, 현상학적 태도, 창조적 대응
- 상담자의 과제 ——— 알아차림과 접촉 증진, 좌절과 지지, 저항의 수용, 관계성의 향상

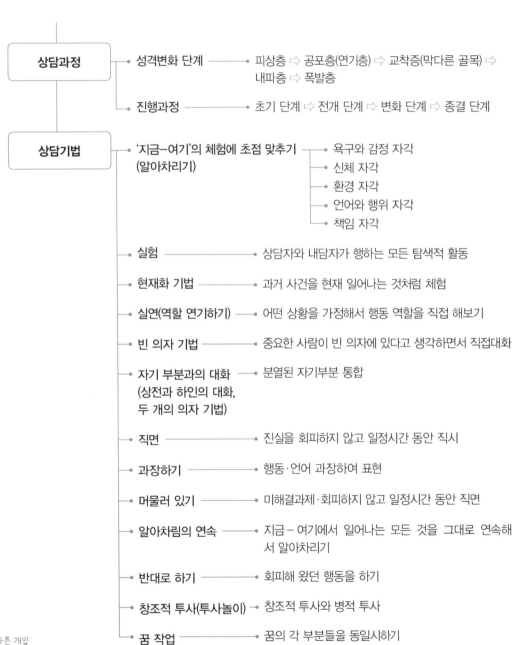

상담과정

• 성격변화 단계 —— • 피상층 ⇨ 공포층(연기층) ⇨ 교착증(막다른 골목) ⇨ 내파층 ⇨ 폭발층

• 진행과정 —— • 초기 단계 ⇨ 전개 단계 ⇨ 변화 단계 ⇨ 종결 단계

상담기법

• '지금-여기'의 체험에 초점 맞추기 (알아차리기)
  ├ 욕구와 감정 자각
  ├ 신체 자각
  ├ 환경 자각
  ├ 언어와 행위 자각
  └ 책임 자각

• 실험 —— • 상담자와 내담자가 행하는 모든 탐색적 활동

• 현재화 기법 —— • 과거 사건을 현재 일어나는 것처럼 체험

• 실연(역할 연기하기) —— • 어떤 상황을 가정해서 행동 역할을 직접 해보기

• 빈 의자 기법 —— • 중요한 사람이 빈 의자에 있다고 생각하면서 직접대화

• 자기 부분과의 대화 (상전과 하인의 대화, 두 개의 의자 기법) —— • 분열된 자기부분 통합

• 직면 —— • 진실을 회피하지 않고 일정시간 동안 직시

• 과장하기 —— • 행동·언어 과장하여 표현

• 머물러 있기 —— • 미해결과제·회피하지 않고 일정시간 동안 직면

• 알아차림의 연속 —— • 지금-여기에서 일어나는 모든 것을 그대로 연속해서 알아차리기

• 반대로 하기 —— • 회피해 왔던 행동을 하기

• 창조적 투사(투사놀이) ⇨ 창조적 투사와 병적 투사

• 꿈 작업 —— • 꿈의 각 부분들을 동일시하기

Tip 🔊
게슈탈트치료 기법의 유형
• 실험 / 과제 / 연습 / 상황에 따른 개입

제2장
상담이론 해커스임용 김진구 전문상담 기본개념 1

제**4**절 **인지행동 상담이론**

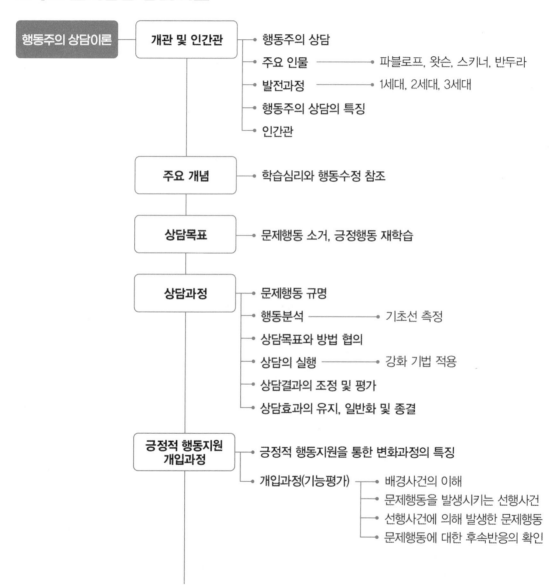

행동주의 상담이론

개관 및 인간관
- 행동주의 상담
- 주요 인물 ── 파블로프, 왓슨, 스키너, 반두라
- 발전과정 ── 1세대, 2세대, 3세대
- 행동주의 상담의 특징
- 인간관

주요 개념
- 학습심리와 행동수정 참조

상담목표
- 문제행동 소거, 긍정행동 재학습

상담과정
- 문제행동 규명
- 행동분석 ── 기초선 측정
- 상담목표와 방법 협의
- 상담의 실행 ── 강화 기법 적용
- 상담결과의 조정 및 평가
- 상담효과의 유지, 일반화 및 종결

긍정적 행동지원 개입과정
- 긍정적 행동지원을 통한 변화과정의 특징
- 개입과정(기능평가)
  - 배경사건의 이해
  - 문제행동을 발생시키는 선행사건
  - 선행사건에 의해 발생한 문제행동
  - 문제행동에 대한 후속반응의 확인

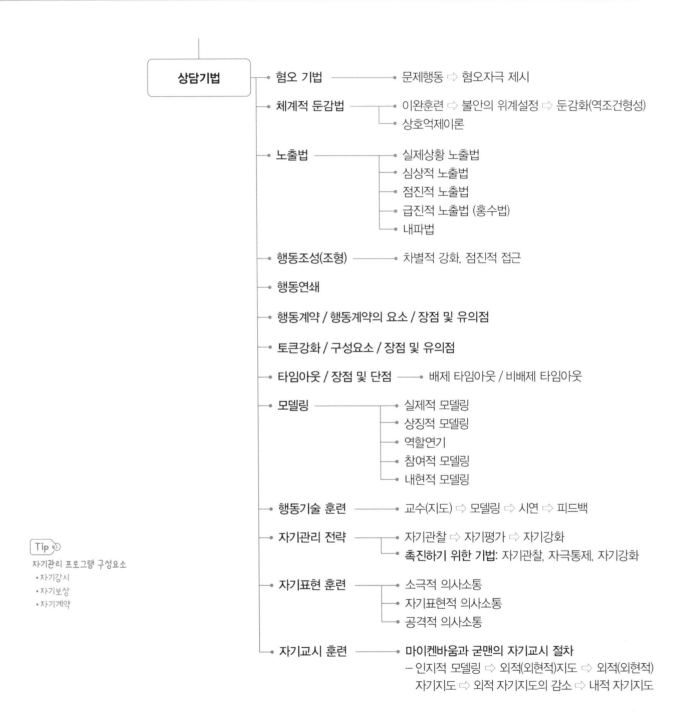

상담기법

- **혐오 기법** ── 문제행동 ⇨ 혐오자극 제시

- **체계적 둔감법** ┬ 이완훈련 ⇨ 불안의 위계설정 ⇨ 둔감화(역조건형성)
                  └ 상호억제이론

- **노출법** ┬ 실제상황 노출법
           ├ 심상적 노출법
           ├ 점진적 노출법
           ├ 급진적 노출법 (홍수법)
           └ 내파법

- **행동조성(조형)** ── 차별적 강화, 점진적 접근

- **행동연쇄**

- **행동계약 / 행동계약의 요소 / 장점 및 유의점**

- **토큰강화 / 구성요소 / 장점 및 유의점**

- **타임아웃 / 장점 및 단점** ── 배제 타임아웃 / 비배제 타임아웃

- **모델링** ┬ 실제적 모델링
           ├ 상징적 모델링
           ├ 역할연기
           ├ 참여적 모델링
           └ 내현적 모델링

- **행동기술 훈련** ── 교수(지도) ⇨ 모델링 ⇨ 시연 ⇨ 피드백

- **자기관리 전략** ┬ 자기관찰 ⇨ 자기평가 ⇨ 자기강화
                  └ **촉진하기 위한 기법**: 자기관찰, 자극통제, 자기강화

- **자기표현 훈련** ┬ 소극적 의사소통
                  ├ 자기표현적 의사소통
                  └ 공격적 의사소통

- **자기교시 훈련** ── **마이켄바움과 굳맨의 자기교시 절차**
                  – 인지적 모델링 ⇨ 외적(외현적)지도 ⇨ 외적(외현적)
                   자기지도 ⇨ 외적 자기지도의 감소 ⇨ 내적 자기지도

Tip 💡

자기관리 프로그램 구성요소
- 자기감시
- 자기보상
- 자기계약

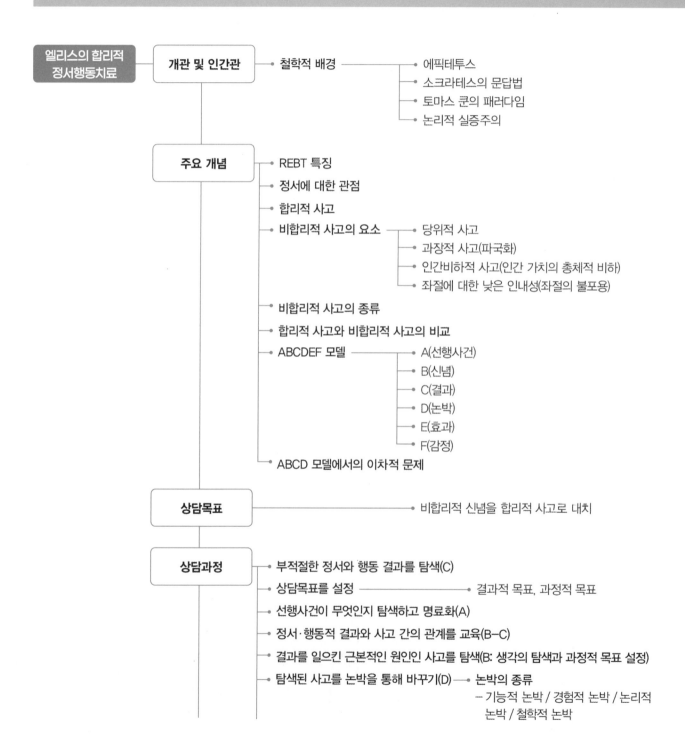

제**2**장 | 핵심 이론 흐름잡기

엘리스의 합리적 정서행동치료

개관 및 인간관 — 철학적 배경
- 에픽테투스
- 소크라테스의 문답법
- 토마스 쿤의 패러다임
- 논리적 실증주의

주요 개념
- REBT 특징
- 정서에 대한 관점
- 합리적 사고
- 비합리적 사고의 요소
  - 당위적 사고
  - 과장적 사고(파국화)
  - 인간비하적 사고(인간 가치의 총체적 비하)
  - 좌절에 대한 낮은 인내성(좌절의 불포용)
- 비합리적 사고의 종류
- 합리적 사고와 비합리적 사고의 비교
- ABCDEF 모델
  - A(선행사건)
  - B(신념)
  - C(결과)
  - D(논박)
  - E(효과)
  - F(감정)
- ABCD 모델에서의 이차적 문제

상담목표 — 비합리적 신념을 합리적 사고로 대치

상담과정
- 부적절한 정서와 행동 결과를 탐색(C)
- 상담목표를 설정 — 결과적 목표, 과정적 목표
- 선행사건이 무엇인지 탐색하고 명료화(A)
- 정서·행동적 결과와 사고 간의 관계를 교육(B–C)
- 결과를 일으킨 근본적인 원인인 사고를 탐색(B: 생각의 탐색과 과정적 목표 설정)
- 탐색된 사고를 논박을 통해 바꾸기(D) → 논박의 종류
  - 기능적 논박 / 경험적 논박 / 논리적 논박 / 철학적 논박

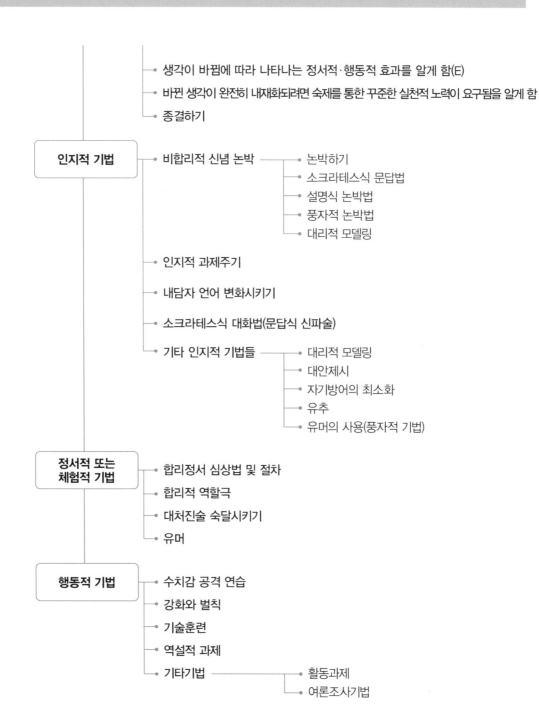

- 생각이 바뀜에 따라 나타나는 정서적·행동적 효과를 알게 함(E)
- 바뀐 생각이 완전히 내재화되려면 숙제를 통한 꾸준한 실천적 노력이 요구됨을 알게 함
- 종결하기

인지적 기법
- 비합리적 신념 논박
  - 논박하기
  - 소크라테스식 문답법
  - 설명식 논박법
  - 풍자적 논박법
  - 대리적 모델링
- 인지적 과제주기
- 내담자 언어 변화시키기
- 소크라테스식 대화법(문답식 신파술)
- 기타 인지적 기법들
  - 대리적 모델링
  - 대안제시
  - 자기방어의 최소화
  - 유추
  - 유머의 사용(풍자적 기법)

정서적 또는 체험적 기법
- 합리정서 심상법 및 절차
- 합리적 역할극
- 대처진술 숙달시키기
- 유머

행동적 기법
- 수치감 공격 연습
- 강화와 벌칙
- 기술훈련
- 역설적 과제
- 기타기법
  - 활동과제
  - 여론조사기법

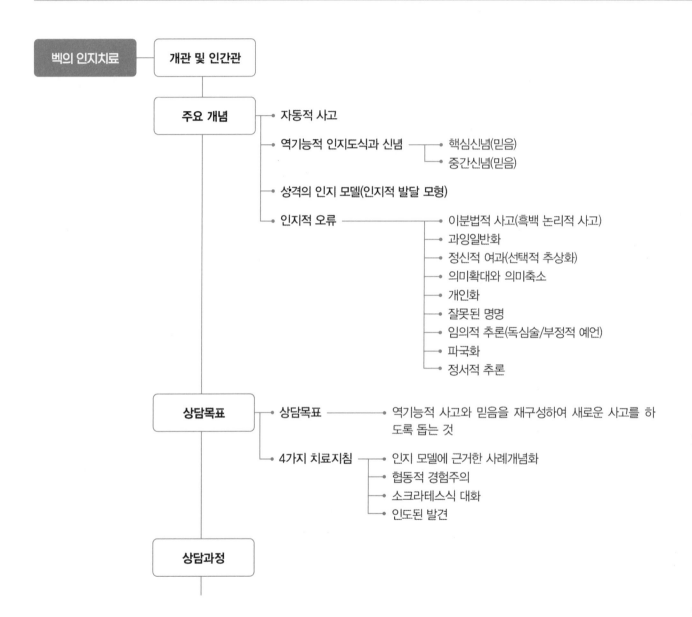

벡의 인지치료 ── 개관 및 인간관

주요 개념
- 자동적 사고
- 역기능적 인지도식과 신념 ── 핵심신념(믿음)
  - 중간신념(믿음)
- 성격의 인지 모델(인지적 발달 모형)
- 인지적 오류
  - 이분법적 사고(흑백 논리적 사고)
  - 과잉일반화
  - 정신적 여과(선택적 추상화)
  - 의미확대와 의미축소
  - 개인화
  - 잘못된 명명
  - 임의적 추론(독심술/부정적 예언)
  - 파국화
  - 정서적 추론

상담목표
- 상담목표 ── 역기능적 사고와 믿음을 재구성하여 새로운 사고를 하도록 돕는 것
- 4가지 치료지침
  - 인지 모델에 근거한 사례개념화
  - 협동적 경험주의
  - 소크라테스식 대화
  - 인도된 발견

상담과정

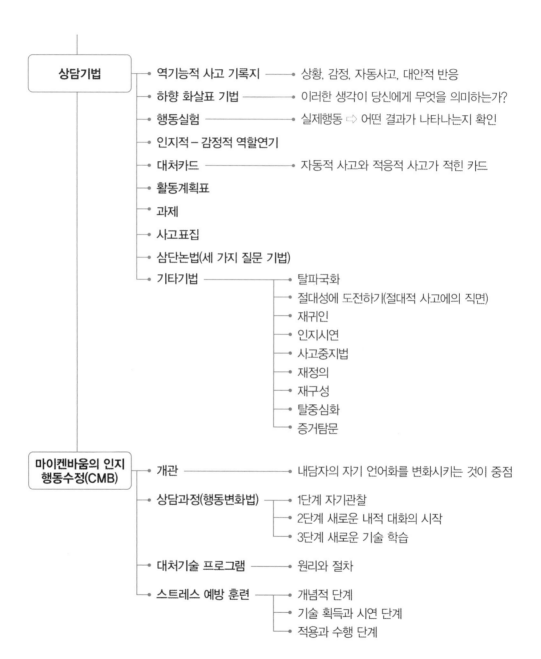

상담기법

- 역기능적 사고 기록지 ──── 상황, 감정, 자동사고, 대안적 반응
- 하향 화살표 기법 ──── 이러한 생각이 당신에게 무엇을 의미하는가?
- 행동실험 ──── 실제행동 ⇨ 어떤 결과가 나타나는지 확인
- 인지적 – 감정적 역할연기
- 대처카드 ──── 자동적 사고와 적응적 사고가 적힌 카드
- **활동계획표**
- 과제
- 사고표집
- 삼단논법(세 가지 질문 기법)
- 기타기법
  - 탈파국화
  - 절대성에 도전하기(절대적 사고에의 직면)
  - 재귀인
  - 인지시연
  - 사고중지법
  - 재정의
  - 재구성
  - 탈중심화
  - 증거탐문

마이켄바움의 인지 행동수정(CMB)

- 개관 ──── 내담자의 자기 언어화를 변화시키는 것이 중점
- 상담과정(행동변화법)
  - 1단계 자기관찰
  - 2단계 새로운 내적 대화의 시작
  - 3단계 새로운 기술 학습
- 대처기술 프로그램 ──── 원리와 절차
- **스트레스 예방 훈련**
  - 개념적 단계
  - 기술 획득과 시연 단계
  - 적용과 수행 단계

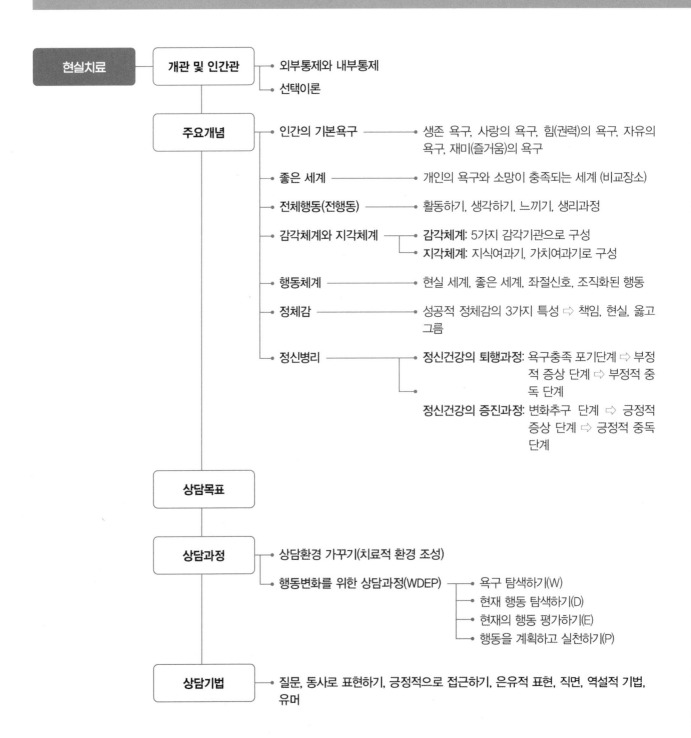

현실치료

개관 및 인간관
- 외부통제와 내부통제
- 선택이론

주요개념
- 인간의 기본욕구 ──── 생존 욕구, 사랑의 욕구, 힘(권력)의 욕구, 자유의 욕구, 재미(즐거움)의 욕구
- 좋은 세계 ──── 개인의 욕구와 소망이 충족되는 세계 (비교장소)
- 전체행동(전행동) ──── 활동하기, 생각하기, 느끼기, 생리과정
- 감각체계와 지각체계 ──── **감각체계**: 5가지 감각기관으로 구성
  지각체계: 지식여과기, 가치여과기로 구성
- 행동체계 ──── 현실 세계, 좋은 세계, 좌절신호, 조직화된 행동
- 정체감 ──── 성공적 정체감의 3가지 특성 ⇨ 책임, 현실, 옳고 그름
- 정신병리 ──── **정신건강의 퇴행과정**: 욕구충족 포기단계 ⇨ 부정적 증상 단계 ⇨ 부정적 중독 단계
  정신건강의 증진과정: 변화추구 단계 ⇨ 긍정적 증상 단계 ⇨ 긍정적 중독 단계

상담목표

상담과정
- 상담환경 가꾸기(치료적 환경 조성)
- 행동변화를 위한 상담과정(WDEP) ──── 욕구 탐색하기(W)
  - 현재 행동 탐색하기(D)
  - 현재의 행동 평가하기(E)
  - 행동을 계획하고 실천하기(P)

상담기법
- 질문, 동사로 표현하기, 긍정적으로 접근하기, 은유적 표현, 직면, 역설적 기법, 유머

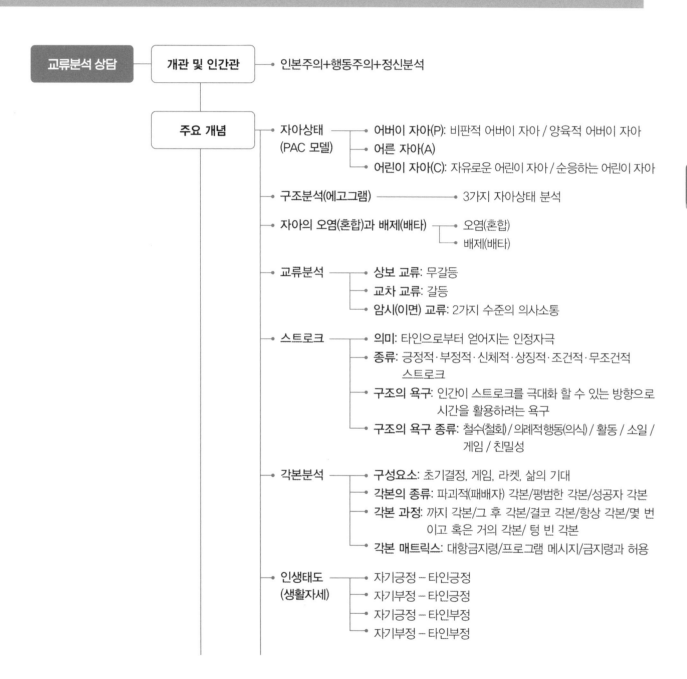

교류분석 상담 ── 개관 및 인간관 ── 인본주의+행동주의+정신분석

주요 개념 ── 자아상태 ── 어버이 자아(P): 비판적 어버이 자아 / 양육적 어버이 자아
(PAC 모델) ── 어른 자아(A)
── 어린이 자아(C): 자유로운 어린이 자아 / 순응하는 어린이 자아

── 구조분석(에고그램) ────── 3가지 자아상태 분석

── 자아의 오염(혼합)과 배제(배타) ── 오염(혼합)
── 배제(배타)

── 교류분석 ── 상보 교류: 무갈등
── 교차 교류: 갈등
── 암시(이면) 교류: 2가지 수준의 의사소통

── 스트로크 ── 의미: 타인으로부터 얻어지는 인정자극
── 종류: 긍정적·부정적·신체적·상징적·조건적·무조건적
　　스트로크
── 구조의 욕구: 인간이 스트로크를 극대화 할 수 있는 방향으로
　　시간을 활용하려는 욕구
── 구조의 욕구 종류: 철수(철회) / 의례적행동(의식) / 활동 / 소일 /
　　게임 / 친밀성

── 각본분석 ── 구성요소: 초기결정, 게임, 라켓, 삶의 기대
── 각본의 종류: 파괴적(패배자) 각본/평범한 각본/성공자 각본
── 각본 과정: 까지 각본/그 후 각본/결코 각본/항상 각본/몇 번
　　이고 혹은 거의 각본/ 텅 빈 각본
── 각본 매트릭스: 대항금지령/프로그램 메시지/금지령과 허용

── 인생태도 ── 자기긍정 – 타인긍정
(생활자세) ── 자기부정 – 타인긍정
── 자기긍정 – 타인부정
── 자기부정 – 타인부정

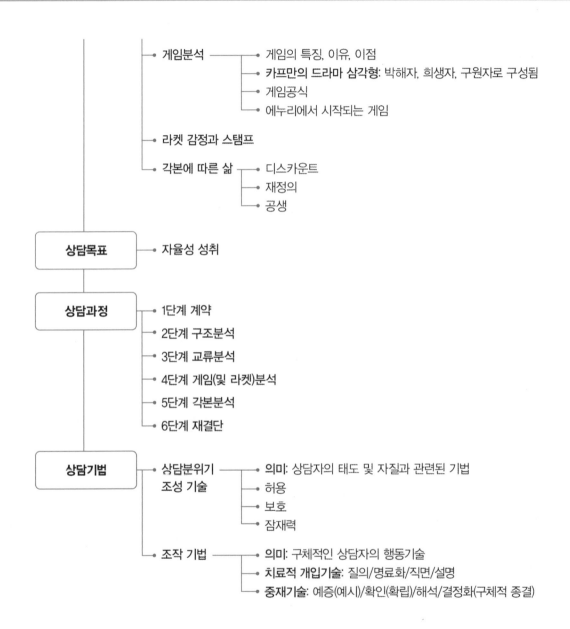

- 게임분석 ─── 게임의 특징, 이유, 이점
  - **카프만의 드라마 삼각형**: 박해자, 희생자, 구원자로 구성됨
  - 게임공식
  - 에누리에서 시작되는 게임
- 라켓 감정과 스탬프
- 각본에 따른 삶 ─── 디스카운트
  - 재정의
  - 공생

상담목표 ─── 자율성 성취

상담과정
- 1단계 계약
- 2단계 구조분석
- 3단계 교류분석
- 4단계 게임(및 라켓)분석
- 5단계 각본분석
- 6단계 재결단

상담기법
- 상담분위기 조성 기술 ─── **의미**: 상담자의 태도 및 자질과 관련된 기법
  - 허용
  - 보호
  - 잠재력
- 조작 기법 ─── **의미**: 구체적인 상담자의 행동기술
  - **치료적 개입기술**: 질의/명료화/직면/설명
  - **중재기술**: 예증(예시)/확인(확립)/해석/결정화(구체적 종결)

제 **5**절 **마음챙김에 근거한 상담이론**

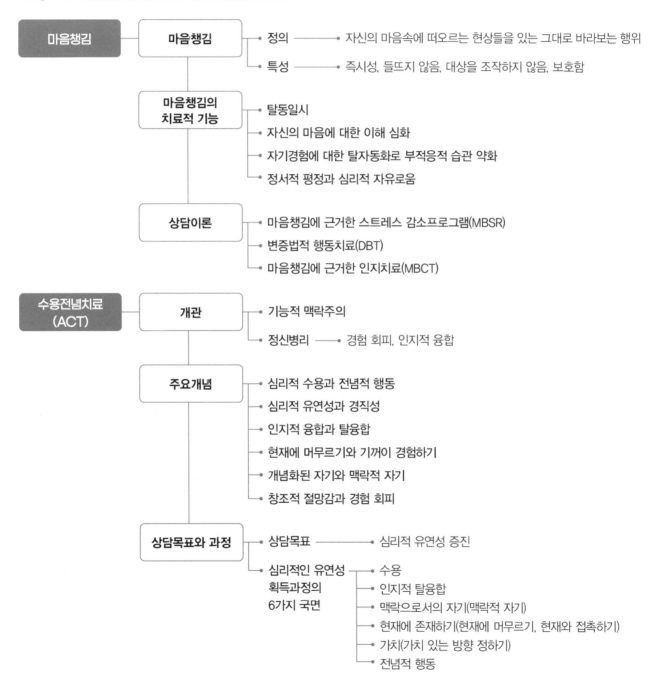

마음챙김

- 마음챙김
  - 정의 —— 자신의 마음속에 떠오르는 현상들을 있는 그대로 바라보는 행위
  - 특성 —— 즉시성, 들뜨지 않음, 대상을 조작하지 않음, 보호함

- 마음챙김의 치료적 기능
  - 탈동일시
  - 자신의 마음에 대한 이해 심화
  - 자기경험에 대한 탈자동화로 부적응적 습관 약화
  - 정서적 평정과 심리적 자유로움

- 상담이론
  - 마음챙김에 근거한 스트레스 감소프로그램(MBSR)
  - 변증법적 행동치료(DBT)
  - 마음챙김에 근거한 인지치료(MBCT)

수용전념치료 (ACT)

- 개관
  - 기능적 맥락주의
  - 정신병리 —— 경험 회피, 인지적 융합

- 주요개념
  - 심리적 수용과 전념적 행동
  - 심리적 유연성과 경직성
  - 인지적 융합과 탈융합
  - 현재에 머무르기와 기꺼이 경험하기
  - 개념화된 자기와 맥락적 자기
  - 창조적 절망감과 경험 회피

- 상담목표와 과정
  - 상담목표 —— 심리적 유연성 증진
  - 심리적인 유연성 획득과정의 6가지 국면
    - 수용
    - 인지적 탈융합
    - 맥락으로서의 자기(맥락적 자기)
    - 현재에 존재하기(현재에 머무르기, 현재와 접촉하기)
    - 가치(가치 있는 방향 정하기)
    - 전념적 행동

제1절 상담의 기초

01 상담의 개념과 목표

1. 상담의 정의와 특징

(1) 정의

① 의미: 전문적 훈련을 받은 상담자와 심리적 어려움을 겪고 있는 내담자 간의 상호작용을 통하여 내담자의 문제를 해결하고, 내담자가 적응적인 삶을 살아가도록 돕는 과정이다.

② 상담 정의에 대한 공통적 요소

ㄱ 상담 활동이 성립되려면 도움을 받는 내담자, 도움을 주는 상담자, 도움을 받는 내담자와 도움을 주는 상담자 간 관계(상담관계)의 3가지 요소가 갖추어져야 한다.

ㄴ 상담자는 상담에 관한 전문적 지식과 기술을 습득한 전문적인 훈련을 받은 사람이다.

ㄷ 내담자는 자발적이든 비자발적이든 도움을 필요로 하는 사람이다.

ㄹ 상담은 내담자의 문제를 해결하거나 새로운 행동 변용, 즉 학습이 이루어지도록 노력하는 과정이다.

ㅁ 상담은 인간적 성장, 행복한 삶, 삶의 질을 추구하는 활동이다.

ㅂ 상담은 조력의 과정이다.

(2) 특징

① 전문상담사에 의해 제공되는 전문적 활동이다.

② 상담은 상담자와 내담자의 관계에 기초를 둔 과정이다.

③ 상담은 의사결정과 문제해결에 관여한다.

④ 상담은 내담자로 하여금 새로운 행동을 학습하거나 새로운 태도를 형성하도록 한다.

⑤ 상담은 개인 존중에 기초한 상담자와 내담자의 상호 협력 활동이다.

(3) 생활지도, 상담, 심리치료

① 생활지도: 진로나 인성 등의 영역에서 발달, 의사결정, 문제해결의 과정을 돕는 활동이다.

② 상담과 심리치료: 심리치료는 병원과 같은 임상장면에서 비교적 심각한 문제, 즉 심리장애나 정신질환을 지닌 사람을 치료하는 활동을 지칭하는 반면, 상담은 학교나 기업과 같은 비임상장면에서 비교적 심각성이 경미한 심리적 문제나 적응 과제를 돕는 활동이다.

2. 상담의 기본원리

(1) 개별화(individualization)의 원리

① 의미: 인간은 개인차가 있으므로, 상담자는 내담자의 독특한 성질을 이해하고 보다 나은 적응을 할 수 있도록 개인에게 맞는 원리와 방법을 사용해야 한다.

② 욕구: 내담자가 개인으로 처우 받고 싶은 욕구이다.

③ 상담자 역할

> 1. 인간에 대한 편견, 선입관에서 탈피해야 한다.
> 2. 인간 행동에 대한 지식을 활용할 수 있어야 한다.
> 3. 내담자의 말을 경청하고, 세밀하게 관찰해야 한다.
> 4. 내담자의 감정 변화를 민감하게 포착할 수 있어야 한다.
> 5. 내담자의 언어적 표현은 물론 비언어적 표현까지 잘 살핌으로써 내담자의 특성을 이해할 수 있어야 한다.
> 6. 내담자와 견해가 다를 때 앞을 내다보는 능력을 갖추어 적절한 선택을 해야 한다.
> 7. 내담자의 보조에 맞추어 진행할 수 있어야 한다.

(2) 의도적 감정표현(purposeful expression of feelings)의 원리

① 의미: 내담자가 자신의 감정, 특히 부정적인 감정을 자유롭게 표현하려는 자신의 욕구에 대한 인식을 의미한다.

② 욕구: 내담자가 감정을 표현하고자 하는 욕구이다.

③ 상담자 역할

> 1. 내담자가 긴장에서 벗어날 수 있도록 편안한 분위기를 만드는 데 애쓴다.
> 2. 내담자의 감정표현을 진지한 자세로 경청함으로써 심리적인 지지를 표현한다.
> 3. 내담자의 부정적 감정에도 주의를 기울인다.
> 4. 내담자의 감정표현을 적극적으로 자극하고 격려한다.
> 5. 섣부른 충고나 해결책을 제시하지 않도록 한다.

(3) 수용(acceptance)의 원리

① 의미: 장단점, 바람직한 성격과 그렇지 못한 성격, 긍정적·부정적 감정과 같은 내담자의 태도, 행동 등을 있는 그대로 이해하고 그의 존엄성과 인격의 가치에 대한 관념을 유지해 나가는 행동을 말한다.

② 욕구: 내담자가 가치 있는 한 인간으로 인정받고 싶은 욕구이다.

③ 상담자 역할: 내담자의 태도, 행동 등을 있는 그대로 이해하고 그 존엄성과 인격의 가치에 대한 관념을 유지해 나간다.

(4) 비(무)심판적 태도(nonjudgemental attitude)의 원리

① 의미: 내담자의 잘못, 문제에 대해 판단하는 말이나 행동을 삼가야 한다.

② 욕구: 내담자가 자신의 마음과 행동을 심판 받지 않으려는 욕구이다.

③ 상담자 역할

> 1. 편견이나 선입관을 가져서는 안 된다.
> 2. 성급한 확신을 하지 말아야 하고, 내담자를 어떤 유형의 틀로 나누거나 비교하는 자세를 취하면 안 된다.
> 3. 내담자가 상담에 대해 적의와 같은 부정적인 감정 표현을 할 수 있다는 점을 알아야 한다.
> 4. 내담자의 보조에 맞추어 상담을 진행해야 한다.

(5) **자기결정(self determination)의 원리**

① 의미: 상담자는 상담 과정에서 나아갈 방향을 스스로 결정하고 선택하려는 내담자의 자기결정을 존중하며, 그 욕구를 결정할 수 있는 잠재적인 힘을 자극하여 활동할 수 있도록 지도해야 한다.

② 욕구: 내담자 자신이 스스로 선택과 결정을 내리고 싶은 욕구이다.

③ 상담자 역할

> 1. 내담자가 자기수용을 할 수 있도록 지지한다.
> 2. 내담자의 잠재력을 발견하고 이를 적극적으로 활용할 수 있도록 자극해주어야 한다.
> 3. 내담자가 자기결정을 할 수 있도록 상담자는 분위기를 조성해 주어야 한다.
> 4. 내담자가 자신의 문제를 해결해 나갈 수 있도록 상담자는 보조하는 역할을 해야 한다.
> 5. 상담자는 다양한 인적, 물적, 사회적 자원을 연계해 줌으로써 내담자의 문제해결을 도와야 한다.
> 6. 내담자를 강제적으로 설득해서는 안 된다.

(6) **비밀보장의 원리**

① 의미: 내담자와의 대화 내용은 비밀을 보장해야 한다. 비밀보장은 상담자와 내담자 간 신뢰관계의 기초가 되며, 직업적·윤리적 의무사항이다.

② 욕구: 내담자가 자신의 비밀을 간직하려는 욕구이다.

(7) **통제된 정서관여의 원리**

① 의미: 상담자는 내담자의 정서 변화에 민감하게 반응하고 이해하며 적절한 대응책을 마련할 태세를 갖추고서 적극적으로 관여해야 한다. 그러나 완전한 관여가 아닌 통제된 관여로 임해야 하며, 상담자의 전문적 판단에 따라 방향이 설정되어야 한다.

② 욕구: 내담자가 문제에 대한 공감을 얻고 싶은 욕구이다.

③ 정서적 관여의 주된 구성요소

　　㉠ 민감성: 내담자의 생각을 민감하게 파악하여 적절히 대처하는 것이다.

　　㉡ 이해성: 내담자의 주관적 경험 및 감정을 인지하고 그것의 정확한 의미를 포착하는 것이다.

　　㉢ 반응성: 내담자의 감정적 변화에 호응하여 적극성을 유지시키도록 하는 것이다.

3. 통합상담과 상담자 훈련모델

(1) **통합적 상담의 의미와 목표**

① 의미: 한 가지 상담모델을 기반으로 필요에 따라 다양한 이론적 개념과 기법을 선택·적용하는 접근법이다.

② 코르시니(Corsini)의 절충적 입장: 상담자가 특정한 이론이 없다거나 사용하는 기법이 특정한 이론과 관계없다는 것이 아니라 주어진 순간에 내담자에게 매우 효과적인 것이 무엇인지 결정하는 상담자의 감각이 기법과 방법보다 중요하다는 입장이다.

③ 목표: 절충주의, 통합, 수렴, 화해 등 다양한 용어를 사용하지만 치료의 효율성과 적용가능성을 극대화하는 것이다.

④ 통합 이유: 한 이론만으로 복잡한 인간 행동을 설명할 수 없으며 내담자의 유형이나 내담자가 호소하는 구체적인 문제가 매우 다양하기 때문이다.

⑤ 장점: 상담자가 선호하는 이론적 접근의 기본철학에 충실하면서도 다양한 접근들로부터 도출된 개념과 다양한 기법들을 상담목적 성취를 위해 통합·활용할 수 있다.

(2) 통합상담 유형

종류	내용	예시
기법적 절충 (기술적 통합)	• 개인의 문제를 위한 최상의 상담기법 선택에 중점을 둠 • 즉, 차이점에 초점을 두고, 여러 접근에서 선택하며, 기법을 채택함 • 특정 이론이나 개념과 관계없어도 무방함 • 다양한 치료모델로부터 특정한 임상적 문제를 다루는 데 효과적인 것으로 입증된 기법들을 발췌하여 적용함	BASIC-ID
이론적 통합	• 단순히 기법의 혼합을 넘어 개념적·이론적 창조를 제안: 단일이론보다 둘 또는 그 이상의 이론적 접근들을 종합하는 개념적 틀을 창안 • 가정: 통합의 결과가 특정한 한 이론보다 풍부함	• 심리도식 치료 • 인지분석 치료 • 변증법적 행동치료 • 수용전념치료
공통요인 이론	• 여러 치료에서 공통적으로 나타나는 핵심적인 공통요인을 찾아내어 그 요인을 중심으로 이론체계를 구성하여 치료적으로 접근 • 공통요인: 치료관계 형성, 정화, 새로운 행동연습, 내담자의 긍정적 기대 등 ➡ 통합에 대한 접근 중 이 관점이 매우 강한 경험적 증거를 가지고 있음	REMA 모델: 관계, 노출, 숙달, 귀인
흡수통합접근 (동화적 통합)	• 한 치료적 입장의 바탕 위에 다른 치료의 관점이나 기법을 흡수 또는 통합하여 사용하는 방식 • 이 방법에서는 한 가지 일관적인 이론이 갖는 장점과 여러 이론의 다양한 개입방법이 지닌 유연성을 결합·적용함	정신역동 치료에 기반을 두고 내담자의 문제행동 변화를 위해 인지행동치료의 인지재구성법, 게슈탈트상담의 빈의자 기법 사용

(3) 과학자 실무자 모델 기출 22

① 실제를 모른 채 상담을 연구하는 상담학자가 배출되어서는 안 되고, 상담에 대한 과학적인 연구를 모르는 상담 실무자를 배출해서는 안 된다는 것을 의미한다.

② 이 모델의 방향은 상담 실제에서 과학적으로 사고하고, 상담 연구에서도 실제를 고려하는 것이다.

(4) 근거(증거)기반 상담(치료)

① 의미: 치료의 구성요소에 대해 명시하고 과학적 연구에 의해 지지된 치료적 접근이다. 이는 통제조건(치료)에 비해 내담자에게 더 유의미한 변화를 가져다준 접근법으로, 초기에 이 접근법은 경험적으로 지지되거나 경험적으로 타당한 치료로 이해되었다.

② 치료의 효과성에 대한 실증적 근거, 치료자의 전문성, 내담자의 가치를 통합적으로 고려하는 근거기반 실천의 맥락에서 이해할 수도 있다.

③ 근거기반 실천: 연구를 통해 증거가 확보된 심리치료를 임상적으로 숙련된 치료자가 내담자의 필요, 가치와 선호 등의 맥락을 고려하여 내담자에게 적용하는 의사 결정 과정이다.

제 2 절　정신역동 상담이론

02　프로이트(Freud)의 정신분석 상담

1. 개관 및 인간관

(1) 기본가정

① **심리적 결정론**: 인간의 모든 행동은 원인 없이 일어나지 않는다고 가정한다. 아무리 사고하거나 이해하기 어려운 행동이라도 우연하게 일어나지는 않으며 심리적 원인에 의해 결정된다고 본다.

② **무의식에 대한 가정**: 인간의 심리세계에는 개인이 자각하지 못하는 무의식적 정신현상이 존재하며, 인간의 행동은 의식적 요인보다 무의식적 요인에 의해 더 많은 영향을 받는다.

③ **성적 추동(sexual drive)**: 인간의 가장 기본적인 욕구로 무의식의 주된 내용을 구성한다.

④ **어린 시절의 경험 중시**: 어린 시절의 경험, 특히 부모와의 상호작용 경험이 성격 형성의 기초를 이룬다.

(2) 인간관

① 인간은 비합리적이고 결정론적 존재이며 인간의 행동은 생물학적 충동과 본능적 충동을 만족시키는 욕망에 의해 동기화된다. 즉, 인간의 성격은 생물학적 충동과 본능을 만족시키는 욕망에 의해 동기화된다.

② 인간의 성격은 무의식 속에 잠재되어 있는 어린 시절의 심리성적인 경험들에 의해 형성된 것이므로, 무의식 속에 억압된 숨겨진 감정이나 충동들을 의식수준으로 끌어올려 이를 자각하고 통찰함으로써 행동의 동기를 이해하면 부적응 문제가 해결된다.

2. 주요 개념

※ 제1장 제4절 '14. 프로이트(Freud)의 정신분석이론' 참고

3. 상담목표

(1) 목표

① **두 가지 목표**: 무의식을 의식화함으로써 개인의 성격구조를 수정하는 것과 본능의 충동에 따르지 않고 현실에 맞게 행동하도록 자아를 강화시키는 것이 목표이다.

② **정신분석 치료의 목표**: 원초아가 있는 곳에 자아가 있게 하는 것이다. 즉, 자아의 기능을 강화함으로써 충동적이고 비합리적인 원초아를 효과적으로 제어하게 하는 것이다.

③ 정신분석 치료목표는 증상 제거를 넘어서 건강하게 일하고 사랑할 수 있는 성숙한 성격으로 변화하는 것이다.

(2) 지지치료와 통찰치료

① **지지치료 목표**: 자아를 강하게 하여 현실에 잘 견디게 하는 것이다.

② **통찰치료 목표**: 무의식적 갈등을 해결하여 성격을 재구성 하는 것이다.

4. 알로(Arlow)의 상담과정(1989)

(1) 초기 단계

① 내담자가 분석에 적합한 사람인지와 그가 제시한 문제가 정신분석에 적합한지를 평가하여 상담계약을 맺은 후 상담관계를 발전시키며 내담자의 기본적인 역동을 파악하는 단계이다.

② 정신분석에 적합한 내담자의 능력

⊙ 치료적 동맹을 맺을 수 있어야 한다.

ⓛ 치료 작업을 위한 충분한 시간과 경제 능력이 있어야 한다.

ⓒ 치료적인 퇴행을 견디는 능력과 퇴행으로 인한 불안을 극복할 능력이 있어야 한다.

ⓔ 전이신경증을 형성할 수 있어야 한다.

ⓜ 환상과 현실을 구별할 수 있는 능력이 있어야 한다.

(2) 전이의 발달 단계 기출 15 추시

① 전이: 내담자가 과거 부모나 다른 사람들에게 느꼈던 감정을 현재 상담자에게 동일하게 느끼는 것이다.

② 상담자는 분석과정 동안 중립적이고 익명적인 태도를 유지하며 상담자에 대한 내담자의 전이를 유발시키고, 유발된 전이를 내담자가 처한 문제 상황에 관련 지어 해석해 준다.

(3) 전이의 훈습 단계

① 정신분석 중반기의 초점은 내담자로 하여금 전이신경증을 훈습하게 하여 전이와 저항을 분석하는 데 있다.

② 훈습: 내담자의 통찰로 이끄는 것을 방해하는 저항을 반복적이고 점진적이고 정교하게 탐색하는 것을 말한다.

③ 이 단계에서는 상담자로부터 얻은 통찰이 내담자 자신의 문제해결에 효과적으로 적용될 수 있도록 내담자가 자신의 행동과 태도를 변화시키려 노력한다.

④ 상담자는 훈습을 통해 통찰의 효과가 일상생활에 일반화되도록 한다.

(4) 전이의 해결 단계

① 전이의 분석이 종결되는 단계로, 상담자에 대한 내담자의 무의식적이고 신경증적인 애착을 해결하게 된다.

② 내담자가 상담자에 대해 형성한 애착, 의존 등의 문제를 해결하도록 조력하고 상담 종결에 따른 내담자의 감정을 정리하는 데 관심을 둔다.

5. 상담기법

(1) 자유연상

① 의미: 내담자의 마음속에 떠오른 것이 무엇이든 이야기하게 하는 기법이다. 이 기법은 억압된 무의식의 내용을 탐색하기 위해 사용하는 기법이기 때문에 어떤 검열이나 자기비판도 개입되지 않아야 한다.

② 긴 안락의자 사용: 내담자를 이완시키고 어린 시절로 되돌아가는 퇴행이 일어나게 하여 분석에 효과적이다.

③ 상담자가 내담자의 머리 뒤에 앉는 이유: 내담자가 혼자라는 느낌을 갖게 하고 자신의 감정, 주의에 집중하도록 하여 사고의 흐름을 방해하지 않기 위해서다.

④ 상담자는 자유연상 기법을 적용해 내담자가 연상한 내용으로부터 내담자의 증상과 관련된 무의식적 자료들을 끌어내고 그 의미를 해석해 주며, 내담자가 자신의 문제 증상과 관련된 무의식적 내용들을 이해하고 통찰을 얻도록 한다.

(2) 꿈 분석

① 꿈 분석: 꿈에 나타난 주제나 내용들을 분석함으로써 무의식의 갈등을 발견하는 방법이다. 꿈은 위장된 모든 무의식적 염원, 동기 등이 상징된 형태로 표출되는 것이다.

② 꿈: 원초아의 억압된 추동과 자아의 방어 사이에서 이루어진 타협의 산물이라고 볼 수 있다.

③ 현재몽과 잠재몽

　　㉠ 현재몽: 내담자가 기억하는 꿈의 내용이다.

　　㉡ 잠재몽: 꿈에 상징적으로 표현되고 있는 무의식적 동기다. 여기에는 자아가 용납할 수 없는 충동적 욕구들이 위장된 형태나 상징적인 형태로 표현되어 있는 무의식적 동기가 있다.

　　㉢ 꿈 작업: 꿈의 잠재적 내용이 비교적 덜 위협적인 내용으로 변형되는 과정이다.

④ 꿈 분석의 목적: 현재몽을 통해서 잠재몽의 의미를 밝힘으로써 무의식적 욕망과 갈등을 찾는 것이다.

(3) 저항 분석

① 저항: 내담자가 치료의 진전을 방해하고 상담자에게 협조하지 않으려는 무의식적 행동이다.

② 저항을 하는 이유: 자신의 억압된 충동이나 감정을 알아차렸을 때 느끼게 되는 불안으로부터 자아를 보호하기 위해서다.

③ 저항이 나타나면 상담자는 내담자의 저항을 분석하고 해석한다. 즉 저항의 이유를 지적하여 내담자로 하여금 직면하게 한다.

④ 저항 분석: 내담자가 상담과정에서 보이는 비협조적·저항적인 행동의 의미를 분석하는 작업이다. 저항 분석을 통해 내담자의 무의식적 의도와 갈등을 살펴보고 내담자에게 저항의 무의식적 의미를 깨닫게 할 수 있다.

⑤ 저항과 방어기제의 차이점: 저항은 관찰할 수 있으나 방어기제는 추론되어야 한다. 방어기제와 저항의 강도는 반드시 근저에 놓인 충동의 강도에 비례한다. 저항은 치료를 수행하는 데 제거되어야 할 장애물로 생각되지만 넓은 관점에서 볼 때 저항을 이해하는 것이 바로 치료이다.

⑥ 원인에 따른 저항의 종류

저항	내용
억압 저항 (repression resistance)	• 자아가 원초아의 충동, 소원을 억압하느라 생긴 저항 • 자아가 갈등을 피하기 위해 사용하는 방법으로, 자아는 고통을 피하려 욕구를 억압하여 숨김
2차 이득 저항 (secondary gain resistance)	• 2차 이득: 병의 증세 때문에 얻는 물리적·사회적·심리적 이익 • 내담자는 2차 이득을 포기하지 않으려고 하는데, 주로 자아가 사용하는 저항임
초자아 저항	• 가혹한 초자아 　– 죄책감을 계속 유발하여 내담자가 행복해질 자격이 없다고 일깨움 　– 이 때문에 한 증상이 사라지면 즉시 다른 증상이나 신체적인 병이 나타나기도 함 • 자기파괴적 추동 　– 가혹한 초자아를 무너뜨리는 것보다 더 어려우며, 심한 경우 자살 시도를 할 수 있음 　– 이는 건강하고 행복하게 만들려는 분석가의 모든 치료 노력에 저항하기 때문

저항	내용

원초아 저항	• 반복 강박과 리비도의 집착성 때문에 일어나는 저항
	• 반복 강박(repetition compulsion)
	  – 고통스러운 경험을 반복하려는 심리로, 인간이 가지고 있는 일반적인 심리현상
	  – 프로이트는 반복 강박을 죽음 본능이 존재함을 보여 주는 증거로 봄
	• **리비도의 집착성(adhesiveness of the libido)**: 저항의 원인으로, 리비도의 욕구가 너무 강하여 억제하고 자유로워지기가 어려움

전이 저항	분석가를 너무 사랑하거나 너무 두려운 대상으로 보면 자유연상이 어려워질 수 있는데, 이때 발생하는 저항

⑦ 저항의 원인

  ㉠ 변화에 대한 두려움이다.

  ㉡ 무의식적 소원과 욕구의 충동을 계속 유지하고 싶어서이다.

  ㉢ 무의식적 갈등을 직시하는 것이 두렵기 때문이다.

⑧ 저항을 다루는 방법

  ㉠ 내용보다 저항을 먼저 분석한다.

  ㉡ 원초아보다는 자아를 먼저 분석한다.

  ㉢ 표면에서부터 시작(begin with the surface)한다.

(4) 해석(interpretation) 기출 14

① 해석: 상담자가 내담자에게 자유연상, 꿈, 저항, 전이와 치료의 관계, 그것이 명시하는 행동의 의미를 지적하고 설명하는 것을 말한다.

② 해석의 원칙

  ㉠ 해석하려는 내용이 내담자의 의식 수준에 가까이 왔을 때 해석해야 한다.

  ㉡ 표면적인 것부터 해석하고 내담자가 감당할 수 있는 깊이까지만 해석한다.

  ㉢ 무의식적 갈등에 대한 해석보다 저항에 대한 해석(저항과 방어가 어떻게 나타나고 있는지 설명하는 것)이 우선되어야 한다.

③ 해석의 종류

  ㉠ **명료화 해석**: 내담자의 생각과 감정을 구체화하고 어떤 주제에 내담자의 관심을 집중시키는 것이다.

  ㉡ **비교해석**: 내담자가 상담 중에 말한 두 가지 이상의 사건, 생각, 감정 간의 관계를 대비시켜 비교하여 해석해 주는 것이다. 흔히 비교되는 주제는 현재 행동과 과거의 행동, 공상과 현실, 내담자 본인과 다른 사람, 아동기와 성인기, 부모에 대한 태도와 상담자에 대한 태도 등이다. 이런 비교를 통해서 내담자가 반복적으로 나타내는 행동, 감정, 표현, 내담자의 내적인 모순 등을 지적하게 된다.

  ㉢ **소망방어 해석**: 신경증적 갈등에서 나타나고 있는 소망의 내용이나 방어적 요소를 설명해 주는 것이다.

(5) **훈습(working-through)과 통찰(insight)**

① **훈습**: 내담자가 상담과정에서 느낀 통찰을 현실생활에 실제로 적용함으로써 내담자에게 변화가 일어나는 것을 말한다.

② 훈습은 반복적인 해석과 저항 형태의 탐색을 통해 가능하다.

③ **통찰**: 이전에는 전의식이나 무의식에 있어 보지 못했던 개인의 정신적·감정적 갈등을 자각하는 것을 말한다.

　　㉠ **지적 통찰**: 모호하게 알고 있던 자신의 문제를 이성적인 지식수준에서 좀 더 분명히 이해하는 것이다.

　　㉡ **정서적 통찰**: 과거 경험한 심리적 상처와 감정을 재경험하면서 현재 문제와의 관련성을 가슴 깊이 인식하고 감동적인 깨달음을 얻는 것이다.

(6) **전이(transference)** 〔기출 15 추시, 17〕

① **의미**: 내담자가 과거에 부모나 다른 사람에게 느꼈던 감정을 현재의 상담자에게 동일하게 느끼는 것이다.

② **종류**

　　㉠ **전이 신경증**: 내담자의 모든 유아적 갈등이 상담자에게 집중되어 전이가 강화되고 급격히 진행된 상태이다.

　　㉡ **전이 개선**: 상담자에 대한 내담자의 독특한 성질과 강도 때문에 내담자의 신경증이 빠르게 개선되는 것이다.

　　㉢ **전이 악화**: 내담자에 의해 만들어진 전이 유형이 신경증을 더욱 악화시키는 것이다.

③ **전이 반응을 증가시키는 요인**

　　㉠ 상담자가 익명성을 유지할 때

　　㉡ 내담자의 말이나 행동에 일정한 중립성을 지킬 때

　　㉢ 상담 빈도를 자주, 규칙적으로 갖고 상담 기간이 장기간일 때

　　㉣ 상담자가 전이 현상에 관심을 보일 때

　　㉤ 내담자의 전이 반응을 상담자가 불안감 없이 편하게 받아들이고 불안을 갖지 않을 때

④ **전이 분석**: 내담자가 상담과정에 상담자에게 나타내는 전이 현상을 분석하는 것이다. 특히 전이 분석을 통해 내담자는 무의식적으로 파묻혀 성장을 방해하던 억압된 감정을 정화하고 행동으로 표현하게 되면서 과거로부터 자유로워질 수 있다.

　　㉠ **치료자의 중립적 태도**: 내담자의 전이를 유도하기 위한 것이다. 내담자가 어린 시절 부모에게 느꼈던 감정과 감정 패턴을 상담자에게 나타내도록 유도함으로써 그의 무의식적 갈등을 이해할 수 있기 때문이다.

　　㉡ 치료가 효과적으로 진행되려면 전이 관계가 형성되어야 하며 전이 분석을 통해 내담자의 무의식적 갈등과 방어기제가 자각될 수 있다.

⑤ **역전이**: 내담자가 전이를 보이는 것처럼 상담자가 자기 과거로부터 유래된 감정을 내담자에게 느끼는 것이다.

　　㉠ 상담자의 역전이는 내담자의 반응을 왜곡하여 받아들이게 하므로 최소화해야 한다.

　　㉡ **해결 방법**

　　　　ⓐ 상담자가 자신의 역전이 문제를 파악하고 해결하기 위해 슈퍼비전을 받는다.

　　　　ⓑ 슈퍼비전을 통해 역전이 문제를 해결할 수 없는 경우 다른 상담자에게 의뢰한다.

　　　　ⓒ 상담자는 상담 장면에서 늘 역전이를 인식하고 이를 상담에 활용하려는 자세를 갖춘다.

　　㉢ 현대 정신분석에서는 역전이의 제거가 불가능하다는 점과 더불어 치료자와 내담자 두 사람의 상호전이를 이해하는 것이 중요하다는 점에서 역전이를 치료적으로 활용하는 움직임이 나타나고 있다.

⑥ 전이와 역전이
  ㉠ **공통점**: 다른 사람을 무의식적으로 과거의 어떤 사람으로 경험한다.
  ㉡ **차이점**: 전이가 치료 과정의 일부로 토의·분석되는 반면, 역전이는 상담자 자신의 지속적인 내적 성찰로 감시해야 한다.

(7) 버텨주기(holding)

① 내담자가 현재 체험하고 있거나 막연히 느끼지만 감히 직면할 수 없는 끝없이 깊은 불안과 두려움을 상담자가 잘 알고 있음을 상담과정 안에서 적절한 순간에 적합한 방법으로 알려주는 것을 의미한다.
② 버텨주는 환경: 위니코트가 제안한 것으로, 이는 내적 위험으로부터 아이를 보호하고 안정시켜주는 어머니의 역할을 모델로 한다.

6. 평가

(1) 공헌점

① 인간본성에 대한 분석을 통해 인간의 심층적인 정신세계를 이해할 수 있는 이론체계를 제시하였다.
② 인간의 의식구조를 의식, 전의식, 무의식으로 구분하고 이들의 관계를 정립함으로써 인간의 심리적 문제와 해결방안에 대한 통찰력을 제시해주었다.
③ 성격발달에 있어 어린 시절의 경험을 강조함으로써 자녀 양육의 중요성을 일깨워주었고 관련 연구를 자극하였다.
④ 꿈 분석, 전이, 역전이, 저항, 해석, 방어기제 등의 개념을 밝혀내어 개인의 문제와 증상을 이해할 수 있는 포괄적인 설명체계를 제시하였다.

(2) 한계점

① 이론이 실증적인 연구에 의하여 뒷받침되지 못하고 있다는 점에서 비과학적 이론이라는 비판을 받고 있다.
② 19세기 말 성의 억압이 심했던 유럽 사회의 일부 환자를 대상으로 발전한 것이기 때문에 인간에 대한 보편적 이론으로 일반화하기 어렵다.
③ 개인 내부에 존재하는 성격구조 간의 역동적 갈등에 초점을 두었을 뿐 대인관계적 측면과 사회문화적 요인의 영향을 충분히 고려하지 못했다.
④ 정신분석 치료는 장기간의 치료기간과 그 치료효과가 잘 검증되어 있지 않다는 비판이 제기되어 왔다.

더 알아보기 **현대 정신분석 동향**

- **자아 심리학**: 주요 인물은 하르트만(Hartman) 등으로, 이들은 자아를 그 나름의 발달과정을 거치며 성적 혹은 공격적 추동과 무관한 고유한 활동력을 지닌 적응 기관으로 보았다. 또한 치료적인 면에서 내담자의 자율성을 키우도록 돕는 상담자의 역할을 강조하였다.
- **대상관계**: '대상'은 사물이 아닌 '사람'을 의미한다. 전통적 정신분석 이론이 개인 내적 심리과정을 중시하는 것에 비해서 대상관계 이론은 '대상관계', 즉 심리적으로 내면화한 타인과의 관계를 중시한다. 이 이론은 생애 초기(오이디푸스기 이전)의 관계가 한 개인의 건강한 발달에 결정적인 중요한 영향을 미친다고 강조한다.
- **자기 심리학**: 코헛(Kohut)에 의해 발전된 자기 심리학은 자기(self)를 가장 중요한 심리적 구조로 보았다. 특히 자기애는 인간이 발달하는 과정에서 정상적으로 나타나는 것으로 타인에 대한 애정에 우선한다. 유아는 부모와 상호작용하면서 자기감을 발달시키기 되는데, 유아의 욕구와 감정에 대한 부모의 공감반응은 통합된 자기를 발달시키는 데 매우 중요하다.
  ➡ 아이에 대한 부모의 공감부족은 모든 정신병리의 뿌리를 이룬다. 적절한 자기대상의 결여는 우울 상태를 유발하게 된다. 또한 웅대한 자기상을 건강한 자기애로 발전시키기 위해서는 좌절 경험을 통하여 전능감의 환상으로부터 벗어나야 한다. 이런 점에서 부모의 충분한 공감 속에서 적절한 좌절 경험을 하는 것은 건강한 자기애를 발달시키는 필수 요소이다.

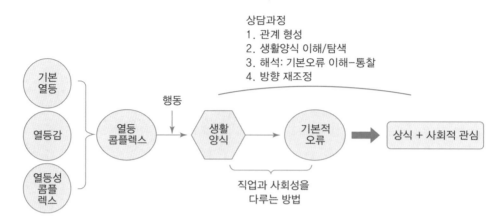

[그림 2-1] 아들러의 개인심리치료

1. 개관 및 인간관

(1) 개인심리학(individual psychology)

① 인간을 역동적이고 통합된 유기체로 보고 사람의 감정, 사고, 행동을 하나의 일관된 전체로 보아야 한다고 주장했는데, 이 주장을 강조하기 위해 자신의 이론을 '개인심리학'으로 지칭했다.

② 개인(individual): 한 사람을 뜻하는 것이 아니라, 더 이상 나눌 수 없는 전체성을 강조하기 위해 사용한 용어다.

(2) 기본가정

① 인간은 목적론적 존재: 모든 인간의 행동은 목적성을 지니고 있으며 과거에 끌려가는 존재가 아니라 미래의 목표를 향해 나아가는 창조적 존재다.

② 인간 행동의 기본적인 목적은 열등감을 극복하는 것이다.

③ 현실에 대한 주관적 인식을 강조하며 무의식보다 의식을 중시한다.

④ 인간은 사회적 존재다. 인간은 기본적으로 공동체 의식, 즉 사회적 관심을 지니는 존재다.

⑤ 인간은 자신의 목표를 향해 통일성 있게 나아가는 통합적인 존재다.

(3) 인간관

① 전체(총제)적 존재: 통일되고 자아 일치된 유기체로, 분리될 수 없는 완전한 전체를 뜻한다. 자아 일치된 통합적 성격구조를 개인의 생활양식으로 본다.

② 사회적 존재: 개인은 성욕이 아니라 사회적 관심에 의해 동기화되고, 목표추구 행동을 통해 생애과제를 처리한다.

③ 창조적 존재: 개인마다 창조하는 힘이 있어 자유롭고 의식적인 활동을 통해 자신의 인생을 좌우할 수 있음을 뜻한다. 성격은 유전과 환경 이상의 산물이고 창조적 힘은 개인의 지각, 기억, 환상, 꿈 등 모든 면에 영향을 미쳐 개인이 자율적 결정을 통해 생활을 설계하게 하는 원동력이다.

④ 주관적 존재: 현상학에 기초한 것으로, 개인이 자신과 자신이 적응해 나가야 하는 환경을 어떻게 보는지에 따라 행동이 결정된다는 기본가정이다.

2. 주요 개념

※ 제1장 제4절 '15. 아들러(Adler)의 개인심리학' 참고

(1) 주요 개념

성격 개념	내용
열등 콤플렉스	주관적으로 인식된 열등감이 행동으로 표현되는 현상
열등 콤플렉스 원천	• 신체적 열등감(기관의 결함) 　– 원천: 개인의 신체와 관련된 것 　– 개인이 부모에게 물려받은 자신의 신체를 어떻게 생각하는가와 관련된 것으로, 특히 신체적 결함에 대한 열등감을 극복하지 못하고 열등콤플렉스에 빠질 때 정신적인 문제가 발생 • 부모의 과잉보호 　– 원천: 부모의 자녀교육(독립/의존)과 관련된 것 　– 부모의 과잉보호를 받고 자란 아이들은 다른 사람들이 항상 모든 것을 해주기 때문에 자신감이 부족해 어려운 고비에 부딪혔을 경우, 자신에게 해결할 능력이 없다고 믿고 열등 콤플렉스에 빠지게 됨 • 부모의 무관심(양육태만) 　– 원천: 부모가 최소한의 도리를 하지 않는 것 　– 아이들은 근본적으로 자기가 필요하지 않다(무가치)고 느끼기 때문에 열등 콤플렉스에 빠질 수 있으며, 즉 방임된 아이들은 자신의 능력을 인정받고, 애정을 얻거나 남들에게 존경받을 수 있는 기회를 갖지 못해 자신감을 잃고 세상을 살아가게 됨
우월 추구 `기출 18, 22`	• 내담자가 지각한 '마이너스 위치'에서 '플러스 위치'로 끊임없이 나아가려는 인식된 동기 • 모든 인간이 문제에 직면했을 때, 부족한 것은 보충하고, 낮은 것은 높이고, 미완성의 것은 완성하며, 무능한 것은 유능하게 만드는 선천적인 경향성
가상적 최종 목표 (허구적 목적) `기출 22`	• 인간은 누구나 자신의 인생에서 실현하고자 하는 궁극적인 목표를 가짐 • 한 사람의 가상적 목표를 알게 되면, 그 행동이 지니는 의미와 그의 생활양식이 지니는 의미를 알게 됨
생활양식	• 개인의 성격을 움직이는 체계적인 원리로, 삶의 목표를 향해 나아가려는 개인의 독특한 방식을 말하며 인생목표, 자기개념, 가치, 태도 등이 포함되어 있음 • 어릴 적 경험에 의해 발달하며 4~5세경에 이미 결정됨
사회적 관심 (공동체감)	• 사회참여를 통한 공감, 타인과의 동일시, 타인지향의 이타심을 말함 • 정신건강과 심리적 성숙의 지표 • 아들러는 3가지 생애과업(일과 여가, 우정과 사회적 관계, 사랑과 결혼)을 제시하면서 사회적 관심과 공헌을 정신건강의 준거로 여김 ➡ 모삭과 드라이커스: 영성, 자기지향을 추가함
가족구도와 출생순위	• 가족구도: 가족 내에서 부모와 다른 형제자매와의 상호작용을 통해 세상을 지각, 해석, 평가하기 위한 준거틀을 발달시키며, 획득한 지식, 습관, 기술을 통해 상황을 처리하는 능력을 기름 • 출생순위: 가족구도의 대표적인 예로 같은 부모에게서 태어나 자란 자녀일지라도 출생순위에 따른 심리사회적 환경 차이로 인해 독특한 생활양식을 형성함
기본 실수 (기본적 오류)	• 초기회상에서 파생되는 것으로, 생활양식의 자기파괴적인 측면 • 이를 상식적으로 바꾸고 사회적 관심을 포함시켜야 함 예 과잉일반화, 안전에 대한 그릇된 또는 불가능한 목표, 생활과 생활 요구에 대한 잘못된 지각, 개인 가치의 최소화 또는 부정, 잘못된 가치관
창조적 자아	인간은 유전과 환경을 능가하는 힘인 창조력을 갖고 있어 무한한 가능성을 가지고 목표에 도전하는 존재 ➡ 자신의 인생목표를 추구하는 창조적인 존재

(2) **부적응(비행) 행동의 발생과정**

① **1단계 주의 끌기 단계(관심과 애정을 얻으려는 목표)**

㉠ 자기를 인정해 주지 않는 주위 사람들의 관심을 끌기 위한 행동이 나타난다. 관심을 끌고 싶은 욕망에서 표출된 행동이 사회적으로 수용되지 않으면 문제행동이 된다.

㉡ 교사는 관심을 필요로 하는 학생이 적절한 행동을 할 때만 관심을 기울여 준다.

② **2단계 힘겨루기 단계(힘과 우월을 추구하려는 목표)**

㉠ 누가 이기나 보자고 버티는 힘겨루기 행동이 특징적으로 나타난다. 자신이 속한 집단에서 중요한 사람으로 소속감을 누리는 것이 목적이었으나 꾸중과 비난 혹은 처벌을 받게 되면 주위 사람들의 기대에 대항하여 자기가 하고 싶은 대로 행동하는 단계에 돌입한다. 이 행동은 자신이 중요한 사람으로 인정받을 수 있다는 무의식적 동기에 의한 것이다.

㉡ 교사는 힘겨루기를 피하는 방법에 대해 교육 받는다. 학생은 파괴적인 방식이나 수동공격적인 방식으로도 힘겨루기를 하며, 후자의 경우 잘 잊어버리거나 더디게 반응하거나 고집을 피우거나 게으름을 피우는 등의 형태로 나타난다.

③ **3단계 복수하기 단계(복수하거나 앙갚음을 하려는 목표)**

㉠ 자신을 알아주지도 인정하지도 않는 주위 사람에게 복수와 앙갚음을 함으로써 중요한 사람으로 인정받고자 하는 시도가 나타난다. 이 단계의 일탈행동은 대부분 자신이 속한 사회에 대한 분노와 좌절감의 표출이다.

㉡ 교사는 다른 학생을 해치는 행동과 부적절한 행동에 대한 당연한 결과로 벌을 받게 될 것이라는 학급규칙을 제정해야 한다. 당연한 결과는 책임 있는 어른이 아이를 바로잡아주지 않으면 일어나는 일을 말한다.

④ **4단계 부적절 단계(불완전함이나 무능력을 가장하려는 목표)**

㉠ 부적절감 속에서 체념하거나 자기를 부정하는 태도를 형성한다. "희망이 없다.", "아무것도 안 된다.", "아무리 해도 소용이 없다."라고 자신을 부정하고 자포자기하거나 우울증에 빠진다.

㉡ 이 단계의 학생에게는 일대일 상담에서 공감적인 접근이 필요하다. 상담은 학생이 성공 경험을 할 수 있도록 돕는 데 초점을 맞춘다. 이들에게 상담실의 잡일을 돕게 함으로써 성공 경험의 기회를 제공할 수 있다.

3. 상담목표

(1) **상담목표**

① 아들러의 상담모델은 의료모델이 아니라 성장모델이다. 아들러는 사람이 지닌 문제는 사람과 분리될 수 없기에 심리상담은 전인격의 치료가 필요하다고 보았다.

② **상담목표**: 내담자를 병든 존재나 치료받아야 할 존재로 보지 않기 때문에 증상의 제거 보다는 열등감을 극복하고, 잘못된 생의 목표나 생활양식을 수정하며, 사회에서 다른 사람과 상호작용을 할 수 있도록 타인과 동등한 감정을 갖고, 공동체감을 증진하는 것이다.

③ **구체적 상담목표**: 열등감 극복하기, 자신의 독특한 생활양식 이해하기, 잘못된 삶의 목표 수정하기, 공동체감 향상시키기

④ 상담자는 세 가지 측면의 결여인 사회적 관심의 결여, 상식의 결여, 용기의 결여를 가진 사람에게 사회적 관심, 상식, 용기를 주어 바람직한 삶을 영위하도록 조력한다.

⑤ 격려: 용기를 북돋워 주는 격려하기는 개인심리학의 가장 기본적인 상담기법이다. 이러한 상담목표를 이룬 내담자는 자신의 생활양식을 이해하고 부적응적인 목표와 신념을 파악하여 사회적 관심을 증가시키고 삶의 과제를 효과적으로 수행해낼 수 있게 된다.

(2) 아들러 학파의 심리치료가 지향하는 목표(Mosak 등, 2008)

① 내담자의 사회적 관심을 증가시킨다.
② 내담자가 좌절감과 열등감을 극복할 수 있도록 돕는다.
③ 내담자의 인생목표와 생활양식을 변화시킨다.
④ 내담자의 잘못된 동기를 변화시킨다.
⑤ 내담자가 타인과 평등한 존재라는 인식을 갖도록 돕는다.
⑥ 내담자가 사회에 기여하는 구성원이 되도록 돕는다.

4. 상담과정

단계	내용
1단계: 관계 형성 단계	내담자가 상담자에게 이해 받고 받아들여진다고 느끼도록 내담자와 공감적 관계를 형성함
2단계: 생활양식 탐색 단계	내담자가 그의 생활양식을 결정하는 동기와 목표는 물론 자신의 신념과 정서를 이해하도록 도움
3단계: 통찰 단계	내담자의 잘못된 목표나 자기패배적 행동을 자각하게 도움
4단계: 재정향 단계	내담자가 문제행동, 문제 상황에 대한 대안들을 고려하여 변화를 실행하게 도움

(1) 관계 형성 단계

① 상담자는 내담자와 평등하고 협력적인 관계를 형성한다.
② **주로 사용하는 상담기술**: 관심 기울이기(내담자와 시선 접촉, 가치로운 존재로 인정), 경청(언어·비언어적 메시지 이해), 공감(내담자의 주관적 이해 및 전달), 목표의 확인과 구체화를 통해 내담자의 강점과 장점의 자각을 촉진하고 생산적 치료관계를 확립하며 공동으로 상담목표를 수립한다.

(2) 생활양식 탐색 단계 기출 15 추시

① 이 단계에서는 생활양식을 이해하고 생활양식이 삶의 과업에 어떠한 영향을 미치는지 이해하는 것이 중요한 목표가 된다.
② 상담자는 내담자의 생활양식을 탐색하여 생활양식을 결정한 동기나 목표, 신념과 감정 등의 개인 역동성을 평가한다. 이를 위해 가족구도, 초기기억, 꿈, 우선순위, 통합과 요약, 격려의 상담기법을 사용한다.

③ 생애사 질문지

구분	내용
가족구도 탐색	• 가족 내 위치를 확인하고 어린 시절 생활양식의 형성 과정에 어떤 영향을 미쳤는지 알아보기 위함 • 초점이 되는 정보 – **부모의 배경**: 이름, 나이, 직업, 성격, 건강, 교육수준 등 – 자녀와의 관계, 내담자와의 유사점·차이점, 부모의 가족 및 부부 관계 – 내담자에게 의미 있던 어른들에 관한 기억 – **가정환경**: 사회 경제적 수준, 종교적·문화적 특성 등
초기 기억	• 상담자는 생애 초기 가족구도와 성장환경이 자신과 타인의 지각에 영향을 미친다고 가정하고 내담자의 10세 이전 초기기억의 주제와 관련된 세세한 사건을 탐색함 • 이때의 기억은 사건과 관련된 감정과 사고를 포함함 • 일단 견해가 형성되면 현재의 자기, 타인, 세계에 관한 견해와 일치하는 아동기 사건만 기억하는 경향이 있음 • 초기기억은 내담자의 세상에 관한 견해, 삶의 목적, 동기화 요인, 가치, 신념 등을 엿보고 내담자의 기본 실수를 파악할 수 있는 자료임
꿈	• 초기 기억은 장기 목표를 반영한 것이고, 꿈은 당면한 문제의 가능한 해답의 실현임 • 꿈은 미래지향적인 문제해결 활동, 즉 미래에 가능한 활동 경로의 시연으로 봄 • 고정된 상징은 없으며 꿈의 내용보다 목적론적인 기능을 찾아야 함
우선순위	• 욕구와 관련된 것으로, 내담자의 생활양식을 이해하는 중요한 단서를 제공함 • 우선순위는 우월, 통제, 안락(편안함), 즐거움 욕구를 대상으로 탐색하고, 욕구 발생 시 보이는 내담자의 행동, 감정, 사고에 대한 상세한 기술로 이루어짐
분리, 통합, 요약, 해석	• 상담자는 내담자가 작성한 생애사 질문지와 함께 내담자의 가족구도, 초기기억, 꿈, 욕구의 우선순위 등의 자료를 영역별로 분리, 통합, 요약, 해석함 • 내담자는 결과를 검토하고 상담자와 논의하며 함께 수정 작업함
격려 과정	• 생활양식 조사가 끝나면 내담자는 잘못된 지각을 검토하고 이미 내린 의사결정에 도전하며 자신의 강점, 장점, 재능을 탐색함 • 상담자는 내담자가 자신의 긍정적인 면을 인식·수용할 수 있도록 격려함 • 내담자는 격려 과정에서 강점과 장점을 인정하고 선택과 의사결정 능력이 자신에게 있음을 깨달음 • 격려는 자신감을 회복시키는 필수요소로 상담의 모든 단계에 적용해야 할 과업임

(3) 통찰(해석) 단계

① 통찰 단계는 내담자의 자기이해와 통찰을 촉진하는 과정으로 구성된다.

② 상담자는 해석을 통해 내담자의 기본 실수를 깨닫게 하고 내담자의 삶에 어떤 영향을 주는지의 통찰을 돕는다.
➡ 내담자가 자신의 생활양식 속에서 기본적 오류를 이해하고 이 오류가 자신의 부적응적 사고, 감정, 행동 등에 어떻게 드러나는지 통찰하도록 유도한다.

③ 상담자의 해석은 주로 삶의 방향, 목표나 목적, 사적인 논리와 그 영향, 현재의 행동을 인식하도록 하기 위한 것, 행동의 원인이 아닌 행동의 결과에 초점을 둔다.

(4) 재정향 단계

① 이전 단계에 얻은 통찰과 변화를 구체적인 행동으로 실행하도록 격려하는 과정이다.

② 상담자는 내담자가 인생의 목표를 수정하거나 재설정하도록 돕고, 목표를 실현하기 위한 효과적인 행동계획을 수립하여 행동에 옮기도록 격려한다.

5. 상담기법

(1) 생활양식(life style) 분석

① 생활양식은 가족구조, 가족분위기, 가족가치, 성 역할지침, 가족역할, 어린 시절의 발달경험 등 내담자의 가족 경험에 의해 발달된다.

② 상담자는 생활양식 분석을 통해 내담자가 자신을 어떤 존재로 인식하고 있으며 어떻게 지금의 자신이 되었는지를 이해함으로써 내담자의 장기목표, 동기, 신념체계, 행동 및 감정패턴을 탐색할 수 있다.

③ 생활양식을 파악하기 위한 5가지 질문(Walton)

    ㉠ 다음 문장을 완성하시오. "나는 항상 _____한 아이였다"

    ㉡ 형제자매 중에서 당신과 가장 다른 사람은 누구이며 어떻게 다른가?

    ㉢ 어린 시절 당신은 부모님의 어떤 면이 가장 긍정적이었다고 생각했는가? 부모님에 대해서 거부감을 느꼈던 것은 무엇이었는가?

    ㉣ 잊을 수 없는 성장과정의 중요한 결심: "당신이 성장하면서, 인생에 관해 내린 결론 중 가장 기억에 남는 것은 무엇인가?"

    ㉤ 두 가지 초기기억 알아내기: "당신이 기억할 수 있는 가장 어린 시절의 사건은 무엇인가?" "어떤 순간이 가장 생생하게 기억되는가? 그 사건과 관련해서 어떤 느낌을 지니는가?"

④ 생활양식 분석

구분	내용
가족구도 (family constellation)	• 가족 구성원이 가족 내에서 지니는 서열적·심리적 위치를 의미함 • 내담자가 가족 구성원과의 관계를 어떻게 인식하고 있는지를 보여줌 • 가족구도에 대한 내담자의 평가는 자기, 타인 그리고 인생에 대한 신념을 형성하는 데 중요한 역할을 함
가족 분위기 (family atmosphere)	• 부모의 부부관계를 비롯한 가족 구성원의 정서적 관계를 반영함 • 가족 분위기에 대한 평가는 인간관계가 어떠해야 하는지를 결정하는 데 중요한 역할을 함
가족가치 (family values)	• 부모가 자녀들에게 기대하는 것을 나타내는데, 이런 가치는 보통 부모에 의해 공유되고 자녀들에게 전달됨 • **탐색질문**: "부모님이 가장 중요하게 여긴 것은 무엇이었니?", "부모님이 어떤 좌우명을 지니고 있었다면, 그것이 무엇이었니?"
성역할 지침 (gender guiding lines)	• 성 역할 지침을 통해 아이들은 진짜 남자 또는 진짜 여자가 어떤 것인지를 습득하게 됨 • 성 역할과 관련된 다양한 기대들의 패턴과 원칙을 형성하여 인간관계나 사회적 활동에 중요한 영향을 미치게 됨
아이의 역할	• 어린 시절 가족 내에서 자녀가 어떤 역할을 맡았었는지를 의미함 • 가족구도 내에서 아이들이 각자 담당하게 되는 역할(영웅, 마스코트, 희생양, 망각된 아이 등)이 있는데, 이러한 역할은 마음 깊이 각인되어 성장 후에도 지속되는 경향이 있음
초기 발달경험 (early developmental experiences)	• 어린 시절에 가족, 친인척, 교사, 친구, 학교생활, 성생활 등과 관련된 발달적 경험을 의미함 • 초기의 발달경험을 이해하는 것은 내담자가 세상을 바라보는 기본적인 방식을 이해하는 데 중요함 ➡ 이러한 경험들을 통해 내담자가 자신과 자신의 삶에 대해서 지니고 있는 결론이나 신념을 이해할 수 있음

⑤ 생활양식 분석의 목적: 내담자로 하여금 자신을 어떤 존재로 인식하고 있으며 어떻게 지금의 자신이 되었는지를 이해함으로써 자신의 무의식적 목표를 의식의 수준으로 끌어올리는 것이다.

(2) **질문기법**

   ① **순환질문**: 개인의 대인관계와 가족관계를 묘사하는 데 사용하고, 관계의 일방적 인과성보다 순환성에 기초하여 형성되는 것으로 개인과 연관된 패턴을 이끌어 내고 생활사를 구조화하는 초석을 형성한다.

     예 "당신 말고 당신 아내의 우울에 대해 누가 걱정을 하나요?"

   ② **반사질문**: 순환적 가정에 바탕을 두고 간접적으로나 일반적인 방식으로 가족이나 내담자에게 영향을 주고자 한다. 이 질문은 내담자가 새로운 견해나 맥락을 발견하도록 돕는다.

     예 "만약 내게 지팡이나 마법의 약이 있어 당신의 증상을 즉각 제거해 준다면 당신의 삶은 어떻게 달라질까요?"

   ③ **전략질문**: 치료의 범위에서 개인의 행동을 변화시키는 것이다.

     예 "당신은 걱정에 대해 딸이 아닌 아내에게 이야기하는 것이 어때요?"

(3) **단추 누르기(pushing the button)** `기출 17`

   ① 유쾌한 경험과 불쾌한 경험을 차례로 떠올리게 하고 각 경험에 수반되는 감정에 주의를 기울이는 기법으로 내담자에게 자신이 감정을 통제할 수 있음을 인식하도록 하는 기법이다.

   ② 이 기법은 단추를 누르는 것처럼 사고의 결정에 따라 감정이 창출된다는 사실을 깨달음으로써 부정적 감정에 지배되지 않고 통제하기 위해 사용된다.

   ③ **단추 누르기 진행 방법 단계**

     ㉠ 내담자의 눈을 감게 하고 성공하거나 사랑받거나 행복했던 때를 기억하고 그 이미지를 떠올리게 되었을 때 그 표시로 손가락을 올리라고 한다.

     ㉡ 상담자가 내담자에게 행복한 이미지를 지운 후 그들이 상처받고 슬프고 불행했던 기억을 떠올리게 하고 그 이미지를 분명하고 구체적으로 떠올리게 되었을 때 손가락을 올리라고 한다.

     ㉢ 내담자에게 행복하고 성공적이며 사랑받던 때를 다시 떠올리라고 한다.

     ㉣ 상담자는 뭔가 발견한 것이 없는지 질문하여 특정 심상이 특정 감정을 유발할 수 있음을 알려준다.

   ④ **목적**: 내담자에게 그들이 무엇을 생각할지 결정하여 자신이 원하는 감정은 무엇이든지 만들어 낼 수 있다는 사실을 가르치려는 것이다.

(4) **수프에 침 뱉기(깨끗한 양심에 먹칠하기: spitting in the client's soup)**

   ① 내담자의 자기패배적 행동(수프)의 숨겨진 목적을 드러내어 이전에 하는 행동을 분리시키려고 할 때 아주 효과적으로 사용하는 기법이다.

   ② 내담자의 부적응적인 행동을 유발하는 내면적 동기에 침을 뱉어 혐오스러운 것으로 변화시킴으로써 그러한 행동의 반복을 억제하는 것이다.

   ③ 특히 상담자가 내담자의 숨겨진 의도나 동기를 제시해주면, 내담자는 더 이상 감춰진 동기를 외면하지 못하고 자각하게 됨으로써 부적응적인 행동으로부터 자신을 분리시킬 수 있게 된다.

   ④ **진행 방법**: 내담자가 하는 행동의 목적을 평가한 다음, 그 행동이 매력적이지 않다고 지적한다.

(5) **악동(수렁) 피하기(avoiding the tar baby)**

   ① 부정감정(분노, 실망, 고통 등)의 호소로 상담자를 통제하려는 내담자의 의도를 간파하여, 그 기대와는 다른 반응을 보이는 기법이다.

   ② 또 다른 의미는, 내담자의 지속적인 자기패배적인 행동을 변화시키기 위해 예측하지 못했던 새로운 방식을 제시함으로써 내담자가 흔히 빠지는 익숙한 함정과 난처한 상황을 피하도록 돕는 기법이다.

③ 상담자는 내담자의 자기 패배적인 반복된 행동이나 감정패턴에 반응하지 않고 내담자가 다른 식으로 행동하도록 격려하고 개선된 방향을 제안해야 한다.

④ 수프에 침 뱉기가 내담자의 숨겨진 행동 동기에 대한 직면이라면, 악동 피하기는 내담자가 다르게 행동하도록 격려와 방향을 제시하는 것이다.

(6) 마치 ~인 것처럼 행동하기

① 내담자가 스스로 할 수 없다고 생각하는 것을 실제로 성취할 수 있는 것처럼 행동해보도록 권장하는 방법이다.

② 내담자가 바라는 행동을 실제 장면이 아닌 가상 장면에서 '마치 ~인 것처럼' 행동하면 새로운 인식과 결과를 유발할 수 있다.

③ 목표

    ㉠ 내담자의 현재 신념과 문제 인식을 변화시키기

    ㉡ 통찰력 제공하기

    ㉢ 내담자가 새로운 신념과 행동을 시작할 때 재정향을 용이하게 하거나 실제 행동을 변화시키기

    ㉣ 자존감, 자신감, 개념, 적성 등의 변화에 용기를 북돋워 주기

    ㉤ 문제가 있는 행동의 목적과 목표를 새로운 방향으로 돌리기

(7) 자기 간파(자신을 포착하기: catching oneself)

① 내담자가 반복적으로 범하는 부적응적 행동을 자각하게 함으로써 그 행동을 방지하도록 돕는 방법이다.

② 상담자는 내담자의 문제행동이 나타나는 것을 예고하는 표시나 징후를 밝혀내고 내담자로 하여금 이러한 징후가 나타나면 습관적 행동을 자제하라는 정지신호로 여기고 새로운 적응행동을 하도록 격려한다.

③ 이 기법으로 내담자는 행동 선택권이 자신에게 있음을 깨닫고, 자기패배적 행동을 제거하는 것이 유익하다는 사실을 알게 된다.

(8) 즉시성(immediacy)

① 내담자로 하여금 현재 이 순간에 무엇이 일어나고 있는지를 지각하도록 하는 기법이다.

② 내담자가 상담자와의 상호작용에 관심을 집중하게 되고, 상담 시간에 상담자와의 상호작용 시 일어난 일들이 내담자의 일상생활에서 일어나는 일들의 표본임을 깨닫게 돕는다.

(9) 과제 부여(task assignment)

① 상담자가 내담자의 동의하에 문제해결을 위한 구체적인 행동과제를 정하고 내담자로 하여금 그러한 과제를 수행하게 하는 것이다.

② 구체적인 과제수행은 문제해결을 도울 뿐만 아니라 과제수행에 합의하고 과제를 계획하여 수행하는 과정을 통해서 내담자의 책임감과 과제수행 역량을 증진시킨다.

⑩ **직면(confrontation)**

① 내담자로 하여금 자신의 잘못된 목표와 신념을 회피하지 않고 정면으로 자각하도록 하는 기법인데, 내담자가 제시하는 정보들 간의 불일치를 지적하는 것을 포함하고 있다.

② 유형

㉠ **주관적 견해에 대한 직면**: 내담자 자신만이 받아들일 수 있는 자기중심적인 부적응적 행동을 만들어내는 자기합리화나 사적인 논리에 직면시키는 것을 의미한다.

㉡ **잘못된 신념과 태도에 대한 직면**: 내담자의 사회적 적응을 방해하고 자기파멸적인 행동으로 인도하는 잘못된 태도를 자각시키고 그것의 부적절성을 직면시키는 것이다.

㉢ **사적인 목표에 대한 직면**: 내담자가 추구하는 목표가 부적절한 무의식적 동기에 의한 것이거나 자기파멸적인 결과를 초래할 위험이 있을 경우에 그러한 면을 직면시키는 것이다.

㉣ **파괴적인 행동에 대한 직면**: 상담자는 내담자가 상담과정에서 수동 공격적인 방식으로 문제를 회피하거나 상담자에게 공격적인 행동을 나타낼 경우 이러한 행동이 자기파멸적인 결과를 초래하게 된다는 점을 직면시킬 수 있다.

③ 상담자는 상담단계에 따라 격려와 직면을 적절하게 구사하여 내담자가 자신의 부적절한 목표와 생활양식을 자각하고 그것을 변화시키도록 돕는 것이 중요하다.

⑪ **격려(encouragement)** 기출 17

① 내담자에게 용기를 북돋워주는 과정이다. 낙담된 내담자에게 용기를 불어넣는 격려를 통해 내담자는 자신이 존중받는 존재라는 것을 인식하게 되고 자신감을 갖게 된다.

② 상담자는 내담자의 결과보다는 노력과 향상에, 강점을 발휘하거나 향상시킬 수 있는 행동에, 외적인 동기보다는 내적인 동기에 초점을 맞춰 격려하는 것이 좋다.

③ 상담자의 격려를 통해 내담자는 용기를 얻게 되고 자신감을 회복하여 심리적 강인성을 촉진시키게 된다.

④ 격려에서 가장 중요한 요인은 용기를 갖고 삶에 직면하며, 그 용기가 개인적 이익을 위해서가 아니라 공공의 유익을 위해 나아가도록 하는 용기의 방향성 문제다.

⑫ **기타 기법**

① **역설기법**: 특성사고 또는 행동을 의도적으로 과장하게 하는 기법이다. 이 기법은 내담자의 저항을 불러일으키기보다는 오히려 과장하는 것으로, 사회적 관심을 고조시키는 한편, 내담자의 행동을 덜 매력적으로 만들어 버리는 효과가 있다.

② **타인을 즐겁게 하기**: 사회적 관심의 상실은 내담자를 좌절시키는 요인 중 하나이므로 상담자가 내담자에게 바깥에 나가 다른 사람을 위해 좋은 일을 하라고 지시하는 것이다. 이 기법은 사회적 관심을 상실하지 않고 사회적 주류 속으로 되돌아오도록 촉진하는 기법이다.

③ **마이더스 기법**: 슐만이 처음 만든 기법으로 내담자의 신경증적 요구를 과장하는 것이다. 이 직면적 접근은 유머러스하게 수행해야 하며, 그 결과 내담자 자체가 아닌 그의 행동을 웃음거리로 만들어야 한다.

6. 평가

(1) 공헌점

① 개인의 성격형성에 있어 내적인 요인을 넘어 사회적인 요인을 강조함으로써 사회적 관심과 참여, 공동체 의식을 함양시켜 주었다.

② 열등감을 부정적인 것이 아니라 보편적인 것이며, 우월감의 추구를 성장하는 원동력으로 보는 관점은 인간의 성격과 행동을 이해하는데 새로운 통찰력을 주었다.

③ 성격의 사회적 요인을 강조함으로써 집단 내에서 개인을 치료하는 집단상담의 개념을 선도하였다.

④ 상담기법은 비교적 간단하여 단기간에 시행될 수 있으며 일상생활의 문제는 일상생활에서 해결한다는 점에서 일반인도 쉽게 상담기법을 익힐 수 있다.

(2) 한계점

① 정신분석 상담과 마찬가지로 실증적 연구가 부족하다는 점에서 비판을 받고 있다.

② 정신분석이론가들로부터 너무 피상적이라는 비판을 받고 있으며, 행동주의이론가들로부터는 너무 역동적이며 내적인 동기를 지나치게 중시한다는 비판을 받고 있다.

③ 공동체 활동에 대한 참여와 실천, 책임감을 지나치게 강조한다는 점에서 비판을 받고 있다.

04 융(Jung)의 분석심리상담

1. 개관 및 인간관

(1) 기본가정

① 분석 심리학은 개인적인 경험에 기반을 둔 이론으로 객관적인 사실이나 절대적인 진리에 관해서는 말하고 있지 않다. 즉, 개인의 마음에서 일어나고 있는 사실과 경험에 초점을 맞출 뿐 그것의 옳고 그름이나 좋고 나쁨을 판단하지 않는다.

② 분석 심리학은 무의식의 존재와 영향력을 중시한다는 점에서 정신분석 이론과 공통점을 지닌다. 하지만 분석 심리학은 무의식의 기능과 내용에 대해서 정신분석 이론과 다른 견해를 제시한다.
  - ㉠ **무의식**: 프로이트의 경우 무의식의 실체를 성욕과 같은 미숙하고 비합리적인 것으로 본 반면, 융은 무의식을 개인의 삶에 방향을 제시하는 지혜로운 것으로 여긴다.
  - ㉡ **증상의 의미**: 프로이트의 경우 과거에 경험한 상처의 결과라고 보는 반면, 융은 미래에 나아갈 방향을 보여 주는 신호라고 보았다.

③ 분석 심리학은 인과론적 관점보다는 목적론적 관점에 근거하고 있다.
  - ㉠ 인간은 무의식의 발현을 향해 나아가는 존재다. 즉, 과거의 원인(~ 때문에)으로 인해 행동하는 것이 아니라 미래의 목적(~을 위해서)을 위해서 행동하는 존재라는 것이다.
  - ㉡ 무의식이 전체성과 통일성을 이루며 진정한 자기를 발현하는 개성화 과정을 중시했다.

④ 인간의 마음을 환원론적으로 설명하는 것에 반대했다. 즉, 심리적인 것을 그 자체로 인정하고 이해하고자 했으며 뇌기능이나 다른 신체적 기능으로 설명하려는 어떠한 접근도 배격했다.

(2) **인간관**

    ① **인간본성**: 융은 인간의 성격이 어떤 아동기의 경험과 원형에 의해 부분적으로 결정될 수 있다는 점에서 프로이트와 견해를 같이하지만, 근본적으로 결정론적 입장은 아니며 인간의 자유의지와 자발성을 인정하고 있다.

    ② **천성과 양육**: 중간쯤의 입장을 취하고 있는데, 자기실현을 향한 충동이나 경향성은 타고난 것이지만, 학습과 경험에 의해서 촉진될 수도 있고 방해받을 수도 있다고 보았다.

    ③ **인간 성격의 목적**: 개성화 혹은 자기실현에 있다. 융은 개성화의 과정을 독특한 개인, 단 하나의 동일체적 존재가 되어 가는 것이라고 정의했다. 또한 개성화의 과정은 자기 자신이 되어 간다는 뜻이 내포되어 있어서, 개성화를 자신답게 되는 것 또는 자기실현으로 해석할 수 있다.

    ④ **아동기 경험**: 아동기 경험이 인간의 성격에 영향을 미치기는 하지만 전적으로 인간의 성격형성을 좌우하지는 않으며, 인간은 중년기의 경험 및 미래에 대한 희망과 기대에 의해서 보다 많은 영향을 받는다고 보았다.

    ⑤ **보편적 성격(universal personality)**: 개성화 혹은 자기분화 수준이 중년기에 도달하면 성격의 어느 한 측면이 계속해서 지배하지 않는 이른바 '보편적 성격'을 발달시킨다. 그때는 독특성이 사라지며, 개인은 더 이상 특정 심리적 유형에 속하는 것으로 묘사될 수 없게 된다.

    ⑥ **인간성에 대한 낙천적 태도**: 끊임없이 성장하고, 발달하고, 확장 및 개선하며, 계속 나아가고자 노력하는 존재다.

2. 주요 개념

※ 제1장 제4절 '16. 융(Jung)의 분석심리' 참고

(1) **상담목표**

    ① **궁극적 목표**: 개성화와 성격의 통합이다.

    ② **구체적인 치료목표**: 개인의 발달단계와 특수한 상황에 따라 달라진다.

    ③ **인생의 전반기를 살아가는 내담자**: 현실 적응을 위한 구체적인 목표를 성취하는 데 초점을 둔다.

      ➡ 직업에 적응하고 가정을 돌보는 정상적인 적응적 삶을 위해서 자아를 강화하는 일에 주력한다.

    ④ **인생의 후반기를 살아가는 내담자**: 자기실현에 초점을 둔다.

      ➡ 개인적인 삶의 의미를 발견할 수 있도록 자신의 내면적인 존재를 경험하도록 하는 데 주력한다.

(2) **개성화**

    ① 삶의 궁극적인 목표로, 이는 무의식과 의식의 통합을 통해서 자기를 충분히 실현시키는 것이다. 또한 삶의 과정에서 분화되고 분열된 마음을 일관성 있고 조화롭게 발전시키는 것이다.

    ② **심리치료 목적**: 분화과정에서 상실한 전체성을 회복하는 것이다.

(3) **상담자의 역할**

    ① 상담자와 내담자의 관계는 인간적인 대화로 이루어지며 각 내담자는 개별적으로 이해된다.

    ② 상담자는 꿈 분석, 전이 분석, 적극적 상상 등과 같은 다양한 방법을 통해서 내담자의 무의식을 탐색한다.

      ㉠ **꿈 분석**: 꿈의 맥락을 파악하여 꿈을 해석하고 내담자가 그러한 해석을 삶에 적용하도록 한다. 장기치료의 경우, 내담자는 해석된 꿈의 의미를 이해함으로써 인생의 선택에 반영하면서 개성화 과정으로 나아가게 된다.

      ㉡ **전이 분석**: 처음에는 개인 무의식으로부터의 투사를 다루고 그 후에 집단 무의식의 투사를 다룬다.

      ㉢ **적극적 상상**: 내담자가 적극적 상상을 통해 심상활동을 활성화시킴으로써 무의식을 탐색하고 이해할 수 있도록 돕는다.

3. 상담과정(Douglas, 2005)

단계	내용
고백 단계 (confession)	• 이 단계의 주요 특징은 내담자의 강렬한 정서 방출과 치료적 동맹을 형성하는 것임 • 내담자는 개인사를 고백하여 정화를 경험하고 의식적·무의식적인 비밀을 상담자와 공유하며 상담자는 무비판적이고 공감적인 태도를 유지함 • 정화과정을 통해 억압되었던 개인적 그림자를 인식하게 되고 비밀스러운 감정을 치료자와 공유함으로써 치유적인 효과를 얻음 • 고백을 통해 내담자와 상담자의 치료적 동맹관계가 이루어지면서 내담자는 전이를 형성함
명료화 단계 (elucidation)	• 이 단계의 목표는 내담자가 정서적이나 지적으로 자신의 문제에 대한 통찰을 얻는 것임 • 내담자가 가진 증상의 의미, 아니마와 아니무스, 그림자, 현재 생활 상황과 고통 등이 명료화됨 • 현재 겪는 정서적 어려움, 비현실적 생각과 환상이 아동기에 어떻게 시작되었는지 해석이 이루어짐 • **전이와 역전이 탐색**: 전이를 이해하는 과정에서 내담자는 상담자가 명료화하는 무의식적 내용을 표면으로 이끌어 내게 되고, 명료화 과정을 통해 문제의 기원을 알게 됨 • **전이와 역전이 분석**: 개인의 무의식을 타인에게 투사하여 내보내는 것에 대한 의미를 명료하게 설명해 주는 작업 ➡ 내담자와 치료자의 개인무의식뿐 아니라 집단무의식에서 발현된 원형의 주제가 포함되어 있는데, 이러한 전이분석을 통해 어떤 원형이 내담자에게 영향을 주었는지 이해할 수 있음
교육 단계 (education)	• 내담자가 사회적 존재로서 부적응적 또는 불균형적 삶을 초래한 발달 과정의 문제에 초점을 둠 • 정신분석의 훈습과 유사한 것으로 무의식적 통찰을 구체적인 현실 속에 적용하여 행동의 변화를 촉진하는 과정 • 고백과 명료화 단계에서 개인 무의식에 초점이 맞춰진다면, 교육 단계에서는 내담자의 페르소나, 자아에 초점을 맞춰 슬기롭게 현실적 사회적응을 할 수 있도록 함 • 많은 경우에 내담자는 이 단계를 마치고 상담을 종결함
변형 단계 (transformation)	• 내담자와 상담자 간의 역동적 상호작용을 통해 단순한 사회 적응을 넘어 자기실현으로의 변화가 도모되는데, 이런 점에서 융은 변형 단계를 자기실현 기간이라고 기술함 • 변형 단계의 초점은 내담자의 의식과 무의식을 포함한 전체적 성격의 주인인 자기의 실현을 이루는 과정, 즉 개성화를 지향하는 과정에 맞춰짐

4. 상담기법

(1) 단어연상검사

① 실험 대상에게 일련의 단어를 읽어주고 각 단어에 대해 그때그때 연상되는 것을 말하게 하며 소요 반응시간을 측정하는 검사로 심리학에서 널리 사용되어 온 실험적 도구이다.

② 1900년대 초에 융이 처음 사용했으며, 정서를 이끌어 낼 100개의 단어를 선정했다.

③ 융은 환자가 각 자극단어에 반응하는 데 걸리는 시간과 각 자극단어의 정서적 효과를 알아보기 위해 생리적 반응을 측정했다.

④ 융은 이 기법들을 내담자의 콤플렉스나 저항과 갈등의 영역을 드러내기 위해 사용했다.

⑤ 단어연상검사에서 내담자의 특정 단어에 대한 반응시간, 연상 불능, 부자연스러운 연상 내용 등이 잠재된 감정의 복합체인 콤플렉스로부터 비롯된다는 점을 발견했다.

(2) 증상 분석

① 내담자가 경험하고 있는 증상에 초점을 두면서 내담자가 증상에 대해 자유연상을 하도록 하여 그러한 내용을 해석하는 것이다.

② 프로이트의 정화법과 유사한데, 증상에 대한 내담자의 연상과 그에 대한 치료적 해석이 이루어지는 동안 증상이 종종 호전되고 때로는 말끔히 사라지기도 한다.

(3) 꿈 분석

① **미래 예견적(prospective):** 꿈은 개인이 가까운 미래에 예상하고 기대하는 경험, 사건을 준비하게 돕는다. 두 사건이 논리적으로 인과관계 없이 동시 혹은 근접한 시간에 독립적으로 일어나지만 서로 밀접하게 관련된 의미를 가지는 현상인 동시성의 개념은 꿈의 예견성을 뒷받침한다.

② **보상적(compensatory):** 어떤 정신구조의 지나친 발달을 보상함으로써, 상반되는 정신과의 균형을 유지하게 돕는다. 이러한 점에서 꿈은 적응을 위한 노력이며 성격의 결함을 교정하려는 시도이다.

③ **확충법(method of amplification):** 융은 꿈 분석에서 프로이트의 자유연상법 대신에 확충법을 사용하였다. 이는 내담자와 분석가가 상징들의 이해를 확장하려는 시도로 어떤 주제가 탐색될 때까지 같은 상징들을 계속해서 재평가하고 재해석하는 치료기법이다.

(4) 사례사

① 내담자의 심리장애 발달사 추적에 주로 사용된다.

② 내담자로 하여금 과거 경험을 회상하게 하여 현재의 신경증을 설명할 수 있는 발달 패턴을 확인하고 생애사를 재구성하도록 요구한다.

③ 융은 자신의 사례연구를 '생애사의 재구성'이라고 일컬었다.

(5) 상징의 사용

① 상징의 해독은 중요한 두 가지 목적에서 유용하다.

  ㉠ 상징은 만족되지 않은 본능적인 충동을 만족시키려는 시도를 나타내기 때문에 그 위장된 소망적인 욕구를 알아낼 수 있다.

  ㉡ 위장 이상의 것으로 원시적인 본능 충동이 변형되어 문화적인 가치나 정신적인 가치를 알아낼 수 있다.

② 상징 분석

  ㉠ **과거 지향적 분석:** 인과론적·환원론적 분석으로 상징의 본능적 기반을 해명한다.

  ㉡ **미래 지향적 분석:** 목적론적 분석으로 완성, 재생, 조화, 순화 등 인류의 동경을 해명한다.

(6) 그림치료

① 내담자로 하여금 무의식적 감정, 사고를 표현하도록 장려하기 위한 수단으로 그림을 그리게 한다.

② 내담자가 그린 그림은 꿈속에서 본 상징을 명료화하고 자신의 문제에 적극 대처하게 하는 데 도움이 된다.

(7) 적극적 상상(능동적 심상)

① 새로운 무의식적 주제들이 의식으로 떠오르도록 자극하는 다양한 방법을 의미한다.

② 적극적 상상을 위해서는 내면적인 심상이 활성화될 수 있게 마음에 강하게 집중하는 것이 필요하다. 내담자는 집중 과정을 통해 자신의 내면적인 심상을 지켜보고 어떠한 변화가 관찰될 때까지 지속적으로 마음의 초점을 그 심상으로 되돌린다. 마침내 어떤 움직임이 일어나면 그 마음속 장면으로 들어가 자연스럽게 그 일부가 된다.

③ 심상의 움직임이 멈추면 내담자는 그 이야기를 글로 쓰거나 그림으로 그리거나 춤으로 나타나기도 한다.

5. 평가

(1) 공헌점

① 인간의 정신, 특히 무의식 세계에 대해 보다 심층적인 접근과 이해를 가능하게 했다.

② 모든 인류에게 보편적으로 존재하는 집단 무의식과 원형의 개념을 통해서 사회문화적인 특수성을 넘어 모든 인간이 공통적 심상구조를 지닌 한 집단의 일원임을 인식하게 해주었다.

③ 개성화 또는 자기실현이라는 개념을 통해서 치료의 목표뿐만 아니라 인생의 의미와 목적을 새로운 관점에서 바라볼 수 있는 기틀을 제시했다.

④ 인간의 심층심리에 대한 풍부한 이론과 개념적 체계를 통해서 심리학뿐만 아니라 종교, 예술, 문학 등의 여러 분야에 많은 영향을 미치고 있다.

(2) 한계점

① 이론적인 주장일 뿐 객관적이고 과학적인 검증이 어렵다. 또한 치료효과에 대한 실증적인 연구가 거의 이루어지지 않았다.

② 수년에 걸친 장기간의 치료기간과 많은 치료비를 요할 뿐만 아니라 그 치료효과도 실증적으로 검증되어 있지 않다는 한계를 지니고 있다.

③ **치료대상이 제한적**: 분석치료를 받으려는 대부분의 내담자들은 지적인 경향이 있고 어느 정도의 성취를 이루었으며 문제해결보다 자신의 삶에 대한 이해를 심화시키려는 동기를 지니는 경향이 있다.

제3절 현상학적 상담이론

05 실존치료

1. 개관 및 인간관

(1) 실존주의 철학

① 실존주의는 인간 존재에게 주어진 궁극적인 속성인 실존에 대한 탐구를 기본으로 하며 죽음, 자유, 무의미와 같은 존재의 궁극적인 문제를 다루는 동시에 이를 직면함으로써 삶을 적극적으로 선택하고 의미를 발견하는 진실한 삶을 살아가게 하는 철학이다.

② 실존주의는 과학적인 실증적 증명에 관심을 가지기보다 깊고 직관적인 인간에 대한 철학적 이해에 기초하는데, 인간 실존을 있는 그대로 이해하기 위해 현상학적 방법을 채택한다.

③ **현상학적 방법**: 주관적 관찰자의 입장에서 '보여지는' 사물을 있는 그대로 이해하려는 접근이다. 이 방법의 주된 목적은 인간에 대한 관념적으로 '정확한(true)' 자료를 얻기보다 '실존적으로 진실한' 것을 파악하는 데 있다.

(2) 실존치료

① 인간의 주관성과 자유를 중시하는데, 내담자의 심리적 문제는 자신의 실존적 조건을 직면하지 못한 채 회피하거나 무력감을 느끼는 상태와 관련되어 있다.

② 인간은 죽음, 고독, 자유, 무의미라는 실존적 조건을 용기 있게 직면하고 수용함으로써 진실한 삶을 살 수 있다는 것이 실존치료의 기본 입장이다.

③ 실존치료자들은 내담자가 자신의 실존적 상황에 대한 자각을 증진하도록 촉진한다. 또한 실존적 조건을 용기 있게 직면하도록 격려하면서 자유와 책임의 인식 속에서 자신의 삶을 주체적으로 영위하도록 돕는다.

> **더 알아보기   실존치료**
>
> 실존치료는 다양한 접근이 있을 뿐 아직도 대표적인 단일 이론이 없다. 또한 여러 접근은 주요 개념에 있어서도 의견 일치를 보지 못하고 있는 현실이다. 때문에 현재로서는 실존치료를 하나의 이론적 체계로 인정하기가 어렵고, 심리치료에 관한 견해들로 치료 실제에서 지녀야 할 치료자의 철학 정도로 이해하는 것이 타당할 것 같다.

(3) 실존주의 인간관

① 인간은 정신적 차원의 존재다. 즉, 인간 실존은 본질적으로 사물의 하나가 아닌 영적 의미를 지닌 정신적 존재다.
➡ 영적이라는 것은 종교적 의미가 아닌 선택, 자유, 책임, 의미 등 인간 안에 존재하는 진정한 인간성을 의미한다.

② 세상에 우연히 내던져진, 즉 피투된 존재다. 즉, 인간은 이미 '세계 안의 존재'라는 의미다. 이는 공간적인 의미라기보다는 인간은 자신의 의지와 상관없이 어떤 나라, 사회, 가족 등 자기에게 고유한 어떤 곳에 던져져 살아가는 것을 의미한다.

③ 인간은 유한성을 지닌 존재다. 인간의 실존은 죽음을 향해 가는 존재인데, 죽음은 외부에서 오는 것이 아닌 존재적 삶 자체에 수반되어 있다. 따라서 인간은 소외와 고독, 개인적 의미와 주체성 상실, 비존재의 위협에 대한 염려를 지니고 있으며 이러한 비존재에 대한 두려움이나 불안을 실존적 불안이라고 한다.

④ 인간은 본질적 실체가 아닌 과정 속에서 변화되어 가는 존재다.

⑤ 인간은 자유와 책임을 지닌 가치 있는 존재다. 인간의 각 개인은 독자적이고 중요한 존재로서의 존엄성을 지니고 있으며 타인의 평가적 관점에 의거하여 형성되는 존재가 아니다.

⑥ 인간은 생물, 심리, 사회적 조건을 극복하고 초월할 수 있는 능력을 가진 존재다. 인간은 원인과 결과의 법칙에 지배되는 심리적 기계가 아니라 궁극적으로 자기가 결단하는 주체인 것이다. 따라서 인간은 단순한 심리적 존재 이상의 영적인 존재다. 그리고 자기초월 행위에 의해서 단순한 생물학적이고 심리적 평면을 떠나 정신적 차원으로 들어간다.

(4) 철학적 배경

① 키에르케고르(Kierkrgaaed): 순수한 객관성은 달성 불가능할 뿐만 아니라 바람직하지도 않으며 비도덕적이라고 주장하면서 인간은 자신만의 '주관적 진리'에 대한 관심이 필요하다고 강조하였다. 특히 인간의 삶은 본질적으로 불확실하며 매 순간의 선택과 관련하여 실존적 불안이 존재하는데, 이러한 불안은 인간 존재의 기본조건이자 진실한 삶을 살게 하는 바탕이 된다고 보았다.

② 니체(Nietzsche): 인간은 합리적 지성에 따라 행동하는 존재가 아니라 '권력에의 의지'에 휘둘리는 존재이며, 인간의 삶은 권력을 위한 투쟁이라고 보았다. 니체는 인간을 노예로 만드는 강요된 도덕(다수의 도덕)에 허우적대지 않고 인간 본연의 모습을 되찾을 때 잠재된 창조성과 독창성이 발현될 수 있으며 이러한 이상적인 사람이 바로 '초인'이라고 표현하였다.

③ 하이데거(Heidegger)
  ㉠ 세계 내 존재(현존재): 실존을 제대로 파악하기 위해서는 지금 숨 쉬고 말하고 느끼고 행동하는 가장 직접적인 경험의 세계인 현상학적인 세계를 분석하고 이해해야 한다. 인간과 세계는 두 개의 독립된 별개의 실체가 아니라 하나의 단일체인데, 이러한 인간과 세계의 단일체적 성격을 나타나기 위해 '세계 내 존재'로 표기하고 있다.
  ㉡ 현존재는 죽음에 이르는 존재: 실존은 죽음을 향해가는 존재다. 인간은 죽음을 통해서 스스로의 실존을 짊어지라는 소명에 응답해야 한다.

④ 부버(Buber): '나-너 관계'와 '나-그것 관계'의 구분을 중심으로 '대화의 철학'이라는 개념을 제시하였는데, 인간의 실존은 만남, 즉 관계에 의해 규정된다.
  ㉠ 나-너 관계: 두 존재가 순수하고 진실되게 만나는 상호적인 대화적 만남이다. 이러한 만남은 관념에 의해 조작되지 않으며 상대방이 객체화되지도 않는다.
  ㉡ 나-그것 관계: 상대방이 관념적 표상으로 대상화되어 존재하며 그 대상이 자신의 관심사에 어떻게 도움이 될 것인지의 측면에서 관계를 맺는다. 이러한 관계는 자기중심적인 만남이며 일방적인 독백의 만남이라고 할 수 있다.
    ➡ 상대방을 어떤 목적을 위한 대상으로 여기지 않으며 관계가 충분히 상호적일 때, 우리는 대화 형식의 온전한 인간으로 존재할 수 있다.

(5) **실존치료 학자들**

① **메이(May)**: 심리치료자들이 내담자로 하여금 삶의 의미를 발견하도록 돕는 데 목표를 두어야 하며 피상적인 문제의 해결보다는 죽음, 늙음, 고독과 같은 실존적 문제에 관심을 갖도록 해야 한다고 주장했다. 또한 내담자들이 고독과 두려움 속에서 죽음을 기다리는 수동적인 삶을 살기보다 주체적으로 자신의 존재 의미를 발견하고 추구하는 삶으로 나아가도록 도와야 한다고 했다.

② **프랭클(Frankl) 의미치료**: 강제수용소 생활을 경험하면서 "아무리 고통스럽고 비참한 비인간적인 상황 속에서도 삶은 의미를 지닐 수 있으며 그렇기 때문에 고통조차도 의미 있는 것"이라는 깨달음을 얻게 되었다.

  ㉠ 인간의 본질은 의미와 목적을 추구하는데 있다. 이러한 '의미 추구의 의지'가 인간의 가장 기본적인 욕구로 보고, 의미치료를 제창하였다.

  ㉡ 아무리 험난한 환경에서도 인간에게는 자신의 삶을 선택할 자유가 있으며, 상담자의 중요한 과제는 내담자로 하여금 삶을 선택할 수 있는 자유를 회복하여 삶의 의미를 발견하도록 돕는 것이다.

③ **얄롬(Yalom)**: 인간에게는 고독, 무의미함, 유한성, 자유라는 4가지 실존적 조건이 주어져 있다. 인간은 이러한 조건에 대해 다양한 방법을 통해서 적응적 또는 부적응적으로 반응할 수 있다. 얄롬은 다양한 정신병리가 이 4가지의 실존적 주제와 관련되어 있으며 심리치료는 이러한 주제에 초점을 맞추어 진행되어야 한다고 주장하고 있다.

2. 주요 개념

(1) **자유와 책임**

① 자유는 자신의 발전에 관계하고 여러 선택지 중에서 선택하는 능력으로 인간이 자신의 세계, 인생설계, 선택과 행동에 책임이 있다는 사실을 의미한다.

② 실존주의 관점에서 인간은 여러 선택 중 어느 것을 선택할 자유를 가진 존재이다. 즉, 개인 스스로의 결단으로 자신의 운명을 결정하고 자신의 존재를 개척하며, 자신의 인생을 책임져야 하는 존재이다. 인간은 세상에 던져지지만 이후의 삶에 대해서는 스스로의 선택과 자유가 있고 책임을 져야 한다.

③ 상담자는 내담자가 삶 대부분을 선택하는 자유를 피하며 살아왔어도 선택 행사를 시작할 수 있음을 가르쳐야 한다.

④ **사르트르(Sartre)**: 자신의 삶에 책임을 거부하는 사람을 언급하면서 '나쁜 신앙(bad faith)'이라고 표현했다. 그에 따르면, 인간은 끊임없이 자신의 미래를 선택해야 하며, 살아있는 한 이 선택은 결코 끝나지 않는다고 하였다.

⑤ 자유와 책임에 대한 불안은 다양한 방어기제에 의해서 회피되거나 억압될 수 있는데, 선택의 자유를 회피하기 위한 방어기제로는 소망차단과 결심회피가 있다.

  ㉠ **소망차단(wish-block)**: 자신이 무엇을 원하는지 알지 못하는 것이다. 자신이 원하는 소망들을 분명하게 자각하지 못하거나 적절치 않은 것으로 불신하며 억누르는 것이다.

  ㉡ **결심회피**: 선택을 위한 결심을 망설이며 미루거나 다른 사람에게 결심을 전가하는 것이다.

(2) **고독(실존적 소외)**

① 인간은 타자와 분리된 개체로서 근본적으로 고독한 존재다. 또한 죽음 앞에서는 누구나 단독자이다.

② **소외(isolation)**: 인간의 근원적인 고독으로서 대인관계의 고립을 넘어서는 것이다. 인간이 타인과 아무리 친밀한 관계를 맺더라도 결국은 닿을 수 없는 궁극적인 간극이 있다.

③ 얄롬(Yalom): 우리가 홀로임을 견딜 수 없으면 타인과의 진정한 만남을 기대하기가 어렵다. 인간은 타인과 진정한 관계를 형성하기 전에 자기 자신과의 온전한 관계 형성, 즉 실존적 소외를 자각·수용할 수 있어야 한다.

④ 얄롬의 소외 유형: 3가지 형태의 소외를 언급하면서 실존적 소외를 다른 것과 구분했다.

　㉠ 대인관계적 소외: 타인과의 소원한 관계를 의미하며 일반적으로 외로움이라고 부른다.

　㉡ 개인내적 소외: 개인의 내면적 요소가 자아와 통합되지 못한 채 유리된 상태를 말한다. 이는 위협적인 욕구나 불쾌한 감정이 억압되어 자신의 일부로 의식하지 못하는 상태를 뜻한다.

　㉢ 실존적 소외: 개인이 아무리 노력해도 타인과 연결될 수 없는 간극이나 인간과 세계의 근본적 분리를 의미한다.

⑤ 인간관계와 관련된 정신병리: 실존적 소외에 대한 두려움에 뿌리를 두고 있다. 부적응적 대인관계는 고독과 소외에 대해 방어적이거나 타인과 진정한 관계를 맺기보다 상대방을 이용하려는 관계를 반영한다. 실존적 소외에 직면하지 못하고 두려움에 압도되면, 타인을 고독에 대한 방패로 사용하여 지배적이거나 소유적인 관계에 집착할 수 있다.

⑥ 실존적 고독에 맞서지 못하고 고독의 공포에 압도당하면 타인과 불안정한 왜곡된 관계를 맺을 가능성이 높다.

　㉠ 융합(fusion): 과도하게 의존적인 인간관계를 의미한다. 자신과 상대방의 분리성을 부정하고 하나가 되기를 원하며 자신을 다른 사람의 일부로 여긴다.

　㉡ 타인의 관심 속에 존재하기(existing in the eyes of others): "나는 누군가가 나에 대해서 생각하는 동안만 존재한다."라고 믿으며 타인의 관심을 끌기 위해 다양한 노력을 하는 것이다.

(3) 무의미

① 인간은 던져진 존재이며 개인에게 미리 예정된 삶도 없기 때문에, 인간은 각자 인생에서 의미를 만들고 스스로 만든 의미에 따라 삶을 만들어가야 한다.

② 프랭클(Frankle) 기출 16 : 삶의 의미를 가져다주는 3가지 방법을 주장했다.

　㉠ 창조적 가치: 개인이 자신의 사명과 구체적인 과업을 자각할 때 생기는 것으로, 창조적이고 생산적인 활동에서 인식되는 것이다.

　㉡ 경험적 가치: 자신이 직접 창조해 내지는 않지만 타인이 창조해 놓은 것을 경험함으로써 가치를 느끼는 것이다. 즉, 세상의 경험이 개인에게 가르쳐준 가치를 의미한다.

　㉢ 태도적 가치: 개인이 처한 상황이나 환경에서 마음을 어떻게 갖는가의 문제다. 즉, 우리가 변화시키거나 피할 수 없는 상황을 수용하는 데에서 생기는 것으로, 운명을 받아들이는 방법, 고통을 견디는 용기, 불행 앞에서 내보이는 의연함을 말한다.

③ 무의미: 허무감과 공허감을 유발하며 다양한 부적응 행동을 초래할 수 있다. 프랭클은 실존적 무의미와 관련된 2가지 증상 단계를 제시했다.

　㉠ 실존적 공허 기출 20 : 자신의 삶에 대한 의미와 가치를 발견하지 못하고 막연한 불만족감과 함께 허무감과 권태감을 느끼는 상태를 뜻한다.

　㉡ 실존적 신경증 기출 20 : 무의미함에 대한 정서적 반응과 더불어 명백한 부적응 증상(예 우울증, 알코올 중독, 강박증, 무모한 행동 등)이 나타나는 경우를 뜻한다.

　　➡ 강박적 활동: 무의미함과 허무함을 회피하거나 보상하기 위해 다른 활동에 강박적으로 집착하는 것

(4) **죽음**

① 실존주의자들은 죽음을 부정적으로 보지 않는다. 삶이 시간제한을 받기 때문에 오히려 의미를 지닌다. 이러한 죽음의 불가피성과 유한성 때문에 진지하게 지금 – 여기에 충실한 삶을 살아가도록 자극한다.

② 메이: "자신을 완전히 이해하기 위해서는 죽음에 직면해야 한다."

③ 프랭클: "죽음이란 인간 실존에 의미를 주며, 우리가 유한하기 때문에 지금 하는 것들이 특별하다."

④ 죽음 공포에 대한 대표적인 방어기제

　㉠ 특수성(specialness): 죽음의 법칙이 다른 사람에게는 적용되지만 자신에게는 적용되지 않는다고 믿는 것이다.

　　➡ 이러한 믿음은 개인에게 자신감과 용기를 불러일으켜서 강력한 권력의지나 통제노력을 불러일으키는데, 이러한 노력을 어느 정도 성취하면 죽음의 두려움이 무의식으로 억압되어 자신의 특별함에 대한 믿음이 강화된다.

　㉡ 궁극적 구조자(the ultimate rescuer): 자신을 영원히 보살피고 사랑하며 보호하는 존재에 대한 믿음이다. 이러한 구조자에 의해서 자신이 죽음으로부터 구원받을 것이라고 믿는 것이다.

(5) **실존적 불안**

① 죽음, 자유, 고립, 무의미감과 같이 존재의 불가피한 결과이고, 성장을 자극하는 건설적 불안이다.

② 메이: "실존적 불안은 인간이 삶에서 필연적으로 겪는 것이지만, 신경증적 불안과 달리 인간이 절망에 빠지지 않고 자신의 삶을 더욱 의미 있게 살아가는 원동력이 된다."

③ 메이와 얄롬의 정상적 불안의 특징

　㉠ 직면하고 있는 상황과 부합된다(개인이 삶을 다루는 상황에 적절하다).

　㉡ 억압할 필요가 없다.

　㉢ 책임, 선택, 죽음과 같은 실존적 딜레마를 야기할 수 있다.

④ 신경증적 불안의 특징: 상황에 적절치 않고, 억압되며 건설적이지 못하고 파괴적이다.

⑤ 존재의 용기: 콕스가 제안한 개념으로, 신경증적 불안을 극복하고 실존적 불안을 지니게 하는 구체적 대응방식이다. 우리가 실존적 불안으로 인해 야기되는 두려움을 극복하고 자기를 긍정하며 비존재의 세계를 존재의 세계로 이끌어 내게 한다.

> **더 알아보기**　**정상적 불안**
>
> 정상적 불안은 사람들의 변화를 돕고, 건강하며, 동기 수준을 높이는 역할을 한다. 내담자는 실존주의 상담을 받기 전보다 더 불안한 상태로 상담을 종결할 수 있지만, 자신의 불안을 의식적으로 알아차리고 이를 건설적으로 활용하는 방향으로 나아가게 될 수 있다. 그러므로 실존주의자들은 인간의 삶에서 불안의 의미에 초점을 맞추고, 내면 사람과 진실된 사람들의 삶의 가치 방법을 강조한다. 감정과 실존의 명확한 본성을 알아차림으로써 사람들이 건강하고 삶을 고양하는 선택을 하게 된다고 믿기 때문이다.

(6) **실존적 세계의 4가지 차원**

① 물리적 차원의 자연세계(Umwelt): 생물학적 본성으로 행동하는 인간의 특성을 포함한 물리적 차원의 세계를 의미한다.

　➡ 자연세계는 물리적 세계에 대한 친근감과 두려움, 접근과 회피, 그리고 물리적 세계에 대한 통제적 지배와 순응적 수용이라는 양극적 태도로 구성될 수 있다.

② **사회적 차원의 인간세계(Mitwelt)**: 사회적 차원의 공적인 세계로서, 사람이 문명화된 방식으로 행동하는 것과 같이 인간관계나 상호작용과 관계된 세계를 의미한다.

➡ 인간세계는 타인에 대한 사랑과 증오, 수용과 거부, 소속과 소외, 협동과 경쟁이라는 양극의 태도로 구성될 수 있다.

③ **심리적 차원의 자기세계(Eigenwelt)**: 개인의 심리적 경험과 연관된 개인적 세계를 의미한다. 즉 자신의 성격, 능력, 과거의 경험, 미래의 가능성 등에 대한 관점을 형성하는데, 이것이 자기세계이다.

➡ 자기세계는 강함과 약함, 적극성과 소극성, 자기수용과 자기혐오와 같은 양극의 태도로 구성된다.

④ **영적 차원의 초월세계(Uberwelt)**: 개인의 종교적 특성뿐만 아니라 삶의 의미, 자신을 초월하는 가치 및 신념, 자유와 소망 등의 영적 차원의 이상적 세계(ideal world)를 의미한다.

➡ 초월세계는 의미감 대 무의미감, 희망 대 절망, 지혜로움 대 어리석음의 양극적 태도로 구성된다.

(7) 진실한 개인(진정성)

① **진실한 개인**: 실존적 조건을 용기 있게 직면하며 실존적 삶을 사는 진실한 개인이다.

㉠ 진실한 개인은 실존적 조건들을 회피하지 않고 직면하며 수용하고 자신의 삶에 대한 선택의 자유를 충분히 누리는 동시에 그에 대한 책임을 진다.

㉡ 하이데거(Heidegger): 진실한 사람은 실존에 대한 심오한 자각을 지니고 있으며 용기 있게 자신이 선택한 삶을 지향하며 삶의 고난과 역경을 헤쳐 나간다. 즉, 존재의 용기(the courage to be)를 지닌 사람이다.

② **진실하지 못한 개인(취약한 개인)**: 실존적 물음을 회피하며 실존적 불안을 직면하지 않으려고 한다. 이들은 자유로운 선택을 통해서 자신의 삶을 긍정적으로 변화시키기 위한 용기가 부족하며 그러한 기회를 상실한 것에 대한 실존적 죄책감을 지닌다.

(8) 프랭클의 초월적 실존주의 상담

① **의지의 자유**: 인간이 처한 어떤 환경이나 상태로부터의 자유가 아니라, 어떠한 상태에 개인이 취할 수 있는 태도에 대한 자유를 말한다. 인간은 자신에 대한 자기의 태도를 선택할 수 있는 존재로서 최악의 상태에서도 자신을 분리시킬 수 있는 것은 인간에게만 있는 특별한 능력이다.

② **의미에의 의지**: 인간으로 하여금 쾌락과 권력에의 예속을 거부하고 진정한 의미를 추구하게 하는 원동력이다.

㉠ 쾌락과 권력: 목표가 아닌 의미를 추구하는 과정에서 생겨나는 부산물이다.

㉡ 삶의 근본적인 힘은 본능적 충동에서 나오는 것이 아니라 의미의 발견과 의미에 대한 역동적인 의지에서 흘러나오는 것이다.

③ **삶의 의미**: 인간은 기본적으로 의미를 추구하는 존재로, 의미 추구가 강하고 계속될수록 그 사람은 건전하며 의미 추구가 중단되거나 좌절될수록 건전하지 못하게 된다. 인간이 추구해야 하는 삶의 의미는 일반적인 삶의 의미가 아니라 주어진 그 순간에 그 사람에게 구체적인 것이 되어야 한다. 인간은 세 가지의 가치를 실현함으로써 삶에 의미를 부여할 수 있다.

㉠ 창조적 가치: 개인이 자신의 사명과 구체적인 과업을 자각할 때 생긴다.

㉡ 경험적 가치: 자신이 직접 창조하지는 않지만 타인이 창조해 놓은 것을 경험함으로써 느끼는 가치이다.

㉢ 태도적 가치: 극한 상황에 처해 창조도, 경험도 하기 힘든 경우라도 태도적 가치를 통해 삶에 의미를 부여할 수 있다. 비록 극도의 절망적 상황에 처하더라도 그 운명을 어떻게 맞이하느냐 하는 태도는 인간의 자유의지에 의하여 선택할 수 있기 때문이다.

3. 상담목표

(1) 목표

① **핵심목표**: 내담자로 하여금 삶의 실존적 조건에 대한 인식을 증가시킴으로써 삶을 주체적으로 선택하고 책임지는 진실한 인간이 되도록 돕는 것이다.

② **기본적 목표**: 내담자가 자각을 통해 자신의 문제를 직시하도록 도와서 삶의 도전에 직면하는 개인적인 방식을 발달시키고 강화시키도록 하는 것이다. 이때 내담자의 자각은 단지 문제에 대한 직면만이 아니라 자신의 내면에 있는 자유와 책임능력, 삶의 의미와 목적에 대한 깨달음을 포함한다.

(2) 의미치료의 목적

① 내담자로 하여금 자신의 삶에 대한 전반적인 의미와 가치체계를 의식시킴으로써 자신의 삶을 재구성하고 직면하게 한다.

② 내담자로 하여금 자신의 삶을 경험할 수 있도록 격려하며 현재 상황에 초월할 수 있는 의미를 깨닫도록 한다.

③ 이를 통해 내담자의 불안과 신경증을 감소해 나가도록 돕는다.

4. 상담과정

> **참고** **실존주의에서의 관점**
>
> 다른 상담이론에 비해 명확하게 정의된 상담과정과 반복적으로 사용되는 구체적인 상담기법이 거의 없는 접근에 속한다. 실존주의에서는 사람에게 단순한 기법으로 접근하는 것은 필연적으로 그들을 조종할 수 있음을 의미하고 조종은 실존주의자가 표방하는 것과 정면으로 대치되는 개념이기 때문이다.

(1) 프랭클의 의미치료 진행과정

① **1단계**: 내담자를 현재의 증상으로부터 초월할 수 있도록 도와주는 것이다.

　㉠ 내담자가 자기 증상과 자신을 동일시하면 심리적 질병의 희생자가 될 수 있기 때문에 상담자는 내담자를 격려하고 붙들어 주어야 한다.

　㉡ 동시에 상담자는 내담자를 설득하려 하지 말고 내담자 스스로가 자신의 문제를 초월하여 좀 더 깊이 생각할 수 있는 질문들을 던지며 희망과 의미에 대해 얘기해 주어야 한다.

② **2단계**: 상황 또는 삶에 대한 비생산적인 태도의 변화를 위해 도와준다. 의미치료는 자기초월을 통해서 삶의 방향을 재조정하는 것으로 이것을 위한 핵심은 내담자가 갖고 있는 태도의 변화다.

③ **3단계**: 내담자의 태도변화를 통해 증상이 사라지거나 줄어드는 단계다.

④ **4단계**: 상담을 끝내기 전에 내담자로 하여금 커다란 삶의 의미를 발견하도록 이끌어 주는 과정이다.

(2) 메이의 실존적 발달 모델(연령에 근거한 것이 아니라 실존적 태도에 근거한 것)

① **순수 단계**: 자아의 자의식이 출현하기 이전인 유아기의 실존단계를 뜻한다. 자신의 실존적 상황에 대한 인식이 결여된 상태에서 기본적 욕구를 충족시키기 위해 살아가는 순진한 삶의 형태라고 할 수 있다.

② **반항 단계**: 자유를 추구하기 위해 투쟁하며 자신의 자유를 억압하는 외부적 세계에 저항하는 단계다. 이 단계에 있는 사람들은 자유를 추구하지만 그에 상응하는 책임에 대한 의식이 부족하다.

③ **결정 단계**: 부모로부터 벗어나 독립적인 삶을 추구하며 자신의 인생에서 무엇을 할 것인지 결정하는 단계다. 이 단계의 사람들은 반항단계에서 추구했던 욕구들을 충족시키는 동시에 자신의 삶에 대한 책임을 자각하기 시작한다.

④ **관습 단계**: 독립적인 성인으로서 자신의 삶과 행동에 대한 책임을 자각하지만 이러한 책임을 부담스럽게 여기는 실존 단계다. 이 단계의 사람들은 사회적 관습과 가치에 순응하며 편안함과 안정감을 추구하는 삶을 살아간다.

⑤ **창조 단계**: 자신의 실존적 조건을 용기 있게 직면하면서 실존적 삶을 살아가는 진실한 사람의 단계다. 이들은 편협한 자기중심에서 벗어나 창조적인 삶을 통해 자기실현을 추구하며 자유를 누리는 동시에 책임을 다하는 건강한 삶을 영위한다.

5. 상담기법

(1) 직면

① **얄롬 실존주의 상담의 접근**: 주어진 현실에 대한 직면으로부터 시작된다고 주장하였는데 이는 내담자가 겪는 실존적 불안이나 실존적 공허감이 인생의 궁극적 관심사와 관련이 있다는 전제를 바탕으로 하기 때문이다.

② 얄롬은 4가지 궁극적 관심사인 죽음, 자유, 고립, 무의미성에 직면하게 될 때 진정한 내적 갈등의 내용이 구성되며 자신의 한계 상황과 불안을 극복할 수 있게 된다고 보았다.

(2) 자유연상

① **정신분석 상담의 자유연상**: 내담자의 증상과 관련된 과거의 원인과 외상 경험을 찾아서 무의식적으로 어떤 연관이나 의미가 있는지 통찰할 수 있도록 활용하는 기법이다.

② **실존주의 상담의 자유연상**: 정신분석과는 다르게 인과적인 치료에 집중하기 보다는 현재 일어나고 있는 일에 대한 현상학 경험을 깊이 있게 다루어서 실존적 개념의 바탕하에 내담자의 문제를 분석하는 데 초점을 두고 있다.

③ 실존주의 상담에서는 자유연상을 통해 내담자로 하여금 자신이 접촉하고 있는 현실적이고 주관적인 세계를 자각하고 삶의 의미와 방향을 찾아갈 수 있도록 돕는다.

(3) 역설적 의도

① 내담자가 불안, 걱정, 두려움의 대상이 되는 행동 또는 반응을 의도적으로 실행하게 하여 의도와 반대되는 결과를 얻게 하는 기법이다.

② **예기불안**: 지나친 주의나 지나친 의도의 원인이 된다. 그리고 지나친 주의나 의도는 자기가 원하는 것을 못하게 하기 때문에 불안이나 공포의 자기 유지적인 악순환이 반복되어, 불안에 대한 불안은 불안을 증가시키고 공포에 대한 공포는 공포를 증가시키게 된다.

> **더 알아보기** **예기불안**
>
> 공포나 불안을 가진 내담자는 두려워하는 사건의 재발을 두려워하고, 사건에 대한 두려운 기대는 예기불안을 야기하며, 예기불안은 지나친 주의와 지나친 의도의 원인이 된다. 그리고 이러한 지나친 주의와 의도는 내담자로 하여금 자기가 원하는 것을 하지 못하게 하기 때문에 불안이나 공포의 자기유지적인 악순환이 반복되어, 불안에 대한 불안은 불안을 더 증가시키고 공포에 대한 공포는 공포를 증가시킨다.

③ 공포나 예기불안에 초점을 맞추는 방법: 불안은 불안으로부터, 공포에 대한 공포는 공포로부터 도피를 유도한다는 것을 가르쳐 이 악순환에서 탈피하도록 불안과 공포를 직면하게 한다.

④ 역설적 의도는 내담자의 증상에 대한 그 자신의 태도를 반전시켜 줌으로써 내담자로 하여금 자기의 증상으로부터 벗어날 수 있게 해 준다.

(4) 탈숙고(비반영, 반성 제거) 기출 18

① 예기불안의 악순환에서 벗어나기 위해 사용되는 기법으로, 내담자가 스스로의 문제에 대해 지나치게 숙고(hyper-reflection)하면 자발성과 활동성에 방해가 되므로 지나친 숙고를 상쇄시킴으로써 내담자의 자발성과 활동성을 회복시켜 주려는 것이다.

② 지나친 주의나 지나친 숙고, 자기관찰이 오히려 장애나 증상의 원인이 될 수 있으므로 지나친 주의나 숙고를 내담자 자신의 밖으로 돌려 문제를 무시하게 함으로써 내담자의 의식을 긍정적이고 생산적인 쪽으로 전환하게 돕는 방법이다.

③ **역설적 의도와 탈숙고**: 역설적 의도가 그릇된 수동성에서 올바른 수동성(역설적 의도에 의해 내담자가 공포증으로부터 도피하려 하거나 강박관념과 싸우려 하기보다 오히려 자기 증상을 비웃는 경우)으로 대치시키는 것이라면, 탈숙고는 그릇된 능동성에서 올바른 능동성(탈숙고를 통해 내담자가 자기 주의를 자신으로부터 돌림으로써 자기의 증상을 무시하는 경우)으로 대치하는 것이다.

(5) 태도의 수정(태도변형)

① 내담자로 하여금 자신과 삶, 당면한 문제에 대한 그릇된 태도를 수정하는 것이다. 인간은 과거 그 자체나 과거에 있었던 사건을 변형시킬 수 없지만 과거에 대한 태도를 바꿈으로써 과거뿐만 아니라 현재를 좀 더 의도적으로 자신의 것으로 만들 수 있다.

② **방법**: 논증(argument), 긍정적 암시/제안(positive suggestion), 단순한 술책(simple trick)이 있다.
  ㉠ 직접적인 개입을 통해서 이루어지지만 중요한 것은 상담자가 내담자에게 태도를 바꾸도록 강요하거나 주입식으로 교육해서는 안 되고 내담자 스스로가 긍정적인 태도를 지향할 수 있도록 도와야 한다.
  ㉡ 상담자는 소크라테스식 질문 등을 통해 내담자로 하여금 자신의 삶에 대한 의미를 발견할 수 있도록 도와야 한다.

③ 태도변형을 통하여 내담자가 처해 있는 어떤 상황이나 문제에 대한 태도를 새롭게 재구성해 주고, 미래에 대한 새로운 결단을 위해 재구조화시켜 주는 것이다.

(6) 호소 기법

① 태도의 수정, 역설적 의도, 반성 제거에 반응할 수 없을 정도로 의지가 약한 내담자를 위해 고안된 것이다. 즉, 내담자의 에너지 수준이 너무 약해 내담자와 상담계획을 세울 수 없을 때 '의지의 암시훈련'과 '의지의 자율훈련'이 실시된다.

② **의지의 암시훈련**: 제시되는 내용은 의미치료 개념에 적절한 내담자의 의지의 자유 또는 영혼의 반항적인 힘이 제시되거나 강화된다. 특히 내담자에게 더 강해질 수 있음을 확신시켜 주면, 자신의 의지에 따라 행동할 수 있는 좋은 기회를 갖게 되고 나아가 약물이나 알코올의 유혹에 맞설 수 있다.
  예 "나는 나의 충동이나 감정의 무력한 희생자가 아니다. 나는 자유의지를 가지고 있으며 나의 의지를 강화하고 나에게 의미 있는 목표를 향하거나 나 자신에 대해 … (중략) …"

③ **의지의 자율훈련**: 내담자의 의지를 강화하기 위한 방법으로 내담자가 자율훈련을 경험하면 내담자의 의지가 강화되거나 삶에 대한 긍정적인 태도를 갖게 된다.

　예 준비 단계(의지에 집중) – 의지 형성 단계(신체감각 조절) – 종결 단계

(7) 해석법

① **정신분석 상담**: 전항, 전이, 꿈 등에 대한 해석을 통해 무의식을 의식화하고 증상의 원인을 찾거나 성격구조의 특성을 이해한다.

② **실존주의 상담**: 내담자 자신의 실존적 세계를 명료화하고 자신의 존재양식에 대한 자각을 돕기 위해 활용된다.

③ **꿈 해석**: 꿈을 정확하게 해석하는 것이 목표가 아니며 상담적 치료동맹을 활성화하거나 현재의 실존적 상황과 관련된 꿈의 양상에 초점을 맞추는 것을 통해 상담적으로 활용된다.

6. 평가

(1) 공헌점

① 물질적인 가치관이 팽배하고 인간을 이용수단으로 대상화하는 현대사회에서 인간의 실존을 자각하며 진정한 삶을 살도록 자극하는 새로운 치료적 관점을 제시하였다.

② 인간과 인생을 바라보는 관점을 긍정적으로 발달시키는 데 공헌했으며 실존적 조건을 긍정적으로 승화시킬 수 있는 철학적 관점을 제시하였다.

③ 인간의 궁극적 관심사와 관련된 심리적 문제에 대처할 수 있는 치료적 접근을 제시하였다.

(2) 한계점

① 과학적 검증의 대상이 되기 어려운 철학적 측면에 치중하여 많은 개념이 추상적이라는 점이 비판 대상이 된다.

② 상담이론이나 상담방법에 대한 체계적인 제시가 부족하다. 즉, 모호한 개념과 포괄적인 용어로 상담양식을 기술함으로써 개념적 혼란을 야기하고 상담의 결과와 과정에 대한 연구를 어렵게 했다.

③ 체계적인 이론과 기법을 지니고 있지 않기 때문에 실존상담자들을 양성하고 교육하는 데 한계가 있다.

④ 철학적 배경지식이 부족한 초심자에게는 실존주의 철학의 개념들이 너무 고답적이고 이해하기 힘들 수 있다.

06 　인간중심치료

1. 개관 및 인간관

(1) 개관

① 인간중심치료는 '칼 로저스(Rogers)'에 의해서 발전된 인본주의 심리치료로 긍정적인 인간관에 기초한다.

② 인간은 자신의 모든 잠재력을 발현하여 좀 더 가치 있는 존재로 성장하려는 선천적인 경향, 즉 '실현 경향성'을 지니는데, 이러한 실현 경향성이 차단되거나 봉쇄되었을 때 인간은 부적응적 문제를 나타낸다.

③ 인간에 대한 신뢰에 근거한다. 무의식보다는 자기인식을 중시하는 현상학적 입장에 근거하고 있다.

④ 상담자의 역할은 내담자의 삶에 대해 구체적인 방향을 제시하기보다 내담자의 실현 경향성이 촉진될 수 있는 조건을 제시하는 것이다.

⑤ 내담자가 유기체적 경험을 왜곡 없이 지각하여 이를 자기개념에 통합할 수 있는 조건을 제공하는 것이 중요하다. 이러한 조건이 주어지면 내담자는 직면한 문제를 스스로 해결하고 자신의 삶을 긍정적으로 변화시켜 성장해 나갈 수 있는 내면적 힘을 지니고 있기 때문이다.

⑥ 상담자는 내담자에게 부모가 이전에 제공했던 조건적이고 가치평가적인 관계와는 다른 새로운 관계를 제공해야 하는데, 이러한 성장 촉진적 관계를 위해서 상담자가 지녀야 할 필수적인 태도 3가지는 무조건적인 긍정적 존중, 공감적 이해, 진실성(진솔함)이다.

⑦ 로저스는 상담이론이나 기법에 대한 상담자의 지식보다 상담자의 태도와 인간적 특성이 중요함을 강조했다.

⑧ 기본이론은 "만일 ~라면 …이다.(if-then)"라는 가설 형태로 표현될 수 있는데, 만일 한 관계에서 '상담자'라고 부르는 사람의 태도 속에 이른바 일치성, 긍정적인 존중, 공감적인 이해 등의 특정 조건이 제시된다면, 그로 인해 '내담자'라고 부르는 사람에게서 성장적인 변화가 일어난다는 것이다.

(2) 상담의 발전과정

① **비지시적 상담**: 로저스는 공감적 이해를 강조하는 비지시적 상담을 제시했다. 이는 상담자가 주도적인 지시적 역할을 하는 기존의 전통적인 치료와 차별화되었다.

② **내담자중심 상담**: 로저스는 상담자나 치료자 중심의 치료가 아닌 내담자 자신에 초점을 둔 내담자 중심 상담을 주창하였고, 내담자의 변화를 이끄는 기본적 동기는 자기실현경향성이라고 강조하였다.

③ **인간중심상담**: 내담자의 주관적 경험을 수용하고 지지하며, 내담자의 능력을 신뢰하고, 사람들과의 인간관계를 강조하는 등 미래의 세계에 대한 강력한 비전을 제시하고 있다.

(3) 인간관

① 인간은 태어나면서부터 자기실현 경향성, 즉 자기실현을 하고자 하는 욕구와 자기실현을 할 수 있는 잠재능력을 가지고 태어난다.

② 상담자의 역할은 내담자가 가진 이러한 자기실현 경향성을 잘 계발하도록 돕는 것이다. 그래서 내담자로 하여금 충분히 기능하는 인간, 즉 자기실현이 되도록 돕는 것이다.

(4) 심리적 문제의 발생

① 자기개념과 유기체 경험 간의 불일치가 생기면 불안해지고, 유기체적 경험을 부정하거나 자기개념에 맞게 현실을 왜곡시켜 받아들인다.

② 이상적인 자기를 만들어 도달하려고 애쓰게 되고, 현실적인 자기와의 불일치로 인해 심리적인 고통을 겪게 된다.

2. 주요 개념

※ 제1장 제5절 '22. 로저스(Rogers)의 현상학적 자기이론' 참고

3. 상담목표

(1) 상담목표

① 인간중심 상담목표는 내담자의 자기개념과 유기체적 경험의 불일치를 제거하고 자신의 잠재력을 발견하고 실현하여 충분히 기능하는 사람으로 돕는 것이다.

② 상담의 목표는 단순히 내담자가 가진 문제를 해결하는 것이 아니며, 내담자의 심리적 성장을 도와 현재 문제는 물론이고 앞으로 겪게 될 문제까지 더 잘 다룰 수 있도록 돕는 것이다.

③ 인간중심 상담의 궁극적 목표는 내담자가 충분히 기능하는 사람이 되도록 돕는 것이다. 이를 위해서는 타인의 인정과 존중을 얻기 위해서 사용해 온 가면을 벗고 진정한 자기 자신과 접촉하는 것이 필요하다.

④ 실현 경향성을 발휘하기 위한 4가지 조건
 ㉠ 자신의 경험에 대한 개방적 태도
 ㉡ 자기수용과 자기신뢰
 ㉢ 자신의 경험과 기준에 의한 평가와 판단
 ㉣ 자신을 지속적으로 성장시키고자 하는 의지

(2) 성격변화의 필수조건

① 두 사람(상담자와 내담자)이 심리적 접촉을 한다.

② 내담자는 불일치 상태에 있고 상처받기 쉽고 초조하다.

③ 상담자는 내담자와의 관계에서 일치성을 보이며 통합적(안정적이며 조화로움)이다.

④ 상담자는 내담자를 무조건적인 긍정적 존중을 한다.

⑤ 상담자는 내담자의 내적 참조 준거를 공감적으로 이해하고 내담자에게 자신의 경험을 전달하려고 시도한다.

⑥ 내담자는 의사소통 과정에서 상담자의 무조건적인 긍정적 존중 및 공감적 이해를 지각하고 경험한다.

(3) 상담자의 역할

① 내담자가 스스로 성장할 수 있는 치료적 분위기를 조성하는 것이다. 상담자는 내담자를 변화시키기 위해 내담자를 조정하거나 통제하지 않고, 진단, 치료계획 및 전략을 수립하지도 않으며, 내담자의 과거를 캐묻거나 행동을 해석하지도 않는다. 또한 내담자의 생각을 평가하지도 않으며 상담에 대한 어떤 것도 내담자 대신 결정하지 않는다.

② 내담자의 치료적 변화를 촉진하는 데에는 상담자의 지식, 이론, 기법보다 상담자의 태도가 더 중요하다.

③ 상담자는 자신을 상담도구로 사용한다. 이 때 상담자라는 전문가의 역할에 빠져서 자신의 진실한 모습을 잃어버리지 않는 것이 중요하다.

4. 상담과정

(1) 상담과정

① 인간중심 상담은 상담적 관계를 중시하기 때문에 상담자가 해야 할 상담과정을 세분화하는 것이 어렵다.

② 내담자가 자신의 경험에 개방적이지 못한 채 자신을 인식하지 못하는 상태에서 경험에 대한 개방성이 증가하여 자기인식과 긍정적인 자기존중감의 상태에 이르는 상담과정을 7단계로 소개하고 있다.

③ 상담자는 내담자와의 관계에서 일치성을 보이며 통합적(안정적이며 조화로움)이다.

(2) 내담자가 변화하는 과정

① 1단계 소통의 부재: 내담자는 감정을 자신의 것이 아닌 것으로 인식하고 자신에게 문제가 없다고 생각하거나 문제에 대한 자신의 몫이 극히 일부분이라고 생각한다.

② 2단계 도움의 필요성 인식 및 도움 요청: 도움을 자발적으로 요청한다. 그러나 아직 1단계의 특징을 가진다. 표현은 되지만 자기와 관련되지 않은 주제에 대한 것이고, 문제도 자신의 외부에 존재하는 것으로 표현되어 문제에 대한 책임을 느끼지 못한다.

③ **3단계 대상으로서의 경험 표현**: 내담자는 자신의 경험을 표현하고 받아들이지만 그러한 경험은 대상화되어 있어서 대상과의 관계 속에서 표현되거나 타인의 것처럼 묘사되기도 한다. 주로 과거 경험의 느낌이나 의미에 대해 이야기한다.

④ **4단계 지금 – 여기에서의 더 유연한 감정 표현**: 여전히 내담자가 표현하는 것은 대상으로서의 자기 감정이나 경험이고, 자신의 감정과 느낌을 자신의 것으로 받아들이기 어렵다. 하지만 경험들의 경계와 구조가 다소 느슨해지고 지금 – 여기에서의 감정을 표현하거나 과거 경험이 지금 – 여기에 주는 개인적 의미를 탐색하기도 한다.

⑤ **5단계 감정 수용과 책임 증진**: 내담자는 감정을 현재시제로 자유롭게 표현하기 시작하고 감정은 충분한 경험에 가까워진다. 여전히 두려움, 불안이 있지만 자신의 감정을 강렬히 표현하고 자신의 것으로 수용하고 책임진다.

⑥ **6단계 경험과 인식의 일치**: 대상으로서의 자기가 사라지고 내담자의 경험은 모두 자기 것으로 통합된다. 따라서 내담자가 인식하는 순간의 경험은 더 명확해지고 확실해진다.

⑦ **7단계**: 내담자는 상담실 안팎에서 새로운 감정을 세부적인 부분까지 풍부하고도 즉각적으로 경험한다.

➡ 단계의 일부는 서로 구분하기 어렵고 심리적 성장의 요소들이 뒤섞여 있기도 하다.

5. 상담기법

(1) 진실성

① **의미**: 상담자가 내담자를 대할 때 가식, 왜곡, 겉치레 없이 속마음과 일치하는 말과 행동을 나타내는 것을 말한다.

② 진실성은 달리 말하면 상담자가 내담자와의 상담관계에서 매순간 경험하는 감정을 있는 그대로 솔직히 인정하고 표현하는 태도로서, 상담자가 내면에서 경험한 것과 겉으로 표현하는 것이 일치하는 것을 의미한다. → 이런 의미에서 '일치성', '진솔성', '순수성' 등으로 불린다.

③ 상담자가 진실된 모습을 보일 때 내담자는 역시 상담자처럼 자신의 약점을 드러내게 되어 자기수용의 가능성이 커지고, 내담자 역시 진실된 사람이 되려고 노력하게 된다.

(2) 무조건적인 긍정적 존중

① **의미**: 내담자를 가치 조건에 비추어 판단하거나 평가하지 않고, 내담자의 있는 그대로의 모습을 존중하겠다는 상담자의 태도를 말한다.

ㄱ **긍정적 존중**: 내담자를 한 인간으로서 긍정적인 존재로 대하는 것이다.

ㄴ **무조건적 존중**: 아무런 전제나 조건을 달지 않겠다는 것, 아무런 전제나 조건 없이 내담자를 한 인간으로서 긍정적인 존재로 대하는 것을 의미한다. 이는 내담자의 가치 조건의 해제에 핵심적이다.

② 무조건적인 존중은 수용과 관련되어 있다. 내담자는 존중하고 수용하는 분위기가 형성되었을 때 자신의 감정이나 경험 등을 자유롭게 표현할 수 있고 상담자와 공유할 수 있게 된다.

③ 내담자에 대한 존중과 수용을 강조하는 이유는 무조건적 긍정적 존중이라는 상담적 에너지가 내담자로 하여금 심리적 힘을 갖게 하고, 자신의 가능성을 최대한으로 실현해나갈 수 있게 만들기 때문이다.

(3) 공감적 이해

① **의미**: 상담자가 내담자의 감정에 빠져들지 않으면서 내담자의 감정을 자신의 감정인 것처럼 느끼는 것이다.

② **2가지 측면**

ㄱ 공감적으로 이해하는 것 혹은 자신이 다른 사람의 입장에 서는 것이다.

ㄴ 공감적으로 이해한 것을 전달하는 것이다.

③ 상담자의 공감적 이해는 그 자체로서 치료적인 효과가 있다. 공감 받은 내담자는 자신이 이해되고 수용된다는 느낌을 갖게 될 뿐만 아니라 상담자와 심리적으로 연결된다는 유대감을 느끼게 해 준다.

④ 정확한 공감은 내담자로 하여금 자기존중감을 높여주고 소외감을 감소시키며 자기각성을 증진시켜 주고 자기탐색을 가능하게 한다. 또한 고통스러운 감정으로부터 해방되어 자신의 내면세계를 더 깊이 탐색하며 현실적인 문제해결을 위한 의욕과 활기를 북돋아주게 된다.

(4) 기타기법

① **진실하려고 노력하기**: 상담자가 자신의 내면세계를 잘 포착하고 그것을 수용하여 자신의 속마음과 일치하는 말과 행동을 나타내도록 끊임없이 노력하는 태도를 의미한다.

② **적극적으로 경청하기**: 내담자의 내면세계를 이해하기 위해 그가 말하고 행동하는 것에 주의를 기울이며 경청하는 적극적인 태도를 의미한다.

③ **공감적으로 반영하기**: 상담자가 내담자의 내면세계에 대해서 이해한 바를 전달하는 것을 말한다.

④ **즉시성**: 상담자와 내담자가 서로의 관계에서 갖게 되는 생각과 감정을 지금-여기에서 즉각적으로 탐색하고 확인하며 논의하는 것을 의미한다.

6. 평가

(1) 공헌점

① 인간의 본성에 대한 긍정적인 관점을 제시했다. 아무리 부적응적인 삶의 모습을 나타내도 인간은 누구나 지금-여기, 있는 그대로 충분한 가치를 지니는 소중한 존재라는 점을 일깨워주었다.

② 인간 대 인간의 진정한 만남이 상담의 핵심이며 내담자의 변화를 위한 필요충분조건으로 진실성, 무조건적 긍정적 존중, 공감적 이해를 제시하였다.

③ 훈련된 전문가들의 독점물이었던 심리치료 과정을 모든 사람이 이해하고 활용할 수 있는 방향으로 발전시켰고, 상담의 대중화에 큰 기여를 하였다.

(2) 한계점

① 인간 본성에 대한 긍정적 관점을 지나치게 강조함으로써 인간의 부정적 측면을 간과하는 편향된 관점이라는 비판을 받는다.

② 내담자의 내면세계, 즉 감정의 표현을 강조하는 반면에 지적, 인지적 요인을 무시하는 경향이 있다.

③ 현상학적 장을 그 개인의 실제 세계로 보고, 내담자가 보고하는 현재의 경험에만 치우침으로써 개인이 의식할 수 없는 것에 의해 행동이 일어날 수 있다는 것을 고려하지 않았다.

④ 상담자는 내담자와의 상담과정에서 가치중립적이어야 한다고 하지만 사람이 대인관계에서 전적으로 가치를 배제한다는 것이 가능한 것인가에 대한 의문을 제기할 수 있다.

⑤ '유기체적 경험', '자기실현', '완전한 인간' 등의 용어들이 너무 포괄적이어서 이해하기가 거의 불가능하다는 지적을 받는다.

⑥ 건전한 내담자에게는 효과적이지만 현실접촉, 의사소통 능력, 지적능력이 떨어진 내담자에게는 효과가 없다.

1. 개관 및 인간관

(1) 발달배경

① 게슈탈트 심리학 이론의 영향하에 정신분석을 포함한 요소주의 심리학에 반대하여 종합적인 심리학 운동으로 나타났다.

② 개체를 여러 개의 심리적인 요소로 분할하여 분석하는 대신 전체 장(field)의 관점에서 통합적으로 이해하려고 시도했다.

③ 게슈탈트 심리학이 지각 연구에만 국한한 데 반해, 게슈탈트치료는 적용 범위를 사고, 감정, 욕구, 신체감각, 행동 등 전체 유기체 영역으로 확장했다.

④ 게슈탈트 상담은 인간 유기체가 환경과의 접촉 속에서 통일된 전체로 기능하는 존재라는 점을 강조하며, 개인의 의식에 떠오르는 게슈탈트를 중시한다.

⑤ 개인의 의식에 떠오르는 체험과 자각을 강조한다는 점에서 현상학적이고, 개인은 자유로운 실존으로서 자신의 삶을 창조하는 존재라고 보는 점에서 실존주의적이라고 할 수 있다.

⑥ **대표 학자:** 펄스(Perls), 폴스터(Polster), 징커(Zinker), 욘테프(Yontef) 등이 있다.

(2) 골드스타인(Goldstein)의 유기체 이론

① 인간은 하나의 유기체로 스스로 성장하고 자기를 실현시키는 능력과 힘을 지닌 존재이다.

② 유기체는 2가지 방식으로 자신을 조절하면서 환경의 압력에 대처한다.

　㉠ **유기체적 방식:** 인간이 자신의 상태를 정확하게 알아차리면 유기체의 자체적 기능이 활성화되어 자기조절이 이루어진다.

　㉡ **당위적(should) 방식:** 타인의 통제적인 요구와 그것을 내면화한 자신의 당위적 의무감에 의해서 자신을 조절하는 것이다.

③ **게슈탈트 상담:** 유기체적 조절방식을 강조한다. 펄스(Perls)는 '그렇게 되어야만 한다.'는 당위에 의해서가 아니라 자신의 욕구를 포함한 현재의 맥락에 대한 알아차림을 통해 조절하는 것을 중시했다. 인간은 자기 내부와 주변에서 일어나고 있는 것을 알아차린다면, 유기체적인 자기조절능력이 활성화되어 삶의 문제에 잘 대처할 수 있다.

(3) 대화적(dialogical) 접근

① 내담자는 어떤 문제나 증상을 지닌 치료의 대상이 아니라 현재의 고통과 어려움에도 불구하고 인간으로서의 존엄성을 지닌 온전한 존재이며 대화를 통하여 상담자와 교류하는 존재로 여긴다.

② **대화** 기출22 : 쌍방이 서로의 존재에 의해 영향 받고 변화할 수 있는 수평적이고 열린 관계를 의미한다. 이는 부버(Buber)가 주장하는 '나와 너의 만남'이다.

③ **부버가 주장한 '나와 너의 만남':** 실존적 대화에서 두 사람은 인격체로서 서로 만나며, 연결된 나-너로서 상대방에게 영향 받고, 상대방에게 반응하는 것이다.

④ 대화적 만남이 가능하도록 하기 위해 상담자는 포함과 현전을 실천해야 한다.

　㉠ **포함(inclusion):** 상담자가 자신의 선입견이나 가치판단을 옆에 '제쳐 두고(bracketing)' 내담자의 현상학적 세계로 조심스럽게 들어가서 그의 경험을 존중하면서 그것 자체로 경험하며 수용하는 것이다.

ⓛ **현전(presence):** 상담자가 온전히 자신으로 상담에 임하는 것이다. 즉, 역할로서가 아닌 진정한 자기 자신으로 상대방을 만나는 것이다. 그가 다른 사람인 것처럼 가장하기보다는 있는 그대로 보여 주고자 하는 진정성을 말한다.

➡️ 대화는 이러한 포함과 현전을 동시에 실천하는 것으로 서로가 서로에게 영향을 받는 방식으로 접촉하고 관계하면서도 상대방을 통제하거나 조종하거나 착취하지 않고 목적으로 대한다.

(4) 장이론적 접근

① **장이론:** 모든 물리적 현상은 다른 것들로부터 고립된 채로 단독으로 존재할 수 없고, 세상 모든 것들은 장 속에서 서로 영향을 주고받으면서 변화하며, 관찰자의 상태와 시각에 따라 다르게 관찰되고, 상대적으로 가변적인 것으로 본다.

② **인간행동과 심리현상:** 모든 개체는 유기체-환경 장의 관계성 내에서 존재하며, 개체나 환경 모두 이러한 관계성을 떠나서 그 자체로는 존재할 수 없다. 따라서 개체의 행동은 개체가 속해 있는 장의 전체적 관점에서 이해되어야 한다.

(5) 인간관

① 인간을 현재 중심적이고, 전체적이며, 자신의 자유로운 선택에 의해서 잠재력을 알아차릴 수 있는 존재로 본다.

② **'현재 중심적':** 지나간 과거에 얽매이지 않고 현재의 환경 속에서 자신의 행동을 자유롭게 선택할 수 있음을 의미한다.

③ **'전체적':** 인간의 행동을 신체, 정신, 환경 등의 단편적인 요소나 그 합에 의한 것으로 보지 않고 각 요소들이 역동적으로 상호 관련되어 나타나는 하나의 전체로서 이해함을 의미한다.

2. 주요 개념

(1) 게슈탈트

① **의미:** 독일어로 '형태', '전체적 모양' 등을 뜻하는 것으로, 여러 부분들이 서로 긴밀히 연결되어 하나의 의미 있는 전체를 형성하는 것을 말한다.

② 게슈탈트 심리학자들에 따르면 개체는 대상을 지각할 때 그것들을 산만한 부분으로 보지 않고 어떤 관계성(예 완결성, 근접성, 유사성 등의 원리)을 지닌 하나의 의미 있는 전체로 만들어 지각하는 경향이 있다고 주장한다.

③ **게슈탈트 상담에서 게슈탈트:** 개체가 자신의 유기체적 욕구나 감정을 하나의 의미 있는 행동 동기로 조직화하여 지각하는 것을 의미한다.

④ 개체의 모든 욕구나 감정이 게슈탈트는 아니며, 개체가 처한 상황에서 실현 가능한 행동 동기로 지각하는 것이 게슈탈트다.

⑤ **개체가 게슈탈트를 형성하는 이유:** 욕구나 감정을 환경과의 접촉을 통해 하나의 유의미한 행동으로 만들고 실행하고 해소함으로써 완결 짓기 위함이다.

⑥ **개체의 게슈탈트 형성 실패:** 심리 또는 신체적 장애를 나타내게 된다. 따라서 건강한 삶을 위해서는 분명하고 강한 게슈탈트를 형성하는 능력이 중요하다.

(2) 전경과 배경

① 어떤 대상을 지각할 때 관심 있는 부분은 지각의 중심으로 떠오르고, 나머지 부분은 배경으로 물러난다.

㉠ **전경:** 어느 한 순간에 관심의 초점이 되는 부분이다.

㉡ **배경:** 관심 밖으로 물러나는 부분이다.

② '게슈탈트를 형성한다.'는 말은 개체가 어느 한 순간 가장 중요한 욕구나 감정을 지각하여 전경으로 떠올리는 것을 의미한다.

③ 정상과 비정상

구분	건강한 개체	건강하지 않은 개체
내용	자신에게 중요한 게슈탈트를 선명하고 강하게 형성하여 전경으로 떠올림	전경을 배경으로부터 명확히 구분하지 못함

④ 게슈탈트 형성과 해소(전경과 배경의 교체): 개체가 전경으로 떠올렸던 게슈탈트를 해소하면 그것은 전경에서 배경으로 물러난다. 다시 새로운 게슈탈트가 형성되어 전경으로 떠오르고, 해소되면 다시 배경으로 물러나는 과정을 되풀이한다.

⑤ 장이론에 기초한 전경과 배경의 순환 과정

　㉠ 개체는 장을 전경과 배경으로 구조하여 지각한다.

　㉡ 개체는 장을 능동적으로 지각하여 의미 있는 전체로 지각(현재의 욕구에 기초)하는 경향이 있다.

　㉢ 개체는 자신의 현재 욕구를 바탕으로 게슈탈트를 형성하여 지각한다.

　㉣ 개체는 미해결된 상황을 완결 지으려는 경향을 가진다.

　㉤ 개체의 행동은 개체가 처한 상황의 전체 맥락을 통해 이해된다.

(3) 미해결 과제

① 미해결 과제란 완결되지 않은 게슈탈트를 말한다. 이러한 미해결 과제는 배경으로 물러나지 못한 채 중간층에 머물면서 계속 전경으로 떠오르려고 하기 때문에 다른 게슈탈트 형성을 방해한다.

② 미해결 과제는 전경과 배경의 자연스러운 교체를 방해하기 때문에 개체의 적응에 장애가 된다.

③ 개체가 자연스러운 유기체의 활동을 인위적으로 차단할 때 미해결 과제가 쌓이게 된다. 특히 미해결 과제가 많아질수록 개체는 자신의 유기체적 욕구를 효과적으로 해소하는 데 실패하게 되고, 마침내 신체 및 심리적 장애를 일으킨다.

④ 미해결 과제 해결: '지금-여기(now and here)'를 알아차리는 것이 중요하다. 즉, 미해결 과제는 끊임없이 전경으로 떠오르려 하기 때문에 항상 '지금-여기'에 그 모습을 드러내고 있으며, 개체는 단지 그것을 회피하지 않고 '지금-여기'를 알아차리기만 하면 되는 것이다.

(4) 알아차림과 접촉

① 알아차림(awareness): 개체가 자신의 유기체적 욕구나 감정을 지각한 다음 게슈탈트를 형성하여 명료한 전경으로 떠올리는 행위를 말한다.

　➡ '인식', '각성'이라고도 불린다.

② 접촉(contact): 전경으로 떠오른 게슈탈트를 해소하기 위해 환경과 상호작용하는 행위를 의미한다.

③ 접촉경계(contact boundary): 개체의 모든 행위는 매 순간 그 상황에서 자신에게 필요한 것을 알아차리고 환경과의 접촉을 통해 해결해나간다. 이때 유기체와 환경이 만나는 장소(개체와 환경 간의 경계)를 '접촉경계'라고 하며, 모든 심리적 사건들은 바로 이 접촉경계에서 발생한다.

④ 경계: 유기체와 환경을 분리하는 것이 아니라 유기체의 한계를 정하고 보호해줌으로써 유기체와 환경이 특정한 관계를 유지할 수 있는 기능을 갖는다.

⑤ 알아차림 – 접촉 주기: 게슈탈트가 형성되고 해소되는 반복 과정을 의미한다.

⑥ 알아차림의 특징

㉠ 알아차림에는 접촉이 필수적이지만 접촉은 알아차림 없이도 발생할 수 있다.

㉡ 감각의 양상이 알아차림의 성질을 결정한다. 대체로 원거리에서는 청각을 사용하고, 근거리에서는 촉각을 사용할 수 있다.

㉢ 알아차림의 특성은 흥분인데, 이는 신체적 자극이자 분화되지 않은 감정을 말한다.

㉣ 알아차림과 함께 게슈탈트가 형성된다. 완전하고 포괄적인 게슈탈트를 형성하는 것은 심리적 건강과 성장의 조건이 된다.

더 알아보기   **징커(Zingker)의 알아차림 – 접촉 주기**

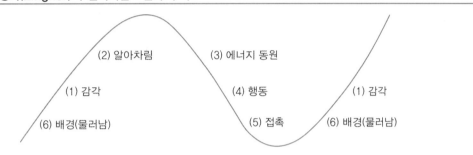

[그림 2-2] 징커의 알아차림 – 접촉 주기

이전의 게슈탈트가 해소되어 배경으로 물러남 → 개인의 새로운 욕구나 감정이 신체감각의 형태로 나타남 → 알아차림에 의해 게슈탈트를 형성하여 전경으로 떠올림 → 게슈탈트를 해소하기 위해 에너지를 동원함 → 구체적인 행동을 실천함 → 행동이 환경과의 접촉을 통해서 게슈탈트가 해소됨

1. 알아차림 – 접촉 주기의 6단계
   ① 감각 단계: 배경에서 출발하여 유기체의 욕구가 신체감각의 형태로 나타난다.
   ② 알아차림 단계: 이를 알아차려 게슈탈트를 형성한다.
   ③ 에너지 동원 단계: 게슈탈트를 해소하기 위해 에너지가 동원되면서 흥분을 경험한다.
   ④ 행동 단계: 적절한 행동을 선택하고 실행한다.
   ⑤ 접촉 단계: 마침내 환경과의 완전하고 생생한 접촉을 통해 게슈탈트를 해소한다.
   ⑥ 배경(물러남) 단계: 게슈탈트가 사라지고 휴식을 취할 수 있다.

2. 알아차림 – 접촉 주기의 차단(장애)
   ① 배경으로부터 감각이 나타나는 과정의 장애: 배경으로부터 유기체 욕구나 감정이 신체감각의 형태로 느껴지는데 이것이 차단되는 것이다. 즉 신체적 고통이나 불편한 상태 등이 무시되어 느껴지지 않는다거나 외부 환경에서 일어나고 있는 사건들이 지각되지 않는 현상이다.
   ② 감각과 알아차림 사이의 장애: 신체감각에 대한 지각은 이루어지지만, 이를 환경과의 유기적인 관련 속에서 조직화를 못해 하나의 의미 있는 개체의 욕구나 감정으로 알아차리지 못하는 것이다. 이러한 장애가 생기면 개체는 어떤 신체감각은 지각하지만 그것을 잘못 해석하는 일이 발생한다.
   ③ 알아차림과 에너지 동원 사이의 장애: 게슈탈트 형성에는 성공했지만 이를 해소하기 위한 에너지 동원이나 흥분에는 실패하는 것이다. 이 단계에서는 어떤 욕구를 알아차리고 이를 해결하고 싶어 하지만 실제 행동으로 실천할 의욕이 일어나지 않는다.
   ④ 에너지 동원과 행동 사이의 장애: 에너지를 동원했지만 게슈탈트를 완결시키는 방향으로 사용하지 못하는 것이다. 즉, 동원된 에너지를 외부 환경을 향한 행동으로 옮기지 못하고 차단해 버리는 경우다.
   ⑤ 행동과 접촉 사이의 장애: 에너지를 동원하여 행동으로 옮기지만, 접촉에 실패함으로써 게슈탈트를 완결하지 못하는 것이다. 이러한 현상은 개체의 행동이 목표대상을 잘 겨냥하지 못하고 에너지를 산만하게 씀으로써 발생한다. 즉, 에너지를 효과적으로 쓰지 못하고 여기저기 흩어 버리기 때문에 자신이 원하는 결과를 얻지 못한다.
   ⑥ 접촉과 배경 사이의 장애(리듬장애): 정상적인 경우라면 개체는 접촉이 끝나면 자연스럽게 뒤로 물러나 쉬게 되고, 새로운 알아차림–접촉 주기의 리듬이 시작된다. 하지만 어떤 사람들은 만족하지 못하고 물러나 쉴 줄을 모른다.

(5) 접촉 – 경계 혼란

① 접촉경계 혼란은 개체와 환경 간의 경계에 문제가 생겨 개체와 환경의 유기적인 접촉을 방해하는 것으로, 개체는 이로 인해 미해결 과제를 쌓게 되고 마침내 환경에 창조적으로 적응하는 데 실패한다.

② 펄스(Perls): 접촉경계 혼란은 개체와 환경이 직접 만나지 못하도록 둘 사이에 마치 중간층(개체의 의식에 안개가 낀 것처럼) 같은 것이 끼어 있는 현상이라고 보았다. 이러한 중간층을 '마야(maja)'라고 불렀는데, 이때 마야는 개체와 환경이 직접 만나는 것을 방해하는 환상(또는 공상, 편견, 선입견)을 의미한다.

③ 접촉경계 혼란을 극복하고 심리적 성숙에 이르기 위하여 5개 층의 신경증 상태를 통과해야 한다. 한 층을 통과할 때마다 환경과의 접촉이 현저하게 증진된다. ➡ 상담과정 중 성격변화 단계 참조

④ 접촉경계 혼란의 심리적 원인

구분	내용
내사 기출 24	• 의미: 개체가 환경의 요구를 무비판적으로 받아들이는 것 • 내사가 심한 사람들은 자신의 진정한 욕구가 무엇인지 잘 모른 채 타인의 기대에 따라 맞춰 살아가는 것에 익숙해짐
투사	• 의미: 자신의 생각이나 욕구, 감정을 타인의 것으로 지각하는 것 • 투사를 하는 이유: 개체는 투사를 함으로써 자신의 욕구가 좌절되는 것보다 고통을 덜 받게 되고, 자신의 억압된 욕구를 동시에 충족시키는 효과도 가짐 • 투사가 심한 사람들은 피해의식이 많고 자신감이 결여되어 있으며 타인의 이목이나 특정행동에 지나치게 예민함
융합	• 의미: 밀접한 관계에 있는 두 사람이 서로의 독자성을 무시하고 동일한 가치와 태도를 지닌 것처럼 여기는 경우 ➡ 흔히 외로움이나 공허감을 피하는 경우가 많음 • 융합관계에 있는 사람들은 겉으로 보기에는 서로 지극히 위해주고 보살펴주는 사이인 것처럼 보이지만 내면적으로는 서로 독립적으로 행동하지 못하고 의존관계에 빠져있는 경우가 많음 • 융합이 심한 사람들은 자신의 행동을 결정할 때 자신의 개인적 욕구보다는 그것이 타인의 마음에 들지에 초점을 맞추며, 특히 지나치게 밀착된 부모–자녀 관계로 인한 경계성 성격장애를 보이는 사람들이 대표적임
반전 기출 22	• 의미: 개인이 다른 사람이나 환경에 하고 싶은 행동을 자기 자신에게 하는 것, 혹은 타인이 자신에게 해주기를 바라는 행동을 스스로 자기 자신에게 하는 것 • 반전이 심한 사람들은 타인과 함께 있을 때에도 혼자 속으로 내적 대화를 하거나 딴 생각을 하면서 타인과의 접촉을 피함 • 펄스(Perls): 대부분의 반전은 분노감정 때문에 일어나고, 분노는 개인의 가장 중요한 미해결 과제가 됨
자의식	• 의미: 개체가 자신에 대해 지나치게 의식하고 자신의 행동 하나하나를 지나치게 관찰하는 현상 • 자의식이 많은 사람들은 항상 타인이 자기를 어떻게 볼까하는 염려와 공상 속에서 지내기 때문에 다른 사람의 눈을 쳐다보거나 자연스럽게 대화를 나누지 못함. 이들은 타인으로부터 존경받고 관심을 끌고 싶지만 거부당할까봐 두려워 행동을 드러내놓고 하지 못함
편향	• 의미: 개인이 환경과의 접촉으로 인해 감당하기 힘든 심리적 결과가 초래될 것이라고 예상할 때 이러한 경험에 압도당하지 않기 위해서 환경과의 접촉을 피해버리거나 자신의 감각을 둔화시킴으로써 환경과의 접촉을 약화시키는 것 • 특징적인 행동은 말을 장황하게 하거나 초점을 흩트리는 것, 말하면서 상대편을 쳐다보지 않거나 웃어버리는 것, 구체적으로 말하지 않고 추상적인 차원에서 맴도는 것, 자신의 감각을 차단하는 것 등이 있음 • 편향이 심한 사람들은 삶의 생기와 활력이 없고 권태와 무력감, 공허감과 우울에 빠지는 경우가 많음

3. 상담목표

(1) 상담목표 - 알아차림과 접촉 증진

① **내담자의 체험 확장**: 내담자가 자신의 사고와 감정, 욕구, 상상, 신체감각, 환경에 대한 자각을 확장함으로써 환경과 효과적으로 접촉하면서 자신의 바람을 자연스럽게 표현하며 충족하는 것을 배우도록 한다.

② **내담자의 인격 통합**: 그동안 억압하고 소외되어 온 인격 부분들을 다시 알아차리고 체험함으로서 자신의 인격으로 통합시키도록 돕는다.

③ **내담자의 자립능력 증진**: 게슈탈트 상담자들은 내담자가 스스로 자신을 보살필 수 있다고 믿기 때문에 내담자의 자립능력을 일깨워 회복하도록 돕는다.

④ **내담자로 하여금 자신의 삶에 대한 책임을 자각하게 하는 것**: 내담자가 타인에게 의존하려는 자세를 버리고 자립함으로써 자신의 행동을 스스로 선택하고 책임질 수 있도록 돕는다.

⑤ **내담자의 성장 조력**: 증상 제거보다는 성장에 관심을 기울인다. 따라서 내담자의 병적인 부분을 교정하고 제거하는 것이 아니라 내담자의 자생력을 북돋아 스스로 혼란을 극복하고 새로운 변화와 성장을 향해 나아가도록 돕는다.

⑥ **내담자의 실존적 삶 촉진**: 내담자로 하여금 내적으로 자신의 유기체의 욕구를 외면하지 않고 받아들여 모든 잠재적 가능성을 실현시켜 나가는 동시에 외적으로는 타인이나 자연세계를 그들 본연의 모습으로 인식하며 진실한 접촉을 하도록 돕는다.

(2) 알아차림

① 게슈탈트 상담의 유일한 목표는 알아차림이다. 상담의 핵심은 강한 게슈탈트를 형성하는 것이며 알아차림은 바로 이러한 게슈탈트를 형성하는 행위이다.

② **목적**: 첫째, 미해결 과제를 알아차림으로써 과제를 해소하는 것이다. 둘째, 현재 상황에서 새롭게 일어나는 욕구와 감정을 알아차려 게슈탈트를 형성하는 것이다.

③ **종류**: 그 대상, 즉 무엇을 알아차리느냐는 점에서 '현상 알아차림(어떤 것에 대한 알아차림)'과 '행위 알아차림(어떻게 대한 알아차림)'으로 구분할 수 있다.

　㉠ **현상 알아차림**: 개체와 환경과의 상호작용 과정에서 발생하는 다양한 현상을 알아차리는 것이다.

　　➡ **종류**: 신체감각, 욕구, 감정, 이미지, 내적인 힘, 환경, 상황, 관계에 대한 알아차림으로 나눌 수 있다.

　㉡ **행위 알아차림**: 개체가 하는 자신의 행위방식, 특히 부적응적인 행동방식을 알아차리는 것이다.

　　➡ **종류**: 접촉경계 행동에 대한 알아차림, 사고패턴에 대한 알아차림, 행동패턴에 대한 알아차림으로 나눌 수 있다.

(3) 접촉

① 알아차림이 개체가 유기체 – 환경의 장에서 벌어지는 현상들을 전경으로 떠올려 게슈탈트를 형성하는 행위라면, 접촉은 그렇게 형성된 게슈탈트를 행동을 통하여 완결하는 행위다. 따라서 알아차림만 있고 접촉이 없으면, 개체는 자신의 유기체적 욕구를 해결하지 못하여 환경에 적응하는 데 실패할 수 있다.

② 종류

　　㉠ **자기 자신과의 접촉**: 개인은 살아가면서 자기 자신이라고 동일시해온 부분 이외의 것들에 대해서는 회피한다. 만일 그러한 것들이 전경으로 떠오르려 하면 차단되고, 미해결로 남게 된다. 이러한 미해결 과제의 예를 들면, 억압된 성 욕구, 해결되지 않은 분노감, 해소되지 않은 슬픔, 충족되지 않은 애정욕구 등이 있다.

　　㉡ **대인관계 접촉**: 이 접촉은 3가지 접촉 가운데 가장 보편적인 형태이다. 대인관계 접촉의 가장 기본적인 단위는 두 사람 간의 접촉으로 두 사람 사이의 원활한 접촉을 위해서는 다음의 조건이 필요하다.

　　　　ⓐ 나와 다른 사람의 경계가 명확해야 한다.

　　　　ⓑ 타인과의 접촉에서 서로 융합되거나 소외되지 않기 위해서는 긍정적 변화를 위한 에너지와 활력이 필요하다.

　　　　ⓒ 만남의 순간에 의식되는 것들을 자유롭게 표현할 수 있는 능력이 필요하다.

　　㉢ **환경과의 접촉**: 환경이란 인간 이외의 모든 생물이나 무생물을 뜻하는데, 환경과의 접촉을 잘한다는 것은 어떤 개념이나 인위적인 분석 없이 그냥 환경을 있는 그대로 자각하고 만나는 것을 의미한다.

(4) 상담자의 태도

① **관심과 감동능력**: 상담자는 내담자의 존재와 그의 삶의 이야기에 진지한 흥미와 관심을 보여야 하며, 내담자 이야기에 심취하고 감동할 수 있는 능력을 갖고 있어야 한다.

② **존재 허용적 태도**: 상담자는 내담자 스스로 자신의 삶을 살도록 허용해 주어야 한다. 다시 말해서 상담자의 가치관이나 계획에 의해서가 아니라 내담자 스스로의 본성에 따라 자신의 존재를 실현해 나가도록 허용해야 한다.

③ **현상학적 태도**: 모든 상담 행위는 내담자에게 나타나는 생명 현상의 흐름을 따라가면서 진행되어야 한다. 즉, 상담자는 항상 내담자가 스스로 문제를 발견하고 탐색과 실험을 통해 스스로 문제를 해결하게 도와야 한다.

④ **창조적 대응**: 상담자는 내담자가 고정된 시각에서 벗어나 창조적인 대안을 발견하도록 자극할 수 있어야 한다. 창조적인 상담자는 내담자를 선입견과 고정관념으로부터 흔들어 깨워 자기 자신에 대해 생각해보도록 자극할 수 있다.

(5) 상담자의 과제

① **알아차림과 접촉 증진**: 내담자가 자신의 욕구와 감정을 분명히 알아차리고 이를 환경과의 접촉을 통해 해소할 수 있도록 도와준다. 상담자는 내담자의 알아차림을 높여주기 위해 내담자를 분석하기보다는 상담실에서 나타나는 내담자의 신체, 행동적 변화를 관찰하여 말해 줌으로써 자신의 내적 상태를 알아차리게 해줘야 한다.

② **좌절과 지지**: 내담자의 자립적인 행동은 격려하고 지지해 주되 의존적 태도나 회피행동은 좌절시켜야 한다. 여기서 좌절시킨다는 것은 상담자에 대한 내담자의 의존적이고 회피적인 태도를 강화시켜주지 않는 것을 뜻한다.

③ **저항의 수용**: 저항은 상담자의 미숙한 또는 성급한 개입에 대해서 내담자가 자기를 보호하기 위해 나타내는 행동이다. 상담자가 내담자와 충분히 신뢰관계를 형성하고 조심스럽게 내담자의 세계에 접근한다면 내담자는 저항의 필요성을 느끼지 않는다.

④ **관계성의 향상**: 상담자는 내담자와의 만남을 최대한 접촉적인 관계를 끌어올리기 위해 노력해야 한다. 상담자는 내담자의 '문제'에 대해 관심을 두는 것이 아니라 그와의 개인적 관계 교류에 더욱 관심이 있다는 것을 알려줌으로써 두 사람 간의 진정한 접촉교류가 일어나도록 해야 한다.

4. 상담과정

(1) 성격 변화 5단계 - 신경증의 층들을 연속적으로 제거하는 것

단계	내용
1단계: 피상층	• 사회적 규범에 따라 위선적인 상투적 행동을 나타내며 다른 사람들을 피상적으로 대하는 상태 • 표면적으로 세련되고 적응적인 행동을 보이면서 깊은 자기개방을 하지 않음
2단계: 공포층 (연기층) 기출 22	• 진정한 자기모습을 내보이는 것에 공포를 느끼며 이를 회피하기 위해서 부모나 주변 사람들의 기대에 따라 살아가는 상태 • 자신의 욕구와 감정을 억압하고 환경에서 기대하는 역할을 연기하며 살아가지만, 그것이 진정한 자신의 모습이라고 착각하며 살아감
3단계: 교착층 (막다른 골목)	• 자신이 이제껏 해왔던 역할연기를 그만두려 하지만 변화에 대한 두려움 때문에 이러지도 저러지도 못하는 상태에 있는 것 • 이 단계에 도달한 내담자는 "모든 것이 혼란스럽다.", "앞으로 어떻게 해야 할지 모르겠다." 등의 표현을 하는데, 상담자는 내담자가 이 상태를 피하지 않고 직면하여 견뎌내도록 격려해야 함
4단계: 내파층	• 자신의 내면적 욕구와 감정을 알아차리고 진정한 자기를 인식하지만 외부적 표현을 억제하는 상태 • 그 동안 억압되었던 욕구와 감정은 그대로 발산하면 타인과의 관계를 악화시킬 수 있는 파괴력을 지니기 때문에 표현되지 못한 채 긴장 상태를 초래함
5단계: 폭발층 기출 22	• 자신의 욕구와 감정을 분명하게 알아차리고 억압 없이 직접적으로 표현함으로써 환경과의 접촉이 활발해짐 • 진정한 자신의 모습으로 타자와 접촉하며 실존적으로 진실한 삶을 살게 됨

(2) 진행과정

① **초기 단계**: 내담자와 신뢰관계 형성에 노력해야 한다. 상담자에 대한 내담자의 신뢰감은 치료의 바탕이 되기 때문에 상담자는 따뜻하고 수용적인 태도로 내담자가 상담자에 대한 신뢰감을 형성할 수 있도록 해야 한다.

   ㉠ **내담자가 나타내는 접촉의 질을 면밀히 평가**: 접촉경계는 튼튼한지, 경계의 혼란이 있는지, 어떤 형태로 경계혼란이 나타나는지, 접촉을 회피하고 있다면 어떤 방식으로 하고 있는지 등을 탐색한다.

   ㉡ 내담자의 말과 행동을 관찰함으로써 접촉경계 장애를 파악하는 동시에 그 원인을 내사, 투사, 반전, 융합 등의 측면에서 분석한다.

② **전개 단계**: 이 단계에 접어들면, 내담자는 자신의 내면세계로 눈을 돌리면서 이제까지 억압하고 차단해왔던 욕구와 감정을 발견한다. 이때 자신의 억압했던 욕구나 감정과 접촉하게 됨에 따라 갑자기 공포를 느끼기도 하는데, 상담자는 내담자의 혼란스러운 마음을 이해하는 동시에 안심시키면서 격려와 지지를 보내준다.

③ **변화 단계**: 이 단계에 접어들면, 내담자의 삶에 생기가 살아나며 환경과의 접촉이 원활해진다. 즉, 내담자는 그동안 억압해왔던 자신의 욕구나 감정을 자연스럽게 자신의 것으로 받아들이면서 삶의 생기와 활기가 살아난다. 이 시기에 내담자는 새로운 행동을 시도함에 있어 필요한 내적 자원이 부족하여 어려움을 겪을 수 있는데, 상담자는 내담자에게 필요한 실제적인 대처기술을 가르쳐줌으로써 적응능력을 향상시켜 주는 것이 필요하다.

④ **종결 단계**: 이 단계에서 상담자는 내담자가 상담에서 학습한 것들을 통합하여 실생활에 응용할 수 있도록 도와주어야 한다.

   ㉠ 상담자는 내담자로 하여금 지금까지 느끼고 깨달은 점들을 인지적으로 정리해보고, 행동으로 시연해보도록 하는 것이 좋다.

   ㉡ 상담자는 내담자가 아직 미해결 문제를 갖고 있는지 점검해보고 이를 효과적으로 마무리 짓도록 해주어야 한다.

5. 상담기법

(1) '지금 – 여기'의 체험에 초점 맞추기(알아차리기)

① 알아차리기를 촉진하기 위해서 과거나 미래가 아닌 현재, 즉 '지금–여기'에서 경험하는 것들에 초점을 맞추도록 격려한다.

② 상담자는 내담자가 자신의 욕구와 감정, 신체감각, 언어와 행위, 환경을 알아차리도록 다양한 질문과 격려를 통해 안내한다.

③ 종류

구분	내용
욕구와 감정 자각	지금 – 여기에서 체험되는 욕구나 감정을 자각하도록 돕는 기법으로, 내담자는 자신의 욕구와 감정을 자각함으로써 자기 자신 또는 환경과 잘 접촉하고 교류할 수 있으며 변화와 성장을 이룰 수 있음 예 "지금 어떤 느낌이 듭니까? 생각을 멈추고 현재의 느낌에 집중해 보세요."
신체 자각	현재 상황에서 느끼는 신체감각의 탐색, 특히 에너지가 집중된 신체 부분에 대한 알아차림을 중시하는데, 이는 해소되지 못한 감정들이 여러 신체부위에 집중되어 긴장을 유발하거나 충동적 행동을 촉발할 수 있기 때문임 예 "호흡을 지각해 보세요. 신체감각을 느껴 보세요. 지금 어깨를 움츠리고 있네요."
환경 자각	환경과의 접촉으로 공상과 현실이 다르다는 것을 알아차리게 함으로써 현실과의 접촉을 증진하기 위한 기법이며, 환경과의 접촉을 통해 내담자로 하여금 공상과 현실이 다름을 알아차리게 도와줄 수도 있음 예 "상담실 안에 무엇이 보이나요? 전에 보이지 않았던 새로운 것이 보입니까?"
언어와 행위 자각	언어와 행동은 내담자가 타인과 접촉하면서 자신의 감정을 표현하고 욕구를 해소하는 중요한 접촉수단으로 내담자의 언어와 행동에는 자신의 욕구와 감정을 표현하는 방식이 반영되어 있으며, 특히 언어와 행동의 알아차림은 내담자의 책임의식을 증가시킴
책임 자각	자신이 지각한 것에 대해 말하고 "그리고 그것에 대한 책임은 나에게 있다."라는 말로 끝을 맺게 함으로써 스스로 행동에 대한 책임을 지게 하는 기법

더 알아보기 | 언어자각 방법

- 지금 – 여기의 강조와 주체성을 강조하기 위해 현재시제의 사용과 '나'라는 말의 사용을 지시받는다.
  - "나는 할 수 없다." · "나는 하지 않겠다." 또는 "나는 하지 않기로 선택한다."
  - "나는 해야 한다." → "나는 하기로 했다." 또는 "나는 하고 싶다."
  - "나는 할 수 없다." → "나는 하지 않기로 했다."
  - "나는 …을 필요로 한다." → "나는 …을 원한다."
  - "나는 …할까봐 두렵다." → "나는 …을 하고 싶다."
- 내담자가 사용하는 언어에서 책임소재가 불분명한 경우, 내담자로 하여금 자신의 감정과 동기에 책임을 지는 형식의 문장으로 바꿔 말하도록 하여 책임의식을 높일 수 있다.
  - '나는'이라고 말해야 하는 경우에 '당신', '그것' 등 대명사를 사용하면 '나는'으로 바꿔 말하게 요구한다.
  - "…해야 할 것이다.", "…해서는 안 될 것이다." 등의 객관적인 어투로 말한다면 "나는 …하고 싶다.", "나는 …하기 싫다." 등으로 바꿔 말하게 한다.
- 내담자가 '하지만'이라는 말을 하는 것도 책임을 회피하려는 시도로 볼 수 있다. 이런 경우에 '하지만'이라는 접속사를 '그리고'로 바꿔 말하게 함으로써 내담자의 모순된 행동을 자각시킬 수 있다.
- 내담자가 자신의 입장은 밝히지 않고 상대편에게 질문만 하는 것도 흔히 자신의 동기를 감추고 행동의 책임을 상대편에게 떠넘기려는 시도이다. 이 경우 내담자에게 질문을 서술문으로 바꿔 말하게 요구함으로써, 자신의 감정이나 의견에 책임을 지게 할 수 있다.

(2) 실험

① **실험**: 내담자의 문제를 이해하고 해결하는 데 있어서 상담자가 창의적인 아이디어를 구상하여 내담자와 함께 하나의 상황을 연출해냄으로써 문제를 명확하게 드러내고 새로운 해결책을 모색해보는 창의적인 기법이다.

② 넓은 의미에서 실험은 게슈탈트 상담에서 사용하는 모든 기법을 뜻하기도 하는데, 상담자는 실험을 통해 내담자의 문제를 명료화해주고 내담자에게 새로운 경험을 할 수 있는 장을 마련해준다.

③ **방법**: 미래의 위협적인 장면을 상상하기, 중요한 사람과의 대화 장면 설정하기, 고통스러웠던 일 극화하기, 자기 내부에서 갈등하는 두 가지 측면 사이의 대화를 해나가기 등 모든 상상이나 생각, 감정이 소재로 사용될 수 있다.

(3) 현재화 기법

① **의미**: 과거의 사건을 현재 일어나는 사건인 것처럼 체험하게 하여 과거 사건과 관련된 내담자의 욕구, 감정, 생각, 행동 등을 '지금 – 여기'에서 일어나는 현상들로 다룰 수 있게 하는 기법이다.

② 미래에 예상되는 사건에 대해서도 막연한 예상이 아니라, 마치 그런 사건이 '지금 – 여기'에서 일어나는 것처럼 현재화하여 다룸으로써 내담자가 공상적 차원이 아닌 현실적 차원에서 문제를 직면하고 그에 대한 해결책을 모색하게 도울 수 있다.

(4) 실연(역할 연기하기)

① **의미**: 내담자에게 중요했던 과거의 어떤 상황이나 미래에 일어날 수 있는 장면을 현재 발생하는 장면으로 상상하며 상황에 적합한 행동을 실제로 연출해 보도록 하는 방법이다.

② 내담자가 자신의 경험이나 행동계획을 추상적인 개념으로 설명하는 대신 직접 행동으로 연기해봄으로써 마치 인식하지 못했던 자신의 감정이나 행동패턴을 발견할 수 있고, 회피해 온 행동들을 실험해 볼 수 있다.

③ 실연을 통해 자신의 감정에 대한 알아차림이 증가하고 미해결 감정을 해소할 수 있을 뿐만 아니라 새로운 행동 방식을 실험해봄으로써 환경과 효과적으로 접촉할 수 있는 방식을 습득할 수 있다.

④ **치료적 의미**: 알아차림을 증진하고 미해결 과제를 완결시켜 주며 양극성을 다룰 수 있다는 점에서 의미가 있다. 또한 과거의 행동방식을 청산하고 새로운 행동방식을 실험해 봄으로써 새로운 행동방식을 습득할 수 있다.

(5) 빈 의자 기법

① **의미**: 내담자에게 중요한 사람이 빈 의자에 앉아 있다고 상상하고서 실제로 하고 싶은 말과 행동을 하게 하는 방법이다.

➡ 직면과 역할연기 요소를 모두 포함하고 있다.

② 흔히 현재 상담 장면에 함께 하지 않지만 그 사람과 직접 대화를 나누는 형식을 취한다. 특히 내담자의 갈등이나 관계상 문제를 다룰 때 주로 사용된다.

③ **장점**

㉠ 내담자가 중요한 감정을 일으키는 대상과 보다 직접적인 상호작용 경험을 통해 대상에 느끼는 감정을 보다 명료화할 수 있도록 해 준다.

㉡ 내담자는 역할을 바꾸어 보면서 상대방의 입장과 감정을 이해할 수도 있다.

㉢ 내담자는 다른 사람에 대한 자신의 감정을 명료화할 수 있고, 또 새로운 행동을 시도해 볼 수 있다.

㉣ 역할을 바꾸어 가며 대화를 해봄으로써 상대편의 시각과 감정을 이해하고 공감할 수 있다.

④ 이 기법은 누구누구에 '대해서(about)' 말하기보다는 누구누구 '에게(to)' 직접 말하도록 함으로서 미해결 감정을 접촉하고, 해결할 수 있도록 도와주기 위한 목적으로 사용한다.

(6) 자기 부분과의 대화(상전과 하인의 대화, 두 개의 의자 기법)

① 의미: 내담자에게 인격에서 분열된 부분들을 찾아 서로 대화를 하도록 함으로써 분열된 자기 부분들을 통합시키는 것이다.

② 상전과 하인: 우리의 내면이 환경을 통제하기 위해 두 부분으로 양분되어 싸우는 데 에너지를 낭비한다고 보고 이를 상전-하인이라 명명하였다.

　㉠ 상전: 정신분석학의 초자아와 비슷한 개념으로 주로 하인에게 명령과 도덕적인 요구를 한다.

　㉡ 하인: 수동적이고 반항적이며 상전의 비난에 변명이나 회피를 하면서 상전에 대항한다.

　㉢ 자기고문게임: 우리의 인격은 상전과 하인으로 양분되어 싸우며 서로를 통제하려 하고, 그 결과 끝없는 싸움에 말려들어 창조적인 에너지를 고갈시키는 것이다.

③ 상담자는 이러한 내담자의 분열된 자기들을 빈 의자에 바꾸어 가면서 앉히고 서로 간에 대화를 시키는데, 이로써 내담자의 무의식적이고 내적인 대화를 의식적이고 외적인 대화로 만들 수 있으며 대화를 통해 서로 간의 갈등을 줄일 수 있다.

(7) 직면

① 직면: 진실을 외면하거나 회피하지 않고 있는 그대로 직시하여 알아차린다는 의미다.

② 회피: 많은 내담자들이 자신의 진정한 욕구와 감정을 회피하면서 미해결 과제를 쌓아 두기 때문이다. 또한 자신의 부적응적인 언어와 행동방식을 알아차리지 못한 채 환경과 부적절한 방식으로 접촉하는 경우도 많다. 이러한 경우에, 상담자는 내담자의 부적절한 행동을 지적하는 동시에 진정한 동기를 직면시켜줌으로써 미해결 과제를 해소하도록 돕는다.

③ 직면 방법

　㉠ 내담자의 언어적 표현과 비언어적 표현의 불일치를 지적한다.

　㉡ 내담자가 회피하고자 하는 상황에 완전히 머무르게 한다.

　㉢ 회피 수단으로 웃음을 이용할 때 이를 지적한다.

　㉣ 지금 - 여기의 감정을 정확하게 인식하게 한다.

　㉤ 내담자가 습관적으로 사용하는 언어를 고쳐 말하도록 요구한다.

(8) 과장하기

① 의미: 상담자는 내담자의 어떤 행동이나 언어를 과장하여 표현하도록 요구함으로써 내담자가 자신의 무의식적 욕구와 감정을 명료하게 자각할 수 있도록 도와주는 기법이다.

② 손을 떨고 있는 내담자에게 손을 더 빨리 떨어 보라고 요구하거나 우울의 감정을 숨기고 작은 소리로 말하는 내담자에게 모기만한 소리로 더 조용히 말하게 함으로써 자신의 억압된 감정을 알아차리게 한다.

(9) 머물러 있기

① 의미: 내담자가 자신의 미해결 과제를 회피하지 않고 일정 시간 직면하게 하여 이를 해소하도록 돕는 기법이다.

② 장점: 내담자가 끊임없이 늘어놓는 자신의 말 속에 스스로 매몰되는 것을 막아 현재로 돌아오게 해주며, 인지적 해석이나 설명 대신 '지금-여기'의 존재 체험으로 이끌어준다.

③ 이 기법은 내담자가 회피와 방어를 못하게 하고, 자신의 감정을 직면하게 하여 미해결 감정의 완결을 돕는다.

⑽ **알아차림의 연속**

① **의미**: '지금 – 여기'에서 자신과 환경에 일어나는 모든 것을 일어나는 그대로 연속해서 알아차리는 것이다. 즉, 전경으로 떠오르는 것을 그때그때 놓치지 않고 계속해서 알아차린다는 것을 의미하는 것으로, 이때 가치판단이나 비판은 배제되어야 한다.

② **정신분석의 자유연상과 차이점**

ㄱ **목적**: 자유연상은 과거의 억압된 무의식적 내용을 찾아내는 목적으로 사용되는 것이지만, 알아차림의 연속은 현재의 중요한 현상들을 자각하여 해결하려는 목적으로 사용된다.

ㄴ **방법**: 자유연상처럼 이 생각에서 저 생각으로 왔다갔다하는 것이 아니라, 어느 한 순간에 중요한 현상에 충분히 집중하여 몰입하고, 그것이 해결되면 다른 현상으로 넘어가는 자연스러운 흐름에 따르는 방식이다.

③ 이 기법을 연습하는 방법은 내담자의 자신의 모든 경험들에 대해 예외 없이 "지금 나는 무엇 무엇을 알아차립니다."라는 식으로 언어화해서 표현해 보는 것이다.

⑾ **반대로 하기**

① **의미**: 내담자가 회피해온 행동을 하게 함으로써 새로운 행동 가능성을 발견하고 행동영역을 확장시켜 주는 기법이다.

② 내담자가 보이는 행동은 실제 욕구가 반대되는 경우가 많은데, 평소 행동과 반대되는 행동을 하게 요구함으로써 내담자가 억압하고 통제해 온 자신의 다른 측면을 접촉하고 통합하게 도와줄 수 있다.

③ 반대로 하기 실험은 내담자에게 자신의 투사를 자각하고 통합하는 기회를 제공해 주기도 한다.

⑿ **창조적 투사(투사놀이)**

① **의미**: 병적인 투사를 일삼는 내담자에게 자신의 욕구와 감정에 대해서 의도적으로 타인에게 투사하는 역할놀이를 하게 함으로써 투사물이 자신의 일부였음을 알아차리고 이를 자신의 일부로 받아들여 통합하도록 돕는 기법이다.

② **창조적 투사와 병적인 투사**: 창조적 투사는 자신의 투사를 자각하여 투사물이 자기 자신이 만들어낸 것임을 알아차리는 경우인 반면, 병적 투사는 자신의 투사물을 사실인 것처럼 확신하는 경우다.

③ **창조적 투사의 2가지 의미**

ㄱ 타인이나 세계를 지각함에 있어 자신의 경험을 토대로 지각하는 것이다. 이때 그러한 자신의 지각이 사실과 다를 수 있다는 것을 알며, 사실을 확인하여 자신의 지각이 틀렸을 때는 이를 수정할 수 있다.

ㄴ 병적인 투사를 자신의 투사인 것으로 깨닫는 것을 의미한다. 바꾸어 말하면, 병적 투사를 창조적 투사로 바꾸는 행위 자체를 의미한다.

④ **병적인 투사의 특징**

ㄱ 자신의 투사 행위를 자신의 행위로 인식하지 못한다.

ㄴ 자신의 지각이 사실과 다를 수 있음을 인정하지 않는다.

ㄷ 따라서 사실을 확인하고 투사를 수정할 가능성이 희박하다.

⒀ **꿈 작업**

① 게슈탈트 상담에서는 꿈을 우리 자신의 일부를 외부로 투사한 것으로 본다. 따라서 꿈은 투사를 되찾아 오는데 도움을 주는 좋은 소재가 될 수 있는데, 이러한 투사된 것들을 다시 찾는 방법은 꿈의 각 부분들을 동일시해보는 것이다.

② 꿈 작업은 내담자에게 자신의 꿈에 등장하는 각 부분들을 차례로 동일시하여 그것들이 되어 보도록 요구하는 것이다.

더 알아보기　　**게슈탈트치료 기법의 유형**

1. **실험**
   ⑴ 실험은 내담자로 하여금 자신의 내면 세계를 탐색하고 타인과 접촉하며, 이를 통해 미해결 과제를 완결 짓거나 새로운 행동을 시행해 볼 수 있게 하는 모든 개입이다.
   ⑵ **주의할 점**: 내담자가 실험 제안을 받으면서 변화를 지시받는 것으로 오해할 수 있다. 따라서 실험이란 내담자가 순간순간에 경험하는 것을 알고 지지하면서 수용하고 이해하는 것이 중요함을 전달해야 한다.
   ⑶ **실험의 단계**
   　① 내담자의 현재 상태를 요약하고 확인한다.
   　② 상담자는 내담자의 문제를 함께 정의한다.
   　③ 상담자가 실험을 제안하고 이에 대한 내담자의 반응을 확인한다.
   　④ 실험을 실시하면서 내담자를 지지하고 탐색한다.
   　⑤ 실험을 종료하고 나서는 경험한 내용을 평가한다.
   ⑷ **실험 기법의 목적**
   　① 내담자의 행동반경을 넓혀 주기 위함
   　② 내담자 자신의 행동이 자신의 창조품이라는 자각을 높여 주기 위함
   　③ 내담자의 경험적 학습을 증가시키기 위함
   　④ 행동을 통해 새로운 자아개념 형성을 돕기 위함
   　⑤ 미해결된 상황을 완결시키고, 알아차림 – 접촉 주기의 차단을 극복하도록 해주기 위함
   　⑥ 인지적 이해와 신체적 표현을 통합시키기 위함
   　⑦ 의식되지 않은 양극성을 발견하게 해주기 위함
   　⑧ 성격의 분열된 측면, 갈등들을 통합시켜 주기 위함
   　⑨ 내사들을 몰아내거나 통합시키기 위함
   　⑩ 억압된 감정이나 사고의 자연스러운 표출을 돕기 위함
   　⑪ 내담자가 좀 더 자립적이고 자신감을 갖고 더 탐색적이 되기 위함
   　⑫ 자신에 대해 더 책임을 지도록 도와주기 위함

2. **과제**
   ⑴ 과제란, 실험의 형식을 활용하나 상담 장면 밖에서 실행하는 것이다. 이는 상담 장면에서 얻은 내용을 실제 장면에서 실험해 보는 것이 목적이다.
   ⑵ 과제도 실험과 마찬가지로 자신의 경험을 탐색하는 것이 중요함을 주의해야 한다.

3. **연습**
   ⑴ 연습은 의도적으로 구조화된 상황을 지시하고, 내담자의 경험을 탐색하는 과정이다.
   ⑵ 연습의 목표 역시 내담자의 반응에 대한 알아차림을 증가시키는 것이며, 특정한 능력에 대한 훈련은 아니다.

4. **상황에 따른 개입**
   상담상황에 따라 내담자에게 피드백을 주거나, 상담자가 자신의 느낌을 개방하거나, 지각에 근거한 현실적인 상상을 말하면서 개입하는 방법이다.

---

6. 평가

(1) 공헌점

① '지금-여기'에서의 알아차림을 강조하고 개인과 환경 간 접촉의 질을 증진하는 새로운 상담방법을 제시하였다.

② '지금-여기'에서의 체험을 강조할 뿐 아니라 과거를 현재 속으로 가져와 내담자의 심리적 기능을 방해하는 미해결 과제를 알아차리고 해결원리를 제시함으로써 현재를 다루어야 하는 상담분야에 큰 공헌을 하였다.

③ 개인이 자기 자신, 타인, 그리고 환경과 접촉하는 것이 얼마나 중요한지를 일깨워주었다.

④ 내담자의 치료적 학습이 이루어지도록 다양한 실험적 방법을 창의적으로 사용하고 있다.

⑤ 다양한 기법을 갖고 있는 만큼 다양한 부적응적 증상들을 다루는데 효과적으로 사용된다.

(2) 한계점

① 이론적 체계성과 정교성이 부족하다는 비판을 받는다. 개인의 성격발달에 관한 체계적이며 정교한 이론이 빈약하고, 상담의 근거가 되는 이론이나 개념들이 추상적이거나 철학적인 것이어서 실증적 검증이 부족하다.

② 현상학적 입장을 고수함으로써 임상진단체계를 지나치게 무시하는 경향이 많았고, 따라서 체계적인 연구와 치료활동을 등한시했다는 지적을 받고 있다.

③ 현재만을 강조한 나머지 중요한 과거사건을 무시할 뿐만 아니라 과잉 단순화할 위험이 있다고 비판을 받는다.

④ 개인의 감정을 지나치게 강조함으로써 인지적 요인의 중요성을 간과하고 있다는 비판을 받는다.

⑤ 상담자는 아주 능동적이고 지시적이기 때문에 내담자의 자율성을 훼손할 수 있으며 상담관계에 손상을 가져올 수 있다는 지적을 받고 있다.

제 4 절 인지행동 상담이론

08 행동주의 상담이론

1. 개관 및 인간관

(1) 행동주의 상담

① 행동주의 상담은 엄격한 과학정신에 근거한 행동주의 심리학 이론 체계에 바탕을 두고 있는 심리치료다.

② 인간의 부적응 문제를 추상적인 모호한 개념으로 설명하기보다는 관찰과 측정 가능한 외현적 행동에 초점을 맞춘 실증적인 연구결과에 근거하고 있으며, 과학적인 설명체계와 구체적인 치료기법을 제시하고 있다.

③ 부적응 행동이 습득되고 유지되는 과정을 고전적 조건형성, 조작적 조건형성, 사회학습 등과 같은 학습이론에 근거하여 설명한다.

④ 기본가정

　㉠ 학습의 결과는 행동의 변화에 있다.

　㉡ 모든 연구는 과학적이어야 하며, 과학적이라는 의미는 객관적이고 검증 가능하다는 의미이기 때문에 모든 과학적 연구는 오로지 관찰 가능한 사건이나 현상에 한정되어야 한다.

　㉢ 인간행동은 환경의 통제에 의해서 예측과 통제가 가능하며, 이는 인간이 생존을 위하여 환경에 적응해야 하기 때문이다.

　㉣ 그러므로 학습은 환경에 대한 자극과 반응에 의하여 일어난다.

(2) 주요 인물

① 파블로프(Pavlov)는 고전적 조건화를 주장했다.

② 왓슨(Watson)은 파블로프 이론을 13개월 된 아이에게 적용하여 성서가 조건화에 의해 분석될 수 있음을 입증함으로써 인간 연구에 대한 과학적인 접근의 발판을 마련했다.

③ 스키너(Skinner)는 연구를 통해 환경이 개인의 행동에 어떻게 영향을 미치고 조성하는가를 검증하여 조작적 조건화를 완성했다.

④ 반두라(Bandura)의 사회학습이론은 관찰이나 환경에 대한 자각을 통해 어떻게 학습이 일어나는가를 설명하기 위해 내적 혹은 인지과정을 다룸으로써 사회인지이론의 체계를 구축했다.

(3) 발전과정

① **전통적인 행동치료**: 스키너, 월피(Wolpe), 반두라 등에 의해 개발되었으며, 행동의 변화를 목표로 한다. 즉, 문제행동을 직접적으로 변화시키는 것이 목표였다.

② **2세대 행동치료**: 엘리스(Ellis)와 벡(Beck) 등에 의해 개발된 문제행동을 유지하는 인지적 요인의 변화에 초점을 맞추는 인지행동치료로, 문제행동을 유지시키는 매개요인인 인지의 중요성을 인지하고 부적응적인 인지를 변화시키는 데 주력한다.

③ **3세대 행동치료**: 마음챙김, 수용, 치료적 관계, 정서적 표현 등을 행동치료 방략에 유연하게 통합한 치료로, 변증법적 행동치료, 마음챙김에 근거한 인지치료, 수용전념치료 등이 있다. 3세대 치료법들은 행동이나 인지의 내용보다 그 기능에 초점을 맞춘다. 즉, 특정한 행동이나 인지내용의 변화에 초점을 맞추기보다 문제행동을 유발하는 심리적 맥락을 중시하고 상위인지적(meta-cognitive) 태도의 변화에 초점을 맞춘다.

(4) 행동주의 상담의 특징

① 과학적 방법의 원리와 절차에 근거한다.
② 과거를 중요시하지 않으며 내담자의 현재 문제와 그에 영향을 주는 요인들을 다룬다.
③ 내담자는 자신의 문제를 다루기 위해 구체적인 행동들을 하도록 요구받는다.
④ 가능한 한 내담자의 실제 속에서 이루어진다.
⑤ 자기통제 접근을 강조한다.
⑥ 행동수정의 절차는 각 내담자의 요구에 맞도록 만든다.

(5) 인간관

① 기본 입장
  ㉠ 적응·부적응 행동을 포함한 인간의 모든 행동은 학습된다.
  ㉡ 학습은 부적응 행동의 변화나 새로운 행동의 습득에 효과적이다.
  ㉢ 인간의 성격이 특성 혹은 특질로 구성된다는 것을 거부한다.
② 인간의 모든 행동이 환경 자극에 의해 결정된다는 환경결정론에 기초한다.
③ 인간은 단지 환경자극에 반응하는 수동적인 존재다. 따라서 환경자극과 그로 인해 유발되는 반응에만 관심을 두며, 환경자극을 통제하거나 바꾸어주면 인간의 행동은 변한다고 가정한다.
④ **자극-반응 심리학**: 인간은 수동적인 중립적 존재로서 기계론적으로 설명되며 인간의 주체성 같은 것은 문제가 되지 않는다는 관점이다.
⑤ 인간의 행동을 수정하거나 치료하는 것은 환경 자극을 통제하고, 결과에 따른 보상과 처벌을 통제함으로써 가능하다고 본다. 이러한 행동주의 인간관은 인간의 행동을 일정한 과학적 법칙과 학습원리에 따라 이해하려고 한 것이다.

2. 주요 개념

※ 주요개념: 제5장 '학습심리와 행동수정' 참고

3. 상담목표

(1) 상담목표

① 내담자의 문제행동을 제거하거나 긍정적 행동 또는 기술을 습득시킴으로써 내담자의 적응을 돕는 것이다.
② 상담목표는 명료하고 구체적이며 이해하기 쉽고, 내담자와 상담자에 의해 합의된 것이어야 한다.

(2) 목표의 기능

① 잘 정의된 목표는 내담자의 특수한 관심 영역을 반영하며 그럼으로써 상담에 의미 있는 방향을 제시한다.
② 목표는 특수한 상담전략이나 중재전략을 선택하고 사용하는 데 기초를 제공한다.
③ 상담결과를 평가하는 기준이 된다.

(3) **긍정적 행동지원의 목표**

① **긍정적 행동지원**: 내담자의 삶의 질을 증가시키고 긍정적 행동의 증가와 문제행동의 최소화를 위해 생활환경을 재설계하기 위한 개인의 행동 레퍼토리와 시스템 변화 방법을 확대하는 방법이다.

② **긍정적 행동**: 정상적인 학업적, 직업적, 사회적, 여가적인 지역사회 가족 환경에서 성공과 개인적인 만족 가능성을 증가시킬 수 있는 행동기술을 의미한다.

③ **긍정적 행동지원의 기본목표**: 교사나 부모, 친구, 당사자 등 관계된 모든 사람이 자신의 삶을 즐길 기회를 가질 수 있는 방향으로 생활과 행동을 바꾸도록 돕는 것이다.

④ **상담목표를 설정하기 위한 가정**

㉠ 내담자의 행동, 특히 문제행동은 그 나름대로 독특한 기능을 지니고 있음: 원하는 것을 가지거나 원치 않는 것을 피하기 위해 문제행동을 학습하게 된 것으로 볼 수 있다. 따라서 문제행동을 개인의 결손으로 보지 않고 구체적인 목표를 성취하기 위해 사용되는 개인의 반응으로 본다.

㉡ 효과적인 개입은 예방적이고 기능적임: 문제행동을 억제하는 것이 아니라 문제행동과 똑같은 효력을 가지고 있고, 문제행동 발생 가능성을 예방하는 대체기술을 학습하게 하는 것이 필요하다.

㉢ 개입 효과성에 대한 평가는 문제행동의 즉각적인 감소에만 두지 않음: 문제행동 감소뿐만 아니라 환경에서 새로운 기술을 얼마나 활용할 수 있는지, 선택과 통제 능력의 향상 등의 삶의 질 증진까지도 평가에 포함될 수 있다.

4. 상담과정

(1) **문제행동 규명**

① 실제로 행동수정에 착수하기 위해 습득시켜야 할 행동(약화 또는 제거할 행동)을 선정하여 객관적 용어로 정의한다.

② 행동을 효과적으로 수행하려면 먼저 그 행동을 정확하게 파악하고 서술적 용어로 정의해야 한다. 행동수정의 표적은 내담자의 행동 자체로서, 분석적 용어로 정의된 행동은 구체적이고 관찰 가능하고 측정 가능한 행동으로 세분화되며 행동은 가능한 한 구체적인 작은 행동으로 나누어 서술해야 한다.

(2) **행동분석**

① 현재의 상태를 분석하는 것으로 '문제행동 규명'이 행동수정의 방향과 목적을 제시해 주는 것이라면 행동분석은 행동의 기초선(base line) 측정을 통해 행동수정의 시발점을 가리켜 주는 것이다.

② **행동분석**: 내담자의 문제행동 발달과정과 그것이 유지되고 강화된 요인들, 문제행동을 촉발하는 선행사건, 문제행동 수준, 문제행동의 결과 등을 분석하는 것이다.

③ **행동수정의 시발점 측정**: 실제 행동수정이 들어가기 직전까지 행동이 얼마나 빈번하게 또 오랫동안 일어나고 있는가를 측정하는 것이다.

④ 행동수정 작업이 끝난 후 내담자의 행동이 변화했는지 판단할 기준의 시발점에는 빈도와 시간의 두 가지 측정이 있다.

(3) **상담목표와 방법 협의**

① 내담자와 함께 협의하여 상담의 목표를 정한다.

② 이때 구체적인 표적행동을 기술하고, 바람직한 행동을 했을 때 받을 강화의 종류와 양, 빈도 등을 결정한다.

(4) 상담의 실행

① 상담의 실행은 시발점을 설정, 정의된 행동의 강도(빈도 또는 지속 시간)를 측정한 다음부터 정적 강화, 부적 강화, 벌 또는 소거 등 행동수정의 강화 기법들을 적용하여 행동을 수정하는 과정을 말한다.

② 상담자는 강화 기법을 적용할 때 강화의 원리를 반드시 숙지해야 한다.

    ㉠ 즉시 강화의 원리: 강화를 증강시키고자 하는 행동이 발생하면 즉각적으로 주어져야 한다.

    ㉡ 일관성의 원리: 내담자에게 목표 형성을 위해 일관성 있는 강화를 제공해야 한다.

    ㉢ 점진적 접근의 원리: 변화시키고자 하는 행동을 계획된 단계에 따라 점진적으로 접근해야 하며 내담자가 단계별로 쉽게 옮겨갈 수 있어야 하며, 단계마다 강화가 주어져야 한다.

(5) 상담결과의 조정 및 평가

① 행동변화 정도를 평가하는 것으로, 행동변화를 목적으로 시작한 행동수정은 행동변화가 확인되면 끝내게 된다.

② 행동주의 상담에서는 습득할 최종 행동을 정의하고 세분화하여 그 행동들의 변화 과정을 객관적으로 평가하기 때문에 상담자가 언제 행동수정을 끝내야 할지 분명히 알 수 있다.

③ 목표달성에 성공하지 못했을 때: 실패의 요인을 내담자 내부가 아닌 프로그램의 잘못된 설계나 진행에서 찾고 프로그램을 수정하는 조정을 한다.

(6) 상담효과의 유지, 일반화 및 종결

① 행동수정을 통해 얻은 변화가 유지되거나 나아가 비슷한 다른 행동으로 일반화될 수 있게 격려하고 프로그램을 지속하도록 안내하는 것으로 상담을 종결하는 단계이다.

② 내담자는 프로그램을 통해 자신감과 효능감을 얻게 되고, 자신의 행동을 조정하고 변화하는 방법을 학습하므로 행동수정 효과를 유지하거나 다른 유사한 행동변화로의 일반화가 가능해진다.

> **참고** **일반적인 과정**
>
> • 내담자 문제 탐색: 내담자가 호소하는 부적응 문제나 문제행동을 탐색한다.
> • 문제행동의 평가와 분석: 표적행동이 정해지면 행동분석을 통해 문제행동의 빈도나 지속기간 등을 평가한다.
> • 목표 설정: 문제행동에 대한 평가와 분석을 토대로 내담자와 함께 구체적인 상담목표를 설정한다.
> • 상담계획의 수립 및 실행: 상담목표가 정해지면 내담자의 행동변화를 위한 효과적인 상담계획을 수립한다.
> • 상담효과 평가: 표적행동의 개선정도를 지속적으로 평가하고 긍정적 또는 부정적 평가결과에 따라 상담계획을 점검하고 수정한다.
> • 상담종결 후의 재발방지 계획수립: 상담목표가 달성되면 계획을 수립하며 상담의 종결을 준비한다.

5. 긍정적 행동지원 개입과정

(1) 긍정적 행동지원을 통한 변화과정의 특징

① 문제행동의 빈도나 강도, 지속시간의 감소뿐 아니라 생활양식의 변화를 강조한다. 지역사회의 다양한 환경에 참여하고 사회적 관계, 활동 등에 접근할 수 있도록 구성되어야 한다.

② 기능평가를 실시하여 문제행동이 발생하거나 발생하지 않을 상황을 파악하고, 그 행동을 유지시키는 후속반응을 파악해야 한다.

③ 중다 중재 요소를 포함한다. 기존의 행동치료에서 사용되던 후속반응의 조절뿐 아니라, 선택 기회 제공이나 선호성 고려 등의 환경적 수정을 통한 예방, 대체기술 교수 등을 포함하는 포괄적인 전략을 사용한다.

④ 문제행동에 직접적인 영향을 미치지는 않지만 문제행동의 발생 가능성을 높이는 생태학적 사건과 배경사건(배고픔, 수면부족, 소음 등)을 조절한다.

⑤ 문제행동이 발생하기 전에 나타난 선행사건을 조작한다.

⑥ 문제행동을 통해 가지던 것을 적절한 행동을 통해 가질 수 있도록 대체행동을 가르친다.

⑦ 벌의 사용을 최소화하고 적절한 행동을 하도록 다시 지도한다.

⑧ 사회적 타당성과 인간의 존엄성에 기초하여야 한다. 사회적 타당도를 확보하기 위해 문제행동이 발생하는 실제 상황에서 중재가 이루어지고, 이를 위해 중재의 효과가 실제 생활 속에서 자연스럽게 일반화되고 유지될 수 있게 된다.

(2) 개입과정(기능평가)

① **배경사건의 이해**: 배경사건이란 문제행동 발생에 직접적인 영향을 미치지는 않지만 문제행동 발생에 영향을 미치는 사건을 말한다.

② **문제행동을 발생시키는 선행사건**: 선행사건은 문제행동이 발생하기 바로 직전에 일어났던 사건, 즉 문제행동 발생과 직접적으로 연결되는 사건을 말한다.

③ **선행사건에 의해 발생한 문제행동**: 문제행동이 어떤 양상으로 나타나는지, 그 강도나 지속 시기는 어떤지에 대해 파악을 해야 한다. 그리고 어떤 행동들이 같이 나타나는지에 대한 파악도 이루어져야 한다.

④ **문제행동에 대한 후속반응의 확인**: 문제행동이 발생한 다음 주변의 반응은 어떤지에 대해 확인을 해야 한다. 문제행동을 했을 때 주변의 관심이 주어지는지, 하고 싶은 활동을 하게 되는지 등을 파악해야 한다.

⑤ 선행자극, 행동, 후속반응의 분석과정

배경사건	선행사건	행동	후속반응
늦잠을 자서 아침을 먹지 못하였다.	교사가 수업시간에 수학문제를 풀도록 하였다.	책과 연필을 집어던지고 소리를 계속 질렀다.	수학문제를 풀지 않고 학습도움실로 보내졌다.
가설		기능	
식사를 하지 않고 등교했을 때 교사가 수학문제를 풀도록 요구하면 수학문제를 풀지 않기 위해서 수학책과 연필 등을 집어던지고 소리를 지를 것이다.		힘든 수학문제 푸는 것을 회피	

※ **기능분석**: 다양한 사람과 방법을 통해 다양한 환경에서 정보를 수집하여 배경사건과 선행자극, 문제행동, 후속반응을 이해하는 단계와 수집된 정보를 이용하여 문제행동의 기능에 대한 가설을 개발하는 단계, 가설을 근거로 개입계획을 수립하는 단계, 개입을 실행하는 단계로 나누어 볼 수 있다.

6. 상담기법

양식	부적응 행동 감소	적응행동 증가
대표기법	소거, 혐오치료(혐오기법), 노출법, 타임아웃, 이완훈련, 체계적 둔감법 등	행동조성, 행동연쇄, 행동계약, 모델링, 토큰강화, 자기지시훈련 등

(1) 혐오 기법

① 혐오 기법은 바람직하지 않은 행동에 대해 혐오자극을 제시함으로써 부적응행동을 제거하는 방법이다.

② 윤리적인 측면에서 논쟁의 여지가 있음에도, 소거되어야 할 행동에 적용하는 경우 그 효과성을 인정받고 있다.

③ 혐오자극의 종류

　ㄱ 화학물: 알코올중독을 제거하기 위해 구역질을 유발하는 화학물을 사용하여 술을 마실 때마다 불쾌경험을 느끼게 함으로써 알코올에 대한 매력을 감소시킬 수 있다.

ㄴ **시청각 자극**: 시청각 자료를 이용하는 데 금연을 위한 슬라이드나 담배와 관련된 질병에 걸려 고통스러워하는 장면의 자료 등을 통해 담배에 대한 싫증과 혐오감을 갖게 할 수 있다.

ㄷ **내현적 가감법**: 불쾌감을 연상시켜 바람직하지 못한 행동을 소거하는 방법으로 흡연, 비만, 약물남용 등의 상담에 유용하다.

ㄹ **타임아웃**: 부적절한 행동에 대해 정적 강화의 기회를 일시적으로 박탈하는 기법이다.

ㅁ **과잉교정**: 부적절한 행동이 나타날 때 즉시 행동 이전의 환경조건보다 훨씬 나은 상태로 원상회복시키도록 하는 것이다.

④ 혐오 기법을 계획하고 적용할 때는 신체적·정서적으로 부정적인 영향을 미치지 않게 주의해야 하고 내담자의 권리와 선택을 존중해야 한다.

(2) 체계적 둔감법 기출 20

① 이완된 상태에서 불안을 발생시키는 상황들을 위계적으로 상상하게 하여 불안과 양립할 수 없는 이완을 연합시켜 불안을 감소 혹은 소거시키는 방법으로, 울프(Wolpe)의 상호억제이론에 근거를 둔다.

② **불안**: 교감신경계의 흥분을 동반하기 때문에 교감신경계가 이완되면 불안도 감소한다. 즉, 심리적 불안과 신체적 이완은 병존할 수 없다.

③ 체계적 둔감법은 공존할 수 없는 새로운 반응(신체적 이완)을 통해 부적응적 반응(공포반응)을 억제하는 '상호억제(reciprocal inhibition)의 원리'를 이용하는 기법으로서 이미 조건형성된 부적응적 반응을 해체시키는 새로운 조건형성이 이루어진다는 점에서 탈(역)조건형성(deconditioning)이라고 부르기도 한다.

④ **절차**

ㄱ **이완훈련**: 내담자에게 불안을 대치할 이완반응을 가르친다.

ㄴ **불안의 위계설정**: 불안을 일으키는 사건들을 평가하고 불안의 정도에 따라서 위계를 정한다. 불안을 가장 적게 야기하는 사건에서 가장 심하게 일으키는 사건 순으로 '주관적 불편단위척도(subjective units of discomfort scale: SUDs)'를 작성하는데, 완전한 이완상태인 0점에서 극도로 불안한 상태인 100점까지 점수를 할당한다.

ㄷ **둔감화**: 이완상태에서 낮은 수준의 불안유발 자극에 노출시키는 것이다. 이완반응을 불안유발 자극과 짝지음으로써 이러한 자극에 대한 둔감화가 점진적으로 일어난다.

➡ **역조건형성**: 새로운 조건반응이 조건자극에 조건형성 되는 과정이다. 즉, 어떤 상황에서 나타나는 부적절한 행동을 적절한 행동으로 바꾸도록 새롭게 학습하는 것이다.

⑤ **방법**: 실제적인 불안 자극을 직접 노출시키는 방법과 불안자극의 상상을 통해 노출시키는 방법이 있는데, 심상적 노출은 내담자가 위험한 결과를 초래하지 않으면서 상상적 방법을 적용하여 불안이나 회피반응을 소거할 수 있다는 장점이 있다.

⑥ **장점 및 유의점**

ㄱ **장점**: 특별한 도구가 필요 없어 경제적이고, 내담자가 불안에 대처할 수 있는 자신의 독자적인 적용전략을 형성하고 주의집중력을 증진할 수 있다.

ㄴ **유의점**: 상담자가 많은 훈련을 받아야 하며, 자극을 상상하려면 내담자도 어느 정도 지적 능력을 지녀야 한다. 또한 상상된 자극에 대한 불안이 감소되어도 실제 상황에서는 일반화되지 않는 경우도 있다.

(3) 노출법 `기출 22`

① 노출법은 내담자가 두려워하는 자극이나 상황에 반복적으로 노출시켜 직면하게 함으로써 특정 자극상황에 대한 불안을 감소시키는 방법이다.

② **노출 및 반응 방지법**: 문제행동이 되는 자극상황에 노출시키되 문제행동은 못하게 하여 자극상황과 문제행동의 연합을 차단하는 방법으로, 특히 강박장애 치료에 효과적인 것으로 밝혀졌다.

③ **종류**

ㄱ **실제상황 노출법**: 실제적인 불안자극에 노출시키는 방법이다.

ㄴ **심상적 노출법**: 상상을 통해 불안자극에 노출시키는 방법이다.

ㄷ **점진적 노출법**: 낮은 불안을 유발하는 자극부터 점점 강도를 높여가는 방법이다.

ㄹ **급진적 노출법**: 처음부터 강한 불안을 유발하는 자극에 노출시키는 방법이다.

➡ **홍수법**: 급진적 노출법 중 하나로 내담자에게 강한 불안을 유발하는 자극이나 심상을 노출시키고 불안이 감소될 때까지 노출을 계속하는 방법이다. 체계적 둔감화가 점진적 자극에 노출시켜 불안을 줄이는 방법이라면, 홍수법은 방대한 자극을 바로 한꺼번에 노출시켜 불안을 다루는 방법이다.

ㅁ **내파법**: 현실보다 과장된 형태로 불안을 유발하는 심상을 계속적으로 제시함으로써 불안반응을 감소시키는 방법이다. 내파법은 내담자의 불안을 정신분석적으로 해석하고, 그와 관련된 과장된 형태의 심상 내용을 구성하여 제시하는 방법이 흔히 사용된다.

(4) 행동조성(조형)

① 조작적 조건형성의 원리를 적용한 기법으로, 바람직한 행동을 여러 단계로 나눠 세분화된 목표행동에 접근할 때마다 적절한 보상을 주어 점진적으로 특정 행동을 학습시키는 행동수정 방법이다.

② 조형에는 두 가지 요소가 있다.

ㄱ **차별적 강화**: 강화해야 할 행동과 강화하지 않을 행동을 정확하게 구분하여 강화하는 것이다.

ㄴ **점진적 접근**: 차별적 강화를 하면서 목표행동과 유사한 행동이나 목표행동에 근접해가는 행동들을 단계적으로 강화시켜 마침내 목표행동을 학습시키는 것이다.

(5) 행동연쇄

① 목표행동을 구성하는 일련의 반응들을 여러 단계로 나누어 한 단계씩 순차적으로 강화하여 최종 목표행동을 학습시키는 기법이다.

② 하나의 목표행동들은 단순한 행동이 고리처럼 순차적으로 연결된 것이다.

예 '이 닦는 행동'은 '칫솔을 손에 잡기 → 칫솔에 치약 묻히기 → 칫솔 세척하기 → 칫솔을 통에 넣기'까지 연속적인 여러 단계의 세분화된 행동으로 구성된다. 이 닦는 목표행동이 완성되려면 이러한 일련의 세분화된 행동들이 연속적으로 수행되어야 한다.

ㄱ **전진 행동연쇄**: 처음단계부터 순차적으로 강화하여 학습시키는 것이다.

ㄴ **역순 행동연쇄**: 행동의 마지막 단계부터 역순으로 강화하여 학습시키는 것이다.

③ **행동조성법과 행동연쇄**

ㄱ **공통점**: 새로운 행동을 학습시키기 위해 목표행동과 관련된 소단위의 행동들을 단계적으로 강화하여 학습한다.

ㄴ **차이점**: 행동조성법이 목표행동과 유사하거나 목표행동에 근접해 가는 행동을 단계적·선택적으로 강화시키는 반면에, 행동연쇄는 목표행동을 구성하고 있는 세부적인 행동들을 순서적으로 또는 역순으로 강화하여 행동연쇄를 수행토록 훈련시키는 것이다.

(6) 행동계약

① 상담자와 내담자가 구두나 문서로써 바람직한 행동의 종류와 강화요인을 합의하여 계약서 작성 등을 통해 내담자가 이를 실천하는 것이다.

② 행동계약에서 중요한 것은 바람직한 행동과 바람직하지 않은 행동의 결과로 어떤 보상이나 벌을 받을 것인지를 두 사람이 사전에 합의를 해야 한다는 것이다.

③ 행동계약의 요소

　㉠ 표적행동 확인: 표적행동을 명확하게 정의한다.

　㉡ 표적행동을 어떻게 측정할지 진술: 행동계약 이행을 책임지는 사람은 표적행동 발생에 대한 객관적인 증거를 가져야 한다. 다시 말해 내담자는 표적행동을 했는지 안 했는지 증명하여 유관이 정확하게 이행되도록 해야 한다.

　㉢ 행동이 수행되어야 할 시기 진술: 각 행동계약은 이행될 유관으로 행동이 나타나야 할 시기를 진술하여 시간적으로 구조화해야 한다.

　㉣ 강화나 벌 유관 확인: 계약 관리자는 내담자가 계약서에 진술된 표적행동을 수행하는 것을 돕기 위해 강화나 처벌을 사용한다.

　㉤ 유관을 이행할 사람 확인: 계약은 쌍방의 참여가 필수적이다. 한쪽은 구체적인 표적행동 기준을 실행할 것에 동의하고 다른 쪽은 계약서에 진술된 강화나 벌 유관을 이행한다. 계약서에 누가 표적행동에 대해 유관을 이행할지 분명하게 기술한다.

④ 행동계약의 장점 및 유의점

　㉠ 장점: 행동계약 이외의 보상물이나 결과를 불명확하게 기대하는 것이 아니라 서로 명시적인 계약을 통해 참여하는 것이다. 또한 내담자 자신의 요구와 관심이 반영되기 때문에 자신이 개인적으로 인정받는다고 여기게 되며, 비교적 객관적인 준거에 의해 보상이 결정되기 때문에 서로 분쟁할 필요가 없다. 상담자와 내담자가 서로 협의·토의하여 결정하는 과정을 통해 인간관계 기술을 익힐 수도 있다.

　㉡ 유의점: 행동계약을 수행하는 동안 상담자나 보상을 제공하는 사람이 주의 깊게 내담자를 관찰해야 하기 때문에 부담이 되고, 바람직한 행동의 수행수준을 결정하는 것이 쉽지가 않다. 또한 상담자나 교사가 기초선을 제대로 알지 못하면 비현실적인 행동수준을 요구할 수 있으므로 유의해야 한다.

(7) 토큰 강화 `기출 24`

① 토큰 또는 교환권을 주어 원하는 물건이나 권리를 바꿀 수 있도록 하여 바람직한 행동을 유도하는 기법이다.

② 먼저 강화하고자 하는 표적행동을 구체적으로 정의한 후 보상이 주어지는 분명한 행동규칙을 정해서 모든 구성원들이 이해하고 실행하도록 해야 한다.

③ 보상: 공정하고 일관성 있는 방식이어야 하며, 강화물은 분명하고 실질적이며 구성원에게 의미 있는 것이어야 한다.

④ 토큰(상표)을 강화물로 사용하게 될 경우

　㉠ 목표행동을 성취할 때마다 강화물 대신 상표로 제공하기 때문에 편리하다.

　㉡ 상표는 제공이 용이하여 행동이 일어난 후 즉시 제공이 가능하여 강화를 지연시키지 않는다.

　㉢ 상표로 여러 가지 강화물을 교환할 수 있다. 한 가지 특정 강화물만 주어지는 경우 포화현상으로 강화력을 상실하거나 상황이 변하여 그 강화물이 내담자에게 더 이상 강화가 되지 않는 등의 문제를 방지해 준다. 또한 상표를 모으면 더 좋은 강화물로 교환할 수 있어 최대의 강화효과를 갖는 강화물이 주어진다.

⑤ **구성요소**
  ㉠ 강화해야 할 바람직한 표적행동
  ㉡ 조건 강화인으로 사용되는 토큰
  ㉢ 토큰과 교환될 교환 강화물
  ㉣ 토큰 지급에 대한 강화계획
  ㉤ 토큰이 토큰 강화물과 교환되는 비율
  ㉥ 토큰과 토큰 강화물을 교환할 시간과 장소
    ➡ 어떤 경우에는 바람직하지 못한 표적행동인 반응대가 요소와 각 행동에 따라 상실될 토큰 비율을 함께 확인하는 경우도 있다.

⑥ **장점**
  ㉠ 심리적 포화현상을 방지할 수 있다.
  ㉡ 내담자가 토큰 개수에 따라 다양한 강화자극과 교환하거나 장기간 토큰을 저축하여 보다 값진 강화자극과 교환할 수 있다.
  ㉢ 토큰은 내담자의 행동을 강화할 때 간편하게 처리할 수 있다.
  ㉣ 강화의 지연을 예방하여 강화의 효과를 높일 수 있다.

⑦ **유의점**
  ㉠ 아동에게 상표를 나누어주면 잃어버리거나 도난당했다고 불평하는 경우가 많다.
  ㉡ 각 행동의 상표 개수를 정하는 것이 복잡하고, 강화물을 나누어주기 위해 계속 신경 써야 한다.
  ㉢ 강화물을 구입하는 것도 경제적으로 부담이 된다.
  ㉣ 상표 제도는 처음 도입할 때 결정해야 할 규칙, 조건이 많아 상담자나 내담자가 익숙해지는 데 시간이 걸릴 수 있다.

(8) 타임아웃

① 바람직하지 않은 행동을 하게 되면 모든 정적 강화의 접근을 일정시간 차단함으로써 바람직하지 못한 행동을 약화시키거나 제거하는 방법이다.

② **2가지 조건**
  ㉠ 부적절한 행동이 일어나고 있는 장소에 강화요인이 존재해야 한다.
  ㉡ 격리되는 장소에 강화자극이 없어야 한다.

③ **유형**
  ㉠ 배제 타임아웃: 내담자를 문제행동이 일어난 장소인 강화 환경에서 벗어나 다른 장소로 가게 한다. 이는 모든 정적 강화인을 제거하는 것이다.
  ㉡ 비배제 타임아웃: 내담자를 문제행동이 일어난 장소인 강화 환경에 있게 하면서 정적 강화인에 접근하지 못하게 하는 것이다.

④ **장점**: 문제행동을 적극적으로 격리하기 때문에 다른 아동들의 동요를 막을 수 있고, 상황이 매우 소란스러워지는 경우 타임아웃을 함으로써 상담자는 자신의 생각을 추스르고 다시 상황을 통제할 기회를 얻는다. 또한 교실 내에서 타임아웃을 하면 교실 뒤 작은 공간에 의자만 있으면 되므로 용이하게 수행할 수 있다.

⑤ 단점

ⓐ 타임아웃을 위한 방을 마련하는 경우 비용이 많이 든다.

ⓑ 타임아웃을 하면 눈에 띄지 않아 대상 아동이 잊히고 방치될 위험이 있다.

ⓒ 타임아웃 과정에서 아동이 반항하거나 자해를 할 수 있으므로 극단적인 행동에 대한 대비가 필요하다.

ⓓ 강화가 전혀 없는 타임아웃 환경을 만들기가 어렵다.

ⓔ 타임아웃 자체가 아동에게 적절한 행동을 가르쳐 주는 것은 아니기 때문에 이에 전적으로 의존하는 것은 교육적으로 바람직하지 않다.

⑼ 모델링

① 내담자가 다른 사람의 바람직한 행동을 관찰하여 학습한 것을 수행하는 것이다.

② 주요한 두 가지 측면: 모델이 행동을 수행하는 방법을 배우고 행동을 학습한 결과로서 모델에게 무엇이 발생하는가를 아는 것이다.

③ 5가지 상담적 기능

ⓐ 교수(teaching): 적응행동이 무엇인지 가르치는 것이다.

ⓑ 촉구(prompting): 적응행동을 실제로 행하도록 촉진하는 것이다.

ⓒ 동기화(motivation): 적응행동을 하려는 동기를 강화하는 것이다.

ⓓ 불안 감소(reducing anxiety): 내담자가 두려워하는 행동을 하는 모델을 관찰함으로써 불안이 감소되는 것이다.

ⓔ 저지(낙담시키기, discouraging): 문제행동을 하지 않도록 단념하게 하는 것이다.

④ 모델링의 종류

ⓐ 실제적 모델링: 실제 인물을 관찰하여 모방하는 것이다.

ⓑ 상징적 모델링: 비디오나 필름을 통해 본 적절한 행동을 모방하는 것이다.

ⓒ 역할연기: 다른 사람의 역할을 해보거나 이상적으로 되고 싶은 사람처럼 직접 행동을 실행해보는 것이다.

ⓓ 참여적 모델링: 상담자가 내담자를 위한 행동에 참여하여 먼저 보여주는 것이다.

ⓔ 내현적 모델링: 관찰될 수 없으나 머릿속으로 상상하며 어떤 행동을 하도록 하는 것이다.

⑽ 행동기술훈련

① 행동기술 훈련의 절차는 교수(지도), 모델링, 시연, 피드백으로 구성된다.

② 교수(지도): 학습자에게 적절한 행동을 설명하는 것을 말한다. 교수는 상세해야 효과가 있으므로 학습자에게 기대되는 행동을 정확하게 설명해야 한다. 특히 학습자가 이해할 수 있는 난이도로 설명되어야 하며 학습자가 믿을 만한 사람이 제공해야 하고 교수와 모델링을 동시에 제공하는 것이 필요하다.

③ 모델링: 학습자에게 정확한 행동시범을 보이는 것으로, 학습자는 모델의 행동을 관찰하고 그 모델을 모방한다.

④ 시연: 교수를 받은 후 혹은 모델링 후에 학습자에게 그 행동을 연습할 기회를 제공하는 것이다. 특히 정확한 시연에는 강화를, 부정확한 시연에는 교정 피드백을 제공해야 하고, 정확도가 높아질 때까지 반복적인 시연이 필요하다.

⑤ 피드백: 특정 행동을 시연한 후 즉각적으로 제공되는 것으로 정확한 수행에 대한 칭찬, 강화인을 포함한다. 모든 피드백은 발생한 즉시 제공되어야 하고, 정확한 부분이 무엇인지 설명하는 칭찬이 포함되어야 하며 한 번에 한 가지 측면에 대해서만 교정 피드백을 제공하는 것이 좋다.

(11) 자기관리(self-management) 전략 기출 24

① 내담자가 자신의 행동을 조절할 수 있도록 돕기 위해 인지적·행동적 방법을 통합하여 활용하는 것이다.

② 기본적 가정: 첫째, 문제 상황에서 문제에 대처하는 기술을 사용하도록 가르칠 수 있다. 둘째, 행동수정 결과를 일반화하고 유지하는 것은 일상생활에 자기관리 및 자기조절 방략을 실행하기 위한 책임능력을 내담자가 받아 들이도록 하는 데 있다.

③ 단계

   ㉠ 자기관찰: 문제행동과 관련된 자신의 생각과 감정, 행동 환경과의 관계 등을 관찰하여 문제행동이 어떻게 어느 정도 진행되었는지에 관한 기본적인 정보를 수집하는 단계이다.

   ㉡ 자기평가: 목표를 설정하고 실제 수행 정도와 수행준거를 비교하는 단계로, 자기관찰을 통해 실제로 행동한 정도와 초기에 설정한 행동목표와의 차이점을 알아보는 것이 목적이다.

   ㉢ 자기강화: 자기평가를 토대로 결과에 대한 반응을 자신에게 제공하는 과정이며, 목적은 동기화이다.

④ 자기관리를 촉진하기 위한 기법

   ㉠ 자기관찰(self-monitoring): 문제행동이나 이와 관련된 자신의 감정, 행동, 행동이 일어나는 전후 상황을 체계적인 방법으로 관찰하고 기록하는 과정이다. 관찰하고 기록하는 내용은 목표와 관련된 행동, 행동의 선행조건, 행동의 결과다. 행동은 그 빈도와 정도를 함께 기록하므로 객관적이고 구체적인 자료가 된다.

   ㉡ 자극통제(stimulus control): 문제행동과 관련된 환경적 요인들을 미리 재조정하여 행동의 변화를 촉진하는 기법이다. 목적은 부적절한 행동을 일으키는 환경자극의 빈도를 줄이고 바람직한 행동을 일으키는 환경 자극을 증가시키는 것이다.

   ➡ 자극통제의 기본원리

     • 첫째, 물리적 환경을 변화시켜 문제행동을 실행하기 어렵게 한다.

     • 둘째, 문제행동을 제한된 상황에서만 하도록 통제한다.

     • 셋째, 물리적 환경뿐만 아니라 사회 환경적 환경도 통제한다.

     • 넷째, 개인의 신체적·생리적 조건을 변화시켜 문제행동을 약화시킬 수 있다.

   ㉢ 자기강화: 바람직한 행동을 강화하여 그 행동을 증가시키는 역할을 한다.

> **더 알아보기**   **자기관리 프로그램 구성요소**
>
> • 자기감시(Self-monitoring):자기관찰(자신의 양상을 주목하거나 식별하게 됨), 자기기록(매우 구체적인 절차를 사용하여 자신이 무엇을 하고 있는지 계속 기록하는 방법)으로 구성된다. 결국 자기감시는 내담자가 목표행동을 가늠해 보거나 조절하도록 한다.
> • 자기보상: 바람직한 행동이 일어난 후에 의도적으로 자신에게 보상해 주는 것이다.
> • 자기계약: 언제, 어디에서 어떻게 목표한 행동들을 할 것인가 하는 행동조건들을 내담자가 작성하고 승인하는 것이다.
>   ➡ 효과적인 계약은 내담자 처지에서 완전히 수용될 수 있고, 구체적이며, 실행 가능한 단기간의 목표를 반영하는 조건들을 지니고 있다.

⑤ 장점: 내담자가 자신의 행동을 통제하도록 하기 때문에 상담자가 불필요하게 무리한 개입을 하지 않아도 되고, 다른 사람과의 비교보다 자신의 수행수준이 향상되는 것에 동기화되며, 의사결정의 효율성을 높이고 의존성을 줄일 수 있다. 또한 행동변화를 다른 행동영역까지 일반화하는 데 유리하다.

⑥ 단점: 내담자가 자신의 행동을 관리하도록 훈련하는 데 많은 시간이 걸릴 수 있고 상담자의 인내가 요구된다. 특히 정서장애 아동은 쉽게 산만해지므로 더디게 진행될 수 있다. 또한 상담자와 교사의 직접적인 통제가 약화 되어 권위가 도전받을 수 있고 자기관리 전략을 집단적으로 적용하는 것은 어려움이 있다.

⑿ **자기표현 훈련**

① 상대방의 권리를 침해하거나 상대방을 불쾌하게 하지 않는 범위 내에서 자신의 권리, 욕구, 생각, 느낌 등 자신이 나타내고자 하는 바를 마음속에 있는 그대로 솔직하게 상대방에게 나타내는 것이다.

② 요소

　　㉠ 자기존중 요소: 자기존중의 내용은 자기의 생각, 감정, 그리고 요구를 억누르거나 무시하지 않는 것이다.

　　㉡ 타인존중 요소: 자기의 생각이나 감정을 표현함에 있어 상대방의 권리를 침해하지 않고 존중하는 것이 필요하다.

　　㉢ 자기표현의 내용: 자기의 생각이나 의견뿐만 아니라 감정이나 자기의 요구까지 포함한다.

③ 의사소통의 3가지 기본 스타일로 소극적 스타일, 자기표현적 스타일, 공격적 스타일이 있다고 가정하며, 인간관계에서 가장 바람직한 자기표현을 증가시킴으로써 다른 2가지 스타일이 줄어든다고 본다.

유형	특징
소극적 의사소통	• 자신의 욕구나 권리를 표현하지 못함. 자신을 직접적으로 표현하지 못하므로 정서적으로도 정직하지 못하고 간접적으로 표현함 • 이 유형의 사람은 자기부정적이고 타인에게 인간적 권리를 침해하게 허용함 • 자신의 소극적 행동을 불안해하며, 자신에게 실망하고 뒤늦게 분노함 • 이 유형의 사람에 대해 타인이 느끼는 감정은 안달, 초조, 연민임 • 특히 대부분 자기 목표를 성취하지 못함
자기표현적 의사소통	• 자신의 욕구와 권리를 정서적으로 정직하고 직접적으로 표현함 • 자기향상과 인간적 권리를 유지하고 타인의 권리를 침해하지 않음 • 자신에 대해 좋은 감정과 자신감을 가지고 타인도 그에게 존경심을 가짐 • 결과적으로 바라는 목표를 성취함
공격적 의사소통	• 타인을 희생하면서 자신의 욕구와 권리를 표현함. 정서적으로 정직하나 타인을 희생하도록 표현하며, 그 순간에는 자기향상을 느낄 수 있으나 타인을 멸시하거나 창피를 주게 됨 • 이 유형의 사람은 당당한 우월감과 분노를 느끼지만 대부분 나중에 죄의식을 느낌 • 이 유형의 사람에 대해 타인이 느끼는 감정은 분노, 원한, 복수심임 • 타인을 희생하며 목표를 성취함

④ **기본가정**: 사람은 모두 자기 자신을 표현할 의무와 권리가 있다.

⒀ **자기교시(지시, self-instruction)훈련**

① 언어와 행동 간의 관계에 초점을 둔다. 언어는 대인관계에서 의사전달 기능을 하지만 자신 스스로에게 하는 말이기도 하다.

② 사고와 언어는 밀접한 관련이 있으며, 자기 자신에게 하는 말을 자기진술이라고 한다.

③ **부적응적 행동의 원인**: 잘못된 자기진술이 원인이라고 본다.

④ **자기교시법**: 비합리적인 자기진술을 합리적인 자기진술로 수정하는 방법이다.

⑤ **구성**: 문제 정의, 문제 접근, 주의집중과 반응 지도, 자기평가, 자기강화와 오류 수정 등으로 구성된다.

⑥ 마이켄바움(Meichenbaum)과 굿맨(Goodman)의 자기교시 절차

단계	내용
1단계: 인지적 모델링	성인 모델이 큰 소리로 말하면서 과제를 수행하고 아동은 관찰함
2단계: 외적(외현적) 지도	성인 모델이 하는 말을 아동이 큰 소리로 따라 말하면서 과정을 수행함
3단계: 외적(외현적) 자기지도	아동이 혼자서 큰 소리로 말하면서 과제를 수행함
4단계: 외적 자기지도의 감소	아동이 작은 소리로 혼잣말을 하면서 과제를 수행함
5단계: 내적 자기지도	아동이 마음속으로 혼잣말을 하면서 과제를 수행함

더 알아보기 **자기교수훈련**

자기교수훈련은 아동이 문제를 해결할 때 5단계로 나누어 지도하는 내용이다.
- 첫째, 문제 정의 단계로 해결할 문제가 무엇인지 알게 하는 것
  - 예 '내가 해결해야 할 문제는 무엇이지?'
- 둘째, 문제에 어떻게 접근할지 계획을 세우게 하는 문제접근 단계
  - 예 '어떻게 해야 하지?'
- 셋째, 당면 문제에만 집중하도록 하는 주의집중과 자기강화의 단계
  - 예 '나는 계획한 대로 잘 하고 있나?'
- 넷째, 정답을 고르는 단계
- 마지막으로, 문제를 해결한 다음 적절한 자기평가와 실패에 대한 교정을 하도록 하는 것
  - 예 '나는 잘 했나?'

7. 평가

(1) 공헌점

① 인간의 행동을 객관적으로 측정하고 행동의 학습원리를 강조함으로써 상담의 과학화에 기여했다. 특히 과학적인 행동원리에 근거하여 상담의 과학성과 객관성, 효과성을 입증했다는 점에서 역사적인 의미를 지닌다.

② 내담자의 표적행동에 따라 개개인에게 맞는 구체적인 상담기법을 적용할 수 있고 행동변화의 효과도 매우 좋다.

(2) 한계점

① 행동치료는 주로 동물실험을 통해 발전된 학습이론에 근거하고 있기 때문에 인간의 다양하고 복잡한 문제를 설명하고 치료하는 데 한계가 있다.

② 심리적 장애의 원인보다는 증상에 초점을 맞춘 피상적인 치료이기 때문에 치료된 증상이 새로운 증상으로 재발되는 '증상대치(symptom substitution)'가 나타날 수 있다.

③ 내담자와의 인격적인 관계의 중요성을 무시하고 증상치료에만 초점을 맞추어 기계론적으로 기법을 적용하는 비인간적인 방법으로 보는 경향이 있다.

④ 자신의 삶에 대한 전반적인 이해와 통찰을 얻고자 하는 내담자에게 도움을 주는 데는 한계가 있다.

09 엘리스(Ellis)의 합리적 정서행동치료(REBT)

1. 개관 및 인간관

(1) 개관

① 앨버트 엘리스(Albert Ellis)가 창시한 깃으로, 인지적 요인의 중요성을 강조한 최초의 상담이론이다.

② 인간을 단순히 외부에 반응하는 기계적인 존재로 파악하는 행동치료와 달리, 엘리스는 외부자극에 대한 개인의 반응을 매개하는 신념체계, 즉 해석방식의 중요성을 강조한다. 이러한 관점에 따라 상담장면에서 내담자의 신념체계를 변화시킬 뿐만 아니라 삶의 전반을 변화시키고자 한다.

③ REBT의 핵심은 내담자의 비합리적 신념을 합리적으로 변화시키는 것으로, 이를 위한 대표적인 방법이 논박이다. 이러한 상담과정은 ABCDEF 모델로 설명될 수 있다.

    ⊙ ABC(선행사건, 신념, 결과): 부적응 행동을 설명하는 모델이다.

    ⊙ DEF(논박, 효과적인 철학, 새로운 감정과 행동): 상담과정을 보여주는 모델이다.

    ➡ ABC 분석을 통해 파악된 내담자의 비합리적인 신념(B)은 논박(D)을 통해 효율적인 것(E)으로 변화되고 그 결과 새로운 감정과 행동(F)이 나타나게 된다.

④ REBT는 내담자의 부적응적인 것으로 몰아가는 신념체계에 대한 도전과 철학적 논의를 통해 좀 더 유연하고 합리적인 신념체계로의 변화를 촉진한다. 이러한 과정에서 내담자는 인생관의 철학적 변화를 통해 삶 전반의 긍정적인 변화를 경험하기도 한다.

(2) 합리적 정서행동치료(REBT)가 인지의 중요성을 강조한 이유

① 문제를 유발하는 인지인 비합리적 신념은 대부분 쉽게 의식적인 접근이 가능하다.

② 비합리적 신념은 중요한 정서적·행동적 문제에 영향을 미치는 핵심적인 역할을 한다.

③ 비합리적 신념을 변화시킴으로써 역기능적 감정과 행동을 효과적으로 변화시킬 수 있다. 이러한 인지적 변화는 다른 영역으로 확산될 수 있는 반면, 정서나 행동만의 변화는 제한적인 영향을 받는다.

④ 신념체계의 변화는 특정한 심리적 문제를 완화할 뿐만 아니라 미래에 겪을 수 있는 고난과 역경에 건강하게 대처하게 한다.

⑤ 인지적 변화는 비교적 단기간에 빨리 일어날 수 있다. 정서나 행동의 변화는 인지의 변화보다 더 많은 시간과 노력을 필요로 한다.

⑥ REBT의 기본 개념이 '우리가 사고하는 것을 느낀다.'이므로 REBT는 사고의 분석에서 시작한다. 만약 우리가 지닌 고통이 비합리적 사고의 산물이면 그 고통을 가장 잘 정복하는 방법은 사고를 변화시키는 것이다.

⑦ 행동에 대한 과거의 영향보다 현재에 초점을 둔다.

⑧ 신념이나 인간의 인지는 쉽게 이루어지지 않지만 변화한다고 믿는다.

(3) 발전과정

① 1955년에 자신의 상담접근을 '합리적 치료(TR)'라고 명명하였다.

② 1961년에는 정서적 측면의 중요성을 강조하기 위해 '합리적 정서치료(RET)'라고 개칭하였다.

③ 1993년에는 정서와 행동 모두를 중시한 '합리정서행동치료(REBT)'로 발전시켰다.

(4) **철학적 배경**

① 에픽테투스(Epictetus): "사람들은 사건 자체가 아니라 사건에 대한 생각에 의해서 고통 받는다." 이러한 사상은 사고와 신념이라는 인지적 요인이 인간의 불행과 부적응을 초래하는 주된 원인이라는 REBT 이론의 기초가 되었다.

② 소크라테스(Socrates)의 문답법: 내담자의 비합리적 신념을 변화시키는 주요한 치료기법이 되었다. REBT 상담자들은 내담자에게 질문을 던짐으로써 비합리적 신념의 지지증거가 없음을 스스로 깨닫도록 유도한다.

③ 토마스 쿤(Thomas Kuhn)의 패러다임(paradigm): 과학적 이론뿐만 아니라 개인이 세상에 대해 지니는 신념을 어떻게 조직화하는지에 대해서 설명하고 있다. 쿤의 과학철학 이론은 개인의 사고에 적용될 수 있으며 인지적 논박의 모델로서 REBT 상담과정에 적용되고 있다. 과학자들이 기존의 패러다임을 포기하고 새로운 패러다임을 받아들이게 되는 조건은 다음과 같다.

ⓐ 패러다임을 구성하는 명제 간에 상당한 논리적 불일치성이 존재하는 경우

ⓑ 패러다임으로 추론된 가정들이 잘못되었음을 보여주는 충분한 경험적 자료가 있는 경우

ⓒ 패러다임을 통해 새로운 사실과 지식을 발견하는 기능이 부족한 경우

ⓓ 기존의 패러다임보다 새로운 사실의 발견과 문제해결에 더 효과적인 패러다임이 부상하는 경우

④ 논리적 실증주의: 진리를 절대적이거나 완벽한 것으로 여기지 않는다. 다만, 인간은 과학자처럼 어떤 상황의 사실을 발견하고 그 사실로부터 최선의 결론을 도출함으로써 진리에 접근할 뿐이다.

ⓐ '사실'이나 '진리'는 인간에 의해 인식된 것이기 때문에 객관적이거나 절대적인 것은 아니다.

ⓑ 엘리스도 인간에게 절대적인 당위성을 부과하는 신념을 거부함으로써 포스트모더니즘의 철학과도 맥을 같이 하고 있다.

(5) **원리**

① 인지는 인간 정서의 가장 중요한 핵심요소이다. 이는 "우리가 생각하는 것을 느낀다."는 말로 표현할 수 있다. 어떤 사건이나 타인이 우리를 "기분이 좋다.", "기분이 나쁘다."라고 만드는 것이 아니라 우리 스스로가 인지적으로 그렇게 만든다. 인간은 환경 자체보다 주로 자신이 처한 환경에 대한 인지적 표상에 반응하는 경향이 있다.

② 역기능적 인지는 정서장애의 중요한 결정요인이다. 부적절한 정서 상태나 정신병리의 상당한 부분은 역기능적 사고 과정의 결과이다. 이는 절대적 당위적 사고, 과장적 사고, 자기비하적 사고, 낮은 인내성 등으로 나타난다.

③ REBT의 기본개념이 우리가 사고하는 것을 느끼는 것이기 때문에 REBT는 사고의 분석부터 시작한다.

④ 비합리적 사고와 정신병리를 유도하는 원인적 요인들은 유전적이고, 환경적 영향을 포함하는 중다요소로 되어 있다. 엘리스는 인간이 선천적으로 불합리하게 생각하는 경향이 있음을 지적했다.

⑤ 행동에 대한 과거의 영향보다 현재에 초점을 맞춘다.

⑥ 비록 쉽게 이루어지지는 않지만 신념은 변화한다고 믿는다.

(6) **인간관**

① 인간은 선천적으로 이중적인 존재, 즉 합리적이면서 동시에 비합리적인 존재이다.

② 인간은 비합리적 사고의 결과로 정서적인 문제를 만들어 내는 존재이다. 즉, 인간은 자신이 원하는 것을 선호적 사고가 아닌 당위적 사고로 여김으로써 정서·행동상의 어려움을 겪는 존재이다.

③ 인간은 자신의 '인지·정서·행동'을 변화시킬 수 있는 존재이다. 즉, 인간은 특정 상황에 대한 신념을 바꿈으로써 자기패배적 행동과 부적절한 감정을 변화시킬 역량을 지니고 있다.

④ 인간은 왜곡되게 생각하려는 생리적·문화적 경향이 있으며 자신이 스스로를 방해하는 존재이다.

2. 주요 개념

(1) REBT 특징

① 심리적 장애의 생성과 심리적 장애의 치료에 있어 '인지'를 강하게 강조한다.

② 변화의 지속을 촉진하기 위해 철학적 변화를 강조한다.

③ 심리적 장애를 다루는 자가치료(self-help)적 접근의 중요성을 강조한다.

④ 상담자의 적극적이고 지시적인 위치를 강조한다.

⑤ 상담자와 내담자의 관계에 관한 요소를 강조한다.

⑥ 중다양식적 접근을 강조한다.

⑦ ABC 모델이라는 정서장애 모델을 강조한다.

(2) 정서에 대한 관점

① **정서**: 사고의 결과로 정서가 나타난다.

② **정서장애**: 비합리적 신념의 결과로 발생한다. 개인이 믿는 비합리적이고 비논리적인 문장으로 인해 발생되는 것이며 그 결과 자기패배적인 감정이나 행동이 나타난다.

③ **적절한 정서**: '…하기를 좋아한다.', '…하기를 바란다.' 등의 생각과 관련된 정서이다.

　㉠ **긍정적 정서**: 자기가 좋아하거나 원한 일이 이루어졌을 때 생기는 행복, 호기심, 사랑 등의 정서이다.

　㉡ **부정적 정서**: 자기가 좋아하거나 원한 일을 이루지 못했을 때 생기는 불쾌감, 걱정, 초조 등의 정서이다.

④ **부적절한 정서**: "반드시 …를 해야 한다.", "반드시 …이어야 한다.", "절대로 안 된다." 식의 절대적 명령이나 요구와 관련된 정서이다. 자기가 원한 일이 이루어지지 못했을 때 느끼는 불안, 모욕감, 우울감, 적대감 등의 격렬한 부정적 느낌이다.

(3) 합리적 사고

① **논리적 일치성**이 있다.

② **검증 가능성**: 비합리적 신념은 경험적인 현실과 거의 일치하지 않으므로, 일반적으로 현실세계에서 나타나는 것들을 언급함으로써 반박할 수 있다. 대부분의 비합리적 사고는 현실과 불일치하는 경향이 있다. 합리적 사고는 일반적으로 더욱 현실과 일치하는 사고를 말한다.

③ **실용성**: 비합리적 사고는 인간의 삶을 파괴적으로 이끌거나 궁극적으로 지향하는 목적 달성을 방해한다. 반면 합리적 사고는 인간의 삶을 생산적으로 이끌고 삶의 목적을 성취하는 데 도움을 준다.

④ **비경직성**: 비합리적 사고는 절대적이고 경직되어 있는 요구성을 포함한다. 언어적 표현은 "반드시 …해야만 한다.", "반드시 …해서는 안 된다."라는 형태로 드러난다. 한편 합리적 사고는 개인의 선호, 바람, 소망, 희망 등을 반영한다. '나는 반드시 중요한 사람들로부터 인정받고, 이해받고, 사랑받아야만 한다.'라는 문장은 비합리적 신념으로 볼 수 있다. 당위적 사고는 특별한 삶의 조건이나 상황에 대한 절대적인 요구를 포함한다. 한편 '나는 중요한 사람들로부터 인정받고 이해받고 싶다. 그러나 그것이 꼭 필요하지는 않다.'라는 생각은 합리적 사고로 간주할 수 있다.

(4) 비합리적 사고의 요소 ^{기출 21}

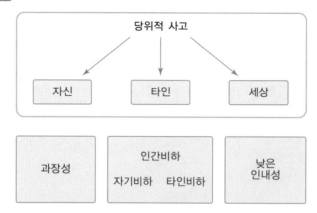

[그림 2-3] 당위적 사고에서 비롯된 비합리적 사고의 요소

① **당위적 사고**: 'must', 'should'로 표현된다. 엘리스는 절대적이고 당위적인 사고를 인간 문제의 근원으로 본다.
  ㉠ **자신에 대한 당위**: 자기 자신에게 현실적으로 충족되기 어려운 과도한 기대와 요구를 부과하는 것이다.
    예 다른 사람들로부터 인정과 칭찬을 받아야 한다.
  ㉡ **타인에 대한 당위**: 개인이 타인에게 지니는 과도한 기대와 요구로서 타인이 그 기대에 따르도록 일방적으로 요구하는 신념을 의미한다.
    예 사람들은 항상 나에게 친절하고 공평하게 대해야 한다.
  ㉢ **세상에 대한 당위**: 우리가 살아가는 사회 정치적 체제뿐만 아니라 자연세계에 대한 비현실적으로 과도한 기대를 의미한다.
    예 우리 사회는 항상 공정하고 정의로워야 한다.
② **과장적 사고(파국화)**: 현실을 있는 그대로 직시하기보다 훨씬 더 과장하여 생각한다. 이러한 사고는 파국화로 당위적 요구가 충족되지 않았을 때 현실의 결과를 과장되게 해석하게 한다.
③ **인간비하적 사고(인간 가치의 총체적 비하)**: 인간의 가치에 대한 총체적 평가이다. 당위적 요구를 충족시키지 못한 자신과 타인은 무가치할 뿐만 아니라 비난받거나 질책 당해야 한다는 비합리적 사고를 의미한다. 형태는 자기비하 또는 타인비하로 드러나는 경향이 있다.
④ **좌절에 대한 낮은 인내성(좌절의 불포용)**: 낮은 인내성(LFT; Low Frustration Tolerance)이라는 용어를 사용하며, 욕구가 좌절된 상황을 충분히 참지 못하는 경우가 이에 해당한다. 당위적 요구가 좌절된 상황을 참을 수 없다고 생각하는 비합리적 사고로, 흔히 '이것은 도저히 참을 수 없다.'는 사고의 형태로 나타난다.

> **더 알아보기** **비합리적 사고체계의 체득과정**
> • 인간은 생득적으로 비합리적 사고를 지닐 수 있는 경향성이 있다.
> • 비합리적 사고의 대부분은 어린 시절에 부모나 사회가 교육한 것이다.
> • 사회나 부모의 가치를 옳은 것으로 수용하여 자신의 것으로 받아들임으로써 굳게 체득된다.

(5) 비합리적 사고의 종류

① 주위 모든 사람으로부터 반드시 사랑과 인정을 받아야만 한다. 만약 그렇지 않으면 끔찍하다.
  ➡ 자기를 존중하고, 실제적인 일에 대해 인정을 받고, 사랑받기보다는 사랑하는 것에 신경을 쓰는 것이 보다 바람직하고 생산적이다.

② 어떤 사람은 나쁘고 사악하며 악랄하다. 그러므로 그런 사람은 반드시 비난과 처벌을 받아야만 한다.

➡ 사람들은 비윤리적으로 행동하는 경우가 흔하며, 이들을 비난하고 처벌하기보다는 그들의 행동을 변화시킬 수 있도록 도와주는 것이 더 좋을 것이다.

③ 일이 바라는 대로 되지 않는 것은 곧 무시무시한 파멸이다.

➡ 일이 뜻대로 진행된다면 좋겠지만, 내가 원하는 대로 되지 않는다고 해서 끔찍할 이유는 없다.

④ 위험하거나 두려운 일이 일어날 가능성을 늘 생각하고 있어야 한다.

➡ 걱정한다고 해서 어떤 일이 저절로 사라지는 것은 아니다. 나는 일어날 가능성이 있는 괴로운 일을 처리하기 위해 최선을 다할 것이며, 만약 다루기가 불가능하다면 그 일이 어쩔 수 없다는 것을 받아들이겠다.

⑤ 완벽한 능력이 있고 성공을 해야만 가치 있는 인간이다.

➡ 인간은(자신은) 제한점이 있고, 실수를 범하기도 하는 불완전한 존재라는 것을 받아들이는 것이 좋다.

⑥ 이 세상의 모든 문제에는 반드시 가장 적절하고 완벽한 해결책이 있으며, 이를 찾아내지 못하는 것은 두렵고 끔찍한 일이다.

➡ 세상은 불확실한 세계이다. 나의 삶을 즐기기 위해 아무런 보장이 없더라도 결정을 내리고 위험에 무릅쓰겠다.

⑦ 세상은 공정해야 하며 정의는 반드시 승리해야 한다.

➡ 세상에는 불공평한 경우가 자주 있다. 불공평한 경우에 불만을 갖는 것 보다는 이를 시정하도록 노력하는 편이 더 낫다.

⑧ 나는 항상 고통 없이 편안해야 한다.

➡ 고통이 없이 얻을 수 있는 것은 아무것도 없다. 그러므로 내가 비록 이것을 좋아하지 않아도 나는 이런 불편을 참아내고 견딜 수 있다.

⑨ 인생에서 어려움은 부딪치기보다 피해 가는 것이 편하다.

➡ 소위 쉬운 방법은 궁극적으로는 피할 수 없으며 더욱 어려운 방법이다.

⑩ 우리는 다른 사람에게 의지해야만 하고 의지할 경우 강한 누군가가 있어야만 한다.

➡ 다른 사람들과 친밀하게 지내는 것을 즐기지만, 내 생활을 도와줄 사람을 원하지는 않는다. 나는 내 자신을 믿고 의지할 수 있다.

⑪ 행복이란 외부 사건들에 의해 결정되며 우리는 통제할 수 없다.

➡ 현재에 내가 겪고 있는 정서적 괴로움은 주로 나의 책임이며, 내가 사건들을 보고 평가하는 방식을 변화시킴으로써 나의 감정을 조절할 수 있다.

⑫ 나의 과거의 사건들이 현재의 행동을 결정한다.

➡ 나는 과거의 일들에 대한 나의 지각과 과거의 영향에 대한 나의 해석을 재평가함으로써 과거의 영향을 극복할 수 있다.

(6) 합리적 사고와 비합리적 사고의 비교

구분	합리적 사고	비합리적 사고
논리성	논리적으로 모순이 없음	논리적으로 모순이 많음
현실성	경험적 현실과 일치함	경험적 현실과 일치하지 않음
실용성	삶의 목적 달성에 도움이 됨	삶의 목적 달성에 방해가 됨
융통성	융통성이 있고 유연함	절대적·극단적이고 경직되어 있음
파급효과	적절한 정서와 행동에 영향을 줌	부적절한 정서와 부적응적 행동을 유도함

(7) ABCDEF 모델

① A(선행사건): 개인에게 정서적 혼란을 야기하는 어떤 사건이나 행위를 말한다.

② B(신념): 어떤 사건, 행위 등의 환경적 자극에 대해 개인이 갖는 태도나 사고방식을 말한다.

ⓐ 합리적 신념(rB)과 비합리적 신념(iB)이 있다.

ⓑ 비합리적 신념(iB)은 과장되고 절대적인 특성이 있어 혼란스러운 감정으로 이어지며 내담자의 목표 달성에 도움이 되지 않는다.

③ C(결과): 선행사건을 접했을 때 비합리적 태도나 사고방식으로 그 사건을 해석함으로써 느끼게 되는 정서적 결과를 말한다.

④ D(논박)

ⓐ 내담자 자신이 가진 비합리적 신념, 사고에 도전하고 과연 그 사상이 사리에 맞는지 다시 한 번 검토해 보도록 상담자가 촉구하는 것을 말한다.

ⓑ 내담자는 탐지를 통해 자신의 절대적 신념과 자기비하적 신념 등을 확인하고 논리적으로 질문하는 방법과 스스로 논쟁하는 방법, 비합리적 신념에 도전하는 방법으로써 역기능적 신념을 논박한다.

⑤ E(효과): 내담자가 가진 비합리적 신념을 철저하게 논박함으로써 합리적 신념으로 대치한 후에 느끼게 되는 자기 수용적인 태도와 긍정적인 감정의 결과이다.

ⓐ 인지적 효과

ⓑ 정서적 효과

ⓒ 행동적 효과

⑥ F(감정): ABCDE 모델이 ABCDEF 모델로 확장되면서 추가된 요소로, 합리적 신념을 갖게 된 후에 얻게 되는 자기수용적 태도와 긍정적인 느낌을 말한다.

참고 **ABCDEF 모델에 따른 심리적 과정**

모델	과정
A(선행사건)	내담자에게 부정적인 감정을 유발한 촉발사건을 포착하여 구체적으로 확인함
B(신념)	• 촉발사건에 대한 내담자의 신념(B)을 탐색하여 찾아냄. 이 신념은 비합리적일 수도 있고 합리적일 수도 있음 • 개인은 자신의 의지와 상관없이 일어나는 외부사건에 대해서는 선택권이 제한되지만, 사건에 대한 신념에 내해서는 많은 선택권을 지님 • 내담자의 비합리적 신념을 변화시키려 노력하기 전에 치료자가 그 신념을 명료하게 확인·평가하는 것이 중요함
C(결과)	• 비합리적 신념의 결과로 나타난 부정적 감정과 행동을 말함 • 촉발사건은 그 자체로 부정적인 결과를 만들어 낼 수 있고 사건에 대한 비합리적 신념이 결과적 감정을 유발할 수 있음. 결과들은 건강하지 않은 감정과 자기파괴적인 행동으로 나타나기 쉬움 • 실제 상담과정은 C에서 출발하여 A를 확인하고 B를 찾아내는 순서로 진행됨 • 특히 부적응 문제를 유발하는 비합리적 신념을 구체적으로 파악하여 그에 치료적 초점을 맞추는 것이 중요함
D(논박)	• 논박을 통해 내담자가 지닌 신념의 합리성을 평가하고 비합리적 신념을 합리적인 신념으로 변화시킴 • 논박은 마치 철학자들이 토론하듯이 어떤 신념의 타당성을 다양한 관점에서 평가하는 대화 과정을 의미함
E(효과)	• 논박을 통해 비합리적 신념을 포기하고 좀 더 합리적인 신념을 발견하도록 도움 • 이 과정을 통해 상담자는 내담자가 자신의 삶을 적응적으로 변화시킬 수 있는 새로운 신념 체계, 즉 효과적인 철학을 형성하도록 도움
F(감정)	내담자가 합리적 신념을 발견하고 삶에 대한 효과적인 철학을 가지면 새로운 감정과 행동을 나타냄

A. 사건 또는 사실

철수와 영수는 수업 시간에 서로 이야기 하다 선생님의 질문을 받고 그에 대해 엉뚱한 대답을 했다. 그래서 친구들이 다 큰 소리로 웃었으며 두 사람은 선생님께 꾸중을 들었다.

B. 사건 또는 사실에 대한 생각

(rB) 합리적 생각

- 수업 중에 친구와 이야기하지 않는 것이 바람직하다.
- 내가 수업을 방해한 것 같다.
- 선생님이 나를 못마땅하게 여겼을 것 같다.

(iB) 비합리적 생각

- 절대로 선생님께 꾸중을 들어서는 안 된다.
- 선생님의 질문에 대해서는 반드시 정확한 대답을 해야만 한다.
- 친구들은 틀림없이 나를 바보라고 할 것이다.

C. 사건 또는 사실에 대한 생각의 결과

(deC) 적절한 정서적 결과

- 부끄럽다.
- 미안하다.
- 기분이 나쁘다.

(dbC) 적절한 행동적 결과

- 수업 시간에 좀 더 열심히 듣는다.
- 다음에는 자신있게 대답한다.

(ueC) 부적절한 정서적 결과

- 선생님이 싫다.
- 우울하다
- 웃는 친구들이 밉다.

(ubC) 부적절한 행동적 결과

- 그 선생님을 만나면 피한다.
- 그 과목 공부를 소홀히 한다.
- 친구들과 어울리기를 피한다.

D. 비합리적 생각에 대한 논박(의문문으로 진술)

- 친구들 중에는 선생님의 꾸중을 듣는 친구도 많은데 나만 절대로 꾸중을 들어서는 안 되는 이유가 있는가?
- 학생으로서 선생님의 질문에 늘 정확한 대답을 할 수 있는 사람이 있는가?
- 대답 한 번 잘못했다고 바보가 된다면 이 세상에 바보가 아닌 사람이 있겠는가?

E. 비합리적 생각에 대한 논박의 결과로 나타난 효과

(cE) 인지적 효과
(합리적 생각)

- 선생님께 꾸중을 듣지 않는 것이 좋지만 꾸중은 나에게 도움이 되기도 한다.
- 인간은 실수를 할 수도 있다. 그래서 늘 정확한 대답을 할 수 만은 없다.
- 친구들이 나의 엉뚱한 대답에 대해 웃는 것이지 나를 바보로 보고 웃는 것은 아니다.

(eE) 정서적 효과
(적절한 정서)

- 선생님께 죄송스럽기는 하나 선생님을 싫어하지는 않는다.
- 기분이 조금 불쾌하기는 하나 우울해지지는 않는다.
- 부끄럽기는 하나 친구들이 미워지지는 않는다.

(bE) 행동적 효과
(적절한 행동)

- 다음 수업 시간부터 수업 중에 친구와 이야기하지 않는다.
- 더 열심히 수업을 듣는다.
- 다음 발표를 잘하기 위해 예습과 복습을 한다.

[그림 2-4] ABCDE 절차 예시

(8) ABC 모델에서의 이차적 문제

① 각 개인이 최초로 가지고 있는 정서적 문제가 이차적 정서 문제를 유발할 수 있다.

② 내담자의 초기 정서적 문제가 새로운 사건(A)이 되어서 또 하나의 ABC 결과를 만들기 위해 도화선을 당기는 역할을 한다. 즉, 이차적 문제는 '문제에 대한 문제' 또는 '장애에 관한 장애'이다.

③ 이차적 문제의 발생과정

과정	내용
사건(A)	내담자의 어머니가 계속 내담자의 행동에 대해 불평을 함
합리적 사고(rB1)	"나의 어머니가 이런 식으로 행동하지 않았으면 좋겠다."
비합리적 사고(iB1)	"나는 어머니의 그런 행동을 좋아하지 않기 때문에 어머니는 그런 식으로 행동을 하면 절대 안 된다."
정서적/행동적 결과(C1)	어머니에게 화를 내고 소리를 지름

⇩

과정	내용
이차적 사건(A2)	내담자가 화를 내고 소리를 지름
이차적 합리적 사고(rB2)	"나는 화를 좀 가라앉히면 좋겠다."
이차적 비합리적 사고(iB2)	"나는 반드시 화를 참아야만 한다. 만약 그렇게 하지 못하면 나는 정말 어머니와 똑같이 한심한 인간이다."
이차적 결과(C2)	자기 자신에 대해 분노와 수치심을 느낌

3. 상담목표

(1) 상담목표

① 내담자가 정서적 고통과 자기패배적인 생각을 줄여서 더 행복한 존재가 되도록 돕는 것이다. 이를 위해서 상담자는 내담자에게 비합리적인 신념이나 태도가 어떻게 역기능적인 결과를 초래하는지 보여주고, 내담자로 하여금 비합리적인 신념을 합리적 사고로 대치하도록 돕는다.

② REBT는 궁극적으로 내담자가 자신의 삶을 고통스럽게 만드는 비합리적 사고를 극복하고 인생에 대한 철학적 변화를 통해서 자신이 원하는 삶을 효율적으로 영위하는 것을 목표로 하고 있다.

(2) REBT에서 내담자와 함께 추구해야 할 목표

① 자기와 사회에 대한 관심(self & social interest): 정서적으로 건강한 사람은 자기 자신 및 다른 사람들과의 소통에 관심을 갖는다.

② 자기지시(self-direction): 정서적으로 건강한 사람은 다른 사람의 지지를 좋아할 수 있으나 이를 요구하는 것이 아니다. 그들은 자신의 삶에 책임을 가지고 자신의 문제를 독립적으로 해결할 수 있다.

③ 관용(tolerance): 성숙한 개인은 다른 사람의 실수를 수용할 줄 알고, 이를 경멸하지 않는다.

④ 유연성(flexibility): 건강한 사람은 사고가 유연하고, 변화에 개방적이며, 다른 사람들에 대해 융통성 있는 관점을 가지고 있다.

⑤ 정서 혼란에 대한 자기책임(self-responsibility for own emotional confusion): 건강한 사람은 다른 사람이나 사회를 비난함으로써 자신을 방어하기보다 자기파괴적인 혼란을 느끼는 책임이 자신에게 있다고 느낀다.

4. 상담과정 기출 14

(1) 부적절한 정서와 행동 결과를 탐색(C)

① 내담자의 부적절한 정서와 행동의 결과를 탐색한다.

② 이 단계에서 상담자는 내담자의 정서와 문제의 관련성을 파악한다. 즉 내담자의 행동단서를 통해 생활사건에 초래되는 정서를 이해하고 사고체계 탐색을 통해 특정 정서상태를 유추한다.

(2) 상담목표를 설정

① **결과적 목표 – 건강한 정서와 행동의 획득:** 결과적 목표는 부적절한 정서와 부적응적인 행동을 적절한 정서와 적응적 행동으로 변화시키는 것이다. 현재의 상태에서 좋게 느끼는 것이 아니라 현재의 상태보다 실제로 더 나아지는 것에 초점을 둔다.

② **과정적 목표 – 비합리적 신념을 합리적 신념으로 변화시키기:** 과정적 목표는 비합리적 신념을 합리적 신념으로 변화시켜 합리적인 생각이 행동양식에 영향을 미치게 하는 것이다.

(3) 선행사건이 무엇인지 탐색하고 명료화(A)

① 반응유발 사건을 나타내는 A에는 환경, 상황, 때로는 내담자의 태도도 포함된다.
② 문제의 반응유발 사건은 이미 일어났으며 변화하지 않는다.
③ 내담자들은 강한 부정적 감정을 일으킨 사건에 대해 상담자와 함께 이야기하고 싶어 한다.
④ 핵심은 반응유발 사건에 대한 내담자의 지각체계의 탐색이므로 문제의 사건에 대해 지나치게 상세히 묘사하는 것은 불필요하다.
⑤ 반응유발 사건에 대한 내담자의 평가, 즉 사고에 초점을 둔다.

(4) 정서 · 행동적 결과와 사고 간의 관계를 교육(B-C)

① 내담자의 정서적 · 행동적 문제가 선행사건에 의한 것이 아닌 내담자의 신념에 기인한 것임을 분명히 교육한다.
② 내담자에게 타인이 그의 정서적 · 행동적 결과를 유발하는 것이 아님을 분명히 한다.
③ 내담자에게 과거가 그의 정서적 · 행동적 결과를 유발하는 것이 아님을 분명히 한다.
④ 내담자 스스로가 자신의 비합리적 신념에 의해 문제가 발생한 것임을 확신하지 못하면 REBT 상담은 난항을 겪을 수 있다.
⑤ 우화, 은유, 유추 등의 방법을 활용하여 B-C 관계를 교육할 수 있다.

(5) 결과를 일으킨 근본적인 원인인 사고를 탐색(B: 생각의 탐색과 과정적 목표 설정)

① 사고란, 현실에 대한 단순한 묘사가 아니라 내담자의 판단이 개입된 평가이다.
② 비합리적 사고의 수준
  ㉠ **자동적 사고:** 의식의 흐름 속에 있으며, 순간순간 떠오르는 생각이나 영상을 의미한다.
  ㉡ **추론과 귀인:** 사건이나 자동적 사고에 관해 이루어지는 추론이나 귀인으로서 의식적 과정에 있으며 쉽게 떠올릴 수 있다.
  ㉢ **평가적 인지:** 부정적 정서와 관련된 역기능적 인지다. 다소 가정된 것이기 때문에 명확하게 표현되지 않을 수 있다.
  ㉣ **핵심인지(내재된 신념, 도식):** 흔히 '스키마(schema)'라고 불린다. 각 개인이 독특하게 지니고 있는 삶의 법칙이나 철학적 가정이다. 이는 정서적 격동, 심각한 스트레스 등 인생의 커다란 변화에 의하지 않고는 잘 드러나지 않는다.
③ 상담자는 내담자의 비합리적 신념수준을 탐색하여 과정적 목표를 수립한다. 과정적 목표는 비합리적 신념을 합리적으로 변화시켜 합리적 신념이 행동양식에 영향을 미치게 한다.

(6) 탐색된 사고를 논박을 통해 바꾸기(D)

① 논박은 비합리적 신념을 합리적으로 변화시키는 것이다.

② 논박의 특성

    ㉠ 논박의 본질은 내담자가 비합리적인 생각을 깨닫고 바꾸도록 하는 데 있다.

    ㉡ 논박은 내담자 자신의 행동변화에 대한 의지가 높을 때 실시한다.

    ㉢ 논박을 하는 데 상당한 시간, 다양한 방법, 지속적인 노력, 열정이 필요하다.

    ㉣ 논박은 상담과정에서 반복적으로 일어난다.

    ㉤ 내담자의 근본적인 신념 구조는 쉽게 변하지 않는 특성을 지닌다.

③ 논박의 단계

    ㉠ 1단계: 내담자의 사고양식이나 생각의 체계를 조사하고 도전한다.

    ㉡ 2단계: 내담자를 위한 기능적이고 효율적인 대안적 사고양식을 개발한다.

④ 논박의 방법은 다양하며 은유, 유추, 우화 등의 여러 방법을 활용할 수 있다.

참고 | 논박의 종류

1. **기능적 논박**: 내담자의 생각과 그에 수반되는 감정 및 행동이 실제로 내담자에게 도움이 되는지 의문을 갖게 하는 것이 목적이다. 혹은 내담자가 비합리적 신념을 가지고 있는 한, 정서적으로 혼란해지기 쉽다는 사실을 보여주는 것이다.
   - 그 생각이 개인적인 문제를 해결하는 데 도움이 됩니까?
   - 그 생각이 다른 긍정적인 결과를 유도합니까?
   - 당신은 그 생각이 어떤 일을 하도록 동기화시킵니까?
   - 당신이 그렇게 하면 무슨 일이 일어납니까?

2. **경험적 논박**: 내담자의 생각이 얼마나 현실과 일치하는지를 확인하고 평가하도록 돕는 게 목적이다. 혹은 내담자가 가진 절대적 요구가 거의 항상 현실과 일치하지 않음을 보여주는 것이다.
   - 당신은 현실성을 어떻게 정의할 수 있습니까?
   - 증거는 어디에 있습니까?
   - 그것이 현실적으로 일어날 가능성이 얼마나 됩니까?
   - 그것이 그렇게 무시무시하고 끔찍한 일이 됩니까?

3. **논리적 논박**: 사고의 논리성에 의문을 제기한다. 반드시 이루어져야 한다고 생각하는 일이 뜻대로 되지 않을 경우 논리적인 사고를 하기 매우 어렵다.
   - 그 생각의 논리적 근거는 무엇입니까?
   - 그 생각이 왜 사실입니까?
   - 그 생각이 맞는지 어떻게 확신합니까?
   - 그 말이 어디에 그렇게 쓰여 있습니까?

4. **철학적 논박**: '삶의 만족'이라는 주제를 다룬다. 내담자는 당면한 문제에 몰입한 나머지 다른 삶의 영역에 있는 긍정적 측면, 자원, 가능성을 간과하는 경우가 많다. 당면한 문제가 해결되지 않으면 자신의 삶 전체가 위협받고 결국 불행해질 것이라고 사고하는 경향이 있다.

---

(7) 생각이 바뀜에 따라 나타나는 정서적·행동적 효과를 알게 하기(E)

(8) 바뀐 생각이 완전히 내재화되려면 숙제를 통한 꾸준한 실천적 노력이 요구됨을 알게 하기

① 방법의 탐색: 합리적 자기언어, 심상법, 역할 바꾸기 등의 여러 방법 가운데 내담자와 문제의 특성에 따라 어떤 방법을 선택할지 탐색한다.

② 숙제의 이용

    ㉠ 상담시간에 다룬 것과 연관된 숙제를 내준다.

    ㉡ 반드시 꼭 필요한 것을 내준다.

    ㉢ 실천 가능한 것을 내준다.

    ㉣ 숙제를 하는 이유를 자세히 설명한다.

    ㉤ 다음 회기에 숙제해 온 것을 꼭 다룬다.

③ 숙제의 4가지 특성

ㄱ 일관성: 숙제는 상담회기 중에 다루었던 것과 일치해야 한다.

ㄴ 구체성: 숙제는 명확한 지시사항을 충분히 자세하게 다루어서 내주어야 한다.

ㄷ 숙제에 대한 체계적 부여와 점검: 매주 숙제를 체계적으로 내준다. 그리고 그 다음 회기에는 점검한다.

ㄹ 효율성: 작은 단계보다는 커다란 단계를 취하도록 격려한다. 예를 들어 이번 주에 한 명의 여자에게 접근해서 말을 걸기 보다는, 최소한 5명 이상의 여자에게 말을 걸라고 요구한다.

(9) 종결하기

① **상담의 종결시점이 적절한가를 검토함**: 종결의 구체적인 기준은 내담자가 자신의 문제를 스스로 해결할 수 있는 여러 가지 기술을 습득했다는 충분한 증거가 있을 때, 그리고 상담자의 도움 없이도 자율적인 삶을 꾸려 갈 수 있을 때다.

② **상담을 통해 배운 것과 효과를 정리함**: 현실적인 문제를 해결하는 것보다는 자신의 문제를 유발하는 비합리적 신념을 인식하고 재구성하는 방법을 배우는 교육적인 접근을 취하므로 내담자가 상담을 통해 이를 제대로 배웠는지 확인하는 것이 중요하다.

③ **자기상담과 자기조력을 하도록 권유함**: 상담을 통해 배운 기법과 이론을 가지고 어려움이 있을 때마다 상담실에 와서 상담자의 도움을 청하기보다는 스스로 비합리적 사고를 탐색하고 자기논박을 수행하면서 스스로 문제를 해결하는 자기치료를 강조한다.

④ **인지행동 상담의 전 과정을 정리함**: REBT는 심리교육적 접근을 시도한다. 내담자와 상담자가 함께 상담의 전 과정을 정리해 봄으로써 자신의 이해와 이에 대한 해결책 등을 다시 살펴 볼 수 있으며, 이에 따라 확실한 교육적 효과를 거둘 수 있다.

⑤ **종결 후의 행동지침에 대해 논의함**: 상담효과를 극대화하기 위해서는 종결 후에 내담자가 취해야 할 여러 가지 종류의 행동 지침에 대해서 상의한다. 종결 시 이루어졌던 내담자의 행동변화가 지속되어 내재화되기 위해서는 내담자 스스로의 피나는 노력이 필요하기 때문이다.

⑥ **고양회기를 정함**: 상담자는 종결 후에도 내담자와 추수면접을 함으로써 내담자의 상태를 확인하는 것이 필요하다. 또한 상담 종결 후에도 필요하다면 상담자와 합의하여 상담이 재개될 수 있음을 알려줄 필요가 있다. 대개 고양회기는 종결 후 한 달, 그 한 달 후에서 3개월 후, 그리고 그 이후 6개월 후에 회기를 갖는 것이 일반적이다.

5. 인지적 기법

(1) 비합리적 신념 논박

① **논박하기**: 내담자로 하여금 자신이 지닌 신념의 타당성과 유용성을 평가하도록 돕는 적극적인 개입방법이다.

② **소크라테스식 문답법**: 상담자가 다양한 질문을 던져, 내담자 스스로 자기 신념의 비합리성을 깨닫게 유도하는 방법이다. 상담자는 5가지 질문(논리적 논박, 경험적 논박, 실용적 논박, 철학적 논박, 대안적 논박)을 이용해 내담자의 변화를 유도한다.

③ **설명식 논박법**: 강의식 설명으로 내담자의 비합리적인 신념을 논박하여 변화시키는 방법이다.

④ **풍자적 논박법**: 내담자의 신념을 과장하거나 우스꽝스럽게 희화화하여 신념의 비합리성을 깨닫게 하는 방법이다.

⑤ **대리적 모델링**: 내담자와 유사한 사건을 경험했지만 심각한 정서적 문제없이 살아가거나 오히려 성장의 기회로 승화한 사람을 모델로 예를 들 수 있다.

(2) 인지적 과제주기

① 상담자는 내담자에게 비합리적 신념을 찾아 논박하도록 특정한 과제를 부과한다.

② 인지적 과제: 시청각 자료 보기, 강연이나 워크샵 참여하기, 독서하기, 자기도움적 문항에 답하기, 문제자의 문제 목록표 작성하기, ABC 모델을 일상생활에 적용하는 활동 등이 포함된다.

③ 내담자로 하여금 선행사건에 대해 합리적으로 생각하는 진술문을 작성하게 한 후, 상담기간 동안 스스로 연습하도록 과제를 부여하거나 또는 내담자가 상담시간의 녹음을 들으며 자신의 사고에 대하여 객관적으로 바라보도록 하는 과제를 부여한다.

(3) 내담자의 언어 변화시키기

① 부정확한 언어가 왜곡된 사고를 일으키는 원인 중 하나라고 보기 때문에 내담자의 언어패턴에 특별한 주의를 기울인다.

② '~해야만 한다.', '~하지 않으면 안 된다.'라는 말은 '그렇게 되면 더 낫다.'는 말로, '만일~한다면 그것은 정말 끔찍스러울 것이다.'라는 말은 '만약 ~한다면 그것은 불편할 것이다.'라는 말로 대치될 수 있도록 돕는다.

(4) 소크라테스식 대화법(문답식 산파술)

① 대화를 통해 상대방의 막연하고 불확실한 지식을 진정한 개념으로 유도하는 기법이다.

② 상담자의 예리하고 분석적인 질문으로 내담자는 막연하게 여겼던 신념들을 통찰하고 정리할 수 있다.

③ 소크라테스식 대화법의 원리

　㉠ 일문일답 형식을 따른다.

　㉡ 합의에 도달할 때까지 계속해서 이야기해 나간다.

　㉢ 질문을 던질 때마다 장황하게 늘어놓거나 토론의 원줄기를 놓치는 일이 없도록 한다.

　㉣ 비합리적 사고에 대해 토론하되 시비는 걸지 않는다.

　㉤ 한번에 퍼붓는 식의 질문은 삼가고, 한 가지 질문에 대답할 시간을 여유 있게 준다.

(5) 기타 인지적 기법들

① 대리적 모델링: 내담자와 유사한 사건을 경험했지만 심각한 정서적 문제없이 살아가거나 오히려 성장의 기회로 승화시킨 사람들을 모델로 제시하여 내담자의 비합리적 신념을 논박하는 것이다.

② 대안제시: 내담자들에게 자신이 가지고 있다고 생각하는 것보다 더 많은 선택들이 가능한 경우가 종종 있다는 사실을 보여줌으로써 내담자가 모든 가능한 대안들을 생각해보고 스스로 대안을 찾아내도록 돕는 것이다.

③ 자기방어의 최소화: 내담자가 비록 여러 가지 잘못을 저질렀다 하더라도 이것 때문에 내담자가 경멸당하거나 저주 받을 이유는 결코 없다는 것을 보여주는 것이다. 이러한 자기수용은 내담자의 방어욕구를 최소화시켜 준다.

④ 유추: 자신의 어떤 특성 때문에 부적응적 행동이 나타나는지를 유추해보고 이해하게 함으로써 그런 행동이 자신에게 미치는 나쁜 점을 깨닫도록 돕는 것이다.

⑤ 유머의 사용(풍자적 기법): 내담자의 지나치게 진지한 생각과 태도를 반격하고 법칙적 생활 철학을 익살스럽게 논박하여 그러한 어리석음을 깨닫도록 돕는 것이다.

6. 정서적 또는 체험적 기법

(1) 합리정서 심상법 [기출 21]
① 내담자에게 일어날 수 있는 최악의 상황 중 하나를 상상하게 하여 상황과 맞지 않는 부적절한 감정이 적절한 감정으로 변화될 수 있도록 하는 것이다.
② 목적: 내담자가 문제 상황에서 느낄 수 있는 적절하고 건강한 정서를 찾을 수 있도록 돕는 것이다. 아울러 그러한 정서를 느끼기 위한 자기 속말과 대처방법을 연습하여 숙달하게 하는 것이다.
③ 부정적인 합리적 정서 심상법
　ㄱ 내담자로 하여금 눈을 감고 자신들이 문제 상황(A)에 있는 모습을 상상해보라고 한다. 그리고 대체로 겪을 수 있는 정서적 격동(C)을 경험하도록 한다.
　ㄴ 내담자가 경험한 C를 보고할 때까지 기다렸다가 이러한 정서적 결과와 관련되는 것으로 보이는 내재된 자기 언어에 더 집중하라고 요구한다. 그러고 나서 내담자가 부적절한 정서에서 더욱 건강한 정서(예 불안에서 관심으로)로 바꿔보라고 지시를 준다.
　ㄷ 내담자가 이 과정을 다 수행했는지 확인한다. 이 과정을 모두 마치는 대로 눈을 뜨게 한다.
　ㄹ "당신은 어떻게 그 과정을 할 수 있었느냐?"라고 물어보면 대부분이 인지적 변화가 일어났다고 보고한다.
④ 긍정적인 합리적 정서 심상법: 내담자가 문제 상황에 있는 자신을 상상해 본다. 그리고 행동과 느낌을 다르게 하는 자신의 모습을 상상해본다. 예를 들어, 대중 앞에서 말하는 것에 대한 공포가 있는 내담자로 하여금 교실에서 친구들 앞에서 여유 있게 이야기하는 자신의 모습을 상상해 보게 한다. 내담자가 그렇게 상상했다고 대답하면, "그렇게 하기 위해 당신은 어떤 이야기를 자신에게 던졌습니까?"와 같이 질문한다.
⑤ 구체적 절차
　ㄱ 가장 최악인 상태를 상상하게 한다.
　ㄴ 그 상황에서의 느낌을 탐색한다.
　ㄷ 부정적 느낌을 건강한 정서로 바꾸어 본다.
　ㄹ 건강한 정서로 바꾸기 위해 어떤 노력을 했는지 탐색한다.
　ㅁ 합리적 사고 유지를 위해 어떤 노력을 할 것인지 탐색한다.
　ㅂ 좋아하는 것과 싫어하는 것을 탐색한다.
　ㅅ 결론을 제시한다.
⑥ 이 기법을 통해 내담자는 건강한 감정과 그렇지 못한 감정을 구별하게 되고 실제 스트레스 상황에서도 적응적인 생각을 통해 건강한 감정을 느낄 수 있게 된다.

(2) 합리적 역할극
① 어떤 행동을 역할연극을 통해 시연해 봄으로써 내담자로 하여금 그 상황에서의 불안과 자신의 생각이 비합리적인 것임을 깨닫도록 돕는 것이다.
② 상담자는 내담자와 함께 구체적인 상황을 설정하고 기본적인 시나리오를 만든 후에 서로 역할을 맡아 상황을 재연한다. 역할극이 끝나면, 상담자는 내담자에게 역할극을 하면서 어떤 생각과 감정이 들었는지, 역할극 중에 달리 하고 싶었던 것은 있었는지 등을 질문한다.
③ 역할극은 내담자의 비합리적 신념을 확인하는 기회가 될 수 있을 뿐만 아니라 내담자에게 다양한 피드백을 해주는 기회가 되기도 한다.

(3) 대처진술 숙달시키기

① 내담자에게 합리적으로 대처하는 진술문을 작성하게 한 후 상담회기 내 또는 회기 간에 스스로 연습하게 한다.
② 대처진술문은 비합리적 생각에 반대되는 내용으로 구성하며, 큰 소리로 강력하게 외치고 그 결과로 느껴지는 정서를 체험하게 한다.

> 예 실패할 때마다 실패자라고 외치는 내담자에게 "내가 실패하더라도 내 자신이 실패자가 되는 것은 절대 아니야."와 같은 진술을 강력히 반복하게 함으로써 적절한 정서를 체험하게 할 수 있다.

(4) 유머

① 비합리적 신념을 극단적으로 과장하여 우스꽝스러운 결론에 도달하게 함으로써 자신의 어리석음을 익살스럽게 깨닫도록 하는 방법이다.
② 내담자 가운데 자신의 잘못을 지나치게 심각하게 생각하고 고민하는 경우가 있는데, 유머를 활용하면 내담자가 자신의 잘못을 가벼운 마음으로 바라보도록 도울 수 있다.

7. 행동적 기법

(1) 수치감 공격 연습

① 평소 다른 사람의 시선을 의식하느라 두려워했던 행동을 시도하는 기법으로 상담자는 내담자에게 창피하거나 부끄럽게 느껴지는 행동을 해보도록 과제를 부여한다.
② 이 과제를 통해 내담자는 부끄러운 행동으로 인해 자기 전체를 수치스럽게 느끼는 과잉일반화라는 비합리적 신념에서 벗어날 수 있다. 또한 내담자는 자신이 생각했던 것만큼 사람들이 다른 사람들에게 그렇게 관심을 두지 않으며, 따라서 타인의 비난에 대해 과도하게 영향 받을 필요가 없다는 것을 깨닫게 된다.
③ 목적
　㉠ 타인들이 인정하지 않는 사항에 대해서 너무 심각하게 받아들이지 않기 위해서다.
　㉡ 비록 자기 자신이 수치스러운 모습으로 행동했을 때도 자기 자신을 받아들일 수 있도록 돕기 위해서다.

(2) 강화와 벌칙

① 강화는 상담자와의 약속을 이행하는 경우 보상을 하는 기법인 반면, 벌칙은 약속을 제대로 이행하지 않을 경우 특권을 박탈하거나 부적 자극을 가하는 기법이다.
② 강화나 벌칙의 사용은 내담자 스스로 행동을 조절할 수 있을 때 가장 효과적인 자기관리가 이루어질 수 있다는 기본가정에 기초를 두고 있다.

(3) 기술훈련

① 내담자에게 부족한 행동기술을 향상시킬 수 있도록 교육하고 훈련하는 것이다. 이러한 기술은 내담자의 사회적 적응과 관련된 직업기술, 대인관계 기술이 포함된다.
② 이러한 기술훈련을 통해 내담자는 직업활동이나 대인관계에서 자신감을 증가시킬 수 있다.

(4) 역설적 과제

① 겉으로 보기에 내담자가 치료를 통해 변화하고자 하는 모습과 반대로 행동해보도록 하는 것이다.

> 예 불면증에 시달리는 내담자에게 잠자지 말라는 과제를 줄 수 있다.

② 이 과제의 목적은 내담자가 자신의 문제를 새로운 관점에서 바라봄으로써 좀 더 객관적인 현실 인식을 할 수 있도록 돕는 것이다.

(5) 기타기법

① **활동과제**: 상담장면이 아닌 상황에서 구체적인 행동을 해보도록 행동 지향적인 과제를 부과하는 것으로, 내담자가 실생활에서 새로운 행동의 시도를 통해 새로운 경험을 함으로써 비능률적인 습관을 버리도록 돕는 것이다.

② **여론조사기법**: 내담자가 지니고 있는 비합리적인 생각에 대해 타인들의 의견을 조사해 오게 한다.

　　⑩ 이성친구에게 거절을 당했을 때 그것이 과연 실패자임을 입증하는지 주변 사람들에게 물어보고 그 결과를 보고하도록 한다.

8. 평가

(1) 공헌점

① 논리적 설명과 간결함, 짧은 상담기간은 복잡한 현대인의 성향과 비교적 잘 맞는 이론이라는 평가를 받고 있다.

② 상담자의 직접적인 개입 없이도 테이프 듣기, 자기 도움 책 읽기, 행동하고 사고하는 것 기록하기 등과 같은 보충적 접근을 통해 내담자 스스로 치료를 이행할 수 있는 방법을 교육함으로써 상담자에게 의존하지 않고 스스로 변화할 수 있게 된다.

③ 인간신념에 초점을 맞춘 명쾌한 이론과 구체적 치료기법을 통해 내담자의 문제를 단기적으로 치료하는 접근법이다.

④ 내담자가 지닌 증상의 치료뿐만 아니라 인생관을 합리적으로 변화시켜 치료 후에도 효율적인 삶을 살아갈 수 있도록 돕는다.

(2) 한계점

① 다양한 복잡한 심리적 장애를 설명하기에는 너무 단순하다. 또한 ABC 모델에서 핵심적인 B(신념)의 정의와 역할이 모호하다.

② 이론에 대한 과학적이고 실증적 지지가 근거가 부족하다.

③ 적용범위에 한계가 있다. 즉, 교육적인 수준이 높은 지적인 내담자에게는 효과적이지만 언어표현과 사고능력이 낮은 내담사에게는 적용되기 어렵다.

④ **논박의 부작용 가능성**: 내담자에 대한 직접적·논박적 접근의 효과는 내담자에 따라 제한적일 수 있다. 상담자가 논박을 통해 내담자를 밀어붙이는 경우, 내담자는 상담을 중도에 포기하거나 오히려 더 강하게 변화를 거부하거나 저항하는 결과를 가져올 수 있다.

⑤ 내담자의 정서적 또는 관계적 측면을 소홀히 여기는 경향이 있다.

10　벡(Beck)의 인지치료

1. 개관 및 인간관

(1) 개관

① **이론** 벡(Beck)에 의해 개발된 상담으로 정신장애를 유발하는 인지적 요인을 정교하게 설명하고 효과적인 개입 방법을 제시해 주고 있다.

② 벡은 1960년대에 정신분석과 행동치료로 치료되지 않던 우울증에 대한 새로운 치료법으로 인지치료를 개발했다.

　　㉠ 우울증 환자들은 자기, 타인, 세상에 대해 부정적인 생각을 지니는데, 이러한 생각은 잘 자각되지 않을 뿐만 아니라 생활사건을 접하면 자동적으로 유발되기 때문에 '자동적 사고'라고 명명되었다.

     ⓛ 자동적 사고의 내용은 현실을 과장하거나 왜곡하는 것으로 다양한 인지적 오류가 개입한다.

     ⓒ 우울증을 유발하는 근원적인 인지적 요인은 부적응적 인지도식으로 이러한 도식은 완벽주의적이고 당위적이며 비현실적인 역기능적 신념으로 구성된다.

③ 정신장애마다 각기 독특한 내용의 사고를 지닌다는 '인지내용-특수성 가설'을 제시함으로써 다양한 정신장애를 설명할 수 있는 이론적인 정교성과 범위가 확장되었다.

④ 벡의 인지이론은 그 설명개념의 구체성과 정교함으로 인해서 정신병리를 과학적으로 연구하는 이론적 기틀을 제공하였으며 실증적 연구를 통해서 지속적으로 발전하고 있다.

⑤ 인지치료는 인지이론에 근거하여 내담자를 이해하고 치료하는 단기적인 치료방법으로, 인지의 변화에 초점을 맞추어 증상을 치료하는 적극적이고 구조화된 단기치료다.

(2) 인지치료와 REBT

① REBT 상담자는 합리적 논박을 통해 내담자의 비합리적 신념을 설득하는 반면, 인지치료 상담자는 역기능적 신념이 비합리적이어서 문제가 되는 것이 아니라 정상적 인지과정을 방해하기 때문에 문제가 된다고 본다.

② REBT는 매우 지시적이고 설득적이며 직면적이다. 또한 상담자가 가르치는 역할을 중시한다. 반면에 인지치료는 상담자가 내담자의 호기심을 자극하는 질문을 하여 스스로 잘못된 생각을 발견하도록 소크라테스식 문답법을 사용한다.

③ 소크라테스식 질문유형 중 하나인 인도된 발견(guided discovery)은 내담자의 역기능적 사고나 행동패턴을 깨우치도록 여러 가지 귀납적 질문을 하는 것이다. 이러한 사려 깊은 질문 과정을 통해 상담자는 내담자와 협력하여 내담자의 인지적 타당성을 검토한다(협력적 경험주의).

(3) 철학적 배경

① **스토아 철학**: 이성을 중시했을 뿐 아니라 개인의 주관적 경험을 강조했다.

     ㉠ **세네카(Seneca)**: "인간의 비극은 이성에 대한 열정의 승리에 기인한다."고 주장하며 이성에 근거한 삶을 중시했다.

     ㉡ **에픽테투스(Epictetus)** 기출 22 : "인간은 객관적 현실에 의해서 고통 받는 것이 아니라 그것에 대한 견해에 의해서 고통 받는다."는 말을 통해서 인간의 삶에 있어서 주관적 인식의 중요성을 강조했다.

② 인지치료자의 주요 임무는 내담자가 어떻게 세상을 주관적으로 인식하고 있는지를 파악하여, 이러한 인식의 내용이 그의 정서와 행동에 어떤 영향을 미치고 있는지를 밝힘으로써, 이러한 부적응적인 인지를 변화시키도록 자극하는 것이다.

③ 인지치료는 비이성적이고 비논리적인 생각을 정신병리의 근원으로 여기고 있는데, 이는 인지치료가 서양의 헬레니즘적인 합리주의와 이성주의에 근거하고 있음을 반영한다.

④ 내담자의 자기보고를 중시할 뿐만 아니라 상담자와 내담자의 협동적 관계를 중시한다. 그 이유는 내담자의 적극적인 개입과 참여 없이는 그의 주관적인 경험의 실체를 파악할 수 없기 때문이다.

⑤ **협동적 경험주의(collaborative empiricism)**: 상담자와 내담자가 마치 공동연구자처럼 같은 목표를 위해서 협동적으로 작업하는 과정이다. 이러한 협력적인 관계 속에서 인지치료자는 내담자로 하여금 자신의 생각과 신념을 탐색하고 그 타당성을 검토하여 더 나은 적응적 사고로 변화시키도록 돕는다.

⑥ **자가치료(self-tretment) 철학 강조**: 배고픈 사람에게 고기를 주기보다는 고기 잡는 법을 습득시킴으로써 스스로 고기를 잡아 배고픔을 해결하도록 돕는 것이 배고픈 자를 효과적으로 돕는 방법이라고 본다.

⑦ **심리교육적 모델**: 내담자의 증상을 완화시켜줄 뿐만 아니라 더 나아가서 자신이 겪고 있는 문제를 이해하고 해결하는 방법을 가르친다. 이렇게 내담자의 자가치료 능력을 키움으로써 치료효과가 지속될 수 있다.

(4) 인간관

① 인간의 감정, 행동, 사고 중 인지(사고 또는 생각하기)가 가장 우선적이며 제일 중요하다는 인지결정론적 입장을 견지한다. 즉, 감정이나 행동도 중요하지만 그것들은 모두 사람들이 어떻게 생각하느냐에 따라 영향을 받는다는 것이다.
② 부적응적인 문제로 고통을 받는 내담자들을 변화시키기 위한 가장 효율적인 방법은 그 사람의 생각을 변화시키는 것이다.
③ 인간은 자기통제와 자율성을 지닌 존재이며, 개인의 사고와 인지를 변화시킴으로써 감정과 행동을 수정할 수 있다는 관점에서 인간을 이해하고 상담을 진행한다.

2. 주요 개념

(1) 자동적 사고 [기출 17]

① **의미**: 스트레스 사건을 경험했을 때 선택 또는 노력과 상관없이 자동적으로 떠오르는 부정적인 생각들이다.
② 자동적 사고는 매우 빠르게 의식 속을 지나가기 때문에 개인에게 명료하게 인식되지 않으며 단지 그 결과를 뒤따르는 감정만이 인식된다.
③ **형태** [기출 23]: 언어적 형태나 시각적 형태 또는 두 가지가 혼합된 형태로 나타날 수 있다.
④ **주요 특징**: 구체적이고 축약되어 있으며 자발적 경험으로 당위적이면서도 극단적으로 보는 경향성을 내포한다.
⑤ 주의를 기울이면 쉽게 자각할 수 있고 변화시키기도 수월하여 인지치료 초기에는 자동적 사고를 포착하고 수정하는 데 초점을 맞춘다.
⑥ 자동적 사고는 외부자극에 대한 정보처리의 결과로 생성된 인지적 산물이다. 즉, 생활사건을 접하면서 그것이 내포하는 의미를 나름대로 해석하여 도출된 결과물로, 개인의 감정과 행동에 강력한 영향을 미친다.
⑦ **심리적 장애별 자동적 사고의 주제** [기출 23]: 정신장애 유형은 자동적 사고의 주제와 밀접하게 관련되어 있는데 이를 '인지내용 특수성 가설'이라고 한다.
　㉠ **우울증**: 자기 자신, 미래, 환경에 대한 부정적 견해를 가진다.
　㉡ **경조증**: 자기 자신, 미래, 환경에 대한 긍정적 견해를 가진다.
　㉢ **불안증**: 신체적·심리적인 위협을 느낀다.
　㉣ **공황장애**: 신체나 정신적 경험에 대해 파국적인 해석을 한다.
　㉤ **공포증**: 구체적이고 회피 가능한 상황에서 위협을 느낀다.
　㉥ **전환 장애**: 운동 또는 감각적 이상에 대한 믿음이 있다.
　㉦ **강박증**: 안전에 대한 반복적 경고를 하고 회의를 느낀다.
　㉧ **자살**: 희망을 상실하고 절망한다.
　㉨ **거식증**: 살찌는 것에 대한 공포가 있다.
　㉩ **건강염려증**: 심각한 의학적 질병에 걸려있다고 믿는다.

(2) **역기능적 인지도식과 신념**

① 인지도식: 개인이 주변 자극을 선택적으로 받아들이고 자극의 의미를 해석하고 자신의 경험을 나름대로 체제화하는 인지적인 틀로 어린 시절의 경험에 의해 형성된다.

② 심리적 장애를 경험하는 사람은 어린 시절 경험에 의해 특정한 내용의 인지도식을 형성하고 부정적 생활사건에 부딪히면서 그 사건의 의미를 특정한 방향으로 왜곡하여 해석하게 되고 결과적으로 심리적 문제가 야기된다.

③ 내용: 비현실적이고 완벽주의적이고 융통성이 없는 신념체계로 이루어진다.

④ 자동적 사고와는 달리 삶에 대한 일반적인 신념, 원칙으로서 흔히 절대주의적·당위적·이상주의적·완벽주의적이며 융통성 없는 내용으로 구성된다.

⑤ 정신병리에 개입하는 역기능적 신념(믿음)은 핵심신념(믿음)과 중간신념(믿음)으로 구분할 수 있다.

    ㉠ 핵심신념(믿음): 어린 시절에 중요 인물과 상호작용하면서 형성되는 가장 근원적이고 깊은 수준의 믿음이다.

    ㉡ 중간신념(믿음): 핵심신념과 자동적 사고를 매개하는 신념으로 핵심신념에 의해 영향을 받는다. 삶에 대한 태도, 규범, 가정으로 구성되며 잘 인식되지 못하는 경우가 많다.

        예 "무능력하다는 것은 끔찍한 것이다.", "나는 항상 열심히 일해야 한다."

(3) **성격의 인지 모델(인지적 발달 모형)**

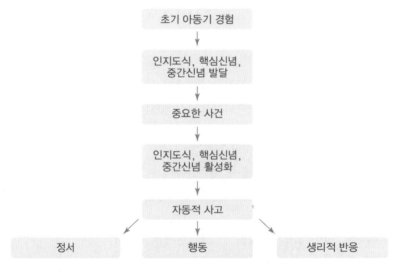

[그림 2-5] 성격의 인지 모델

① 성격은 환경에 대한 적응방략으로 정보처리방식과 밀접하게 연결된다.

② 성격의 핵심: 한 개인의 인지도식과 신념체계이다. 정보처리는 인지도식에 자리한 신념체계의 영향을 받으며 개인이 상황을 어떻게 평가할 것인지 결정한다. 개인의 인지, 정서, 동기에 강력한 영향을 미치는 핵심구조가 인지도식이며 성격의 기본단위가 된다.

③ 인지도식은 초기 아동기에 구축되며 부모 같은 주요 인물과의 상호작용을 통해 자신과 세상에 대한 핵심믿음을 형성하는 데 중추적 역할을 한다. 인지도식이 형성되고 나면 그와 일치하는 정보에 선택적으로 주의를 기울이고 해석하고 반응함으로써 인지도식이 더욱 강화된다.

④ 인지도식은 다양한 자극상황에서 개인으로 하여금 독특한 자동적 사고를 유발하고 그 결과로 독특한 정서적·행동적 반응을 하게 만든다.

⑤ 개인이 지닌 매우 특수한 역기능적 인지도식이 활성화되면 정신병리 상태가 유발된다.

　㉠ 일시적으로 증상이 나타나는 정신장애(우울, 불안 등): 평소에 잠복하고 있던 역기능적 인지도식이 특수한 상황에서 활성화된 결과다.

　㉡ 만성적으로 증상이 나타나는 정신장애(성격장애 등): 역기능적 인지도식이 다양한 생활사건에 의해 지속적으로 활성화되어 일상생활 전반에 영향을 미치는 경우다.

(4) 인지적 오류(cognitive error) 기출 16, 23

① 생활사건의 의미를 해석하는 정보처리과정에서 범하는 체계적인 잘못을 '인지적 오류' 또는 '인지적 왜곡'이라 부른다.

② 인지적 오류가 빈번하게 발생할 때 부정적인 감정과 행동이 유발되는 등 심리적 문제가 발생하게 된다.

③ 종류

　㉠ 이분법적 사고(흑백 논리적 사고): 사건의 의미를 이분법적 범주 중의 하나로 해석하려는 오류로, 사건을 흑백논리로 사고하고 해석하거나 경험을 극단적으로 범주화하는 것이다.

　㉡ 과잉일반화: 특수한 상황의 경험으로부터 일반적인 결론을 내리고 무관한 상황에도 그 결론을 적용시키는 오류이다.

　㉢ 정신적 여과(선택적 추상화): 특정한 사건과 관련된 일부의 정보만 선택적으로 받아들여 그것이 마치 전체를 의미하는 것처럼 잘못 해석하는 오류이다.

　㉣ 의미확대와 의미축소: 어떤 사건의 의미나 중요성을 실제보다 확대 또는 축소하는 오류이다.

　㉤ 개인화: 자신과 무관한 사건을 자신과 관련 있는 것으로 잘못 해석하는 오류이다.

　㉥ 잘못된 명명: 사람의 특성이나 행위를 기술할 때 과장되거나 부적절한 명칭을 사용하여 기술하는 오류이다.

　㉦ 임의적 추론: 어떠한 결론을 내릴 충분한 근거가 없음에도 최종적인 결론을 성급히 내리는 오류이다.

　　ⓐ 독심술: 다른 사람이 나에 대해 어떻게 생각하는지 안다는 생각

　　ⓑ 부정적 예언: 이렇다 할 증거나 근거 없이 나쁜 일이 일어날 것이라고 믿는 것

　㉧ 파국화: 관심 있는 한 사건을 과장한 나머지 비극적 결말을 예상하여 두려워하게 되는 오류이다.

　㉨ 정서적 추론: 객관적 증거가 아닌 직관이나 개인적인 느낌을 토대로 결론을 내리거나 주장하는 오류이다.

3. 상담목표

(1) 상담목표 기출 22

① 내담자의 부적응 행동과 정서를 유지시키는 역기능적 사고와 믿음을 재구성하여 새로운 사고를 하도록 돕는 것이다.

② 인지치료자는 내담자가 심리적 장애를 극복하고 적응수준을 향상시킬 수 있도록 자기 자신과 세상에 대한 왜곡된 인지를 수정하도록 돕는다. 또한 역기능적 신념을 좀 더 현실적이고 유연한 신념으로 변화시키고 적응적인 행동을 증진하기 위해 다양한 인지 또는 행동적 기법을 사용한다.

③ 일차적으로 증상 완화에 초점을 맞추지만 궁극적인 목표는 사고의 편향성과 경직성을 제거하는 것을 목표로 한다.

(2) 상담원리

① 기본적인 원리는 정신병리를 유발하는 왜곡된 인지를 수정하여 재구성하는 것이다.

　㉠ 인지의 수정은 각 수준의 인지(자동사고, 중간신념, 핵심신념, 인지도식)에 따라 순차적으로 이루어지는데, 비교적 자각하기 쉽고 수정하기도 쉬운 자동적 사고에서 시작하여 점차 깊은 수준의 인지로 수정해나간다.

　㉡ 깊은 수준의 신념을 수정할수록 미래의 재발을 막을 수 있기 때문에, 상담이 어느 정도 진행되면 자동적 사고의 기저를 이루고 있는 역기능적 신념의 변화에 초점을 맞추게 된다.

② 심리교육적 모델에 근거하고 있는 인지치료는 내담자 스스로 자신의 부정적 사고를 인식하여 변화시키는 역량을 키우는 데 주력한다. 인지치료는 특수한 학습과정으로 내담자가 다음과 같은 심리적 기술을 배우게 된다.

　㉠ 자신의 부정적이며 자동적인 사고를 관찰하여 파악하기

　㉡ 인지·정서·행동 간의 관련성을 인식하기

　㉢ 자동적 사고의 지지 증거와 반대 증거를 검토하기

　㉣ 편향적인 인지를 좀 더 현실적인 대안적 사고로 대체하기

　㉤ 경험을 왜곡하게 만드는 역기능적 신념을 파악하고 수정하기

(3) 4가지 치료지침

① **인지 모델에 근거한 사례개념화**: 내담자의 면담내용을 종합하여 증상이나 문제를 유발하는 자동적 사고, 중간믿음, 핵심믿음을 파악하고 그들 간 관계를 가설적으로 설정하는 작업이다. 나아가서 이러한 신념들이 형성된 성장배경을 파악하는 것도 중요하다.

② **협동적 경험주의**: 상담자와 내담자는 공동연구를 하듯이 협동적 관계 속에서 내담자의 경험에 근거하여 역기능적 인지를 찾아내고, 그 타당성을 검토하여 대안적인 인지를 발견해나가는 작업을 한다.

③ **소크라테스식 대화**: 인지치료자가 내담자의 인지적 변화를 촉진하기 위해 주로 질문을 통해 대화하는 방식을 의미한다. 상담자는 내담자에게 해결책을 제시하거나 사고를 논박하기보다는 일련의 신중한 질문을 통해 내담자 스스로 해결책을 찾도록 도와야 한다.

　㉠ **목적**: 내담자가 자신의 생각을 자각하고 평가할 뿐만 아니라 스스로 대안적 사고를 발견하도록 돕는 것이다.

　㉡ **기대효과**: 내담자가 자신의 문제를 구체적이고 명확하게 이해하고, 내담자의 생각, 심상, 신념을 포착하도록 도우며, 내담자가 어떤 사건에 부여한 의미를 재검토하게 하고, 부적응적 사고와 행동의 결과를 평가하도록 돕는다.

　㉢ 상담자가 자신의 의견을 제시하기보다 질문을 사용하게 되면 내담자는 덜 위협적인 느낌을 갖게 되며 상담자가 제시한 해석내용에 동의해야 한다는 부담을 덜게 된다.

④ **인도된 발견**: 상담자가 내담자로 하여금 자신의 부정적 사고, 사고에 내포된 논리적 오류, 대안적인 사고를 발견하게 안내하고 인도하는 치료적 과정을 의미한다. 인지치료에서 치료의 핵심은 내담자가 스스로 치료적 깨달음에 이르도록 세심하게 안내자가 되는 것이다.

4. 상담과정

(1) 상담과정 [기출 22]

단계	주요 내용
초기	• 내담자와 서로 신뢰하고 상호존중적인 관계를 형성함 • 내담자의 호소문제 명료화 • 내담자에게 인지치료의 기본개념과 원리에 대해서 설명 • **상담에 대한 내담자의 기대를 탐색하고 구조화를 통해 구체적인 상담목표를 내담자와 합의함**: 내담자가 자신의 문제나 치료에 대해서 지니고 있는 부정적인 사고내용을 탐색하여 다루어주는 것을 강조함
중기-전반	• 자동적 사고 확인 및 교정　　　• 대안적 사고 학습　　　• 대안적 행동 학습
중기-후반	• 인지도식 확인 및 교정　　　• 대안적 인지도식 학습　　　• 대안적 행동 학습 ➡ 역기능적 신념을 찾기 위한 3단계 과정 　　- 1단계: 내담자로 하여금 자신의 자동적 사고를 인식하고 보고하게 함 　　- 2단계: 자동적 사고로부터 공통되는 일반적 주제를 찾아냄 　　- 3단계: 이를 바탕으로 내담자가 지니고 있는 자신의 삶에 대한 원칙 혹은 기본가정을 찾아내게 함
종결기	• 상담 효과 평가　　　• 재발 방지를 위한 계획 수립　　　• 추수상담 계획

(2) 첫 회기 절차

① 내담자에게 의미 있는 의제를 설정한다.
② 내담자 기분의 강도를 측정하고 판단한다.
③ 현재 문제들을 확인하고 검토한다.
④ 상담에 대한 내담자의 기대를 이끌어낸다.
⑤ 내담자에게 인지치료와 내담자의 역할에 대해 가르쳐 준다.
⑥ 내담자의 문제와 진단에 대한 정보를 제공한다.
⑦ 목표를 세운다.
⑧ 회기 사이에 수행할 과제들을 추천한다.
⑨ 회기를 요약해서 말한다.
⑩ 회기에 대한 내담자의 피드백을 얻는다.

5. 상담기법

> **참고　상담기법의 공통적 특징**
>
> • 과학적 연구에 의한 치료기법을 개발하고 개선하려고 한다.
> • 의학적 모델에서는 심리장애를 질병으로 간주하나, 인지행동치료 접근에서는 대부분의 심리장애를 일상생활에서 만들어진 역기능적인 문제행동으로 본다.
> • 문제행동별로 특정한 치료기법을 적용하여 역기능적 행동이나 인지를 변화시키려고 한다.
> • 단기 치료를 지향하는 기간 한정적인 치료이다.
> • 필수적 치료절차로 인지평가와 행동평가가 이루어진다.
> • 상담자는 교육자이자 코치의 역할을 담당한다.

(1) 역기능적 사고 기록지

① **역기능적 사고의 일일기록지 사용**: 엘리스의 ABC 모델을 사용하여 종이에 사건, 상황과 그때그때의 감정 및 행동반응을 적어놓고 그 사이에 어떤 생각이 개입되어 있었는지 인식하도록 돕는다. 나아가 내담자가 자동적 사고의 타당성을 검토하여 보다 현실적으로 사고함으로써 어떤 감정 변화가 나타나는지 체험하게 돕는다.

참고 **일일기록지**

구분	내용
일시	날짜, 시간
상황	불쾌한 감정을 유발한 실제 사건, 상상, 기억에 대한 내용을 기록
감정(정서)	불쾌 감정을 구체적으로 기록하고 감정의 강도를 1~100의 숫자로 평가
자동적 사고	감정에 선행한 자동적 사고를 기록하고 사고의 확신 정도를 0~100의 숫자로 평가
합리적(대안적)반응	자동적 사고에 대한 합리적 반응과 그 확신 정도를 0~100의 숫자로 평가
결과	자동적 사고의 확신 정도와 결과적 감정 강도를 0~100의 숫자로 재평가

② 상담자는 내담자에게 일일기록지를 기록하는 숙제를 내 주고, 다음 상담시간에 일일기록지의 내용을 바탕으로 구체적인 대화를 나눈다.

참고 **대안적 반응을 만들어 낼 수 있는 질문**

• 그 자동적 사고가 진실이라는 또는 거짓이라는 증거는 무엇인가?
• 혹시 다른 설명 방법이 없는가?
• 일어날 수 있는 가장 나쁜 결과는 무엇인가? 내가 견뎌낼 수 있는가? 기대할 수 있는 가장 좋은 결과는 무엇인가? 그렇다면 가장 현실적인 결과는 무엇인가?
• 내 자동적 사고를 내가 정말 믿는다면 그 결과는 무엇인가? 내 생각을 바꾼다면 어떤 결과가 일어나는가?
• 만약 (친구 등) ○○가 똑같은 상황에 처해 있고 이런 생각을 가지고 있다면 나는 뭐라고 해주었을까?

③ 이 방법을 통해 내담자는 자신의 불쾌 감정과 관련된 사고 내용을 인식하는 자기관찰 능력과 합리적 사고능력을 향상시킬 수 있다.

(2) 하향 화살표 기법 기출 23

① 자동적 사고의 기저에 존재하는 역기능적 신념을 탐색하는 기법이다.
② 특정한 사건의 자동적 사고로부터 그 사고의 기저에 있는 신념을 계속 추적해 들어가는 방법이다.
③ **질문**: "과연 이러한 생각이 당신에게 무엇을 의미하는 것인가?", "당신의 생각이 사실이라면, 그 사실이 어떤 의미를 지니는가?", "당신은 왜 이러한 생각 때문에 괴로워하는가?"

(3) 행동실험 기출 23

① 내담자가 지닌 사고의 타당성을 직접적으로 검증하는 기법이다.
② 내담자는 자신의 행동에 대한 다른 사람의 반응이나 생각을 왜곡할 수 있다. 이 경우 내담자로 하여금 실제로 그러한 행동을 해보고 어떤 결과가 나타나는지 확인하는 일종의 실험을 해보게 한다.
③ 이를 통해 특정한 행동이 부정적인 결과를 초래할 것이라는 내담자의 과도한 걱정과 예상들이 행동실험을 통해 잘못된 것임을 밝힐 수 있다.

(4) 인지적–감정적 역할연기

① 내담자가 자신의 신념이 역기능적임을 지적으로 알고 있지만 감정적으로는 여전히 옳은 것으로 느껴질 경우에 이 기법을 적용한다.

② 기법을 적용할 때, 먼저 내담자는 신념의 '감정적' 부분 역할을 맡고, 상담자는 '이성적' 부분의 역할을 맡아 서로의 입장을 주장한다. 두 입장을 충분히 논의한 후에는 서로의 역할을 바꾼다. 이때 내담자와 상담자는 모두 자신이 내담자인 것처럼 '나는'이라는 주어를 사용하며 이야기한다.

③ 이러한 역할연기를 통해 내담자는 이성적 판단과 감정적 수용의 괴리를 해소할 수 있다.

(5) 대처카드(coping card)

① 내담자는 부정적 사고의 문제점을 잘 이해하지만 장시간 습관화된 사고를 적응적 사고로 쉽게 변화하지 못한다. 이때 적응적 사고를 기술한 문장을 큰 소리로 반복하여 읽거나 말함으로써 적응적 사고가 내면화될 수 있다.

② 대처카드는 부적응적인 자동적 사고에 대항하는 적응적인 사고의 내용을 기록한 카드로 내담자가 늘 지니고 다니거나 쉽게 볼 수 있는 곳에 붙여두고 수시로 읽거나 되뇌도록 한다.

③ 형태: 한쪽 면에 자동적 사고를 적고 뒷면에는 적응적 사고를 적은 것, 특정한 문제 상황에서 효과적으로 대응할 수 있는 행동전략을 적어놓은 것, 특정한 행동을 꾸준히 실천하도록 자기지시의 내용을 기록한 것 등이 있다.

(6) 활동계획표(activity schedule)

① 매일 시간대 별로 구체적인 활동 계획을 기록하고 그 실행결과를 기록하는 간단한 표를 의미하며 일정관리표나 플래너와 유사한 것이다.

② 활동계획표를 사용하는 것은 내담자의 의욕저하를 막고, 부정적인 생각에 몰두하며, 소극적인 은둔적인 삶에 매몰되는 것을 막아준다.

③ 활동계획표를 작성하는 일은 내담자가 자신의 일상생활을 구체적으로 관찰하여 이해하는 계기가 된다. 또한 생활의 목표와 계획표를 세우는 것은 삶의 의욕과 활기를 증진시켜줄 뿐만 아니라 하루의 일과를 구조화해준다. 내담자의 생활이 활동적으로 변하면 기분이 현저하게 향상될 뿐만 아니라 삶도 효율적으로 변하게 된다. 특히 내담자는 상담자와 활동계획표를 세우면서 시간을 통제할 수 있다는 자신감을 얻게 된다.

(7) 과제

① 과제수행을 통해 적응기술을 습득하여 상담효과를 증진하고 상담기간을 단축할 수 있다.

② 과제는 내담자와 상의하여 합의하에 부과하고, 상담자는 반드시 다음 회기에 과제 수행여부를 확인해야 한다.

③ 가능하면 내담자가 성공적인 결과를 거둘 수 있는 과제를 부과하는 것이 바람직하며 쉬운 과제부터 시작하여 조금씩 어려운 과제를 부과하는 점진적인 과제제시 방법이 효과적이다.

(8) 사고표집

① 사고표집은 내담자의 사고에 관한 정보 수집에 사용하는 방법이다.

ⓔ 가정에서 무작위로 시간 간격을 두고 녹음하는 것

② 구체적인 상황과 관련된 자료를 수집하는 데 유용하지만, 내담자의 활동을 저해하고 성가시게 할 수 있으며 내담자의 문제와 무관한 사고가 녹음될 수 있다는 한계가 있다.

⑼ **삼단논법(세 가지 질문 기법)**

① 소크라테스식 문답법의 구체적인 형태이다. 3가지 질문으로 구성되어 내담자의 부정적 사고의 변화에 도움이 되도록 고안된 기법이다.

② 3가지 질문

㉠ "그 신념의 증거는 무엇입니까?"

㉡ "그 상황을 다르게 설명(해석)할 수 있습니까?"

㉢ "그것이 사실이라면, 예상되는 결과(혹은 무엇을 의미하는가)는 무엇입니까?"

⑽ **기타기법**

① **탈파국화**: 내담자가 일어날 가능성이 적은 결과에 대해 두려워하는 경우 사용되는 기법으로 '가정(what-if)' 기법, 즉 내담자가 가능한 결과에 과잉반응할 때 사용된다.

② **절대성에 도전하기(절대적 사고에의 직면)**: 내담자들이 주로 '누구나', '항상', '언제나', '결코', '아무도', '어느 누구도', '매일 같이', '단 한번도' 등과 같이 극단적인 용어를 통해 자신의 고통을 표현하고 호소하는데, 이러한 절대적 진술에 대해 상담자는 질문을 통해 내담자가 보다 정확하고 구체적으로 표현하도록 돕는 기법이다.

③ **재귀인**: 특정 사건, 상황에 대한 책임이 거의 없는 사람이 책임을 자신에게 돌려 정서적 어려움에 빠지는 경우, 그 책임을 분산시키는 기법이다. 이 기술은 내담자가 사건에 대한 책임을 공정하게 귀인하도록 돕는다.

④ **인지시연**: 상상을 통해 장차 발생할 수 있는 사건의 대처 방법과 전략을 미리 연습하는 기법이다. 즉, 특정한 상황에 적절한 행동을 실천할 수 있도록 그 행동의 상세한 과정을 반복적으로 상상하는 것이다.

⑤ **사고중지법**: 지속적인 해로운 생각들을 없애는 데 어려움을 경험하는 경우, 원치 않는 생각이 떠오를 때마다 "멈춰!"라고 크게 혹은 목소리를 내지 않고 말하는 것, 더 나아가 그것을 긍정적인 생각으로 대체하도록 돕는 방법이다.

⑥ **재정의**: 내담자가 사용하는 모호한 단어, 가령 우울한 내담자의 경우 '속상한, 실패한, 우울한, 죽고 싶은'과 같은 모호한 단어를 사용하기 쉬운데 이러한 표현을 재정의함으로써 문제를 보다 구체적으로 만들고 내담자나 상담자 모두 그 사고과정을 정확하게 이해하도록 돕는 방법이다. 이 방법은 문제를 보다 구체적이고 개인적인 것으로 만들고 내담자 자신의 관점에서 말할 수 있도록 돕는 과정이다.

㉠ '아무도 나에게 관심이 없다'라고 말하는 경우에 '나는 다른 사람들과 접촉하고 싶고 돌봄이 필요하다'라고 문제를 재정의하도록 한다.

⑦ **재구성**: 내담자의 상황이나 행동에 대한 인식을 변화시키는 것으로 문제의 다른 측면에 초점을 두거나 내담자가 다른 시각에서 문제를 바라볼 수 있도록 돕는 방법이다.

㉠ 면접낙방: 새로운 직업을 찾을 수 있는 기회로 인식하는 것이다.

⑧ **탈중심화**: 타인의 관심이 자기에게 집중되어 있다는 잘못된 신념으로 불안해하는 내담자를 상담하는 데 사용되는 기법으로, 왜 타인이 자신을 응시하고 마음을 읽고 있다고 생각하는지에 대하여 검토를 한 후에 이러한 특정 신념을 검증하도록 행동적 실험을 실시하는 것이다.

⑨ **증거탐문**: '그 생각에 대한 증거를 가지고 있는가?'와 같은 질문을 통해 특정 믿음을 뒷받침하는 증거의 타당성을 함께 검토하여 내담자의 왜곡된 생각을 수정하도록 돕는 방법이다.

6. 마이켄바움(Meichenbaum)의 인지행동수정(CBM)

(1) 개관

① 내담자의 자기 언어화를 변화시키는 것을 중점적으로 다룬다. 즉 비합리적 내적언어는 정서장애의 원인이 된다.

② **기본전제**: 행동변화가 일어나려면 내담자의 생각, 느낌, 행동과 자신이 타인에게 미치는 영향을 먼저 알아야 한다. 또한 내담자의 행동에 변화가 일어나려면 상담자가 지금까지 프로그램화된 것 같이 반복하던 내담자의 행동특성을 중단시키고 다양한 상황에서 행동을 평가해야 한다.

③ **비합리적 내적 언어**: 정서장애의 원인이 되며, 이러한 내적언어의 발달은 타인 또는 자기교습을 통해서 행동을 통제하는 것이 가능하다.

④ 합리적 정서치료는 비합리적 사고를 드러내고 논박하는 데 있어 지시적이고 직접적인 반면, 자기지시치료는 내담자가 자기 대화를 인식하도록 돕는 데 초점을 둔다.

(2) 상담과정(행동변화법)

① **1단계 자기관찰**: 내담자가 자신의 행동을 관찰하는 방법을 학습하는 것이다. 상담을 시작할 때 내담자들의 내적 대화는 부정적 자기진술과 상상이라는 특징을 보이지만, 상담이 진행됨에 따라 문제를 새로운 관점에서 볼 수 있는 새로운 인지구조 형성, 즉 재개념화가 이루어진다.

② **2단계 새로운 내적 대화의 시작**: 내담자는 상담을 통해 자신의 부적응적 행동을 알아차리는 것을 배우고 적합한 대안행동에 주목하기 시작한다. 또 상담을 통해 자신의 내적대화를 변화시키는 것을 배우게 된다. 내담자의 새로운 내적대화는 새로운 행동을 유도하는데, 이 과정은 내담자의 인지구조에 영향을 미친다.

③ **3단계 새로운 기술 학습**: 효과적인 대처 기술을 내담자에게 가르치고 그것을 실생활에 실행하는 단계다. 내담자들은 새로운 기술을 학습하여 이전과 다르게 행동하게 되면 타인으로부터 다른 피드백을 받는데, 이를 바탕으로 내담자가 새롭게 학습한 기술을 한 번 사용하는 것으로 그치느냐, 아니면 계속 사용하느냐는 내담자가 자신에게 말하는 것에 달려 있다.

> **더 알아보기**　**마이켄바움의 행동변화**
>
> 마이켄바움은 행동변화가 내적 언어, 인지구조, 행동과 그 결과의 상호작용을 포함하는 연속적 중재과정을 통해 일어난다고 하여 3가지 측면이 혼합된 3단계 변화과정을 기술하였다. 즉, 비합리적 내적 언어는 정서적 장애의 원인이 되며, 이러한 내적 언어의 발달은 타인 또는 자기교습을 통해 행동을 통제하는 것이 가능하다는 것이다.

(3) 대처기술 프로그램

① **기본 원리**: '인지적 경향'을 수정하는 방법을 배우면 스트레스 상황을 다루는 데 효과적인 방략을 획득할 수 있다는 것이다.

② **절차**

　㉠ 역할놀이나 상상을 하게 함으로써 내담자를 불안 유발 상황에 노출시킨다.

　㉡ 내담자에게 자신의 불안 수준을 평가하게 한다.

　㉢ 스트레스 상황에서 경험하는 '불안 – 유발 인지'를 인식하도록 한다.

　㉣ '자기 – 진술'에 대한 재평가를 통해 이 사고들을 검증하도록 하는데, 이 단계는 생략되기도 한다.

　㉤ 재평가 후의 불안 수준을 본다.

(4) 스트레스 예방훈련

① 내담자가 긴장 상황에서 수행에 대한 신념이나 자기진술을 수정함으로써 스트레스에 대처하는 능력을 높일 수 있다는 가정에 근거한다.

② 3단계 모형

　㉠ 개념적 단계: 상담자는 내담자와 관계 수립을 통해 내담자의 협조를 구하고, 내담자의 심리적 문제의 본질을 검토한다. 내담자는 문답법, 즉 소크라테스식 질문 등을 통해 스트레스 상황을 만들고 유지하는 인지와 정서의 역할에 대해 알게 된다.

　㉡ 기술 획득과 시연 단계: 내담자에게 스트레스 상황에 적용될 수 있는 여러 가지 행동적·인지적 대처기법을 가르쳐 주는 단계다. 내담자는 적응행동과 부적응 행동이 내적 대화와 관련되어 있음을 학습하며, 이 훈련을 통해 새로운 자기진술을 획득하고 시연하게 된다.

　㉢ 적용과 수행 단계: 치료적인 상황에서 생긴 변화를 일상생활로 일반화하고 효과적으로 유지하는 데 있다.

7. 평가

(1) 공헌점

① 정신분석의 무의식적 결정론과 행동주의의 환경적 결정론을 넘어서 현상학적 결정론적 관점을 제시한 것이다. 즉, 인간의 행동은 무의식이나 환경적 강화에 의해서 결정되기보다는 자신과 세상을 어떻게 구성하여 인식하느냐에 의해서 결정된다는 관점이다.

② 정신병리를 과학적으로 연구하여 이해하는 데 기여를 했다. 벡은 실증적으로 검증할 수 있는 다양한 개념과 체계적인 이론을 제시함으로써 수많은 연구를 촉발하였다.

③ 많은 실험 연구는 우울과 불안을 비롯한 망상장애, 섭식장애, 성격장애 등 많은 심리적 문제에 적용되는 인지치료의 효율성을 입증하고 있다.

(2) 한계점

① 인간의 모든 심리적 현상을 인지적 요인으로만 설명함으로써 극단적으로 단순하다는 비판을 받는다.

② 긍정적 사고의 힘을 지나치게 강조하고 감정의 역할을 부정했다.

③ 증상제거에 집중하여 문제의 근원을 탐색하지 않았다.

④ 과거의 중요성을 부정하고 무의식적 요인을 무시하며 지나치게 기법에 의존하고 있다.

⑤ 지능이나 학력이 낮고 심리적인 내성능력이 부족한 내담자에게는 적용하기 어렵다.

---

11 현실치료

1. 개관 및 인간관

(1) 개관

① 글라서(Glasser)가 창시한 상담이론으로, 행동의 선택이론에 바탕을 두고 있다.

② 주요 내용은 인간의 기본욕구, 좋은 세계, 전체행동으로 이루어진다.

③ 인간은 기본욕구를 충족시킬 수 있는 좋은 세계를 획득하기 위해서 전체행동을 선택한다.

④ 목표는 개인이 합리적으로 기본욕구를 충족시키는 올바른 행동을 선택하고 성공적인 경험을 함으로써 패배적 정체감에서 벗어나 성공적인 정체감을 갖도록 하는 것이다.

⑤ 상담자는 내담자로 하여금 자신의 욕구와 소망을 분명하게 인식시키고 생각과 행동을 효율적으로 선택하도록 장단기 목표와 구체적인 계획을 세워 이를 적극 실천할 수 있도록 돕는다.

⑥ 내담자의 구체적인 행동변화를 이끌어내기 위해서 현실치료자는 WDEP 치료모델을 사용한다. 즉, 내담자가 원하는 소망(W)을 명료화하고, 그러한 소망을 실현하기 위해 어떤 행동(D)을 선택할 수 있는지 지각하게 한다. 이어서 그러한 행동이 소망을 잘 충족시키고 있는지 평가(E)하고, 그렇지 못하다면 좀 더 효과적인 행동을 선택하여 실천할 수 있는 계획(P)을 세우도록 돕는다.

(2) 외부통제와 내부통제

① **외부통제**: 인간의 행동은 외적 자극에 의해 결정된다고 보는 관점이다. 즉, 외적으로 처벌과 보상을 통해 자신이 원하는 대로 타인의 행동을 변화시키려는 태도다.

② **내부통제**: 인간의 행동은 내적 과정에 의해 만들어진다고 보는 관점이다.

③ 선택이론은 내부통제 이론으로 우리가 통제할 수 있는 유일한 인간은 나 자신뿐이다. 우리는 거의 모든 행동을 선택하고 있으며 불행과 갈등도 우리가 선택한 것이다.

(3) 선택이론 [기출 21]

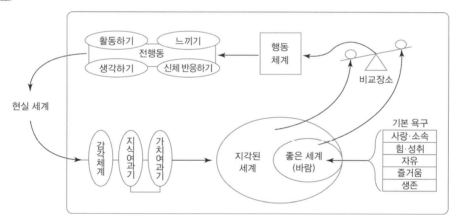

[그림 2-6] 선택이론

① 인간이라는 생명체가 하나의 통제체계로서 어떻게 뇌의 작용에 의해 자신의 행동을 통제할 수 있는가를 설명해 주는 이론이다.

② 선택이론은 '우리가 통제할 수 있는 유일한 행동은 우리 자신의 행동이다.'라는 명제에 토대를 두고 있다.

③ 선택이론에서는 불행과 갈등을 비롯하여 우리의 모든 것이 자신에 의해서 선택된 것이라는 점을 설명하고 있다.

④ 행동은 개인에게 생리적으로 부여된 5가지 욕구 중 한 가지 또는 그 이상을 충족시키기 위해 주어진 상황에서 선택하는 최상의 시도이다.

⑤ 모든 전행동은 선택될 수 있지만, 우리가 직접적으로 통제할 수 있는 부분은 행동하기와 생각하기다.

(4) **선택이론의 기본적 내용**

① 우리의 행동을 통제할 수 있는 유일한 사람은 우리 자신이다.

② 우리는 타인으로부터 모든 정보를 얻을 수 있다. 하지만 우리가 얻은 정보를 어떻게 활용할 것인가는 우리의 선택이다.

③ 지속되는 모든 심리적 문제의 근원은 관계에 대한 문제이다.

④ 관계 문제는 항상 개인이 현재 영위하는 삶의 일부분이다.

⑤ 과거에 일어난 고통스러운 일이 현재 우리 자신에게 영향을 주지만, 이러한 고통스러운 과거를 다시 들춰내는 것만으로는 현재 우리가 필요로 하는 것을 얻어낼 수 없다.

⑥ 우리의 행동은 기본 욕구인 생존, 사랑과 소속, 힘, 자유, 즐거움에 의해 동기화된다.

⑦ 우리는 각자의 질적 세계 안에 있는 사진첩을 만족시킴으로써 이러한 기본 욕구를 충족시킬 수 있다.

⑧ 우리가 할 수 있는 모든 것은 결국 행동뿐이다.

⑨ 모든 전행동은 동사, 부정사, 동명사로 표현될 수 있다.

⑩ 모든 전행동은 선택될 수 있지만, 우리가 직접적으로 통제할 수 있는 부분은 단지 행동하기와 생각하기이다.

(5) **인간관**

① 인간이 모든 행동들을 선택하고 있으며 행복도 불행도 우리가 선택한 것이라는 자기결정론적 관점을 취한다.

② **자기결정론적 인간**: 자신이나 환경을 통제할 수 있고 자기 행동을 결정하며 자신의 행동에 책임을 질 수 있는 존재다.

③ 인간은 무의식적인 힘이나 본능에 의해 추동되기보다는 의식수준에 의해 작동하는 자율적이고 책임감 있는 존재다.

④ 과거보다는 현재를 지향하므로 우리는 생애 초기의 습득하지 못한 것은 나중에 그것을 습득하기 위한 선택을 할 수 있고 이러한 과정을 통해서 자신의 정체감과 행동방식을 변화시킬 수 있다.

2. 주요 개념

(1) **인간의 기본 욕구** `기출 15 추시`

① 인간은 기본적으로 생존, 사랑, 권력(힘), 지유, 즐기움(재미)의 5가지 기본욕구를 충족시키기 위해 자신의 행동을 선택한다.

② 5가지 기본욕구는 인간행동의 동기를 부여하는 원천이 된다.

③ 5가지 욕구 중 생존욕구는 생리적인 욕구인 반면, 다른 욕구들은 심리적인 욕구다. 그리고 이들 욕구의 강도는 개인에 따라 다르다.

④ **욕구의 종류** `기출 16`

㉠ **생존(survival) 욕구**: 의식주를 비롯하여 개인의 생존과 안전을 위한 신체적 욕구를 의미한다. 먹고 마시고 휴식하고 병을 이겨내는 것 등 자신을 돌보는 것과 관련된 욕구다.

㉡ **사랑(love)의 욕구**: 다른 사람들과 연대감을 느끼며 사랑을 주고받고 집단에 소속되고자 하는 욕구다. 이러한 욕구는 가족, 연인, 친구, 동료, 애완동물, 수집한 물건 등을 통해서 충족될 수 있다.

➡ 글래서는 5가지 기본 욕구 중에서 사랑의 욕구를 가장 중요한 것으로 여겼는데, 이는 인간관계가 다른 모든 욕구를 충족시키는 바탕이기 때문이다.

ⓒ 힘(power: 권력)의 욕구: 성취를 통해 자신에 대한 자신감과 가치감을 느끼며 타인으로부터 복종과 존중을 받고 싶은 욕구를 의미한다. 이러한 힘의 욕구가 타인에게 영향력을 행사하는 행동으로 나타나면 사랑의 욕구와 충돌을 일으키게 된다.

ⓔ 자유(freedom)의 욕구: 자율적인 존재로서 자유롭게 선택하고 행동하고자 하는 욕구를 의미한다. 이는 원하는 사람과 친분을 맺고, 좋아하는 것을 선택하고 소유하며, 생활방식을 선택하는 것 등 삶의 영역에서 구속을 받지 않고 자유롭게 선택할 수 있는 욕구와 관련된 것이다.

ⓜ 재미(fun: 즐거움)의 욕구: 즐겁고 재미있는 것을 추구하며 새로운 것을 배우고자 하는 것이다. 이러한 욕구는 웃음, 농담, 운동, 독서, 수집행동 등을 통해서 충족될 수 있으며 다른 4욕구만큼 강하지는 않지만 학습에 필수적이며 기본적인 것이므로 역시 중요하다.

(2) 좋은 세계(quality world) 기출 15 추시, 24

① 좋은 세계는 개인의 욕구와 소망이 충족되는 세계이며, 글래서는 "우리가 원하는 모든 것으로 이루어진 세계"라고 하였다.

② 좋은 세계는 인간의 기본욕구를 반영하여 구성되며 인식된 현실세계와 비교되어 어떻게 행동할 것인지를 선택하는 바탕이 된다.

③ 세 부류의 내용으로 구성: 사람과 관련된 좋은 사진, 사물과 관련된 좋은 사진, 생각이나 신념과 관련된 좋은 사진으로 구성된다.

④ 비교장소: 우리 뇌에는 원하는 것과 지각하는 것을 비교하는 비교장소가 있다. 자율통제 기능을 지니고 있는 통제 체계는 이러한 비교장소를 가지고 있어 이곳에서 원하는 것과 지각하는 것을 비교한 후 이들 내용이 같으면 원하는 것을 얻기 위해 행동을 멈춘다. 그러나 그렇지 못하면 그 순간 좌절 경험을 하며, 그 즉시 좌절신호를 행동 체계로 보내 특정 행동을 생산하게 한다.

(3) 전체행동(전행동) 기출 17

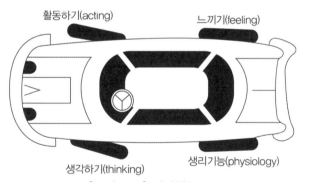

활동하기(acting) 느끼기(feeling)

생각하기(thinking) 생리기능(physiology)

[그림 2-7] 전체행동

① 글래서는 인간이 생각하고 느끼고 활동하고 생리적으로 반응하는 모든 것을 행동이라고 넓게 정의하였으며, 이러한 통합적인 행동체계를 총칭하기 위해 '전체행동(total behavior)'이라는 용어를 사용하고 있다.

② 전행동은 활동(행동)하기, 생각하기, 느끼기, 생리기능으로 구성된다.

전행동			
앞바퀴		뒷바퀴	
활동하기	생각하기	느끼기	생리기능(반응, 과정)
완전한 통제력	얼마 간의 통제력	통제 불가능	통제 완전 불가능

ㄱ 활동하기(acting: 행동하기): 걷기, 말하기, 움직이기와 같은 모든 활동적인 행동을 뜻하며 자발적인 것일 수도 있고, 비자발적인 것일 수도 있다.

ㄴ 생각하기(thinking): 의식적인 사고를 비롯하여 공상이나 꿈과 같은 모든 인지적 활동을 포함한다.

ㄷ 느끼기(feeeling): 행복감, 만족감, 즐거움, 실망, 불안감과 같은 유쾌하거나 불쾌한 모든 감정을 포함한다.

ㄹ 생리과정(physiology): 의도적인 반응이든 자율적인 반응이든 신체생리적 기능에 따라 나타나는 모든 신체반응을 의미한다.

③ 자동차 비유: 기본 욕구는 자동차의 엔진에 해당되고, 바람은 핸들이며, 전행동은 자동차의 네 바퀴가 되어 개인이 원하는 방향으로 가도록 되어 있다.

ㄱ 자동차 운전사가 자신이 원하는 것을 얻기 위해 핸들(want)을 돌리면, 엔진(needs)의 힘을 얻어 앞바퀴가 그 방향으로 움직이게 되고, 뒷바퀴도 따라오게 된다.

ㄴ 긍정적인 사고로 개인이 생산적인 욕구를 충족하는 활동에 적극 참여하면, 정적 감정과 만족적인 신체반응이 뒤따른다.

(4) 감각 체계와 지각 체계

① 현실 세계의 내용이 지각된 세계의 내용이 되려면 감각 체계와 지각 체계를 거쳐야 한다.

② 감각 체계: 5가지 감각기관(시각, 청각, 후각, 촉각, 미각)으로 구성된다. 현실 세계의 내용은 인간이 관심을 갖게 됨에 따라 그 중 일부 내용이 감각 체계에 도달하며, 감각 체계에 도달한 정보는 다시 일부만이 지각 체계에 도달한다.

③ 지각 체계: 두 개의 여과기(filter)로 구성된다.

구분	내용
지식 여과기	모든 현실을 있는 그대로 받아들이는 작업을 함
가치 여과기	지각 현실을 긍정적, 부정적, 혹은 가치중립적으로 인식하는 기능을 담당함

④ 감각 체계를 통해 경험된 현실 세계는 지식여과기를 통해 있는 그대로 받아들여지고, 이렇게 지각한 내용이 가치여과기를 통과하는 동안 좋은 세계 안의 사진첩과 비교하여 일치되면 긍정적인 가치가 부여된다.

(5) 행동 체계

① 현실 세계가 좋은 세계 안에 있는 사진첩을 충족시키지 못할 때 행동 체계로 좌절신호를 보낸다. 자신의 삶이 통제되지 않을 때, 좌절감을 느낄 때, 욕구 충족이 불가능할 때 행동 체계를 작동하기 위해 좌절신호를 보내며, 이 신호는 전행동을 유발한다.

② 좌절신호가 발생하면 조직화된 행동을 한다. 조직화된 행동은 행동체계 안에 저장되어 있는 것으로 현실적으로 이용 가능한 모든 행동, 생각, 느낌이다. 이것은 언제든지 상황을 통제하는 데 도움을 주기 때문에 지속적으로 활용되는 행동이다.

③ 즉각적으로 행동할 수 있는 기존의 조직화된 행동이 없는 경우에는 새로운 행동을 만들어 낸다. 행동체계는 완전히 새로운 행동을 창조하여 조직화하거나 혹은 조직화된 행동을 재조직화하는 작업을 지속적으로 한다.

④ 저장된 모든 행동의 목적: 개인이 원하는 것을 얻을 수 있도록 하기 위해 현실세계에 영향을 미치고 현실세계를 통제하려는 것이다.

(6) 정체감

① **성공적 정체감**: 정신적으로 건강한 사람은 5가지 기본욕구를 성공적으로 충족시키는 사람들이다. 이러한 사람들은 사고, 감정, 행동을 지혜롭고 책임감 있게 선택함으로써 다른 사람의 욕구 충족 권리를 존중하면서 자신의 욕구를 충족시키는데, 이러한 사람들은 자신에 대한 가치감을 경험하며 성공적 정체감을 가진다.

② **패배적 정체감**: 성장 과정을 통해 개인이 선택한 행동이 적절하지 못하고 비효율적이어서 반복적으로 욕구좌절을 경험하게 되면 패배적 정체감을 갖게 된다. 이러한 패배적 정체감은 자신의 행동에 대해 책임지지 않으려는 태도 등 다양한 심리적 문제를 일으켜 부적응 행동으로 나타난다.

③ **성공적 정체감의 3가지 특성(3R)**

ㄱ **책임(Responsibility)**: 다른 사람이 자신의 욕구를 충족시키는 것을 방해하지 않는 범위 내에서 자신의 욕구를 충족시키는 능력이다. 이는 책임이 자신의 행동에 대한 책임뿐만 아니라 자신의 욕구를 충족시켜야 할 책임도 중요함을 말해주면서 그 한계도 제시한다.

ㄴ **현실(Reality)**: 현실치료에서 말하는 책임을 다른 말로 표현하면 현실을 직면하는 것이다. 현실과의 직면이란 현실 세계의 모든 여건을 받아들여야 한다는 점과 현실 세계에 대한 통제를 통해 자신의 욕구를 충족시켜야 한다는 점을 말한다.

ㄷ **옳고 그름(Right and wrong)**: 같은 가치 판단도 현실적으로 주어진 책임을 지는 사람에게 중요한 것이다. '선한 행동', '악한 행동'과 같이 평가하지 않으면 인간의 행동과 활동은 변덕스러워지기 쉽고 독단적일 수 있다. 즉 아주 일관성이 없어지거나 아주 현실성이 없는 독단으로 흐를 수 있다.

(7) 정신병리

① 기본 욕구를 책임감 있고 효과적인 방식으로 충족하는 데 실패할 때 정신병리가 발생한다.

② **정신건강의 퇴행과정**

ㄱ **욕구충족 포기 단계**: 기본 욕구를 충족하기 위해 노력했지만 좌절과 실패를 경험하고 결국 욕구충족을 위한 시도를 포기한다. 무기력과 무관심, 냉담함, 우울, 소외 등의 증상이 나타난다.

ㄴ **부정적 증상 단계**: 욕구와 소망을 충족하기 위해 부적절한 방법을 취하게 되는데, 자신과 타인에게 해를 끼치는 방식으로 행동하는 것을 선택한다. 분노, 불안, 공포, 소화장애, 성기능장애 등의 증상을 호소한다.

ㄷ **부정적 중독(negative addiction) 단계**: 일시적 쾌락과 통제감을 얻기 위해 중독 행동을 선택함으로써 만성적 불행을 초래한다. 알코올, 마약, 도박 등에 의존하지만 궁극적인 행복을 얻지 못한다.

③ **정신건강의 증진 과정**

ㄱ **변화 추구 단계**: 삶이 변화되기를 바라고 변화를 위해 구체적인 노력을 해보겠다는 말은 하지만 확고한 의지와 실천은 부족하다.

ㄴ **긍정적 증상 단계**: 자신이 원하는 것을 얻기 위해 어떻게 해야 하는지 잘 인식하며 책임 있는 행동을 선택함으로써 적응적 삶을 추구한다.

ㄷ **긍정적 중독(positive addiction) 단계**: 자기존중감과 성취감을 증진하는 행동, 사고, 감정을 선택함으로써 정신적으로 건강하고 적응적인 삶을 살 수 있게 된다.

3. 상담목표

(1) 상담목표

① 내담자가 기본욕구를 충족시킬 수 있는 지혜로운 선택을 하게 함으로써 더 행복하고 만족스러운 삶을 살도록 하는 것이다.

② 지혜로운 선택: 자신의 기본욕구를 효과적으로 충족시킬 수 있을 뿐만 아니라 타인의 권리를 존중하는 방식으로 선택하는 것을 의미한다.

③ 내담자로 하여금 인간관계를 좀 더 만족스럽게 이끌 수 있는 효과적인 행동을 선택하여 실천하도록 돕는다.

(2) 상담자의 역할

① 상담자의 기본적인 과업은 내담자가 현실과 맞서도록 하는 것이다.

② 상담자는 내담자가 책임감 있는 행동을 할 수 있도록 돕는 것이다.

③ 내담자가 자신의 행동을 평가하도록 돕는 것이다.

4. 상담과정(Wubbolding)

> **참고** **우볼딩의 현실치료 상담과정**
>
> 우볼딩은 현실치료의 상담목표에 도달하기 위한 상담과정을 크게 두 부류의 하위 과정으로 개념화한다. 첫째는 상담환경을 조성하는 과정이고, 둘째는 내담자의 행동변화를 촉진하는 과정이다. 두 과정은 각각 독립적으로 진행되지 않고 상담과정 전체를 통해 함께 어우러면서 진행된다.

(1) 상담환경 가꾸기(치료적 환경 조성)

① 내담자가 안전하게 느낄 수 있는 상담적 환경을 조성하는 것이 필요하다.

② 내담자는 상담자를 포함한 상담적 환경을 안전하고 지지적인 것으로 느낄 수 있을 때 비로소 새로운 변화를 모색하려는 자발적인 행동을 하게 된다.

③ 상담자는 내담자가 자신의 행동을 선택하고 통제할 수 있다는 사실을 깨닫도록 희망과 용기를 심어주어야 한다.

④ 우호적 개입을 위한 현실치료의 원리

    ㉠ 친근한 경청으로 내담자의 욕구충족을 위한 방법의 발견에 도움을 줄 수 있는 사람이라 믿게 한다.

    ㉡ 과거사 언급은 현재 상황 설명에 도움 되지 않는 한 허용하지 않는다.

    ㉢ 감정이나 신체 현상을 전행동과 분리시켜 이야기하는 것을 금한다.

    ㉣ 무책임한 행동에 대한 변명을 허용하지 않는다.

    ㉤ 벌이나 비판 없이도 행동 선택에 필연적인 결과를 깨닫도록 돕는다.

⑤ 상담자가 주의해야 할 3가지 금지사항

    ㉠ 상담자는 내담자를 비판하거나 처벌하지 않으며 내담자와 논쟁을 하지 않는다. 다만 내담자의 행동결과를 인정하게 한다.

    ㉡ 상담자는 내담자의 변명을 받아들이지 않는다.

    ㉢ 상담자는 내담자를 쉽게 포기하지 않는다.

(2) 행동변화를 위한 상담과정(WDEP) 기출 21

① WDEP 상담모델은 우볼딩(Wubboding)이 현실치료의 상담과정을 구체화하기 위해 도입한 것이다.
② 상담자는 내담자와 친구처럼 개인적으로 친밀한 관계를 형성한 후, 내담자가 원하는 것(W)이 무엇인지를 질문하여 명료화하고, 원하는 것을 얻기 위해 현재 어떤 행동(D)을 선택하고 있는지 묻는다. 이어서 그러한 행동이 원하는 것을 충족시켜 줄 수 있는지 평가(E)하고, 그렇지 못하다면 좀 더 효과적인 행동을 선택하여 실천할 수 있는 계획(P)을 세운다.

(3) 욕구 탐색하기(W)

① 내담자가 원하는 것이 무엇인지 인식하도록 돕는 것을 의미하며, 원하는 것을 얻기 위해 무엇을 어떻게 해왔었는지를 탐색한다.
② 목적: 자신이 정말 이루고 싶은 삶의 모습을 구체화 하도록 하는 것이다.
③ 핵심질문: "당신은 무엇을 원합니까?", "진정으로 원하는 것이 무엇인가?"
④ 효과: 내담자는 자신의 좋은 세계를 탐색하고, 희미하게 알고 있던 자신의 바람을 명확하게 인식할 수 있다.

(4) 현재 행동 탐색하기(D)

① 내담자가 현재 무슨 행동을 하면서 시간을 보내고 있는지, 무엇을 추구하며 살아가고 있는지를 명확하게 인식하도록 알아본다.
② 이 과정에서 상담자는 내담자의 자신의 전체행동을 구체적으로 기술하도록 격려하면서 무엇을 지향하고 있는지를 살펴보는 것이 중요하다.
③ 핵심질문: "당신은 지금 무엇을 하고 있는가?"
 • 당신은: 내담자가 자신의 원인을 환경적 여건이나 다른 사람의 탓으로 돌리거나 변명하려는 것을 중지시키는 효과가 있다.
 • 무엇을: 내담자의 내면세계를 탐색해 들어갈 수 있다.
 • 하고: 내담자의 전행동 중에 특히 활동하기 요소를 탐색하는 데 초점을 둔 것이다.
 • 있는가?: 내담자가 현재 행동에 초점을 맞출 수 있도록 도와준다.

(5) 현재의 행동 평가하기(E)

① 내담자의 현재 행동이 자신의 소망과 욕구를 충족시키는 데 효과적인지를 평가하도록 한다.
② 핵심질문: "현재 하고 있는 행동이 당신이 원하는 것을 얻게 하는데 도움이 됩니까?"
③ 효과: 내담자의 구체적인 행동을 살펴보고 내담자가 지금 하고 있는 행동들이 자신의 욕구 충족에 도움이 되는지 혹은 방해가 되는지를 판단할 수 있도록 도와준다.
④ 상담자의 역할: 내담자가 자신이 선택한 행동의 결과를 직면하도록 돕고, 그로 하여금 행동의 효율성과 효과성을 판단하도록 하는 것이다.

(6) 행동을 계획하고 실천하기(P)

① 욕구충족과 관련된 내담자의 현재 행동 중에서 비효과적이고 부정적인 것들을 찾아 이를 효과적이고 긍정적인 것으로 고치기 위해 계획을 세우는 것이다.
② 핵심질문: "이 계획을 기꺼이 실천해 보시겠습니까?", "당신이 실천하기로 한 계획을 다시 말씀해 주시겠습니까?"
③ 우볼딩(SAMI2C3): 계획은 단순하고, 실현 가능하며, 측정 가능하고, 즉각적으로 실행할 수 있으며, 일관성 있고, 내담자에 의해 통제될 수 있으며 몰입 혹은 실천할 수 있는 계획이 되어야 한다.

5. 상담기법

(1) 질문

① 질문은 내담자가 원하는 것에 대해 생각하고 자신의 행동이 옳은 방향으로 나아가고 있는지를 평가하는데 유익한 기법이다.

② 우볼딩에 따르면 질문하기는 내담자의 내면세계로 들어가 정보를 수집하고 내담자에게 바람직한 선택 방법을 습득시키는 유용한 방법이다.

(2) 동사로 표현하기

① 내담자가 자신의 삶을 스스로 통제할 수 있으며 자신의 전체행동을 선택할 수 있다는 인식을 심어주기 위해 상담자는 의도적으로 동사와 현재형의 단어를 사용한다.

② 자신의 경험을 형용사나 수동형으로 표현하는 것은 개인적 통제력과 책임을 부정하는 표현이다.

③ 방법

㉠ '우울한', '화가 난'과 같은 형용사 대신에 '우울해 하고 있는', '화를 내고 있는' 등과 같은 현재형의 동사로 표현한다.

㉡ '우울하기를 선택하는', '화를 내기로 선택하는' 같은 표현을 통해서 감정 역시 스스로 선택한 결과임을 강조한다.

(3) 긍정적으로 접근하기

① 부정적인 것을 줄이기보다는 긍정적인 것에 초점을 두고 내담자가 할 수 있는 것을 안내하는 것이다.

② 상담자는 내담자에게 장점과 능력에 맞게 긍정적인 행동과 실천을 하도록 격려한다.

③ 상담자는 긍정성을 토대로 사건이나 사람들에 대한 반응이 내담자의 선택에 달려 있다는 점을 인식시킴으로써 통제의 주체는 바로 내담자 자신이라는 사실을 깨닫게 하는 행동지향적 방법을 주로 적용한다.

(4) 은유적 표현

① 내담자가 자주 사용하는 언어에 주의를 기울이고 그러한 언어적 표현을 사용하여 내담자와 소통하는 것이 중요하다. 그럼으로써 상담자가 내담자를 잘 이해하고 있음을 전달하는 데 도움이 된다.

② 이 기법에서 중요한 점은 상담자와 내담자가 동일한 사고의 틀에서 익숙한 언어로 소통한다는 것이다.

(5) 직면

① 내담자의 행위에 대한 책임 수용을 촉진하기 위한 방법으로 내담자의 말과 행동이 일치하지 않는 것을 인식시키는 것이다.

② 상담자는 내담자의 현실적 책임과 관련된 모순이 보일 때 변명을 받아들이지 않고 직면시킨다.

③ 직면은 내담자를 질책하기 위한 것이 아니라 현재의 실패행동을 이해하고, 그러한 행동에 영향을 미치는 비생산적인 사고나 신념을 파악하여 새로운 행동의 실천을 계획하기 위한 것이다.

④ 이 기법은 내담자로 하여금 좀 더 정직하게 자신의 행동을 인식하고 평가할 수 있으며 더욱 책임감 있는 방식으로 행동하도록 돕는다.

(6) 역설적 기법

① 내담자의 통제감과 책임감을 증진하기 위해 활용된다.

② 계획실행에 저항하는 내담자가 나타나는 경우에 사용되는데, 내담자에게 모순되는 지시를 하는 것이다.

③ 이 기법은 내담자가 자신의 행동을 통제하고 선택할 수 있다는 것을 분명하게 인식하게 할 뿐만 아니라 자신의 문제에 대한 생각을 전환하는데 도움이 될 수 있다.

(7) 유머

① 유머는 내담자와 편안하고 친밀한 관계를 맺는데 도움이 될 뿐만 아니라 상담과정에서 재미와 즐거움의 욕구를 충족시키는 효과가 있다. 또한 내담자에게 자기표현의 새로운 방식을 제공하고 새로운 견해로 자신을 관찰하도록 융통성을 제공해 주는 기능을 한다.

② 심각하다고 여기는 상황에서 웃을 수 있다는 것 자체가 문제 통찰, 해법 탐색, 변화능력을 촉진하는 효과가 있다.

③ 특히 유머를 사용하는 상담자와의 대화를 통해서 내담자는 자신의 현재 행동의 부적절감을 더 쉽게 인정할 수 있고 자신이 세운 계획을 실천하지 못한 것에 대해 더 편안하게 직면할 수 있다.

6. 평가

(1) 공헌점

① 내담자의 생각이나 느낌이 아닌 행동에 변화를 주기 때문에 학교나 교정기관에 있는 청소년들에게 많은 도움을 줄 수 있다.

② 개인의 책임을 중시하기 때문에 문제행동의 원인이 자기에게 있음을 깨닫게 함으로써 내담자가 주인의식(책임의식)을 갖도록 하는데 효과적이다.

③ 상담기간이 비교적 짧다. 내담자가 의식할 수 있는 현재의 문제행동에 초점을 맞추고 그 결과에 대한 책임을 지는 것이므로 상담과정이 명료하고 비교적 단기간에 효과를 볼 수 있다.

④ 긍정적인 행동의 선택을 통해서 자연스럽게 부정적 행동을 감소시키는 장점이 있다.

⑤ 교육적인 요소를 가지고 있을 뿐만 아니라 명료하고 구체적인 접근법을 제시하고 있기 때문에 다양한 사회적 장면에서 정신건강을 위한 예방적 활동에도 활용될 수 있다.

(2) 한계점

① 무의식적 동기, 과거를 지나치게 무시한다. 현재는 과거에 의해 설명되는 점이 많은데, 현실치료는 과거를 인정하면서도 현재의 행동변화를 위해서는 불필요하다고 보고 있다.

② 정신병이 자기 자신을 책임지지 않는 무책임이라고 하지만 현실적으로 자신에 대해 책임질 수 없는 사람도 많고, 또 완벽하게 책임질 수 있는 사람도 없다. 그런데 현실적으로 거의 책임을 질 수 없는 사람에게 책임을 강요한다면 내담자를 돕는 것이 아니라 더 힘들게 할 뿐이다.

③ 상담자의 개입이 상당히 큰 편이다. 상담자가 제시하는 해결책을 내담자가 그대로 받아들이고 시행하기 때문에 내담자 스스로 자신의 해답을 찾는 자주적인 성장을 방해할 수 있다.

④ 내담자의 효과적인 기능을 방해하는 과거의 미해결 감정, 역기능적 신념 등은 탐색하지 않고 너무 문제해결에만 초점을 맞춤으로써 심리적 문제를 설명하고 치료할 수 있는 범위를 제한하고 있다.

1. 개관 및 인간관

(1) 개관

① 번(Bern)에 의해 창시된 상담이론으로 인간의 인성, 의사소통, 관계를 이해하기 위한 모형이다.

② 인본주의적 가치 위에 행동주의적 명료성과 정신분석적 깊이를 더한 개인의 정신내적 및 대인관계 심리학인 동시에 심리치료 이론이다.

③ 내담자와 상담자 사이의 명확한 계약을 강조함과 동시에 구조분석, 교류분석, 게임분석, 각본분석 등을 통해 내담자의 치료적 변화를 달성한다는 점에서 다른 상담이론과 구별된다.

④ 상담의 핵심은 내담자의 재결정(재결단)을 통해 새로운 행동을 선택할 수 있도록 돕는 것이다.

(2) 기본철학

① 인간은 누구나 'I'm OK, You're OK'라는 생활자세로 태어난다. 인간은 누구나 OK, 다시 말해 가치와 존엄성을 지니고 있다.

② 인간은 누구나 사고할 수 있는 능력을 가지고 있다. 이는 각자 자신이 원하는 것을 결정할 수 있는 능력을 가지고 있다는 것으로 자신이 결정한 결과에 대한 책임도 가지고 있다.

③ 인간은 자기 운명을 자기 스스로 결정하며, 과거의 결정들을 얼마든지 변화시킬 수 있다.

(3) 인간관

① 인간은 자율적 존재다. 즉 현실세계를 인식하고, 정서를 스스로 표현할 수 있으며, 타인과 사랑을 나누고 친교를 할 수 있는 자율성을 가진 존재다.

② 인간은 자유로운 존재다. 즉, 인간은 무엇에 의해서 결정되지 않는 존재다.

③ 인간은 스스로 운명을 선택하고 결정할 수 있는 존재다.

④ 인간은 어린 시절 부모와 같이 의미 있는 삶의 기대와 욕구의 영향을 받는다. 하지만 그것이 적절하지 않으면 다시 대안적 선택을 하며 살아갈 수 있는 존재다.

⑤ 인간은 책임질 수 있는 존재다. 스스로 선택하고 자율적일 수 있다는 것은 자신에 대하여 책임을 질 수 있다는 것을 의미한다.

2. 주요 개념

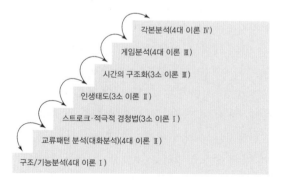

[그림 2-8] 교류분석의 4대 이론과 3소 이론

(1) 자아 상태(PAC 모델) `기출 23`

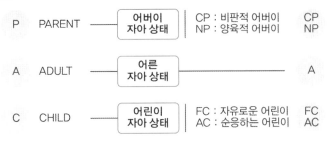

[그림 2-9] 자아 상태 모델

① **어버이 자아(P)**: 정신분석에서의 초자아의 기능처럼 가치체계, 도덕 및 신념을 표현하는 것으로 주로 부모나 형제 혹은 정서적으로 중요한 인물들의 행동이나 태도의 영향을 받아 내면화시킨 자아다.
　㉠ 부모가 사용했거나 현재 사용하는 것과 똑같은 말투, 생각, 몸짓으로 자신을 나타낸다.
　㉡ 종류: 비판적 어버이 자아, 양육적 어버이 자아
② **어른 자아(A)**: 정신분석의 자아처럼, 객관적 사실에 의해 사물을 판단하고 감정에 지배되지 않으며 이성과 관련되어 있어서 사고를 기반으로 조직적, 생산적, 적응적 기능을 하는 성격의 일부분이다.
③ **어린이 자아(C)**: 어린시절에 경험한 감정이나 행동 또는 그와 비슷한 느낌, 행동에 관한 성격의 부분이다.
　㉠ 정신분석의 원초아 기능처럼 내면에서 본능적으로 일어나는 모든 충동과 감정 및 5세 이전에 경험한 외적인 일들에 대한 감정적 반응체계를 말한다.
　㉡ 종류: 자유로운 어린이 자아, 순응하는 어린이 자아
④ **자아의 기능**

자아 상태	기능	표현
비판적 어버이 자아 (CP)	• 주장적, 처벌적, 권위적 • 다른 사람을 가르치고 통제하고 비판하는 기능 • **지나치게 높을 경우**: 지배적 태도, 명령적 말투, 칭찬보다 질책	비난(그 정도 밖에 못하니?), 처벌(그만두지 않겠어.), 편견, 단정(넌 역시 안 돼.)
양육적 어버이 자아 (NP)	• 배려, 격려, 관용 • 도움, 긍정적 인정 자극 • **지나치게 높을 경우**: 과보호 경향	위안(힘을 내라.), 배려(내가 도와줄게.), 격려(잘했어.)
어른 자아 (A)	• 합리적, 적응적 • 자아상태 간의 갈등 중재 • **지나치게 높을 경우**: 무미건조한 컴퓨터 같은 느낌	합리적(이렇게 하는 것이 제일 적절하겠어. 어떻게 하는 것이 좋을까?)
자유로운 어린이 자아 (FC)	• 타인배제, 자유로운 감정 표현 • 본능적, 자기중심적, 쾌락추구 • **지나치게 높을 경우**: 질서나 규범 무시	자기중심적(난 이게 좋아.), 쾌락추구(좋아.)
순응하는 어린이 자아 (AC)	• 타인수용, 순응적, 모범적 규범 준수 • **지나치게 높을 경우**: 죄책감, 열등감	순응(알겠어요.), 규범준수(그렇게 하는 것은 옳지 않아.)

(2) 구조분석

① 구조분석은 개인의 감정, 사고, 행동을 자아 상태 모델의 관점에서 이해하려 하는 방법으로 주로 세 자아 상태가 어떻게 구성되어 있는지 분석하는 것을 말한다.

② 자아 상태로 이루어지는 구조분석은 내담자를 보다 객관적으로 관찰함으로써 성격의 불균형을 발견하고, 회복할 수 있도록 돕고자 하므로 내담자가 사용하는 자아 상태를 분석하는 것에 초점을 둔다.

③ 다음과 같은 질문을 함으로써 세 자아 상태에 대한 이해의 폭을 넓힐 수 있다.
- "세 자아 상태 중 어느 것이 주도권을 잡고 있는가? 나는 어떤 주도형인가?"
- "여러 생활 상황에 따라 세 가지 자아 상태의 주도성은 어떻게 바뀌는가?"
- "자신 특유의 행동양식은 어떤 것인가? 세 자아 상태 중 하나가 필요 이상으로 강하게 작용하진 않는가?"
- "자신이 진정으로 원하는 성격유형은 어떤 것인가? 자신이 원하는 자기 모습과 현재 자기 모습의 행동양식 간에 어떤 차이가 있는가?"

④ **기능분석**: 개인이 각 자아 상태를 어떻게 사용하고 있는가를 알기 위한 방법이다. 즉, 구조모델이 자아 상태 안에 어떤 내용이 들어 있는가를 보여준다면, 기능모델은 자아 상태가 어떻게 활용되고 있는가를 말하는 것을 구조분석을 기능적으로 세분화하여 보여준다.

⑤ **에고그램(egogram)**: 듀세이는 5가지 기능을 직관적으로 보여 줄 방법을 고안했는데, 이를 에고그램이라고 한다. 효율적인 삶을 살기 위해서는 다섯 기능이 모두 활용되고 건설적으로 사용되어야 한다.

(3) 자아의 오염(혼합, contamination)과 배제(배타, exclusion)

① **오염(혼합)**: 특정 자아 상태가 다른 자아 상태의 경계를 침범하여, 침범된 자아 상태가 제 기능을 하지 못하는 것을 말한다.
- ㉠ A의 P에 대한 오염: 편견·맹신이 나타나기 때문에 부모나 사회의 가치관과 규범을 현실적 검토 없이 받아들인다.
- ㉡ A의 C에 의한 오염: 어려서부터 체험이나 감정이 혼란된 상태이다. 이는 불안, 공포, 망상 증상으로 나타나거나 정신장애로 이어질 수 있다.
- ㉢ A의 이중 오염: 언행불일치가 발생하며, 지나치게 감정을 억제한 나머지 감정 폭발로 이어질 수 있다.

② **배제**: 세 자아 상태 간의 경계가 경직되거나 폐쇄적이어서 하나 또는 두 가지 자아 상태를 사용하지 못하는 것이다.
- ㉠ P 자아 상태 배제: 주요한 타인들로부터 배운 예의범절이나 규범적 가치를 모른다.
- ㉡ A 자아 상태 배제: 성장한 사람으로서의 현실검증 능력 없이 내면에서 일어나는 P - C 간의 대화만 듣는다.
- ㉢ C 자아 상태 배제: 어린 시절에 저장된 기억이 없다. 우리가 자란 후 감정을 표현할 때는 보통 C 자아 상태에서 한다. 따라서 C 자아 상태에 놓이지 못하고 냉담하거나 머리로만 반응하게 된다.

③ 세 가지 자아 상태 중 두 가지를 배제하는 사람도 있다.

유형	내용
A와 C 자아 상태 배제	• 항상 P 자아 상태에서 반응함 • 항상 의무감에 시달리며 일밖에 모르고, 권위주의적인 성격을 가짐
P와 C 자아 상태 배제	• 항상 A 자아 상태에서 반응함 • 항상 객관적이고 사실에만 관심을 보이며 감정과 자발성이 결여되어 컴퓨터나 로봇 같은 인상을 줌
P와 A 자아 상태 배제	• 항상 C 자아 상태에서 반응함 • 성장을 거부하고 항상 어린이처럼 행동하고 사고하며 감정을 느낌 • 자기 스스로 사고하거나 결정을 내리지 못하고 타인에게 의존하려고 함

(4) 교류분석 기출 18

① P, A, C의 이해를 바탕으로 대인관계에서 나타나는 상호작용을 관찰·분석함으로써 개인의 행동을 이해하고 예견하는 방법이다.

② 구조분석이 개인의 내면에 초점을 둔다면 교류분석은 개인과 개인 사이에 초점을 둔다.

③ 교류: 의사교류를 말하는 것으로 2인 이상의 사람들이 각자의 자아 상태에 따라 자극을 보내고 반응하는 것을 말한다.

④ 종류

종류	도형	특징	예시
상보교류	수평선	두 사람 간의 무갈등	① 김 선생: "지금 몇 시죠?" ② 박 선생: "7시 45분입니다." [그림 2-10] 대화분석 – 상보
교차교류	교차선	두 사람 간의 갈등	① 김 선생: "지금 몇 시죠?" ② 박 선생: "김 선생님은 퇴근 시간만 기다리는군요." [그림 2-11] 대화분석 – 교차
암시(이면)교류	• 사회적 수준은 실선 • 심리적 수준은 점선	의사교류는 두 가지의 수준을 가짐 • **사회적 수준**: 표현의 메시지 • **심리적 수준**: 심리적 메시지	① 부인: "지금 몇 시죠?" (ⓐ "항상 늦는군! 반성 좀 해요.") ② 남편: "응, 오후 11시 55분이군." (ⓑ "집에 들어올 기분이 나야 말이지, 남편에게 좀 잘해 봐.") [그림 2-12] 대화분석 – 암시

㉠ **상보교류**: 두 사람이 동일한 자아 상태에서 또는 상호 보완적인 자아 상태에서 자극과 반응을 주고받는 것이다. 이때 언어적 메시지와 비언어적 메시지가 일치되어 나타난다.

㉡ **교차교류**: 상대편에게 기대한 반응과는 다른 자아 상태의 반응이 활성화되어 되돌아오는 경우로 인간관계에서 고통의 근원이 된다. 이 교류는 의사소통이 제대로 이루어지지 않는 느낌을 들게하여 대화의 단절을 가져옴으로써 인간관계에 부정적인 영향을 미친다.

㉢ **암시(이면)교류**: 두 가지 자아 상태가 동시에 활성화되어 한 가지 메시지가 다른 메시지를 위장하는 복합적 상호작용을 한다. 이면교류에는 상보적이며 사회적 차원에서 메시지를 보내고 있는 것처럼 보이지만 주된 욕구나 의도가 숨겨져 있는 것이 특징이다.

1. 개요

번은 인간행동의 동기로 생리적 욕구와 심리적 욕구를 가정하였다. 심리적 욕구는 자극의 욕구, 구조의 욕구, 자세의 욕구로 구분된다.

2. 심리적 욕구의 종류

　(1) 자극의 욕구

　　① 일종의 인정의 욕구로, 에릭 번은 이것을 일차적인 욕구로 보았다. 이 욕구의 충족은 스트로크(인정자극)를 통해 이루어진다.

　　② **스트로크**: 신체적 접촉이든 또는 언어적 표현이든 한 사람이 다른 사람에게 주는 존재인정의 한 형태다.

　(2) 구조의 욕구

　　① 사람이 스트로크를 극대화할 수 있는 방향으로 시간을 구조화하여 활용하고자 하는 욕구다.

　　② 교류분석에서는 사람이 보내는 시간을 6가지(철수, 의식, 소일, 활동, 게임, 친밀성)로 분류한다.

　(3) 자세의 욕구

　　① 한 개인이 전 생애를 통하여 어떤 확고한 삶의 자세를 갖고자 하는 욕구다.

　　② 이러한 자세는 6세 이전에 부모를 포함한 중요한 타인들의 양육태도, 즉 금지나 명령과 허용에 의하여 크게 영향을 받아 형성된다.

　　③ 교류분석에서는 크게 4가지 생활자세(자기부정-타인부정, 자기긍정-타인긍정, 자기긍정-타인부정, 자기부정-타인긍정)를 제시하고 있는데, 이 생활자세에 기초하여 인생각본이라고 하는 생활방식의 가장 기본적인 청사진이 구성된다.

(5) 스트로크

① 의미: 사회적 행동의 동기를 제공하는 요인으로써, 타인으로부터 얻어지는 인정자극을 의미한다.

② 어릴 때부터 스트로크를 어떻게 주고받는가에 따라 성격이 형성되고 인간관계가 결정된다.

③ 스트로크의 종류

　㉠ 긍정적 스트로크: "나는 네가 좋아.", "너는 참 멋있어." 등의 친근한 표현

　㉡ 부정적 스트로크: "네가 싫어.", "너는 바보 같다." 등의 차가운 표현

　㉢ 신체적 스트로크: 신체접촉 ⑩ 안기, 쓰다듬기 등

　㉣ 상징적 스트로크: 언어, 표정, 자세, 사용하는 언어와 말투 등

　㉤ 조건적 스트로크: "만약 네가 ~한다면 나도 ~하겠어."와 같이 조건이 붙은 인정자극

　㉥ 무조건적 스트로크: 상대방의 존재나 행동에 관계없이 주는 인정자극

④ 구조의 욕구: 인간이 스트로크를 극대화할 수 있는 방향으로 시간을 활용하려 하는 욕구이다.

⑤ 구조의 욕구 종류(사회적 시간 구조화)

　㉠ 철수(withdrawal: 철회): 자기를 타인으로부터 멀리하고 대부분의 시간을 공상이나 상상으로 보내며 자기에게 스트로크를 주려고 하는 자기애에 해당된다. ⑩ 백일몽, 공상

　㉡ 의례적 행동(ritual: 의식): 전통이나 습관에 따름으로써 간신히 스트로크를 유지하는 방법이다. 상호 간의 존재를 인정하면서도 누구와도 특별히 친하게 지내지 않고 일정한 시간을 보낸다.

　㉢ 활동(activity): 뚜렷한 계획에 의해 시간을 조직하는 일반적이고 편리하며 안전하고 실용성 있는 방법으로, 확실한 목표가 있는 사람에게서 흔히 볼 수 있는 시간구조를 의미한다.

　㉣ 소일(pastime): 사회적으로 수용될 수 있는 방식으로 주제에 관해 이야기하며 시간을 보내는 것이다. 깊이 들어가지 않고 스트로크를 주고받는다는 점에서 비교적 단순한 상보적 교류라고 할 수 있다.

　㉤ 게임(game): 겉으로 보이는 행동과 달리 속으로는 숨은 의도와 동기를 갖고서 상호 교류하는 사람에게서 볼 수 있는 시간구조의 한 방법이다.

　㉥ 친밀성(intimacy): 서로 신뢰하고 애정 어린 관계 속에서 솔직하고 개방적인 태도로 자신의 생각, 감정, 경험 등에 대해 함께 나누어 가지는 구조화의 한 방법이다.

(6) 각본분석

① 인생각본

㉠ **각본(script)**: 일생 동안 살아갈 인생계획으로서, 부모나 환경에 대한 반응으로 어린 시절 어린이 자아(C) 상태에서 내린 수많은 초기 결정을 토대로 형성된다.

㉡ 인생각본은 초기 결정, 초기 결정을 유지하기 위한 게임, 초기 결정을 정당화하기 위해 경험되는 라켓, 삶에 대한 기대 등으로 구성된다.

㉢ **각본내용과 각본과정**: 각본내용은 각본 속에 무엇(what)이 들어있는가를 말한다면, 각본과정은 각본이 어떻게(how) 드러나는가를 말한다.

㉣ **핵심요소**

ⓐ **인생계획**: 각본은 자아관, 타인관, 세계관이나 인생관 정도가 아니라 평생 살아갈 인생계획이다.

ⓑ **초기 결정에 기초**: 어린아이가 경험하며 내린 초기 어린 시절의 결정이 평생을 이끌어 갈 계획을 이룬다.

ⓒ **부모에 의해 강화**: 각본이 부모에 의해 머릿속에 주입되고, 부모에 의해 강화된다.

ⓓ **삶을 통해 정당화**: 이렇게 만들어진 인생각본은 그 이후의 삶을 통해 정당화된다. 이는 각본이 자신이 살아갈 삶의 모습을 나타내는 청사진과 같은 것이고, 무의식적이고 충동적으로 자기도 모른 채 따를 수밖에 없는 이미 결말이 정해진 '프로그램화된 인생 드라마'와 같은 것이다.

② 각본내용 기출 23

㉠ **각본의 종류**

구분	내용
파괴적(패배자) 각본	• 목표달성을 할 수 없거나 마음먹은 대로 되지 않으면 그 책임을 타인에게 전가하거나 과거의 실패에 연연하는 자세를 말함 • 패자각본이라고도 함
평범한 각본	• 특별히 눈에 띌 만한 일 없이 삶을 영위하는 각본을 말함 • 이 각본을 연출하는 사람은 근면·성실한 태도로 살아가기는 하나, 자신의 우수한 잠재력을 충분히 발휘하지 못하는 경우가 많음
성공자 각본	• 인생의 목표를 스스로 결정하고, 목표를 향해 전력을 다해 나아가는 자기실현의 각본 • 승자각본이라고도 함

㉡ 패배자는 자기제한적이며 자기패배적 신념으로 살기 때문에 자신의 능력과 자원을 디스카운트하여 이들을 활용하지 못한다.

㉢ 패배자 각본은 결말의 심각성에 따라 3가지 등급으로 나눌 수 있다.

ⓐ **1급 패배자**: 사람들 입에 오르내릴 정도의 경미한 실패나 상실을 경험하며 학생들의 경우 학교 부적응을 나타낸다.

ⓑ **2급 패배자**: 직장에서의 해고, 우울증, 학교에서의 정학이나 퇴학 같이 사람들에게 드러내기 부끄러울 정도의 불유쾌한 문제를 드러낸다.

ⓒ **3급 패배자**: 사망, 심각한 상해나 병, 법정 구속, 자살과 같은 더욱 심각한 문제를 드러낸다.

③ 각본과정
  ㉠ 각본과정은 각본에 따라 살아가는 방식을 말한다.
  ㉡ 각본과정은 6가지가 있으며, 번이 제시한 내용을 칼러가 수정했다.
    ⓐ **까지(until) 각본**: 특정 시점에 도달하기 전까지 하고 싶은 일을 하지 못하거나 즐길 수 없다는 목표로 살아간다.
    ⓑ **그 후(after) 각본**: 특정 시점이나 사건 이후를 암울하게 여긴다.
    ⓒ **결코(never) 각본**: 자신이 원하는 일이 이루어질 수 없을 것이라는 신념으로 산다.
    ⓓ **항상(always) 각본**: 나에게는 왜 항상 이런 일이 일어났는지 모르겠다고 하면서 변화할 생각을 갖지 않는다.
    ⓔ **몇 번이고(oner) 혹은 거의(almost) 각본**: 성공을 눈앞에 두고 실패를 되풀이하거나 어떤 일이든 거의 다 해놓고 포기하고 만다.
    ⓕ **텅 빈(open-ended) 각본**: 특정 시점 이후의 계획이 텅 비어 있다.
④ 각본 매트릭스(Steiner, 1994)

각본 메시지		내용
부모 P → 아이 P	대항금지령	"해야만 한다."라는 부모의 가치판단과 아이가 어떻게 되어야 하거나 어떻게 되어서는 안 되며 무엇을 해야 하고 하지 말아야 하는지에 대한 언어적 명령들로 이루어짐
부모 A → 아이 A	프로그램 메시지	"어떻게 일처리를 해야 하는가?" 하는 방법을 포함함
부모 C → 아이 C	금지령과 허용	• 금지령: 메시지가 부정적인 경우로, "존재하지 마라.", "너 자신이 되어서는 안 된다." 등의 메시지가 포함됨 • 허용: 메시지가 긍정적인 경우로 "존재해도 좋다.", "너 자신이 되는 것이 좋다." 등의 메시지가 포함됨

  ㉠ 스타이너(Steiner)는 부모나 부모와 같은 주요한 타인들로부터 전달되는 각본 메시지가 어린이의 각본 형성에 영향을 미치는 과정을 분석할 수 있는 '각본 매트릭스'를 개발했다.
  ㉡ 금지령과 대항금지령
    ⓐ **금지령**: 이 메시지는 아이가 무엇을 해야 하고 무엇이 되어야 하는지를 말해 주며 대체로 부모의 실망, 좌절, 불안, 불행 등 고통을 표현하는 것으로 "하지 마라."라는 내용을 포함한다.
    ⓑ **대항금지령**: "…해야 한다. 그리고 …하라."의 내용을 지닌다. 문제점은 아이들이 이 대항금지령에 따라 생활하기가 거의 불가능하며 열심히 할지라도 불충분하고 이루기가 어렵다.
  ㉢ 대항금지령은 아이가 말을 배우고 난 다음에 주어지지만, 금지령은 아이가 말을 배우기 전에 비언어적으로 전달될 때가 많다.
  ㉣ **대항금지령의 종류**: "완벽하게 해라.", "강해져라.", "열심히 해라.", "기쁘게 해라.", "서둘러라."
  ㉤ **금지령의 종류**: "존재하지 마라.", "가까이 오지 마라.", "자라지 마라.", "아이처럼 굴지 마라.", "아무것도 하지 마라.", "네가 아니었으면", "성공하지 마라.", "중요한 인물이 되지 마라.", "소속되지 마라.", "건강하지 마라.", "생각하지 마라.", "감정을 느끼지 마라."

(7) 인생태도(생활자세)

① 개인이 전 생애를 통해 어떤 확고한 삶의 자세를 갖고자 하는 욕구로, 이는 6세 이전에 부모를 포함한 의미 있는 타인으로부터 크게 영향 받는다.

② 초기 경험과 초기 결정에 의해 형성되며 자기 자신과 타인, 세계에 대해 가지는 개인의 태도를 총칭한다.

③ 종류

　　㉠ **자기긍정 – 타인긍정**: 심리적으로 가장 건강한 생활자세로 자신과 타인을 긍정적으로 바라보고 신뢰하며 존중한다. 이 생활자세를 가진 사람은 승리자 각본으로 살아갈 가능성이 높다.

　　㉡ **자기부정 – 타인긍정**: 타인을 긍정적으로 바라보는 대신 자신을 부정적으로 본다. 이 생활자세를 가진 사람은 다른 사람들 앞에서 위축되거나 주눅 들고, 자신을 가치 없고 무력한 존재로 여기기 쉽다. 자신도 모르게 이 자세를 유지하기 때문에 not-OK 감정을 느낄 행동을 반복적으로 선택한다. 따라서 타인에 의존하려는 경향이 높고, 회피나 우울을 잘 느끼며 평범하거나 패배적인 각본으로 살아가기 쉽다.

　　㉢ **자기긍정 – 타인부정**: 자신을 긍정적으로 보지만 타인을 부정적으로 본다. 항상 타인에게 군림하려고 하고, 모든 탓을 타인에게 전가시키려고 한다. 타인을 신뢰할 수 없는 사람으로 여기고, 일이 잘못되면 타인의 책임으로 돌린다. 이 자세를 지닌 사람은 언뜻 보기에 승리자 각본으로 사는 것 같지만, 주위 사람들로부터 인정과 존중을 받지 못해 결국 패배자 각본으로 전락하기 쉽다.

　　㉣ **자기부정 – 타인부정**: 자신과 타인을 모두 부정적으로 바라보며, 삶을 무용하고 절망이 가득 찬 것으로 생각한다. 자신을 낮추고 가치 없는 존재로 지각하며 타인도 부정적으로 바라보기 때문에 도움을 기대하지도 않는다. 이러한 사람은 자신이 타인으로부터 배척받는다고 생각하고, 타인도 배척하려는 경향이 강하므로, 패배자 각본으로 살 확률이 가장 높다.

(8) 게임분석 　기출 15

① 숨겨진 동기를 가진 일종의 암시적 의사교류로서 의사교류에 관여한 두 사람 모두 또는 최소한 한 사람에게 부정적인 감정을 불러일으키는 의시교류의 한 유형이다.

② 게임은 초기 결정을 지지할 목적으로 이루어지며 유쾌한 감정을 가장하고 인생각본을 추진하기 위한 교류로서 시간을 구조화하는 방법이 된다.

③ **게임의 특징**: 게임은 반복적으로 진행되고, 어른 자아(A)가 모르는 사이에 진행되며, 항상 게임하는 사람으로 하여금 라켓(racket) 감정을 체험하게 하는 것으로 종결된다. 또한 게임에 개입하는 약자 사이에서 이면교류를 교환하는 것이 필연적이며, 게임은 항상 놀라움과 혼동의 순간을 포함한다.

④ **게임을 하는 이유**: 스트로크를 얻기 위한 수단이고, 그러기 위해 시간을 구조화하는 방법의 하나이기 때문이다. 아울러 게임은 각자의 기본적 감정을 지키고 자신의 기본적 각본도 지키기 위해 연출된다.

⑤ **게임의 이점**: 자기각본을 정당화하며 기본적인 심리적 기아를 충족시켜 준다. 친밀해지기 싫어서 게임을 하는 경향이 있는데, 친밀해지면 자신의 취약점을 드러낼 가능성이 있으므로 오히려 게임을 통해 부정적 스트로크를 얻고자 한다.

⑥ **게임의 종류**: 생활 게임, 결혼 게임, 파티 게임, 섹스 게임, 범죄자 게임, 진찰실 게임 등 다양한 게임이 있다.

⑦ 인생게임: 어떤 게임은 정상적인 사회 조건에서 평생 지속할 수밖에 없는 기회를 더 많이 제공하며 죄 없는 주변 사람들을 끌어들이게 되는데, 이런 종류의 게임을 '인생게임'이라고 한다.
　㉠ 야단맞기, 학대: '나 좀 차 주세요.(Kick Me)' 게임
　㉡ 트집 잡기, 흠집 들추기: '너 이번에 딱 걸렸어.(Now, I've Got You, S.O,B)' 게임
　㉢ 책임 전가: '당신 때문이야.(See What You Made Me Do)' 게임
　㉣ 대인공포: '당신만 아니었다면(If It weren't For You)' 게임
　㉤ 동정 모으기: '난 죽도록 노력했어요.(Look How Hard I've Tried)' 게임
　㉥ 결말이 나지 않는 논쟁: '맞아요, 그런데(Yes, But)' 게임
⑧ 카프만(Karpman)의 드라마 삼각형: 게임을 이해하기 위해 박해자, 구원자, 희생자로 된 삼각구도를 개발했다. 즉, 무대에서 연기자들이 역할을 교체하듯이 게임에서도 연기자 간에 극적인 역할 교대를 하고 있음을 나타낸다.
　㉠ 박해자: 지배적인 힘을 가지고 상대의 행동을 억압하거나 지시하는 역할을 한다. 주로 CP가 관여한다.
　㉡ 희생자: 이용당하거나 인내를 강요당하는 역할을 한다. 주로 AC가 관여한다.
　㉢ 구원자: 희생자를 돕거나 박해자를 지지하는 역할로 중개를 하거나 관대한 태도를 보여 상대를 자기에게 의존하게 하려는 보호적인 역할을 연기한다. 주로 NP가 관여한다.
⑨ 게임공식

$$C(속임수) + G(약점) = R(반응) \rightarrow S(전환) \rightarrow X(혼란) \rightarrow P.O(결말)$$

　㉠ 게임 플레이어는 숨겨진 동기(con)를 가지고 게임 연출의 상대를 발견하면 계략(tricks)을 쓴다.
　㉡ 이 유인장치에 의해 약점을 가진 상대(gimmick)가 걸려든다.
　㉢ 이때 게임이 성립되고, 일련의 표면적 교류로서 반응(response)이 나타난다.
　㉣ 게임은 서서히 확대되어 교류 과정에서 어떤 전환(switch)이 생긴다.
　㉤ 이는 통상 엇갈림, 대립, 허둥대기 등 교차교류의 형태로 나타나며, 양자 간 혼란(crossed-up)이 발생한다.
　㉥ 결국 최후의 게임은 이외의 결말(pay-off)로 막을 내린다.
⑩ 에누리에서 시작되는 게임

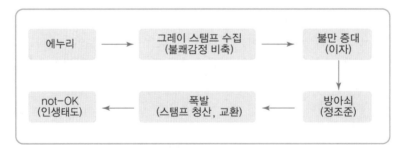

[그림 2-13] 에누리에서 시작되는 게임

　㉠ 먼저 상대를 에누리(discount: 과소평가, 경시)하면서 게임이 시작되고, 그레이 스탬프 수집(불쾌한 감정의 비축)이 이루어진다.
　㉡ 이후 불만은 점차 증대되면서 이자가 붙으며, 결국 방아쇠를 정조준하여 폭발(스탬프 청산 및 교환)시키게 된다.
　㉢ 마지막에는 'not-OK'라는 생활자세를 확인하면서 청산 과정이 끝난다.

(9) 라켓 감정과 스탬프

① **라켓 감정**: 게임을 통해 경험하는 불쾌한 감정을 말한다. 초기 결정의 강화를 목적으로 사용되고, 생활각본의 기본적 구성요소가 된다.

② **스탬프**: 라켓 감정을 느낄 때 드러낼 수도 있고 드러내지 않고 저장할 수도 있는데, 드러내지 않고 저장하는 것을 '스탬프를 모은다.'고 한다.

③ 스탬프를 모으는 기간은 사람마다 다른데, 여러 해 동안 모은 스탬프를 한꺼번에 폭발시키는 경우도 있다.

④ 라켓 감정을 느끼는 것은 각본을 따르는 것이며, 스탬프를 모았다가 나중에 한 번에 터트리는 것은 각본 결말로 나아가기 위해서이다.

> **더 알아보기**　**라켓 감정**
>
> 가정마다 허용되는 감정이 있고, 허용되지 않는 감정이 있다. 어린이는 부모의 인정을 받기 위해 허용되지 않는 감정은 억압하고, 허용하는 감정을 표현하려고 한다. 누나가 혼자서 인형을 가지고 놀고 있는데, 동생이 와서 망가뜨렸다. 누나는 화가 나서 동생을 밀쳤고 동생이 넘어져 다친 순간에 엄마가 '동생을 때리면 나쁜 아이'라고 하면서 야단을 쳤다. 며칠 후 동생이 와서 장난감을 망가뜨렸다. 이때 화를 내지 않고 울먹이자 엄마가 달려와 칭찬했다. 그러자 누나는 화가 나더라도 화를 내지 못하고 울먹이게 되었다. 이와 같이 금지하는 감정 대신 장려하는 감정을 라켓 감정이라고 한다. 라켓 감정은 어려움에 처할 때마다 단골로 튀어나오며, 문제해결에 전혀 도움이 되지 않는다. 또한 라켓 감정을 느낄 때 바로 드러낼 수도 있고, 드러내지 않고 저장할 수 있다.

⑩ 각본에 따른 삶: 디스카운트, 재정의, 공생

① **디스카운트(discount: 에누리, 과소평가, 경시)**: 자신, 타인, 세상을 지각할 때 자신의 기존 각본에 맞추기 위해 현실의 특정 측면을 보지 못하는 것을 말한다. 다시 말해, 문제해결에 필요한 정보를 자신도 모르게 무시하는 것이다.

② **재정의(redefining)**: P 자아 상태의 편견이나 C 자아 상태의 각본에 맞추기 위해 현실을 왜곡하는 것이다.

③ **공생(symbiosis)**: 사람은 누구나 PAC라는 세 가지 자아 상태를 가지고 있고, 두 사람이 상호작용 할 때는 여섯 개의 자아 상태가 작용한다. 공생은 두 사람 또는 그 이상의 사람이 마치 한 사람인 것처럼 세 자아 상태만 작용할 때를 말한다.

　㉠ 공생관계를 맺는 사람은 각자 특정 자아 상태를 활용하지 못하고 배제시켜야 한다.

　㉡ 공생관계를 통해 안정성을 얻는 대신 각자 사용하지 못하는 자아 상태를 디스카운트하게 된다.

3. 상담목표

(1) 상담목표

① 주된 목표는 개인이 자신의 삶에 대해 책임지고 스스로를 지도할 수 있는 자율성을 갖도록 하는 것이다.

② 자율성을 갖기 위해서는 자각, 자발성, 친밀성 회복이 이루어져야 한다.

　㉠ **각성**: 자기 자신의 양식으로 보고 들을 수 있는 능력을 말한다. 따라서 각성적인 사람은 어른자아가 오염에서 벗어나 독립적으로 보고, 듣고, 접촉하고, 맛보고, 평가할 수 있다.

　㉡ **자발성**: 선택의 자유, 즉 선택이 가능한 여러 유형(부모 자아, 성인 자아, 어린이 자아)으로부터 자신의 감정을 선택하고 표현할 수 있는 자유를 말한다. 이는 게임으로부터 해방되어 어릴 때 배운 감정만을 갖도록 하는 강박관념으로부터의 해방을 말한다.

　㉢ **친밀성**: 순수한 직관적 지각을 지니고 지금여기에 살고 있는 오염되지 않은 어린이 자아의 자유를 의미한다. 다시 말하면 숨김없이 남과 사랑을 나누고, 친숙한 관계를 맺을 수 있는 수용능력을 말한다.

(2) 구체적 목표

① 어른 자아가 어린이 자아와 부모 자아의 부정적 영향력과 오염으로부터 자유롭게 될 수 있도록 돕는다.

② 내담자가 부모의 부당한 금지나 명령으로부터 독립적으로 선택할 수 있는 자유를 획득할 수 있도록 돕는다.

③ 내담자가 세 가지 자아 상태를 상황에 따라 적절하게 사용할 수 있도록 돕는다. 이것은 배제현상으로부터의 해방을 의미한다.

④ 내담자가 자신의 초기결단 및 이에 근거한 인생각본을 포기하고 '자기긍정-타인긍정'의 생활자세를 선택 및 결단할 수 있도록 돕는다.

⑤ 일상생활에서 활용될 수 있도록 교류분석의 주요개념과 방법을 학습한다.

(3) 상담자의 역할

① 교사로서의 상담자: 구조분석, 교류분석, 각본분석, 게임분석 등의 개념을 설명해 주며, 내담자의 초기 결정을 발견하고, 이를 재검토할 수 있는 전략을 발달시킬 수 있도록 돕는 역할을 한다.

② 상담자와 내담자는 동등한 위치에서 계약을 하고, 상담자는 내담자가 제안하는 계약의 구조에 자신의 전문지식을 투입한다. 상담자와 내담자는 자신들이 합의하여 설정한 목표를 향해 함께 일하는 동반자가 되어야 상담목표를 달성할 수 있다.

③ 상담자는 내담자가 변화에 필요한 전략과 도구를 얻을 수 있도록 도와야 하는데, 내담자가 상담자의 어른자아에 의존하기보다는 자신의 어른자아에 의지하도록 격려하고 가르쳐야 한다.

④ 상담자의 주요 임무는 내담자가 어린시절의 잘못된 결정에 따라 살지 않고, 현재 상황에 적절한 결정을 함으로써 삶을 변화시킬 수 있는 자신의 내면적 능력을 발견하도록 돕는 것이다.

4. 상담과정

(1) 1단계 계약

① 상담을 시작하는 초기에 상담자와 내담자의 사이의 라포 형성과 상담 구조화, 상담목표를 세우고 달성하기 위한 상담계약이 이루어진다.

② 상담계약은 상담과정 후 내담자 자신의 변화를 위한 재결단을 이루는 데 도움이 된다.

(2) 2단계 구조분석

① 내담자로 하여금 현재 자신의 자아 상태가 균형 있게 기능하지 못하는 원인을 찾아 수정하기 위해 이루어지는 단계이다.

② 이 단계에서 상담자는 내담자에게 구조분석의 의미와 3가지 자아 상태와 기능을 이해시키고, 내담자의 행동 특징, 자아기능 그래프 등을 근거로 내담자의 자아 상태의 오염이나 배타 현상을 확인한다.

③ 이 단계의 목적은 자아 상태에 대한 이해와 과거의 경험 때문에 어른 자아가 기능하지 못하는 원인을 찾아 이를 해제하기 위함이다.

(3) 3단계 교류분석

① 내담자가 어떤 유형의 상호 교류를 하고 있는지 알아보고, 그 의사교류가 인간관계 과정에서 발생시키는 문제가 무엇인지 확인하여 내담자의 문제해결을 돕는다.

② 그러기 위해 먼저 내담자에게 의사교류의 의미와 유형을 이해시키고, 내담자와 관계있는 사람들과의 의사교류를 분석해 보게 한다.

③ 이 단계의 목적은 내담자가 다른 사람과 어떠한 유형의 교류를 하고 있는지를 알아보려는 것이다.

(4) 4단계 게임(및 라켓)분석

① 상담자가 내담자에게 게임의 의미와 유형을 이해시키고 내담자의 암시적 의사교류가 어떻게 형성·유지되는지를 내담자와 찾아본다. 또 내담자가 사용하는 게임의 유형을 확인하고 그것의 스탬프는 무엇인지, 어떤 경로로 형성되는지를 게임의 공식에 대입해 알아본다.

② 이 단계의 목적은 교류분석 중 암시적 교류를 구체적인 게임의 종류 및 라켓감정 유형과 관련지어 분석하는 것이다.

(5) 5단계 각본분석

① 개인의 인생계획이라 할 수 있는 각본은 어린 시절 자신이 경험한 일들에 대한 해석으로 내린 결단에 의해 형성된다.

② 이 단계에서는 내담자에게 각본의 의미와 종류를 이해시키고 내담자가 가진 각본을 찾아보고, 특히 내담자의 문제행동과 관련된 각본을 확인시키며 이 각본이 어떻게 형성되었는지 분석한다.

③ 이 단계의 목적은 문제행동과 관련된 각본을 찾아 정확한 정보와 활력을 불어넣어 재결단하게 하여 자율적인 삶을 살아가게 하는 데 있다.

(6) 6단계 재결단

① 재결단(redecision)이란, 내담자가 지금까지의 문제 있는 각본이나 의사교류, 게임, 배타와 혼합(오염) 등으로부터 탈피하여 자율적이면서 정상적인 자아 상태를 회복하고 긍정적인 생활자세로 돌아오기 위한 과정이다.

② 구체적으로 내담자는 자아가 강화됨으로써 정상적인 자아 상태를 회복하게 되고 '자기긍정-타인긍정'의 긍정적인 생활자세를 취하게 된다.

③ 재결단은 어떤 특정 과정에서 일어날 수도 있지만, 많은 경우 시간을 두고 점진적으로 일어난다.

5. 상담기법

(1) **상담 분위기 조성 기술**: 상담자의 태도 및 자질과 관련된 기법

종류	개념
허용	• 대부분 내담자는 여전히 부모의 금지령에 근거하여 행동하기 때문에 상담자는 내담자로 하여금 부모가 하지 말라고 금지했던 일을 하도록 허용함 • 내담자가 상담자와 함께 효과적으로 시간을 보내도록 허용해야 하며, 이는 비생산적인 시간 구조화 절차를 사용하지 않도록 하려는 것임 • 내담자의 모든 자아 상태가 기능할 수 있도록 허용해야 함 • 내담자가 게임을 하지 않도록 허용하며, 게임을 하지 않고도 상담자와 대화가 가능하다는 확신을 갖도록 해줌
보호	내담자가 금지령을 버리고 대신 어른 자아를 사용하도록 허용 받게 될 때 어린이 자아가 놀랄 수 있으며, 이때 상담자는 그 반응을 안심시켜주고 지지해줌으로써 내담자가 보다 안전하게 새로운 자아를 경험하게 할 수 있음
잠재력	상담자가 최상의 효과를 얻을 수 있는 방향으로 자신의 모든 상담 기술을 최적절한 시간에 활용할 수 있는 능력을 말함

(2) **조작(operations)기법**: 구체적인 상담자의 행동기술

종류		개념
치료적 개입기술	질의	내담자의 행동에서 어른 자아가 제대로 기능하지 못한다고 판단될 때, 어른 자아의 반응을 유발할 때까지 내담자에게 질문이나 의문을 제기하는 것
	명료화	• 내담자의 특정 행동이 어떤 자아 상태에서 비롯되었는지에 대해 상담자와 내담자가 일치하였을 때 이루어짐 • 이 기법은 교류를 하는 자아 상태를 확인하기 위한 것으로, 어른 자아 대 어른 자아 수준에서 이루어지며 내담자는 자신의 3가지 상태를 완전히 이해할 수 있음
	직면	내담자의 행동이나 진술 가운데 불일치, 모순이 발견될 때 이를 지적해 주는 기술
	설명	• 상담자가 내담자에게 왜 그렇게 행동하는지를 가르치는 것 • 설명은 상담자와 내담자의 어른 자아 간 의사교류에 의해 이루어짐
중재기술	예증 (예시)	상담과정에서 긍정적인 효과를 강화할 목적으로 일화나 비교 등의 실례를 제시하는 것
	확인 (확립)	직면으로 인해 일단 없어졌던 내담자의 행동이 재발할 때 내담자에게 아직 과거의 행동을 완전히 버리지 못했으니 더 열심히 노력하도록 강화해 주는 기술
	해석	전통적인 정신분석의 해석과 유사한데, 상담자가 내담자의 행동 이면에 숨은 이유를 설명하는 것
	결정화 (구체적 종결)	• 내담자가 스트로크를 얻기 위해 사용해왔던 게임을 그만두고 자유로워지도록 내담자에게 설명하는 과정 • 상담자는 내담자에게 원하는 스트로크를 보다 나은 방법으로 얻을 수 있다는 점을 알려줌

6. 평가

(1) 공헌점

① 특수한 계약을 강조했다. 만약 계약이 없으면 상담은 목표도 없고 변화를 위한 개인적 책임도 고려하지 않은 채 목적 없이 방황하기 쉽다. 계약적 접근법은 내담자가 자신의 문제에 초점을 두고 그것을 이행하려 한다는 기대에 근거하며, 이것이 책임의 분담을 강조하고, 상담 작업에서 분업의 관점을 제시한다.

② 인간을 무한한 성장 가능성이 있는 존재로 본다. 즉, 교류분석에서 인간관은 비결정론적 인간관이라고 볼 수 있다.

③ 자기이해, 타인이해, 자신과 타인의 관계 이해, 조직과 사회 이해 등으로 구분하여 인간관계에 대해 깊이 이해하게 해주어서 의사소통 단절 문제를 해결하는데 큰 시사점을 제공해주었다.

④ 인간관계가 존재하는 모든 실제 장면에서 활용하기가 쉽다.

(2) 한계점

① 개념이 지나치게 인지적 측면에 치우쳐서 인지적 수준이 낮은 내담자에게는 도움을 제공하기 어렵다.

② 사용되는 용어가 어렵다. 교류분석 지지자들은 교류분석이 간단해서 아동들도 쉽게 이해할 수 있다고 주장하지만 내담자는 이 상담에서 사용되는 용어를 이해하는데 어려움을 느낀다.

③ 교류분석 상담의 개념과 절차는 과학적 타당성이 아직 검증되지 않았다.

제 **5** 절 마음챙김에 근거한 상담이론

13 마음챙김

1. 마음챙김(mindfulness) 기출 17

(1) 정의와 특징

① 정의: 자신의 마음속에 떠오르는 현상들을 있는 그대로 바라보는 행위를 말한다.

② 4가지 특성

㉠ 즉시성: 지금 일어나고 있는 대상에 대한 즉각적인 자각이다.

㉡ 들뜨지 않음: 관찰대상에 주의를 집중하려는 의도적인 노력이다.

㉢ 대상을 조작하지 않음: 몸과 마음에 나타나는 현상을 조작하지 않고 있는 그대로 관찰하는 것이다.

㉣ 보호함: 번뇌의 공격으로부터 막아주거나 보호하는 작용이다.

(2) 요소(Lenehan, 2003)

① 알아차림: 내적·외적 현상에 주의를 기울이고 민감하게 자각하는 것이다.

② 명명하기: 내적·외적 현상에 대해 이름을 붙이는 것이다.

③ 비판단적 수용: 비판단적으로 수용한다.

④ 현재에 집중: 현재의 순간에 집중한다.

2. 마음챙김의 치료적 기능

(1) 탈동일시(de-identification)

① 마음챙김을 하면, 관찰자아와 체험자아가 분리됨으로써 자기경험을 대상화하여 바라보게 되고 그 결과 관찰자아와 체험자아의 탈동일시가 나타난다.

② 관찰자아가 체험자아에 함몰되지 않은 채 거리를 두고 바라볼 수 있기 때문에, 자기경험의 변화에 대한 정서적 반응이 감소하며 점차 평정상태에서 체험자아를 바라볼 수 있게 된다.

(2) 자신의 마음에 대한 이해 심화

현재의 자기경험에 집중하여 지속적으로 관찰하기 때문에 자기경험의 세밀한 속성과 변화를 알아차릴 수 있다.

(3) 자기경험에 대한 탈자동화(de-automatization)로 부적응적 습관 약화

마음챙김은 고통과 불안을 유발하는 심리적 경험에 대한 반복적 노출을 통해 그에 대한 인내력을 증진시킨다.

(4) 정서적 평정과 심리적 자유로움

마음챙김의 주요한 특징은 현재의 자기경험을 관찰하되, 비평가적이고 수용적인 자세로 임한다는 것이다. 정서를 일으키는 판단과 평가를 멈추고 몸과 마음에서 일어나는 현상과 체험을 '있는 그대로' 수용적 자세로 바라봄으로써 정서적 평정과 심리적 자유로움을 얻게 해 준다.

3. 상담이론

(1) 마음챙김에 근거한 스트레스 감소 프로그램(MBSR)

① '존 카밧진(Jon Kabat-Zinn)'이 생활 스트레스, 만성적 통증과 질병, 두통과 고혈압, 불안장애, 수면장애 등을 지닌 사람들에 의해서 '마음챙김에 근거한 스트레스 감소 프로그램'을 개발했다.

② MBSR은 8주 정도의 마음챙김 훈련을 통해 신체적·심리적 건강을 증진하기 위한 프로그램이다.

③ 신체의 모든 감각에 대한 알아차림을 강조하며 먹기, 걷기, 숨쉬기와 같은 일상행동에 대한 마음챙김, 신체의 각 부위의 감각에 집중하는 바디스캔(body scan), 몸을 골고루 풀어주는 하타요가 등 다양한 요소로 구성된다.

④ 목표: 내담자의 마음챙김 능력을 증진시켜 감정과 사고를 분리하고 '지금-여기'에서의 알아차림을 유지하는 것이다.

⑤ 이 프로그램을 통해 특정한 상황에서 자동적 또는 습관적으로 반응하지 않고 사려 깊게 반응할 수 있다. 또한 더는 자동반응을 하지 않고 숙고반응을 할 수 있어 스트레스로부터 자유로워지고 신체적·심리적 질병으로부터의 치유를 체험하게 된다.

(2) 변증법적 행동치료(DBT)

① '마샤 리네한(Marsha Linehan)'이 경계선 성격장애 치료를 위해 개발한 것으로 마음챙김이 주요한 구성요소를 이룬다. 특히 강렬한 정서적 고통이나 충동을 경험하는 내담자들에게 효과적이다.

② 목표: 내담자의 경험에 대한 수용과 변화의 변증법적 갈등을 해결하고 균형을 이루게 하는 것이다.

　㉠ 상담자는 내담자를 그 순간에 있는 그대로를 수용해주는 동시에 내담자의 목표를 성취하기 위해 일어나야 할 변화들이 무엇인지를 밝혀주어야 한다.

　㉡ 회기 내에 수용이 변화를 이끌 수 있고, 변화가 다시 수용을 이끌 수 있다.

③ 정서조절을 어렵게 만드는 주된 원인: 내담자가 불쾌한 감정을 자각하고 싶어 하지 않는다는 점이다. 따라서 마음챙김으로 내담자가 두려워하고 회피하는 정서에 노출하고 직면하게 함으로써, 상상했던 것보다 덜 두려운 정서로부터 거리를 두고 관찰할 수 있는 여유를 가지게 한다.

④ 세 가지 마음 상태: 마음챙김은 감정적 마음과 합리적 마음 간의 균형을 유지하면서 지혜로운 마음을 갖도록 하는 견인차 역할을 한다.

　㉠ 합리적 마음: 지적으로 경험에 접근하고 합리적·논리적으로 사고하며 문제해결 시 냉철함을 유지하는 것이다.

　㉡ 감정적 마음: 생각과 행동이 그 사람의 현재 정서 상태에 따라 좌우된다.

　㉢ 지혜로운 마음: 합리적 마음과 감정적 마음을 통합한 상태로 이 두 개의 마음 상태를 뛰어넘어 감정적 경험과 논리적 분석에 직관적 인식을 추구해놓은 상태를 말한다.

(3) 마음챙김에 근거한 인지치료(MBCT)

① 우울증의 재발 방지를 위해 개발한 치료방법으로 목표는 우울증을 유발하는 자동적 사고의 영향력을 약화시키는 것이다.

② 인지치료 이론과 MBSR 기법을 접목한 것으로, 마음챙김 훈련을 통해 우울증 재발을 촉진하는 자동적 사고가 떠오르는 것을 알아차리고 수용하며 거리를 둠으로써 자동적 사고의 부정적 영향력을 약화시키는 것이다.

③ 상호작용하는 인지 하위 체계(interacting cognitive subsystems)이론에 근거하고 있다. 이 이론에 따르면, 인간의 마음은 정보를 처리하고 감정을 느끼는 여러 가지 마음의 양식으로 이루어진다.

ⓐ **행위양식**: 목표지향적이고 목표 성취를 위해 행위에 몰두하는 삶의 방식으로 현실과 목표의 괴리를 인식할 때 촉발된다. 이 양식이 촉발되면 자동적으로 부정적 감정이 유발된다.

ⓑ **존재양식**: 특정한 목표를 지향하지 않으며 모든 것을 있는 그대로 수용하고 어떤 변화도 바라지 않으며 있는 그대로 허용하는 삶의 방식이다.

➡ 우울증 재발 방지를 위해서는 내담자가 존재양식으로 전환하는 기술을 습득하게 하는 것이 필요하다.

14 수용전념치료(ACT)

1. 개관

(1) 특징

① 헤이즈(Hayes) 등이 개발한 제3세대 인지행동치료로서 마음챙김의 중요한 치료적 요소를 포함하고 있다.

② ACT는 내담자로 하여금 고통스러운 부정적 감정에 저항하지 말고 수용하면서 자신이 원하는 가치와 목표를 실현하는 데 전념하도록 돕는다.

③ 대전제: '고통은 인간 삶의 기본 요소'라는 가정으로 인간에게 고통은 보편적이고 정상적이라고 본다.

④ 정신병리: 경험회피와 인지적 융합으로 인한 심리적 경직성 때문이다.

ⓐ **경험회피**: 인간이 고통스러운 경험을 직면하기보다 그것을 제거하거나 변화시키려고 통제하려는 노력을 의미한다. 하지만 이러한 노력은 역설적으로 고통을 가중시킨다.

ⓑ **인지적 융합**: 언어를 통해서 생각을 현실로 인식하면서 개념의 틀 속에서 갇혀 고통을 겪는 것을 뜻한다. 즉, 인간은 경험을 있는 그대로 바라보는 것이 아니라 언어를 통해 재구성하여 생각이 마치 현실인 것처럼 또는 자기인 것처럼 인식하는 것이다.

⑤ **목표**: 심리적 유연성을 증대시키는 것이다. 심리적 유연성은 개인이 추구하는 가치에 기여하는 행동을 지속할 수 있는 능력이다. ACT는 다음 6가지의 핵심적인 치료적 요소들을 강조한다.

(2) 기능적 맥락주의(functional contextualism)

① 사건 전체에 초점을 두면서 부정적인 생각과 감정이 일어나는 심리적 맥락을 중시하는 것이다. 즉, 내적 사건이 일어나는 심리적 맥락을 변화시킴으로써 내적 사건의 역할을 변화시키고자 하는 것이다.

② 정신병리에 대한 수용전념치료의 모델은 인간이 학습을 통해 구축한 '언어와 인지구조 틀에 의해 사고하고 행동한다.'는 관계 구성틀 이론에 기반한다. 관계 구성적으로 학습된 내용들이 인간의 행동을 조절하는 원천들을 지배해버리는데 이것이 바로 인지적 융합이다.

(3) 정신병리: 경험 회피와 인지적 융합으로 인한 심리적 경직성 때문이다.

① **경험 회피**: 인간이 고통스러운 경험을 직면하기보다 제거하거나 변화시키려고 통제하려는 노력을 의미한다. 이 노력은 역설적으로 고통을 가중시킨다.

② **인지적 융합(cognitive fusion)**: 언어를 통해 생각을 현실로 인식하면서 개념의 틀 속에 갇혀 고통을 겪는 것을 뜻한다. 즉 인간은 경험을 있는 그대로 바라보는 것이 아니라 언어로 재구성하여 생각이 마치 현실인 것처럼 또는 자기인 것처럼 인식하는 것이다.

2. 주요 개념 기출 19

(1) 심리적 수용과 전념적 행동

① **심리적 수용**(psychological acceptance): 상황과 사건 및 그 결과로 생기는 반응을 있는 그대로 소유하고 허용하는 것이며 생각, 감정에 대해 아무것도 하지 않는 것을 의미한다.

② **전념적 행동**(committed action): 한 사람이 가장 깊고 간절히 바라는 하나의 온전한 삶, 통합된 삶을 만들어 나가는 단계적인 행동과정으로, 그 자신이 선택한 가치의 방향으로 걸음을 내딛는 것을 말한다.

③ 전념적 행동은 자신의 가치에 접촉하는 것, 가치의 방향으로 나아가기 위해 목표를 개발하는 것, 목표 달성을 위해 구체적인 행동을 취하는 것, 행동에 따라오는 내적 장애물과 함께 나아가는 것의 네 부분으로 구분하여 생각할 수 있다.

④ **전념적 행동의 단계**

  ㉠ **1단계**: 최우선 순위의 가치 영역을 한두 개 고르고 기능 분석이나 최대한의 증거 혹은 두 가지 모두에 근거하여 행동변화를 위한 활동 계획을 개발한다.

  ㉡ **2단계**: 내담자가 가치와 연결된 행동에 전념하도록 돕는다. 이때 행동은 조합되어가는 더 큰 행동 패턴에 대해 마음챙김을 하면서 과제로 수행할 수 있는 것으로 설정한다.

  ㉢ **3단계**: 수용, 탈융합, 마음챙김 기술을 활용하여 행동에 대한 장벽을 주의하고 극복한다.

  ㉣ **4단계**: 1단계로 돌아가서 더 큰 행동 패턴, 다른 생활 영역, 두려움을 느끼거나 회피하는 사적 경험, 심리적 유연성이 결여된 다른 영역으로 일반화하는 작업을 한다.

(2) 심리적 유연성과 경직성

① **심리적 유연성**(psychological flexibility): 순간의 경험에 온전히 접촉하며 자기 가치에 부합하는 방식으로 행동을 지속하거나 변경시키는 능력을 말한다.

  ➡ 수용전념치료에서 심리적 유연성을 획득하는 과정에는 6가지의 주요 국면이 있으며, 이것은 상담과정에서 제시된다.

② **심리적 경직성**(psychological inflexibility): 바라는 목적을 이루는 데 유용한 방식에 따라 행동을 조율하지 못하는 것을 말한다.

  ➡ 수용전념치료에서는 인간의 언어가 지닌 속성 때문에 조성되는 심리적 경직성이 정신병리나 심리적 고통의 기원이라고 설명한다.

(3) 인지적 융합과 탈융합

① **인지적 융합**: 인간이 사건과 직접적으로 관계하기보다는 언어적으로 구성한 관계틀에 기초하여 상호작용하는 경향을 말한다. 이 경우에 사건과 그것을 생각하는 사람이 융합되어서 분리될 수 없으며, 이로 인해서 언어적 구성틀이 전혀 존재하지 않는 듯이 보인다.

② **인지적 탈융합**: 생각 등의 사적 사건의 형태나 빈도를 변화시키기보다 생각과 관계 맺고 상호작용하는 방식을 변화시키는 것을 말한다.

  ㉠ 인지적 탈융합은 이러한 문제점을 제거하려는 과정이다. 즉, 내담자가 진행 중인 행동과정으로서 생각에 집중하고 생각을 그 자체로 바라보는 데 좀 더 많은 시간을 할애하게 하여 문자 그대로의 진리라기보다는 효율성의 측면에서 생각에 반응할 수 있도록 돕는다.

ⓒ 인지적 탈융합은 내담자가 생각의 문자적 의미보다는 그 가치에 따라 효율성의 측면에서 반응할 수 있게 하기 위해 생각을 있는 그대로 보도록 돕고, 일종의 진행 중인 행동과정으로서 생각과 경험에 집중하고 마음 내용의 문자적 의미에서 거리를 두도록 돕는 데 핵심 목표를 둔다.

(4) 현재에 머무르기와 기꺼이 경험하기

① 현재에 머무르기(being present, 현재에 존재하기): 사적인 경험들에 대해 새롭고 효과적인 반응들이 일어날 가능성을 높이기 위해 현재 순간에 머무르는 것이며, 현재에 일어나고 있는 심리적 사건들에 대해서 비판단적 접촉을 활성화시키는 것을 말한다.

② 현재에 머무르는 2가지 과정
  ⓐ 내담자가 환경과 사적 경험의 존재를 관찰하고 알아차리도록 훈련하는 것이다.
  ⓑ 내담자가 과도한 판단이나 평가 없이 현재에 존재하는 것을 명명하거나 기술하도록 가르치는 것이다.

③ 관찰하는 자기(observing self) 혹은 관찰자 시점(observer perspective): 관찰하는 자기는 마음챙김과 명상을 통해 자신의 내부와 외부에서 일어나는 경험들을 비판단적으로 관찰하고 알아차리는 역할을 한다. 또한 관찰하는 자기를 통해 자신의 역사 속에서 과거부터 지금까지 자신의 경험을 관찰해 온 관찰자는 자기가 있었다는 사실을 경험적으로 깨닫는다.

④ 기꺼이 경험하기(willingness): 적극적이고 의도적으로 가치 있는 삶의 방향으로 나아가는 것을 경험하는 과정에서 개인의 경험 전체에 대해 개방적인 태도를 갖는 것을 말한다.

(5) 개념화된 자기와 맥락적 자기

① 개념화된 자기(conceptualized self, 내용적 자기): 사회화 훈련 과정의 결과로 자신이 어떤 사람인지에 대해 스스로가 만들어 낸 이야기를 믿고 그에 따라 살아가는 자기를 말한다.

② 맥락적 자기: 사적 사건들이 일어나는 맥락을 지켜보고 '지금-여기'의 경험을 조망하는 자기를 말한다.

③ 수용전념치료는 개념화된 자기와의 과도한 융합이 심리적 유연성을 저해한다고 보고, 대안적인 유형의 자기를 경험하도록 의도적으로 시도한다. 대안적 자기 유형 중 하나가 생각, 감정, 기억, 신체적 감각 등의 사적 사건이 일어나는 '맥락으로서의 자기'인 맥락적 자기이다.

④ 맥락적 자기는 특별한 경험들이 일어난 상황에서 그들에 대한 애착이나 집중 없이 자신의 경험과 흐름에 대한 자각을 하는 것이다. 개념화된 자기에 융합되는 것을 벗어나기 위해 자각하는 경험의 '나-여기-지금'에 기반한 자기의 감각과 접촉하는 것을 증진시킨다.

(6) 창조적 절망감과 경험 회피

① 창조적 절망감(creative hopelessness): 원치 않는 생각과 감정을 통제하려고 시도하는 것이 소용없음을 체험함으로써 나타나는 자연스러운 감정을 말한다.

② 경험 회피(experiential avoidance): 개인이 특정한 사적 경험들에 기꺼이 접촉하지 않고 손해임에도 불구하고 이러한 내적 사건들의 형태나 빈도, 상황을 바꾸려고 하거나 벗어나려는 현상을 말한다.

3. 상담목표와 과정

(1) 상담목표: '심리적 유연성' 증진

① 수용전념치료의 최종 목표로, 심리적 유연성을 촉진하는 긍정적 과정의 강화가 가장 중요한 상담목표이다.

② 심리적 유연성은 개인이 추구하는 가치에 기여하는 행동을 지속할 수 있는 능력으로, ACT는 다음 6가지의 핵심적인 치료적 요소(심리적 유연성을 획득하는 6가지 국면)들을 강조한다.

(2) 심리적인 유연성 획득과정의 6가지 국면
　① 내담자로 하여금 심리적 경직성으로 인해 치르는 대가에 접하도록 도운 후에 심리적 수용 기술 습득하기
　② 인지적 탈융합 기술 습득하기
　③ 맥락적 자기와 개념화된 자기 구분하기
　④ 현재에 머무르기 및 앎의 과정으로서의 자기를 확립하기
　⑤ 이유 붙인 행동과 선택 구별하기
　⑥ 전념적 행동을 지속시키고 선택한 가치와 관련된 행동변화 전략을 가르치기

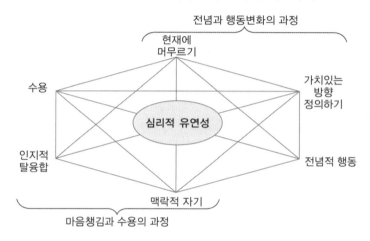

[그림 2-14] 마음챙김과 수용의 과정

과정	내용
수용	• 비판단적인 태도를 지니고 자신의 생각, 감정, 신체적 감각 등의 경험을 능동으로 껴안는 것 • 경험을 없애거나 통제하거나 회피하지 않고 있는 그대로를 기꺼이 경험하는 것 • 고통은 '통제' 노력으로 인해 강화되고 '통제'는 더 이상 고통을 완화시킬 수 없다는 '창조적 절망감'을 자각하면서, 고통에 대한 관계를 변화와 통제가 아닌 '수용'으로 바꾸는 것
인지적 탈융합	• 생각, 감정, 기억을 언어적 개념으로 추상화하지 말고 있는 그대로 체험하도록 하는 것 • ACT에서는 생각을 생각으로, 감정을 감정으로, 기억을 기억으로, 신체적 감각을 신체적 감각으로 보도록 가르침으로써 언어의 굴레로부터 벗어나도록 함
맥락으로서의 자기 (맥락적 자기)	• '지금 – 여기'의 경험을 조망하는 자기 혹은 관찰하는 자기를 의미함 • 개념화된 자기로부터 벗어나 생각, 감정, 기억, 신체적 감각 등의 사적 사건이 일어나는 '맥락으로서의 자기' 즉, '지금 – 여기'의 경험을 '조망하는 자기' 혹은 '관찰하는 자기'로 경험하는 것
현재에 존재하기 (현재에 머무르기, 현재와 접촉하기)	• 언어로 인해 과거와 미래에 집착하는 것으로부터 벗어나 '지금 – 여기'의 체험을 알아차리며 현재에 존재하도록 하는 것임 • ACT에서는 개방적이며 비방어적으로 현재의 순간에 접촉하도록 촉진함
가치 (가치있는 방향 정하기)	• 개인이 실현하기를 원하는 삶의 중요한 가치나 목표를 의미함 • 내담자는 진정으로 삶을 통해 실현하고자 하는 가장 소중한 가치를 생각해 봄
전념적 행동	• 소중한 가치와 목표를 실현하기 위한 구체적인 행동에 전념하는 것임 • 내담자로 하여금 자신의 행동에 대해 의도하거나 의도하지 않은 결과를 받아들이게 격려하는 동시에 가치 있는 행동을 지속적으로 실행하도록 함

(3) 상담과정의 구분

① **마음챙김과 수용의 과정**: '수용, 인지적 탈융합, 현재에 머무르기, 맥락적 자기'라는 치유기제를 통해 수용과 마음챙김을 기술한다.

② **전념과 행동변화의 과정**: '현재에 머무르기, 맥락적 자기, 가치 있는 방향 정의하기, 전념적 행동'의 치유기제를 통해 전념과 행동변화의 과정을 기술한다.

➡ **현재의 머무르기, 맥락적 자기**: 두 과정에 모두 포함되는데, 그 이유는 심리적 유연성이 결국 현재와 충분하게 접촉할 때 얻어질 수 있기 때문이다.

제3장

아동심리학

🔍 핵심 이론 흐름잡기

제**3**장 | 핵심 이론 흐름잡기

제**1**절 **발달의 이해**

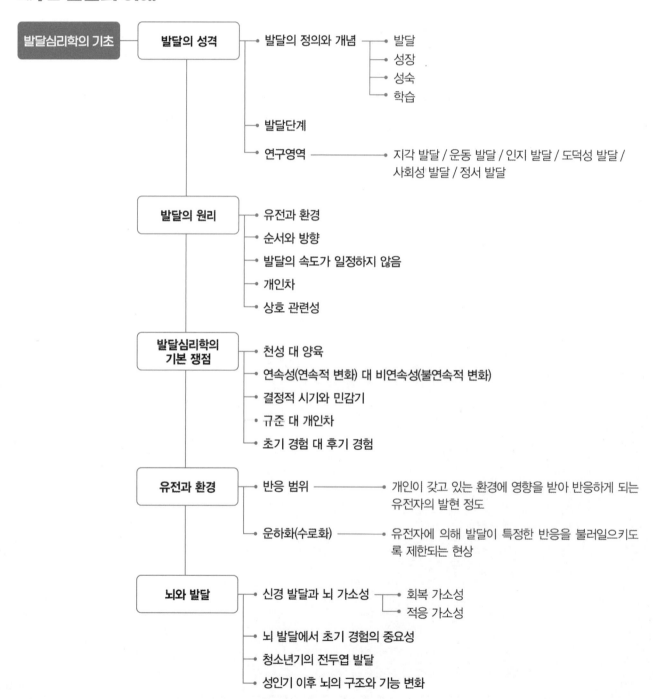

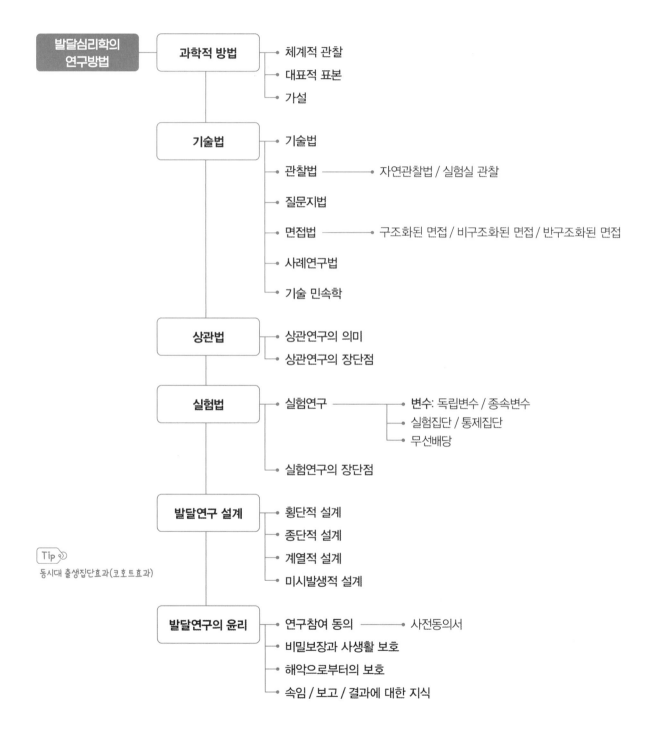

발달심리학의 연구방법

과학적 방법
- 체계적 관찰
- 대표적 표본
- 가설

기술법
- 기술법
- 관찰법 ——— 자연관찰법 / 실험실 관찰
- 질문지법
- 면접법 ——— 구조화된 면접 / 비구조화된 면접 / 반구조화된 면접
- 사례연구법
- 기술 민속학

상관법
- 상관연구의 의미
- 상관연구의 장단점

실험법
- 실험연구 ———
  - 변수: 독립변수 / 종속변수
  - 실험집단 / 통제집단
  - 무선배당
- 실험연구의 장단점

발달연구 설계
- 횡단적 설계
- 종단적 설계
- 계열적 설계
- 미시발생적 설계

Tip
동시대 출생집단효과(코호트효과)

발달연구의 윤리
- 연구참여 동의 ——— 사전동의서
- 비밀보장과 사생활 보호
- 해악으로부터의 보호
- 속임 / 보고 / 결과에 대한 지식

제**3**장 | 핵심 이론 흐름잡기

제**2**절 **신경계 및 운동 발달**

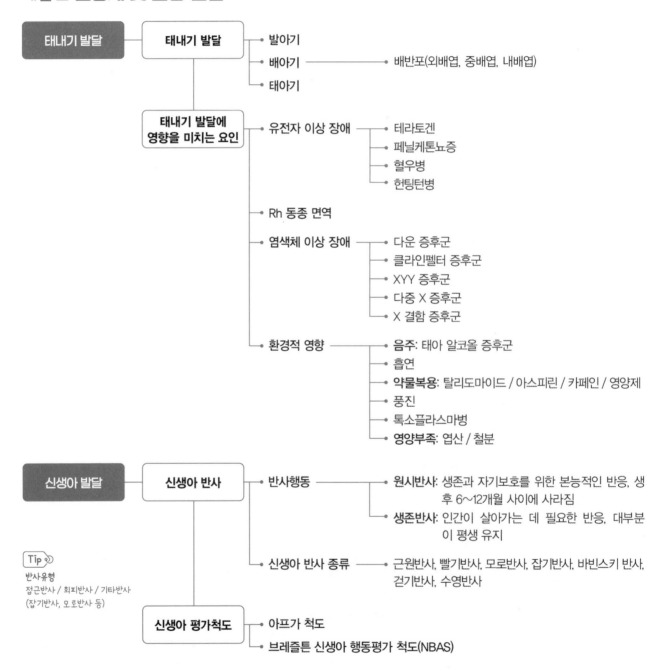

태내기 발달 ── **태내기 발달** ──
- 발아기
- 배아기 ──── 배반포(외배엽, 중배엽, 내배엽)
- 태아기

태내기 발달에 영향을 미치는 요인
- 유전자 이상 장애
  - 테라토겐
  - 페닐케톤뇨증
  - 혈우병
  - 헌팅턴병
- Rh 동종 면역
- 염색체 이상 장애
  - 다운 증후군
  - 클라인펠터 증후군
  - XYY 증후군
  - 다중 X 증후군
  - X 결함 증후군
- 환경적 영향
  - **음주:** 태아 알코올 증후군
  - 흡연
  - **약물복용:** 탈리도마이드 / 아스피린 / 카페인 / 영양제
  - 풍진
  - 톡소플라스마병
  - **영양부족:** 엽산 / 철분

신생아 발달 ── **신생아 반사** ──
- 반사행동
  - **원시반사:** 생존과 자기보호를 위한 본능적인 반응, 생후 6~12개월 사이에 사라짐
  - **생존반사:** 인간이 살아가는 데 필요한 반응, 대부분이 평생 유지
- 신생아 반사 종류 ──── 근원반사, 빨기반사, 모로반사, 잡기반사, 바빈스키 반사, 걷기반사, 수영반사

신생아 평가척도
- 아프가 척도
- 브레즐튼 신생아 행동평가 척도(NBAS)

Tip
반사유형
접근반사 / 회피반사 / 기타반사
(잡기반사, 모로반사 등)

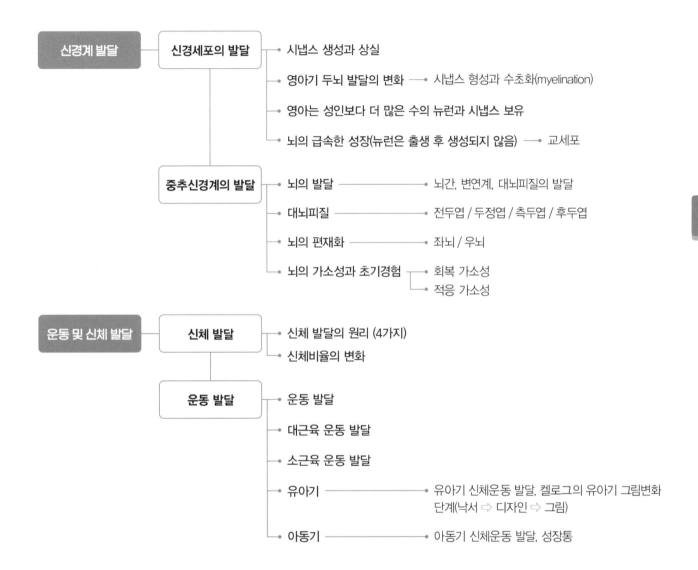

신경계 발달 ── 신경세포의 발달 ── 시냅스 생성과 상실

영아기 두뇌 발달의 변화 ──── 시냅스 형성과 수초화(myelination)

영아는 성인보다 더 많은 수의 뉴런과 시냅스 보유

뇌의 급속한 성장(뉴런은 출생 후 생성되지 않음) ──── 교세포

중추신경계의 발달 ── 뇌의 발달 ──────── 뇌간, 변연계, 대뇌피질의 발달

대뇌피질 ──────── 전두엽 / 두정엽 / 측두엽 / 후두엽

뇌의 편재화 ──────── 좌뇌 / 우뇌

뇌의 가소성과 초기경험 ── 회복 가소성
└ 적응 가소성

운동 및 신체 발달 ── 신체 발달 ── 신체 발달의 원리 (4가지)
신체비율의 변화

운동 발달 ── 운동 발달

대근육 운동 발달

소근육 운동 발달

유아기 ──────── 유아기 신체운동 발달, 켈로그의 유아기 그림변화
단계(낙서 ⇨ 디자인 ⇨ 그림)

아동기 ──────── 아동기 신체운동 발달, 성장통

제**3**절 **주의, 지각 및 기억 발달**

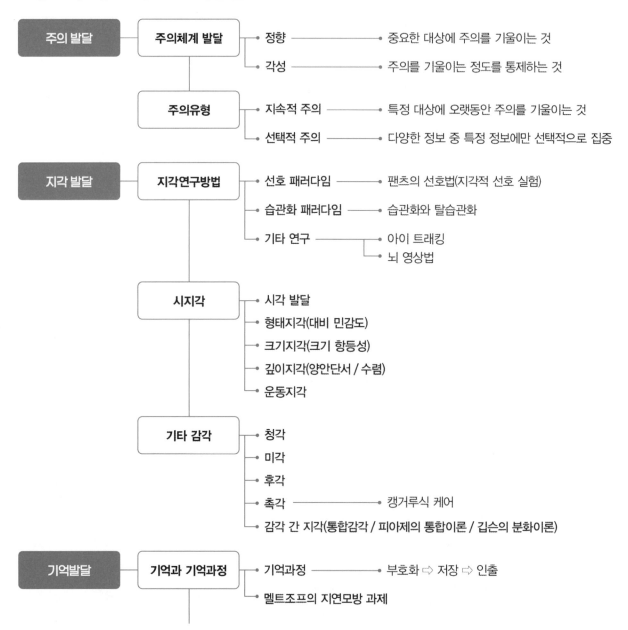

| 주의 발달 | **주의체계 발달** | • 정향 —— • 중요한 대상에 주의를 기울이는 것 |
| | | • 각성 —— • 주의를 기울이는 정도를 통제하는 것 |

주의유형
- 지속적 주의 —— • 특정 대상에 오랫동안 주의를 기울이는 것
- 선택적 주의 —— • 다양한 정보 중 특정 정보에만 선택적으로 집중

지각 발달

지각연구방법
- 선호 패러다임 —— • 팬츠의 선호법(지각적 선호 실험)
- 습관화 패러다임 —— • 습관화와 탈습관화
- 기타 연구 —— • 아이 트래킹
  • 뇌 영상법

시지각
- 시각 발달
- 형태지각(대비 민감도)
- 크기지각(크기 항등성)
- 깊이지각(양안단서 / 수렴)
- 운동지각

기타 감각
- 청각
- 미각
- 후각
- 촉각 —— • 캥거루식 케어
- 감각 간 지각(통합감각 / 피아제의 통합이론 / 깁슨의 분화이론)

기억발달

기억과 기억과정
- 기억과정 —— • 부호화 ⇨ 저장 ⇨ 인출
- 멜트조프의 지연모방 과제

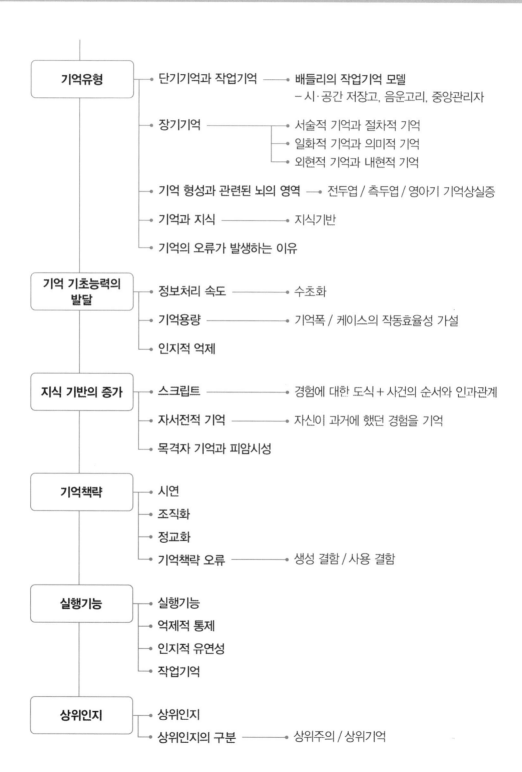

| 기억유형 | • 단기기억과 작업기억 ──→ • 배들리의 작업기억 모델
　　　　　　　　　　　　　　　– 시·공간 저장고, 음운고리, 중앙관리자 |

| | • 장기기억 ────── • 서술적 기억과 절차적 기억
　　　　　　　　　　 • 일화적 기억과 의미적 기억
　　　　　　　　　　 • 외현적 기억과 내현적 기억 |

기억유형
- 단기기억과 작업기억 → 배들리의 작업기억 모델
  - 시·공간 저장고, 음운고리, 중앙관리자
- 장기기억
  - 서술적 기억과 절차적 기억
  - 일화적 기억과 의미적 기억
  - 외현적 기억과 내현적 기억
- 기억 형성과 관련된 뇌의 영역 → 전두엽 / 측두엽 / 영아기 기억상실증
- 기억과 지식 ────── 지식기반
- 기억의 오류가 발생하는 이유

기억 기초능력의 발달
- 정보처리 속도 ────── 수초화
- 기억용량 ────── 기억폭 / 케이스의 작동효율성 가설
- 인지적 억제

지식 기반의 증가
- 스크립트 ────── 경험에 대한 도식 + 사건의 순서와 인과관계
- 자서전적 기억 ────── 자신이 과거에 했던 경험을 기억
- 목격자 기억과 피암시성

기억책략
- 시연
- 조직화
- 정교화
- 기억책략 오류 ────── 생성 결함 / 사용 결함

실행기능
- 실행기능
- 억제적 통제
- 인지적 유연성
- 작업기억

상위인지
- 상위인지
- 상위인지의 구분 ────── 상위주의 / 상위기억

제**4**절 **인지 발달**

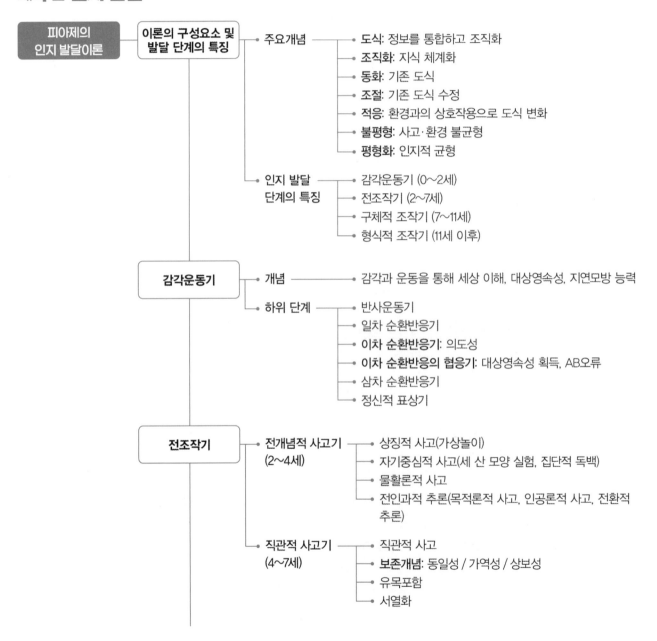

피아제의 인지 발달이론

이론의 구성요소 및 발달 단계의 특징
- 주요개념
  - **도식**: 정보를 통합하고 조직화
  - **조직화**: 지식 체계화
  - **동화**: 기존 도식
  - **조절**: 기존 도식 수정
  - **적응**: 환경과의 상호작용으로 도식 변화
  - **불평형**: 사고·환경 불균형
  - **평형화**: 인지적 균형
- 인지 발달 단계의 특징
  - 감각운동기 (0~2세)
  - 전조작기 (2~7세)
  - 구체적 조작기 (7~11세)
  - 형식적 조작기 (11세 이후)

감각운동기
- 개념
  - 감각과 운동을 통해 세상 이해, 대상영속성, 지연모방 능력
- 하위 단계
  - 반사운동기
  - 일차 순환반응기
  - **이차 순환반응기**: 의도성
  - **이차 순환반응의 협응기**: 대상영속성 획득, AB오류
  - 삼차 순환반응기
  - 정신적 표상기

전조작기
- 전개념적 사고기 (2~4세)
  - 상징적 사고(가상놀이)
  - 자기중심적 사고(세 산 모양 실험, 집단적 독백)
  - 물활론적 사고
  - 전인과적 추론(목적론적 사고, 인공론적 사고, 전환적 추론)
- 직관적 사고기 (4~7세)
  - 직관적 사고
  - **보존개념**: 동일성 / 가역성 / 상보성
  - 유목포함
  - 서열화

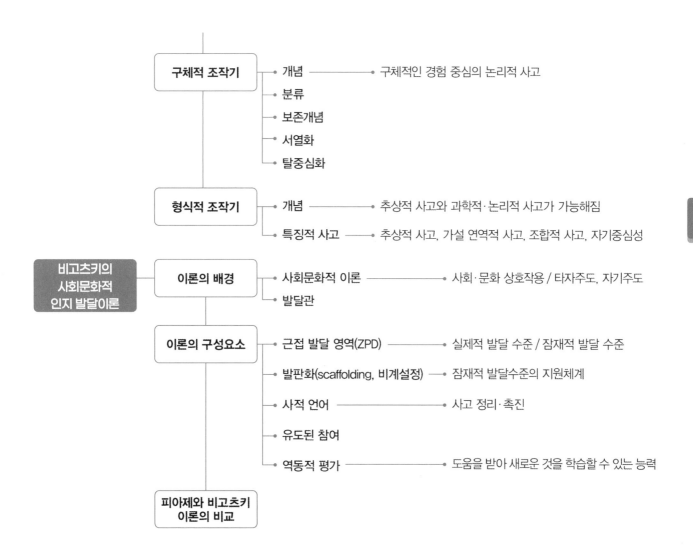

구체적 조작기 → 개념 ── 구체적인 경험 중심의 논리적 사고
　　　　　　　→ 분류
　　　　　　　→ 보존개념
　　　　　　　→ 서열화
　　　　　　　→ 탈중심화

형식적 조작기 → 개념 ── 추상적 사고와 과학적·논리적 사고가 가능해짐
　　　　　　　→ 특징적 사고 ── 추상적 사고, 가설 연역적 사고, 조합적 사고, 자기중심성

비고츠키의
사회문화적
인지 발달이론 ── 이론의 배경 → 사회문화적 이론 ── 사회·문화 상호작용 / 타자주도, 자기주도
　　　　　　　　　　　　　　 → 발달관

이론의 구성요소 → 근접 발달 영역(ZPD) ── 실제적 발달 수준 / 잠재적 발달 수준
　　　　　　　　 → 발판화(scaffolding, 비계설정) ── 잠재적 발달수준의 지원체계
　　　　　　　　 → 사적 언어 ── 사고 정리·촉진
　　　　　　　　 → 유도된 참여
　　　　　　　　 → 역동적 평가 ── 도움을 받아 새로운 것을 학습할 수 있는 능력

피아제와 비고츠키
이론의 비교

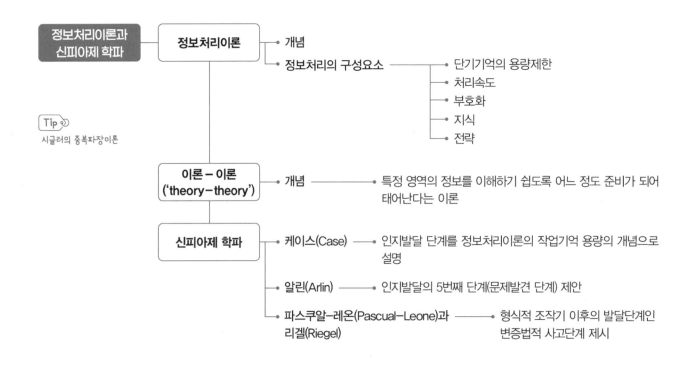

Tip 🔊
시글러의 중복파장이론

제**5**절 **언어발달**

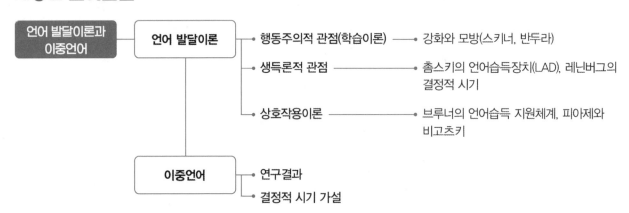

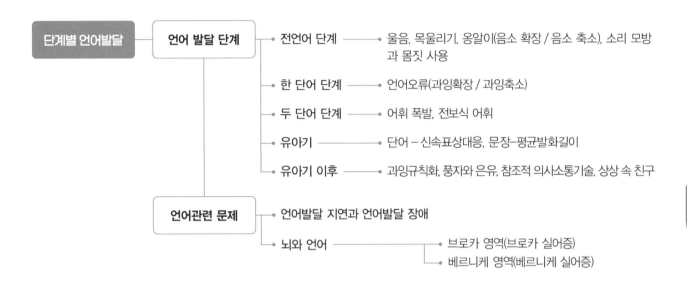

언어관련 문제 — 언어발달 지연과 언어발달 장애

뇌와 언어 — 브로카 영역(브로카 실어증)
베르니케 영역(베르니케 실어증)

제6절 사회인지 발달

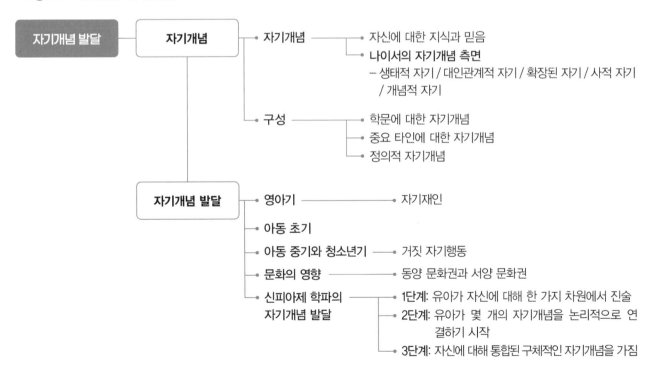

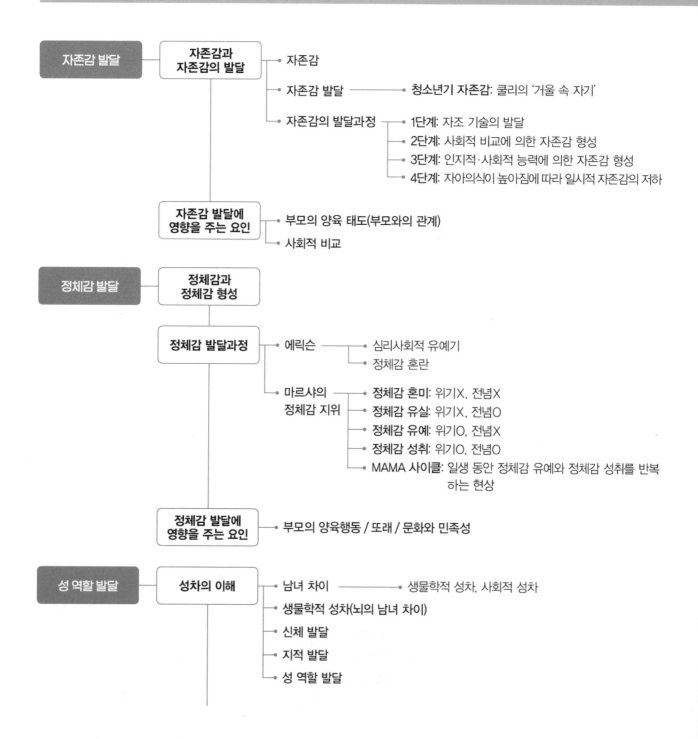

자존감 발달 — **자존감과 자존감의 발달**
- 자존감
- 자존감 발달 ────── 청소년기 자존감: 쿨리의 '거울 속 자기'
- 자존감의 발달과정
  - 1단계: 자조 기술의 발달
  - 2단계: 사회적 비교에 의한 자존감 형성
  - 3단계: 인지적·사회적 능력에 의한 자존감 형성
  - 4단계: 자아의식이 높아짐에 따라 일시적 자존감의 저하

자존감 발달에 영향을 주는 요인
- 부모의 양육 태도(부모와의 관계)
- 사회적 비교

정체감 발달 — **정체감과 정체감 형성**

정체감 발달과정
- 에릭슨
  - 심리사회적 유예기
  - 정체감 혼란
- 마르샤의 정체감 지위
  - **정체감 혼미**: 위기X, 전념X
  - **정체감 유실**: 위기X, 전념O
  - **정체감 유예**: 위기O, 전념X
  - **정체감 성취**: 위기O, 전념O
  - **MAMA 사이클**: 일생 동안 정체감 유예와 정체감 성취를 반복하는 현상

정체감 발달에 영향을 주는 요인
- 부모의 양육행동 / 또래 / 문화와 민족성

성 역할 발달 — **성차의 이해**
- 남녀 차이 ────── 생물학적 성차, 사회적 성차
- 생물학적 성차(뇌의 남녀 차이)
- 신체 발달
- 지적 발달
- 성 역할 발달

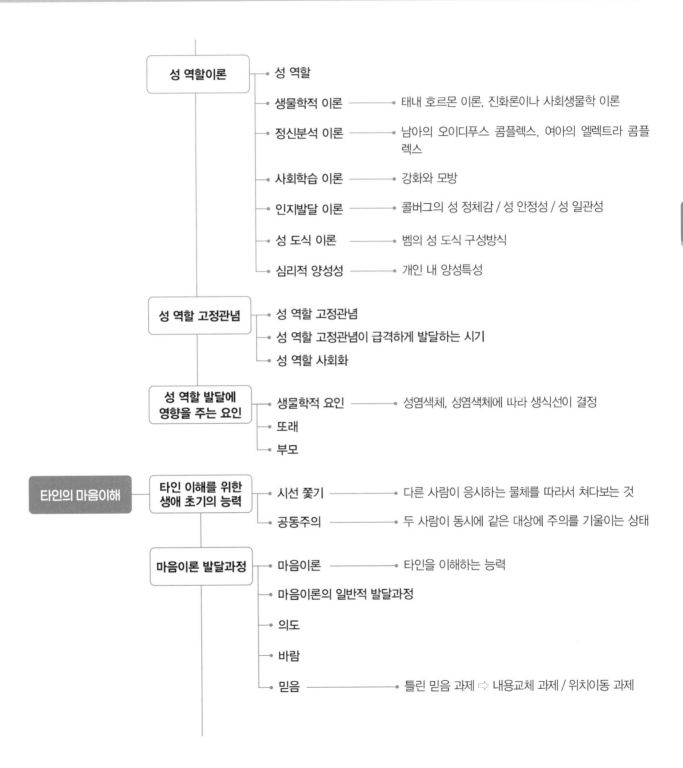

성 역할이론
- 성 역할
- 생물학적 이론 ──→ 태내 호르몬 이론, 진화론이나 사회생물학 이론
- 정신분석 이론 ──→ 남아의 오이디푸스 콤플렉스, 여아의 엘렉트라 콤플렉스
- 사회학습 이론 ──→ 강화와 모방
- 인지발달 이론 ──→ 콜버그의 성 정체감 / 성 안정성 / 성 일관성
- 성 도식 이론 ──→ 벰의 성 도식 구성방식
- 심리적 양성성 ──→ 개인 내 양성특성

성 역할 고정관념
- 성 역할 고정관념
- 성 역할 고정관념이 급격하게 발달하는 시기
- 성 역할 사회화

성 역할 발달에 영향을 주는 요인
- 생물학적 요인 ──→ 성염색체, 성염색체에 따라 생식선이 결정
- 또래
- 부모

타인의 마음이해

타인 이해를 위한 생애 초기의 능력
- 시선 쫓기 ──→ 다른 사람이 응시하는 물체를 따라서 쳐다보는 것
- 공동주의 ──→ 두 사람이 동시에 같은 대상에 주의를 기울이는 상태

마음이론 발달과정
- 마음이론 ──→ 타인을 이해하는 능력
- 마음이론의 일반적 발달과정
- 의도
- 바람
- 믿음 ──→ 틀린 믿음 과제 ⇨ 내용교체 과제 / 위치이동 과제

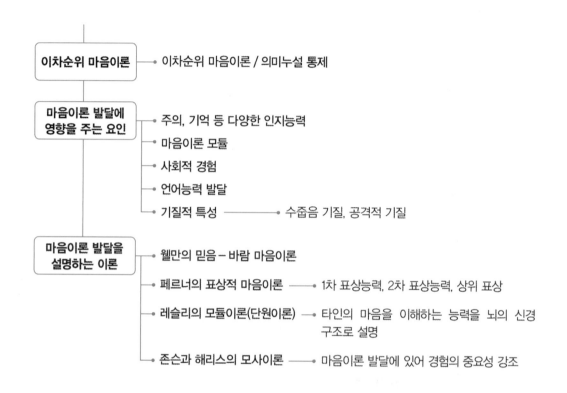

이차순위 마음이론	이차순위 마음이론 / 의미누설 통제	
마음이론 발달에 영향을 주는 요인	주의, 기억 등 다양한 인지능력	
	마음이론 모듈	
	사회적 경험	
	언어능력 발달	
	기질적 특성 —— 수줍음 기질, 공격적 기질	
마음이론 발달을 설명하는 이론	웰만의 믿음 – 바람 마음이론	
	페르너의 표상적 마음이론 —— 1차 표상능력, 2차 표상능력, 상위 표상	
	레슬리의 모듈이론(단원이론) —— 타인의 마음을 이해하는 능력을 뇌의 신경 구조로 설명	
	존슨과 해리스의 모사이론 —— 마음이론 발달에 있어 경험의 중요성 강조	

제**7**절 **정서, 기질 및 애착 발달**

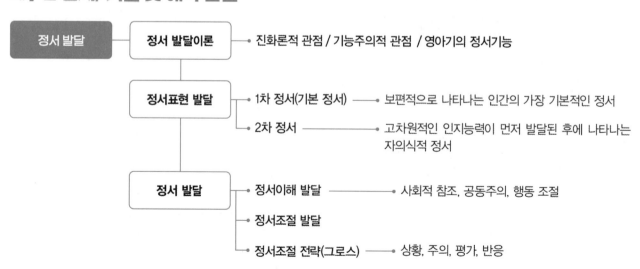

정서 발달	**정서 발달이론**	진화론적 관점 / 기능주의적 관점 / 영아기의 정서기능
	정서표현 발달	1차 정서(기본 정서) —— 보편적으로 나타나는 인간의 가장 기본적인 정서
		2차 정서 —— 고차원적인 인지능력이 먼저 발달된 후에 나타나는 자의식적 정서
	정서 발달	정서이해 발달 —— 사회적 참조, 공동주의, 행동 조절
		정서조절 발달
		정서조절 전략(그로스) —— 상황, 주의, 평가, 반응

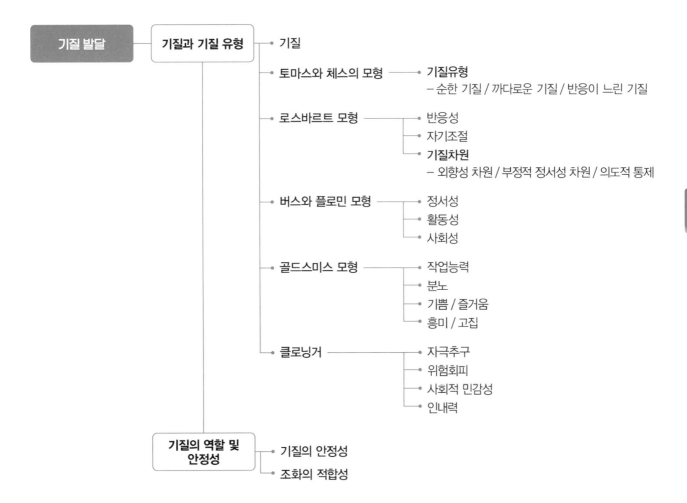

기질 발달 ─ **기질과 기질 유형** ─ 기질

토마스와 체스의 모형 ── **기질유형**
– 순한 기질 / 까다로운 기질 / 반응이 느린 기질

로스바르트 모형 ── 반응성
자기조절
기질차원
– 외향성 차원 / 부정적 정서성 차원 / 의도적 통제

버스와 플로민 모형 ── 정서성
활동성
사회성

골드스미스 모형 ── 작업능력
분노
기쁨 / 즐거움
흥미 / 고집

클로닝거 ── 자극추구
위험회피
사회적 민감성
인내력

기질의 역할 및 안정성 ── 기질의 안정성
조화의 적합성

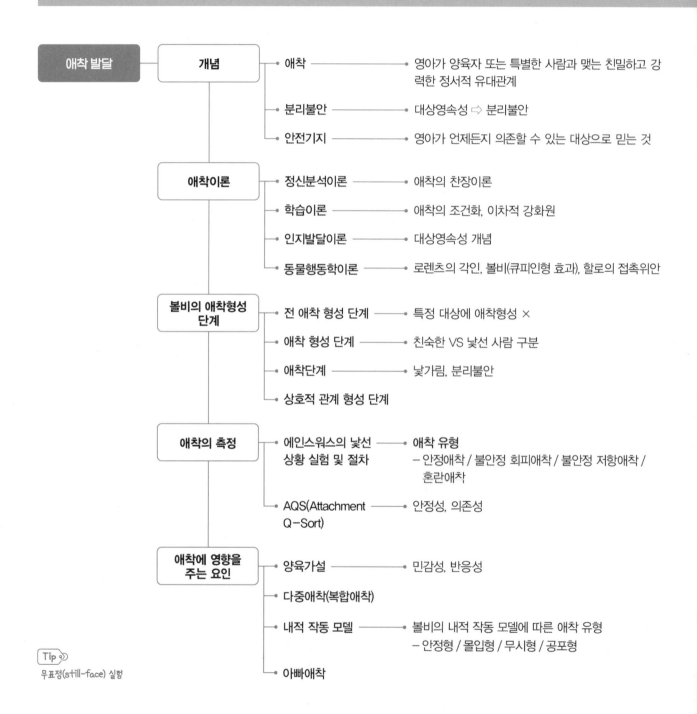

애착 발달

개념
- 애착 ──── 영아가 양육자 또는 특별한 사람과 맺는 친밀하고 강력한 정서적 유대관계
- 분리불안 ──── 대상영속성 ⇨ 분리불안
- 안전기지 ──── 영아가 언제든지 의존할 수 있는 대상으로 믿는 것

애착이론
- 정신분석이론 ──── 애착의 찬장이론
- 학습이론 ──── 애착의 조건화, 이차적 강화원
- 인지발달이론 ──── 대상영속성 개념
- 동물행동학이론 ──── 로렌츠의 각인, 볼비(큐피인형 효과), 할로의 접촉위안

볼비의 애착형성 단계
- 전 애착 형성 단계 ──── 특정 대상에 애착형성 ×
- 애착 형성 단계 ──── 친숙한 VS 낯선 사람 구분
- 애착단계 ──── 낯가림, 분리불안
- 상호적 관계 형성 단계

애착의 측정
- 에인스워스의 낯선 상황 실험 및 절차 ──── 애착 유형
  - 안정애착 / 불안정 회피애착 / 불안정 저항애착 / 혼란애착
- AQS(Attachment Q-Sort) ──── 안정성, 의존성

애착에 영향을 주는 요인
- 양육가설 ──── 민감성, 반응성
- 다중애착(복합애착)
- 내적 작동 모델 ──── 볼비의 내적 작동 모델에 따른 애착 유형
  - 안정형 / 몰입형 / 무시형 / 공포형
- 아빠애착

Tip 📝
무표정(still-face) 실험

제 8 절 **도덕성 및 공격성 발달**

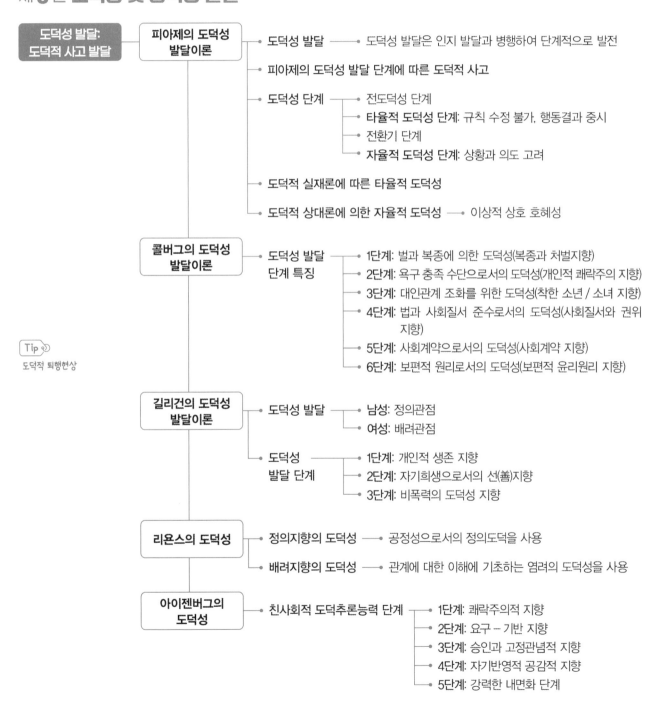

도덕성 발달: 도덕적 사고 발달

피아제의 도덕성 발달이론
- 도덕성 발달 ─── 도덕성 발달은 인지 발달과 병행하여 단계적으로 발전
- 피아제의 도덕성 발달 단계에 따른 도덕적 사고
- 도덕성 단계
  - 전도덕성 단계
  - **타율적 도덕성 단계**: 규칙 수정 불가, 행동결과 중시
  - 전환기 단계
  - **자율적 도덕성 단계**: 상황과 의도 고려
- 도덕적 실재론에 따른 타율적 도덕성
- 도덕적 상대론에 의한 자율적 도덕성 ─── 이상적 상호 호혜성

콜버그의 도덕성 발달이론
- 도덕성 발달 단계 특징
  - **1단계**: 벌과 복종에 의한 도덕성(복종과 처벌지향)
  - **2단계**: 욕구 충족 수단으로서의 도덕성(개인적 쾌락주의 지향)
  - **3단계**: 대인관계 조화를 위한 도덕성(착한 소년 / 소녀 지향)
  - **4단계**: 법과 사회질서 준수로서의 도덕성(사회질서와 권위 지향)
  - **5단계**: 사회계약으로서의 도덕성(사회계약 지향)
  - **6단계**: 보편적 원리로서의 도덕성(보편적 윤리원리 지향)

Tip
도덕적 퇴행현상

길리건의 도덕성 발달이론
- 도덕성 발달
  - **남성**: 정의관점
  - **여성**: 배려관점
- 도덕성 발달 단계
  - **1단계**: 개인적 생존 지향
  - **2단계**: 자기희생으로서의 선(善)지향
  - **3단계**: 비폭력의 도덕성 지향

리욘스의 도덕성
- 정의지향의 도덕성 ─── 공정성으로서의 정의도덕을 사용
- 배려지향의 도덕성 ─── 관계에 대한 이해에 기초하는 염려의 도덕성을 사용

아이젠버그의 도덕성
- 친사회적 도덕추론능력 단계
  - **1단계**: 쾌락주의적 지향
  - **2단계**: 요구 – 기반 지향
  - **3단계**: 승인과 고정관념적 지향
  - **4단계**: 자기반영적 공감적 지향
  - **5단계**: 강력한 내면화 단계

제3장 | 핵심 이론 흐름잡기

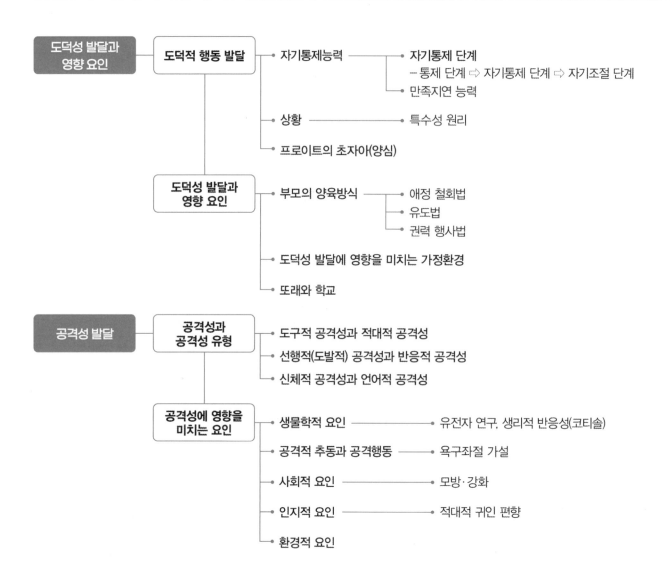

도덕성 발달과 영향 요인

도덕적 행동 발달
- 자기통제능력
  - 자기통제 단계
    - 통제 단계 ⇨ 자기통제 단계 ⇨ 자기조절 단계
  - 만족지연 능력
- 상황 — 특수성 원리
- 프로이트의 초자아(양심)

도덕성 발달과 영향 요인
- 부모의 양육방식
  - 애정 철회법
  - 유도법
  - 권력 행사법
- 도덕성 발달에 영향을 미치는 가정환경
- 또래와 학교

공격성 발달

공격성과 공격성 유형
- 도구적 공격성과 적대적 공격성
- 선행적(도발적) 공격성과 반응적 공격성
- 신체적 공격성과 언어적 공격성

공격성에 영향을 미치는 요인
- 생물학적 요인 — 유전자 연구, 생리적 반응성(코티솔)
- 공격적 추동과 공격행동 — 욕구좌절 가설
- 사회적 요인 — 모방·강화
- 인지적 요인 — 적대적 귀인 편향
- 환경적 요인

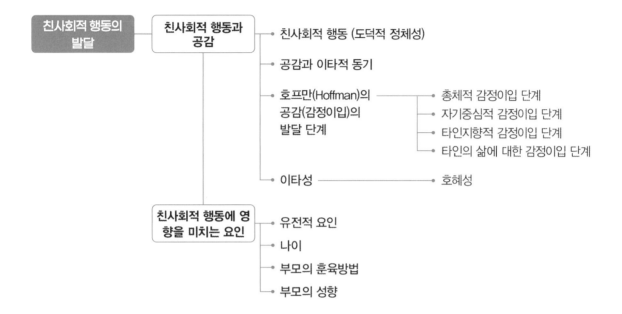

친사회적 행동의
발달

친사회적 행동과
공감
- 친사회적 행동 (도덕적 정체성)
- 공감과 이타적 동기
- 호프만(Hoffman)의
  공감(감정이입)의
  발달 단계
  - 총체적 감정이입 단계
  - 자기중심적 감정이입 단계
  - 타인지향적 감정이입 단계
  - 타인의 삶에 대한 감정이입 단계
- 이타성 ── 호혜성

친사회적 행동에 영
향을 미치는 요인
- 유전적 요인
- 나이
- 부모의 훈육방법
- 부모의 성향

제1절 발달의 이해

01 발달심리학의 기초

1. 발달의 성격

(1) 발달의 정의와 개념

① 발달(development): 정자와 난자가 만나서 수정되는 시점부터 생을 마감할 때까지의 전 과정에서 나타나는 모든 양상과 과정을 뜻한다.

② 발달심리학(developmental psychology): 전 생애에 걸친 인간의 모든 발달적 변화를 과학적으로 연구하는 학문으로서, 전 생애 발달심리학이라고도 한다.

③ 성장(growth): 키가 자라고 몸무게가 늘어나는 것과 같이 신체 또는 신체적 능력이 발달하는 것을 뜻하며, 그 양을 측정할 수 있다.

④ 성숙(maturation): 유전적 요인이 발달에 영향을 미치는 것을 의미하며 정량화할 수 없다.
   예 사춘기에는 유전 정보에 따라 신체 및 심리 변화가 나타나고, 이로 인해 측정할 수 없는 몸의 기능이나 행동상의 변화가 나타난다.

⑤ 학습(learning): 직접 또는 간접적인 외부 경험이 개인에게 영향을 주어 변화와 발달을 일으키는 것을 말한다.

(2) 발달 단계

단계	시기	단계	시기
태내기	수정 ~ 출생	청소년기	중학교 ~ 성인 전
영아기	생후 ~ 만 2세	성인 초기(장년기)	만 21세 ~ 30세
아동 초기	만 3세 ~ 초등학교 저학년	성인 중기(중년기)	만 31세 ~ 60세
아동 중기 및 후기	초등학교 고학년 ~ 사춘기 전	성인 후기(노년기)	만 61세 이후

(3) 연구 영역

① 지각 발달: 인간이 후각, 청각 같은 감각기관을 이용해 어떻게 정보를 습득하는지, 감각기관을 통해 받은 정보를 어떻게 통합하는지 등 지각능력의 발달과 관련 있다.

② 운동 발달: 인간이 살아가면서 필요한 움직임과 신체통제능력의 발달을 말한다.

③ 인지 발달: 정보를 이해하고 그 정보를 이용하는 능력의 변화와 관련 있다.

④ 도덕성 발달: 가치관의 형성이나 옳고 그른 행동의 판단, 친사회적 행동 발달과 관련이 있다. 사회적 규범을 알아가고 이해해 나가는 것 또한 도덕성 발달과 연관된다.

⑤ **사회성 발달**: 다양한 사람들과 어떻게 상호작용하고 관계를 맺어나가는지에 초점을 둔다. 사회성 발달을 통해 사회에 적응하고 다양한 인간관계 속에서 성장해 간다.

⑥ **정서 발달**: 정서표현, 정서이해, 정서조절과 관련 있다. 자신의 정서를 표현하고 조절하며 자신뿐 아니라 상대방의 정서를 이해하는 것은 발달에 있어 중요한 과정이다.

2. 발달의 원리

(1) 유전과 환경의 상호작용

① **천성(nature)**: 인간이 생물학적으로 타고난 자질, 특히 부모에게 물려받은 유전자를 의미한다. 이 유전자는 일반 특성(예 용모, 성격, 지능, 정신건강)뿐만 아니라 특정한 것에 대한 선호(예 정치적 태도)에도 광범위하게 영향을 미친다.

② **양육(nurture)**: 인간 발달에 영향을 미치는 물리적 환경과 사회적 환경을 모두 포함한다.

③ **유전을 지지하는 연구 ➡ 천성**

   ⊙ **쌍생아 연구**: 일란성 쌍생아와 이란성 쌍생아는 생후 1년 동안 인지적인 면에서 유사한 모습을 보였으나 18개월경에 이르면서 이란성 쌍생아에 비해 일란성 쌍생아의 지적능력이 더 유사하게 나타났다.

   ⊙ **입양아 연구**: 입양아의 IQ 점수는 그를 입양한 부모의 IQ 점수보다 생물학적 부모의 IQ 점수와 더욱 상관관계가 높았다.

④ **환경을 지지하는 연구 ➡ 양육**

   ⊙ **고아원 아동 연구**: 볼비(Bowlby)는 고아원에서 성장한 아동들이 타인과 친밀하고 지속적인 애착관계를 형성하는 데 어려움을 겪는다는 것을 발견했다. 부모와 영아 간에 정서적인 유대감이 잘 발달하게 될 때 아동은 타인과도 정서적으로 안정된 관계를 맺을 수 있었다.

   ⊙ **플린(Flynn) 효과**: 모든 국가의 국민 평균 IQ 점수가 1940년대 이후 10년에 3점씩 높아졌다. 전반적인 교육수준과 지식이 향상되고, 여러 번 검사를 받으면서 검사에 능숙해진 경향 등이 IQ 점수를 높이는 데 영향을 주었다.

⑤ **유전과 환경의 상호작용을 지지하는 입장**: 환경적 스트레스 요인의 부정적 효과가 유전적으로 병에 걸리기 쉬운 체질을 가지거나 특정한 정신병을 가진 사람에게서 더욱 두드러지게 나타난다고 본다.

(2) 발달의 순서와 방향

① 발달은 머리 쪽에서부터 아래쪽으로 발달한다.

② 발달은 중심에서 말초 방향으로 진행된다.

③ 일반적인 것이 먼저 발달하고, 특수하고 구체적인 것은 나중에 발달한다.

(3) 발달속도의 차이

① 발달은 지속적으로 이루어지지만 개인마다 속도의 차이가 있다.

② 특정 영역의 발달이 매우 더디게 일어나는 것처럼 보이더라도 인간의 발달은 연속적으로 이루어지기 때문에 중지되는 시점은 없다.

(4) 발달의 개인차

구분	내용
개인 내에서의 개인차	• 발달에는 다양한 영역이 있다는 점을 고려해야 함 • 신체, 인지, 정서, 사회성 등 여러 영역이 고르게 발달해야 조화로운 심신을 형성할 수 있는데, 여러 발달 영역이 조화를 이루지 못하고 발달 영역별로 차이가 나는 경우가 있음
개인 간에서의 개인차	• **최종 도달 단계(how far):** 개인마다 인생을 살아가면서 최대로 발휘할 수 있는 범위가 정해져 있음 • **발달 속도(how fast):** 개인마다 발달하는 속도에 차이가 있음 예 발달 속도의 개인차로 인한 만숙아와 조숙아의 사례

(5) 발달의 상호 관련성

발달의 각 측면은 상호 관련성이 있어 서로 영향을 주고받는다.

3. 발달심리학의 기본 쟁점

(1) 천성 대 양육

① **천성(nature):** 부모로부터 물려받은 선천적인 기질, 능력, 역량을 말한다. 이는 곧 성숙의 과정으로 유전적 소인에 의해 생산되는 모든 요인을 포함한다.

② **양육(nurture):** 행동을 형성하는 환경적 영향을 말한다. 산모가 복용하는 약물이 태아에 미치는 영향이나 아이에게 제공되는 음식의 종류, 양 등의 생물학적 영향과 또래의 압력과 같은 사회적 영향이 있다. 나아가 사회경제적 조건처럼 더 큰 사회적 수준의 영향도 있다.

③ **인간 발달:** 유전과 환경의 상호작용이다.
　㉠ 유전자형은 표현형을 제한한다.
　㉡ 환경적 요인은 유전적 잠재력이 실현될 수 있는 정도와 범위를 제한한다.

(2) 연속성(연속적 변화) 대 비연속성(불연속적 변화)

① **연속성(continuous):** 행동 또는 지식이 갑자기 발달하기보다 점차 발달하고 능력이 축적된다는 것을 뜻한다.
　➡ 이전 경험 위에 새로운 경험이 덧붙여지는 점진적인 양적 변화이다.

② **비연속성(discontinuous):** 행동이나 사고 발달이 단계가 변하듯 새로운 것으로 바뀌는 것을 뜻한다.
　➡ 이전 단계와는 질적으로 다른 행동의 단계로 구별되는 질적 변화이다.
　㉠ 이전 단계와 그 다음 발달 단계는 질적으로 다르다.
　㉡ 각 발달 단계는 그 단계 내의 모든 변화를 지배하는 주제가 있다.
　㉢ 발달 단계는 모든 개인에게 동일한 순서로 진행되지만, 속도에는 개인차가 있다.

(3) 결정적 시기와 민감기

① **결정적 시기(critical periods):** 어떤 주어진 사건 혹은 그 사건의 결여가 발달에 지대한 영향을 미치는 특정한 시기를 말한다.
　예 산모의 풍진: 임신 11주와 임신 30주의 발병에는 차이가 존재한다.

② **각인(imprinting):** 로렌츠(Lorenz)가 제안한 것으로 발달 초기의 결정적 시기 동안 새끼 동물이 처음 보는 움직이는 물체에 애착을 형성하는 학습의 본능적 형태를 의미한다.
　➡ 짧은 결정적 시기 동안에 특정 정보를 획득하려는 유기체의 신경체제 준비도이다.

③ 민감기(sensitive periods): 특정한 종류의 경험에 대해 특별히 민감한 발달의 시점이다. 결정적 시기와는 달리, 민감기 동안 그 자극이 결여되어도 언제나 회복될 수 없는 비가역적인 결과가 되는 것은 아니다.

> **더 알아보기** **결정적 시기와 민감기의 차이점**
>
> • **결정적 시기**: 특정 시기에 적절한 발달이 이루어지지 않으면 거의 회복이 어렵다는 측면을 강조한다.
> • **민감기**: 특정 시기가 발달이 잘 일어나는 최적의 시기일 수 있지만, 그렇다고 해당 영역에서의 회복이 불가능한 것은 아니라는 점을 강조한다.

(4) 규준 대 개인차

① 규준(norm): 대부분의 발달은 보편적인 시기와 양상을 가진다. 특히 유전적으로 프로그래밍된 순서대로 발달이 일어나는데, 이처럼 특정 발달이 이루어지는 평균 연령을 규준이라고 한다.

ㄱ 다수의 영아를 관찰하여 얻은 자료를 토대로 세워진다.

ㄴ 특정 시기에 어떠한 발달과업을 이루어야 하는지에 대한 지침을 제공해 준다.

② 개인차(individual differences): 발달은 모두에게서 똑같이 일어나지 않는다. 개인이 가진 유전적 특성과 환경적 특성이 다르기 때문이다.

에 어떤 영아는 좀 더 빨리 걷고 어떤 영아는 한 살이 한참 지나고서 걷기도 한다.

(5) 초기 경험 대 후기 경험

① 초기 경험: 영아기 동안의 경험은 이후 삶에 큰 영향을 준다. 실제로 태어난 후 1~2년 동안에 얼마나 충분한 영양을 섭취하고 애정을 받는지에 따라 이후 아동의 건강과 지능, 정서가 달라진다.

② 후기 경험: 발달은 생애 초기뿐 아니라 시시각각 계속해서 여러 영향을 받으면서 일어난다. 따라서 생애 초기 경험보다는 후기 경험이 발달에 더 중요하다.

4. 유전과 환경

(1) 반응 범위(range of reaction)

① 의미: 개인이 갖고 있는 환경에 영향을 받아 반응하게 되는 유전자의 발현 정도를 말한다.

② 같은 환경이 주어져도 그 영향을 받는 정도는 개인마다 다르다.

③ 반응 범위가 넓다는 것은 지능이 환경의 영향을 받아 변화하는 범위가 넓음을 의미한다.

(2) 운하화(수로화, canalization)

① 의미: 유전자에 의해 발달이 특정한 반응을 불러일으키도록 제한되는 현상(유전적으로 결정된 발달경로)이다.

② 운하화가 강하게 된 특성, 행동은 유전적 발달 단계에 따라 발달하며 환경의 힘이 약할 땐 잘 바뀌지 않는다.

5. 뇌와 발달

(1) 신경 발달과 뇌 가소성 기출 24

① 회복 가소성: 아동기에 뇌가 손상되면 뇌는 자체적인 변화와 적응 과정을 통해 스스로 잃어버린 기능을 회복하거나 손상되지 않은 뇌의 다른 부위에서 그 기능을 회복해나간다.

② 적응 가소성: 새로운 경험을 통해 뉴런의 시냅스가 강화 또는 약화되어 뇌의 기능과 구조가 변화된다.

(2) 뇌 발달에서 초기 경험의 중요성 기출 24

① 뇌 발달과정에서는 경험, 특히 초기 경험이 중요하다.
- ⊙ 뇌가 어떻게 형성되어야 하는가에는 유전자가 대략적인 지침을 제공하지만, 뇌의 구체적인 구조를 결정하는 것은 대부분 초기 경험이다.
- ⓛ 침팬지 실험

> 갓 태어난 침팬지를 16개월 동안 어둠 속에서 사육하는 실험을 했다. 그 결과 침팬지의 망막과 시신경을 구성하는 뉴런이 위축되었다. 이 실험을 통해 연구자들은 동물의 시각 박탈이 7개월을 안 넘으면 시신경이 회복될 수 있지만, 1년 이상 시각이 박탈되면 자극을 받지 못한 뉴런이 퇴화되면서 시력이 상실되는 것을 발견했다.

② 어린 시절에 뇌 성장이 급격하게 이루어진다.
- ⊙ 수초화: 자극의 전달 속도가 빨라지고 보다 효과적으로 환경에 반응할 수 있다.
- ⓛ 출생 후 처음 몇 년간 수초화가 급속도로 진행되지만 뇌의 일부 영역은 십대 중반에서 후반 또는 성인기 초기가 되어야 완전히 수초화된다.

③ 시냅스의 소멸과정
- ⊙ 이미 사용된 시냅스는 강화되지만 사용되지 않은 시냅스는 소멸된다.
- ⓛ 시냅스 가지치기(synaptic pruning): 자주 사용하지 않은 시냅스가 사라지는 현상이다.

(3) 청소년기의 전두엽 발달

① 20세까지 계속해서 발달하는 전두엽은 대부분의 의식적 사고과정과 관련되며 문제해결, 의사결정, 계획, 욕구 충족 지연, 충동적 행동을 조절하는 데 중요한 역할을 한다.
② 전두엽이 성인이 될 때까지 계속 발달하는 것은 청소년이 신체적 측면에서는 성인과 비슷한 모습을 보인다고 해도 판단능력은 여전히 발달 중이므로 의사결정 과정에서 실수할 가능성이 많다는 것을 의미한다.

(4) 성인기 이후 뇌의 구조와 기능 변화

① 성인기 이후에도 어떠한 경험과 집중적인 훈련을 하는지에 따라 뇌의 구조와 기능이 변화한다.
- ⊙ 영국 런던의 택시 운전사 연구

> 택시 운전사 16명과 일반인 50명을 대상으로 뇌의 구조를 탐색한 결과, 택시 운전사의 해마 뒷부분이 일반인들보다 크다는 연구결과가 나왔다. 특히 그 크기는 운전 경력에 비례했으며, 이는 길 찾기 훈련으로 뇌세포가 그만큼 늘어난 것을 의미한다.

- ⓛ 성인의 저글링 훈련

> 20대 성인에게 3개월 동안 양손으로 3개의 공을 순차적으로 잡아 돌리는 저글링 훈련을 시킨 결과, 훈련한 성인의 신경줄기가 모여 있는 뇌 피질이 두꺼워졌다.

02 발달심리학의 연구방법

1. 과학적 방법

(1) 의미
체계적 관찰, 자료 수집 등의 통계적 기술을 사용하여 문제를 제기하고 그 답을 찾는 과정을 말한다.

(2) 체계적 관찰(systematic observation)
전집(population)을 대표하는 표본을 선정하고 이론에 근거해 선택한 변인(variation)을 연구하는 과정과 같이 특정한 조건이 있는 관찰을 말한다.

(3) 대표적 표본(representative sample)
대표적 표본을 얻으려면 전집의 모든 구성원 목록에서 무선(random)으로 표본을 표집해야 한다.

(4) 가설(hypothesis)
검증 가능한 이론적 예측으로, 이는 연구를 통해 지지될 수도 기각될 수도 있다.
➡ 이를 확인하기 위해 검증방법을 설계하고 분석하는 단계를 거친다.

> **참고 과학적 방법**
>
> 과학적 연구과정은 먼저 관찰을 통해 문제를 제기하고, 이를 뒷받침하는 이론과 단서를 수집한다. 그리고 가설을 세우고 이를 검증하기 위한 연구를 설계한다. 이후 연구를 시행하고 자료를 분석한다. 만약 검증 결과가 가설을 뒷받침하면 기존 이론을 그대로 유지하지만, 그렇지 않다면 새로운 이론을 형성하고 가설을 설정하여 다시 검증과정을 거친다.

2. 기술법

(1) 기술법(descriptive research)
① **의미**: 관심 있는 현상이나 사건을 있는 그대로 조사하여 기술하는 연구방법이다.
② **가정**: 인간의 행동은 분리되어 조사될 수 없는 복합적이고 상호의존적인 힘의 결과이며, 실험실 안 모의실험이 아닌 자연적인 환경에서 조사되어야 하는 대상이다.
③ **목적**: 실제 생활 속의 어떤 특정 상황에 일어나는 현상과 사건들의 관계를 어떤 조작이나 통제도 하지 않고 자연적인 상황에서 있는 그대로 파악하여 정확히 기술하는 것이다.
④ **종류**: 관찰법, 질문지법, 면접법, 사례연구법, 기술 민속학 등이 있다.

(2) **관찰법(observation method)**

① 의미: 대상을 관찰하여 수집하는 방법이다.

② 분류

구분	내용
자연관찰법	• 연구 대상을 조작된 실험실에서 관찰하는 것과는 달리 가장 익숙하고 자연스러운 환경에서 참여자의 행동을 기록하는 방법 • 장점: 정상 상황에서 자연스럽고 자발적인 행동을 수행할 수 있으며 외적 타당도가 높음 • 단점: 사건이 일어날 때까지 기다려야 하고, 그 과정을 빠르거나 느리게 할 수 없다는 제한이 있음
실험실 관찰	• 실험실과 같이 통제된 환경에서 관찰하고 기록하는 방법 • 장점: 모든 대상을 같은 조건하에서 관찰할 수 있으므로 환경의 영향을 받지 않은 행동의 차이점을 더 정확하게 확인할 수 있고, 반응을 측정하기 위해 더 정확한 장비를 사용할 수 있음 • 단점: 실험실에서 일어나는 행동이 실제 생활에서 일어나는 행동과는 다를 수 있으므로, 관찰 결과를 실험실 밖 상황에 일반화하는 데 제한점이 있음

> **더 알아보기** **외적 타당도(external validity)**
>
> 연구결과가 더 많은 사람에게 적용될 수 있는지를 나타내는 척도이다. 외적 타당도가 높을수록 연구결과를 보다 많은 사람에게 일반화할 수 있다.

(3) **질문지법(questionnaire method)**

① 의미: 자기보고식 질문지를 제시하여 그 반응을 분석하는 방법이다.

② 장단점

  ㉠ 장점: 비교적 손쉽게 자료를 수집할 수 있어 자료 수집시간을 단축할 수 있고, 직접 관찰할 수 없는 행동을 간접적으로 연구할 수 있다.

  ㉡ 단점: 자기보고식 방식의 자료 수집은 반응자들이 정확하지 않은 정보를 제공할 수 있다.

(4) **면접법(interview method)**

① 의미: 연구 참여자에게 직접 질문하여 얻은 반응을 분석하는 방법이다.

② 분류

구분	내용
구조화된 면접	• 모든 참여자에게 미리 만들어진 동일한 질문을 동일한 순서로 물어보는 방법 • 장점: 참여자들의 대답을 비교할 수 있음 • 단점: 정해진 질문 외의 정보는 알 수 없음
비구조화된 면접	• 사전에 준비한 질문 문항 없이 면접관이 자신의 머릿속에 있는 질문을 참여자에게 하며 대화 형식으로 면접을 진행하는 방법 • 장점: 연구 참여자의 생각을 깊게 알 수 있음 • 단점: 전문 면접관이 필요하며 구조화된 면접보다 면접시간과 분석시간이 오래 걸림
반구조화된 면접	미리 질문을 준비하되, 참여자의 답변에 따라 질문을 추가하거나 질문 순서를 변경할 수 있음

(5) 사례연구법(case study method)

① 의미: 한 개인 또는 작은 집단에 대한 집중적인 연구로 오랜 기간에 걸쳐 깊게 연구한다.

② 장단점

　㉠ 장점: 한 개인 내의 복잡한 과정과 현상들의 상세한 분석이 가능하다.

　㉡ 단점: 연구결과를 다른 개인이나 집단에 얼마나 적용할 수 있고 일반화할 수 있는가의 문제가 제기된다.

(6) 기술 민속학(ethnographic research)

① 의미: 사례연구가 한 개인의 심층연구라면 기술 민속학은 한 문화 혹은 하위문화 집단의 심층연구이다.

② 목적: 특정 집단의 생활상을 반영하는 관습, 신념, 전통 등의 형식을 기술하는 것이다.

③ 장단점

　㉠ 장점: 이론과 연구의 문화적 편견을 극복할 수 있다.

　㉡ 단점: 연구자의 문화적 편견에서 자유로울 수 없다.

3. 상관법

(1) 상관연구(correlation research)

① 상관법: 둘 이상 변수들의 관계를 조사하는 연구방법이다.

② 상관(correlation): 그 방향(정적 또는 부적)과 강도로 표현된다.

　㉠ 정적 상관: 한 변수의 값이 증가하면 다른 변수의 값도 함께 증가하는 현상이다.

　㉡ 부적 상관: 한 변수의 값이 증가하면 다른 변수의 값은 감소하는 현상이다.

③ 상관계수(correlation coefficient: r): 변수 간의 관계는 상관계수로 표현되며, +1.00에서 −1.00 사이의 수치로 나타낸다. 상관계수의 수치는 두 변수 간 관계의 상대적 강도를, 부호는 관계의 방향을 나타낸다.

　➡ +1.00은 완전한 정적 상관을, −1.00은 완전한 부적 상관을, 0.00은 무상관을 의미한다.

(2) 상관연구의 장단점

① 장점: 한 변수의 정보를 가지고 다른 변수를 예측할 수 있고, 여러 변수의 상호관계를 동시에 연구할 수 있다.

② 단점: 변수 간의 인과관계를 알 수 없다.

4. 실험법

(1) 실험연구(experimental research)

① 실험법: 실험은 둘 이상의 변수 사이의 인과관계에 대한 가설을 검증하기 위해 설계되는데, 과학적 실험은 그 결과와 결론을 확증하기 위해 다른 실험 참가자가 다른 대상에게도 똑같은 방법으로 실험을 반복할 수 있는 방식으로 진행되고 발표되어야 한다.

② 변수(변인, variation)

　㉠ 독립변수: 다양한 변인 중 결과에 영향을 미쳤을 것이라고 예상되는 변인으로, 조작하여 처치하는 변수이다.

　㉡ 종속변수: 독립변수에 의해 영향을 받는 변수이다. 이 변인은 실험의 마지막에 측정된다.

③ 실험 참가자

　　㉠ 실험집단: 독립변수에 노출된, 처치를 받는 집단이다.

　　㉡ 통제집단: 실험집단과 비슷하지만 처치를 받지 않는 집단이다.

④ 무선배당(random assignment): 실험자는 무선배당을 사용하여 실험집단과 통제집단의 동질성을 확보한다. 무선배당은 우연절차를 사용하여 참가자를 선택하는 방식으로, 각 참가자가 어떤 집단에 할당될 확률을 동일하게 한다.

(2) 실험연구의 장단점

① 장점: 변수 사이에 존재하는 인과관계를 밝혀 줄 유일하고 가장 강력한 방법이다.

② 단점: 너무 인위적인 실험실 상황이 실제 생활과 관련이 적을 수 있다. 또한 통제를 많이 할수록 연구상황은 점점 더 인위적이고 자연스럽지 못하게 되어 연구결과를 실제 상황에 일반화하기가 어려워진다.

5. 발달연구 설계

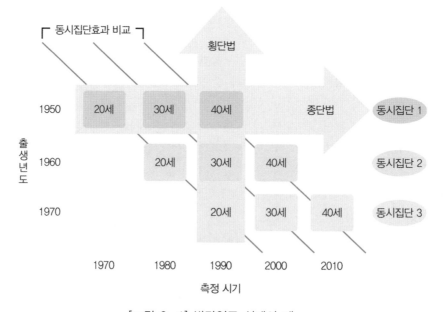

[그림 3-1] 발달연구 설계의 예

(1) 횡단적 설계(cross-sectional design)

① 의미: 동일한 시기에 서로 다른 연령집단을 표집하여 상이한 연령집단을 동시에 비교하는 방법이다.

② 장단점

구분	내용
장점	• 각 연령집단 간의 차이와 유사성을 알 수 있음 • 비교적 빠르게 조사할 수 있어 시간과 비용이 경제적임
단점	• 개인이 어떻게 변화하는지 알 수 없고, 어떤 특성의 안정성에 대한 정보를 얻을 수 없음 • 성장과 발달에 있어 증가나 감소가 명확하지 않음 • 연령차이는 연령 그 자체의 영향이라기보다는 동시대 출생집단효과(cohort) 때문일 수 있음. 즉 다른 시기에 태어난 사람들의 다른 경험의 차이에 영향을 받을 수도 있다는 것임

서로 다른 연령대 집단의 경우 동일하지 않은 문화적 혹은 역사적 성장배경을 가지기 때문에 집단의 차이가 연령에 따른 발달 차이가 아닌, 동시대에 공유한 역사적·문화적 요인에 따른 차이일 수 있다. 이처럼 동시대 경험이 혼합변인으로 작용하는 것을 코호트효과 또는 동시대 출생집단효과라고 한다.

(2) 종단적 설계(longitudinal design)

① 의미: 동일한 집단을 오랜 시간에 걸쳐 주기적이고 반복적으로 관찰하고 측정하는 방법이다. 즉 동일한 개인 또는 집단을 시간의 차이를 두고 한 번 이상, 여러 차례 조사하는 방법이다.

② 장단점

구분	내용
장점	• 시간에 따라 동일한 개인들을 반복 측정함으로써 개인 안에서 이루어지는 연령과 관련된 변화를 알 수 있음 • 변화는 동일한 개인 안에서 일어나는 것이므로 집단들 간의 차이, 즉 동시집단의 차이와 혼동되지 않음
단점	• 비용이 많이 들고 시간 소모가 많음 • 오랜 기간에 걸쳐 연구되기 때문에 피험자의 탈락현상이 있음. 따라서 남아 있는 피험자들로부터 도출된 결과를 일반화하는 것에 문제가 있음 • 반복되는 검사로 인한 연습효과가 있음 • 측정시기 효과: 측정시점에 발생한 역사적 또는 문화적 사건이 실험결과에 영향을 미침

(3) 계열적 설계(순차적 설계, sequential design)

① 의미: 횡단적 설계와 종단적 설계를 혼합한 것으로, 각각 다른 연령의 집단(횡단적 설계)을 일정 기간 계속하여 평가(종단적 평가)한다.

② 장단점

　㉠ 장점: 동시대 출생집단효과와 연령과 관련된 변화에 대한 정보를 모두 얻을 수 있다.

　㉡ 단점: 많은 수의 연구 참여자가 필요하고, 장기간에 걸친 방대한 자료 수집과 분석에 상당한 노력이 들며, 연구결과의 해석도 복잡하다.

(4) 미시발생적 설계(microgenetic design)

① 의미: 특정 발달적 변화가 일어날 것으로 보이는 연령 기간을 선택하여 집중적으로 반복해서 자주 관찰하는 방법이다.

② 장단점

　㉠ 장점: 변화와 발달이 일어나는 세부적 과정과 원인을 밝히는 데 도움이 된다.

　㉡ 단점: 비교적 짧은 기간 동안 반복적으로 관찰하는 과정에서 일상생활과는 다른 자극들(질문, 측정)이 제시되므로 변화가 일반적인 현상이 아닐 수 있고 긴 기간 동안의 변화를 알기 어렵다.

6. 발달연구의 윤리

(1) 연구참여 동의

① 연구에 앞서 참여자로부터 사전 동의서(informed consent)를 받아야 한다. 이 과정에서 연구자는 참여자가 자발적으로 참여 여부를 선택하도록 참여자가 이해할 수 있는 언어로 연구에 대해 설명해야 한다.

② 참여 동의서의 내용

　㉠ 연구 소요시간과 연구 절차

　㉡ 연구로부터 예상되는 위험 혹은 불편사항

　㉢ 연구로부터 받을 수 있는 혜택

　㉣ 연구 참여는 전적으로 개인이 자유롭게 선택할 수 있다는 사항 등

③ 연구 참여자가 18세 이하인 경우 부모 또는 보호자의 동의서도 필요하다.

(2) 비밀보장과 사생활 보호

① 연구주제가 개인적인 정보를 포함하는 것인 경우 익명성을 보장하여 참가자의 신분이 노출되지 않게 주의를 기울여야 한다.

② 참여자의 익명성을 보장하고자 연구 보고서에 가명을 사용하기도 한다.

(3) 해악으로부터의 보호

① 참여자는 신체적이거나 심리적인 해악으로부터 보호받을 권리를 가진다.

② 연구에서 발생할 수 있는 모든 부정적인 결과를 예상해야 하며, 이를 최대한 방지하도록 모든 노력을 해야 할 의무가 있다.

③ 연구 참가자들의 복지와 이익, 권리는 연구자보다 항상 우선한다.

(4) 속임/보고/결과에 대한 지식

① 속임수 사용이 불가피하다고 해도 이러한 속임 연구는 참여자의 연구 참여에 관한 자기결정권을 무시하거나 사생활을 침해할 수 있다.

② 불가피하게 속임수를 사용하더라도 연구자는 참여자에게 반드시 속임의 필요를 보여 주고, 해악을 방지하기 위한 절차를 설명해야 한다.

제 2 절 신경계 및 운동 발달

03 태내기 발달

1. 태내기 발달

(1) 발아기(the germinal period)

① 정자와 난자가 수정된 이후부터 2주간의 기간을 말하며, 이 기간 동안 접합체가 자궁벽에 착상한다.

② 착상(implantation): 접합체가 자궁벽에 붙는 것을 의미한다. 수정 후 4~5일이 지나면 접합체는 배반포로 분열되어 자궁에 거의 도달하며, 배반포는 이후 세 개의 세포층을 형성하여 신체기관을 이룬다.

③ 배반포(blastocyst)

  ㉠ 외세포 덩어리: 영양배엽이라 불리며, 나중에 태아를 보호하고 영양분을 공급하는 지원체계로 발달한다.

  ㉡ 내세포 덩어리: 배아(embryo), 즉 태아로 발달한다.

(2) 배아기(the embryonic period)

① 수정 후 2주부터 8주까지의 기간이다. 이 시기의 배아는 모체로부터 혈액과 영양소를 공급받기 시작하면서 신체기관과 신경계를 형성한다.

② 배반포: 배아기 동안 세 개의 세포층을 형성하고, 아래의 세 가지 배엽에서 분화된다.

  ㉠ 외배엽: 피부, 머리카락, 신경계로 분화된다.

  ㉡ 중배엽: 근골격계와 순환계로 분화된다.

  ㉢ 내배엽: 소화, 호흡과 관련된 내장기관(⑩ 폐, 간)으로 분화된다.

③ 주요 기관이 발달하는 결정적 시기: 주요 신체기관과 기본 조직이 급속하게 형성되는 시기인 만큼 환경에 가장 민감한 시기이다. 따라서 바람직하지 못한 환경은 이 시기의 발달에 치명적인 영향을 줄 수 있다.

(3) 태아기(the fetal period)

① 임신 후 2개월부터 출생까지의 기간을 말한다. 이 시기에 각 기관의 구조가 정교화되고 성장이 가속화되며, 기능이 원활해진다.

② 발달

구분	내용
18주	• 가장 활발하게 활동하는 시기 • 태아는 몸을 비틀고, 돌리고, 꿈틀거리고, 주먹으로 때리고, 발로 차면서 반사능력을 훈련함 • 소화기가 작동하기 시작하여 양수를 삼키고 태변을 배출함
5개월 말	모든 신경세포가 나타남
6개월 말	생존 가능 연령에 도달하여 이제는 태어나도 처치를 받으면 생존할 수 있음
출생 직전	• 태아의 움직임이 느려지는 시기 • 머리를 아래로 향한 채 팔과 다리를 구부린 자세로 세상에 나올 준비를 함

2. 태내기 발달에 영향을 미치는 요인

(1) 유전자 이상 장애

구분	내용
테라토겐 (teratogen)	기형유발물질로, 임신 기간 중의 위험환경 요소에 대한 정의
페닐케톤뇨증 (PKU; phenylketonuria)	• 열성인자에 의한 유전병 중 하나 • 신진대사에 필요한 효소를 만들지 못해 아미노산 신진대사 장애를 보이는 것 • 흔히 지적장애와 운동신경장애를 유발함
혈우병	• 열성인자에 의한 유전병 중 하나로, 혈액응고 인자가 없어서 발생하는 질환 • 상처가 나면 혈액응고 인자가 없어 피가 멈추는 데 정상인보다 시간이 오래 걸리고 출혈과다로 사망할 수 있음
헌팅턴병 (Huntington's chorea)	• 우성인자에 의한 유전병 중 하나 • 주로 30~40대에 발병하며 무도증, 정신장애, 치매가 주요 증상임 • 신경계가 손상됨에 따라 우울증, 환각, 망상과 같은 정신장애와 치매가 나타남 • 근육이 무력해짐에 따라 손발에 심한 경련이 오거나 몸이 뒤틀리는 무도증이 나타남

(2) Rh 동종 면역

① Rh 동종 면역: 모체가 태아의 세포를 적으로 판단하여 이를 공격하는 항체를 형성하는 경우를 말한다.

② 형성과정: Rh-인 여성이 Rh+인 남성을 만나 Rh+인 태아를 임신한 경우, 태아의 Rh+ 혈액 일부가 모체의 혈액으로 침투하여 모체 내에 Rh+ 항체가 형성된다.

③ 예방: 임신부가 임신 8개월째와 출산 직후에 면역 글로불린 주사를 맞으면 다음 임신에서 태아적아구증을 예방할 수 있다.

④ 태아적아구증(erythroblastosis): Rh 동종 면역으로 인한 문제는 첫째 아이와 둘째 아이 모두 Rh+인 경우, 둘째 아이의 출산과정에서 발생한다. 첫째 아이가 Rh+인 경우 첫째 아이 출산은 문제가 없으나 둘째 아이도 Rh+인 경우 첫째 아이의 출산으로 인해 생성된 Rh+ 항체가 둘째 아이의 Rh+ 혈액을 균으로 인식해 태아의 적혈구를 파괴시키는 태아적아구증을 유발한다.

(3) 염색체 이상 장애

종류	특징

다운 증후군 (Down's syndrome)	• 21번 염색체가 3개인 삼체형이거나 21번 염색체의 하나가 15번 또는 22번에 걸쳐 길게 누적되어 있는 전위형일 때 나타남
	  – 삼체형은 유전되지 않으나, 전위형은 유전 확률이 70%임
	  – **특이한 용모와 저지능**: 뒷머리가 납작하고, 코가 작으며, 팔다리가 짧고 통통함. 지적장애를 가지지만 교육환경이 잘 조성될 경우 기본생활을 영위할 수 있을 만큼 훈련이 가능함
	  – 성격이 밝고 사람을 좋아하기 때문에 사교적임
	  – 백혈병, 심장병, 순환계 질환에 잘 감염되어 조기 사망률이 높았으나 요즘은 의료기술의 발달로 생존율이 높음

종류	특징

클라인펠터 증후군 (Klinefelter's syndrome)	• 남아에게서 발생하는 성 염색체 이상으로, 성 염색체가 XXY이며 X 염색체가 2개일 때 발생함
	  – 골반이 넓고 사춘기에 유방이 돌출되는 등 2차 성징을 보임
	  – 고환이 미성숙하여 정자를 생산하지 못하기 때문에 생식이 불가능함
	  – 대부분 지능이 낮음

XYY 증후군 (Supermale syndrome)	• 남아에게서 발생하는 성 염색체 이상으로, 성 염색체가 XYY이며 Y 염색체가 2개일 때 발생함
	  – 정상적인 남성보다 키가 크며, 테스토스테론 호르몬의 혈청 농도가 높음
	  – 정자 수는 매우 적으나 대체로 수정 가능함
	  – 한때 저지능이며 폭력적·공격적인 경향이 있다고 알려졌으나 최근 모두 타당성이 없는 것으로 밝혀짐

터너 증후군 (Turner syndrome)	• 여아에게서 발생하는 성 염색체 이상으로, 성 염색체가 XO이며 1개의 X 염색체만을 가질 때 나타남
	  – 증상이 일정하지는 않으나 사춘기에 2차 성적 발달이 이루어지지 않고 임신이 불가능함
	  – 체형이 작으며 언어지능은 정상적이지만 공간 판단력, 기억력, 추리력에 문제가 있음

다중 X 증후군 (Superfemale syndrome)	• 여아에게서 발생하는 성 염색체 이상으로, 성 염색체가 XXX이며 X 염색체가 3개 이상일 때 나타남
	  – 임신이 가능하며 정상적인 성 염색체를 가진 아이를 출산할 수 있음
	  – 지능 중에서도 특히 언어 추리능력이 떨어짐

X 결함 증후군 (Fragile X-syndrome)	• X 염색체가 구부러져 있거나 너무 가늘어서 나타나는 이상 장애
	  – 다운 증후군 다음으로 지적장애의 주요 원인이 되는 유전적 장애
	  – 최근에는 유아 자폐증도 유발하는 것으로 밝혀짐
	  – 여아에게도 나타날 수 있으나 남아에게서 더욱 흔하게 나타남
	  – **여아의 경우 지적으로 정상이거나 약간 경미한 손상**: 여성의 성 염색체는 XX로, 결함이 있는 X 염색체를 대체할 수 있는 정상적인 X 염색체를 가지고 있으나 남성은 대체할 X 염색체가 없기 때문임

참고 **염색체 이상의 원인**

• 부모의 성세포가 감수분열할 때 오류가 발생하여 일어난다.
• 어머니의 연령이 원인이 될 수 있다. 염색체 이상 아기를 낳을 확률은 450명당 1명이나 어머니의 연령이 30~34세인 경우 350명당 1명, 35~40세인 경우 125명당 1명, 40~44세인 경우 40명당 1명, 45~50세인 경우 12명당 1명으로 급격하게 높아지는 것으로 나타났다.
➡ 어머니의 연령이 염색체 이상의 원인이 되는 주된 이유는 난자가 되는 난모세포의 노화현상 때문이다. 정자는 일생 동안 계속 재생산되지만, 여자는 태어날 때 이미 모든 난모세포를 가지고 태어난다. 따라서 어머니의 나이가 40세이면, 난모세포의 나이도 40세이다. 즉, 수십 년간의 환경오염물질 노출과 노화로 인해 염색체 이상을 유발하는 것으로 보인다.

(4) **환경적 영향**

① **음주**: 태아 알코올 증후군(fetal alcohol syndrome)은 어머니의 습관적인 음주로 발생한다.

   ⊙ 얼굴 기형: 눈 간격이 넓으며, 윗입술이 얇고, 코가 짧다.

   ⓒ 지적장애, 심장 기형, 주의력 결핍 증상 등을 보인다.

     ➡ 음주가 태아에 치명적인 악영향을 주는 이유는 어머니의 음주가 태반을 통해 빠른 속도로 태아에 전달되는 반면, 태아의 알코올 분해능력은 성인의 절반 수준이기 때문에 소량의 알코올도 태아의 비정상적인 발달을 야기할 수 있다.

② 흡연: 임신 중에 담배를 피우면, 담배 연기 속의 니코틴이 태아에 전달되는 혈액량을 감소시키고, 혈액 속 일산화탄소 헤모글로빈의 양을 급격하게 감소시켜 저체중아를 출산할 가능성이 높아진다.

③ 약물 복용
  ㉠ 탈리도마이드(thalidomide): 1960년대 진정제이면서 입덧을 가라앉히는 데 효과가 있어 많은 임산부가 복용했는데 태아의 사지 기형, 얼굴 기형, 내부기관 기형, 저지능을 유발하는 것으로 밝혀졌다.
  ㉡ 아스피린: 해열과 소염에 효능을 보이나 유산할 가능성이 높고 저지능, 주의력 결핍, 운동기술 결함 등을 가진 아이를 낳을 수 있다.
  ㉢ 카페인: 카페인을 다량 섭취하면 저체중아 출산과 자연유산 위험이 증가하는 것으로 보고되고 있다. 특히 커피, 콜라, 코코아, 초콜릿 등 일반적으로 섭취하는 많은 식품에도 카페인이 함유되어 있다.
  ㉣ 영양제: 비타민 A를 과도하게 섭취할 경우 태아의 눈, 사지, 중추신경계에 기형이 생길 수 있다.

④ 풍진(rubella): 임신 초기의 풍진 발병은 시각장애, 청각장애, 지적장애 등의 다양한 결함을 가진 아이를 낳을 위험이 있다. 특히 풍진은 임신 3개월까지가 가장 위험하다.

⑤ 톡소플라스마병(toxoplasmosis): 동물 기생충에 의해 감염되는 질병으로, 임신 중 안 익은 고기를 먹거나 감염된 고양이의 배설물을 치울 때 감염될 수 있다. 또한 개, 고양이와 직접적인 접촉을 하거나 진드기, 이를 통해서도 감염될 수 있다. 태아에게 전이되면 태아의 눈과 뇌에 심각한 결함을 유발할 수 있고, 임신 후기에 감염되면 유산될 수도 있다.

⑥ 영양 부족
  ㉠ 엽산: 비타민 B 계열에 속하는 엽산은 임신 초기에 중요한 영양소로, 엽산이 부족하면 태아의 신경계 손상을 초래하므로 임신 3개월 전부터 꾸준히 복용하는 것이 좋다.
  ㉡ 철분: 혈액 속의 적혈구를 만드는 데 꼭 필요한 영양소로, 태아가 모체의 철분을 흡수하여 자신의 혈액을 만들기 시작하므로 철분이 많이 필요하다. 철분이 부족하면 빈혈이 생기거나 임신중독증에 걸릴 위험이 있다.

04 신생아 발달

1. 신생아 반사(neonatal reflex)

(1) 반사행동

① 의미: 신생아는 주변의 소리, 빛, 접촉과 같은 자극에 자동적인 반응을 보이는데 이를 반사행동이라 한다.

② 구분

구분	내용
원시반사 (primitive reflex)	• 생존과 자기보호를 위한 본능적인 반응으로, 양육자와의 초기 관계형성에 도움을 줌 • 근원반사, 빨기반사, 모로반사, 잡기반사, 바빈스키반사, 걷기반사, 수영반사가 해당됨 • 이 중 대부분은 생후 6~12개월 사이에 사라짐
생존반사 (survival reflex)	눈 깜박임, 하품, 기침, 재채기, 토하기, 어두운 곳에서의 동공 확장 등 인간이 살아가는 데 필요한 반응으로, 대부분이 평생 유지됨

(2) 신생아 반사 종류

구분	내용
근원 반사 (rooting reflex)	• 뺨에 닿는 무엇인가를 향해 고개를 돌려 빨기 행동을 보이는 것으로, 아이가 젖을 찾는 데 도움이 됨 • 이 반사행동은 생후 3~6개월 사이에 사라짐
빨기 반사 (sucking reflex)	입 속에 들어온 것은 무엇이든 빨고자 하는 행동
모로 반사 (moro reflex)	• 갑자기 위치를 바꾸거나 큰 소리를 들을 때 양팔을 옆으로 뻗고 손가락을 펼친 상태에서 무엇인가를 안으려는 듯한 모양을 하는 것 • 이 반사행동은 생후 4~6개월 사이에 사라짐
잡기 반사 (grasping reflex)	• 손바닥에 닿는 것을 꽉 잡는 행동으로, 힘이 너무 세서 아이가 매달릴 수 있을 정도임 • 잡힌 손으로부터 빼내려고 하면 아기는 더 세게 잡음 • 이 반사행동은 생후 3~4개월 이내에 사라짐
바빈스키 반사 (Babinski's reflex)	• 발바닥을 간질이면 발가락들을 부채 모양으로 쫙 펼치는 행동 • 이 반사행동은 생후 8~12개월 사이에 사라짐
걷기 반사 (stepping or walking reflex)	• 신생아를 똑바로 세워 발을 평평한 바닥에 닿게 하면 자연스럽게 걷기 동작을 하며 앞으로 걸어 나가려고 하는 행동 • 이 반사행동은 생후 2개월경에 사라짐
수영 반사 (swimming reflex)	• 신생아가 물속에서 헤엄을 치는 행동을 하는 것으로 이때 아기의 폐는 자동으로 닫힘 • 이 반사행동은 생후 4~6개월경에 사라짐

> **더 알아보기** **반사 유형(Steinberg et al. 2011)**
>
> • **접근 반사**: 받아들이는 행동으로 찾기, 빨기, 삼키기 등이 이에 해당된다. 특히 찾기 반사는 입 주변에 가해지는 자극들에 대한 반사로, 입 주변을 건드리면 신생아들은 자극이 오는 방향으로 고개를 돌린다.
> • **회피 반사**: 자극에 대해 최대치로 반응하거나 아예 반응을 하지 않기 때문에 전부 아니면 전무로 설명될 수 있다. 회피 반사는 주로 신체를 위협하는 자극에 대한 반응이다.
>   ⓔ 기침, 재채기, 눈 깜박임은 정도 차이가 없고, 바람이 불거나 코가 간지러운 등 자극이 있으면 이에 대한 반응이 바로 나타난다.
> • **기타 반사**: 진화하는 과정에서 인간의 생존에 도움이 되는 적응적인 반사로, 잡기 반사와 모로 반사가 이에 포함된다.

2. 신생아 평가 척도

(1) 아프가 척도(Apgar scale)

① 태어난 지 1~5분된 신생아의 심장박동률, 호흡, 근육, 피부색과 같은 생리적 기능과 함께 반사행동을 평가하여 아동의 운동 및 신경 발달이 제대로 이루어졌는지를 평가한다.

② 하위 기준: 피부색, 심장박동, 반사의 민감성, 근육긴장, 호흡

③ 실시: 5가지 영역에 각각 0, 1, 2점을 주며 출생 후 1분과 5분, 총 2회를 실시한다.

④ 해석

구분	7~10점	4~6점	0~3점
내용	정상	호흡하는 데 도움 필요	위험한 상태

⑤ 첫 한 달 동안의 생존을 예측하는 데 신뢰성 있는 척도이다.

(2) 브레즐튼 신생아 행동평가 척도(NBAS; Brazelton Neonatal Behavioral Assessment Scale)
　① 출생 후 24~36시간 내로 실시되며, 아프가 척도보다 신생아의 신경적 능력을 더 면밀하게 측정할 수 있다.
　② 기능 영역: '피부색, 심장박동, 반사 민감성, 호흡, 근육 긴장'의 5가지 기능 영역을 28가지 행동을 통해 측정한다.

05 신경계 발달

1. 신경세포의 발달

(1) 시냅스 생성과 상실 기출 24
　① 출생 후 첫 6개월 동안에는 초당 10만 개의 시냅스가 형성되며, 만 2세경에는 하나의 신경세포가 약 1만 개의 시냅스 연결을 가지게 된다.
　② 시냅스 생성(synaptogenesis): 신경세포 간의 시냅스 연결이 형성되는 것이다.
　③ 시냅스 상실(synaptic pruning): 나이가 들면서 자주 사용하는 시냅스는 강화되고 사용하지 않는 시냅스는 다른 경로로 대체되거나 소멸된다.

(2) 영아기 두뇌 발달의 변화
　① 급격한 시냅스 형성과 수초화(myelination)로 설명할 수 있다.
　② 영아가 성장함에 따라 시냅스 연결망은 급격히 분화된다. 이때 사용된 시냅스는 더 강화되어 계속 존재하지만, 사용되지 않은 시냅스는 소멸한다. 즉 인간은 출생 전후에 가장 많은 뉴런을 가지고 있다가 발달과정에서 필요한 만큼의 뉴런과 시냅스만을 남기고 필요 없는 것은 버리는 '과잉생성 후 선택적 소멸과정'을 거친다. 이 과정을 통해 인간은 환경에 대응할 수 있는 잠재력을 극대화할 수 있다.
　③ 급격한 수초화: 수초화는 뇌의 빠른 성장에 영향을 미치며 영아기 동안 급속하게 진행되지만, 뇌의 영역에 따라 속도와 완성 시기에 차이가 있다.

(3) 영아는 성인보다 더 많은 수의 뉴런과 시냅스 보유
　① 이유: 다른 뉴런들과 성공적으로 연결되는 뉴런이 그렇지 못한 뉴런을 밀쳐내기 때문이다. 이로 인해 뉴런의 절반가량이 소멸된다.
　② 이때 살아남은 뉴런은 수백 개의 시냅스를 형성하는데, 이 과정에서도 역시 뉴런이 적절한 자극을 받지 못하면 소멸된다.
　　➡ 불필요한 뉴런이 제거됨으로써 신경계의 효율성이 증대된다.

(4) 뇌의 급속한 성장(뉴런은 출생 후 생성되지 않음)
　① 글리아(교세포, glial cell)라고 불리는 두 번째 신경세포의 발달에 의해 이루어진다. 글리아는 뉴런의 수보다 훨씬 많고 일생에 걸쳐 계속 형성된다.
　② 급격한 수초화(글리아의 중요한 기능) 때문이다. 수초화는 영아기 동안 급속도로 진행되지만, 뇌의 어떤 부분에서는 수초화가 청년기나 성인기까지 완성되지 않는 경우도 있다.
　③ 뉴런과 뉴런을 연결하는 시냅스의 형성이 뇌의 성장급등기에 급속하게 이루어진다.

2. 중추신경계의 발달

(1) 뇌의 발달

① **뇌간**: 두뇌의 부위 중에 가장 먼저 발달하는 뇌 부위로 수정에서 15개월까지 발달하며 숨쉬기, 동공 반사 등 생존에 필요한 기능을 담당한다.

② **변연계**: 뇌의 가운데 부분을 차지하는 변연계는 감정, 성욕, 식욕 등의 감정과 본능적 욕구를 조절한다. 변연계 는 15개월부터 4세까지 가장 활발하게 발달한다.

③ **대뇌피질**: 뇌의 가장 바깥쪽에 위치한 대뇌피질은 전체 뇌의 80%를 차지하며, 뇌 구조 중 가장 많은 수의 뉴런 과 시냅스가 있다. 대뇌피질은 뇌 구조 중 가장 늦게까지 발달하며, 좌우로 독립되어 나누어진 두 반구로 구성 되고 양 반구를 연결하는 뇌량을 통해 정보를 교환한다.

(2) 대뇌피질

① 대뇌의 반구

엽(lobe)	기능
전두엽	의사결정과 계획, 추론 등 복잡한 인지기능을 담당하며 골격근을 조절함. 또한 언어기능과 관련 있음
두정엽	감각을 인식하고 감각정보를 통합하는 역할을 함
측두엽	청각피질이 있어 청각자극을 처리하며, 감정조절기능을 담당함
후두엽	시각피질이 있어 시각자극을 처리함

➡ 뇌의 영역들은 1차적인 기능이 있으나 서로 협력하여 활동함

② 뇌의 기능에서 중요한 것은 뇌의 구조보다 구조 간의 연결(synaptic connectivity)이다.

③ 대뇌피질 발달 순서

㉠ 생후 1년 동안 뉴런이 수초화되고 시냅스가 증가하면서 점차 발달한다. 발달 순서는 영아기에 나타나는 여 러 능력의 발달 순서와 일치한다.

㉡ 영아는 생리 상태를 조절하는 능력이 발달하고 반사를 보다 잘 통제할 수 있게 된다. 생후 8개월 무렵부터 대뇌피질 중 정서 관련 부위의 증가를 보이고, 부모와의 애착이 일어나는 시기에 매우 활발한 활동이 이루어 진다.

㉢ 시각과 청각을 관장하는 피질의 시냅스 성장과 수초화는 시각과 청각의 발달이 급속히 이루어지는 시기인 3~4개월에 시작하여 첫 돌에서 두 돌까지 계속된다.

㉣ 언어를 관장하는 전두엽 피질에서의 뇌파 활동 증가는 개념적 사고와 언어 발달이 활발해지는 1.5~2세에 일어난다.

(3) 뇌의 편재화(cerebral lateralization)

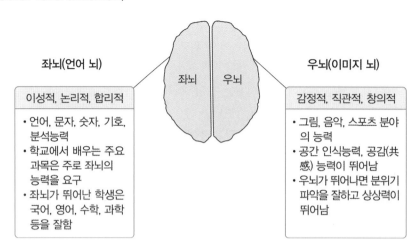

[그림 3-2] 뇌의 편재화

① **뇌의 편재화**: 대뇌피질을 구성하는 각 반구가 분리되어 각기 다른 기능을 담당하고 있는 것이다.

② 뇌의 기능이 분화되었다고 해서 좌반구와 우반구가 서로 완전히 독립된 것은 아니다.

> 예 말하기, 문법 등 언어 관련 기능 대부분은 좌반구에서 담당하지만, 맥락에 맞는 적절한 언어 사용이나 은유 등을
> 사용하는 언어표현은 우반구가 맡는다.

(4) 뇌의 가소성과 초기 경험 기출 24

① 초기 뉴런과 시냅스 생성에 유전적 요인이 중요한 역할을 담당하지만, 뉴런과 시냅스의 선택적 소멸과 수초화
과정은 환경적인 자극을 통해 계속 발달해 나간다.

② **가소성(plasticity)**: 인간의 뇌는 환경에 의해 변할 수 있는 유연성인 가소성이 있다. 특히 영아기에는 뇌의
가소성이 가장 크다.

종류	내용
회복(restoring) 가소성	• 뇌손상 후 뇌가 자체적인 변화와 적응을 통해 잃어버린 기능을 어느 정도 회복하거나 손상되지 않은 뇌의 다른 부위에서 그 기능을 회복해 나가는 것 • 영아기에는 뇌의 특정 영역이 손상되더라도 다른 영역에서 대신 수행하거나 연결을 재구성하는 등 재구조화도 어느 정도 가능함
적응(adaptive) 가소성	• 새로운 경험과 환경을 통해 뉴런의 시냅스가 강화 또는 약화되어 기능과 구조의 변화가 이루어지는 것 • 뇌의 적응 가소성은 후천적 노력이나 평생 동안의 학습이 중요하다는 것을 보여주는 것으로, 성인기 이후의 뇌의 보상을 통해 설명됨

③ 로젠츠바이크(Rosenzweig)와 동료들의 연구(1969)
  ㉠ 동물의 시각박탈이 7개월을 넘지 않으면 위축된 시신경이 돌아올 수 있지만, 시각박탈이 1년 이상 지속되면 자극받지 않은 뉴런이 퇴화하면서 완전히 시각을 상실하게 된다.
  ㉡ 풍족한 환경에서 성장한 동물들의 뇌는 그렇지 않은 동물들의 뇌보다 무겁고 시냅스의 연결망이 촘촘하며, 신경화학 활동 수준도 더 높다.
④ 뇌파 활동 연구: 정상적인 환경에서 자란 영아에 비해 궁핍한 환경에서 성장한 영아의 뇌는 침체되어 있었다.

06 운동 및 신체 발달

1. 신체 발달

(1) 신체 발달의 원리
① 신체 발달은 두미 방향과 중심−말단 방향으로 진행된다.

구분	내용
두미 방향 (cephalocaudal)	머리에서 발달이 시작되어 신체의 하단으로 진행됨
중심−말단 방향 (proximodistal)	신체의 중심에서 말초 부분으로 진행됨

② 모든 신체 발달은 같은 속도로 발달하지 않는 독립성을 가지고 있다.
③ 신체의 많은 부분은 일반적으로 매우 조직화된 발달 곡선을 따라가도록 유전적으로 프로그램되어 있다.
④ 신체 발달은 유기적으로 연관되어 있으며 서로 보완하는 역할도 한다.

(2) 신체비율의 변화
① 생후 며칠간 신생아의 몸무게 감소: 영양 섭취는 적은 반면, 태변과 소변의 배출은 지속적으로 이루어지기 때문이다. 하지만 영양섭취가 원활해지면 다시 급격히 성장한다.
② 몸무게: 출생 시보다 생후 4개월에 2배가 증가하고, 생후 1년경에 3배가 증가한다. 만 2세가 되면 성장 속도는 첫해보다 상대적으로 느려진다.
③ 신체비율의 변화: 신체에 비해 머리가 차지하는 비율이 줄어든다. 신생아는 머리 크기가 신장의 25%를 차지하지만 생후 2년 정도에는 신장의 20%가 되고, 성인이 되면 12.5%가 된다.

2. 운동 발달

(1) 운동 발달
① 두미 발달의 원칙에 따라 영아는 머리와 목을 먼저 가누고, 그 다음에 가슴과 등 근육이 발달하며 다리 근육이 가장 늦게 발달한다.
② 전체적이고 미분화된 운동에서 점차 특수하고 부분적인 운동으로 분화·발달되는 경향성을 보인다.
③ 대근육 발달이 소근육 발달보다 앞서 일어난다.

(2) 대근육 운동(gross motor) 발달

① 대근육 운동: 걷기, 뛰기 등 큰 근육의 활동과 관련이 있는데, 대근육 운동은 움직임뿐만 아니라 자세 조절에도 꼭 필요한 발달이다.

② 일반적 과정

  ⊙ 출생 6주경에는 엎드린 자세에서 턱을 들고, 2개월경에는 가슴을 든다.

  ⊙ 5~6개월경에는 뒤집기를 할 수 있으며, 7개월경에는 혼자 앉는다.

  ⊙ 11개월경에는 물건을 잡고 혼자 설 수 있고 12개월경에는 혼자 걸을 수 있게 된다.

  ⊙ 18~24개월에는 뜀뛰기, 계단 오르내리기, 자전거 타기 등도 가능하게 된다.

③ 걷기: 처음 걷기 시작한 아동은 균형을 잡는 게 어렵기 때문에 걸음이 느리고 비대칭적이며 보폭이 좁다. 그러나 연령이 증가할수록 걸음이 빨라지고 이전보다 대칭적이게 되며 두 발을 교차하면서 자연스럽게 걷는다.

(3) 소근육 운동(fine motor) 발달

① 소근육 운동: 손가락과 같이 미세한 근육을 사용하는 운동을 말한다.

  예 젓가락 사용, 단추 잠그기, 양말 신기 등

② 중심-말초(중심-말단) 발달 원칙에 따라 팔과 손, 손가락의 순서로 발달한다.

③ 일반적 과정: 신생아에게는 잡기 반사능력이 있지만 이를 통제하는 능력은 없다.

  ⊙ 6개월경이 되어야 매달려 있는 물체를 잡을 수 있고, 물체를 제대로 잡으려면 생후 1년이 되어야 한다.

  ⊙ 1세 유아는 눈과 손을 협응하여 크레파스 등으로 무엇인가를 그리는 일이 가능해진다.

  ⊙ 2세 정도가 되면 그림을 그대로 따라 그리거나 숟가락을 이용해 음식을 먹을 수 있게 된다.

    ➡ 이와 같이 영아는 점차 눈과 손의 협응기능이 발달해 간다.

(4) 유아기

① 유아기 신체운동 발달

  ⊙ 신체 성장 속도는 영아기에 비하면 느린 편이지만 아동기에 비하면 빠른 시기이다.

  ⊙ 2세 이후: 연골은 빠르게 경골화되어 단단해지고 대근육과 소근육이 발달한다.

  ⊙ 신체균형을 유지하고 걷기, 뛰기, 뛰어오르기 등 이동능력이 발달하고, 소근육 능력과 눈과 손의 협응능력이 발달하여 블록쌓기, 종이접기, 자르기, 그림그리기, 쓰기 등을 차츰 능숙하게 한다.

② 켈로그(Kellogg, 1970): 유아들의 그림이 일련의 단계를 거치면서 변화하는 것을 발견했다.

  ⊙ 2세: 직선이나 지그재그 선과 같은 형태가 있는 낙서(scribble) 단계이다.

  ⊙ 3세: 동그라미나 십자가와 같은 형태를 그리는 단계(shape stage)와 이러한 형태를 복잡하게 결합하는 디자인 단계(design stage)이다.

  ⊙ 4~5세: 그림의 단계(pictorial stage)이다.

    ➡ 이러한 발달이 유아의 내면에서 일어난다고 보고, 어른들이 적게 개입할 때 더 잘 발달한다고 했다.

(5) 아동기

① 아동기 신체운동 발달
  - ㉠ 지적 발달이 현저하게 이루어지고 협동심과 경쟁심이 강해지며 놀이에서 일로 분화되는 시기이다.
  - ㉡ 이 시기의 신체 발달은 대체로 원만하게 진행된다.
  - ㉢ 치아: 아동기 초기에 유치가 빠지기 시작하여 초등학교 5~6학년경이면 유치는 다 빠지고 영구치가 나온다.
  - ㉣ 아동기 후기: 2차 성징이 나타나기 시작하며 운동기술이나 근육의 협응이 점차 세련되어지고 힘과 기술이 증가한다.

② 성장통(growing pains): 마치 근육이 당기는 듯한 느낌의 성장통은 근육이 성장하는 신체에 적응하기 위해 나타나는 현상으로 약 10~20%의 아동이 경험한다.

③ 성장통의 원인
  - ㉠ 뼈를 덮고 있는 골막이 늘어나 주위의 신경을 자극하기 때문이다.
  - ㉡ 뼈의 성장 속도에 비해 근육의 성장 속도가 느리기 때문이다.

제 **3** 절　주의, 지각 및 기억 발달

07　주의 발달

1. 주의체계 발달

(1) 정향(orienting)

① 의미: 중요한 대상에 주의를 기울이는 것이다.

　　예 어떤 소리가 들리거나 알록달록한 색깔의 물체가 있을 때 영아가 고개를 돌려 쳐다보는 것

② 정향은 가장 이른 시기에 발달하는 주의체계이며 영아기에 완전히 발달한다.

(2) 각성(alerting)

① 의미: 주의를 기울이는 정도를 통제하는 것이다.

　　예 아동은 신호등이 적색에서 녹색으로 변한다는 사실을 알고 길을 건너가야 한다면, 아동은 적색 신호등이 녹색으로 변하는지에 많은 주의를 기울일 것이다.

② 각성은 영아기부터 나타나지만, 초등학생이 되면서 더욱 정교화된다.

2. 주의 유형

(1) 지속적 주의(sustained attention)

① 지속적 주의: 특정 대상에 오랫동안 주의를 기울이는 것이다.

② 아동은 청소년기가 된 후에야 성인처럼 주의를 기울일 수 있다.

③ 지속적 주의는 뇌의 망상체와 관련 있다. 망상체에서 수초화가 진행되면서 빠른 신경정보 전달이 가능해진다. 이러한 수초화는 청소년기에 활발하게 진행되기 때문에 아동은 이 시기부터 향상된 주의력을 가지고 긴 시간 동안 집중할 수 있다.

(2) 선택적 주의(selective attention)

① 선택적 주의: 다양한 정보 중 특정 정보에만 선택적으로 집중하는 것이다.

② 선택적 주의는 불필요한 자극에 주의를 기울이지 않는 억제능력과 관련이 있고, 억제능력은 대뇌의 전두엽과 관련이 있다.

③ 어린 아동의 경우 전두엽이 미성숙하기 때문에 선택적 주의능력이 성인에 비해 떨어진다.

④ 선택적 주의는 만 6~9세 사이에 급격히 발달하며, 만 10세가 되면 성인과 비슷한 수준이 된다.

08 지각 발달

1. 지각연구방법

(1) 선호 패러다임

① 팬츠(Fantz)의 선호법(지각적 선호 실험, visual preference method): 아기가 흥미를 가지는 대상을 향해 머리를 돌리고 주의를 기울인다는 사실을 이용한다.

　예 시지각을 연구할 경우 아기에게 한 가지 속성에서만 다른 두 가지 자극을 동시에 제시하고 아기가 둘 중 어떤 자극을 더 오래 쳐다보는지를 측정한다.

② 아기가 여러 차례의 시행에서 한 자극을 다른 자극보다 체계적으로 더 오래 쳐다본다면 다음의 두 가지 사실을 알려주는 것이다.

　㉠ 첫째, 아기는 두 자극의 차이를 지각(두 자극을 구별)할 수 있다.

　㉡ 둘째, 아이는 어느 한(더 오래 쳐다보는) 자극을 선호한다.

(2) 습관화 패러다임

① 습관화와 탈습관화(habituation and dishabituation): 어느 대상에 반복적으로 노출되어 흥미를 잃은 영아에게 다른 대상을 보여 줬을 때 영아가 다시 흥미를 보이는 것을 뜻한다.

　㉠ 습관화: 영아에게 한 그림을 보여 주었을 때, 영아가 지속적으로 그림을 쳐다보다가 흥미를 잃고 더 이상 쳐다보지 않는다면 이는 영아가 그 그림에 습관화되었다고 볼 수 있다.

　㉡ 탈습관화: 이후 영아에게 새로운 그림을 보여 주고 영아가 새로운 그림을 이전 것보다 더 오래 응시한다면 영아는 이전 그림에 대해 탈습관화가 된 것이다.

② 영아가 탈습관화를 했다는 것은 이전 자극과 새로운 자극을 구분할 수 있다는 것을 의미한다.

> **더 알아보기**　**빨기행동을 통한 습관화 패러다임**
>
> 먼저 특별히 제작된 고무젖꼭지를 이용하여 아기의 평소 빠는 속도(기저선)를 측정한 다음, 기저선 이상으로 빨리 빨 때마다 아기가 좋아하는 특정한 소리를 들려준다. 아기는 이러한 청각적 보상을 받기 위해 열심히 젖꼭지를 빨지만, 동일한 소리가 반복되면 그 소리에 대한 흥미가 점차 감소하고(습관화), 이와 동시에 젖꼭지를 빠는 속도도 점차 감소한다. 빠는 속도가 미리 결정해 둔 역치 이하로 떨어졌을 때 새로운 소리를 제시하면 아기는 이 소리에 흥미를 느끼고 빠는 속도가 다시 증가하는데(탈습관화), 이는 아기가 두 소리의 차이를 구분할 수 있다는 것을 의미한다.

(3) 기타 연구

① 아이 트래킹(eye-tracking): 영아의 안구운동을 측정하는 방법이며, 시표 측정이라고 불린다. 이 방법은 초경량 무선기계를 영아의 머리에 달고 영아가 자유롭게 움직이는 동안 영아의 시선이 어디 머무르는지를 추적한다.

② 뇌 영상법: 뇌의 어느 영역이 활성화되고 있는지를 이미지로 보여 준다.

　㉠ 양전자 방출 단층촬영술(PET): 인체에 해롭지 않은 방사선 물질을 혈관에 투입하는데, 이때 뇌의 활성화된 부분에 더 많은 혈류가 흐르게 되므로 그 영역에서 다량의 방사선 물질이 촬영된다.

　㉡ 기능적 자기공명영상(fMRI): 혈류에 산소를 공급하는 헤모글로빈의 자성을 이용해 뇌 활성화를 측정한다. 즉, 이 방법은 활성화된 뇌 영역이 산소를 더 많이 사용하면서 더 강한 자성을 띠게 된다는 특징을 이용해 활성화된 뇌 영역을 촬영하는 것이다.

2. 시지각

(1) 시각 발달

① 출생 시에 명암과 적색, 녹색을 구분할 수 있으며 2개월이 되면 삼원색의 기본 색깔을 구별할 수 있다.

② 출생 후 몇 개월 동안 심한 근시현상을 보이지만 첫돌 무렵 시력이 1.0에 가까워져 정상 시력을 갖게 된다.

(2) 형태지각

① 영아기는 아직 망막이 성숙되지 않았기 때문에 대비 민감도가 낮다.

② 대비 민감도(contrast sensitivity): 명도 차이에 대한 민감도를 말한다. 영아는 이러한 대비 민감도가 낮아 물체 간의 극명한 명도 차이를 구분하지 못한다.

③ 팬츠 등의 연구(1961)

   ㉠ 자극 형태: 얼굴, 인쇄물, 과녁, 빨간 원, 하얀 원, 노란 원

   ㉡ 영아는 다른 형태보다 얼굴을 가장 선호했다. 특히 사람 얼굴 중 흑백의 대조를 이루는 눈을 가장 선호했다.

   ㉢ 전체보다 부분을, 정지된 것보다 움직이는 물체를, 흑백보다는 컬러를, 직선보다는 곡선을 더 선호했다.

   ㉣ 작은 물체보다는 큰 물체를, 내부보다는 윤곽선을, 단순한 형태보다는 적당히 복잡한 형태를 선호한다. 즉 영아는 뚜렷하게 잘 보이는 형태를 선호한다.

④ 깁슨(Gibson) 등의 얼굴 지각연구(1969)

   ㉠ 생후 1개월: 사람의 얼굴에서 윤곽을 더 많이 응시했다. 아직 망막이 성숙하지 않은 상태이기 때문에 극명한 대비를 보이는 얼굴 윤곽을 응시한 것이다.

   ㉡ 생후 2개월: 눈과 코 등을 더 많이 응시했다. 이는 망막의 성숙으로 더 자세한 부분을 응시한 것이다.

   ㉢ 생후 6개월: 낯익은 얼굴과 낯선 얼굴을 구별할 수 있으며, 남녀 얼굴도 구별할 수 있다.

(3) 크기지각

① 크기 항등성(size constancy): 물체가 관찰자에게 가까이 있을 때와 멀리 있을 때 망막에 비치는 크기는 다르지만 물체의 실제 크기는 변하지 않는다는 사실을 아는 것이다.

② 영아는 생후 3개월부터 크기 항등성을 조금씩 이해하기 시작한다.

(4) 깊이지각

① 깊이지각은 아이가 만지고 싶거나 가지고 싶은 물체를 향해 손을 내밀어 잡는 능력을 통해 검사할 수 있다.

② 시각적 모션 단서(dynamic cues): 물체가 움직이거나 관찰자가 움직일 때 물체의 움직임이 변하는 정도에 따라 거리 혹은 깊이를 지각하도록 도와주는 것이다.

   ㉠ 양안단서(binocular cues): 양안시차(binocular disparity)의 경우, 물체를 왼쪽 눈으로 바라보았을 때와 오른쪽 눈으로 바라보았을 때 보이는 모습이 다른데, 이러한 차이를 이용하여 깊이를 지각한다. 물체가 가까이 있을수록 양 눈에서 비치는 상의 차이가 크다.

   ㉡ 수렴(convergence): 연필을 손에 쥐고 팔을 멀리 뻗은 후 연필을 바라보면 아무 문제가 없지만, 연필을 코 가까이 가져와 바라볼 때는 초점을 맞추기 어렵고 양 눈이 한 가운데로 모이게 된다. 물체의 거리에 따라 눈 주위에 있는 근육이 움직여 눈의 움직임을 조절하게 되는데, 이때의 움직임 차이를 통해 깊이를 지각할 수 있다.

③ 깁슨(Gibson)과 워크(Walk)의 시각벼랑(visual cliff) 실험(1960)

    ⊙ 생후 6개월 이후 영아는 깊이를 지각하고, 투명한 유리로 덮인 부분을 건너기 전 머뭇거렸다.

    ⓛ 영아가 기어 다니기 시작하는 시기와 깊이를 지각하는 시기가 비슷하다고 제안했다.

    ⓒ 깊이지각은 영아가 길 수 있게 되어 가끔 넘어지거나 떨어진 경험이 있는 경우에 획득되는 것으로 보인다.

    ⓔ 후속 연구: 생후 1개월의 영아도 깊이를 지각할 수 있다.

(5) 운동지각

① 영아는 생후 약 3.5개월에 움직임을 지각한다.

② 생후 5개월에 한 방향에서 다른 방향으로 움직이는 진동운동과 원을 그리는 회전운동을 구별할 수 있게 된다.

3. 기타 감각

(1) 청각

① 드캐스퍼(DeCasper)와 스펜서(Spencer)의 연구(1986): 이들의 연구에서 태아가 모태로부터 소리를 들을 수 있는 것으로 파악된다.

    ➡ 출산을 앞둔 산모 16명에게 특정 동화책을 읽게 했다. 이후 해당 영아들에게 늘 읽어 주던 동화책과 다른 동화책을 읽어 줬더니 두 동화책을 들을 때 젖꼭지를 빠는 패턴이 다르고, 태내에서 듣던 동화책을 들을 때 젖꼭지를 더 많이 빨았다.

② 영아는 우선적으로 사람의 목소리에 반응하고, 3개월경에 소리의 크기, 음조(진동수에 대한 지각)의 차이에 빠르게 반응할 수 있게 된다. 또한 '자장자장'과 같은 율동적인 소리에 더 잘 반응한다고 알려져 있다.

③ 출생 시 희미하게 감지되던 소리의 방향도 6개월 정도가 되면 비교적 정확하게 탐지할 수 있게 된다. 이러한 청각 발달은 생후 2년까지 꾸준히 일어난다.

(2) 미각

① 미각은 태내에서도 어느 정도 기능을 하며 출생 시에도 여러 가지 맛의 액체를 구분하는 것이 가능하다.

② 신생아는 단맛, 신맛, 쓴맛, 짠맛을 구별하고 2~3개월경에는 특정 맛에 대한 기호가 생길 정도로 발달되어 특정한 맛에 대한 거부 현상도 보인다.

③ 태어난 직후의 영아는 다른 맛에 비해 단맛을 선호하지만, 생후 4개월경에는 짠맛을 가장 선호한다.

    ➡ 한 연구에 따르면 시리얼, 크래커 같이 소금이 들어간 음식을 먹은 영아들이 특히 짠맛을 선호했는데, 이는 영아의 식습관이 영아의 입맛을 바꾼다는 것을 보여준다.

④ 영아기 말이 되면 미각은 매우 예민해지는데, 이때 다양한 음식을 제공하는 것이 좋다. 이것은 영양학적 측면에서뿐 아니라 영아기에 음식에 대한 선호가 급격히 발달하기 때문이다. 영아기 이후에는 새로운 음식을 잘 먹으려 하지 않는다.

(3) 후각

① 생후 며칠 이내에 독특한 냄새 간 차이를 구분하는 것이 가능하며, 어머니와 다른 어머니의 젖 냄새를 구별할 수 있고, 암모니아 같은 독한 냄새에는 고개를 돌리는 반응을 보인다.

② 맥파렌(MacFarlane)의 연구(1975): 생후 2일된 영아에게 어머니 젖을 묻힌 솜을 가져다 대면 별다른 선호를 나타내지 않지만, 6일 정도 된 영아는 동일한 자극에 대해 선호를 나타낸다. 며칠간 경험을 통해 냄새를 변별하고 선호를 나타내게 되는 것이다.

(4) 촉각

① 촉각은 다른 감각과 달리 직접 상호작용을 해야 느낄 수 있기 때문에 가장 사회적인 감각기관이라 불린다.

② 신생아는 주로 촉각에 의존하여 주변 환경을 인지한다. 촉각 발달이 잘 이루어질 때 소화기관도 원활하게 이루어지고 순조롭게 주변 환경에 잘 적응해 나간다.

③ 엄마는 신체접촉을 통해 자녀에게 의사를 전달하며 엄마의 높은 신체접촉은 영아의 안정애착 형성에 도움을 준다.

④ 캥거루식 케어(Kangaroo care): 신생아를 어머니의 가슴에 눕혀 서로 피부를 맞대고 있도록 하는 방법으로, 신생아의 생존율을 높이고 심각한 질환에 걸릴 확률을 낮추도록 돕는다.

  ㉠ 아기에게는 생리반응과 심리안정에 도움이 되고, 어머니에게는 아기를 돌볼 기회를 얻으므로 심리적으로 안정이 된다.

  ㉡ 어머니와 아기 간 상호작용이 증진될 수 있다.

⑤ 통각: 신생아는 통증을 느끼며 날이 갈수록 통증에 민감하게 반응한다. 한때 의사들이 신생아는 통증을 느끼지 못하거나 아주 짧게만 느낀다고 믿어 수술할 때 마취제를 사용하지 않곤 하였으나, 임신 3개월이 지나면 태아에게도 통증을 느끼는 능력이 있는 것으로 밝혀졌다.

(5) 감각 간 지각(통합감각, intermodal perception)

① 통합감각: 서로 분리된 감각을 통합하여 정보를 받아들이는 것으로, 어떤 감각을 통해 익힌 물체를 다른 감각에 의해 알아보는 능력이다.

② 피아제(Piaget)의 통합이론(enrichment theory, 1960): 여러 가지 감각은 출생 시 분리되어 있기 때문에 감각기관이 독립적으로 성숙해야만 여러 감각기관으로부터 정보를 비교해서 통합할 수 있다.

③ 깁슨(Gibson)의 분화이론(differential theory, 1969): 감각은 출생 시 통합되어 있기 때문에 출생 시부터 감각 간 지각이 가능하다. 따라서 영아는 자극이 제시될 때 모든 감각기관을 사용하여 그 자극을 탐색한다.

④ 최근 연구에 의하면, 감각 간 지각능력은 출생 시부터 존재하는 것으로 본다. 하지만 이러한 능력은 경험을 통해 발달하므로 성숙과 학습이 서로 상호작용하는 것임을 알 수 있다.

---

09 기억 발달

1. 기억과 기억과정

(1) 기억과정

① 기억(memory): 저장된 정보를 떠올리는 것이다. 기억을 하기 위해서는 일련의 과정을 거쳐야 한다.

② 기억과정

  ㉠ 부호화(encoding): 뇌가 정보를 처리할 수 있는 형태로 변환하는 것이다.

  ㉡ 저장(storage): 입력된 정보는 인간의 뇌에 저장된다.

  ㉢ 인출(retrieval): 이미 저장된 정보가 필요할 때 다시 찾아 사용하는 것이다.

③ 인출과정

    ⊙ 재인(recognition): 특정 단서를 통해 이미 저장된 정보를 떠올리는 것이다.

    ⓛ 회상(recall): 아무런 단서를 사용하지 않고 저장된 정보를 떠올리는 것이므로 재인보다는 다소 어렵다.

(2) 멜트조프(Meltzoff)의 지연모방 과제(deferred imitation)

① 영아에게 나무 아령을 보여 준다. 이 아령은 나무 블록을 잡아당기면 플라스틱 관과 분리되도록 제작되었다.

② 나무 아령을 분리하는 모습을 세 번 연속해서 보여줬다. 24시간 후 영아에게 아령을 주자 영아는 즉각적으로 실험자가 했던 것처럼 아령을 분리했다.

③ 이 실험은 영아에게도 회상능력이 있다는 것을 보여준다.

참고   **재인기억과 회상기억**

1. 재인기억 연구
   - **습관화**: 어떤 자극이 여러 번 반복하여 제시되면, 그 자극에 대해 반응하는 강도가 감소하는 것이다.
   ➡ 이는 영아의 성숙 수준과 건강 상태를 판단하는 기준이 된다.
   - **탈습관화**: 새로운 자극이 제시되면 다시 관심을 보이는 것을 말한다.
   - **재인기억**: 특정 단서를 통해 이미 저장된 정보를 떠올리는 것이다.
   - 재인기억 측정
     - 습관화-탈습관화 연구
     - 3개월 영아 모빌 실험: 발로 차면 모빌이 움직인다는 것을 기억한다.
2. 회상기억 연구
   - **회상기억**: 아무런 단서를 사용하지 않고 저장된 정보를 떠올리는 것이기 때문에 재인기억보다는 다소 어렵다.
   - **회상기억 연구**: 아동을 대상으로 회상기억을 연구할 때 사용되는 그림이나 글 또는 구두반응을 영아가 할 수 없기 때문에 측정이 어렵다.
   - **회상기억 측정**: 대상영속성 개념, 지연모방 과제 등을 사용한다.

---

2. 기억유형

(1) 단기기억과 작업기억

① **단기기억**: 일시적으로 정보를 저장하는 것으로 작업기억이라고도 한다. 단기기억의 지속시간과 용량은 제한적인데, 밀러(Miller, 1956)는 대부분의 사람이 15~30초 동안 정보를 유지하고, 7개 내외의 정보를 기억한다고 보았다.

② **작업기억**: 문제해결, 계획, 의사결정과 같은 고차원적인 인지활동과 관련이 있다.

③ **배들리(Baddeley)의 작업기억 모델(2012)**: 작업기억은 시·공간 저장고, 음운 고리, 중앙 관리자로 구성된다.

    ⊙ **시·공간 저장고(visuospatial working memory)**: 시각적 정보와 공간적 정보를 잠시 저장한다.

    ⓛ **음운 고리(phonological loop)**: 언어와 관련된 정보를 잠시 저장한다.

    ⓒ **중앙 관리자(central executive)**: 시·공간 저장고와 음운 고리 사이의 통제자 역할을 하며, 어떤 정보를 선택하여 저장할지 혹은 어떤 단기기억을 장기기억으로 만들지를 결정한다.

    ⓔ 작업기억과 관련된 뇌 영역인 전전두 피질은 만 4세경에 형성되어 6~15세 사이에 완전히 발달된다.

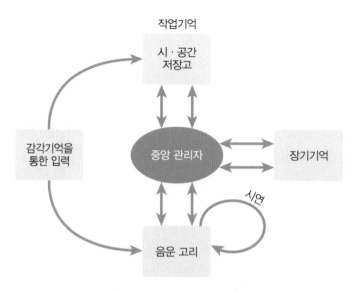

[그림 3-3] 작업기억 모델

(2) 장기기억

① 의미: 많은 양의 정보를 영구적으로 저장하여 회상할 수 있다.

② 장기기억 유형

유형	내용
서술적 기억과 절차적 기억	• 서술적 기억(declarative memory): 어떤 일이 일어난 것을 '아는' 것으로, 생후 20개월부터 형성됨 ➡ 언어를 통해 표현됨 ㉥ 어제 친구와 놀이터에서 그네를 탔다는 것을 기억하는 것 • 절차적 기억(procedural memory): 어떤 일을 '어떻게 하는지 아는' 것으로, 서술적 기억보다 먼저 형성 ➡ 몸의 움직임 혹은 감각과 관련된 정보를 저장하고 인출함 ㉥ 요리 순서나 종이접기 순서를 아는 것

일화적 기억과 의미적 기억	• 일화적 기억(episodic memory): 자신의 경험에 대한 기억. 특정 시간과 장소에 대한 정보를 기억하는 것으로 '자서전적 기억'이라고도 불리며, 대략 만 4세에 형성되어 이후 언어 발달로 정교해짐
	㉥ 작년에 노량진에서 휴가를 보낸 기억
	  – 3세 아동: 어제, 내일과 같은 시간적 단어를 사용하고 자신에 관해 이야기 할 수 있는 능력을 가지지만 어제 자신이 무엇을 했고 어떤 일이 일어났는지에 대해서는 기억하지 못함
	  – 4~5세 아동: 어제 있었던 일을 기억하고, 그 기억을 바탕으로 내일의 계획을 세울 수 있음
	• 의미적 기억(semantic memory): 세상에 대한 일반적인 지식으로, 직접적인 시간, 장소에 대한 정보의 인식 없이 형성되고 오랜 기간에 걸쳐 축적되며 일화적 기억보다 먼저 발달하는 것으로 여겨짐
	㉥ 영아는 놀이공원이 어떤 곳인지 알 수 있지만, 자신이 놀이공원에서 경험한 것은 자세히 기억하지 못함

외현적 기억과 내현적 기억	• 외현적 기억(explicit memory): 의식적으로 정보를 기억하는 것 ㉥ 새로운 언어를 배우기 위해 의식적으로 그 언어의 철자를 외우는 것 • 내현적 기억(implicit memory): 우연히 혹은 자동적으로 정보를 기억하는 것 ㉥ 의식적으로 자전거 타는 방법을 기억해 내서 타기보다는 타는 방법을 몸에 익혀서 탈 수 있음 ➡ 내현적 기억은 출생 직후부터 형성되는 반면, 외현적 기억은 대뇌 전두피질이 발달하는 시기인 생후 6~8개월경에 형성되기 시작하며, 외현적 기억이 여러 번 반복되면 내현적 기억이 되기도 함

(3) **기억 형성과 관련된 뇌의 영역**

① **전두엽**: 전두엽의 가장 앞부분에 위치한 전전두엽은 작업기억과 관련이 있다. 전전두엽은 어떤 정보에 집중을 할지 결정하고 새로운 정보를 작업기억에서 장기기억으로 이동시키는 역할을 한다.

② **측두엽**: 측두엽에 위치한 해마는 새로운 지식과 경험을 저장·인출하는 역할을 한다. 해마에 손상을 입을 경우 새로운 정보를 기억하는 데 어려움을 겪지만 이전 기억을 떠올리는 데는 문제가 없다.

③ **영아기 기억상실증(infantile amnesia)**: 만 2.5세 이전의 일을 회상하지 못하는 것을 뜻한다.

    ⊙ **신경변화 가설(neural change hypothesis)**

        ⓐ 영아기 기억상실은 영아의 미성숙한 뇌와 관련이 있다.

        ⓑ 뇌의 영역 중 해마와 전두엽은 일화기억과 같은 장기기억이 저장되는 곳인데, 영아의 해마는 매우 미성숙한 상태이며 기억을 견고히 하는 전두엽도 뇌의 구조 중 가장 늦게 발달하기 때문에 미성숙하다.

    ⊙ **기억체계 가설(memory format change hypothesis)**

        ⓐ 연령에 따라 정보를 저장하는 체계가 변하기 때문이다.

        ⓑ 전언어기의 영아는 언어 대신 시각, 촉각 등의 감각에 의존하여 정보를 저장한다. 이후 언어를 사용하기 시작하면 글이나 문장을 통해 기억한다. 이러한 발달과정을 거치는 이유는 영아가 사용하는 기억체계가 변하기 때문이다.

(4) **기억과 지식**

① **지식기반(knowledge)**: 새로운 정보를 기억하는 능력은 자신이 이미 가지고 있는 지식인 지식기반에 따라 달라진다. 즉 기존에 가진 지식의 양이 기억력에 영향을 미친다.

② 지식은 기억할 수 있는 정보의 양뿐 아니라 정보의 내용에도 영향을 미친다. 인간은 기존에 자신이 알고 있는 지식을 바탕으로 정보를 기억한다.

③ 어떤 경우에는 기존에 알고 있는 지식이 잘못된 기억을 형성하기도 한다. 이는 아동의 고정관념이 훗날 기억의 오류로 이어진다는 것을 보여 준다.

(5) **기억의 오류가 발생하는 이유**

① 성인은 핵심적인 정보에 중점을 두는 반면, 아동은 사소한 정보에 중점을 둔다.

② 아동이 가진 지식의 양은 성인이 가진 지식의 양보다 적다.

③ 어린 아동일수록 기억을 유지하는 시간이 짧다.

④ 아동은 성인에 비해 상상과 현실을 구분하는 능력이 떨어진다.

⑤ 아동은 정보를 저장할 당시의 경험에 큰 영향을 받는다. 예컨대, 특정한 의도를 가지고 아동에게 유도신문을 하면 아동은 유도신문에 맞게 기억을 재구성하며, 이러한 질문을 암시성(suggestibility) 질문이라 한다.

3. 기억기초능력의 발달

(1) 정보처리 속도
① 정보를 처리하는 속도는 문제의 종류와 관계없이 연령이 높아질수록 점차 빨라지는데, 이는 생물학적 성숙이 큰 역할을 한다.
② 수초화(myelination): 나이가 들면서 뇌 연합연령의 수초화가 진행되고 불필요한 시냅스의 가지치기가 이루어지면서 정보처리 속도가 점차 더 빨라진다.
➡ 운동과 감각영역은 생후 몇 년 이내에 수초화가 완성되지만, 연합영역은 청소년기나 성인기 초기에 가서야 비로소 수초화가 완성된다.

(2) 기억용량
① 기억의 용량이 증가한다는 것은 정보를 저장할 수 있는 공간이 커진다는 것을 의미하는데, 기억용량의 증가는 주로 단기기억 용량의 증가를 의미한다.
② 기억폭(memory span): 단기기억 저장 용량은 기억폭 검사로 측정하는데, 이는 서로 관련없는 항목을 빠른 속도로 제시했을 때 제시된 순서대로 정확하게 기억할 수 있는 항목의 수를 가리킨다.
③ 기억폭은 2세에는 2개, 5세에는 4~5개, 성인기에는 7~8개 정도로 연령차가 뚜렷하게 나타난다.
④ 케이스(Case)의 작동효율성 가설(operating efficiency hypothesis): 나이가 들수록 정보처리 속도가 빨라지고 효율성이 높아지면서 동일한 문제를 해결하는 데 필요한 작동공간이 줄어듦에 따라 저장 공간이 상대적으로 늘어난다. 즉, 어릴 때에는 많은 시간과 노력을 들여야 풀 수 있었던 문제들을 나이가 들면서 정보처리 속도와 효율성이 증가함에 따라 시간과 노력을 적게 들이고도 답을 얻을 수 있게 된다는 것이다.

(3) 인지적 억제
① 인지적 억제는 부적절한 반응을 억제하고 방해되는 정보를 차단함으로써 작업기억이 기능할 수 있는 공간을 넓혀 주는 역할을 한다.
② 작업공간이 넓어지면 과제와 관련된 정보가 실질적으로 더 많이 처리될 수 있으므로 기억에 도움을 줄 수 있다.
③ 어린 아동은 과제와 관련이 없는 생각을 억누르지 못하는 '비능률적 억제'로 인해 기억수행이 낮아진다.

4. 지식 기반의 증가

(1) 스크립트(script)
① 의미: 경험에 대한 도식으로, 사건이 진행되는 순서와 인과관계를 포함한다.
② 스크립트는 일상 경험을 조직하고 해석하는 기본 수단이기 때문에, 한 번 형성되면 미래에 유사한 상황에서 발생하게 될 일을 예측하는 데 사용할 수 있다.
예 유아에게 '저녁식사−목욕시간−취침시간'의 순서에서 다음에는 무슨 일이 일어날지 예측하게 해 줌으로써 매일의 생활에 안정성을 제공한다.

(2) 자서전적 기억(autobiographical memory)
① 의미: 자신이 과거에 했던 경험을 기억하는 것이다.
② 새로운 사건에 대한 아이들의 자서전적 기억은 상당히 뛰어난 경우가 많다.
예 3~4세 무렵 에버랜드를 방문했던 아이가 시간이 지난 후에도 많은 것을 회상하는 경우

③ 부모의 대화방식: 반복적 양식을 사용하는 부모의 자녀는 정교화 양식을 사용하는 부모의 자녀에 비해 회상을 더 적게 하고 기억이 덜 조직되어 있는 경향이 있다.
ⓐ 정교화 양식(elaboration style): 아이의 기억을 이끌어 내기 위해 다양한 질문을 하고, 아이의 진술에 정보를 추가하고, 필요할 때는 아이의 기억을 교정해 주기도 한다.
ⓑ 반복적 양식(repetitive style): 질문을 반복해서 하고 주제를 자주 바꾸며 정교화를 거의 하지 않는다.

(3) 목격자 기억과 피암시성

① 아동의 피암시성은 성인보다 더 높게 나타난다.
② 대부분의 피암시성 연구에서 아동이 한 사건을 목격하고 난 후에 사실과 다른 잘못된 대답으로 이끄는 질문을 받으면 부정확한 사실을 말하거나 아동에게 원하는 답을 하도록 강요하면 아동의 부정확한 보고가 증가된다.
③ 아동의 기억은 성인에 비해 부호화할 때 핵심 정보보다 상세한 정보 표상에 중점을 두기 때문에 빨리 잊혀진다.

5. 기억책략

(1) 시연(rehearsal)

① 시연은 여러 번 반복해서 외우는 것으로, 단기기억에 도움을 준다.
② 아동은 만 6~7세에 시연을 하기 시작하지만 9세가 되어서야 성인과 비슷한 수준의 시연능력을 갖는다.

(2) 조직화(organization)

① 주어진 정보를 범주화해서 외우는 책략이며, 정보를 순서대로 기억하지 않아도 될 때 주로 사용한다.
② 아동은 주로 시연을 시작하는 시기에 조직화도 하기 시작한다.
③ 만 4~5세 아동도 조직화를 사용할 수 있지만 적절히 사용하지는 못한다.

(3) 정교화(elaboration)

① 특정 정보를 다른 것과 연관 지어 기억하는 책략이다.
　예 교과서의 내용을 자신의 말로 고쳐 쓰거나, 자신의 경험과 관련지어 외우는 것이다.
② 아동은 만 11세경에 정교화를 사용하기 시작하며 성인이 되면 좀 더 자유롭게 사용할 수 있다.

(4) 기억책략 오류

① 전략을 자발적으로 사용하지 않는 아동도 전략을 사용하도록 가르칠 수 있고, 기억이 향상되는 경우가 많다.
② 생성 결함(산출결함, production deficient): 아동이 전략 사용에 필요한 정신적 능력은 가지고 있지만 외부의 촉구자극 없이 스스로 효과적인 전략을 산출하여 사용하진 못하는 것이다.
③ 사용 결함(활용결함, utilization deficient): 책략을 사용하지만 이를 통해 이익을 얻지 못하는 것이다. 학교, 실험실에서 아동에게 새로운 전략을 훈련시키는 경우에도 사용이 효과를 내지 못할 수 있다.
④ 문제해결에 더 적절한 새로운 전략의 사용이 수행 향상으로 이어지지 않는 사용 결함이 나타나는 이유
ⓐ 새로운 전략을 실행하는 데 정신적 노력을 너무 많이 소모하다 보니 문제해결에 필요한 정보를 모으고 저장하는 데 사용할 인지자원이 거의 바닥나 버렸을 수도 있다.
ⓑ 아동이 전략을 사용함으로써 얻게 되는 결과(예 정답)에는 관심이 없고 새로운 전략을 사용하는 그 자체에 흥미와 즐거움을 느끼는 경우도 있다.
ⓒ 어린 아동은 자신의 인지활동을 감찰하고 조정할 능력이 없거나 새 전략을 효과적으로 사용하고 있는지의 여부를 판단할 능력(상위인지)이 없을 수 있다.

6. 실행기능

(1) 실행기능(executive function)

① 특정 목표를 성취하기 위해 어떤 방법을 언제, 어디서, 어떻게 사용할 것인가를 깨닫고 행동에 적용하는 것이다.

② 실행기능은 계획을 세우거나 자기조절을 하는 등의 고차원적인 인지활동과 관련이 있으며 언제 행동을 하고 멈추어야 하는지 등을 아는 것과 관련이 있다.

③ **전 생애적으로 발달:** 실행기능은 영아기부터 발달되기 시작하여 만 3~5세 사이에 급격히 향상된다. 또한 청소년기와 성인 초기에도 계속 발달하여 만 25세 전후에 가장 향상된 실행기능을 보인다.

④ **프리드만(Friedman, 2011) 등:** 어린 시절의 실행기능이 성인이 되어서도 비슷하게 나타난다고 보았다.

    ㉠ 초등학교 때 자기조절을 잘하지 못하거나 계획을 잘 세우지 못하는 등 실행기능이 떨어진 사람은 성장한 후에도 상대적으로 실행기능이 떨어지는 경향이 있다.

    ㉡ 실제로 실행기능에 문제가 있는 아동은 ADHD나 자폐증이 있는 것으로 나타났다.

    ㉢ 실행기능은 언어 발달을 예측한다.

(2) 억제적 통제(inhibitory control)

① 자신이 하는 일과 상관없는 자극을 무시하는 것으로, 이 능력은 행동 조절을 담당하는 전두엽과 관련이 있다.

② **억제적 통제 관련 요인:** 연구에서 부모의 양육방법과 사회경제적 지위는 억제적 통제능력에 영향을 미쳤다. 부모로부터 혹독한 양육을 받은 아동은 억제적 통제능력이 낮았고, 부모의 지원을 적게 받은 아동도 낮았다. 또한 사회경제적 지위가 낮은 부모의 아동도 억제적 통제능력이 낮았다.

    ➡ 부모의 양육방법과 사회경제적 지위가 억제적 통제능력을 예측한다.

③ **어린 아동의 비현실적 낙관적 믿음은 억제적 통제능력을 예측하는 요인:** 아동의 낙관적 믿음이 클수록 억제적 통제능력이 높게 나타났다.

(3) 인지적 유연성(cognitive flexibility)

① 상황에 맞게 주의를 다른 곳으로 돌리거나 사용하는 책략을 적절하게 변경할 수 있는 유동적 사고능력으로, 인지적 전환(cognitive functioning)이라고도 불린다.

② **차원변경 카드 분류 과제(DCCS):** 만 4세 아동부터 큰 어려움 없이 DCCS를 수행할 수 있는 것으로 나타났다. 특히 만 3세 아동도 훈련을 받으면 인지적 유연성을 이용해 규칙에 맞게 과제를 수행할 수 있다.

③ 연령이 어릴수록 추상적 단서보다는 명백한 단서가 제시되었을 때 효과적으로 인지활동을 조절했다.

(4) 작업기억

① 문제를 해결하거나 어떤 일을 계획하고 결정하는 것과 같은 고차원적인 인지활동과 연관된다. 특히 작업기억은 인지수행을 통제하는 역할과 짧은 시간 동안 정보를 유지하는 역할을 한다.

② 실행기능은 작업기억의 처리과정을 통제하는 역할을 한다. 많은 정보 중 어떤 것을 저장할지, 어떤 기억을 단기기억에서 장기기억으로 변환할지 결정한다. 또한 주의를 조절하여 어떤 대상이나 일에 집중하도록 하며, 의사결정을 내리고 정보를 회상하는 등 다양한 인지활동을 통제하는 역할을 한다.

7. 상위인지

(1) 상위인지(meta-cognition)

① 인지에 대한 인지 혹은 아는 것에 대해 아는 것을 말한다. 즉 자신의 사고능력과 정신활동에 대해 알고 있는 지식이다.

② 유아는 언어와 인지 발달을 통해 상위인지를 조금씩 발달해 나가며 만 3, 4세의 유아도 짧은 내용이 기억하기 쉽고, 긴 내용은 기억하는 데에 많은 노력이 필요하다는 것을 안다.

③ 유아는 주로 반복적인 시연을 통해 자료를 기억하기는 하지만 효율적인 기억 전략을 찾아내거나 사용하는 데 어려움을 겪는다.

(2) 상위인지의 구분

① 상위주의: 주의과정을 스스로 인식하고 이해하는 것이다.

② 상위기억: 자신의 기억, 기억체계의 기능과 발달능력에 대해 지각하는 것이다. 상위기억이 발달하면서 아동은 자신이 기억할 수 있는 것에 한계가 있음을 알고 기억과제를 위해 필요한 전략을 사용하며, 사용한 기억전략이 효과적인지 평가하게 된다.

제 4 절   인지 발달

10   피아제(Piaget)의 인지 발달이론

1. 이론의 구성요소 및 발달 단계의 특징

(1) 주요 개념 [기출 21]

구분	내용
도식 (schema)	• 외부의 정보를 통합하고 조직화하는 인지적 틀 혹은 구조 • 인간이 환경에 대해 경험하고 이해한 것이 조직되어 두뇌에 저장된 '세상에 대한 내적표상' • **잡기 도식**: 물건을 잡는 일반적 능력, 모든 잡기 행위를 가능하게 하는 인지적 구조
조직화 (organization)	지식을 일관성 있게 체계화하거나 범주를 만드는 경향성
동화 (assimilation)	새로운 정보를 기존의 도식으로 이해하는 과정
조절 (accommodation)	새로운 정보를 수용하기 위해 기존의 도식을 수정하는 과정
적응 (adaptation)	• 환경과의 직접적인 상호작용을 통해 도식이 변화하는 과정 • 동화와 조절의 두 가지 상호보완적 과정을 통해 이루어짐
불평형 (disequilibrium)	사람의 사고과정과 환경사건 사이의 불균형 또는 모순
평형화 (equilibrium)	동화와 조절의 과정을 거쳐 불평형한 상태를 벗어나고 인지적 균형 상태를 이루는 것

➡ 아동은 조절을 통해 새로운 정보를 처리하기 위해 기존의 도식을 수정하거나 새로운 도식을 만든다. 동화는 새로운 경험을 이해하고 인지하기 위해 현재의 사고와 이해를 사용할 때 일어난다. 조절은 새로운 경험을 수용하기 위해 현재의 인지구조를 변경하거나 새롭게 형성하는 과정이다.

(2) 인지 발달 단계의 특징

단계	연령	특징
감각운동기	0 ~ 2세	• 감각과 운동을 통한 인지구조 발달 • 반사 행동에서 목적을 가진 의도적 행동으로 발전 • 대상영속성 개념의 습득
전조작기	2 ~ 7세	• 언어, 상징과 같은 표상적 사고능력의 발달 • **중심화**: 자아중심적 언어와 사고 • 직관적 사고와 전인과성 사고

단계	연령	특징
구체적 조작기	7 ~ 11세	• 구체적 경험 중심의 논리적 사고 발달 • 보존개념의 획득 • 유목화와 서열화 가능
형식적 조작기	11세 이후	• 추상적 상황의 논리적 사고 가능 • 명제적 추리와 가설 연역적 추리 가능 • 조합적 추리 가능

① **질적 변화**: 다른 단계의 아동은 '질적으로 다른 방법'으로 사고한다.

② **영역 일반적**: 각 단계의 사고 특징은 다양한 주제와 광범위한 맥락에서 아동의 사고에 영향을 준다.

　　⃝예 전조작기의 아동은 특정 과제뿐 아니라 문제해결, 사회적 기술, 도덕적 판단에서조차도 전조작기적 사고를 한다.

③ **짧은 전환기**: 단계와 단계 사이에 짧은 전환기가 존재한다. 이 과도기 동안 아동은 때로는 이전 단계의 사고 특성을, 때로는 새로운 단계의 사고 특성을 보인다.

④ **순서의 불변성**: 각 단계에 도달하는 평균적인 나이를 제시하지만 이 나이가 절대적인 것은 아니다. 그러나 모든 단계는 동일한 순서로 진행되며 어떤 단계를 뛰어넘을 수는 없다.

2. 감각운동기(sensorimotor stage)

(1) 개념

① 이 시기의 영아는 감각과 운동을 통해 세상을 이해하게 된다. 이 과정에서 선천적인 반사기능에 근거한 여러형태의 신체적 활동에 의해 주변 환경과 상호작용하는 과정을 통해 감각운동적 도식이 진화된다.

② **하위단계**: 반사행동 → 자신의 신체에 대한 관심 → 외부 대상에 대한 관심 → 두 외부 대상에 대한 행동의 협응 → 외부 대상에 대한 새로운 가능성을 탐색하는 의도적 행동 → 관찰 장면에 대한 정신적 표상을 통한 지연모방 행동의 수행이라는 특징을 지닌다.

③ 이 시기에 영아가 성취하는 중요한 성과는 '대상영속성'과 '지연모방 능력'이다.

(2) 하위 단계와 대상영속성 개념의 발달

하위단계	연령 (개월)	행동 특성	대상영속성의 발달
반사운동기	출생~1	타고난 반사행동	대상이 사라지면 무시
일차 순환반응기	1~4	자신의 신체와 관련된 흥미로운 활동의 단순반복	대상이 사라진 곳을 잠깐 응시하는 원시적 형태의 대상 영속성
이차 순환반응기	4~8	• 외부 대상에 대한 흥미로운 활동의 반복 • 의도적이고 목표 지향적인 행동의 출현	부분적으로 감추어진 대상을 찾을 수는 있으나 완전히 감추어진 대상을 찾지는 못함
이차 순환반응의 협응기	8~12	• 기존의 도식을 목표 성취를 위해 협응 • 인과 개념과 대상영속성 개념 획득	• 대상영속성 개념의 획득으로 숨겨진 대상을 찾아냄 • AB오류 현상 있음
삼차 순환반응기	12~18	문제해결을 위한 시행착오적 탐색과 다양한 시도	보이는 곳에서 이동한 대상만 찾아냄
정신적 표상기	18~24	• 상징 등 정신적 표상 가능 • 통찰을 통한 문제해결	• 대상영속성 개념의 완전한 획득 • 보이지 않게 이동한 대상도 찾아냄

① **대상영속성 개념**: 대상이 시야에 사라지더라도 계속 존재한다는 것을 인식하는 능력을 의미한다.

② **지연모방 능력**: 특정 행동을 목격한 후 일정 시간이 지난 후에 그 행동을 재연하는 것을 의미한다.

③ **AB 오류(AB error, 위치오류)**: 영아는 새로운 장소보다 익숙한 장소에서 물건을 찾으려고 하는데, 이를 AB 오류라고 한다.

④ **까꿍놀이**: 대상영속성 개념의 획득을 돕는 대표적인 놀이로, 이 시기의 영아들은 부모와의 까꿍놀이를 통해 정서적 유대감을 느끼고 대상영속성을 습득하게 된다.

3. 전조작기(preoperational stage)

(1) 개념

① 감각운동기 말에 발달한 정신적 표상 능력으로 인해 실세계의 대상을 표상하는 상징들을 의도적으로 조작할 수 있게 된다. 그러나 아동은 여전히 논리적인 사고를 못하며 비논리적인 직관적 사고라는 한계를 보인다.

② **조작**: 과거에 일어났던 사건들을 내면화시켜 서로 관련지을 수 있는, 즉 논리적인 관계를 이룰 수 있다는 것을 뜻한다.

③ **구분**: 주변 환경의 대상에 대한 성숙한 개념이 발달되지 못한 전개념적 사고(2~4세)와 직관에 의존해 사물을 판단하는 직관적 사고(4~7세)가 두드러진 두 시기로 구분된다.

(2) 전개념적 사고기(2~4세)

① **상징적 사고(symbolic thought)**: 어떤 대상이나 현상을 무언가로 표상하는 표상적 사고를 말한다.

ㄱ **상징**: 어떤 개념이나 대상을 나타내는 징표를 뜻하며, 이 상징능력이 확보되면 정신적으로 시간과 공간을 넘나들 수 있게 된다.

ㄴ **상징의 사용**: 문제해결의 속도를 증가시키고, 시행착오를 감소시킨다. 단어나 대상이 어떤 다른 것을 표현하게 하는 상징적 사고능력은 유아로 하여금 '지금-여기'의 한계에서 벗어나 정신적으로 과거나 미래를 넘나들게 해 준다.

ㄷ **가상놀이**: 가상적인 사물 또는 상황을 실제 사물이나 상황으로 상징화하는 놀이를 말한다.
예 병원놀이, 학교놀이 등

② **자기중심적 사고**: 타인의 생각, 감정 등이 자신과 동일하다고 믿고 타인의 관점을 이해하지 못하는 것이다.

ㄱ **자기중심성**: 세상을 자신의 관점에서만 지각하여, 다른 사람의 생각이나 감정, 믿음이 자신의 것과 동일하다고 여기는 것이다.

ㄴ **세 산 모양 실험**: 전조작기 아동은 인형의 관점에서 보이는 세 산의 모습을 고르지 못하고, 자신의 눈앞에 있는 세 산 모양의 사진을 고른다. 이는 아동이 자신의 관점대로 세상을 바라보는 경향이 있음을 나타낸다. 다른 사람의 관점에서 지각할 수 있는 능력은 만 7~8세 이후가 되어야 나타난다.

ㄷ **집단적 독백(collective monologue)**: 의미 전달이 되지 않고 자기중심적으로 이야기하는 것이다. 즉, 의사소통이 이루어지지 않고 마치 독백처럼 자기 말만 하는 현상이다.

③ **물활론(animism)적 사고**: 생명이 없는 대상에 생명과 감정을 부여하는 사고이다.

④ 전인과적 추론: 논리적으로 원인과 결과를 연결 짓지 못하는 사고이다.
  ㉠ 목적론적 사고: 별 목적이 없는 사건에도 대단한 목적이 있는 것처럼 생각하는 것이다. 즉, 아동이 끊임없이 '이게 뭐야?' '왜?'라는 질문을 하는 것은 우연히 존재하게 된 현상에 대해서도 분명한 원인을 찾으려고 하는 것이다.
  ㉡ 인공론(artificialism)적 사고: 세상의 모든 것이 사람을 위해, 사람의 필요로 만들어졌다고 믿는 사고이다.
  ㉢ 전환적 추론(transductive reasoning): 관계가 없는 두 사건을 원인과 결과의 관계로 연결시키는 것이다.

(3) 직관적 사고기(4~7세)

① 직관적 사고(intuitive thinking): 대상의 지각적인 특징으로 그 대상의 특성을 파악하는 사고다. 즉, 사물의 여러 측면에 주의를 기울일 줄 모르고 현재 지각되는 어느 한 사실에만 주의를 기울임으로써 그 대상을 규정짓는 사고 특성이다.
② 보존개념(conservation): 사물의 외양이 변해도 그것의 길이, 양, 무게, 면적, 부피 등은 변화하지 않는다는 사실을 이해하는 것이다. 보존개념을 획득하지 못하는 이유는 동일성, 가역성, 상보성의 개념에 대한 이해가 부족하기 때문이다.
  ㉠ 동일성(identity): 어떤 물체의 모양이 변해도 그 물체는 모양이 변하기 이전과 같은 대상이기 때문에 결국 질량의 변화는 없다는 개념이다.
  ㉡ 가역성(reversibility): 머릿속에서 처음의 상태로 돌아가도록 거꾸로 생각할 수 있어서 결국 양의 변화가 없다는 사실을 알게 되는 것이다.
    예 길고 좁은 컵으로 옮겨 부은 우유를 다시 거꾸로 짧고 넓은 컵으로 옮겨 부을 수 있으므로 결국 같은 양의 우유라는 사실을 이해하면 가역성의 개념을 습득한 것이다.
  ㉢ 상보성(compensation): 한 가지 차원에서 잃어버린 것은 다른 차원에 의해 보상될 수 있다는 개념이다. 상보성 개념을 획득하면 동시에 여러 차원을 볼 수 있어 한 차원에서의 변화를 다른 차원에서의 변화로 상쇄할 수 있다는 생각을 하게 된다.
    예 컵의 넓이가 넓은 것에서 좁은 것으로 변화했지만 동시에 짧은 것에서 높은 것으로 변화했으므로 컵의 넓이의 변화가 높이의 변화로 보상되었다는 것이 상보성이다.
③ 유목포함(class inclusion): 분류(classification)능력으로 부분과 전체의 관계, 상위유목과 하위유목의 위계적 관계를 이해하는 능력이다.
④ 서열화(seriation): 길이, 부피 등 양적 특성을 고려해 순서를 나열하는 것이다. 길이의 경우 만 3~4세 유아는 차례대로 나열하지 못하고 5~6세가 되면 일부는 순서대로 나열하지만 전체적으로는 서열대로 나열하지 못한다.

4. 구체적 조작기(concrete operational stage)

(1) 개념

① 구체적인 경험 중심의 논리적 사고: 논리적 조작이 가능해지면서 보존개념을 획득하고 분류와 서열화의 기능이 가능해진다.
② 체계적이고 논리적인 사고가 가능해지지만, 아동이 직접 경험한 구체적인 사실과 세계에 제한된다.
③ 이 시기에는 보존개념과 분류 및 서열개념을 획득하게 된다.

(2) 분류

① 공통된 속성에 따라 물건을 분류하고 일정한 물건이 다른 물건의 상하 범주에 속하는 것을 인지하게 된다.

② 단순분류(한 가지 속성에 따라 분류)뿐만 아니라 다중분류(일정한 두 개 이상의 속성에 따라 분류)가 가능해진다.

예) 동물의 색깔을 고려하여 흰색, 검은색 동물로 구분하거나 종류를 고려하여 강아지, 고양이로 분류할 수 있다.

(3) 보존개념

① 아동은 자신의 눈에 보이는 지각적 특성에 따르지 않고 논리적 조작에 근거하여 보존문제를 해결한다.

➡ 문제를 해결하는 과정에서 직관에 의존하기보다는 논리적으로 사고하고 그 규칙을 적용한다.

② 보존개념 획득: 동일성, 가역성, 상보성의 개념에 대한 이해능력을 획득했기 때문이다.

③ 보존개념 획득 시기: 과제의 형태에 따른 획득 시기는 다를 수 있는데, 이 획득 시기의 차이를 수평적 격차(horizontal decalage)라고 한다. 아동은 주로 수량, 길이, 액체량, 질량, 무게, 부피 순으로 보존개념을 획득하게 된다.

시기	6∼7세경	8∼9세경	9∼10세경	14∼15세경
내용	수에 대한 보존개념	면적에 대한 보존개념	무게에 대한 보존개념	부피에 대한 보존개념

④ 구체적 조작기 아동의 논리적 조작은 구체적인 사물의 내용과 연관되어 있어, 결국 구체적인 특성을 넘어서는 일반화 능력을 획득하지는 못한다.

(4) 서열화

① 서열화: 길이나 부피 등 양적 특성을 고려하여 순서를 나열하는 것이다.

② 한 가지 속성에 따라 대상을 비교하며 차례대로 배열하는 단순 서열화뿐만 아니라, 두 가지 이상의 속성에 따라 물체를 비교하여 배열하는 다중 서열화의 능력도 획득한다.

예) 여러 개의 자동차를 크기와 종류에 따라 동시에 배열할 수 있다.

> **참고** **구체적 조작기의 인지 발달**
>
> 구체적 조작기의 인지 발달은 전조작기와 질적으로 다르다. 탈중심화하고 분류와 서열화, 보존개념과 같은 논리적 조작능력을 획득하지만 이는 구체적인 사물로 제한된다. 명료하고 뚜렷한 구체적 대상이 아니면 직관적 사고에서 벗어나는 논리적 추론을 여전히 할 수 없다.

(5) 탈중심화

① 타인의 관점과 생각이 자신과 다를 수 있음을 이해하게 됨으로써 탈중심화가 일어나게 된다.

② 조망수용 능력: 전조작기의 자기중심성에서 벗어나 타인의 의도나 인지, 태도, 감정이나 욕구를 추론하는 능력으로 사회성 발달의 기초가 된다.

➡ 공간적 조망수용, 감정 조망수용, 인지적 조망수용 능력이 나타난다.

5. 형식적 조작기(formal operational stage)

(1) 개념

① 추상적 사고와 과학적·논리적 사고가 주요 특징으로 나타난다.

② 추상적인 개념을 이용한 논리적 사고와 이에 근거한 명제적 사고가 가능해 진다. 즉, 현재 상황뿐만 아니라 미래 상황에서도 논리적으로 생각할 수 있으며, 이와 관련하여 가설 연역적 사고, 조합적 사고 등이 가능해 진다.

(2) 특징적 사고

① **추상적 사고(abstract thinking)**: 눈에 보이지 않는 추상적인 개념뿐 아니라 추상적 관련성을 이해하는 것이다. 이로 인해 문학작품의 숨은 의미나 글 속에 숨은 풍자와 해학도 찾아낼 수 있다.

② **가설 연역적 사고**: 다양한 현상에 대한 가설을 세우고 이를 검증할 자료를 수집할 수 있다. 구체적 조작기 아동도 연역적으로 사고할 수 있지만 그들의 사고는 친숙한 사물, 상황에 제한되는 반면, 형식적 조작기의 청소년은 과학적 사고뿐 아니라 사회, 정치, 철학 등 전 영역에 걸쳐 추상적인 문제를 해결하기 위해 연역적으로 가설을 설정하고 검증하여 결론을 이끌어 낼 수 있다.

③ **조합적 사고**: 문제해결에 필요한 요인들을 찾아내고, 그 요인들의 가능한 모든 조합은 물론 필요한 요인만을 골라 체계적으로 생각할 수 있는 조합적 추론이 가능해진다.

④ **자기중심성**: 형식적 조작기에 나타나는 이상주의는 자신과 타인에 대한 추상적인 관점을 구분하지 못하는 새로운 형태의 자기중심으로 이어지기도 한다. 형식적 조작기 초기의 청소년들은 청소년기의 자기중심성(Elkind)을 경험하게 되어 상상적 청중이나 개인적 우화를 나타낸다.

6. 피아제 이론의 공헌점과 한계점

(1) 공헌점

① 피아제의 이론은 인지 발달 분야의 많은 분야를 자극하였다. 피아제 연구를 통해 성인과는 질적으로 다른 아동의 사고에 대한 발달적 연구가 시작되었고 다양한 이론이 제기되었다.

② 능동적이고 적극적으로 지식을 구성하는 아동의 상을 소개했다.

③ 교육에 상당한 영향을 미쳤다.

    ㉠ 아이의 사고능력을 키워주는 교육이어야 한다. 아이는 능동적인 학습자이기 때문에 부모나 교사는 주입식 교육 대신, 아이가 직접 실험하고 탐구하며 스스로 발견할 수 있는 물리적 환경을 제공해 줌으로써 아이 스스로 지식을 구성하도록 도와야 한다.

    ㉡ 아이가 직접 만져보고 느낄 수 있는 체험학습의 경험이 필요하다.

    ㉢ 눈높이 교육을 실시한다.

    ㉣ 발달 단계를 훌쩍 뛰어넘는 선행학습은 지양한다.

    ㉤ 대립전략(confrontation)을 사용한다. 영유아가 새로운 자극으로 인지적인 불평형 상태에 놓이면 동화와 조절을 통해 평형 상태를 이루려 하고, 이 과정에서 인지 발달이 이루어진다. 따라서 교사나 부모는 아이가 이미 알고 있는 것에 대해 의문을 가질 수 있는 정보를 제시하여 아이로 하여금 동화와 조절의 인지활동을 활발히 할 수 있도록 유도한다.

(2) 문제점

① 모든 유형의 과제에 영향을 끼치는 단계가 존재한다는 설명은 타당하지 않다.

    ㉠ 보존과제는 구체적 조작기에 모두 획득되는 것이 아니라 일반적으로 크기의 보존개념부터 획득한 후 형식적 조작기에 이르러 비로소 양의 보존개념을 획득하게 된다.

    ㉡ 서로 질적으로 구분되는 인지 발달 단계보다는 일반적인 발달의 경향성이 인지 발달을 더 잘 설명한다.

② 어린 아동의 능력을 과소평가했다. 실제 상황에서는 아동이 유사한 과제를 수행할 수 있음에도, 피아제의 과제 실험에서는 아동에게 주어지는 추상적인 지시로 인해 주어진 과제를 제대로 해내지 못했다.

    예 3세 아동에게 보다 단순화된 수 보존과제를 주었을 때, 전조작기 아동임에도 이를 성공적으로 해냈다.

③ 연령이 높은 아동의 능력을 과대평가했다.

    예 중고등학교의 교사들은 학생들이 추상적인 현상에 대해 논리적으로 사고할 수 있다고 생각하지만, 실제로 그렇지 못한 경우가 많다.

④ 아동의 논리적 능력은 피아제가 제안한 것보다 구체적 영역에서의 경험과 지식에 더 강하게 의존한다.

    예 학생은 적절한 경험이 있는 경우 비율 추리문제를 풀 수 있지만, 적절한 경험이 없으면 문제를 풀지 못한다.

⑤ 피아제의 이론은 발달에서 문화의 영향을 적절하게 고려하지 못했다.

11 비고츠키(Vygotsky)의 사회문화적 인지 발달이론

1. 이론의 배경

(1) 사회문화적 이론

① 아동은 혼자 발달하기보다 자신이 속한 사회와 문화에서 주변인과의 상호작용을 통해 인지적 성장을 이룬다.

② 외부적인 상황이 개인에게 내면화되면서 학습은 타자주도적(other-regulated) 학습에서 점차 자기주도적(self-regulation) 학습으로 전환된다.

(2) 발달관

① 피아제는 언어가 사고 발달을 촉진하기는 하나 유일한 근원은 아니라고 본 데 반해, 비고츠키는 언어를 사고발달에 불가결한 것으로 간주한다.

② 사고는 언어화되고 말은 합리적으로 변화한다. 따라서 사고의 발달은 사회적·문화적 구조를 반영하며 사회적·문화적 맥락에 크게 의존한다.

③ 학습은 본질적으로 사회적 과정이다. 따라서 비고츠키는 대화나 수업에서의 언어의 역할을 강조한다. 언어적 상호작용을 통해 언어에 내재한 사회적·역사적 의미가 내면화된다.

2. 이론의 구성 요소 기출 21

(1) 근접 발달 영역(ZPD; Zone of Proximal Development)

① 의미: 실제적 발달 수준과 잠재적 발달 수준의 차이로, 혼자서는 문제를 해결할 수 없지만 성인이나 친구의 도움을 받아 문제를 해결할 수 있는 영역이다.

    ㉠ 실제적 발달 수준(level of actual development): 아동이 누군가의 도움 없이 스스로 기술을 터득하거나 학습할 수 있는 능력 정도이다.

    ㉡ 잠재적 발달 수준(level of potential development): 타인의 도움을 받았을 때 아동이 배울 수 있는 능력 정도이다.

② 근접 발달 영역은 지능만을 검사로 사용하던 이전의 측정방법과 달리 아동의 잠재능력도 고려하여 지식수준을 평가한다는 점에서 중요하다. 실제로 이러한 방식으로 실시한 지능검사에서 아동들이 더 많은 능력을 보여줄 수 있었다.

    예 포이어쉬타인(Feuerstein)의 학습잠재력 평가 도구(LPAD): 인지 검사를 수행하는 중에 검사자가 다양한 힌트와 도움을 제공하여 힌트 제공 전-후의 아동의 수행능력을 비교해서 아동의 잠재력을 평가한다.

(2) 발판화(scaffolding, 비계 설정)

① 아동 스스로 문제를 해결하는 수준에 도달할 수 있도록 제공되는 친구나 부모, 교사의 도움을 의미한다. 즉, 개인의 잠재적 발달 수준에 제공되는 지원체계이다.

② 발판화에는 과제의 목표 설명, 시범, 아동이 가장 어려운 부분을 실행할 수 있게 돕는 것 등이 포함된다.

(3) 사적 언어(private speech)

① 혼잣말 형태로 나타나는 언어로, 이는 외부의 사회적 지식을 내부의 개인적 지식으로 바꾸어주는 기제이며, 자신의 생각을 조절하고 반영하는 수단이 된다.

② 자기중심적 언어

ㄱ 피아제: 자기중심적 언어는 타인의 관점을 이해하지 못하는 전조작기 아동의 특성을 반영한다. 자기와 세계에 대한 분명한 분별을 하지 못하므로 아동의 관점은 내면적 사고와 사회적 사고의 중간적 위치에 있으면서 아동이 이를 극복했을 때 한 차원 높은 지적 발달을 이룬다.

ㄴ 비고츠키: 개인적 발화(사적 언어)로 보았는데, 이는 자신의 사고과정과 행동을 조절하는 역할, 즉 자신과의 의사소통을 위한 것이라고 보았다. 이 혼잣말은 6~7세경이 되면 내면화되어 내적언어, 즉 사고활동으로 전환됨으로써 아동의 사고나 인지발달에 중요한 역할을 한다.

(4) 유도된 참여(guided participation)

① 아동은 성인이나 또래와 상호작용하고 자신이 속한 문화, 사회에서 받아들여지는 다양한 활동에 참여함으로써 사회화 과정에 이르는데, 이러한 과정을 유도된 참여라고 한다.

② 아동은 어른이나 또래를 관찰하며 그들의 가치나 기술, 방식 등을 배운다. 이때 사회문화적 특성에 따라 아동의 발달 목표나 배우는 내용과 방식은 다양할 수 있다.

(5) 역동적 평가

① 근접 발달 개념은 기존의 고정된 평가(예 IQ 검사)와 달리, 성인의 도움을 받은 후에 아동이 얼마나 더 잘할 수 있는지를 측정하는 역동적 평가와 관련이 있다.

② 역동적 평가과정

1. 학생이 초기에 혼자서 할 수 없는 과제를 확인한다.
2. 과제와 관련된 행동 및 사고과정에 대해 심층적으로 가르치고 연습하도록 한다.
3. 각 학생이 심층적으로 배운 내용을 토대로 어느 정도 향상되었는지를 파악한다.

➡ 일반적으로 역동적 검사는 '사전검사-개입-재검사'의 순서로 이루어진다.

3. 피아제(Piaget)와 비고츠키(Vygotsky)의 이론 비교

관점	피아제	비고츠키
아동 발달에 대한 이해	• 아동을 잠재력을 가진 능동적 학습자, 즉 '꼬마 과학자'로 보았으며, 평형과 불평형을 거쳐 개인의 내적 지식이 사회적 지식으로 확대·외면화되며 형성되어 간다고 함 • 따라서 과학자로서 갖추어야 할 조작 능력의 발달에 따라 인지 발달 단계를 구분하였으며, 과학자로서의 성장 가능성을 극대화하고 내적 지식을 쌓을 수 있는 풍부한 물리적 환경의 조성을 중요시함	• 아동을 사회적인 존재로 보았고, 인간은 본질적으로 사회문화적이며 지식의 형성과정 또한 사회적 지식이 개인의 내적 지식으로 내면화된다고 함 • 즉, 인간은 외부의 간섭으로부터 자유로울 수 없고 사회 문화의 영향을 받으면서 성장하는 존재이므로, 아동의 인지 발달을 위해서 사회적·문화적·역사적 환경이 잘 조성되어야 한다고 봄
인지 발달과 학습	발달이 학습에 선행함. 즉 발달에 기초하여 학습이 이루어짐	학습이 발달에 선행하는 것이며, 학습이 발달을 주도함. 발달의 과정은 학습과정에 뒤처지는 것으로 보며 아이가 혼자 할 수는 없어도 부모나 교사의 도움으로 문제를 해결할 수 있다고 봄
인지 발달과 언어	• 아동의 사고과정에서 언어가 중요한 역할을 한다고 보지 않고, 의사소통의 기능을 강조하지도 않음 • 언어는 현재의 생물학적 인지 발달 수준을 보여 주는 통로이며 인지 발달의 부산물이므로, 인지 발달 수준에 따라 언어 발달이 자연스럽게 뒤따른다고 봄	언어 발달과 인지 발달이 상호 독립적이고 언어는 학습과 발달을 매개하는 중요한 요인이라고 봄

---

12 정보처리이론과 신피아제 학파

1. 정보처리이론(information-processing theory)

(1) 개념

① 인간의 인지활동을 컴퓨터의 정보처리 과정에 비교한 이론이다.

② 인간의 인지능력은 컴퓨터와 같이 외부의 다양한 정보를 중앙장치, 즉 뇌가 처리할 수 있는 형태로 바꾼다. 이렇게 바뀐 형태의 정보를 저장하고 필요할 때 출력한다.

(2) 정보처리의 구성요소

① **단기기억의 용량:** 시간과 양이 제한되어 있다. 즉, 제한된 양의 정보(5~9조각)를 일정 시간 동안만 저장할 수 있다.

　㉠ 단기기억에서 유지되고 조작이 가해진 정보는 장기기억으로 옮겨 가서 저장되고 필요시 인출되어야 한다.

　㉡ **작업기억:** 단기기억에서 유입된 정보를 단순히 저장만 하는 것이 아니라 다른 정보처리를 위한 작업도 진행한다는 의미에서 '작업기억'이라고도 한다.

② **처리속도:** 나이가 들면서 더 많은 정보를 효과적으로 처리하는 이유 중 하나는 처리속도가 빨라지기 때문이다. 연구에 따르면, 연령이 증가하면서 뇌의 연합 영역에 있는 신경원들의 수초화와 과도하게 생성된 불필요한 시냅스의 제거가 처리 속도를 빠르게 만든다.

③ **부호화**: 주의를 끌거나 중요하다고 판단되는 정보를 기억 속에 표상하는 과정이다. 즉, 우리가 보고 듣는 많은 정보가 주의를 끌지 못하면 부호화가 되지 못하고 사라지며 이러한 정보는 기억할 수도 없다.

　㉠ 감각저장에 들어온 수많은 정보 중 주의를 집중하여 부호화한 정보만이 단기저장으로 들어간다.

　㉡ 전조작기 아동의 특징인 중심화는 물의 높이나 용기의 넓이 중 하나만 부호화하여 생기는 현상이다.

④ **지식**: 아동의 나이가 많아질수록 기억도 더 잘하게 되는데, 그 이유 중 하나는 나이가 들수록 아는 것이 많아지기 때문이다. 즉, 어떤 주제에 대해 더 많은 지식을 가질수록 더 잘 기억할 수 있다.

⑤ **전략**: 과제의 수행을 위해 의도적으로 사용하는 정신적 조작이 전략이다. 아동은 기억전략 외에도 다양한 과제에서 다양한 전략을 사용한다.

더 알아보기　**시글러(Siegler)의 중복파장이론(overlapping wave theory)**

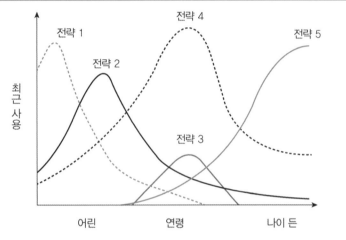

[그림 3-4] 시글러의 중복파장이론 그래프

아동은 한 시점에서 동일한 과제를 해결하는 데도 다양한 전략을 가지고 있다. 이 전략들은 서로 간 경쟁을 통해 선택되고, 점점 더 발전된 전략이 선택된다. 이를 중복파장이론이라 부른다. 각 파장은 시간에 걸쳐 사용되는 특정 전략의 빈도를 나타내며, 그림에서 보이는 것처럼 동일 연령에서도 아동은 다양한 전략을 가지고 있어 많은 파장이 중복되어 나타난다.

---

2. 이론 – 이론(`theory`–theory)

(1) 개념

① 특정 영역의 정보를 이해하기 쉽도록 어느 정도 준비가 되어 태어난다고 본다. 즉 이론이 준비되어 태어난다고 보는 이론이다.

② 초기에 선천적 이론에 기초하여 아기가 생존에 도움을 받고 빠른 속도로 발달하게 되지만 곧 경험과 훈련이 중요한 영향을 미친다는 점에서 신생득론적 관점(neo-nativism)을 취한다.

③ **이론**: 어떠한 현상이나 대상을 이해하기 위한 논리적이고 체계적인 명제로, 여러 인과관계를 추론할 수 있게 도와준다.

④ **이론 – 이론**: 이론의 특성을 기반으로 아동의 인지 발달을 설명한다. 아동은 단순한 지식습득만을 통해 세상을 배우는 것이 아니라 세상에 대한 이론을 가지고 통찰력을 갖게 된다.

⑤ 영아는 태어나면서부터 세상에 대한 이론을 형성하고 이에 대한 실험 및 검증능력을 가진다. 또한 경험을 통해 이론을 수정 또는 폐기하며 더욱 효율적인 이론을 만들어 나간다.

(2) 한계점

① 아동이 실제로 태어날 때부터 이론 형성 등의 추상적 사고활동을 할 수 있는지 아직 밝혀진 바가 없다.

② 아동이 언제, 무엇을 아는지는 설명할 수 있지만 이론의 구성과 수정과정에 대한 설명이 부족하다.

③ 연구자마다 개념 정의가 다양하기 때문에 서로 다른 해석을 하여 본래의 개념을 변질시킬 수도 있다.

3. 신피아제 학파

(1) 케이스(Case)

① 인지발달 단계를 정보처리이론의 작업기억 용량의 개념으로 설명하였다.

② 인지발달 단계: 감각운동 단계, 상호관련 단계, 차원 단계, 추상화 단계의 4단계를 거치는데, 이러한 인지발달은 작업기억 용량과 정보처리 효율성의 증가에 의해 일어난다고 주장한다.

③ 작업기억: 실제 과제를 해결하는 데 동원되는 '처리공간'과 처리한 정보를 저장하는 '저장공간'으로 구성되어 있다. 그런데 전체 작업기억 공간은 한정되어 있으므로, 한쪽이 커지면 다른 쪽은 작아진다.

④ 인지발달은 정보처리의 효율성을 증가시킴으로써 더 큰 저장공간을 확보할 수 있게 해 준다.

⑤ 정보처리를 증가시키려면 많은 연습과 피드백을 통해 작업을 자동화하는 것이 필요하다.

(2) 알린(Arlin)

① 형식적 조작기로 성인의 인지발달을 충분히 설명할 수 없다고 생각하고 인지발달의 5번째 단계를 제안하였다.

② 문제발견 단계: 자신이 어떤 문제에 직면하고 있는지 그리고 자신이 해결해야 할 문제가 무엇인지를 정확하게 이해하고, 어떤 문제가 가장 중요한지를 변별하며, 그 문제가 해결을 위한 노력을 기울일 가치가 있는지를 결정하는 지혜를 가지게 된다.

(3) 파스쿠알-레온(Pascual-Leone)과 리겔(Riegel)

① 형식적 조작기 이후의 발달단계인 변증법적 사고단계를 제시하였다.

② 변증법적 사고단계: 이 단계에 도달한 사람은 답을 찾는 데 그치지 않고 모순점이나 문제를 인식하여 더 나은 해결책을 찾기 위해 노력한다. 그래서 처음에 생각했던 해결책을 점차 여러 관점에서 통합적으로 보완하고 발전시킬 수 있는 생각을 할 수 있게 된다. 간혹 새로운 대안에 대해서도 여러 관점에서 접근해보는 '정-반-합'의 과정을 거친다.

13 언어 발달이론과 이중언어

1. 언어 발달이론

(1) 행동주의적 관점(학습이론)

① 학습이론에서는 강화와 모방이라는 학습 기제를 통해 언어를 습득한다고 본다.

② 스키너(Skinner): 조작적 조건형성에 따른 강화의 원리에 의해 획득된다.

③ 반두라(Bandura): 부모가 강화를 하지 않아도 관찰을 통한 모방학습에 의해 언어 발달이 가능하다고 본다. 즉, 어려서부터 주변 사람의 언어를 관찰하고 그들이 내는 소리를 그대로 모방함으로써 언어를 습득한다.

④ 한계점: 강화나 모방에 의한 학습기제만으로 복잡하고 정교한 문법을 습득하기는 어렵다. 특히 아동이 성장해 가면서 보이는 언어 발달 모두를 강화와 모방만으로 설명하는 것은 한계가 있다.

(2) 생득론적 관점

① 아동이 언어를 습득할 능력을 가지고 태어난다고 보고, 언어를 배울 수 있는 가능성을 타고난다고 주장한다.

② 촘스키(Chomsky)의 언어습득장치(LAD; Language Acquisition Device)

  ㉠ 언어습득장치는 인간이 선천적으로 가지고 태어나는 보편적 문법 지식체계로, 문법적인 변형 규칙을 적용 가능하게 하는 장치이다.

  ㉡ 보편적 문법(universal grammar): 다른 나라 아동도 비슷한 속도로 언어를 습득하는 것을 보고 보편적 문법이라는 개념을 주장했다. 이는 모든 나라의 언어에 동일한 문법적 규칙이 있다는 추상적인 개념이다. 이에 따르면 누구나 문법을 익힐 수 있는 언어적 능력을 가지고 태어난다.

  ㉢ 각기 다른 문화권의 아동이 범하는 문법적 오류가 유사하다는 점, 언어 발달의 보편성, 선천적 청각장애 아동도 나름의 언어신호를 만든다는 사실 등은 이 주장을 지지해 주는 증거이다.

③ 레니버그(Lenneberg): 인간은 언어를 습득, 이해, 산출하는 특별한 능력을 가지고 태어난다. 즉 언어습득은 선천적으로 타고난 능력으로, 뇌의 발달과 관련 있다. 그렇기 때문에 서로 다른 문화권에 속하는 영아의 언어발달이 비슷한 시기에 비슷한 순서로 이루어진다.

  ㉠ 좌반구에 뇌손상을 입은 영유아: 신경계 가소성으로 우반구가 그 결손을 회복시키지만, 사춘기 이후에는 회복이 어렵다는 연구결과는 언어 발달과 신경계 발달 간의 관련성을 입증해 준다.

  ㉡ 결정적 시기(critical period): 언어가 습득되는 시기인 18개월부터 사춘기 사이에 언어의 결정적 시기가 존재하며 특히 취학 전 약 5세까지가 언어를 매우 빠르고 쉽게 습득하는 시기이다.

④ 한계점

  ㉠ 행동주의적 관점을 반박하는 데 집중하여 아동이 부모나 주변 환경으로부터 받는 영향을 간과했다.

  ㉡ 언어습득장치의 원리나 구조는 눈에 보이지 않는 추상적인 개념이라 증명하기 어렵다.

  ㉢ 직접 관찰하거나 실험을 통해 얻은 실증적 증거가 불충분하다.

(3) 상호작용이론

① 상호주의적 관점은 학습론과 생득론의 한계를 보완한 것으로, 언어 발달이 선천적 능력과 경험이 상호작용하여 이루어진다고 본다. 즉 타고난 언어능력은 언어적 노출이 풍부한 사회적 상황에서 발전된다는 것이다.

② 브루너(Bruner, 1983): 사회문화적 맥락이 인간의 언어 발달의 핵심이라고 보고, 부모와 교사의 역할을 강조한다.

   ㉠ 언어습득 지원체계(LASS; Language Acquisition Support System): 언어 발달을 도울 수 있는 부모의 역할로, 부모는 영아가 옹알이를 시작할 때부터 반응을 보이는데 부모와의 이러한 상호작용을 통해 언어가 발달한다.

   ㉡ 아동대상 화법(child-directed speech): 부모가 영아에게 말을 할 때 높은 어조로 간단한 단어를 짧게 강조하고 반복하여 이야기하는 방식을 말한다. 아기식 말투를 사용하는 이 화법은 영아의 주의를 끌어서 의사소통이 지속적으로 이루어지게 돕는 기능을 한다.

③ 피아제(Piaget): 인지적 상호작용이론을 주장한 학자로, 언어습득을 가능하게 하는 데 아이의 내적 능력이 중요하다는 점에서 생득이론과 같은 입장을 취하지만 언어 습득을 위한 선천적 장치가 있다는 점에는 동의하지 않았다.

   ㉠ 언어 발달에 있어 아동의 능동적 참여를 강조한다.

   ㉡ 언어는 인지적 성숙의 결과로 나타나는 능력으로 인지가 발달함에 따라 언어가 발달한다.

④ 비고츠키(Vygotsky): 사회적 상호작용은 언어 발달을 돕고 언어 발달로 인해 인간은 더욱 고차원적인 사고를 발달시킨다.

   ㉠ 언어 발달은 사회적 경험이 내면화되어 이루어진다고 보고, 사회적 경험 속에서 아이에게 적절한 언어경험을 제공해 주는 타인의 역할을 강조한다.

   ㉡ 풍부한 언어적 환경 안에서 성인이나 또래의 적극적인 상호작용은 영유아의 언어를 촉진한다.

2. 이중언어

(1) 연구결과

① 하나의 언어에만 노출된 아동과 이중언어를 접한 아동의 지능에 차이가 없었다.

② 이중언어를 사용하는 아동이 단일언어를 사용하는 아동보다 작업기억이 더 뛰어난 것으로 나타났다.

③ 이중언어를 사용하는 아동이 사용하는 단어 개수는 한 언어를 구사하는 아동에 비해 상대적으로 제한적이었다.

④ 이중언어 사용자는 그렇지 않은 사람에 비해 왼쪽 반구에 더 진한 회백질을 가지며, 이러한 양상은 만 5세 전에 두 번째 언어를 배운 사람에게 더 강하게 나타났다.

(2) 결정적 시기 가설(critical-period hypothesis)

① 특정한 나이가 되기 전에 언어를 배워야만 언어습득이 가능하다는 가설이다.

② 첫 번째 언어인 모국어에 대한 결정적 시기와 관련된 연구가 대부분이나 결정적 시기 가설은 두 번째 언어 습득에도 결정적 시기가 있을 것으로 예측한다.

③ 존슨(Johnson)과 뉴포트(Newport, 1989): 이른 나이에 두 번째 언어에 노출될수록 원어민과 같은 수준의 언어를 구사할 수 있다고 보았다.

1. 언어 발달 단계

(1) 전언어 단계

① 울음(출생~1개월): 초기 울음은 미분화된 울음으로 그 이유를 정확하게 알기가 어렵다. 그러나 생후 1개월이 지나면서 영아의 울음은 분화되기 시작한다.

② 목 울리기(cooing, 구구 소리내기, 1~2개월): 영아가 주로 기쁘거나 만족감을 느낄 때 성대 뒤쪽에서 울려 내는 소리로, 생후 약 1개월에서 2개월 사이에 나타난다.

③ 옹알이(babbling, 2~6개월): 언어와 유사한 최초의 말소리로, 영아는 옹알이를 통해 음소를 획득함으로써 언어 발달의 기반을 형성한다. 특히 단어의 강세는 영아의 단어 식별의 첫 번째 단서가 된다.

　　㉠ 음소 확장: 엄마를 비롯한 주위 사람들의 접촉과 그들의 반응을 통해 옹알이 소리가 변화되고 다양화된다. 이 과정을 통해 옹알이는 인간이 내는 거의 모든 소리를 낼 수 있을 정도로 음소 확장현상이 나타난다.

　　㉡ 음소 축소: 영아는 옹알이 가운데 모국어의 음소와 유사한 것만 강화 받게 됨으로써 음소 축소현상이 함께 일어난다.

④ 소리 모방과 몸짓 사용(6~12개월): 6개월경의 유아는 옹알이를 반복하다가 자신이 발성한 소리에 자극되어 '마마', '바바' 등 의미 없는 소리를 만들어 반복하는 자기소리 모방을 보이고, 9개월경이 되면 의식적으로 주변 사람의 말을 모방하기 시작한다. 이때 영아가 보이는 타인 소리 모방은 단어의 의미를 알지 못한 채 메아리처럼 따라서 말하는 것이라 해서 '반향어'라고도 부른다. 8~12개월이 되면 보조언어로 몸짓을 사용하기 시작한다.

　　예 잘 가라는 의미로 손을 흔드는 행동, 우유를 가리키는 행동 등

(2) 한 단어 단계(12~18개월)

① 영아는 생후 12개월 전후 첫 단어를 말하기 시작한다. 이때부터 18개월경까지가 언어 발달 한 단어 단계이다.

② 초기 어휘 습득은 느리게 진행되다가 첫 단어를 시작하고 나면 어휘가 급격하게 발달한다.

③ 하나의 단어는 단순히 하나의 대상을 지칭하는 단어가 아니라 문장의 의미를 담고 있다.

④ 언어오류

　　㉠ 과잉확장(overextension): 특정 대상을 가리키는 단어를 다른 대상에게도 일반화, 확대하여 사용하는 경향성이다.

　　　예 강아지를 멍멍이라고 부르는 영아가 고양이, 송아지 등 네 발의 털 달린 짐승을 모두 멍멍이라고 부르는 것

　　㉡ 과잉축소(underextension): 일반적이고 포괄적인 단어를 특정 대상에게만 사용하는 경향성이다.

　　　예 강아지를 멍멍이라고 부르는 영아가 다른 종의 강아지나 다르게 생긴 강아지를 멍멍이라고 부르지 않는 것

(3) 두 단어 단계(18~24개월)

① 어휘 폭발(vocabulary explosion): 영아의 초기 어휘 습득은 느리게 진행되다가 16~24개월 정도에 이르면 단어 습득 속도가 급속하게 빨라져서 어휘가 폭발적으로 늘어난다. 이러한 어휘의 급격한 발달을 어휘 폭발이라고 한다.

② 전보식 어휘(telegraphic speech): 조사, 접속사 등이 생략된 채 몇 개의 핵심단어만으로 구성된 문장을 말하는 것이다. 아동은 조사나 접속사와 같이 문법적 기능을 가지는 기능어를 제외하고 동사, 명사, 형용사, 부사와 같이 내용을 포함하는 내용어를 주로 사용한다.

③ 표현어휘(표현언어)와 이해어휘(수용언어): 일반적으로 이해어휘가 표현어휘보다 먼저 나타난다. 즉 수용언어는 표현언어보다 앞서 발달한다.

(4) 유아기(2~3세)

① 단어-신속표상대응(fast mapping): 폭발적인 언어 습득은 유아가 대화에서 한 번 또는 두 번 들은 새로운 단어의 적절한 의미를 이해하고 받아들이는 신속표상대응을 통해 일어난다. 신속표상대응은 새로운 이름과 낯선 대상을 연결시켜 어휘를 확장해 나가는 것이다.

② 문장-평균발화길이(mean length of utterance): 유아의 언어 발달 수준을 알아보기 위해 한 문장 내에서 기본 의미단위인 형태소의 수를 통해 문장의 길이를 살펴보는 방법이다. 평균발화길이는 문법적으로 정교화되는 것과 관련이 있다.
    예 "멍멍이 있다.": 2개의 형태소 연결
    "멍멍이들이 있다.": 3개의 형태소 연결 ➡ 발화길이가 늘어남
    ㉠ 평균발화길이는 나이가 들어가면서 증가한다.
    ㉡ 정상적인 언어 발달을 보이는 아동의 평균발화길이가 단순 언어장애 아동보다 길다.
    ㉢ 우리나라 아동은 만 3세 전후에 기본적인 문장을 말하고, 형태소도 적절하게 사용한다.

(5) 유아기 이후

① 4~5세경에는 문장을 표현할 수 있게 되고, 5~7세 유아는 거의 어른처럼 말한다.

② 과잉규칙화(overregularization): 아동이 주변에서 듣고 배운 문법을 예외의 상황에서도 활용하는 것이다.
    예 친구의 이름을 부를 때 '소영이가'라고 말하는 대신 '소영가'라고 하는 것
    ㉠ 만 3~4세경 나타나는 과잉규칙화는 전보문 단계 이후의 유아가 문법적 지식을 발달시키면서 보이는 현상으로 유아가 문법규칙을 지나치게 적용하여 보이는 실수를 말한다.
        예 "안 배고파.", "안 밥 먹었어.", "내가 갔다요.", "밥 먹었다요." 등
    ㉡ 이러한 비문법적 말은 유아가 과거에 들었던 언어로부터 시제, 조사, 어미 등에 대한 일반적인 규칙을 도출해 내고 그 규칙을 과도하게 사용한 것이다.
    ㉢ 5~7세경에는 주격조사를 과잉규칙화하여 '엄마이가', '선생님이가' 등으로 사용한다.
    ㉣ 만 7세경이 되어야 문법규칙을 정확하게 판단한다.

③ 풍자(satire)와 은유(metaphor) 사용
    ㉠ 풍자는 사회에 대한 비판적인 메시지를 유머로 승화하여 표현하는 것이다.
        ⓐ 아동 초기: 풍자에 내포된 의미는 파악하지 못하고 표면적으로 나타나는 유머만 이해할 수 있다.
        ⓑ 아동 중기: 풍자에 내포된 의미를 파악한다.
    ㉡ 은유는 설명하고자 하는 대상을 다른 것에 빗대어 설명하는 것이다.

④ 참조적 의사소통(referential communication) 기술
  ⊙ 화용론적 기술로, 다른 사람과 특정 참조물에 대해 소통하는 것을 말한다.
  ⓛ 이때 참조물을 가지고 타인과 대화하려면 그 사물에 대한 지식이 있어야 하며, 의사소통 방법이나 과정을 알아야 한다.
  ⓒ 이러한 참조적 의사소통은 만 8세경에 발달한다고 보고된다.
⑤ 상상 속 친구(IC; Imaginary Companion): 놀이를 하며 아동과 함께 노는 가상의 존재를 말한다.
  예 의인화한 곰돌이 인형
  ⊙ 상상 속 친구가 있는 아동의 참조적 의사소통 기술은 없는 아동에 비해 뛰어났다.
  ⓛ 상상 속 친구와 가상놀이를 하며 여러 개념을 배우고 구두능력을 발달시킨다.
    ➡ 여러 인형이나 모형을 늘어놓고 혼잣말을 하며 노는 것도 바로 이러한 의사소통 능력을 키우는 방법이라 볼 수 있다.

2. 언어 관련 문제

(1) 언어발달 지연과 언어발달 장애

구분	내용
언어 발달 지연 (speech delay)	• 말을 늦게 배우는 경우 • 지연 원인은 명확하게 설명되지 않지만 유전적 요인, 사회경제적 요인, 발달 지연, 듣기능력의 문제, 신속표상의 문제 등이 언급됨 • 대개 남아가 여아에 비해 말이 늦는 경향이 있음
언어 발달 장애 (speech disorder)	• 또래 유아와 비교하여 언어 발달과정이 현저하게 지체되거나 1년 이상 차이를 나타내는 경우 • 자신의 의사를 말로 표현하는 데에 어려움을 느끼며, 단어가 낱말 구조나 문장 구조에 맞지 않거나 부적절한 어휘를 사용함 • 의미 전달에 어려움이 있고, 의사소통이 잘 안 되는 경우 떼를 쓰거나 울고 소리 지르는 등의 행동을 보이기도 함 • 지적장애, 청각장애, 자폐, 뇌성마비 등의 장애로 인해 언어 발달 장애가 나타날 수 있음 • 언어 발달 장애는 뇌의 불균형적인 발달을 야기함 • 이 상태를 방치하면 뇌의 발달 상태가 많이 지연되고 불균형이 심화되어 언어 발달이 더욱 어려워짐

(2) 뇌와 언어

① 브로카(Broca) 영역(브로카 실어증): 브로카 영역에 손상을 입은 경우. 언어이해는 능력은 정상적이지만, 언어 구사 능력은 현저히 떨어진다.

② 베르니케(Wernicke's) 영역(베르니케 실어증): 베르니케 영역에 손상을 입은 경우, 언어를 구사할 수 있고, 문법적으로도 맞는 말을 하지만, 언어이해 능력이 떨어지며 의미 없는 말을 하는 경향이 있다.

제 6 절 사회인지 발달

15 자기개념 발달

1. 자기개념

(1) 자기개념(self-concept)
  ① 의미: 생각, 느낌, 태도, 기대 등을 포함하는 자신에 대한 지식과 믿음이다.
  ② 자기개념은 자신의 신체를 자각하는 것부터 자신만의 감정, 생각, 신념, 행동 등을 인식하고, 평가하는 능력까지 자신과 관련된 모든 정신활동을 포함한다.
  ③ 나이서(Neisser, 1995): 자기개념은 5가지 측면에서 발달된다.

자기개념 측면	내용
생태적 자기 (ecological self)	• 자신이 주변 환경과는 독립된 하나의 존재임을 알게 되는 것 • 이 개념이 발달된 아동들은 환경과의 상호작용을 통해 자신의 위치를 파악하고 환경에 알맞은 움직임을 보임
대인관계적 자기 (interpersonal self)	타인과의 관계를 통해 자신이 타인과는 독립된 존재임을 이해하는 것
확장된 자기 (extended self)	자신이 과거와 현재, 그리고 미래에도 존재할 것이라는 점을 깨닫는 것
사적 자기 (private self)	다른 사람이 볼 수도, 들을 수도, 알 수도 없는 오직 자신만이 아는 본인의 모습을 의미함
개념적 자기 (conceptual self)	사회적 맥락과 문화적 맥락에서 개인이 자신의 역할을 알게 되면서 형성됨

  ➡ 5가지 자기개념은 각각 독립적으로 발달하다가 연령이 증가하면서 통합된 하나의 자기개념을 형성하게 된다.

(2) 구성
  ① 학문에 대한 자기개념: 자신의 학급에 대한 자아, 자신의 능력에 대한 자아, 학업성취에 대한 자아들이 포함된다.
  ② 중요 타인에 대한 자기개념: 부모·교사·친구들에 의한 평가로서의 사회적 자기, 가족에 대한 자기가 포함된다.
  ③ 정의적 자기개념: 자신의 정서적 반응·이상·도덕성·성격에 관한 지각으로서의 정서 자기개념과 신체 및 외모에 대한 자아로서의 신체 자기개념이 포함된다.

2. 자기개념 발달

(1) 영아기
  ① 영아기의 자기개념 발달은 다양한 측면에서 발달된 자기를 통합된 하나의 자기로 만들어가는 과정이다.
  ② 영아는 주변 환경과 다른 사람과의 상호작용을 통해 자신의 존재를 인식하고 자신에 대한 개념을 형성한다.

③ 영아의 신체자각 실험: 생후 3~5개월된 영아도 자신의 신체를 지각하고 다른 것과 구분할 수 있었다.

④ 자기재인(self-recognition): 자기 자신을 알아보는 것을 자기재인이라고 한다.

➡ 재인능력 실험(루즈 테스트): 생후 18개월에서 24개월 사이의 영아는 주로 거울에 비친 사람이 자신이라는 것을 알고, 자신의 코에 묻은 루즈를 닦아냈다. 그러나 생후 12개월의 영아는 자신의 코가 아닌 거울 쪽으로 손을 뻗었다.

⑤ 소유권에 대한 이해: 확장된 자기개념과 대인관계적 자기개념을 먼저 필요로 한다.

㉠ 확장된 자기개념: 만약 어떤 물건이 현재 자신 것이면, 개인은 과거에 이미 그 물건을 소유했고 미래에도 자신의 물건임을 알아야 한다. 이는 시간의 흐름 속에 존재하는 확장된 자기개념을 가지는 것을 말한다.

㉡ 대인관계적 자기개념: 자신을 타인으로부터 구분할 수 있어야 타인의 물건과 내 물건을 구분할 수 있다.

(2) 아동 초기

① 아동은 좀 더 다양한 측면에서 자기를 이해하게 되지만 여전히 눈에 보이는 것만으로 자기개념을 형성한다.

② 이 시기의 아동은 외모, 행동과 같은 외적 특징으로 자기를 이해하고 개념화한다.

⑩ 원피스를 입은 나, 빨간 장난감이 있는 나

③ 타인과 많은 상호작용을 하지 않으므로 객관적인 자기평가를 할 수 없다. 현실과 비현실을 구분하는 데 어려움이 있으며 비현실적인 낙관성을 가지기 때문에 자신의 능력을 실제보다 높게 평가하는 경향이 있다.

④ 부모와의 상호작용: 생후 3개월인 영아와 부모의 상호작용 경험은 이후 18~20개월이 됐을 때 영아의 자기인지 능력과 상관이 있다.

⑤ 부모의 양육방식: 부모의 수용적인 양육방식은 아동의 자기개념 발달에 긍정적 영향을 미치지만, 자녀를 거부하고 통제하는 양육방식은 부정적인 영향을 미친다.

⑥ 긍정적 자기개념을 가진 아동은 타인을 좀 더 많이 도와주고 협조하는 행동을 보이는 반면, 부정적인 자기개념을 가진 아동은 일탈행동을 더 많이 한다.

(3) 아동 중기와 청소년기

① 추상적인 사고가 가능해지면서 외모, 행동 등 눈에 보이는 특징뿐 아니라 자신이 믿는 신념, 성격 등의 추상적인 내적 특징을 통해 자신을 이해한다.

⑩ 8~11세: '나는 마음이 여려.', '나는 똑똑해.'

② 학교와 같은 사회기관에 속하는 구성원으로서 사회문화적 맥락에서의 역할을 이해하는 개념적 자기개념이 뚜렷해진다. 또한 사회 속에서 타인과의 상호작용을 통해 대인관계적 자기개념을 정교하게 발달시키게 된다.

➡ 사회적 비교를 통해 현실적인 사고를 하게 되고, 자신의 능력을 객관적으로 판단하여 실제 자기와 자신이 원하는 이상적인 자기를 구분할 수 있게 된다.

③ 거짓 자기행동(false self-behavior): 청소년은 상대방을 기쁘게 하거나 좋은 인상을 주기 위해, 혹은 남들로부터 인정을 받기 위해 진짜 나의 모습이 아닌 거짓 자기행동을 보인다.

㉠ 거짓 자기행동은 자신의 모습이 좋지 않게 평가되었을 때 나타날 확률이 높다.

㉡ 거짓 자기행동을 자주 보이는 청소년은 진짜 자신에 대해서는 잘 모르는 경향이 있다.

(4) 문화의 영향

　① 동양 문화권: 협동과 상호의존을 중시하는 집합주의 문화로, 이 문화에서는 사람들이 경쟁적이거나 개인적인 관심사에 몰두하는 것을 부정적으로 본다.

　　➡ 동양 문화권의 부모는 자녀가 다른 아이와 어울리지 않고 혼자의 힘으로 뭔가를 하려고 하는 것보다 다른 아이들과 어울려서 함께 하는 것을 강조한다.

　② 서양 문화권: 경쟁과 개인적 주도성, 개성을 중시하는 개인주의 문화로, 이 문화에서는 개인적 관심사에 몰두하는 것을 바람직한 것으로 본다.

　　➡ 서양 문화권의 부모는 자녀가 주도적으로 개인적 가치를 추구하는 것을 강조한다.

(5) 신피아제 학파(Case, Fisher 등)의 자기개념 발달

단계	특징
1단계	• 만 4세경 유아가 자신에 대해 한 가지 차원에서 진술하는 단계로, "나는 강아지를 좋아해. 나는 힘이 세다."와 같이 논리적인 연결 없이 각각의 특징을 나열하는 수준임 • 이 시기 유아의 사고는 현실 속 자아와 자신이 되고 싶어 하는 이상적인 자아가 다르다는 사실을 인식하지 못함
2단계	• 만 5~6세경 유아가 몇 개의 자기개념을 논리적으로 연결하기 시작하는 단계 • 유아는 자신을 신체, 연령, 성별 등 전체적인 범위에서 구체적으로 설명할 수 있지만 여전히 긍정적인 자아개념을 가지고 있으며 어떤 영역에서는 부정적인 자아개념을 가질 수 있다는 것을 의식하지 못함
3단계	• 자신에 대해 통합된 구체적인 자기개념을 갖게 되는 단계 • "나는 축구를 잘하지만, 노래는 못해"와 같이 자신을 보다 현실적인 관점에서 묘사하기도 함 • 이와 같은 자기개념은 유아가 성장함에 따라 안정적이 되며 다양한 차원에서 표현됨

16 자존감 발달

1. 자존감과 자존감의 발달

(1) 자존감(self-esteem)

　① 자존감은 자기 자신의 가치에 대한 평가로 정서적인 반응을 의미한다.

　② 자존감 발달은 자기평가 과정에서 나타나며, 자기평가는 타인의 평가에 민감한 2~3세경에 나타난다.

(2) 자존감 발달

　① 유아동기

　　㉠ 만 2세 이후 자존감이 점차 분화되고 정교해져서 만 4세 정도가 되면 자신이 유치원에서 과제를 잘하는 아이인지, 많은 아이가 좋아하는 아이인지, 자신이 잘생겼는지 등을 어느 정도 인식한다.

　　㉡ 이 시기의 아동은 자신이 바라는 바를 사실로 생각하는 소망적 사고를 하는 경향이 있어 자신에 대해 긍정적인 평가만 하는 경향이 있다. 하지만 자신에 대한 아동의 평가는 같은 영역에서 교사나 또래의 평가와 중간 정도의 상관을 보일 정도로 상당히 객관적이다.

　② 초등학교

　　㉠ 7~8세: 자신의 과제 수행능력이나 외모, 사회성을 다른 아이들과 비교하는 경우가 흔해지며, 7~8세 무렵에는 자신의 유능성에 대해 분명하게 평가하게 된다.

　　㉡ 8세: 학업능력, 사회능력, 운동능력, 외모의 4가지 영역에서 자신을 평가할 수 있다.

③ 자존감 변화 양상: 자존감은 아동기 동안 높아졌다 청소년기에 하락한다. 성인기에 다시 증가하며 성인 후기가 되면서 다시 감소한다. 또한 평생에 걸쳐 남성이 여성에 비해 전반적으로 자존감이 높다.

④ 청소년기 자존감: 청소년기의 자존감 감소는 일시적이며 그 정도도 적다.

　　㉠ 쿨리(Cooley)의 거울 속 자기(looking-glass self): 청소년이 되면 타인에게 인식되는 자신의 모습을 많이 신경 쓰게 되는데, 이를 한 사람이 거울 앞에 서 있는 모습으로 비유하여 거울 속 자기라고 불렀다. 청소년의 자존감이 주변 사람들 관계로부터 영향을 받는 이유는 청소년이 맥락에 따라 자신의 가치감을 다르게 평가하기 때문이다.

　　　　예 청소년은 부모, 교사, 또래, 동성, 이성과 있을 때마다 조금씩 다른 자기가치감을 나타낸다.

(3) 자존감의 발달과정

① 1단계 자조 기술의 발달: 만 2세경에 나타나는 자조기술(self-help skills)의 발달과 함께 자존감의 발달이 시작된다. 밥 먹기, 옷 입기 등 일상의 과업들을 성공적으로 수행하면서 아동은 자신의 기본능력에 대해 신뢰감을 가지게 되는데, 이러한 신뢰감이 자존감의 기초가 된다.

② 2단계 사회적 비교에 의한 자존감 형성: 5~6세 아동은 자신의 기본능력 뿐만 아니라 소유물, 가정배경, 또래 수용도 등을 또래와 비교하여 평가하기 시작한다. 이 결과가 긍정적일 때 바람직한 자존감이 형성되지만 지적 능력이 낮거나 사회성이 부족하거나 저소득 계층의 아동들은 낮은 자존감을 형성하기도 한다.

③ 3단계 인지적·사회적 능력에 의한 자존감 형성: 8~9세부터 11~12세까지의 아동들은 학업 성적을 비롯한 모든 성취를 다른 아이들과 비교하고, 그 결과로 자기를 평가하는 준거로 사용하기 시작한다. 이때는 학업적 자존감이 발달하기 시작하여 다른 아이들에 비해 자신의 성취가 바람직하다고 판단될 때 아동은 긍정적인 학업적 자존감을 형성한다. 특히 아동기 후반에는 성적과 친구 수에 따라 자존감이 달리 형성되기 때문에, 이 시기의 학교 공부와 사회적 기술 형성은 자존감의 발달에 중요한 의미를 갖는다.

④ 4단계 자아의식이 높아짐에 따라 일시적 자존감의 저하: 청소년기에는 일시적으로 자존감이 낮아지는데, 이것은 이 시기에 자아의식이 급격히 높아지면서 타인이 자신을 어떻게 보는가에 보다 민감해지기 때문이다. 즉, 자아의식이 높아지면서 청소년들은 자신을 보다 비판적으로 생각하게 되며, 타인의 시선을 의식하고 타인과 비교하여 자신을 보다 엄격하게 평가하게 된다.

2. 자존감 발달에 영향을 주는 요인

(1) 부모의 양육 태도(부모와의 관계)

① 자존감은 영아기와 아동 초기에 일어나는 부모와의 상호작용 질에 따라 형성된다. 특히 부모의 양육 민감성은 아동의 자존감 형성에 큰 역할을 한다.

② 온정적이고 민주적이며 권위 있는 양육을 하는 부모: 자녀의 자존감이 높다. 이러한 부모들은 자녀로 하여금 자신이 유능하고 가치 있는 사람임을 느끼게 해 준다.

③ 권위주의적이거나 통제적이어서 도움을 너무 많이 주거나 자녀를 대신하여 결정해 주는 부모: 자녀는 자신의 능력에 대해 회의를 가지기 쉽다. 이 유형의 부모는 종종 자녀의 의견을 무시하는데, 이러한 부모의 행동은 자녀로 하여금 자신이 부적절하다는 느낌을 가지게 한다.

④ 지나치게 허용적이고 관대한 부모: 자녀의 자아존중감 발달에 저해가 된다.

⑤ 청소년기 동안의 부모의 지지와 독립성 훈련은 자녀의 자존감 향상에 큰 도움이 된다.

(2) 사회적 비교

① 자신을 타인과 비교하여 자신을 정의하고 평가하는 과정이다. 이는 아동의 연령이 증가하면서 자존감 형성에 큰 영향을 미친다.

② 사회적 비교는 경쟁과 개인적 성취가 중시되는 문화에서 더 크게 작용한다.

17 정체감 발달

1. 정체감과 정체감 형성

(1) 정체감(identity)

① 한 개인이 가진 특성, 성격뿐만 아니라 사회적 관계, 역할, 속한 사회집단 등을 통해 그 사람이 누구인지를 말해준다.

② 개인의 과거, 현재, 미래를 나누어 설명할 수 있다. 예를 들어 과거에 내가 누구였는지, 현재는 누구인지, 미래에 누구이고 싶은지, 누가 될 것 같은지 혹은 누가 되어야만 하는지를 설명한다.

➡ 시간적 흐름에 따라 사회 속에서 다양한 모습으로 존재하는 '나'를 모두 포괄하는 '통합된 나'이다.

③ 통합된 나를 중심으로 이루어지는 과정으로, 전 생애에 걸쳐 역동적으로 나타나지만 주로 청소년기에 이루어진다.

(2) 에릭슨의 정체감

① 청소년이 직면하는 주요 갈등: 자신의 정체성을 형성하는 것이다.

② 정체성 위기(identity crisis): 현재의 자신이 누구인지, 또한 앞으로 어떤 존재가 되어야 하는지 결정하는 과정에서 혼란과 불안을 느끼는 것이다.

③ 다양한 역할과 가치가 공존하는 복잡한 사회에서는 자신이 추구해야 할 가치와 역할을 결정하기 힘들어 십대가 정체성 위기를 겪을 수밖에 없다.

④ 정체감 형성: 다양한 역할을 탐색(exploration)하고, 그 역할을 실천하는 등 전념(commitment)해 본 후에 그 결과를 평가하는 실험과정을 통해 정체감을 서서히 형성해 나간다.

2. 정체감 발달과정

(1) 에릭슨(Erikson)

① 심리사회적 유예기(psychosocial moratorium)

㉠ 아동기의 안정성과 성인기의 독립성 사이에 끼인 시기이다.

㉡ 이 시기 동안 청소년은 비교적 자유롭게 사회적 역할을 경험하고 자신의 성향을 탐색한다.

㉢ 이 시기를 성공적으로 지나지 못한 청소년은 정체감 혼란을 겪기도 한다.

② 정체감 혼란(identity confusion)

㉠ 자신의 정체성에 대해 고민하지 않거나 해결하려고 노력하지 않고 초기에 부정적으로 결정함으로써 미래의 삶의 방향과 역할을 계획하지 못하게 된다.

㉡ 이러한 청소년은 가족과 또래로부터 자신을 격리하거나 또래, 대중매체 등 다수의 의견에 휩쓸려 자신의 정체감을 잃기도 한다.

(2) 마르샤(Marcia)의 정체감 지위

① 기준: 정체성 위기의 경험 여부와 과업에 대한 전념에 따라 4가지 단계로 분류된다.

　　⊙ 위기(crisis): 직업 선택, 이념 등의 개인적 정체감을 확립하기 위해 고뇌하고 끊임없이 질문하는 시기이다.

　　ⓒ 관여(전념, commitment): 자신이 확실히 하고자 하는 것에 대한 개인적인 노력을 뜻한다.

② 정체감 범주

지위	위기	전념	내용
정체감 혼미 (diffusion)	X	X	• 아직 특별한 정체감을 가지지 않았으며, 위기와 관여를 경험하고 있지 않은 상태 • 이 상태의 사람은 정체감을 찾기 위해 아무런 노력도 하지 않음 예 자신의 진로에 대해 잘 모르겠다며 삶의 방향을 계획하지 않는 것
정체감 유실 (foreclosure)	X	O	위기를 경험하지 않은 채 잘못된 정체감을 확립하고 있는 상태 예 자신의 정체감에 대한 탐색 없이 부모의 정치 성향, 종교관 등을 그대로 받아들이는 것
정체감 유예 (moratorium)	O	X	현재 위기 상태를 겪고 있으며, 자신의 정체감을 찾기 위해 끊임없이 활발한 탐색활동을 벌이는 상태 예 법대 진학을 계획 중이던 사람이 자신의 적성에 맞는 것이 무엇인지 고민하는 것
정체감 성취 (achievement)	O	O	위기의 시간을 통해 확고한 정체감을 가지게 되고 자신의 신념이나 가치를 확립하면서 그에 맞는 개인적 활동이나 사고에 관여하는 것 예 많은 고민 끝에 자신의 적성에 맞고 자신이 잘할 수 있는 일을 찾는 것

③ 특징

　　⊙ 정체성 지위가 높은 수준으로 올라갈수록 획득 속도가 느려지고, 상대적으로 적은 수의 개인에게만 나타난다.

　　ⓒ 정체성 지위는 최종적으로 정체감이 성취되는 것으로 끝나는 것은 아니다. 즉, 정체감은 인간의 발달 단계에 따라 변화한다. 만일, 개인이 살아가면서 충격적인 사건이 발생한다면 비록 정체감 성취에 도달한 사람이라도 과거에 자신이 가진 가치관이나 행동양식에 회의를 느끼는 등 인생의 위기를 다시 경험한다.

④ MAMA 사이클(Moratorium-Achievement): 일생 동안 정체감 유예와 정체감 성취를 반복하는 현상이다. 정체감 성취에 도달한 사람도 삶의 과정 속에 여러 사건을 경험하면서 정체감 위기를 다시 겪는다는 것이다.

3. 정체감 발달에 영향을 주는 요인

(1) 부모의 양육행동

① 아동은 부모와의 상호작용을 통해 정체감 확립을 위한 다양한 바탕을 마련하는데, 예를 들어 부모는 아동과 함께 다양한 활동에 참여함으로써 아동의 관심사를 만들어 줄 수 있다.

　　➡ 부모가 교회에 나간다면 이는 아동의 종교관에 영향을 줄 수 있으며, 아동에게 특정 가치관을 직접 가르침으로써 정체감 형성에 영향을 끼치게 된다.

② 발판화(scaffolding)를 제공할 뿐만 아니라, 이들이 정체감을 찾을 수 있게 다양한 가치와 행동, 생각, 재능 등을 탐색하고 질문하는 동안 꼭 필요한 안전지대를 제공해 준다. 안전지대를 제공하는 양육행동은 아동이 좀 더 긍정적인 정체감을 형성할 수 있게 도와준다.

③ 부모는 독립성도 길러 줘야 한다. 자녀가 자유롭게 자신의 의견을 말하고 혼자만의 시간을 가질 수 있게 한다.

(2) 또래

① **또래와의 우정**: 친구처럼 편한 대상과 함께 다양한 활동을 공유하고 경험함으로써 긍정적인 정체감 탐색과정을 거치며, 이 과정에서 자기정체감을 형성한다.

② **또래의 부정적 영향**: 많은 청소년이 또래의 영향을 받아 약물 복용, 비행 행동 등 위험한 행동을 하게 된다. 그러나 청소년기에 정체감을 확립하고 자신의 정체감에 더욱 관여할수록 또래 압력의 영향을 덜 받는다.

(3) 문화와 민족성

① 정체감은 문화와 민족성의 영향을 많이 받는다.

② 민족성은 특정 집단이나 사회의 구성원이 됨으로써 형성될 수 있다.

③ 특히 집단정체감은 동일 집단 구성원들에 대해 강한 유대감을 형성하도록 돕는다.

---

18 성 역할 발달

1. 성차의 이해

(1) 남녀 차이

① **생물학적 성차**: 생리적·신체적인 남녀 특성의 차이를 의미한다.

② **사회적 성차**: 사회적·문화적으로 적합하다고 간주되어 온 남녀 특성의 차이를 의미한다.

(2) 생물학적 성차(뇌의 남녀 차이)

① **여자**: 주의집중, 언어, 얼굴기억, 추론 속도 면에서 남자보다 더 나은 수행을 보였다.

② **남자**: 공간처리, 감각운동, 운동 속도 면에서 여자보다 더 나은 수행을 보였다.

(3) 신체 발달

① 남아는 여아보다 더 활동적인 편이다. 이러한 성차는 영유아기의 연령이 증가함에 따라 더욱 커진다.

② 학급에서 남아는 여아보다 장시간 앉아 있는 데 어려움을 느낀다.

③ 여아는 여럿이 모여 이야기하는 것을 선호하고, 남아는 운동이나 신체를 움직이는 활동을 더 좋아힌다.

④ 남아는 여아보다 던지기와 멀리뛰기에 뛰어난 반면, 여아는 정교한 운동 협응이 요구되는 과제인 선 그리기, 그림 그리기에 뛰어나다.

(4) 지적 발달

① 남녀 간에 큰 차이가 없으나 특정 능력 및 재능에서 남녀 차이는 작지만 존재한다.

② **여자**: 남자에 비해 언어능력이 뛰어나고 기억력이 좋다. 또한 미세하게 조절되는 움직임을 수행하는 능력이 뛰어나 텅 트위스터(tongue twister, 혀가 잘 돌아가지 않는 문장 말하기)를 더 정확하고 유창히 할 수 있다.

③ **남자**: 여자에 비해 수학능력이 우세하고 삼차원적 물체의 움직임을 더 잘 이해하는 편이다.

(5) 성 역할 발달

① **기본적인 성 정체감 발달**: 만 2~3세경에 기본적인 성 정체감이 확립되면, 이를 바탕으로 성에 관한 정보들을 학습하게 되며 이들 정보를 성 도식에 통합하게 된다.

② **6개월**: 남성과 여성이 다르다는 것을 인식한다.

③ 만 2.5세~3.5세: 자신의 성이 무엇인지 알게 된다. 그러나 이 시기의 아동은 옷이나 머리 모양이 바뀌면 성별 또한 달라질 수 있다고 생각한다.

④ 만 5~7세: 성별이 변할 수 없음을 알게 되고, 각 성별에 대한 성 고정관념이 생기며 성 역할을 이해하게 된다.

⑤ 성 고정관념(gender stereotype): 남성과 여성의 특성에 대한 일반화된 선입견을 말한다.

2. 성 역할이론

(1) 성 역할(gender role)

① 성 역할은 남성과 여성에게 적합하다고 여겨지는 행동이다.

② 성 역할 개념이 발달하면서 아동은 자신의 성별에 맞게 행동하고 사고하며 사회적 관계를 맺게 된다.

(2) 생물학적 이론

① 진화와 생물학적 과정이 성차와 성 역할 발달의 원인이라고 본다.

② 태내 호르몬 이론: 남성과 여성의 차이는 태어날 때 어떤 호르몬의 영향을 받느냐에 의해 결정된다. 태내에서 태아가 자라는 동안 테스토스테론에 노출되었느냐의 여부가 성기 발달뿐 아니라 뇌 발달, 공격성이나 공간지각 능력에 영향을 미쳐, 일생 동안 지속된다는 주장이다.

③ 진화론이나 사회생물학 이론: 생식기가 매우 다른 역할을 담당하기 때문에 성차가 발생한다고 본다.
　㉠ 남성: 생식투자에 많은 부담이 없기 때문에 자신의 유전자를 더 많은 여성과의 관계를 통해 퍼뜨리기 위해 공격적이고 주장적인 행동을 하게 되었다.
　㉡ 여성: 생식투자에 부담이 많기 때문에 가장 좋은 유전자를 가진 남성을 만나 좋은 자녀를 낳고 양육하기 위해 조심스럽고 수동적이며 양육적인 특성을 갖게 되었다.

(3) 정신분석이론

① 타인을 동일시하는 과정을 통해 성 역할 학습을 설명한다.

② 남아의 오이디푸스 콤플렉스(Oedipus complex): 아빠를 경쟁자로 여기며 동시에 아버지에게 거세를 당할 것이라는 거세불안(castration anxiety)을 겪게 된다. 이 불안감을 계기로 자신과 아빠를 동일시하면서 오이디푸스 콤플렉스를 극복해 나가고 남성의 역할을 배운다.

③ 여아의 엘렉트라 콤플렉스(Electra complex): 남성의 생식기를 가지고 있지 않아 이미 거세를 당한 기분을 느낀다. 또한 자신에게 없는 남성의 생식기를 가지고 있는 아빠의 관심을 끌기 위해 엄마와 자신을 동일시하고, 이를 통해 여성의 역할을 배운다.

(4) 사회학습이론

① 성 역할은 강화와 모방을 통해 발달한다고 본다.

② 부모는 자녀가 성 역할에 맞는 행동을 했을 때 칭찬하여 그 행동을 강화하고, 성 역할에 맞지 않는 행동을 할 때 처벌하여 그 행동을 하지 않게 한다. 이러한 과정을 통해 아동은 자신의 성 역할에 맞는 행동을 유지하고 맞지 않은 행동은 덜 하게 된다.

③ 마코비(Maccoby, 1992): 아동은 다른 남성 또는 여성의 행동을 모방하면서 성 역할을 발달시킨다.
　㉠ 남아: 아빠가 운전하는 모습을 보고 장난감 자동차로 운전하는 척 흉내를 낼 수 있다.
　㉡ 여아: 엄마가 화장하는 모습을 보고 자신의 장난감 화장품으로 화장하는 모습을 따라 할 수 있다.

(5) 인지 발달이론

① 성 역할에 대한 인지적 개념이 먼저 발달해야 행동도 발달할 수 있다.

② 콜버그(Kohlberg, 1966): 성 역할의 발달을 기본적 성 정체감, 성 안정성, 성 일관성의 단계로 나눠 설명한다.

ㄱ. 성 정체감(gender identity) 단계: 자신이 여성인지 남성인지 깨닫는 단계이다.

ㄴ. 성 안정성(gender stability) 단계: 시간이 지나도 자신의 성별이 안정적이란 사실을 지각하는 단계로, 남자 아동은 자라 성인남자가 되고, 여자 아동은 자라 성인여자가 된다는 것을 지각하는 시기이다.

ㄷ. 성 일관성(gender consistency) 단계: 남자 아동이 여자 아동의 옷을 입거나 여자 아동이 남자 아동의 옷을 입어도 자신의 성별이 바뀌지 않는다는 것을 인식하게 된다.

(6) 성 도식(gender-schema) 이론

① 성 도식 이론은 성 역할 개념의 습득과정을 설명하는 정보처리이론으로서, 성 유형화가 아동의 인지 발달 수준이나 사회문화적 요인의 영향을 받지만 동시에 성 도식화 과정을 통해 형성된다고 한다.

② 성 도식화: 성 도식에 근거해 자신에 관한 정보를 포함한 모든 정보를 부호화·조직화하는 전반적인 성향이다.

③ 성 도식: 성에 관한 인지구조로, 유아가 성과 관련된 정보에 주의를 기울이고 조직화하며 관련 정보를 기억하는 데 사용하는 일종의 신념과 기대체계이다.

④ 아동의 성 도식 구성방식: 여아는 내집단과 외집단 도식에 따라 새로운 정보가 '여아에게 적합한 것'인지 '남아에게 적합한 것'인지 분류한다. 남아의 장난감이나 활동에 관한 정보는 무시하고, 여아의 장난감이나 활동에 관한 정보는 '자신의 성 도식'에 첨가한다.

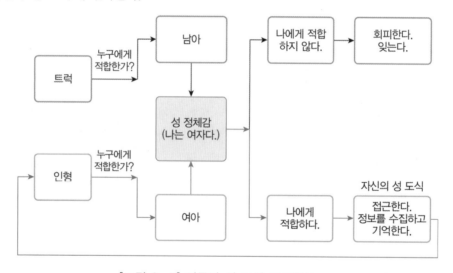

[그림 3-5] 아동의 성 도식 구성방식

ㄱ. 아동은 어떤 물체나 행동, 역할이 남성 또는 여성에게 적합한 것인지 분류하는 '내집단/외집단'이라는 단순한 도식을 습득한다.

ㄴ. 자신의 성에 적합한 역할에 대해 좀 더 많은 정보를 추구하여 자신의 성 도식을 구성한다.

ㄷ. 자신의 성 정체감을 이해한 여아는 바느질은 여아에게 적합한 활동이고, 모형 비행기를 만드는 것은 남아에게 적합한 활동이라는 것을 학습한다. 또한 자신은 여아이기 때문에 자신의 성 정체감과 일치되게 행동하기를 원한다. 따라서 바느질에 관한 정보를 수집하여 자신의 성 도식에 바느질을 포함시킨다. 모형 비행기를 만드는 것은 남아에게 적합한 활동이라는 것 이상의 정보는 전부 무시한다.

ⓔ 주어진 정보가 자신의 태도와 일치하고 그에 관한 지식이 많을수록 그것을 보다 잘 기억하고 선호하게 되며, 반대의 경우에는 기억되지 않을 뿐만 아니라 회피하게 된다.

➡ 자신이 가지고 있는 성 도식에 근거한 선택적 기억과 선호과정을 통해 성 역할 발달이 이루어진다.

⑤ 연구결과

ⓖ 성 도식이 발달하면 아동은 자신의 성 도식에 맞지 않는 새로운 정보를 왜곡하는 경향이 있다.

예 여성은 의사가 될 수 없다고 믿는 아동은 여의사로부터 진찰을 받고 나서 자신을 진찰한 사람은 여의사가 아니고 간호사라고 기억하며, 여전히 여성은 의사가 될 수 없다고 생각한다.

ⓛ 학습된 성 도식은 수정될 수 있다. 하지만 이러한 수정은 문화적으로 깊이 스며든 태도를 바꾸는 것을 의미하며, 이러한 변화는 상당한 저항을 받게 된다.

(7) 심리적 양성성(psychological androgyny)

① 의미: 남성성과 여성성의 균형과 통합을 의미하며 보다 효율적인 성 역할 개념을 뜻한다.

② **여성성과 남성성의 개념**: 양극적으로 존재하는 상반된 개념이 아니라 별개의 독립적 차원으로 존재하는 개념이다. 따라서 남성적 또는 여성적이라는 이분법적인 구분이 아니라 한 개인 내에 여성적 특성과 남성적 특성을 동시에 가질 수 있다.

➡ 심리적 양성성은 남성과 여성이 갖고 있는 바람직한 특성을 함께 지닌 것을 의미하며 성 역할의 무분별과는 구분된다.

③ 심리적 양성성을 지닌 사람은 성 유형화된 사람보다 더 유연한 성 도식을 지니고 있어, 상황에 따라 남성적 특성과 여성적 특성의 역할을 더 적절히 수행하기 때문에 적응력이 높다. 또한 자존감, 자아실현, 성취동기, 결혼 만족도, 도덕성 발달과 자아 발달도 높은 수준이며 정신적으로 건강한 것으로 보고되고 있다.

3. 성 역할(sex-role) 고정관념

(1) 성 역할 고정관념

① 어떤 문화에서 성에 따라 형성된 외모, 행동양식, 감정표현 양식 등 여러 가지 특성에 대한 개념이다. 성 역할 고정관념은 대체로 남녀 역할을 일반화하여 각 개인의 행동을 규정하고 남녀 간 차이를 왜곡하는 경향이 있다.

② 만 2.5~3.5세 아동: 남아와 여아의 행동이 다르다는 것을 알고 있다.

③ 생후 30개월 이전의 영아에게도 장난감에 대한 성 역할 고정관념이 발달한다.

(2) 성 역할 고정관념이 급격하게 발달하는 시기

① 여아는 특정한 시기가 되면 핑크색에 주름 장식이 많은 드레스를 선호하고, 남아는 여아와 연관되는 그 어떠한 옷도 거부했다.

② 여아의 경우 만 3~4세에 주로 나타나고, 남아의 경우 5~6세에 많이 나타났다.

(3) 성 역할 사회화

① 의미: 사회 구성원으로서 필요한 성 역할을 학습하는 과정이다.

② 성 역할 고정관념에 기초하여 이루어진다.

ⓖ 자녀는 부모의 양육 태도, 교사, 또래, TV 등을 통해 성 역할을 배우고 그에 맞는 행동을 한다.

ⓛ 대부분의 부모, 교사, 친구, 형제는 아이의 성에 따라 다르게 반응하는데, 아이가 성 역할 고정관념에 맞는 행동을 하거나 장난감을 가지고 놀 때 더 긍정적인 반응을 해 준다.

4. 성 역할 발달에 영향을 주는 요인

(1) 생물학적 요인

① 성 염색체: 성 염색체에 따라 성별이 달라진다. 서로 다른 성 염색체는 호르몬과 뇌에 영향을 미치고 결과적으로 성 역할 발달에 영향을 준다.

② 성 염색체에 따라 생식선(gonad)이 결정: Y 염색체 내 유전적 정보는 고환을 발달시키며 Y 염색체가 없으면 난소가 발달한다. 이때 고환에서 테스토스테론이라는 남성 호르몬이 분비되지만, 난소에서는 테스토스테론이 분비되지 않는다. 즉, 남성과 여성의 테스토스테론의 수치는 선천적으로 다르다.

(2) 또래

① 남아와 여아는 어떤 성별의 또래와 노느냐에 따라 다르게 행동한다.

    ㉠ 아동은 주로 동성 또래와 놀이하는 것을 선호한다. 이 양상은 만 3세부터 대략 만 11세까지 유지된다.

    ㉡ 여아는 남아의 놀이형태가 자신의 놀이형태보다 더 거칠다는 것을 느끼고 이를 피하려 한다.

    ㉢ 남아와 여아는 상호작용하는 형태가 서로 다르므로 동성 또래와의 놀이를 더 선호하게 된다.

② 남아와 여아가 또래로부터 받는 영향은 또래의 성별에 따라 다르게 나타난다.

    ㉠ 동성친구가 많은 남아에게 '성 역할에 맞지 않는 행동을 한다면 또래에게 놀림을 받을 것'이라고 말했을 때 이들은 성 역할에 맞지 않는 행동은 거의 하지 않았다.

    ㉡ 이성친구가 많은 남아에게 같은 말을 했을 때는 성 역할에 맞지 않는 행동이 증가했다.

    ㉢ 여아의 경우 이성친구가 많은 여아만이 '성 역할에 맞지 않는 행동을 한다면 놀림을 받을 것'이라는 생각에 이러한 행동을 덜 하는 것으로 나타났다.

(3) 부모

① 부모의 성 역할 고정관념은 아동이 입는 옷부터 가지고 노는 장난감, 수행능력에도 영향을 미친다.

② 대부분의 부모는 아들이 수학을 더 잘한다는 성 역할 고정관념적인 생각을 한다. 이러한 성 역할 고정관념은 미국, 일본, 대만에서도 나타난다. 또한 수학에 대한 성 역할 고정관념은 아동이 수학을 배우기 전부터 나타나 실제로 여아의 수학 수행능력을 저하시키는 것으로 나타났다.

---

19 타인의 마음이해

1. 타인 이해를 위한 생애 초기의 능력

(1) 시선 쫓기(gaze-following)

① 의미: 다른 사람이 응시하는 물체를 따라서 쳐다보는 것이다.

② 영아는 시선 쫓기를 통해 다른 사람이 어디에 주의를 기울이고 있는지 알 수 있고, 이러한 능력은 타인의 마음을 이해하기 위한 기초가 된다.

③ 시선 쫓기는 정향 발달로 시작하는데, 처음에 영아는 성인이 고개를 돌리는 쪽으로 자신의 고개를 돌린다. 또한 연령이 증가함에 따라 정향행동은 더 정교해져 나중에는 고개를 돌리지 않고 눈동자만 움직여 시선 쫓기를 하게 된다.

(2) 공동주의(joint attention)

① 의미: 두 사람이 동시에 같은 대상에 주의를 기울이는 상태를 일컫는다.

② 공동주의에 필요한 3가지 기초능력

　㉠ 영아는 다른 사람이 특정 대상에 주의를 기울이고 있다는 것을 알아야 한다.

　㉡ 영아는 다른 사람이 주의를 기울이는 특정 대상에게 자신도 주의를 두거나, 자신이 관심 있어 하는 특정 대상에 다른 사람도 관심을 기울이도록 주의를 끌 수 있어야 한다.

　㉢ 영아는 자신의 주의를 조절할 수 있어야 한다. 즉, 타인이 주의를 둔 대상에 같이 주의를 기울이는 것을 넘어서 때로는 자신의 주의를 다른 곳으로 옮겨야 하는 능력이 필요하다.

③ 공동주의는 생후 6개월경에 나타나 영아기 전반에 걸쳐 발달하며, 이후 다른 사람의 생각과 마음을 이해하는 마음이론과도 밀접한 관련이 있다.

④ 공동주의는 영아와 엄마의 상호작용 중 나타나는 동시성(synchrony)에 중요한 역할을 한다.

　㉠ **동시성**: 상호작용할 때 부모와 영아가 서로의 말, 행동, 정서적 표현에 즉각적으로 반응하는 것이다. 이를 위해서는 상대가 무엇에 주의를 기울이고 있는지 또는 어디로 주의를 옮기는지에 민감해야 한다.

　㉡ 공동주의가 잘 이뤄지고 동시성 높은 상호작용은 아동의 언어 발달에 도움이 되고 정서조절에도 효과적이다.

2. 마음이론 발달과정

(1) 마음이론(theory of mind)

① 의미: 타인을 이해하는 능력으로, 자신뿐 아니라 타인도 의도나 바람, 감정, 믿음과 같은 다양한 정신 상태를 가지고 있으며, 이에 따라 행동한다는 것을 이해하는 것이다.

② 마음이론은 타인의 특정한 행동이 왜 이루어졌는지, 이후에 어떤 행동이 이루어질지 예측하도록 돕기 때문에 다른 사람과 더욱 원만한 사회적 관계를 유지하는 데 도움이 된다.

(2) 마음이론의 일반적 발달과정

시기	내용
만 2세경	아동은 타인의 욕구나 심적 상태를 이야기하기 시작함
만 3세경	타인과 자신의 심적 상태를 구분하면서 마음이론이 점차 발달함
만 5세경	자신이 알고 있는 것을 다른 사람은 모를 수 있다는 사실을 이해하게 됨

(3) 의도(intention)

① 발달과정

　㉠ 만 4세경: 다른 사람의 마음을 이해하기 시작하지만, 행동의 정확한 의도는 잘 알지 못한다.

　㉡ 만 5~6세경: 행동에 대한 다른 사람의 의도를 파악하고, 상대방의 의도적인 행동과 우연한 행동을 구분할 수 있다.

　㉢ 만 7~8세경: 아동은 상대방의 의도를 이해하며 그 이유도 어느 정도 설명할 수 있다.

　㉣ 만 9세 이상: 성인과 같은 수준으로 상대방의 의도를 정확히 이해하며 이를 설명할 수 있다.

② **자폐증 환자**: 자폐 증상을 가진 집단의 경우 측두엽－두정엽 경계의 낮은 활성화와 대뇌피질 간의 약한 기능적 연결 때문에 마음이론능력이 발달하지 못한다.

(4) 바람(desire)

① 의미: 무엇인가를 원하거나 갖고 싶어 하는 심적 상태로, 의도나 믿음보다 더 구체적인 상태이기 때문에 아동은 비교적 일찍 바람을 이해한다.

② 필립스 등의 실험(Phillips, Wellman, Spelke, 2002): 습관화를 통한 영아의 타인 이해 실험이다.

  ㉠ 습관화: 실험자는 양쪽에 놓인 두 인형 중 하나를 긍정적인 표정으로 쳐다본 후, 그 인형을 집는다. 영아는 이러한 행동에 습관화가 된다.

  ㉡ 일관된 행동: 실험자는 자신이 쳐다보았던 인형을 집는다. 이는 바람에 따른 실험자의 일관된 행동이다.

  ㉢ 비일관적인 행동: 실험자는 자신이 쳐다보지 않았던 인형을 집는다. 이는 실험자의 바람과 일관되지 않은 행동이다.

    ➡ 영아는 실험자가 긍정적인 표정으로 쳐다본 인형이 실험자가 원하는 인형이라고 예상하고 그 인형을 잡을 것이라 기대했는데, 다른 인형을 잡자 이에 놀라는 반응을 보였다. 결론적으로 생후 12개월의 영아는 타인의 바람을 이해하고 이에 따라 행동하기를 기대한다.

(5) 믿음(belief)

① 틀린 믿음 과제(false belief task): 아동이 다양한 상황에서 타인이 자신과 다른 믿음을 가질 수 있고, 자신이 아는 것을 타인은 모를 수 있다는 사실을 확인하는 것이다. 과제는 크게 내용교체 과제, 위치이동 과제가 있다.

② 틀린 믿음 과제 종류

  ㉠ 내용교체 과제: 내용물을 담고 있는 봉지와 실제 내용물이 다르다는 것을 알려주고, 봉지 겉면만을 본 타인이 그 안의 내용물을 무엇으로 생각하는지 묻는 과제이다.

  ㉡ 위치이동 과제: 아동에게 물건의 위치가 바뀌는 일련의 이야기를 들려준다.

③ 틀린 믿음 과제의 제한점

  ㉠ 언어 발달이 미성숙한 아동에게 틀린 믿음 과제는 어려울 수 있다.

  ㉡ 기존의 위치이동 과제의 경우 '이것 아니면 저것'처럼 두 위치 중 하나를 선택해야 하는데, 실제 상황에서 타인의 믿음을 이해하는 일은 두 가지 선택사항 중에 고를 수 있는 것이 아니다.

3. 이차순위 마음이론

(1) 이차순위 마음이론(second-order theory of mind)

① 의미: 나 말고 다른 사람이 또 다른 제3자의 심적 상태에 대해 생각하고 있다는 것을 이해하는 능력이다. 일차순위 마음이론은 타인 A의 심적 상태를 내가 생각할 수 있는 능력이고, 이차순위 마음이론은 제3자인 B를 생각하는 A의 심적 상태를 내가 아는 능력이다.

② 이차순위 마음이론과 같은 고차원적 사회인지능력은 거짓말을 하고 이를 들키지 않으려 하는 모습에서 찾아볼 수 있다. 거짓말을 하고 남을 속이기 위해서는 상대방(A)이 타인의 심적 상태를 어떻게 생각하는지 이해해야 하기 때문이다.

③ 일반적으로 7세 이전의 아동도 해서는 안 될 행동을 했을 때 이를 숨기기 위해 거짓말을 한다.

(2) 의미누설 통제(semantic leakage control)

① 거짓말한 사실을 남이 모르게 하려면 앞뒤 말을 일관성 있게 이어가야 하는데, 이를 의미누설 통제라 한다. 이 능력은 아동 중기까지 발달하며 이차순위 마음이론의 바탕이 된다.

② 만 3~5세: 거짓말을 할 때 일관적이지 못하다. 이 시기의 아동은 상자 안에 숨겨진 장난감을 본 적이 없다고 거짓말을 하지만 장난감이 어떻게 생겼고 무슨 색이었는지 등의 질문을 받으면 곧잘 대답을 한다.

③ 만 6~7세: 아동 중 절반은 거짓말을 들키지 않고 마치 장난감을 본 적이 없는 듯 거짓말을 이어간다.

4. 마음이론 발달에 영향을 주는 요인

(1) 주의, 기억 등 다양한 인지능력

① 틀린 믿음 과제: 물건이 숨겨진 실제 위치를 있는 그대로 말하지 말고 억제하는 동시에 주인공이 처음 숨겨 놓았던 위치를 기억하여 대답해야 한다.

② 자폐증 환자: 인지능력에 문제가 없지만 마음이론능력은 현저히 낮다. 따라서 전반적인 인지능력의 향상이 마음이론 발달에 영향을 미친다는 것은 적절하게 설명될 수 없다.

(2) 마음이론 모듈(theory of mind module)

① 의미: 마음이론 발달은 그 자체만의 독립된 발달체계를 가진다는 것이다.

② 이 모듈은 태어나면서부터 가지는 것으로 처음에는 완벽한 기능을 하지 않지만, 시간이 흐름에 따라 성숙해지거나 특정한 환경적 경험에 의해 발달된다.

(3) 사회적 경험

① 엄마와 아동의 상호작용: 엄마와 자녀 간의 활발한 의사소통은 아동의 마음이론 발달에 긍정적 영향을 미친다.

(4) 언어능력 발달

① 언어능력이 발달하고 정교화될수록 아동은 실험자의 설명과 지시문을 더 잘 이해하기 때문에 틀린 믿음 과제를 더 성공적으로 수행할 수 있다.

② 언어능력이 높으면 '생각한다', '안다', '믿는다'와 같은 개념을 언어적으로 이해하기 때문에 다른 사람의 심적 상태를 더 잘 표현하고 이해하게 된다.

(5) 기질적 특성

① 수줍음 기질: 사회적 상호작용에 대한 두려움과 긴장이 클 수는 있지만 반대로 사회적 상호작용에 성급히 참여하기보다 다른 사람에 대해 신중히 주의를 기울임으로써 타인의 심적 상태를 이해하는 능력인 마음이론에 긍정적인 영향을 미칠 수 있다.

② 공격적 기질: 다른 사람의 심적 상태를 이해하는 능력을 배울 수 있는 사회적 상황으로부터 환영받지 못하는 경우가 많아 마음이론에서 낮은 점수를 보인다.

5. 마음이론 발달을 설명하는 이론

(1) 웰만(Wellman)의 믿음-바람 마음이론

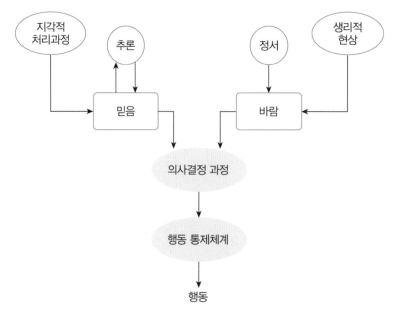

[그림 3-6] 웰만의 믿음-바람 마음이론 모형

① **믿음-바람 마음이론 모형**: 아동은 지각적 처리과정을 통해 알게 된 사실과 추론을 기반으로 믿음을 형성한다. 그리고 정서와 다양한 생리적 현상을 통해 무엇을 원하는지 알게 된다. 이렇게 형성된 믿음과 바람은 의사결정 과정과 인간의 행동 통제체계에 영향을 주고, 이것이 곧 행동으로 나타난다.

② 믿음과 바람이라는 서로 다른 심적 상태가 사람의 행동을 결정한다.

③ 인간은 다양한 지각과정을 통해 정보를 얻고, 추론을 통해 믿음을 형성하고, 다양한 생리적 현상과 정서를 통해 바람을 형성한다. 형성된 믿음과 바람은 의사결정 과정에 영향을 주어 결국 개인의 행동으로 나타난다.

④ 믿음과 바람은 다른 시기에 발달한다.

    ㉠ **만 2세경**: 무언가를 바라는 마음만이 행동의 원인이리고 생각하여 다른 사람이 무언가를 원해서 어떠한 행동을 한다고 이해하고 설명한다.

    ㉡ 믿음에 대한 이해는 다소 늦게 발달한다.

        예 만 2세 아동은 냉장고에서 케이크를 찾는 아빠의 모습을 볼 때, 아빠가 단지 배가 고파서 혹은 먹고 싶어서 찾는 것(바람)이라고 설명할 뿐 케이크가 냉장고 안에 있다거나 엄마가 케이크를 가져다 달라고 부탁했기 때문(믿음)이라고는 생각하지 못한다.

    ㉢ **만 3세경**: 믿음이라는 마음 상태도 행동의 원인이 될 수 있음을 깨닫지만, 여전히 행동을 설명할 때 타인의 믿음보다는 자신의 바람에 따라 행동을 설명한다.

    ㉣ **만 4세경**: 현실과 마음속 표상이 다를 수 있다는 사실을 알게 되고, 따라서 아동은 바람보다는 믿음을 먼저 고려하여 사람의 행동을 설명하게 된다.

(2) 페르너(Perner)의 표상적 마음이론

① 표상능력 발달에 초점을 두고 마음이론을 설명한다.

② 1차 표상능력(primary representation): 현재 일어나고 있는 실제 상황을 표상하는 것이다.

　예 바나나를 보고 바나나를 생각하는 것

③ 2차 표상능력(secondary representation): 눈앞에서 일어나는 일이 아니더라도 다른 장소나 시간에서 일어나는 상황을 표상하는 것이다.

　예 바나나를 전화기인양 귀에 대고 대화하는 것

　➡ 이 시기의 아동은 눈에 보이지 않는 심적 상태를 표상하는 능력이 아직 없어 단순히 눈에 보이는 상황과 연관 지어 마음 상태를 묘사한다.

④ 상위 표상(metarepresentation): 단순히 다른 장소, 다른 시간에서 벌어진 상황이나 대상을 표상하는 능력을 넘어 눈에 보이지 않는 마음 상태를 표상하는 것이다. 즉, 다른 사람이 어떤 생각을 하고 있는지를 아는 것이다. 이러한 능력을 가진 아동은 표상이 무엇인지 이해하며 표상이 현실을 그대로 나타낼 수도 있지만 다를 수도 있다는 것을 인지하게 된다.

(3) 레슬리(Lesile)의 모듈이론(단원이론, 1994)

① 타인의 마음을 이해하는 능력을 뇌의 신경구조로 설명한다. 특히 신경구조의 성숙이 마음이론의 원인이 된다고 본다.

② 마음이론과 관련된 뇌의 성숙뿐 아니라, 다양한 환경적 자극이 적절한 시기에 모듈을 제공해 주어야 마음이론 발달이 일어날 수 있다.

(4) 존슨(Johnson)과 해리스(Harris)의 모사이론(1991)

① 마음이론 발달에 있어 경험의 중요성을 강조한다.

② 아동은 자신이 직접 경험한 개인의 마음 상태를 바탕으로 타인의 마음 상태를 묘사하고 추론한다. 즉, 자신이 타인이라면 어떻게 할지를 예측해 보는 것이다.

③ 모사이론에 따르면 역할 맡기(예 가장놀이)는 마음이론을 발달시킬 수 있는 효과적인 방법이다.

제**7**절 정서, 기질 및 애착 발달

20 정서 발달

1. 정서 발달이론

(1) 진화론적 관점

① 정서표현은 사회적 의사소통을 가능하게 한다.

> 예 아동이 특정 행동을 했을 때 엄마가 웃으면 아동은 자신의 행동을 부모가 허락했다고 믿는다.

② 정서는 생존확률을 높인다.

> 예 위협적인 상황에서 공포를 느껴야만 이에 반응하거나 도망을 갈 수 있다.

③ 정서는 생존에 필수적인 진화의 산물이다.

(2) 기능주의적 관점

① 정서는 단순히 생존과 번식을 위한 것이 아니라, 다양한 환경 속에서 목표를 이루고 다른 사람과 관계를 형성하기 위해 필요한 것이다.

② 정서는 각 정서의 기능에 따라 구분된다.

> 예 분노는 자신이 목표로 하는 것을 갖지 못하거나 하지 못했을 때 일어나는 반면, 슬픔은 위협을 받았을 때 좌절하고 이를 피하기 위해 일어난다.

(3) 영아기의 정서기능

① 영아 자신이 경험하고 있는 정서적 상태를 양육자나 타인에게 알려 주는 의사전달기능을 한다. 또한 이러한 정서표현을 통해 양육자가 자신을 보살피는 행동을 하도록 하고, 영아와 양육자 간의 상호적 의사소통기능을 한다.

② 특정 자극에 대해 특정 행동을 하도록 하는 동기를 부여함으로써 사회적 거리 조절 및 사회환경을 통제하는 역할을 한다.

2. 정서표현 발달

(1) 1차 정서(기본 정서, basic emotion)

① 모든 문화에서 보편적으로 나타나는 인간의 가장 기본적인 정서로 기쁨, 공포, 슬픔, 혐오, 놀람을 포함한다.

② 종류

ㄱ 기쁨(joy): 생후 3개월에 나타난다. 특히 영아는 익숙한 사람의 얼굴을 보면 미소를 지어 기쁨을 표현한다.

➡ 사회적 미소: 어머니 등 친숙한 사람에 대해 반응을 보이며 미소를 보이는 것으로, 양육자와의 친밀감을 강화하고 사회적 상호작용의 토대가 된다.

ⓛ **슬픔(sadness)**: 생후 3개월에 나타난다. 슬픔은 긍정적인 자극이 사라졌을 때 나타난다.

　　　　例 영아가 배가 고플 때 양육자가 옆에 없으면 울음으로 슬픔을 표현한다.

　　ⓒ **혐오(disgust)**: 생후 3개월부터 나타난다. 혐오는 주로 무엇을 먹거나 마실 때 나타난다.

　　　　例 맛이 없는 음식을 먹었을 때 영아는 그 음식을 뱉으면서 혐오감을 표현한다.

　　ⓡ **분노(anger)**: 생후 4~6개월 사이에 나타난다. 분노는 한 개인이 무언가에 불만이 있을 때 나타난다.

　　ⓜ **공포(fearfulness)**: 생후 7~8개월에 나타난다. 공포는 자신이 전에 겪어본 상황과 처음 겪어보는 상황을 비교하면서 새로운 상황이나 새로운 사람에게 느끼게 된다.

　　ⓗ **놀람(surprise)**: 생후 6개월 이후에 표출된다. 놀람은 예상치 못한 일이 일어났을 때 나타난다.

(2) 2차 정서

① **2차 정서**: 객관적 자기인식, 마음이론, 상위인지와 같이 고차원적인 인지능력이 먼저 발달된 후에 나타나기 때문에 '자의식적 정서'라고도 불린다.

　➡ 1차 정서를 이해하기 위해 상대방의 표정을 봐야 한다면, 2차 정서를 이해하기 위해서는 상대방의 표정뿐만 아니라 몸의 움직임과 음성행동도 고려해야 한다.

② **구분**

　　㉠ **당혹감(embarrassment)**: 영아는 자기인식능력이 생기면서 생후 18개월경 처음으로 당혹감을 표현하기 시작한다. 이 시기의 영아는 자신이 타인의 관심을 받는 존재임을 깨닫는데 많은 사람 앞에서 주목 받거나 지나친 관심을 받을 경우 당혹감을 느낀다.

　　㉡ **공감(empathy)**: 당혹감과 비슷한 시기에 나타난다. 아동은 공감을 통해 타인의 입장에서 생각하고 느낌으로써 다른 사람의 마음을 이해하게 된다.

　　㉢ **질투(jealousy)**: 생후 18~24개월 사이에 나타나며, 최근 연구에서 6개월 영아도 질투를 보이는 것으로 보고되었다. 아동은 양육자가 자신보다 다른 아이에게 관심을 보일 때 질투를 표현한다.

　　㉣ **수치심(shame)**: 만 2세 말에 나타난다. 수치심은 실패를 경험하는 과정에서 표출되기 시작하며, 수치심을 느낀 아동은 고개를 떨구는 행동을 보이기도 한다.

　　㉤ **자부심(pride)**: 수치심과 비슷한 시기에 나타난다. 이 시기의 아동은 어떤 과제를 잘 수행했을 때 양육자를 향해 미소를 짓는 등 자부심을 자주 표현한다.

　　㉥ **죄책감(guilt)**: 만 3~5세 사이에 나타난다. 죄책감은 아동 자신이 무엇 때문에 실패했는지, 어떻게 행동했어야 하는지 등을 생각하게 하여 훗날 잘못된 행동을 하지 않도록 한다.

3. 정서발달

(1) 정서이해 발달

① **생후 1개월 반~2개월**: 기쁨, 분노 등 타인의 얼굴에 드러나는 여러 정서표현을 구분하기 시작한다.

② **사회적 참조(social reference)**: 낯선 상황에서 어떻게 행동해야 할지를 결정하기 위해 타인의 정서적 표현을 참조하는 것이다. 사회적 참조를 하려면 타인의 정서를 이해할 수 있어야 하고 공동주의가 가능해야 하며, 타인의 정서를 해석하고 그에 맞게 자신의 행동을 조절할 수 있어야 한다.

    ㉠ **타인의 정서이해**: 타인의 정서반응이 무엇을 의미하는지 이해하는 능력이다.

    ㉡ **공동주의**: 타인의 정서반응이 자신과 상대가 동시에 바라보고 있는 자극에 대한 것임을 인식하는 능력이다.

    ㉢ **행동 조절**: 타인의 정서반응을 해석하고 그 해석에 맞춰 자신의 행동을 조절하는 능력이다.

[그림 3-7] 사회적 참조

(2) 정서조절(emotion regulation) 발달

① **정서조절**: 어떠한 감정을 언제, 어떻게 느낄 것인가를 조절하는 것이다. 또한 개인의 목표를 성취하기 위해 혹은 특정한 상황에 맞게 적응하기 위해 정서표현과 정서적 각성을 조절하는 것이다.

② 생애 초기부터 정서조절을 하기 시작하며 연령이 증가함에 따라 더 정교하고 체계적인 방법을 사용한다.

    ㉠ **생후 3~6개월**: 특정한 사물, 사건으로부터 눈을 돌리는 등 자의로 주의를 다른 곳으로 옮길 수 있게 된다.

    ㉡ **만 2~6세**: 부정적인 상황을 경험했을 때 자신의 눈과 귀를 가리거나, 그 자리를 벗어나는 등의 전략을 사용하기 시작한다.

    ㉢ **만 4~6세**: 자신이 정서를 조절해야 하는 이유와 목적을 이해하기 시작하며 정서조절은 더욱 정교해진다. 단순히 눈과 귀를 가리기보다 마음속으로 유쾌한 생각을 하는 내적인 전략을 사용한다.

③ **정서조절과 부모-자녀 상호작용**

    ㉠ 정서조절은 부모와 자녀의 상호작용을 통해 발달한다.

    ㉡ 부모의 행동은 아동의 정서 발달에 큰 영향을 미친다. 부모가 아동의 부정적 정서에 공격적으로 반응하거나 무시하면 아동은 부정적인 정서를 효과적으로 다루는 방법을 배울 수 없다.

(3) 정서조절 전략

① **그로스(Gross, 2014)**: 시간의 흐름에 따라 상황, 주의, 평가, 반응 순의 과정으로 구분했다.

    ㉠ **상황(situation)**: 어떤 상황이 발생되기 전에는 상황 선택전략을, 이미 벌어진 상황에서는 상황 수정전략을 사용한다.

    ㉡ **주의(attention)**: 상황에 주의를 기울일 때는 주의 배치(attention deployment) 전략을 사용한다.

    ㉢ **평가(appraisal)**: 상황을 평가할 때는 인지적 변화 전략을 사용한다.

    ㉣ **반응(response)**: 자극에 대해 반응할 때는 반응 조절 전략을 사용한다.

21 기질 발달

1. 기질과 기질 유형

(1) 기질

① 기질(temperament): 타고난 것으로 정서·행동 양식에 지속적으로 나타나는 개인차다.

② 생애 초기부터 정서나 행동, 반응성, 자기통제의 형태로 나타난다.

③ 일반적으로 기질은 유전적 특성을 반영하고 생물학적인 기초가 있으며 일생 전반에 걸쳐 안정적이라는 특성을 가진다.

(2) 토마스(Thomas)와 체스(Chess)의 모형

① 기질의 행동차원

구분	특성
규칙성	배변습관, 수면 주기 등과 같은 생물학적 기능의 규칙성
활동수준	우유 먹기, 놀기 등과 같이 일상생활에서 하는 아동의 신체활동의 활동량을 나타냄
접근-회피	아동이 새로운 자극에 노출되었을 때 보이는 반응
적응성	변하는 상황에서 아동의 적응성
반응의 역치	아동이 반응하기까지 필요한 자극의 양
기분	부정적 정서와 긍정적 정서의 비율
반응의 강도	아동의 긍정적 정서 혹은 부정적 정서의 강도
산만성	외적인 자극에 의해 현재 하는 행동이 방해받는 정도
주의지속성/범위	활동의 지속성과 어려움이 닥쳤을 때 활동을 이어나가려는 의지

② 기질유형

구분	특성
순한 기질 (easy child)	• 수면, 식사, 배변습관 등의 생리적 리듬이 규칙적임 • 차분하고 거의 대부분 긍정적 기분 • 새로운 경험에 개방적·적응적 • 규칙적이며 예측 가능한 습관
까다로운 기질 (difficult child)	• 식사, 수면, 배변습관 등의 생리적 리듬이 불규칙함 • 민감하고 불규칙적 • 변화에 강하게 반응 • 새로운 사람이나 상황에서 적응하기 어려움
반응이 느린 기질 (slow to warm up child)	• 새로운 사람이나 상황에서 움츠러드는 경향 • 활발하지 못하고 수동적 • 변화에 적응하는 데 오랜 시간이 걸림. 그러나 다시 기회가 주어지면 적응하는 모습을 보임

제3장 아동심리학 해커스임용 김진구 전공유아 기본개념 1

(3) 로스바르트(Rothbart) 모형

① 기질: 반응성과 자기조절에서 나타나는 개인차로 정의한다.

② 반응성(reactivity): 특정한 자극에 대해 행동적·정서적·신체적으로 얼마나 빠르고 강하게 반응하는지를 의미한다. 이때 반응은 긍정적 또는 부정적으로 표현될 수 있다.

③ 자기조절(self-regulation): 특정 자극에 의해 일어난 반응을 얼마나 잘 조절하는지를 말하며, 집중, 접근, 회피, 억제로 나타난다.

④ 기질차원: 특정한 자극이 주어졌을 때 행동적·정서적·신체적으로 어떻게 반응하는지, 또한 그 반응을 어떻게 조절하는지에 따라 3가지 차원으로 구분한다.

구분	특성
외향성 차원 (extraversion/surgency)	• 긍정적 정서를 느끼고 미소나 웃음으로 이 정서를 표현함 • 새로운 환경에 노출되었을 때 수줍어하기보다 적극적으로 탐색하고 적응하며 활동적으로 움직이는 등의 행동양상으로 이루어짐
부정적 정서성 차원 (negative affectivity)	• 수줍음, 두려움, 분노와 짜증 등의 정서를 포함함 • 가벼운 자극에도 쉽게 불쾌감을 느끼고 이를 진정시키는 데 어려움을 보이는 행동양상을 포함함
의도적 통제 (effortful control)	• 부적절한 반응은 억제하고 주의를 쉽게 돌림 • 자극적이지 않은 상황을 좋아하고 지각적으로 예민한 행동양상을 포함함

(4) 버스(Buss)와 플로민(Plomin) 모형

① 기질을 정서성, 활동성, 사회성의 3가지 차원으로 나누어 설명한다.

② 기질차원

구분	특성
정서성 (emotionality)	• 특정 자극에 대한 부정적인 반응의 정도를 말함 • **높은 정서성**: 울음을 터트리고, 성질을 부리고, 쉽게 진정하지 못하며, 약한 자극에도 쉽게 스트레스를 받음
활동성 (activity)	• 활동의 속도(tempo)와 강도(vigor)를 의미함 • 아동이 말을 얼마나 빠르게 많이 하는지를 보거나 얼마나 빠르게 많이 움직이는지로 측정될 수 있음
사회성 (sociability)	• 타인과의 상호작용을 좋아하는 정도 • 타인과 함께 보낸 시간, 고립됐을 때의 반응, 상대방에게 먼저 연락하는 횟수 등으로 측정될 수 있음

③ 3가지 차원의 기질적 성향은 주변 환경과 경험에 의해 변할 수 있지만 유전의 영향을 더 크게 받기 때문에 잘 변하지 않으며, 기질은 이후 형성되는 성격의 기본 요소가 된다.

(5) 골드스미스(Goldsmith) 모형

① 기본 정서(기쁨, 슬픔 등)를 바탕으로 기질을 설명: 기질은 정서를 경험하고 표현하는 데서 보이는 개인차이다.

② 생물학적 요인이 기질에 영향을 준다는 것을 부인하지 않았지만, 사회적 맥락을 고려했을 때 행동적 요인이 기질을 설명하기에 더 적합하다.

③ 기질차원

구분	특성
작업능력(motor activity)	다양한 일상생활에서 사용되는 운동능력을 포함
분노(anger)	갈등 상황에서 울거나 상대방을 때리거나 분노를 표출하려는 성향
기쁨/즐거움(pleasure/joy)	긍정적 정서와 이를 표현하는 미소 또는 웃음을 포함
흥미/고집 (interest/persistence)	특정 대상에 주의를 기울이는 행동

➡ TBAQ(양육자 보고), Lab-TAB(기질 관찰)

(6) 클로닝거(Cloninger, 1987)

① 기질은 다양한 환경 자극 유형에 대한 반응에 관여하는 적응체계에서의 개인차이다.

② 기질차원

구분	특성
자극추구 (NS; Novelty Seeking)	새로운 자극이나 보상신호에 대한 반응으로, 행동이 활성화되는 성향에서의 개인차를 반영함 ➡ 두뇌의 행동 활성화 시스템(BAS, 행동접근체계), 도파민
위험회피 (HA; Harm Avoidance)	처벌이나 위험신호 혹은 보상 부재의 신호에 대한 반응으로 행동이 억제되는 성향에서의 개인차를 반영함 ➡ 두뇌의 행동억제 시스템(BIS, 행동억제체계), 세로토닌
사회적 민감성 (RD; Reward Dependence)	사회적 애착에 대한 의존성에서의 개인차인 사회적 보상 신호와 타인의 감정에 대한 민감성에서의 개인차를 반영함 ➡ 두뇌의 행동유지 시스템(BMS), 노르에피네프린
인내력 (P; Persistence)	지속적인 강화 없이도 이전에 보상된 행동을 계속 유지하는 성향에서의 개인차를 반영함 ➡ 두뇌의 행동유지 시스템(BMS)

2. 기질의 역할 및 안정성

(1) 기질의 안정성

① 영아기의 순한 기질과 까다로운 기질이 아동의 사회적 적응을 어느 정도 예측한다.

② 종단연구

  ㉠ 인생 초기에 정서조절이 어려운 아동은 이후 아동기, 청소년기에 다른 사람과 잘 지내기 어렵고 적응하는 데도 문제가 있었다. 이러한 아동은 성인기에도 다양한 문제를 보였다. 법적 위반에 연루될 확률이 높고, 높은 실직률을 보이고 다른 사람의 지원을 많이 받지 못했으며, 불안 등 부정적 정서를 더 자주 경험했다.

  ㉡ 행동적 억제차원의 높은 안정성: 영유아기에 친숙하지 못한 상황에서 겁을 먹고 두려워하거나 편안하게 행동하지 못하는 기질적 경향성은 이후 아동기의 사회불안의 위험요인이 될 수 있었다.

(2) 조화의 적합성(goodness fit)

① 영아의 기질과 사회적 환경이 조화를 이룰 때 가장 적절한 발달이 이루어질 수 있다는 것이다.

② 아동의 적응: 영아의 기질적 특성과 환경의 요구, 기대, 일치 정도에 따라 영향 받는다.

③ 부조화: 긴장과 문제, 갈등을 불러일으킨다.

④ 양육자는 영아의 기질적 개인차를 이해하고 그들의 특성에 맞춰 민감하고 융통성 있게 반응해야 한다.

1. 개념

(1) 애착(attachment) 기출 17

① 영아가 양육자 또는 특별한 사람과 맺는 친밀하고 강력한 정서적 유대관계이다.

② 애착을 형성한 아동은 애착대상과 물리적으로 접촉하려 하며 애착대상을 안전기지로 삼아 새로운 상황을 탐색한다. 애매한 상황이 되면 애착대상의 반응을 참조하여 행동하기도 한다.

③ 내적 작동 모델(internal working model): 아동은 양육자와 계속 상호작용하면서 자기 자신과 타인에 대한 인지적 표상들을 발달시키는데, 이를 내적 작동 모델이라고 한다. 이는 인간관계의 특성에 대한 기대를 형성하여 새로운 상황에서 어떻게 행동해야 하는지를 결정하는 데 영향을 미치고 또래, 교사, 나아가 자신의 자녀와 형성하게 될 사회적 관계에 영향을 미친다.

(2) 분리불안(separation anxiety)

① 애착이 발달하면서 두드러지게 나타나는 감정이 분리불안이다.

② 분리불안 또는 격리불안은 주양육자로부터 분리될 때 느끼는 괴로움과 불편한 감정으로, 영아는 울고 보채며 때로 공포의 감정도 경험한다. 이는 주양육자가 제공하는 물리적 지원과 심리적 위안이 사라지는 것을 두려워하는 것이다.

③ 분리불안은 8~15개월까지 증가하고 이후 감소하기 시작하며, 이러한 불안은 문화적 차이와 상관없이 공통적으로 나타난다.

(3) 안전기지(secure base)

① 영아가 언제든지 의존할 수 있는 대상으로 믿는 것으로, 영아는 이를 근거로 환경을 탐색한다.

② 영아는 위기에 처했거나 신체적·심리적 자원이 고갈되었을 때 안전기지로부터 도움과 위로를 받는다.

③ 영아는 안전기지에 대한 인지적 표상이 더욱 분명해지면서 보다 적극적으로 환경을 탐색할 수 있게 되며, 이를 통해 세상에 대한 지식을 쌓는다.

2. 애착이론

(1) 정신분석이론

① 구강기: 이 시기에는 무언가를 빨고 싶어 하는 구순 욕구를 가진다. 이때 양육자는 영아에게 젖을 물리거나 음식을 넣어줌으로써 구순 욕구를 충족시킨다. 이를 통해 영아는 양육자에게 애착을 형성한다.
➡ 구강 만족을 시켜주는 사람에게 애착을 느낀다.

② 애착의 찬장이론(cupboard love theory): 음식은 애착 형성에 있어 매우 중요한 요소로 간주되기 때문에 프로이트의 이론에서는 애착을 찬장에 항상 있는 음식에 비유하여 애착의 찬장이론이라고 부르기도 한다.

③ 에릭슨(Erikson): 양육자가 일관성 있게 영아의 필요에 적절히 반응한다면 영아에게 신뢰를 얻을 수 있지만, 비일관적으로 반응한다면 불신이 형성되어 애착을 형성하지 못한다.

(2) 학습이론

① 학습이론에서도 음식은 애착 형성의 기본 요소로 작용하지만, 정신분석과는 다르게 애착이 조건화를 통해 형성된다고 본다.

② **애착의 조건화**: 영아에게 음식을 주면 영아는 즐거워한다. 음식은 무조건 자극으로 항상 영아에게 즐거운 반응을 일으킨다. 이때 양육자가 음식을 영아에게 주면 양육자라는 중성자극이 음식이라는 무조건자극과 연합하게 되어 즐거움이라는 무조건반응을 일으키게 된다. 이때 조건화가 이루어진 후에는 영아가 음식 없이 양육자만 보더라도 즐거움을 느끼게 된다.

③ **이차적 강화원(secondary reinforce)**: 어머니는 영아에게 이차적 강화원이 된다. 이차적 강화원은 처음에는 중립적이었으나 다른 강화물과 반복적으로 연합됨으로써 일차적 강화물의 지위를 갖게 되는 것을 말한다.

(3) 인지발달이론

① 애착 형성이 인지 발달 수준과 연관이 있다고 본다. 즉 인지 발달이 이루어진 다음에 애착 형성이 가능하다는 것이다.

② **양육자와 애착 형성**: 영아는 다른 사람들과 양육자를 구분할 수 있어야 한다. 또한 눈앞에 양육자가 없더라도 이 세상에서 사라진 것이 아니라는 대상영속성에 대한 개념도 터득해야 한다. 따라서 애착을 형성하는 시기에 맞춰 대상영속성 개념이 함께 발달하게 된다.

(4) 동물행동학이론

① 애착 형성을 생존과 직결된 문제로 본다.

　　예 어린 개체가 어미에게 애착을 형성하지 못한 채 아무나 따라가게 된다면 생명에 위협을 받을 수 있다.

② **로렌츠(Lorenz)의 각인 연구**

　㉠ **각인(imprinting)**: 위험으로부터 보호받기 위한 본능적인 행동을 각인이라고 한다.

　　예 새끼 오리가 태어나서 처음 본 대상인 어미를 따라다니는 것

　㉡ 영아의 경우, 미소 짓기, 매달리기, 울기 등의 행동을 통해 양육자의 보살핌과 보호를 이끌어 낸다.

　㉢ 이러한 영아와 양육자 간의 사회적 상호작용을 통해 애착은 형성되고 발달해 간다.

③ **볼비(Bowlby)의 연구**

　㉠ 영아는 울거나 웃으면서 양육자의 관심을 끌며, 매달리는 행동을 통해 양육자의 보호를 받는다.

　㉡ **귀여움**: 진화적 산물로, 이러한 귀여움 때문에 양육자는 영아를 더 사랑하게 된다.

　㉢ **영아가 성인보다 더 귀엽게 느껴지는 이유**: 영아들의 넓은 이마, 토실토실 살찐 볼, 둥근 얼굴이 큰 몫을 한다. 이러한 모습은 영아뿐 아니라 토끼와 강아지 등 다른 동물의 새끼에게서도 찾아볼 수 있다.

　㉣ **큐피인형 효과(kewpie doll effect)**: 영아의 귀여운 특징은 큐피인형에서도 동일하게 찾아볼 수 있는데, 이러한 귀여움을 통해 영아가 양육자로부터 관심과 사랑을 이끌어 내는 현상이다.

④ **할로(Harlow)의 접촉위안(contact comfort)**

　㉠ 할로는 실험을 통해 애착이 형성되려면 단순히 음식을 주는 것만으로는 부족하며, 신체 접촉을 하는 것이 중요함을 보여준다.

　㉡ **연구결과**: 새끼 원숭이들은 어미 원숭이를 통해 단순히 배고픔을 해결하기보다 신체적 접촉을 하여 안정감을 얻고자 하는 욕구가 더 크게 나타났다.

　㉢ 수유가 양육자에 대한 영아의 애착에 결정적 요인이 아니었다.

3. 볼비(Bowlby)의 애착 형성 단계

(1) 전 애착 형성 단계(preattachment phase): 출생~생후 3개월

① 이 시기에는 아직 특정 대상에 애착이 형성되지 않아 혼자 남아 있어도 생리적인 불편함이 없으며 별다른 반응을 보이지 않는다.

② 울기, 응시하기, 미소, 옹알이 등의 여러 신호행동을 통해 성인의 반응을 이끌어 내기는 하나 애착대상과 낯선 사람과의 구분이 명확하지 않은 시기이다.

③ 영아는 아무에게나 미소를 지을 수 있으며 곁에 있던 사람이 떠나면 울음을 터뜨린다.

(2) 애착 형성 단계(attachment on the making phase): 생후 3~6개월

① 이 시기의 영아는 친숙한 사람과 낯선 사람에게 다르게 반응하기 시작한다.

② 아직 낯가림은 심하지 않으나 친숙한 사람에게 더 많이 웃고 옹알이도 더 많이 하며 위로를 받는다. 하지만 아직 특정 애착대상에게 지속적인 선호를 표현하지는 못한다.

③ 이 시기의 영아는 애착대상인 주 양육자에 대한 기대와 인식을 형성하면서 신뢰적 기반을 쌓기 시작한다.

(3) 애착 단계(phase of clear-cut attachment): 생후 6~18개월

① 이 시기의 영아는 무조건 애착대상과 함께 있기를 원한다.

② 낯선 사람에 대한 낯가림이 생기고, 애착대상이 아기의 곁을 떠나면 분리불안이 나타난다.

③ 분리불안: 어머니와 떨어지면 매우 불안해하는 분리불안을 보임으로써 애착을 분명하게 드러낸다. 이 현상은 12개월 전후부터 나타나기 시작해 14~16개월에 급증하고, 18개월 정도까지 지속되다가 점차 사라진다.
   ➡ 영아가 대상영속성을 획득했음을 보여주는 것으로, 대상영속성을 빨리 획득한 영아일수록 분리불안은 빨리 시작된다.

④ 영아는 어머니에 대한 애착을 분명히 나타낸다. 기기와 걷기가 가능해진 이 시기의 영아는 어머니에게 적극적으로 접근하고 매달리고 따라다니며 함께 있으려고 한다.

(4) 상호적 관계 형성 단계(formation of reciprocal relationship): 생후 18개월~2세

① 이 시기의 영아는 인지적 성숙과 발달로 인해 애착대상이 곁에 없어도 그 이미지를 표상할 수 있고, 애착대상이 다시 돌아올 것이라는 예측이 가능하여 분리불안이 감소한다.

② 애착대상의 감정이나 목표, 그리고 감정을 이해하고 이에 따라 자신의 행동을 계획하는 보다 상호 조절적 태도를 보인다.

③ 애착대상과의 분리에 대해 서로 타협할 수 있는 협동적인 관계에 들어서면서 진정한 동반자로 발전하게 된다.

④ 주 양육자 외에 다른 사람과도 애착을 맺기 시작하며, 이때 다중애착이 발달한다.

4. 애착의 측정

(1) 에인스워스(Ainsworth)의 낯선 상황 실험 및 절차 기출 22

① 에인스워스의 낯선 상황 실험

단계	등장인물	실험상황	애착행동
1	어머니, 아기	실험자가 어머니와 아기를 실험실로 안내한 후 실험실을 나감	–
2	어머니, 아기	아기가 장난감을 가지고 놀면서 실험실을 탐색하는 동안 어머니는 아기 곁에 앉음	안전기지로서의 어머니
3	어머니, 아기, 낯선 사람	낯선 사람이 실험실에 들어와 어머니와 이야기를 나눔	낯선 사람에 대한 아기의 반응 안전기지로서의 어머니
4	낯선 사람, 아기	어머니가 실험실을 나감. 낯선 사람이 아기와 상호작용을 시도하고, 아기가 당황하면 진정시킴	분리불안
5	어머니, 아기	어머니가 다시 실험실로 들어오고 낯선 사람은 실험실을 나감. 어머니는 아기를 반기고, 필요하면 달래줌	어머니와 재회 시 아기의 반응
6	아기	아기만 남겨두고 어머니가 실험실을 나감	분리불안
7	낯선 사람, 아기	낯선 사람이 다시 실험실로 들어오고 아기를 달램	낯선 사람에 의해 달래지는 정도
8	어머니, 아기	어머니가 실험실에 돌아오고, 낯선 사람은 나감. 아기를 달래줄 필요가 있으면 어머니는 아기를 달래준 후 다시 장난감을 가지고 놀게 함	어머니와 재회 시 아기의 반응

② **낯선 상황 절차**: 낯선 상황 혹은 스트레스를 받는 상황에서 영아가 부모와 같은 애착대상에게 어떻게 반응하는 지를 살피기 위해 고안했다. 애착대상과의 분리와 재결합, 낯선 사람의 출현을 포함하여 총 8개의 에피소드로 구성된다.

③ 애착 유형

구분	특성
안정애착 (secure attachment)	• 영아는 양육자와 함께 있을 때 평안함과 안정감을 느끼기 때문에 양육자를 안전기지로 삼아 주변에 있는 장난감을 자유롭게 탐색함 • 재결합했을 때에는 양육자에게 금방 긍정적인 반응을 보임. 이러한 반응을 보일 수 있는 것은 평소 양육자가 영아의 필요에 민감하고 효과적인 방법으로 반응을 했기 때문 • 이 유형의 어머니: 아기의 요구에 즉각적으로 반응해 주고 안정적으로 상호작용을 해 줌
불안정 회피애착 (insecure-avoidant attachment)	• 영아는 양육자와 같이 있을 때에도 분리되었을 때에도 별다른 반응을 보이지 않음 • 재결합 시, 양육자와의 상호작용을 회피하고 애정과 분노도 표현하지 않아 양육자와의 분리 상황에서 스트레스는 받지만 상대적으로 적게 받음 • 이 유형의 어머니: 무감각하고 신체 접촉이 거의 없으며 화가 나 있거나 초조해하며 거부하듯 이 영아를 다루는 경향이 있음

구분	특성
불안정 저항애착 (insecure-resistant attachment)	• 영아는 양육자와 분리될 때 극심한 스트레스를 경험함 • 재결합 상황에서 먼저 달려가 매달리기도 하지만, 자신을 두고 간 양육자를 원망하듯 장난감을 던지고 밀쳐내며 칭얼대는 등 다양한 분노행동을 보이고 양가적인 태도를 지님 • 이 유형의 어머니: 아기의 요구에 무감각하고, 아기를 다루는 방식이 어색하지만, 화를 내는 느낌이 아님. 그러나 기준 없이 부모의 기분에 따라 반응하는 일관성 없는 양육태도가 영아를 불안하게 만듦
혼란애착 (disorganized attachment)	• 4가지 유형 중 양육자와 분리되었을 때 가장 큰 스트레스와 불안정한 모습을 보임 • 재결합 상황에서 양육자에게 다가가고 싶어 하면서 동시에 무서운 존재로 생각하기 때문에 양육자를 피하고 싶은 감정을 가지고 혼란스러워하는 모습을 보임

④ 분리와 재결합 시 애착 유형에 따른 특징

구분	분리되었을 때의 특징	재결합했을 때의 특징
안정애착	스트레스를 받지만 곧 안정을 찾음	웃거나 반기는 등 긍정적인 반응을 보임
불안정 회피애착	큰 반응이 없음	긍정적인 반응을 보이지 않음 예 엄마가 안으려고 할 때 피하거나 시선을 회피함
불안정 저항애착	스트레스를 많이 받음	양가적인 반응을 보임 예 엄마에게 매달리다가도 원망하듯이 밀쳐냄
혼란애착	가장 많은 스트레스를 받음	엄마에게 안기거나 다가가고 싶지만 두려워서 다가가지 않음

(2) AQS(Attachment Q-Sort)

① 영아 이후(1~5세)의 애착을 측정하기 위해서뿐만 아니라, 낯선 상황 절차보다 좀 더 쉽고 경제적으로 애착을 측정하기 위해 개발되었다.

② 90개의 문항으로 구성되어 있으며 연령과 문화에 상관없이 다양한 대상에 사용할 수 있고, 가정, 공공장소, 실내, 실외 등 다양한 배경에서 측정될 수 있다.

③ 애착 유형: 안정성(security)과 의존성(dependency)으로 구분한다.

➡ 안정성 점수가 높을수록 양육자를 안전기지로 삼고 다양한 행동에 관여할 수 있다.

5. 애착에 영향을 주는 요인

(1) 양육가설

① 양육가설(care-giving hypothesis): 부모나 양육자의 양육특성이 자녀의 애착 형성에 영향을 미친다.

② 양육자의 특성: 영아의 신호에 대한 양육자의 민감성과 반응성이 애착 형성에 중요하다.

③ 안정애착 부모

㉠ 영아의 신호에 빠르게 반응하고 민감한 상호작용을 보인다.

㉡ 영아가 원하는 것에 적절한 반응을 보이면 영아는 부모를 신뢰하게 되고 다양한 안정된 애착을 형성한다.

㉢ 안정애착은 부모를 신뢰하는 것처럼 다른 사람을 신뢰하게 만들어 이후 긍정적 대인관계의 토대가 된다.

④ 부모의 민감성(sensitivity): 일관되고 반응적인 보살핌이다. 이는 양육자의 기분에 따라 변하는 변덕스러운 반응이 아니라 자녀의 표현을 정확하게 이해하고 이에 일관되게 반응하는 것을 의미한다.

⑤ 영아기 애착에 영향을 미치는 양육특성(De Wolff & Van Ljzendoorn)
　ⓐ 민감성: 영아의 신호에 즉각적이고 적극적으로 반응한다.
　ⓑ 긍정적 태도: 영아에게 긍정적이고 친밀한 감정표현을 한다.
　ⓒ 동시성: 영아의 반응이나 신호에 조화롭고 즉각적으로 반응한다.
　ⓓ 상호성: 영아와 양육자가 함께 같은 것에 주목하고 상호작용한다.
　ⓔ 지원: 영아에게 필요한 물리적·정서적 도움을 적절하게 지원한다.
　ⓕ 자극하기: 영아의 발달에 필요한 환경을 조성하거나 직접 자극하기 위한 활동을 제공한다.
⑥ 회피애착: 양육자가 아이와 정서적으로 교류하고 정서적 요구에 반응하는 것을 어려워하는 영아는 회피애착을 형성하는 경향이 있다.
⑦ 혼란애착: 양육자가 자녀를 학대하는 등 양육자 자신의 외상이나 심리적 문제를 가지고 있어 혼란스러운 양육을 보일 경우 혼란애착을 형성하는 경향이 있다.
⑧ 기질가설: 영아의 기질은 그 자체보다 양육자와의 조합의 적합성으로 애착에 영향을 미친다. 즉, 영아의 기질에 맞는 적절한 양육이 제공될 때 영아가 안정된 애착을 형성할 수 있다.

> **더 알아보기** **무표정(still-face) 실험 절차**
> - 먼저 양육자가 영아와 긍정적인 상호작용을 한다. 그러던 중 갑자기 무표정을 짓도록 하고, 이때 영아의 반응을 살핀다.
> - 긍정적인 상호작용 진행 중 양육자가 영아에게 적절한 표현을 해 줄 때 영아는 미소를 보이며 긍정적인 반응을 보인다.
> - 양육자가 아무런 표정 없이 무표정으로 일관하면 영아는 칭얼대거나 얼굴을 찌푸리면서 스트레스를 받는 모습을 보인다.
> - 이 절차에서 나타난 영아의 반응으로 이후 형성하게 될 애착 유형을 예측한다.

(2) 다중애착(복합애착, multiple attachment)
① 영아가 두 사람 이상에게 동시에 애착을 형성하는 것으로, 어머니뿐만 아니라 아버지, 조부모, 육아도우미, 보육교사 등 타인 양육자인 여러 이차적 인물에게도 애착을 형성하는 것을 말한다.
② 어머니와의 애착 안정성과는 별개로 타인 양육자와 독립적인 애착을 형성할 수 있다.
③ 어머니와 안정된 애착을 경험하면 타인 양육자와의 애착을 형성하기가 쉽다. 하지만 어머니와 안정된 애착을 형성하지 못하더라도 타인 양육자와 안정된 애착을 형성하면 이를 보완할 수 있다.

(3) 내적 작동 모델(internal working model) 기출 17
① 영아는 일차 양육자와의 상호작용을 통해 자신과 타인 그리고 둘 간의 관계에 대한 인지적 표상을 형성하며, 이를 내적 작동 모델이라고 한다. 영아는 이를 기반으로 자신과 타인뿐 아니라 둘 간의 상호작용에 대해 특정한 패턴을 기대하게 된다.
② 자신과 타인에 대한 긍정/부정 내적 작동 모델
　ⓐ 타인에 대한 긍정적 작동 모델: 민감하고 반응적인 양육을 통해 형성된다. 이 모델을 가진 영아는 타인을 신뢰할 수 있다.
　ⓑ 타인에 대한 부정적 작동 모델: 둔감하거나 무관심한 양육을 통해 형성된다.
　ⓒ 자신에 대한 긍정적 작동 모델: 영아의 필요를 빨리 알아차리고 민감하게 반응하는 양육자의 자녀가 자신을 신뢰하게 되면서 형성된다.
　ⓓ 자신에 대한 부정적 작동 모델: 영아 자신의 요구가 양육자로부터 받아들여지지 않는다거나 민감하지 못한 양육자가 영아의 요구를 잘못 해석하는 경우에 형성된다.

③ 볼비(Bowlby)의 내적 작동 모델에 따른 애착 유형

구분		자기 모델	
		긍정	부정
타인 모델	긍정	안정형(일차 안정애착)	몰입형(일차 저항애착)
	부정	무시형(일차 회피애착)	공포형(일차 해체/혼란애착)

- ㉠ **일차 안정애착**: 자신에 대한 신뢰를 가지고 새로운 일에 도전하고, 무엇을 하든 숙달하고자 하는 의지를 가진다. 또한 양육자뿐만 아니라 이후 형성하는 친구나 배우자와도 상호 신뢰적인 관계를 형성한다.
- ㉡ **일차 회피애착**: 영아는 무감각한 양육자의 관심을 이끌어 냈을 때 자기에 대한 확신은 가지지만 타인을 신뢰하지 못하게 된다. 따라서 영아는 타인과 친밀한 관계나 애착을 형성하는 것을 포기하게 된다.
- ㉢ **일차 저항애착**: 영아가 일관되지 못하게 양육자의 관심을 끌 경우 형성된다. 이때 영아는 자신에 대해 확신하지 못하게 되고, 일차 저항애착을 형성하게 된다. 일차 저항애착을 가진 영아는 상호관계에서 안정적인 애착을 형성하는 데 몰두하고 집착하게 된다.
- ㉣ **일차 해체/혼란애착**: 영아는 타인과의 관계에서 타인은 물론 자신도 신뢰하지 못하고, 정서적이든 물리적이든 상처받을까 두려워한다.

(4) 아빠애착

① 자녀에 대한 아빠의 애착은 엄마보다 늦지 않으며 애착의 정도도 적지 않다.
② **엄마 – 자녀 애착**: 엄마가 영아를 보살피면서 형성된다. 예를 들어 엄마와 함께 보낸 시간, 상호작용의 질로 영아의 안정 정도를 예측한다.
③ **아빠 – 자녀 애착**: 주로 놀이를 통해 형성된다. 자녀와 함께 놀이시간을 보낼 때 아빠가 어떤 태도로 응하느냐가 아동 발달에 있어 중요하다. 예를 들어 자녀가 놀이를 주도하도록 상황을 조성하고 놀이 중 제안하는 것을 받아주며, 정서적·육체적 지원을 해 주는 아빠의 태도는 만 6, 10, 16세 아동의 안정애착과 관련 있는 것으로 나타났다.

제8절 도덕성 및 공격성 발달

23 도덕성 발달: 도덕적 사고 발달

1. 피아제(Piaget)의 도덕성 발달이론

(1) 도덕성 발달
① 인지 발달이 일련의 단계에 따라 이루어지므로 도덕성 발달은 인지 발달과 병행하여 단계적으로 발전한다.
② 도덕성 발달단계: 전도덕성 단계, 타율적 도덕성 단계, 자율적 도덕성 단계로 구분하였다.
③ 타율적 도덕성 단계의 아동은 인지적 성숙과 사회적 경험을 통해 자율적 도덕성 단계로 나아간다.

(2) 피아제의 도덕성 발달 단계에 따른 도덕적 사고
① 이야기 A: 유라의 엄마는 방에 있던 유라에게 저녁을 먹으러 주방으로 오라고 했다. 그런데 주방 문 뒤에 의자가 있었고, 그 의자 위에는 컵 15개가 놓여 있었다. 유라는 문 뒤에 의자와 컵이 있을 것이라고 전혀 생각하지 못한 채 문을 열었고, 결국 문이 '쾅'하고 컵에 부딪히면서 컵 15개가 모두 깨져버렸다.
② 이야기 B: 엄마가 집에 없는 사이 샛별이는 찬장에 있는 잼을 꺼내려고 했다. 샛별이는 의자를 찬장 밑에 놓고 올라가 손을 뻗어 보았지만, 찬장이 너무 높은 곳에 있어 잼이 손에 닿지 않았다. 하지만 샛별이는 잼을 꺼내려 계속 애를 쓰다가 그만 컵 1개를 깨트리고 말았다.
③ 'A의 유라와 B의 샛별이' 중 누가 더 나쁜가? 타율적 도덕성 단계에 해당하는 아동은 어떤 행동의 의도와는 상관없이 행동의 결과에 따라 누가 더 나쁜지를 판단한다. 그러므로 의도와는 상관없이 컵을 많이 깬 유라가 더 나쁘다고 생각한다. 반면, 자율적 도덕성 단계에 다다른 아동은 사람들이 하는 행동의 의도를 고려하므로 유라보다 샛별이가 더 나쁘다고 생각한다.

(3) 도덕성 단계

단계	연령	특징
전도덕성 단계 (premoral stage)	5세 이전	• 인지 발달이 미성숙하여 규칙을 이해하지 못하고 도덕적인 판단을 할 수 없음 • 규칙에는 관심이 없고, 단순히 재미있는 활동이나 흥미로운 대상으로 인해 놀이를 함
타율적 도덕성 단계 (heteronomous stage)	5~7세	• 규칙은 권위적인 존재에 의해 만들어진 것으로 믿으며, 그 규칙을 수정하는 것은 불가능하다고 생각함 • 어떤 행동의 옳고 그름을 행위자의 의도와는 상관없이 단지 행동결과만 가지고 판단함 • 내재적 정의(immanent justice)에 대한 믿음을 가지고 있음. 내재적 정의는 어떠한 상황이나 이유에서든 나쁜 행동을 한 사람은 벌을 받아야 한다고 생각하는 것을 의미함 ※ 구속의 도덕성: 외부의 규칙, 권위에 의존하여 행동의 결과에 따라 선악을 판단함 ※ 도덕적 사실주의: 규칙과 질서를 원래부터 존재했던 것으로 인식하므로 바꿀 수 없는 절대적인 것으로 생각함

단계	연령	특징
전환기 단계	7 ~ 10세	• 또래와 많은 시간을 보내며 놀이활동을 하게 되는데, 놀이규칙이 상황에 따라 유동적으로 변할 수 있다고 생각함 • 타인의 마음을 이해하기 시작하므로, 자기 이익을 앞세우기보다 타인이 어떻게 생각하고 느낄지 고려하여 공정한 규칙을 따름. 하지만 일관되게 공정한 행동을 보이지는 못함
자율적 도덕성 단계 (autonomous stage)	10세 이상	• 법과 규칙이 사람에 의해 만들어진다는 것을 깨달음. 따라서 법과 규칙은 언제든지 바뀔 수 있다는 것을 알게 됨 • 행동의 결과보다 상황과 의도를 고려함 • **협력의 도덕성**: 사람들이 각기 다른 규칙을 가지고 있음을 이해하는 협력의 도덕성을 발달시키게 되고, 규칙이 다른 사람과의 협의에 의해 바뀔 수 있음을 알게 됨

(4) 도덕적 실재론에 따른 타율적 도덕성

① 이 단계의 아동은 규칙은 하나님이나 부모와 같은 절대자가 만들어 놓은 것이며, 따라서 누구든 반드시 지켜야 하고, 결코 변할 수 없는 것으로 믿고 있다.

② 피아제는 이 단계에서 아동이 가지는 절대주의적인 도덕적 사고를 '도덕적 실재론(moral realism)'이라 한다.

③ 이 단계에 속한 아동의 도덕적 사고는 '타율적 도덕성'에 지배된다.

    ㉠ 아동은 행위의 결과가 얼마나 나쁜가 또는 결과적으로 다른 사람으로부터 비난을 받을 것인가의 여부에 의해 도덕적 선악이 결정되는 것으로 판단한다.

    ㉡ 규칙의 절대성을 매우 강하게 믿어 규칙을 어기면 반드시 벌이 따라온다는 '내재적 정의'에 의해 지배된다.

④ 이 단계의 아동이 타율적이며 절대론적인 도덕적 사고에 묶여 있는 것은 이 시기의 인지발달 수준이 주관적 경험과 실재를 구별하지 못하는 자기중심적이며 실재론적인 사고단계에 있기 때문이다.

(5) 도덕적 상대론에 의한 자율적 도덕성

① 이 단계의 아동은 사회적인 규칙은 임의적인 약속이며, 사람들의 동의에 의해 변화될 수 있다는 것을 알 수 있다. 상황에 따라 규칙은 지켜지지 않을 수도 있으며, 반드시 처벌받는 것이 아니라는 것도 깨닫게 된다.

② 이 시기에는 결과가 아닌 동기나 의도에 의한 도덕적 사고가 가능하며, 이에 따라 이 단계를 '자율적 도덕성'의 단계라고 본다.

③ 아동이 인지적으로 성숙하고 사회적 경험을 쌓아감에 따라 점차 타인의 숨겨진 의도와 동기를 파악할 수 있게 되며, 따라서 타율적이고 절대적인 도덕성에서 자율적이고 상대적인 도덕성으로 이행하게 된다.

④ 이상적 상호 호혜성(ideal reciprocity): 이 단계에서는 자율적 도덕성을 바탕으로 한 이상적 상호 호혜성이 발달되는데, 이는 상호성에 대한 진전된 이해력을 가지고 개인의 상황에 따라 규칙이 재해석되고 수정될 수 있다고 보는 사고다.

(6) 평가

① 도덕적 판단에 있어서 의도에 대한 이해: 10세 이후가 되어서야 타인 행동의 의도를 고려한 도덕적 판단이 가능하고, 9세 이하의 아동은 행동결과에 근거해서 도덕적 판단을 한다고 주장한다. 하지만 이후 연구들에서 다소 다른 과제를 사용할 경우 피아제가 생각한 것보다 더욱 일찍 의도에 근거한 도덕적 판단이 가능한 것으로 나타났다.

② **규칙과 권위에 대한 이해**: 10세 이전의 아동이 규칙을 요구하는 성인이 항상 절대적인 권위가 있다고 생각하는 것은 아니라는 것이다. 어린 아동 때리기, 도둑질 같은 행위는 권위 있는 성인의 의견과 상관없이 나쁜 행동이라고 판단하고, 어떤 행위는 상황에 따라 다르게 평가될 수 있다고 생각한다.

2. 콜버그(Kohlberg)의 도덕성 발달이론

(1) 도덕성 발달

① 피아제의 도덕성 발달의 인지적 관점을 기초로 하여 도덕성 발달이론을 정교하게 발전시켰다.

② 도덕성 발달은 인지발달과 관련되어 있다.

   ㉠ 자기중심적 사고에 머물 경우에는 도덕성은 전인습적 수준의 발달을 보인다.

   ㉡ 타인의 관점과 입장을 이해하는 능력이 발달하면서 자기중심적 사고에서 벗어나 인습적 수준의 도덕적 판단이 가능해진다.

   ㉢ 추상적 사고를 할 수 있게 되면서 후인습적 수준에 도달한다.

③ **도덕적 딜레마 상황**: 유럽에 사는 한 여인이 특별한 종류의 암 때문에 거의 죽음에 이르렀다. 의사들이 그녀를 살릴 수 있다고 생각하는 약이 하나 있다. 일종의 라디움으로 같은 마을에 사는 약제사가 최근에 발견한 것이다. 그 약을 만드는 데 많은 비용이 들었고 약제사는 생명을 구할 수 있는 소량의 약에 대해 2000달러, 즉 약값의 10배를 요구했다. 아픈 여인의 남편인 하인즈(Heinz)가 빌릴 수 있는 돈의 전부는 약값 절반인 1000달러였다. 그는 약제사에게 자신의 부인이 죽어가고 있으니 그 약을 싸게 팔아 나중에 갚도록 해달라고 부탁했다. 그러나 약제사는 "안 됩니다. 내가 약을 발견했고, 그것으로 돈을 벌 것입니다."라고 말했다. 그러자 하인즈는 실망했고 아내를 위해 가게를 부수고 약을 훔쳤다. 하인즈는 그래야만 했을까?

(2) 도덕성 발달 단계 특징 [기출 19]

3수준	6단계	내용
전인습 수준	1단계: 벌과 복종에 의한 도덕성 (복종과 처벌지향)	• 처벌을 피할 수 있거나 있는 권위(힘 있는 사람)에 복종하고 따르는 것이 도덕적 가치를 지님 • 행위의 물리적 결과에 따라 옳고 그름을 판단하며, 들키지 않거나 처벌받지 않으면 나쁜 행동이라고 생각하지 않음
	2단계: 욕구 충족 수단으로서의 도덕성(개인적 쾌락주의 지향)	• 자신이나 타인의 욕구를 충족시키는 행위가 도덕적이라고 판단함 • 상대주의적 관점에서 옳고 그름을 판단함
인습 수준	3단계: 대인관계 조화를 위한 도덕성(착한 소년/소녀 지향)	• 사회적 관습에 의해 도덕성을 판단함 • 다른 사람을 기쁘게 하거나 도와주며, 인정받는 것이 도덕적이라고 생각함
	4단계: 법과 사회질서 준수로서의 도덕성(사회질서와 권위지향)	법이나 질서를 준수하며, 사회 속에서 개인의 의무를 다하는 것을 기준으로 도덕성을 판단함
후인습 수준	5단계: 사회계약으로서의 도덕성(사회계약 지향)	법은 사회적 합의에 의한 것이며, 개인의 권리와 공익의 원칙에 맞지 않을 경우 고칠 수 있다는 법의 유동성을 인지함
	6단계: 보편적 원리로서의 도덕성(보편적 윤리원리 지향)	보편적 원리(인간 존엄성, 평등, 정의, 공정성)에 의해 도덕성을 판단하며, 내적 양심 및 윤리적 원리에 맞지 않으면 법에 불복종함

① 전인습적(pre-conventional) 도덕성: 자기중심적 윤리로서, 권위적 인물의 규칙을 그대로 수용하여 자신의 행동을 판단한다. 따라서 권위적 인물에게 처벌받는 행동은 나쁘고 보상을 받는 행동은 좋은 것으로 도덕적 추론을 한다.

② 인습적(conventional) 도덕성: 타인에 의한 윤리로서 규칙을 지키는 것은 타인의 인정을 얻기 위함이거나 사회질서를 유지하기 위한 것이다.

③ 후인습적(postconventional) 도덕성: 원리에 의한 윤리로서 사회적 법과 규칙을 절대적으로 지지하지 않는다. 그 법과 규칙보다는 모든 상황과 사회에 적용되는 추상적 원리와 가치를 도덕성으로 정의한다. 즉, 도덕적으로 옳은 행위와 법적으로 적합한 행위가 항상 똑같은 것은 아니라는 입장을 가진다.

> **참고   도덕적 퇴행현상**
>
> 도덕성 발달 단계의 인습 수준에 있는 청소년들이 전인습 수준의 하위 단계인 2단계로 후퇴했다가 다시 인습 수준으로 되돌아오거나 후인습 수준의 하위 단계인 5단계로 발달하는 현상이다. 이는 일시적으로 나타나는 현상으로 청소년기 자아정체감을 형성하기 위해 경험하는 심리사회적 갈등, 동요 때문에 발생한다.

(3) 문제점

① **가장 최상 단계의 도덕성:** 후인습적 수준의 도덕성이 이상적인 도덕 발달의 가치를 보여 주기는 하지만 현실에서의 도덕성 발달을 반영하는지는 불분명하다.

② **도덕적 판단과 도덕적 행동의 불일치:** 이 이론은 도덕적 추론 및 판단에 초점을 둔 이론이다. 도덕적 판단과 행동 간의 관련성은 존재할 수 있지만 도덕적 규범에 대한 이해가 항상 도덕적 행동으로 이어지는 건 아니다. 특히 일상의 도덕적 갈등상황은 강한 정서반응을 불러일으키므로 도덕적 정서나 동기를 간과하는 어떠한 이론도 완전하지 못하다는 주장이 있다.

③ 도덕성 발달이론은 문화적 편견을 보이기 때문에, 모든 문화권에서 나타나는 보편적인 현상이 아니다. 특히 후인습적 사고는 서구 사회의 이상인 정의를 반영하기 때문에 비서구 사회에 사는 사람과 사회규범에 도전할 정도로 개인의 권리를 높이 평가하지 않는 사람들에게는 불리하다.

④ 정의와 개인의 권리를 도덕적 가치의 기준으로 중요시하는 이 이론은 남성을 대상으로 한 인터뷰 자료에 근거하여 만들어졌기 때문에 배려와 돌봄을 중요시하는 여성의 도덕성을 평가하는 데 적합하지 않다.

⑤ 비현실적 상황에 대한 딜레마를 사용했기 때문에 현실에서 발생한 도덕적 갈등에 대해 실제로 개인이 어떻게 판단하는지 불분명한 정보를 준다.

3. 길리건(Gilligan)의 도덕성 발달이론

(1) 도덕성 발달

① 콜버그 이론 비판
  ㉠ 추상적인 도덕원리를 강조하며, 백인 남성과 소년만을 대상으로 도덕성 발달 단계를 설정했다.
  ㉡ 성인 남성은 4, 5단계의 도덕성 발달수준을 보이고, 여성은 대부분 3단계의 도덕성 발달수준을 보이므로 여성의 도덕성 발달이 남성이 비해 낮다고 주장한 콜버그의 주장은 여성의 도덕성 발달을 적절히 설명하지 못한다.

② 여성과 남성의 도덕적 판단

    ⊙ 남성 - 정의 관점(justice perspective): 소년은 독립적이고 추상적인 사고를 할 수 있도록 교육 받았기 때문에 추상적 판단에 기초한 정의 관점에서 도덕적 판단을 한다.

    ⓒ 여성 - 배려 관점(care perspective): 소녀는 양육적이고 돌보기를 중요시하도록 교육받았기 때문에 인간관계와 타인을 돌보는 것을 기초로 하는 배려와 책임감을 중심으로 도덕적 판단을 한다.

(2) 도덕성 발달 단계

① 1단계: 개인적 생존 지향

    ⊙ 자기중심적이고 실제적인 관점에서 문제를 해결하려고 한다. 어떤 상황이 자신의 욕구와 일치되지 않을 때 도덕적 추론을 하게 되며, 자신이 원하는 것이 도덕적 판단의 기준이 된다.

    ⓒ 전환기: 타인과의 관계형성과 애착이 중요해지며, 따라서 도덕적 추론은 책임감과 관계성을 중시하는 쪽으로 발달해간다.

② 2단계: 자기희생으로서의 선(善)지향

    ⊙ 자신의 욕구보다는 타인의 입장을 중요시하며 타인에 대한 배려, 책임감 및 그에 대한 자기희생 등의 대인관계 지향적 반응을 나타낸다. 즉, 타인과의 관계를 중요시하며 자신의 주장을 포기하기도 한다.

    ⓒ 타인과의 갈등 관계에서 배려와 자기희생을 선으로 간주하지만 이것은 사적인 관계에서 주로 일어난다.

    ⓒ 전환기: 이 시기는 개인이 자아개념 형성과 관계되어 타인에 대한 자신의 희생에 대하여 의문을 가지며, 자신의 주변보다는 더 넓은 범위에서의 배려와 희생을 생각하게 된다.

③ 3단계: 비폭력의 도덕성 지향

    ⊙ 일방적인 자기희생보다는 자신과 관련된 사람들 모두에게 최선의 방법을 모색하고자 한다. 즉, 자신의 권리와 타인에 대한 책임의 중요성이 함께 인식되면서 비폭력, 평화, 박애 등의 도덕성이 발달한다.

(3) 여성의 도덕성

① 여성은 자신의 필요에 몰두하는 이기적 단계에서 시작하여, 자신의 욕구보다는 타인의 입장을 중요시하는 도덕성 단계를 거쳐, 타인은 물론 자신의 책임의 중요성을 인식하고 자신과 관련된 모든 사람에게 최선의 방법을 모색하는 도덕성으로 발달해나간다.

② 여성은 도덕성에서 추상적인 도덕적 원리보다 인간에 대한 책임을 강조하며, 타인의 요구에 민감하게 반응하고 타인과의 관계를 고려하는 도덕적 사고를 중시한다.

③ 여성은 자신을 희생하더라도 인간관계를 유지하고자 하는 배려지향적인 성향을 가진다.

4. 리욘스(Lyons)의 도덕성

(1) 정의지향의 도덕성

개인을 타인과의 관계에서 분리된 존재, 객관적인 존재로 규정한다. 특히 공정성으로서의 정의도덕을 사용한다.

(2) 배려지향의 도덕성

개인을 타인과 관련된 존재 또는 관계를 맺고 있는 존재로 규정한다. 특히 타인에 대한 반응으로서의 관계에 대한 이해에 기초하는 염려의 도덕성을 사용한다.

5. 아이젠버그(Eisenberg)의 도덕성

(1) 도덕성 발달

① 실생활에서 아동이 경험하는 딜레마는 자신의 이익을 추구하는 것과 타인을 돕는 것 사이에 발생한다.

② 다른 사람을 돕는 것과 자신이 필요한 것을 성취하는 것 사이에서 하나를 선택해야 하는 딜레마를 제시했고, 친사회적 도덕추론능력이 어떻게 발달하는가를 5단계로 제안했다.

(2) 친사회적 도덕추론능력 단계

① 1단계 쾌락주의적 지향(hedonistic orientation): 대부분의 학령 전기 또는 학령기 초기 아동은 도덕적인 가치보다 자신의 이득에 관심을 가진다. 다른 사람을 돕는 것은 직접적인 이득이 있거나 나중에 상호 보상이 있거나, 필요성이나 선호에 의해 다른 사람을 배려해야 할 때 나타난다.

② 2단계 요구-기반 지향(need-based orientation): 상당수의 학령 전기 또는 학령기 아동은 다른 사람에게 필요한 것이 무엇인지를 언급한다. 이 단계의 아동은 다른 사람의 물리적·물질적·심리적 요구가 자신의 요구와 상충된다고 할지라도 타인의 요구에 대해 배려한다. 하지만 이 지향은 타인을 도와야 한다는 단순한 규칙의 이해에 근거하며, 상대방을 공감하거나 동정하는 능력에 근거하지 않는다.

③ 3단계 승인과 고정관념적 지향(approval and/or stereotyped orientation): 학령기에 접어든 아동은 타인의 승인이나 옳고 그름에 대한 고정관념에 근거하여 친사회적 행동을 하거나 하지 않는 것을 정당화한다.

④ 4단계 자기반영적 공감적 지향(self-reflective empathic orientation): 아동기 후기, 청소년기가 되면서 아동의 판단은 조망수용능력과 동정의 죄책감 같은 도덕성 관련 정서에 기반을 두기 시작하며, 친사회적인 행동의 결과로 인해 생겨날 수 있는 긍정적 정서를 고려하기 시작한다.

⑤ 5단계 강력한 내면화 단계(strongly internalized stage): 청소년 중 소수만이 가장 상위 단계의 도덕적 발달단계를 보이며 이 단계에서는 타인에 대한 책임감과 관련된 내면화된 가치, 믿음(예 '모든 사람은 똑같이 존엄하다.', '사회의 발전에 이바지할 의무가 있다.' 등)에 근거한 판단을 한다.

24 도덕성 발달과 영향 요인

1. 도덕적 행동 발달

(1) 자기통제능력

① 의미: 목표를 달성하기 위해 순간적인 충동, 욕구, 행동을 억제하는 능력으로 유혹에 대한 저항, 만족지연능력, 충동 억제 등의 능력이다.

② 도덕적 행동을 하기 위해서는 아동이 스스로를 통제할 수 있어야 하는데, 아동은 자신이 하고 싶은 것을 참고 사회적 행동규칙을 따라야 도덕적 행동을 할 수 있으므로 아동의 자기통제능력은 도덕적 행동을 하는 데 있어 중요한 요소이다.

③ 자기통제 단계(Kopp, 1987)

　㉠ 통제단계(control phase): 영아가 자신이 하고 싶은 대로 무엇이든 할 수 있는 것이 아니며 어른의 요구에 따라 적절히 반응해야 함을 배우는 시기이다. 이 시기의 자기통제는 타인의 지시나 요구에 순종하는 것으로 부모나 양육자가 제시한 행동기준에 따르는 것이다.

ⓛ **자기통제 단계(self-control phase)**: 이 시기의 유아는 타인의 지시나 통제를 내면화하고 부모가 없을 때도 자신을 통제할 수 있다. 유아는 표상적 사고(마음속의 어떤 것을 그릴 수 있는 능력)와 회상능력의 발달로 일상생활의 규칙들을 기억하고 혼자서도 그러한 규칙을 지킨다.

ⓒ **자기조절 단계(self-regulation phase)**: 유아는 새로운 상황에 따라 변화하는 주변의 요구를 유연하게 통제하는 자기조절이 가능하다. 다른 유아의 장난감을 뺏고 싶은 유아는 자기 자신에게 그 장난감을 갖고 놀고 싶지 않다고 혼잣말 하거나 다른 놀이를 하는 전략을 사용함으로써 다른 유아의 장난감에 대한 유혹을 잊어버리려고 한다.

④ **만족지연 능력**: 보다 큰 만족과 보상을 얻기 위해 순간의 즐거움을 가져다주는 욕구를 억제하거나 자신이 하길 원하는 행동을 통제하고 지연하는 능력이다.

ㄱ 높은 자기통제력을 지닌 아동은 15년 후 원만한 대인관계를 형성하고 있었고 학업성적도 더 뛰어났다.

ㄴ 만족지연능력이 높은 아동은 자신의 것을 기꺼이 다른 사람과 공유하는 행동을 보이는 경향이 있었다.

ㄷ 자기통제력이 낮은 아동은 사회적 규범과 규칙을 더 많이 어기고, 욕도 더 많이 하고, 도덕적으로 옳지 않은 행동을 더 많이 시도하는 경향을 보였다.

(2) 상황

① 아동은 자신이 처한 상황에 따라 어떤 때는 도덕적으로 또 다른 때는 비도덕적으로 행동하는 경향이 있었다. 완벽하게 도덕적이거나 비도덕적인 아동은 없었다.

② **특수성 원리(doctrine of specificity)**: 도덕적 원칙보다 상황에 따라 도덕적 행동이 달라지는 것이다.

③ 도덕적 행동 발달은 상황에 크게 영향을 받지만, 유전이나 애착 유형, 신경생물학적 요인에는 크게 좌우되지 않는다. 하지만 또 다른 연구에서는 아동의 기질 유형이 도덕적 행동과 친사회적 행동에 큰 영향을 미친다고 강조한다.

(3) 프로이트의 초자아 [기출 23]

① **초자아**: 양심을 자극하여 스스로를 관찰하고 평가하는 역할을 한다.

② **만 3~6세 유아**: 남아는 오이디푸스 콤플렉스, 여아는 엘렉트라 콤플렉스를 경험하면서 부모를 향한 부적절한 마음에 대해 처벌받을 것이라는 두려움과 부모의 사랑을 잃을 수 있다는 불안감에 휩싸이게 된다. 이 갈등을 해소하고자 자신의 성(sex)과 같은 부모를 동일시(identify)하게 되면서, 반대 성에 가졌던 이성적 감정을 없애게 된다. 이러한 과정에서 아동은 부모의 도덕성을 자신의 것으로 내면화(internalize)하고, 양심이라 불리는 초자아를 형성하기 시작한다.

③ **양심**: 인간은 양심의 가책을 느낌으로써 자신의 잘못된 행동을 돌아보고, 다시 도덕적인 모습으로 돌아가려고 노력한다.

2. 도덕성 발달과 영향 요인

(1) 부모의 양육방식

① 아동이 잘못을 저질렀을 때 부모가 어떤 방법으로 아동의 행동을 다루고 훈육하는지가 아동의 도덕성 발달과 밀접한 관련이 있다.

② 부모의 훈육방법

구분	내용
애정 철회법 (love withdrawal)	• 아동이 잘못을 저질렀을 때 부모가 직접적으로 자녀의 행동에 실망을 표현하고, 화가 났다는 것을 이야기하는 비폭력적 훈육방법 • 이 방법을 사용하는 부모는 자녀가 잘못하면 자녀에게 실망감을 표출하여 아동을 불안하게 만들고, 자신의 행동이 잘못되었다는 것을 깨닫게 만듦
유도법 (induction)	아동에게 자신이 저지른 잘못이 타인에게 어떠한 영향을 미칠지 생각해 보는 시간을 주고 이를 만회할 수 있도록 훈육하는 방법
권력 행사법 (power assertion)	부모가 아동의 잘못에 대해 강압적인 말이나 신체적 폭력을 사용하는 훈육방법

　㉠ 호프만(Hoffman): 애정 철회법이나 권력 행사법은 효과적이지 못하며, 유도법은 아동의 도덕적 사고와 정서를 촉진시킴으로써 도덕성 발달에 도움을 준다.
　㉡ 유도법은 아동으로 하여금 다른 사람의 입장이 어떨지 생각하게 만들고, 이를 통해 아동은 타인의 감정과 마음을 이해하고 공감할 수 있게 된다.
　㉢ 논리적인 설명을 통해 타인에게 어떤 영향을 미치는가를 이야기해 주면, 내면화된 도덕성을 발달시킬 수 있다.
③ 부모의 비일관성: 일관성 없는 부모의 기대 또는 훈육방법은 혼란과 불안, 적의, 불복종을 초래하고 심지어는 청소년 범죄 등을 유발한다.

(2) 도덕성 발달에 영향을 미치는 가정환경
① 부모가 모두 양육에 참여하는 것이 도덕성 발달에 도움이 된다. 부모가 모두 양육에 참여하면 여아는 자존감이 더 높아지고, 남아는 애착과 공감이 발달한다.
② 성별 간의 위계질서 혹은 불평등이 적은 가정일수록 도덕성 발달에 영향을 미친다. 아동은 부모를 보면서 상호작용을 배우는데, 만일 독재적인 아빠가 엄마를 좌우지하는 모습을 보고 자란다면, 자신도 이러한 모습을 그대로 받아들이게 되고 자신의 인간관계에도 적용시킬 수 있다.
③ 손위 형제나 자매가 육아에 참여하는 가정환경이 도덕성 발달에 긍정적이다. 형, 오빠, 언니가 양육에 관여하면 아동은 사회적 기술을 배움으로써 공감 능력이 향상되고 친사회적 행동이 증가하며, 도덕성이 발달한다.

(3) 또래와 학교
① 아동은 또래와 놀이를 하는 과정에서 협동과 같은 도덕적 행동을 하게 되고, 이를 통해 도덕성이 발달한다.
② 부모와 아동: 위계적인 관계를 갖는데, 이 관계에서 위에 있는 부모의 도덕적 추론능력이 아동의 능력보다 높을수록 아동의 도덕성 발달에 도움이 된다.
③ 또래: 도덕적 추론능력의 차이가 크지 않을수록 도덕성 발달에 긍정적이다. 또래와의 평등한 관계에서 도덕적 추론능력이 비슷할 때 아동은 좀 더 자유롭게 자신의 생각을 나누고, 도덕적 딜레마 상황을 함께 해결하게 되어 도덕성 발달을 이룬다.
④ 부모의 가치관과 또래의 가치관이 일치할 경우: 도덕적 가치를 강화하는 데 도움이 되지만 서로 다를 경우에는 아동이 도덕적 결정을 내리는 데 갈등을 느끼게 된다.
⑤ 콜버그: 자신보다 단계가 높은 도덕적 추론을 접하면, 인지적 불평형 상태가 유발되므로 높은 수준으로의 상향 이동이 이루어진다. 하지만 연구결과는 상향 이동으로만 도덕성 발달이 이루어지는 것은 아니었다.
⑥ 학교: 학교에서 도덕성과 관련된 주제에 대해 토론하는 것은 아동의 도덕적 추론능력 향상에 도움이 된다.

1. 공격성과 공격성 유형

(1) 공격성
① 의미: 타인을 해치거나 상처를 주려는 의도를 가지고 행하거나 시도되는 언어적·신체적 행위이다.
② 형태: 신체적 공격성(예 타인 밀치기, 때리기 등)과 관계적 공격성(예 별명 부르기, 다른 유아 놀리기 등)이 있다.

(2) 도구적 공격성과 적대적 공격성
① 도구적 공격성(instrumental aggression): 타인으로부터 이익이 되는 것(예 돈, 지위, 권력, 자존심)을 얻기 위해 타인에게 해를 가하는 공격성이다.
② 적대적 공격성(hostile aggression): 타인에게 고통이나 해를 가하는 자체가 목적인 공격이다.
➡ 아동기의 공격성: 6~7세 이전까지는 도구적 공격을 하는 반면, 7~8세 이후에는 자신에게 도전해 오는 사람의 의도나 동기에 대처하는 방어로 적대적 감정을 가지고 공격하는 적대적 공격행동을 하는 경향이 있다.

(3) 선행적(도발적) 공격성과 반응적 공격성
① 선행적 공격성(proactive aggression): 특정 목표를 이루기 위해 행동하는 것이다. 공격적 행동으로 힘을 보여줌으로써 이득을 취하고 복종하는 아동을 지배하는 것이 자존감을 높일 수 있다는 믿음이 동기가 된다.
② 반응적 공격성(reactive aggression): 타인으로부터 위협을 받았을 때 공격적으로 행동하는 것이다.

(4) 신체적 공격성과 언어적 공격성
① 신체적 공격성: 때리기, 발차기 등과 같이 신체적인 방식으로 해를 가하는 행동이다. 다른 사람에게 직접적 혹은 간접적(예 물건 망가뜨리기)으로 해를 입힐 수 있다.
② 언어적 공격성: 다른 사람의 별명을 짓궂게 부르거나 나쁜 소문을 퍼트리는 등의 행동을 포함한다.
➡ 신체적 공격성은 생후 30개월경에 나타나기 시작하여 나이가 들면서 점차 줄어드는 경향을 보이지만, 언어적 공격성은 아동의 언어능력이 발달하는 시기에 나타나 나이가 들면서 오히려 잦아지는 경향을 보인다.

(5) 성차
① 남아: 신체적 공격성을 더 많이 보이며 이와 같은 양상은 아동 초기와 중기에 걸쳐 나타난다.
② 여아: 사람들과의 관계를 중요하게 생각하기 때문에 관계적 공격성을 더 많이 보인다. 관계적 공격성은 사회적 관계에 해를 입히고자 하는 공격성으로, 아동기 후기에 나타나기 시작하여 청소년기에 증폭되는 경향이 있다.

2. 공격성에 영향을 미치는 요인

(1) 생물학적 요인
① 유전자 연구: MAOA(모노아민 산화 효소 A)가 공격성과 상관이 높다. MAOA가 낮은 아동은 높은 아동보다 신체적 공격행동을 더 많이 보이는 것으로 나타났다.
② 생리적 반응성: 코티솔(cortisol)의 수치가 공격성과 연관이 있다.
㉠ 신체적 공격성: 아침에는 코티솔 수치가 증가하고 오후가 되면 낮아진다.
㉡ 관계적 공격성: 아침에는 코티솔 수치가 낮고 오후가 되면서 서서히 증가한다.

(2) **공격적 추동과 공격행동**

① 다른 사람으로부터 성가심을 받거나 피습을 받았을 때 나타난다.

② 욕구 충족이나 목표 도달에 간섭, 방해를 받는 경우 욕구 좌절이 나타난다. 욕구 좌절−공격 가설은 항상 공격적 추동을 일으키지 않고 욕구 좌절에 대한 고의적인 의도성이 개재되었을 때 확실하게 공격적 충동을 유발한다.

③ 공격적 모델을 접할 기회가 많을수록 공격 충동이 유발된다. 반두라는 공격행동의 학습기제로 모방을 중요시하고 모방에 의한 학습은 이를 실행에 옮기고자 하는 동기를 갖게 된다고 보았다.

(3) **사회적 요인**

① 공격성은 모방과 강화에 의해 획득되는 경향이 강하므로 아동이 속한 가정, 또래집단, 사회환경이 아동의 공격성 발달에 영향을 미친다.

② 부모가 강압적인 양육형태를 보이거나 아동의 잘못된 행동에 대해 부모가 언어적인 설명보다 신체적 형벌을 많이 사용할수록 아동은 공격적 특성을 가진 아동으로 자라기 쉽다. 이러한 강압적인 가정 분위기에서 자란 아동은 사춘기에 반사회적 행동으로 발전하는 경향이 높다.

(4) **인지적 요인**

① **공격성이 높은 아동**: 일반 아동과는 다른 사회적 정보처리 방식을 보이며, 이로 인해 사회적 관계에서 나타나는 갈등에 대해 왜곡된 사고를 가지는 경향이 있다.

② **적대적 귀인 편향(hostile attribution bias)**: 공격적인 아동은 우연적인 상황 또는 상대의 의도가 불분명한 상황에서 해를 입은 경우, 자신의 기대에 부합되는 단서를 찾아내 상대방이 적대적인 의도를 가졌다고 생각한다.

   ㉠ 비공격적인 해결책을 고려하지 않고 적대적인 방식으로 즉각 반응하면서 공격할 가능성이 높다.

   ㉡ 가상적인 상황에서 부정적인 일이 발생했을 때 가능한 해결책을 생각해보라고 할 경우, 이러한 공격성을 지닌 아동은 적은 수의 해결책을 이끌어 낸다.

   ㉢ **사회적 문제해결 방식**: 적대적인 방식에 국한되는 경우가 많다.

(5) **환경적 요인**

① **비효과적 양육방식**: 아동을 가혹하게 처벌하고 평소에 냉담하게 대하면 특히 까다로운 기질을 가진 아동은 행동문제를 일으킬 가능성이 높다.

② 부부간의 갈등 등에서 유발하는 폭력에 자주 노출될수록 아동의 공격성이 증가한다.

③ 아동을 훈육하기 위해 신체적 체벌이나 위협을 사용할 경우 '공격적으로 행동하는 것이 남을 통제하는 효과적인 방법'이라는 메시지를 전달하게 되며, 혹독한 체벌로 상해를 입은 경험이 있는 아동은 그렇지 않은 아동보다 공격성이 높게 나타나는 경향이 있다.

④ **빈곤한 가정**: 부모가 스트레스를 받는 상황에 처하는 경우가 많아 아이를 강압적으로 대할 가능성이 높다.

⑤ **모델링**: 아동이 성인, 친구, 미디어 매체 등을 통해 공격적인 행동에 노출될 경우, 그 행동을 모방하는 경향을 갖게 된다. 만일 부모가 신체적 체벌 등의 방법을 사용하여 아이를 훈육할 경우 아이는 부모의 공격적 행동을 모델링하게 되고 아동의 공격성은 증가한다.

⑥ **강화**: 자신이 원하는 것을 얻고자 공격적인 행동을 할 때, 주변의 성인, 또래 친구들이 아이가 바라는 대로 양보하거나 의향을 들어준다면 아이의 공격적인 행동은 강화된다. 이때 아동은 자신이 타인을 통제할 수 있다는 '권력의 느낌'을 갖게 되는데, 이를 통해 공격적인 행동은 더욱 강화되고 악순환이 일어난다.

26 친사회적 행동의 발달

1. 친사회적 행동(prosocial behavior)과 공감(empathy)

(1) 친사회적 행동

① 의미: 도덕적 행동뿐 아니라 보상을 바라지 않고 다른 사람의 유익을 위하는 자발적인 행동이다.
➡ 인간의 이타성이 행동으로 표출된 것이다.

② 도덕적 정체성(moral identity): 친사회적 행동의 요소로, 청소년이 도덕적 정체성을 지닌다는 것은 도덕적으로 행동하는 것이 옳은 것이라는 인식이 자기개념에 내재되어 있음을 의미한다.

③ 성차: 일반적으로 여자가 남자보다 민감하고 다른 사람에게 감정이입을 잘하기 때문에 좀 더 친사회적으로 여겨지는 반면, 남자는 독립적이고 성공지향적이라고 여겨진다.

(2) 공감과 이타적 동기

① 공감: 다른 사람의 입장에서 생각하고 느끼는 것으로, 인간이 생존하는 데 필수적인 능력이다. 공감은 어린 영아기부터 발달하기 시작하여 연령이 증가할수록 그 능력이 더욱 향상된다. 특히 마음이론이 발달함에 따라 아동은 상대방의 마음을 더 잘 이해할 수 있게 되며, 이때 아동의 공감능력도 급격히 발달하고 남을 도와주는 행동 또한 나타난다.

② 이타적 동기: 아동은 타인에 공감하기 시작하면서 다른 사람을 도와주고 싶어 하는 이타적 동기가 생기기 시작한다. 이타적 동기는 공감과 연민 그리고 자신의 양심과 도덕적 원리에 따라 다른 사람을 돕고 싶어 하는 욕구를 말한다.

(3) 호프만(Hoffman)의 공감(감정이입)의 발달 단계

① 총체적 감정이입 단계: 자신과 다른 사람의 존재를 구분하지 못한다. 따라서 고통 받고 있는 사람을 보면 불쾌한 감정을 가지며, 타인의 고통이 마치 자신에게 일어난 것처럼 행동한다.

② 자기중심적 감정이입 단계: 대상영속성의 개념을 획득하는 단계로, 자신이 아닌 타인이 고통을 당하고 있다는 것을 이해한다. 자신의 감정과 타인의 감정이 다르다는 것을 이해하지 못하므로 고통을 받고 있는 사람을 보고 적절한 반응을 하지 못한다.

③ 타인지향적 감정이입 단계: 타인과 자신이 다른 감정을 느낄 수 있음을 이해하기 시작하고 타인의 감정을 유발하는 단서에 더 반응할 수 있게 된다. 또한 언어를 습득하면서 점점 더 복잡해지는 감정을 공감할 수 있게 되지만, 눈앞에 보이는 타인의 고통에 공감한다.

④ 타인의 삶에 대한 감정이입 단계: 특정 상황에서 유발된 감정을 인식하는 데 그치지 않고, 타인의 삶에 대한 이해를 토대로 감정이입을 하게 된다. 고통을 받는 사람이 눈앞에 보이지 않더라도 상상하는 것만으로도 감정이입이 가능하게 되며 타인의 고통이 일시적인 것이 아니라 만성적인 것일 때, 더 강한 감정이입을 하게 된다.

(4) 이타성

① **이타성**: 타인의 행복에 관심을 갖고 배려하는 내재적인 심리적 특성으로, 이타적 행동은 타인에게는 유익하나 물질적·사회적 보상을 거의 받지 못할 뿐 아니라 높은 부담마저 감수해야 하는 행동이다.

② **호혜성(reciprocity)**: 다른 사람이 나에게 해주기 원하는 것을 다른 사람에게 그대로 해주는 것을 말한다.

③ **심리적 요인**

  ㉠ 죄책감을 느낀 사람일수록 남에게 도움을 주는 경향이 높다. 이는 남을 도와주는 행동을 통해 죄책감을 조금이라도 감소시키려는 심리적 해소책 때문이라 할 수 있다.

  ㉡ 어려움에 처한 사람과 감정이입적 공감을 할 때 도움행동의 경향이 짙어진다.

  ㉢ 도움을 받는 사람이 좋아하는 사람일수록, 또한 도움 받을 자격이 있는 사람일수록 도움행동의 빈도 수는 높아진다.

  ㉣ 자신의 내적 기분 상태에 따라서도 도움행동이 달라진다.

④ **사회적 요인**: 강화와 모방에 의해 이타적 행동이 발달한다.

(5) 이타적 행동의 일반적 특성

① 여자가 남자보다 더 이타적이다. 보호적 성향은 여성의 특성으로 간주되기 때문에 여아가 타인을 돕도록 사회적 압력이 따르고 더 자주 권장, 격려받기 때문이다.

② 정신연령이 높을수록 더 이타적이다. 이타적 아동은 정신적 추론능력이 높고 다른 사람의 입장을 이해하는 데 예민하다.

③ 적극적이고 자신감이 있을수록 이타적이다.

④ 친사회적 부모를 가진 학생일수록 이타적이다. 부모는 학생의 행동 발달의 전형적인 모델로서 학생에게 행위 기준의 방향을 제시해 주고 동기화시킨다.

⑤ 친사회적 개념에 기반을 둔 사회의 학생일수록 이타적이다.

2. 친사회적 행동에 영향을 미치는 요인

(1) 유전적 요인

친사회적 행동은 이란성 쌍둥이보다 일란성 쌍둥이에서 더 큰 상관성을 보였다. 즉, 유전적 요인이 친사회성 발달에 크게 영향을 미친다.

(2) 나이

나이가 들수록 친사회성에 영향을 미치는 환경적인 영향은 줄어들고 유전적인 영향은 증가하는 것으로 나타났다.

(3) 부모의 훈육방법

유도법이 효과적이다. 아동이 잘못을 저질렀을 때 체벌을 가하기보다 아동이 자신의 행동을 바꿔야 하는 이유를 이해하도록 설명하는 방법이다. 이 과정에서 상대방의 마음을 헤아리는 능력이 향상된다.

(4) 부모의 성향

따뜻한 부모가 자녀의 친사회성 발달에 긍정적 영향을 미칠 것으로 여겨지지만 이에 대한 연구결과는 일관되지 않다.

제4장

청소년심리학

🔍 핵심 이론 흐름잡기

제**4**장 │ 핵심 이론 흐름잡기

제**1**절 **청소년기 발달이론**

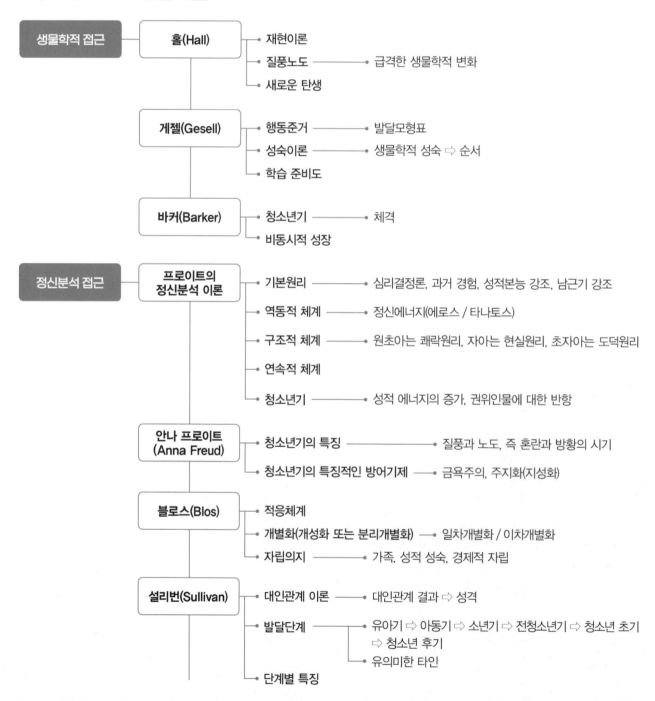

생물학적 접근 ── 홀(Hall) ─┬─ 재현이론
　　　　　　　　　　　　　├─ 질풍노도 ──── 급격한 생물학적 변화
　　　　　　　　　　　　　└─ 새로운 탄생

　　　　　　　　게젤(Gesell) ─┬─ 행동준거 ──── 발달모형표
　　　　　　　　　　　　　　├─ 성숙이론 ──── 생물학적 성숙 ⇨ 순서
　　　　　　　　　　　　　　└─ 학습 준비도

　　　　　　　　바커(Barker) ─┬─ 청소년기 ──── 체격
　　　　　　　　　　　　　　└─ 비동시적 성장

정신분석 접근 ── 프로이트의
　　　　　　　　정신분석 이론 ─┬─ 기본원리 ──── 심리결정론, 과거 경험, 성적본능 강조, 남근기 강조
　　　　　　　　　　　　　　├─ 역동적 체계 ──── 정신에너지(에로스 / 타나토스)
　　　　　　　　　　　　　　├─ 구조적 체계 ──── 원초아는 쾌락원리, 자아는 현실원리, 초자아는 도덕원리
　　　　　　　　　　　　　　├─ 연속적 체계
　　　　　　　　　　　　　　└─ 청소년기 ──── 성적 에너지의 증가, 권위인물에 대한 반항

　　　　　　　　안나 프로이트
　　　　　　　　(Anna Freud) ─┬─ 청소년기의 특징 ──────── 질풍과 노도, 즉 혼란과 방황의 시기
　　　　　　　　　　　　　　└─ 청소년기의 특징적인 방어기제 ── 금욕주의, 주지화(지성화)

　　　　　　　　블로스(Blos) ─┬─ 적응체계
　　　　　　　　　　　　　　├─ 개별화(개성화 또는 분리개별화) ── 일차개별화 / 이차개별화
　　　　　　　　　　　　　　└─ 자립의지 ──── 가족, 성적 성숙, 경제적 자립

　　　　　　　　설리번(Sullivan) ─┬─ 대인관계 이론 ── 대인관계 결과 ⇨ 성격
　　　　　　　　　　　　　　　├─ 발달단계 ──┬─ 유아기 ⇨ 아동기 ⇨ 소년기 ⇨ 전청소년기 ⇨ 청소년 초기
　　　　　　　　　　　　　　　│　　　　　│　 ⇨ 청소년 후기
　　　　　　　　　　　　　　　│　　　　　└─ 유의미한 타인
　　　　　　　　　　　　　　　└─ 단계별 특징

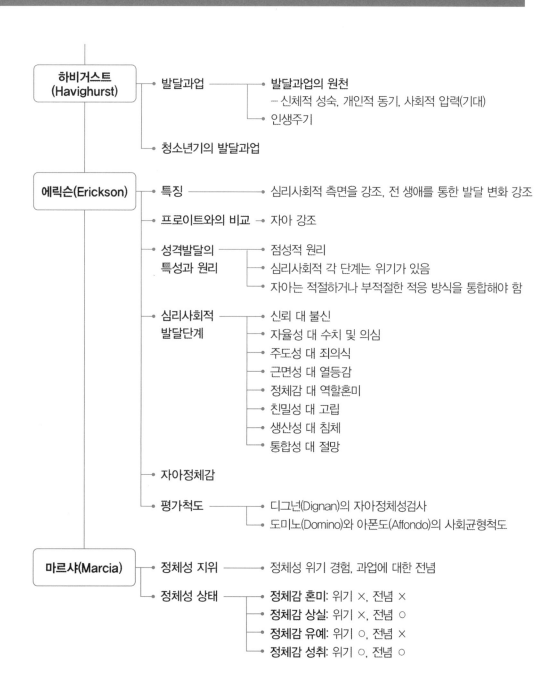

하비거스트
(Havighurst)
- 발달과업
  - 발달과업의 원천
    - 신체적 성숙, 개인적 동기, 사회적 압력(기대)
  - 인생주기
- 청소년기의 발달과업

에릭슨(Erickson)
- 특징 — 심리사회적 측면을 강조, 전 생애를 통한 발달 변화 강조
- 프로이트와의 비교 → 자아 강조
- 성격발달의 특성과 원리
  - 점성적 원리
  - 심리사회적 각 단계는 위기가 있음
  - 자아는 적절하거나 부적절한 적응 방식을 통합해야 함
- 심리사회적 발달단계
  - 신뢰 대 불신
  - 자율성 대 수치 및 의심
  - 주도성 대 죄의식
  - 근면성 대 열등감
  - 정체감 대 역할혼미
  - 친밀성 대 고립
  - 생산성 대 침체
  - 통합성 대 절망
- 자아정체감
- 평가척도
  - 디그넌(Dignan)의 자아정체성검사
  - 도미노(Domino)와 아폰도(Affondo)의 사회균형척도

마르샤(Marcia)
- 정체성 지위 — 정체성 위기 경험, 과업에 대한 전념
- 정체성 상태
  - **정체감 혼미**: 위기 ×, 전념 ×
  - **정체감 상실**: 위기 ×, 전념 ○
  - **정체감 유예**: 위기 ○, 전념 ×
  - **정체감 성취**: 위기 ○, 전념 ○

제**4**장 | 핵심 이론 흐름잡기

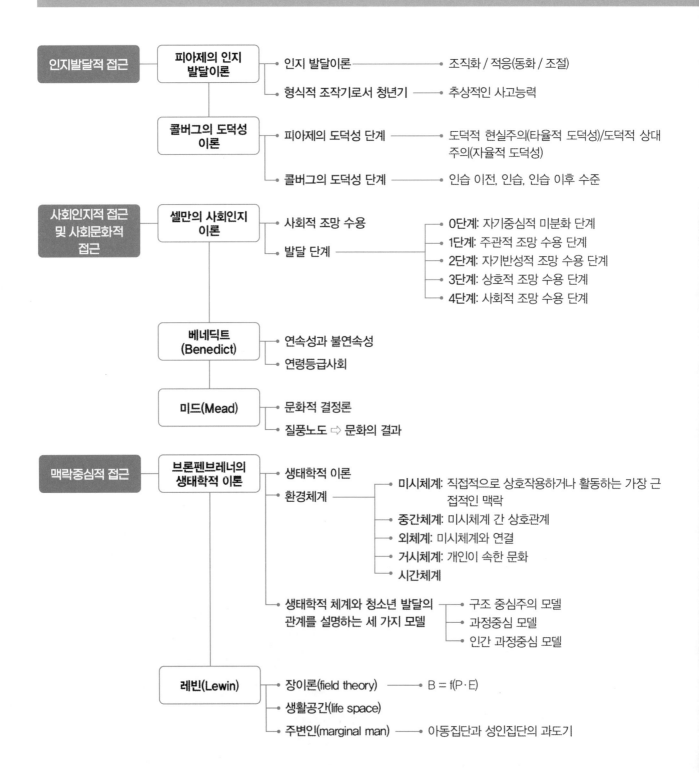

인지발달적 접근
- **피아제의 인지 발달이론**
  - 인지 발달이론 ——— 조직화 / 적응(동화 / 조절)
  - 형식적 조작기로서 청년기 ——— 추상적인 사고능력
- **콜버그의 도덕성 이론**
  - 피아제의 도덕성 단계 ——— 도덕적 현실주의(타율적 도덕성)/도덕적 상대주의(자율적 도덕성)
  - 콜버그의 도덕성 단계 ——— 인습 이전, 인습, 인습 이후 수준

사회인지적 접근 및 사회문화적 접근
- **셀만의 사회인지 이론**
  - 사회적 조망 수용
  - 발달 단계
    - 0단계: 자기중심적 미분화 단계
    - 1단계: 주관적 조망 수용 단계
    - 2단계: 자기반성적 조망 수용 단계
    - 3단계: 상호적 조망 수용 단계
    - 4단계: 사회적 조망 수용 단계
- **베네딕트 (Benedict)**
  - 연속성과 불연속성
  - 연령등급사회
- **미드(Mead)**
  - 문화적 결정론
  - 질풍노도 ⇨ 문화의 결과

맥락중심적 접근
- **브론펜브레너의 생태학적 이론**
  - 생태학적 이론
  - 환경체계
    - **미시체계:** 직접적으로 상호작용하거나 활동하는 가장 근접적인 맥락
    - **중간체계:** 미시체계 간 상호관계
    - **외체계:** 미시체계와 연결
    - **거시체계:** 개인이 속한 문화
    - **시간체계**
  - 생태학적 체계와 청소년 발달의 관계를 설명하는 세 가지 모델
    - 구조 중심주의 모델
    - 과정중심 모델
    - 인간 과정중심 모델
- **레빈(Lewin)**
  - 장이론(field theory) ——— B = f(P·E)
  - 생활공간(life space)
  - 주변인(marginal man) ——— 아동집단과 성인집단의 과도기

제 **2** 절 **청소년기의 발달적 특성**

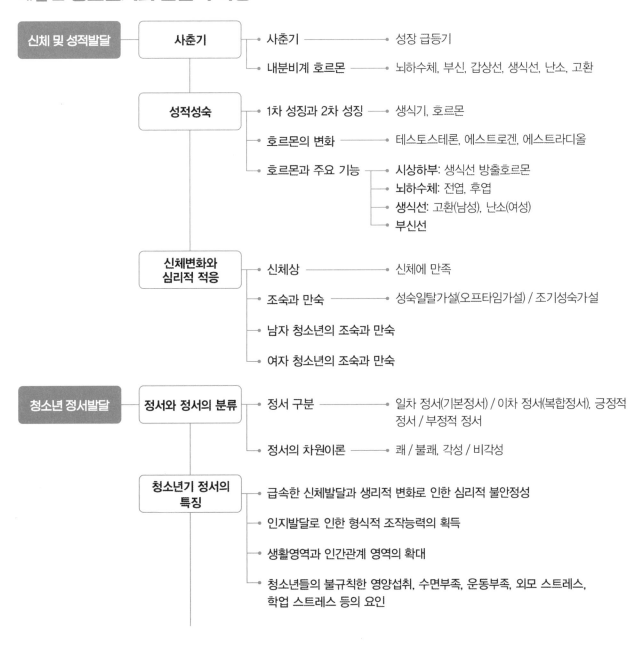

신체 및 성적발달

사춘기
- 사춘기 ─── 성장 급등기
- 내분비계 호르몬 ─── 뇌하수체, 부신, 갑상선, 생식선, 난소, 고환

성적성숙
- 1차 성징과 2차 성징 ─── 생식기, 호르몬
- 호르몬의 변화 ─── 테스토스테론, 에스트로겐, 에스트라디올
- 호르몬과 주요 기능
  - **시상하부**: 생식선 방출호르몬
  - **뇌하수체**: 전엽, 후엽
  - **생식선**: 고환(남성), 난소(여성)
  - **부신선**

신체변화와 심리적 적응
- 신체상 ─── 신체에 만족
- 조숙과 만숙 ─── 성숙일탈가설(오프타임가설) / 조기성숙가설
- 남자 청소년의 조숙과 만숙
- 여자 청소년의 조숙과 만숙

청소년 정서발달

정서와 정서의 분류
- 정서 구분 ─── 일차 정서(기본정서) / 이차 정서(복합정서), 긍정적 정서 / 부정적 정서
- 정서의 차원이론 ─── 쾌 / 불쾌, 각성 / 비각성

청소년기 정서의 특징
- 급속한 신체발달과 생리적 변화로 인한 심리적 불안정성
- 인지발달로 인한 형식적 조작능력의 획득
- 생활영역과 인간관계 영역의 확대
- 청소년들의 불규칙한 영양섭취, 수면부족, 운동부족, 외모 스트레스, 학업 스트레스 등의 요인

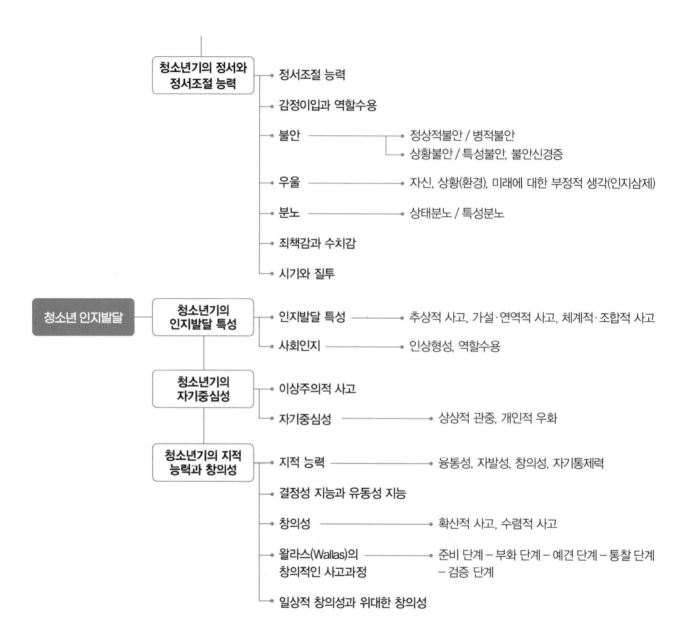

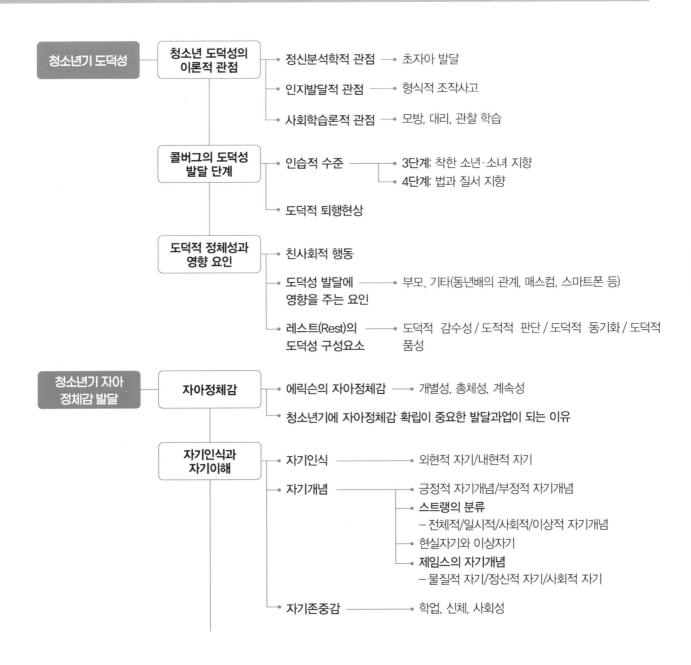

청소년기 도덕성

청소년 도덕성의 이론적 관점
- 정신분석학적 관점 → 초자아 발달
- 인지발달적 관점 → 형식적 조작사고
- 사회학습론적 관점 → 모방, 대리, 관찰 학습

콜버그의 도덕성 발달 단계
- 인습적 수준 ┬ 3단계: 착한 소년·소녀 지향
              └ 4단계: 법과 질서 지향
- 도덕적 퇴행현상

도덕적 정체성과 영향 요인
- 친사회적 행동
- 도덕성 발달에 영향을 주는 요인 → 부모, 기타(동년배의 관계, 매스컴, 스마트폰 등)
- 레스트(Rest)의 도덕성 구성요소 → 도덕적 감수성 / 도적적 판단 / 도덕적 동기화 / 도덕적 품성

청소년기 자아 정체감 발달

자아정체감
- 에릭슨의 자아정체감 → 개별성, 총체성, 계속성
- 청소년기에 자아정체감 확립이 중요한 발달과업이 되는 이유

자기인식과 자기이해
- 자기인식 ── 외현적 자기/내현적 자기
- 자기개념 ┬ 긍정적 자기개념/부정적 자기개념
          ├ **스트랭의 분류**
          │ – 전체적/일시적/사회적/이상적 자기개념
          ├ 현실자기와 이상자기
          └ **제임스의 자기개념**
            – 물질적 자기/정신적 자기/사회적 자기
- 자기존중감 ── 학업, 신체, 사회성

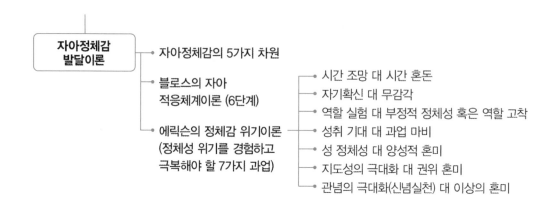

- **자아정체감 발달이론**
  - 자아정체감의 5가지 차원
  - 블로스의 자아 적응체계이론 (6단계)
  - 에릭슨의 정체감 위기이론 (정체성 위기를 경험하고 극복해야 할 7가지 과업)
    - 시간 조망 대 시간 혼돈
    - 자기확신 대 무감각
    - 역할 실험 대 부정적 정체성 혹은 역할 고착
    - 성취 기대 대 과업 마비
    - 성 정체성 대 양성적 혼미
    - 지도성의 극대화 대 권위 혼미
    - 관념의 극대화(신념실천) 대 이상의 혼미

제3절 청소년 발달과 맥락

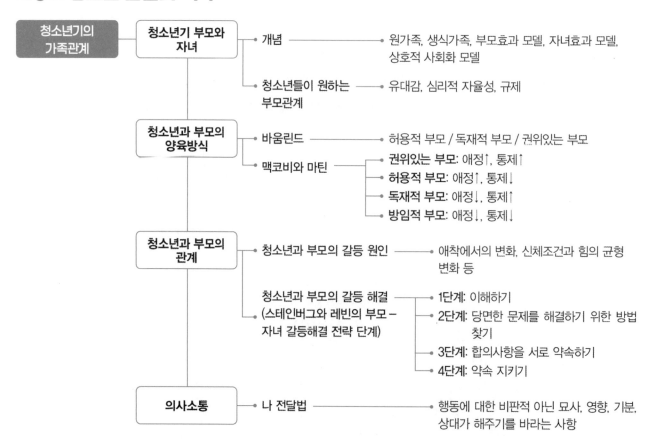

- **청소년기의 가족관계**
  - **청소년기 부모와 자녀**
    - 개념
      - 원가족, 생식가족, 부모효과 모델, 자녀효과 모델, 상호적 사회화 모델
    - 청소년들이 원하는 부모관계
      - 유대감, 심리적 자율성, 규제
  - **청소년과 부모의 양육방식**
    - 바움린드
      - 허용적 부모 / 독재적 부모 / 권위있는 부모
    - 맥코비와 마틴
      - **권위있는 부모**: 애정↑, 통제↑
      - **허용적 부모**: 애정↑, 통제↓
      - **독재적 부모**: 애정↓, 통제↑
      - **방임적 부모**: 애정↓, 통제↓
  - **청소년과 부모의 관계**
    - 청소년과 부모의 갈등 원인
      - 애착에서의 변화, 신체조건과 힘의 균형 변화 등
    - 청소년과 부모의 갈등 해결 (스테인버그와 레빈의 부모 – 자녀 갈등해결 전략 단계)
      - 1단계: 이해하기
      - 2단계: 당면한 문제를 해결하기 위한 방법 찾기
      - 3단계: 합의사항을 서로 약속하기
      - 4단계: 약속 지키기
  - **의사소통**
    - 나 전달법
      - 행동에 대한 비판적 아닌 묘사, 영향, 기분, 상대가 해주기를 바라는 사항

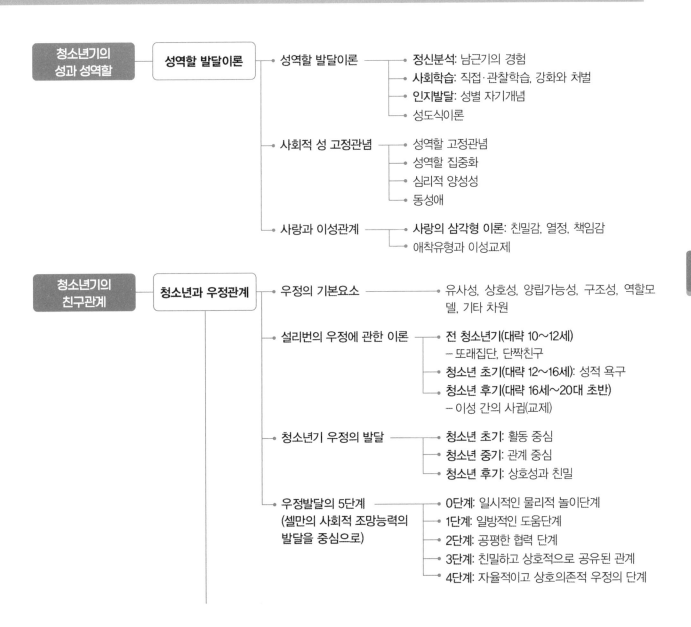

청소년기의
성과 성역할 ── 성역할 발달이론 ── 성역할 발달이론 ──── **정신분석**: 남근기의 경험

├ **사회학습**: 직접·관찰학습, 강화와 처벌

├ **인지발달**: 성별 자기개념

└ 성도식이론

├ 사회적 성 고정관념 ── 성역할 고정관념

├ 성역할 집중화

├ 심리적 양성성

└ 동성애

└ 사랑과 이성관계 ── **사랑의 삼각형 이론**: 친밀감, 열정, 책임감

└ 애착유형과 이성교제

청소년기의
친구관계 ── 청소년과 우정관계 ── 우정의 기본요소 ──── 유사성, 상호성, 양립가능성, 구조성, 역할모델, 기타 차원

├ 설리번의 우정에 관한 이론 ── **전 청소년기(대략 10~12세)**
- 또래집단, 단짝친구

├ **청소년 초기(대략 12~16세)**: 성적 욕구

└ **청소년 후기(대략 16세~20대 초반)**
- 이성 간의 사귐(교제)

├ 청소년기 우정의 발달 ── **청소년 초기**: 활동 중심

├ **청소년 중기**: 관계 중심

└ **청소년 후기**: 상호성과 친밀

└ 우정발달의 5단계 ── 0단계: 일시적인 물리적 놀이단계
(셀만의 사회적 조망능력의
발달을 중심으로)
├ 1단계: 일방적인 도움단계

├ 2단계: 공평한 협력 단계

├ 3단계: 친밀하고 상호적으로 공유된 관계

└ 4단계: 자율적이고 상호의존적 우정의 단계

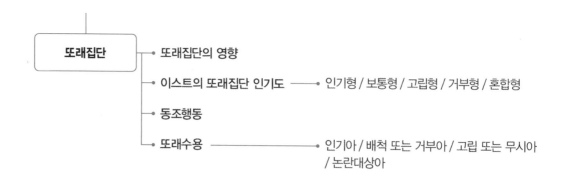

제**4**절 **청소년기 발달문제**

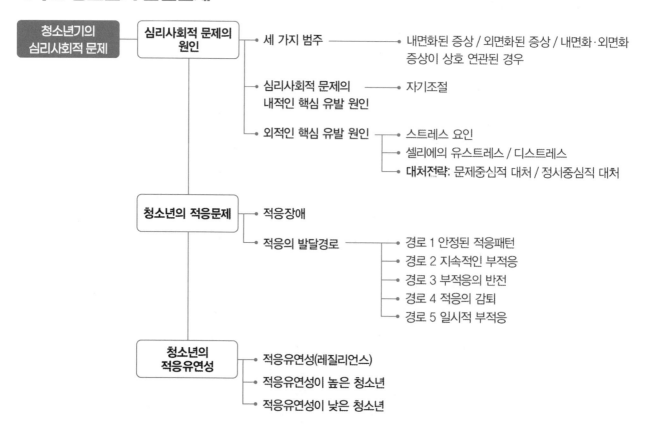

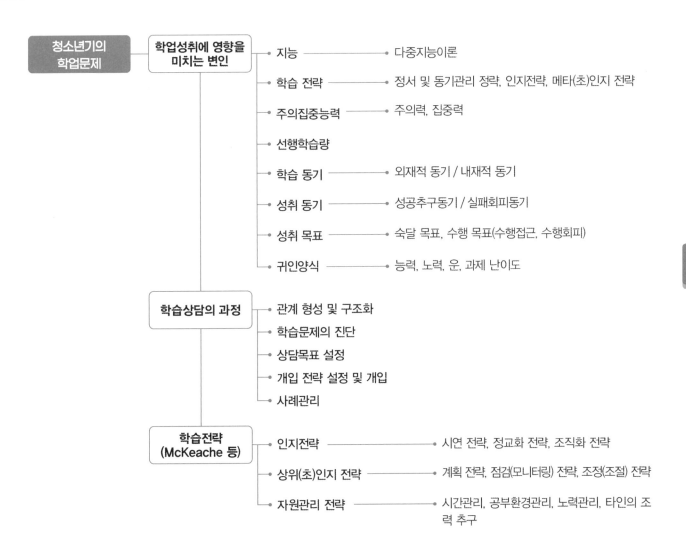

제4장 | 핵심 이론 흐름잡기

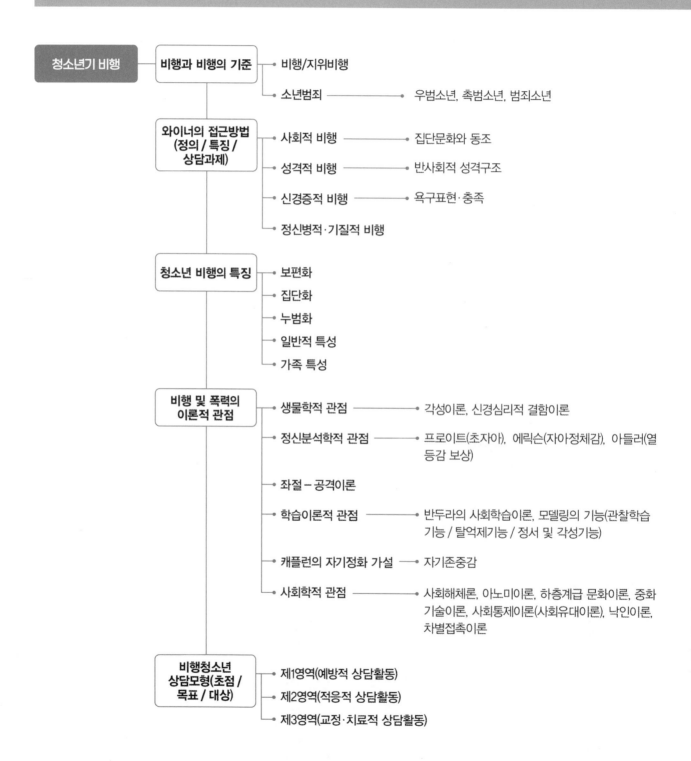

청소년기 비행

비행과 비행의 기준
- 비행/지위비행
- 소년범죄 ── 우범소년, 촉범소년, 범죄소년

와이너의 접근방법
(정의 / 특징 /
상담과제)
- 사회적 비행 ── 집단문화와 동조
- 성격적 비행 ── 반사회적 성격구조
- 신경증적 비행 ── 욕구표현·충족
- 정신병적·기질적 비행

청소년 비행의 특징
- 보편화
- 집단화
- 누범화
- 일반적 특성
- 가족 특성

비행 및 폭력의
이론적 관점
- 생물학적 관점 ── 각성이론, 신경심리적 결함이론
- 정신분석학적 관점 ── 프로이트(초자아), 에릭슨(자아정체감), 아들러(열등감 보상)
- 좌절 – 공격이론
- 학습이론적 관점 ── 반두라의 사회학습이론, 모델링의 기능(관찰학습 기능 / 탈억제기능 / 정서 및 각성기능)
- 캐플런의 자기정화 가설 ── 자기존중감
- 사회학적 관점 ── 사회해체론, 아노미이론, 하층계급 문화이론, 중화기술이론, 사회통제이론(사회유대이론), 낙인이론, 차별접촉이론

비행청소년
상담모형(초점 /
목표 / 대상)
- 제1영역(예방적 상담활동)
- 제2영역(적응적 상담활동)
- 제3영역(교정·치료적 상담활동)

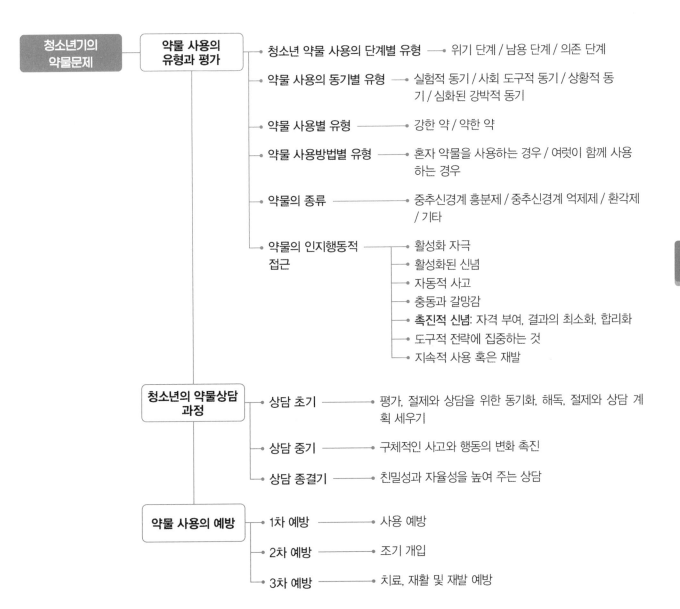

청소년기의
약물문제 ─── 약물 사용의
유형과 평가
- 청소년 약물 사용의 단계별 유형 ─── 위기 단계 / 남용 단계 / 의존 단계
- 약물 사용의 동기별 유형 ─── 실험적 동기 / 사회 도구적 동기 / 상황적 동기 / 심화된 강박적 동기
- 약물 사용별 유형 ─── 강한 약 / 약한 약
- 약물 사용방법별 유형 ─── 혼자 약물을 사용하는 경우 / 여럿이 함께 사용하는 경우
- 약물의 종류 ─── 중추신경계 흥분제 / 중추신경계 억제제 / 환각제 / 기타
- 약물의 인지행동적 접근
  - 활성화 자극
  - 활성화된 신념
  - 자동적 사고
  - 충동과 갈망감
  - **촉진적 신념**: 자격 부여, 결과의 최소화, 합리화
  - 도구적 전략에 집중하는 것
  - 지속적 사용 혹은 재발

청소년의 약물상담 과정
- 상담 초기 ─── 평가, 절제와 상담을 위한 동기화, 해독, 절제와 상담 계획 세우기
- 상담 중기 ─── 구체적인 사고와 행동의 변화 촉진
- 상담 종결기 ─── 친밀성과 자율성을 높여 주는 상담

약물 사용의 예방
- 1차 예방 ─── 사용 예방
- 2차 예방 ─── 조기 개입
- 3차 예방 ─── 치료, 재활 및 재발 예방

제1절 청소년기 발달이론

01 생물학적 접근

1. 홀(Hall)

(1) 재현이론

① 인류의 발달이 원시적이고 야만적인 문화에서 지금의 문명사회로 발달해 왔듯, 개인의 발달도 원시적인 유아기부터 청소년기를 거쳐 성인기로 발달한다고 본다.

② 인간의 발달을 유아기(동물시대), 아동기(사냥꾼시대), 전청소년기(원시시대), 청소년기(초기 문명시대), 성인기(문명시대)로 구분하고, 청소년기는 사춘기에 시작해서 22~25세 정도에 끝난다고 하였다. 이를 인간발달의 '재현이론' 혹은 '반복이론'이라고 한다.

(2) 질풍노도(storm and stress)와 새로운 탄생

① 질풍노도: 사춘기의 급격한 생물학적 변화와 사회적 요구 증대 속에서 청소년은 긴장과 혼란을 경험하게 되고, 이로 인한 혼란과 갈등으로 인해 질풍노도의 시기가 초래된다.

② 원인: 생물학적 변화의 급격한 초래 때문이다. 사춘기가 시작되면 신장과 체중이 급격히 성장하는 성장급등(growth spurt) 현상이 나타나고 성적발달이 이루어지면서 아동기에는 잠복해 있던 성적 충동이 깨어나는데, 이것이 질풍노도의 원인으로 작용한다.

③ 새로운 탄생: 청소년기에는 보다 높고 보다 완전한 인간특성이 새롭게 탄생하기 때문에 청소년기를 '새로운 탄생'이라고 보았다.

2. 게젤(Gesell)

(1) 행동준거(behavior norms)와 성숙이론(maturation theory)

① 행동준거: 모든 개인은 생물학적 기제에 의해 발달 방향과 특징이 정해진 순서대로 동일하게 진행되는 것을 제시한 일종의 발달모형표(성장모형표)다.

② 성숙이론: 모든 인간은 태어나서 성장함에 따라 앉고, 서고, 걷고, 달리는 순서를 따르게 되는데, 이러한 과정은 신경계의 성장과 함께 생물학적으로 성숙해져야 가능한 것이므로 이를 '성숙이론'이라고 한다.

(2) 학습 준비도

① 의미: 아동에게 무엇을 가르치기 위해서는 아동이 성숙할 때까지 기다려야 한다는 학습의 시기에 관한 개념을 말한다.

② 아이에게 무엇인가를 가르칠 때는 아동 개인의 준비도 상태와 능력에 맞추어 가르칠 필요가 있다.

3. 바커(Barker)

(1) 청소년기

① 아동기에서 성인기로 이동하는 결정적 요인은 신체발달이며, 특히 개인의 체격이 사회적 경험을 결정한다.

② 아동기와 성인기 사이의 과도기: 신체발달이 조숙한 청소년은 보다 일찍 성인 사회로 동화되는 반면, 신체 발달이 만숙한 청소년은 더 오랫동안 아동기에 머문다.

③ 즉, 청소년의 체격은 각기 서로 다른 사회적 경험을 초래하기 때문에 발달의 중요한 요인으로 작용한다.

(2) 비동시적 성장(asynchronous growth)

① 신체 부위에 따라 성장 비율과 성장 시기에 차이를 보이는 현상으로, 청소년기 성장급등으로 더욱 현저해진다.

② 비동시적 성장에 기인된 청소년의 주변적 상황이 혼란과 동요를 일으키는 직접적인 원인이 된다.

③ 비동시적 성장이 가져오는 모호성은 청소년을 아동도 아니고 성인도 아닌 '주변적 상황(marginal situation)'에 처하게 한다.

➡ 결론적으로 바커는 신체발달과 사회적 행동 간의 관계를 중요시하고, '성장속도'의 개인차에 따른 청소년들의 상이한 체격이 사회적 경험을 결정하는 중요한 요인이라고 주장했다. 또한 그는 성장의 비동시적 현상에 의해 청소년기의 혼란과 동요는 불가피하다고 보았다.

02 정신분석 접근

1. 프로이트(Freud)의 정신분석 이론

(1) 기본원리

① 심리결정론: 인간의 모든 행동은 원인 없이 일어나지 않는다.

② 과거경험: 인간의 현재 행동은 개인의 과거경험(특히, 어린시절의 경험)과 역사를 통해 보다 잘 이해될 수 있다.

③ 성적본능 강조: 정신분석은 본능 이론에 근거를 두며, 특히 사춘기에 증가하는 성적본능을 강조한다.

④ 남근기 강조: 인간발달의 5단계 중 남근기를 강조한다.

(2) 역동적 체계

① 역동적 체계는 정신에너지로 구성된다.

② 정신에너지: 인간의 사고와 감정을 지배하는 정신적인 활동으로, 가장 강력한 본능인 '에로스'와 '타나토스'로 구성된다.

　㉠ 에로스(eros): 삶의 본능을 의미하며, 삶의 본능적 욕구 중 가장 본질적인 욕구가 성욕이다. 이러한 삶의 에너지, 즉 성적 에너지를 '리비도(libido)'라고 한다.

　㉡ 타나토스(thanatos): 모든 생물체는 무생물로 돌아가려는 경향, 즉 죽음을 지향하는 속성이 있으며, 죽음의 본능 중 대표적인 속성이 '공격성'이다.

(3) 구조적 체계

① 사람의 성격이 원초아, 자아, 초자아로 구성되는데, 세 성격구조가 서로 역동적인 관계에 있음을 뜻한다.

② 원리: 원초아는 쾌락원리, 자아는 현실원리, 초자아는 양심과 자아이상의 도덕원리에 의해 움직인다.

(4) 연속적 체계

① 인간의 발달단계는 심리성적 에너지가 집중되는 신체부위에 따라 구강기, 항문기, 남근기, 잠복기, 성기기의 단계적인 순서대로 진행된다.

② 성기기 과업

　㉠ 부모로부터 독립하여 자신의 삶을 살아가는 것이다.

　㉡ 청소년의 행동은 사춘기에 나타나는 갑작스러운 성적 에너지의 증가로 이해될 수 있고, 이러한 생물학적인 변화가 심리적인 기능에 직접적으로 영향을 미친다.

(5) 청소년기

① 성적 에너지의 증가

　㉠ 청소년기 성적 에너지의 증가는 스트레스를 일으키고 스트레스는 불안을 일으키며 오이디푸스 상황을 다시 유발한다.

　㉡ 청소년은 이러한 불안과 갈등, 죄의식에서 벗어나기 위해 방어기제(defense mechanism)를 사용하거나 이성과의 애정적인 관계를 추구한다.

　㉢ 사회적으로 용인될 수 없는 가족에 대한 성적인 열망은 친구와의 친밀감을 추구하게 하는 원인이 된다.

② 권위인물에 대한 반항

　㉠ 오이디푸스 갈등의 재출현과 함께 청소년이 부모와 권위인물에 반항하는 것은 불가피하고 필연적이다.

　㉡ 청소년은 자율성을 확립하고 정서적 독립을 획득하기 위해 부모에게 적대적이고 거부적인 태도를 취한다.

2. 안나 프로이트(Anna Freud)

(1) 청소년기의 특징

① 질풍과 노도, 즉 혼란과 방황의 시기로 보았다.

② 성 호르몬 분비의 증가로 인해 아동기에 억압되었던 성적 충동이 증가하고, 이로 인한 불안감을 해소하기 위해 특정한 방어기제를 작동한다.

(2) 청소년기의 특징적인 방어기제

① 금욕주의(asceticism): 성석 욕구의 출현으로 인한 불안감을 해결하기 위해 성적 욕구 충동과 관련된 행동을 하는 것을 철저하게 부정하는 청소년 특유의 행동을 말한다.

　㉠ 성적 욕구와 관련된 행동뿐만 아니라 신체와 관련된 모든 본능적 욕구충족 행동에 대한 부정으로 확대된다.

　㉡ 성적인 행동은 물론이고 먹고 잠자는 등의 일상생활 속 신체적 행동에 대해서도 거부와 혐오를 나타낸다.

② 주지화(지성화, intellectualization): 성적 충동 또는 본능적 충동으로 인한 감정의 혼란 상태를 벗어나고자 종교, 철학, 도덕, 정치 문제에 대한 탐구활동, 토론활동 등 지적인 활동에 몰두하는 것을 말한다.

　㉠ 난해한 관념적 서적에 몰두하거나 학구적이며 추상적인 용어의 사용을 즐긴다.

　㉡ 추상적 사고: 청소년기에 새롭게 획득한 추상적 사고를 이용하여 청소년들은 비교적 개인 감정을 나타내지 않는 태도로 성에 관한 토론에 참여한다.

3. 블로스(Blos)

(1) 적응체계(adjustment system)

① 청소년기는 생물학적 변화에 대해 보다 적극적이고 성숙된 자아의 '적응체계'가 이루어지는 시기다.

② 청소년은 자아의 적응체계 과정을 통해 부모에 대한 오이디푸스 콤플렉스적 집착, 의존에서 벗어나 부모로부터 독립하는 중요한 청소년기 발달을 이룬다.

(2) 개별화(개성화 또는 분리개별화)

① 청소년기는 부모-자녀 간의 갈등의 시기가 아니라, 오히려 청소년이 자신과 부모를 바라보는 시각을 새롭게 형성하는 시기라고 보았다. 또한 이 과정을 개별화라고 지칭했다.

② 개별화(individuation): 개인이 다른 사람과 구별되는 자신만의 고유한 존재로 성장해 나가는 것을 말한다. 또한 각 발달단계마다 자신에 대한 정의를 변화시키며 독립된 삶을 이루어가려고 하는 것이다.

③ 개별화의 목표: 개인이 가능한 한 완전하게 자신의 정체성을 인식하는 것, 즉 '자기의식의 확대'에 있다.

④ 구분

ㄱ 일차개별화(first individuation): 아동이 외적 세계와 자신이 분리된 실체라는 사실을 명확하게 깨닫는 것을 의미하며, 3세경에 완성된다.

ㄴ 이차개별화(secondary individuation): 청소년의 자아가 부모로부터 이탈(독립)하려는 과정을 뜻한다. 이 이탈과정에는 부모의 통제로부터 벗어나는 것과 더불어 부모에 대한 현실적이고 합리적인 평가가 포함된다.

➡ 이차개별화를 거쳐 독립된 청소년의 자아는 신체 및 성적 변화에서 오는 갈등을 극복하고 안정된 자아의 확대와 적응체계를 확립해나가기 시작한다.

(3) 자립의지(세 가지 목표가 이루어져야 심리적 성숙과 함께 자립의지를 성취)

① 첫째, 가족으로부터의 자유이다. 청소년기의 성적 발달이 이루어짐에 따라 부모나 가족에 의존하던 어린시절로부터 스스로 자유로워져야 한다. 청소년은 폭넓은 사회적 관계를 맺어야 하며, 이전에는 부모나 가족에게 지향되던 애정욕구를 다른 사람들에게로 돌려야 한다.

② 둘째, 성적 성숙의 도달은 자신과 상대방의 관계에서 적절한 성역할을 발견하고 익히는 것이며, 아울러 성윤리 의식을 확립해야 한다.

③ 셋째, 특히 남자 청소년은 경제적 자립을 성취해야 한다. 이때 경제적 자립은 정서적 성숙의 필수요건이며, 자유의지와 사적 생활을 가능하게 한다. 이를 위해 직업생활에서의 직업 정체성을 확립할 필요가 있다.

4. 설리번(Sullivan)

(1) 대인관계 이론

① 타인과의 상호작용에 영향을 받지 않은 사람은 없으며 인간의 정상발달과 병리적 발달은 모두 다른 사람과의 상호작용에 의해 영향을 받은 결과라고 본다.

② 대인관계의 영향력은 건설적일 수도 파괴적일 수도 있다. 누구와 상호작용하는지에 따라 자신을 바라보는 관점과 행동방식이 다를 수 있으므로, 대인관계의 결과가 그 개인의 성격이자 인간발달이다.

③ 불안: 항상 대인관계에서 비롯된다. 단기적이든 장기적이든 사람들 간의 건강하지 못한 관계로부터 야기되고, 불안을 경험하면서 개인의 '자기체계'가 손상을 받는다.

④ 자기체계(self-system, 자기상): 자신에 대한 인식의 집합체이자 안정된 자기표상이다. 따라서 자기체계의 손상을 피하려면 편안한, 성공적인 대인관계가 필요하다. 청소년기의 효율적이고 의미 있는 대인관계(특히 친구관계)는 건강한 심리사회적 발달을 위한 필수 전제조건이다. 그렇지 못하면 낮은 학업성취, 학교 중퇴, 가출, 약물사용, 조기 성행위, 비행행동 등의 문제가 초래될 수 있다.

(2) 발달 단계

① 각 단계를 특징짓는 것은 대인관계의 독특한 특성이며 한 단계에서 다음 단계로 넘어갈 때마다 '의미 있는 타자'에 있어 질적인 변화가 일어난다.

② 인간의 발달단계에 따라 대인관계의 욕구가 변화한다고 보고, 유아기부터 청소년 후기까지 6단계로 구분하여 상호작용의 욕구를 설명한다.

③ 청소년기 발달: 친구관계가 중요한 역할을 한다고 강조했다.

④ 프로이트의 잠복기를 매우 중요한 시기로 보고, 이를 소년기와 전청소년기의 두 단계로 나누었다.

⑤ 설리번의 성격발달 단계

단계	대략적인 연령	유의미한 타인	특징적인 욕구
유아기	0 ~ 2세	어머니 역할을 하는 사람	안정감의 욕구
아동기	2 ~ 6세	부모를 포함한 가족	성인의 관심을 얻으려는 욕구와 경험의 욕구
소년기	6 ~ 10세	학교와 동년배 집단	또래 관계를 형성하려는 욕구
전청소년기	10 ~ 12세	단짝친구	단짝관계로서 표현되는 친밀감의 욕구
청소년 초기	12 ~ 16세	친구들, 이성교제 시작	• 대인간의 친밀감을 유지하려는 욕구 • 성적 만족을 추구하려는 욕구 • 이성관계를 형성하려는 욕구
청소년 후기	16 ~ 20대 초반	연인	• 두 사람만의 특별한 이성관계를 추구하려는 욕구 • 사회 내에서 개인적 위치를 확립하려는 욕구

(3) 단계별 특징

① 1단계 유아기(infancy, 0~2세): 타인과의 접촉이나 부드러운 것과의 접촉욕구를 느끼며 주로 어머니에 의해 이 욕구가 충족된다. 동시에 부모에게서 겪는 불안 경험이 이후의 대인관계에도 긴장과 불안을 일으킨다.

② 2단계 아동기(childhood, 2~6세): 어른(특히, 부모)에게 인정받고 싶은 욕구를 나타낸다. 자신들의 놀이에 성인이 참여하길 바라며, 성인이 인정하는 것과 인정하지 않는 것을 이해하게 된다. 대인관계(특히, 놀이친구나 동갑내기의 상호작용)에서 협동을 배우고 지시를 수행하며 사회적 기술을 숙달한다. 동시에 성인(특히, 부모)의 불인정은 아동에게 불안을 유발한다.

③ 3단계 소년기(juvenile, 6~10세): 동년배와 관계를 형성하려는 욕구가 나타나며 다른 사람들과의 협동심과 경쟁심을 배운다. 동시에 친구들로부터 배척의 위협과 따돌림, 놀림에 대한 두려움과 불안이 생기고, 이는 이후 대인관계에 영향을 미친다.

> **더 알아보기** **감독형태의 학습**
>
> 아동이 상상적인 인물을 마음속에 간직하고 그 상상적 인물이 항상 자신을 감독한다고 느끼는 것을 말한다. 아동은 다른 사람이 보이지 않아도 이 상상인물의 존재 때문에 자기 행동을 통제한다.

④ 4단계 전청소년기(preadolescence, 10~12세): 친밀한 동성친구(특히, 단짝)를 두고 싶은 욕구가 나타난다. 소년기가 타인과의 관계 폭이 넓어지는 시기라면 전청소년기는 관계가 깊어지는 시기다. 모든 것을 터놓고 이야기할 수 있는 단짝이 필요한 시기로, 단짝관계가 형성되는 것과 더불어 관심이 변화되는 것이 특징이다. 이때 청소년은 친근한 단짝과 사적이고 은밀한 정보를 주고받으며 친밀감, 정직함, 충성심, 신의에 기반을 둔 가깝고 상호적인 우정을 형성한다.

> **더 알아보기** **전청소년기의 단짝관계의 치유적 기능**
>
> 전청소년기의 좋은 친구는 가족관계가 나빠서 생기는 불안정감을 극복하게 도울 수 있다. 따라서 전청소년기 동안 친밀한 우정 관계를 형성하는 것은 청년기나 성인기에 밀접한 관계를 형성하는 밑거름이 된다. 이 시기의 발달은 이후 다른 사람들과 지지적 관계를 형성하고 사회적 자신감과 자기가치감을 느끼는 데 결정적인 영향을 미친다. 이 욕구가 결핍되면 사회적 고립이 초래되고 고독감이 생기며 친구를 사귀는 데 있어 불안이 초래된다.

⑤ 5단계 청소년 초기(early adolescence, 12~16세): 성적 욕망과 이성친구와의 애정적 관계를 형성하려는 욕구가 나타난다. 아울러 동성과 친밀감을 나누려 하는 욕구도 있다. 이와 동시에 성적인 접촉욕구와 이러한 욕구의 충족이 현실적으로 불가능함을 깨닫는다. 따라서 청소년은 다양한 욕구를 통합해야 하는 어려움에 직면하게 되어 불안과 갈등, 위기감이 생긴다.

⑥ 6단계 청소년 후기(late adolescence, 17~20대 초반): 청소년 초기의 혼란과 스트레스는 어느 정도 안정을 찾는다. 광범위한 분야로 관심이 확장되고 욕구 간의 평형이 이루어지는 시기다. 이제까지 발달한 지적 성장이 활짝 꽃을 피우는 시기이며, 보다 넓은 시각을 갖게 되어 주변적·지역적인 문제로부터 정치적·사회적 문제로 관심이 확장된다. 성적 적응도 어느 정도 이루어져서 각 욕구 간의 평형을 이루는 등 서서히 안정 단계로 접어든다. 사회 내에서 자신의 위치를 확립하려 하고 성인사회로 통합해 가려는 욕구를 보인다. 이때 성인기의 진입에 따른 불안과 긴장에 대처하는 데 도움이 되는 효과적인 방어기제(또는 안전수단)를 확립해야 한다.

5. 하비거스트(Havighurst)

(1) 발달과업(developmental tasks)

① 의미: 매 발달단계마다 개인이 환경에 적응하기 위해 반드시 습득해야 하는 특정 기술이나 능력을 뜻한다.
② 발달과업의 세 가지 원천
  ㉠ 신체적 성숙(생물학적 변화)에서 오는 과업: 어릴 때 걷고 말하는 법을 배우고, 청소년 및 성인 때는 신체를 효율적으로 사용하는 법을 배우고, 중년 때는 갱년기에 적응하는 법 등을 배우는 일이 포함된다.
  ㉡ 개인적 동기에서 오는 과업: 개인적 노력을 통해 삶의 특정 시점에 획득해야만 하는 기술, 지식, 태도, 직업 선택 등이 포함된다.
  ㉢ 각 발달단계마다 부과되는 사회적 압력(기대)에서 오는 과업: 남성과 여성으로서 사회적 역할을 잘할 수 있도록 배우고, 책임 있는 시민의 역할을 잘 해낼 수 있도록 배우는 일 등이 포함된다.
③ 인생주기: 개인의 기대 욕구와 사회의 기대 욕구를 고려하여 인생주기를 6단계로 나누고, 그에 따른 발달과업을 제시함으로써 전 생애적 관점을 취한다.
  ㉠ 단계: 영·유아기(출생~6세), 아동기(6~13세), 청소년기(13~18세), 성년기(18~30세), 장년기(30~60세), 노년기(60세~죽음)로 구분된다.
  ㉡ 각 단계마다 발달과업을 성공적으로 습득했는지 여부에 따라 개인의 적응 정도를 평가할 수 있도록 만들었다.

⑵ 청소년기의 발달과업

① 자신의 체격을 인정하고 신체를 효율적으로 사용하는 것

② 남성으로서 또는 여성으로서 사회적 성역할을 학습하는 것

③ 동성이나 이성의 친구와 새로운 관계를 맺고, 보다 성숙한 관계를 형성하는 것

④ 부모와 다른 성인들로부터 정서적으로 독립하는 것

⑤ 결혼과 가정생활을 준비하는 것

⑥ 행동의 지침이 되는 가치관과 윤리체계를 습득하는 것

⑦ 사회적으로 책임 있는 행동을 원하고 실천하는 것

⑧ 경제적 독립의 필요성을 느끼고 직업을 선택하며 준비하는 것

➡ 특히, 부모는 자녀가 발달과업을 완성할 수 있도록 조력자가 되어주어야 한다.

6. 에릭슨(Erickson)

⑴ 특징

① 심리성적 측면보다 심리사회적 측면을 강조한다.

② 인간의 전 생애를 통한 발달 변화를 강조한다.

③ 병적인 것이 아닌 '정상', '건강한 것'에 초점을 둔다.

④ 정체감 확립의 중요성을 강조한다.

⑤ 성격구조를 설명함에 있어 임상적 통찰력을 문화적·역사적 요인과 결부했다.

⑵ 프로이트와의 비교

① 성격발달의 본능적 측면뿐만 아니라 심리사회적 측면을 강조한다. 프로이트는 성격이 생애 초기에 형성된다는 점을 바탕으로 심리성적 단계이론을 강조한 반면, 에릭슨은 성격이 평생 8단계에 걸쳐 계속 발달한다고 본다.

② 원초아보다 자아를 더 강조한다. 자아는 원초아에 종속되거나 보조적인 것이 아닌 성격의 독립적인 부분으로, 부모의 사회적·역사적 환경의 영향을 받으며 평생 동안 성장하고 발달한다고 보았다. 또한 무의식의 내면적 성격구조도 중요하지만 그것이 의식세계를 전적으로 지배하지는 않으며, 개인의 행동에는 자아의 힘이 깔려 있다고 믿었다. ➡ 자아심리학

③ 프로이트가 본능을 강조한 반면 에릭슨은 전체 성격의 형성에 문화, 사회, 역사의 영향을 인식한다.

④ 성격 형성에 과거뿐만 아니라 미래도 중요하다고 보았다. 에릭슨은 사람이 자신의 과거를 어떻게 해석하는가와 더불어 미래에 대한 해석도 성격 형성에 의미가 있다고 인식했다.

⑶ 성격발달의 특성과 원리 기출 21

① 성숙은 점성적 원리(epigenetic principle)에 따라 일어난다. 점성원리는 발달이 유전적 요인에 의존한 일련의 단계에 의하여 지배된다는 원리로, 어떤 발달이 정해진 시기에 이루어지지 못하면 결함으로 남을 수 있다.

② 심리사회적 각 단계에는 위기가 있다. 즉, 각 단계에는 개인의 행동과 성격에 있어 어떤 변화를 위해 필요한 전환점이 있다.

③ 자아는 적절하거나 부적절한 적응 방식을 통합해야 한다. 에릭슨은 심리사회적 각 단계의 위기에 적응 방식과 부적응 방식으로 반응할 수 있다고 보았다.

④ 심리사회적 발달의 각 단계는 개인에게 기본적 강점 또는 덕목을 발달할 기회를 제공한다.

(4) 심리사회적 발달단계

심리사회적 위기	연령	주요 사회관계	주요 특징	바람직한 결과
신뢰 대 불신	출생~18개월	어머니 (양육자)	• 유아는 일관성 있는 양육자에 대한 사랑과 신뢰감을 형성함 • 양육자의 거부적 태도는 불신감을 발달시킴	신뢰, 희망
자율성 대 수치 및 의심	18개월~3세	부모	• 걷기, 잡기 등 통제를 포함하는 신체적 기술의 발달이 이루어지도록 허용하고 격려할 때 자율성이 발달함 • 도움이 부족하거나 과잉보호하는 것은 유아가 자신의 능력에 의심을 갖게 하여 수치심이 형성됨	의지
주도성 대 죄의식	3~6세	가족	• 탐색할 수 있는 자유를 허용하고 아동의 질문에 충실히 답할 때 주도성이 발달함 • 아동의 활동을 제한하거나 간섭하고 질문에 불성실하게 대답하면 죄의식이 형성됨	목적, 의도
근면성 대 열등감	6~12세	이웃, 학교	• 새로운 것을 학습할 기회를 부여받고, 성취한 것을 인정 받으면 근면성이 발달함 • 성취할 기회를 가지지 못하거나 결과에 대해 비난을 받으면 열등감이 형성됨	유능감
정체감 대 역할혼미	청년기	또래집단, 리더십 모델	• 자신의 존재, 가치에 대한 인식이 정체감을 발달시킴 • 신체적 불안감, 성 역할과 직업 선택의 불안정은 역할혼미를 초래함	성실, 충성
친밀성 대 고립	성인 전기	친구, 연인, 회사 동료	• 타인과 친밀한 인간관계를 유지하는 능력을 발달시킴 • 친밀한 관계 형성에 실패하면 고립감을 느끼게 됨	사랑
생산성 대 침체	성인 중기	노동 분화와 가사 분담	• 자녀나 다음 세대의 지도 과정에 참여하여 타인과 사회를 위해 노력할 때 생산성이 발달함 • 이러한 활동에 참여하지 못할 때 침체감에 빠짐	배려
통합성 대 절망	노년기	인류	• 자신의 인생이 만족스러웠다고 회상하고, 있는 그대로 자신을 수용하고, 인생에 대해 관조할 수 있을 때 통합성이 형성됨 • 인생을 후회하고 죽음을 두려워할 때 절망감에 빠짐	지혜

(5) 자아정체감(ego identity)

① 삶의 과제: 자아정체감을 찾는 것이다.

② 의미: 내가 누구이며 어떤 목적을 가지고 살아야 하는지에 대한 가치관이자 목적의식이다.

③ 자아정체감을 정립하려면 나와 내가 속한 사회를 이해하고 수용하는 과정이 선행되어야 한다.

④ 청소년기가 자아정체감을 형성하는 결정적인 시기인 이유

    ㉠ 청소년기가 되면 자기 자신에 대해 논리적으로 생각할 수 있는 사고능력이 발달한다. 현재뿐 아니라 과거를 반추하거나 미래를 가정하여 생각하는 능력이 생기고, 타인의 관점을 이해하는 사회인지능력이 발달하면서 자아정체감에 대한 고민이 커진다.

    ㉡ 청소년기에는 급격한 신체적·생리적 변화로 인해 성적 충동이 증가하면서 원초아와 초자아 간 갈등이 심화되는데 이로 인해 자신에 대해 생각하게 되고 결국은 정체감의 문제에 직면한다.

    ㉢ 사회적 역할의 변화로 인해 아동기보다 자기 자신에 대해 많이 생각할 수밖에 없는 시기로, 자신과 관련된 문제를 스스로 선택하고 가능한 대안을 탐색해야 한다.

(6) 평가척도

① 디그넌(Dignan)의 자아정체성검사(1965)

    ㉠ 에릭슨은 평가도구를 개발하지 않았지만 에릭슨의 이론에 바탕을 둔 검사도구가 개발되었다.

    ㉡ 이 척도는 4점 리커트식 척도로 점수가 높을수록 자아정체감이 잘 발달되었다고 볼 수 있다.

    ㉢ 하위 요인: 안정성, 목표 지향성, 독특성, 대인 역할 기대, 자기수용, 자기주장, 자기존재 의식, 대인관계 등의 9가지 요인으로 구성된다.

② 도미노(Domino)와 아폰도(Affondo)의 사회균형척도(1990)

    ㉠ 개인의 심리사회적 발달 정도를 측정하기 위해 개발되었다.

    ㉡ 각 단계에서 갈등을 해결한 정도를 측정하며, 5점 척도로 구성된다.

7. 마르샤(Marcia) 기출 16, 24

(1) 정체성 지위(identity status)

① 의미: 개인의 정체감 형성과정뿐 아니라 정체감 형성 수준의 개인차를 함께 진단하고자 하는 개념이다.

② 두 가지 수준

    ㉠ 정체성 위기 경험 여부: 정체감을 갖기 위해 노력하는가? ➡ 자신의 존재와 역할에 의문을 제기하고 여러 가지 대안적 가능성을 탐색하는 과정을 뜻한다.

    ㉡ 과업에 대한 전념: 무엇인가에 전념하고 있는가? ➡ 자신이 선택한 정체감과 관련된 역할과 과업을 위해 얼마나 열심히 노력하고 있는가를 뜻한다.

(2) 정체성 상태

구분	위기	전념
정체감 혼미	×	×
정체감 상실	×	○
정체감 유예	○	×
정체감 성취	○	○

① **정체감 혼미**: 방향성이 결여된 상태로 다른 사람이 어떤 일을 하는지, 내가 이 일을 왜 하는지에 관심이 없다. 이 상태에서는 정체감 위기를 느끼지 않고 미성숙하여 자아존중감이 낮으며 혼돈에 빠져 있어, 정체성 지위 중 가장 낮은 단계이다. 그대로 방치하면 부정적 정체감에 빠져들 위험이 있다.

② **정체감 상실(유실)**: 스스로 심각하게 생각하거나 의문을 갖지 않고 타인의 가치를 받아들인 상태이다. 권위에 맹종하므로 부모가 선택해 준 인생을 그대로 받아들인다. 다른 지위보다 사회적 인정 욕구가 강하고, 부모에게서 영향을 받은 자신의 가치에 따라 생애의 방향을 결정하고, 부모와 긴밀한 관계를 유지한다. 이들은 청년기를 매우 안정적으로 보내는 것 같지만 성인기에 뒤늦게 정체성 위기를 경험하는 경우가 있다.

③ **정체감 유예**: 현재 정체감 위기나 변화를 경험하고 있는 상태이며, 정체감 확립을 위해 노력한다. 삶의 목표와 가치에 대해 회의하고 대안을 탐색하거나 여전히 불확실한 상태에 머물며 구체적인 자신의 역할과 과업에 몰두하지 못하는 상태이다. 이 지위에 속한 청년은 가장 적극적으로 정체성을 탐색한다. 유예기의 청년은 안정감이 없으나 이는 정체감 성취를 위한 과도기적 단계이므로 시간이 지나면서 정체감을 확립하는 경우가 많다.

④ **정체감 성취**: 삶의 목표, 가치, 직업, 인간관계 등에서 위기를 경험하고 대안을 탐색하며 확실하고 변함없는 자아정체감을 확립한 상태이다. 타인의 이해, 가치 등을 고려하지만 스스로 많은 생각을 통해 의사결정을 한다. 현실적이고 대인관계가 안정감이 있으며, 자아존중감이 높고 스트레스에 대한 저항력도 높다.

03 인지발달적 접근

1. 피아제(Piaget)의 인지 발달이론

(1) 인지 발달이론

① **인지**: 새로운 지식을 획득하고 저장하며 인출하고 바꾸어나가는 전체 과정에서 언어의 이해와 사용, 기억과 망각, 사고와 문제 해결 등과 같은 지적인 능력을 뜻한다.

② 초기 연구에서는 영아기와 아동기의 인지 발달을 강조했으나 중반기에는 청소년기의 형식적 추론에 관심을 가지고 집중적으로 연구했다.

③ **주요 개념**: 조직화(organization)와 적응(adaptation)이며, 적응 과정에는 동화와 조절 두 가지가 있다.

 ㉠ **동화(assimilation)**: 이미 가지고 있는 개인의 인지도식에 새로운 사물이 통합되는 것이다.

 ㉡ **조절(accommodation)**: 새로운 사물이 기존의 것과 전혀 달라 통합이 불가능할 때 기존의 인지도식을 변형시켜 버리는 것이다.

④ **인지 발달이론의 가장 큰 특징**: 발달의 연속성을 전제로 한다. 즉, 발달 단계는 순서대로 나타나고 불변하는 연속적 유형이며, 계획적인 경험을 통해 뛰어넘을 수 있는 것이 아니다. 각 단계를 특징짓는 것은 문제해결의 기술로, 각 단계의 기술은 선행 단계나 후속 단계의 것과는 질적으로 완전히 다르다.

(2) **형식적 조작기로서 청년기**

① 이 단계를 특징짓는 기술은 추상적인 사고능력이다.

② 추상적인 사고능력이 있으면 어떤 과제를 해결하고자 할 때, 여러 가능성을 동시에 고려하며 자신이 택한 방식을 논리적으로 비교하고 검토할 수 있다.

③ 현실에 없는 어떤 아이디어나 명제를 제시할 수 있어 상상적인 문제에 대한 질문·토론이 빈번해지고 논쟁이나 형식적 논리 전개를 선호하게 된다.

④ 고등 정신작용 구조를 운용하게 되어 복잡하고 높은 수준의 수리 계산이 가능해진다.

2. 콜버그(Kohlberg)의 도덕성이론

(1) **피아제의 도덕성 단계**

① 단순하게 두 단계로 나누어 설명한다.

② 첫 번째 단계와 두 번째 단계를 나누는 분기점은 10~11세이므로 청소년기의 특징을 나타내는 단계를 따로 정의하기는 어렵다.

③ 주어진 규칙을 절대적이고 신성하며 수정이 불가능한 것으로 여기는 도덕적 현실주의 또는 타율적 도덕성의 첫 번째 단계와는 대조적으로, 청소년기를 포함한 두 번째 단계는 도덕적 상대주의 또는 자율적 도덕성을 특징으로 한다.

④ 따라서 어떠한 법칙도 신성한 것은 아니며 합의에 따라 변형이 가능하다고 믿게 되고, 일의 결과보다 의도나 과정을 평가에 포함시켜야 한다는 것을 알게 된다.

(2) **콜버그의 도덕성 단계**

① 청소년에게 가상의 도덕적 갈등상황을 제시하고, 어떤 반응을 보이는가에 따라 도덕성 발달 수준을 구분했다.

② 단계: 인습 이전, 인습, 인습 이후 수준의 세 가지 기본 수준을 설정하고, 각 수준을 두 단계로 다시 세분화하는 방식으로 자신의 이론을 체계화했다.

　㉠ 인습적: 사회규칙, 기대, 관습, 권위에 순응하는 것을 뜻한다.

　㉡ 이론화 과정에서 응답 자체보다 응답 저변에 깔려 있는 논리에 주목하여 단계를 구분한다.

04 사회인지적 접근 및 사회문화적 접근

1. 셀만(Selman)의 사회인지이론

(1) 사회적 조망 수용(social perspective taking)

① 사회적 조망 수용능력은 타인의 조망 또는 관점에서 사물이나 사건을 이해하는 능력을 말한다.

② 이 능력은 일련의 단계로 발달하며 특히 청소년기에 크게 발달한다.

(2) 발달단계 기출 19

단계	연령	특징
0단계: 자기중심적 미분화 단계	3~6세	• 타인을 자기중심적으로 보기 때문에 타인이 자신과 다른 관점(생각, 느낌)을 가진다는 것을 전혀 이해하지 못함 • 다른 사람도 자신의 견해와 동일한 견해를 갖는다고 지각함
1단계: 주관적 조망 수용 단계	5~9세	• 동일한 상황에 대한 타인의 조망이 자신의 조망과 다를 수 있다는 것까지는 이해하나 아직도 자기의 입장에서 이해하려고 함 • 자신의 행동을 다른 사람의 조망을 통해 평가하기 어려움
2단계: 자기반성적 조망 수용 단계	7~12세	• 타인의 조망을 고려할 수도 있고, 타인도 자신의 조망을 고려할 수 있음을 인식함 • 다른 사람이 자신의 행동에 대해 어떻게 생각하는지 알 수 있으며, 다른 사람이 서로 다르게 생각하고 느낀다는 것을 앎 • 다른 사람 입장이 되어 그 사람의 의도와 목적, 행동을 이해할 수 있지만 이러한 과정을 동시 상호적으로 하지는 못함
3단계: 상호적 조망 수용 단계	10~15세	• 동시 상호적으로 자신과 타인의 조망을 각각 이해할 수 있음 • 다른 사람과의 관계, 상호작용 속에서 발생하는 문제를 제3자의 입장에서 객관적으로 생각하게 됨
4단계: 사회적 조망 수용 단계	12세~성인	• 동일한 상황에 대해 다른 생각을 한다고 해서 그 조망이 틀렸다고 인식하지 않으며, 자신이 다른 사람의 조망을 완전하게 이해하지 못한다는 점을 인식함 • 제3자의 입장을 확장하여 사회 구성원이 갖는 일반화된 관점에서 이해함

> **더 알아보기** **사회적 조망 수용능력의 발달**
>
> • 사회적 조망 수용능력은 2단계인 청소년기 이전에 발달하기 시작한다.
> • 3단계인 초기 청소년기에 타인의 입장뿐만 아니라 제3자의 입장에서도 대인관계를 고려할 수 있는 수준으로 발달한다.
> • 4단계는 대인관계를 이해하는 수준이 자신, 상대방, 제3자의 입장을 복합적으로 고려할 뿐 아니라 각각 개인이 통제할 수 없는 사회 및 조직의 힘과 무의식적인 힘의 영향을 받음을 인식하는 성숙한 수준으로 발달한다.

2. 베네딕트(Benedict)

(1) 연속성(continuities)과 불연속성(discontinuities)

① **문화적 결정론**: 인간은 출생부터 죽음까지 개인이 속한 문화적 환경에 의해 영향을 받는다. 이러한 문화적 결정론은 그 사회의 문화적, 사회적 제도에 의한 문화적 조건화에 따라 달라진다.

② 문화적 조건화의 분석 수단으로 연속성과 불연속성을 이론적 구성개념으로 활용하였다.

③ **연속성**: 개인의 성장이 사회적-환경적 힘과 제도(⑩ 사회적 집단의 요구나 기대, 제한이나 처치방법 등)에 의해 영향을 적게 받는 문화를 말한다.

④ **불연속성**: 개인의 성장이 사회적-환경적 힘과 제도에 의해 강한 영향을 받는 문화를 말한다.

⑤ 연속성에 근거한 어떤 문화(⑩ 원시 문화, 원주민 문화)는 사회제도가 만들어낸 등급(단계, 구분)이 없기 때문에 개인의 성장과정이 물결처럼 자연스럽게 흘러간다. 즉, 사회제도의 속박과 제약이 적기 때문에 인간발달 상의 변화는 크지 않고, 개인의 성장은 순조롭게 연속적인 과정이 된다.

(2) 연령등급사회(age-graded society)

① 어떤 문화(⑩ 미국문화와 같은 복잡한 서구문화)는 사회제도가 만들어낸 등급이 정해져 있어 개인의 성장과정이 물결처럼 흘러가지 못하고 자꾸 끊기는데, 이러한 사회를 연령등급사회라고 한다.

② 연령등급사회는 사회제도와 법에 의해 인간발달 상에 기대되는 행동들이 각 등급별로 조직화되어 있는 상태를 말한다. 연령등급이 심한 문화일수록 단계적 이동이 급격하게 일어나므로, 그 과정에서 개인은 긴장과 혼란을 심하게 겪게 된다.

③ **청소년**: 성인이 되기 위해서는 새로운 성인 행동들을 학습해야 하므로, 그 과정에서 혼란과 불안, 갈등과 위기, 질풍노도를 경험하게 된다.

3. 미드(Mead)

(1) 청소년기

① **질풍노도의 시기**: 모든 사회에서 청소년기에 나타나는 보편적인 현상이 아니라, 갈등이 많고 선택하는 상황이 빈번한 복잡한 사회에서 나타나는 현상이다.

② 문화적 요인에 따라 청소년의 성격발달이 달라지고, 청소년이 경험하는 혼란과 갈등도 특정 문화의 소산일 뿐 보편적인 발달현상이 아니다.

(2) 남녀의 성 역할 구분

① 성 역할 구분은 선천적인 것이 아니라 문화적으로 결정된다고 본다.

② 아동과 청소년에게 남성성 또는 여성성의 기질특성을 강조하는 문화는 억압적인 사회라고 보았다.

1. 브론펜브레너(Bronfenbrenner)의 생태학적 이론

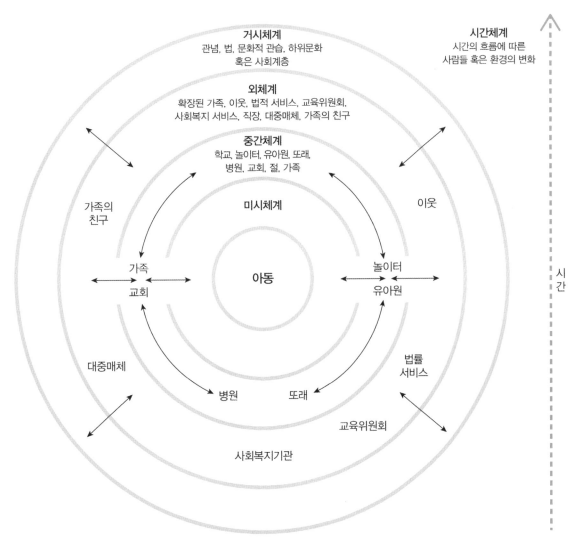

[그림 4-1] 브론펜브레너의 생태학적 체계 모델

(1) 생태학적 이론

① 인간 발달을 이해하려면 실험실 상황을 넘어서서 다양한 환경측면을 고려하고 여러 사람 간의 상호작용체계를 검토해야 한다.

② 발달은 사회적 맥락에서만 이해될 수 있다. 인간은 미시체계, 중간체계, 외체계, 거시체계, 시간체계 등 다섯 가지 환경체계의 영향을 받는다.

(2) 환경체계 기출 20

구분	내용
미시체계 (microsystem)	• 인간이 매일 직접적으로 상호작용하거나 활동하는 가장 근접적인 맥락으로서, 가족, 또래, 이웃 등의 청소년이 속해 있고 매일 직접 만나는 맥락적 환경 • 청소년은 미시체계에 속하는 가족 구성원, 또래, 교사, 이웃과의 직접적이고 양방향적인 상호교류를 통해 신체, 인지, 성격, 사회성 등이 발달함 • **양방향적**: 청소년이 미시체계의 영향을 수동적으로 받기만 하는 것이 아니라, 미시체계의 경험을 선택하고 수정해나감으로써 미시체계의 변화에 영향을 미치며 발달해 나간다는 의미를 가짐
중간체계 (mesosystem)	• 미시체계 간 상호관계를 말하는 것으로 미시체계인 가족, 또래, 학교 등은 청소년 발달에 직접적으로 영향을 미치는 매우 중요한 체계 • 청소년과 부모, 학생과 교사, 친구들은 서로 연결되어 영향을 미침 • 각 미시체계에서 벌어지는 상황이 서로 원인이 되기도 하고 결과가 되기도 하는 관계를 포함하는 체계
외체계 (exosystem)	• 청소년기에 직접 참여하거나 소속되어 적극적으로 활동하는 맥락은 아니지만 청소년의 발달에 영향을 미치는 맥락 • 공식적·비공식적인 주요 사회적 기관을 포함함 예 부모의 직장, 정부 조직, 매스미디어, 교통 시설, 복지 서비스, 부모의 사회적 연결망 등
거시체계 (macrosystem)	• 개인이 속한 문화를 의미하며, 문화에 따른 신념이나 행동 규범 등은 인간 개인의 발달에 영향을 줄 수 있음 • 미시체계나 중간체계는 그 체계 안에서 살고 있는 사람의 삶에 직접 영향을 주는 맥락이고, 외체계는 간접적으로 영향을 주는 맥락이며, 거시체계는 이러한 맥락의 구조적인 특성과 사람들의 활동 유형을 규정하는 보다 넓은 의미의 생태학적 체계 • **문화적 환경**: 문화가 갖는 가치, 이념, 법, 관습, 국가의 경제 정책, 교육 정책, 법, 정치 등
시간체계 (chronosystem)	시간이 지남에 따라 변화하는 환경적 요인을 고려하여 인간 발달을 설명함 예 부모의 이혼은 아동의 삶에서 한 시점에 일어나는 사건으로, 시간이 지남에 따라 발달에 미치는 영향이 달라짐

(3) 생태학적 체계와 청소년 발달의 관계를 설명하는 세 가지 모델

① **구조 중심주의 모델(social address model)**: 생태학적 체계와 인간 발달의 관계를 알아보기 위해 서로 다른 생태하적 체계에 속한 사람들의 특성을 비교하여 차이의 유무를 살펴봄으로써 생태학적 체계와 인간 발달의 관계를 설명한다.

② **과정중심 모델**: 생태학적 맥락의 어떤 기능이 인간 발달의 차이를 유발하는지 확인할 수 있다.

예 사회계층이라는 생태학적 환경에 속해 있는 미시체계인 가족의 기능이 사회계층에 따라 차이가 나는지 분석한다.

③ **인간 과정중심 모델**: 심리적·사회적 특성이 인간 발달에 미치는 영향이 개인의 특성에 따라 어떻게 다르게 나타나는지 설명한다. 즉 심리적·사회적 과정의 인간 발달에 대한 영향은 영향을 받는 개인의 특성에 따라 달라짐을 전제로 한다.

2. 레빈(Lewin)

(1) 장이론(field theory)

① 핵심공식: $B = f(P \cdot E)$

② P(개인): 지능, 성격, 욕구, 동기, 기대 등을 포함하는 개인의 심리적 특성을 의미한다.

③ E(환경): 물리적 환경을 포함한 사회적 환경을 의미한다.

④ P와 B는 계속 상호적으로 서로에게 영향을 주게 되므로, 결국 인간의 행동(B)은 개인(P)과 환경(E)의 함수다.

(2) 생활공간(life space)

① 생활공간은 연령이 증가할수록 확대되고 생활공간의 구조화나 분화 정도가 증가한다.

② 생활공간 속에서 어느 한편의 변화는 다른 쪽의 변화를 불러일으키고 개인의 심리적인 현실들이 항상 변하고 있으므로, 생활공간은 역학적 장의 속성을 지니고 있다.

③ 발달단계에 따라 역동적인 생활공간의 확대와 조직화 및 분화 정도는 다르게 나타나는데, 청소년기에 불확실성이 높은 이유는 생활구조에서의 변화가 빠르게 초래되기 때문이다.

④ 생활공간에서는 정적 원자가와 부정적 원자가가 존재한다.

    ㉠ 객관적으로 짧은 거리라도 그 사이에 물리적 또는 정신적 장애물들이 많으면 심리적으로 멀게 느껴지는데, 이는 물리적 거리가 심리적으로 결정되는 것이다.

    ㉡ 개인을 둘러싼 생활공간 속에는 정적 또는 부정적 원자가가 존재하기 때문에 사람은 때때로 갈등을 느끼며, 접근-접근 갈등, 접근-회피 갈등, 회피-회피 갈등을 나타내게 된다.

⑤ 생활공간은 개인적 요인과 환경적 요인을 합산체를 의미하는데 사회란 하나의 커다란 환경적 장이고, 사람들은 그 속에서 서로 영향을 주고받으며 살아가는 사회적 동물이다. 그래서 사람은 집단에 소속되어 있고, 발달단계에 따라 소속된 집단의 특성도 달라진다.

(3) 주변인(marginal man)

① 청소년은 그들의 사회집단이 있기는 하지만 여전히 아동집단에서 성인집단으로 이동하고 있는 과도기에 있다. 이렇게 과도기적 중간적 위치에 처해 있는 청소년들을 '주변인'이라고 한다.

② 청소년은 아동과 성인 그 어느 집단에도 온전하게 소속되어 있지 않다는 점에서 주변인(경계인)인데, 그래서 아동과 성인 집단의 생활양식들 사이에서 갈등을 경험하게 되고 정서적 긴장이 초래되며 동년배 집단을 제외하고는 어디에도 소속될 수 없다.

제 **2** 절 청소년기의 발달적 특성

06 신체 및 성적발달

1. 사춘기

(1) 사춘기(puberty)

① 사춘기는 청소년 초기에 일어나는 호르몬의 변화로 인해 급격한 신체적·성적 성숙이 이루어지는 기간이다.

② **사춘기의 목적**: 생식능력이 가능하도록 청소년의 몸을 육체적으로 성장시키는 것이므로 사춘기는 성기관에서 부터 변화가 시작된다.

③ 청소년기의 성적 성숙에 가장 큰 변화를 미치는 것은 호르몬의 변화 때문이다.

④ **성장 급등기(growth spurt)**: 청소년기가 되면 신장과 체중이 급격히 성장하는데, 이를 성장 급등기라고 한다.

    ㉠ 일반적으로 여자 청소년은 12세, 남자 청소년은 14세에 성장 급등기를 경험한다.

    ㉡ 영양 상태 등 생활 여건의 개선에 따라 과거보다 성장폭발 현상이 나타나는 시기가 점점 빨라지고 성장 속도도 더 빠른 것으로 보고된다.

    ㉢ 신장과 체중의 급격한 성장은 성장폭발이 시작된 후 보통 3~4년가량 이어지며, 성장폭발의 시기가 지나서도 여자는 17세 전후까지, 남자는 20세 전후까지 완만한 신체적 성장이 계속된다.

(2) 내분비계 호르몬

구분	호르몬 및 기능
뇌하수체	• **성선 자극 호르몬**: 성선을 자극하는 성 호르몬 생성 • **황체 형성 호르몬(LH)**: 여성의 월경주기 조절 • **부신피질 자극 호르몬(ACTH)**: 부신을 자극하여 안드로겐 방출 • **성장 호르몬**: 성장 • **갑상선 자극 호르몬**: 갑상선을 자극하여 티록신 방출
부신	안드로겐: 체모
갑상선	티록신: 성장 급등
생식선, 난소, 고환	에스트로겐, 안드로겐: 생식기관의 발달, 2차 성징

2. 성적성숙

(1) 1차 성징과 2차 성징

① **1차 성징(first sex characteristic)**: 출생 시 생식기에 의한 신체상의 성적 특징이다.

    ➡ 남녀의 생식능력에 직접적인 영향을 주는 기관(예 고환, 난자 등)이 성숙한다.

② 2차 성징(secondary sex characteristic): 사춘기가 시작되면서 성 호르몬 분비에 의해 나타나는 신체상의 성적 특징이다.
➡ 남녀의 구분에 있어 중요하며, 턱수염이 자라거나 가슴이 커지는 등 1차 성징보다 가시적으로 나타난다.
③ 사춘기의 신체변화는 개인에 따라 발달 속도의 차이가 있지만 그 순서는 동일하게 나타난다.

(2) 호르몬의 변화

① 테스토스테론(testosteron)
  ㉠ 남성에게 많이 있는 호르몬으로 남성의 성기를 구성하는 고환과 음경을 발달시키고, 정자의 생산이 가능하도록 신체 내부의 구조적인 변화를 만든다.
  ㉡ 변성과 수염, 체모 등이 나타나게 한다.
  ㉢ **사춘기의 신체변화는 테스토스테론 증가와 밀접한 관련**: 연구 결과, 가장 성숙한 남자 청소년이 가장 미숙한 남자 청소년보다 테스토스테론이 9배 더 많이 분비되었다.

② 에스트로겐(estrogen)
  ㉠ 여성의 2차 성징에 중요한 역할을 하는 여성 호르몬이다.
  ㉡ 사춘기 이후에 많은 양이 분비되어 가슴을 나오게 하고 성기를 성숙하게 하며 몸매에도 영향을 미친다.
  ㉢ 크게 에스트론, 에스트라디올, 에스트리올의 3가지 종류가 있다.

③ 에스트라디올(estradiol)
  ㉠ 유방과 자궁, 질의 발달에 영향을 미치고 체지방 분포에도 영향을 미쳐 전체적으로 곡선이 많은 여성의 신체 모양을 형성한다.
  ㉡ 가장 성숙한 여자 청소년이 가장 미숙한 여자 청소년보다 8배 더 많은 에스트라디올을 가지고 있었다.

(3) 호르몬과 주요기능

내분비선		호르몬	
시상하부		생식선 방출호르몬	사춘기 및 성적 특성을 활성화시키고 더 많은 성호르몬을 생성하도록 지시를 내림
뇌하수체	전엽	생식선 자극호르몬 (난포자극호르몬, 황체형성호르몬)	• 남성: 황체형성호르몬이 고환에 작용하여 안드로겐, 특히 테스토스테론의 생성 분비를 조절함 • 여성: 난포자극호르몬과 황체형성호르몬이 난소에 작용하여 에스트로겐과 프로게스테론의 생성 분비를 조절함
		성장호르몬	뼈와 신장, 체중 등이 성장하게 함
	후엽	옥시토신	자궁 수축을 도와 분만을 촉진하고, 수유를 준비하게 함
생식선	고환 (남성)	안드로겐 (테스토스테론이 주축)	제2차 성징의 발달과 정자 생산, 청소년기의 성욕을 증가시킴
	난소 (여성)	에스트로겐	유방의 발달, 음모의 성장 등 여성의 2차 성징을 발현시킴
		프로게스테론	자궁이 임신을 준비하게 하고, 임신을 유지하게 함
부신선		사춘기가 되면 남성은 보다 많은 양의 안드로겐을, 여성은 보다 많은 양의 에스트로겐과 프로게스테론을 분비함	

3. 신체변화와 심리적 적응

(1) 신체상(body image)

① 의미: 자신의 신체에 대한 느낌, 즉 청소년이 자신의 신체에 얼마나 만족하고 있는가를 말한다.

② 신체상은 자기가 자기를 바라보는 일종의 거울 이미지이기도 하다. 자기상은 자기개념을 구성하는 주요 요소로, 청소년기에 시작된 신체상에 대한 관심과 불만은 정도의 차이가 있지만 성인이 되어서도 지속되는 경향이 있다.

③ 체중: 사춘기의 신체상에 강력한 영향을 미치는 요소 중 하나이다. 여자 청소년은 공통적으로 자신이 너무 뚱뚱하다고 생각한다. 이것은 자신의 신체적 모습(신체상)을 정확하게 지각하지 못한 것에도 원인이 있지만, 신체적 매력에 대한 사회 문화적 기준이 보다 강력한 영향을 미치기 때문이다.

④ 신체상은 자기존중감과 연결: 자신의 외모에 만족하는 청소년은 자신에 대한 긍정적인 느낌을 갖는 반면, 자신의 외모에 불만족하는 청소년은 자신에 대해 부정적인 느낌을 갖는다.

　例 자신을 과체중이라고 지각하는 여자 청소년은 자기 존중감이 낮고 우울감을 더 많이 경험한다.

(2) 조숙과 만숙

① 조숙(early maturation): 일찍 성장하는 청소년을 조숙한 청소년이라고 말한다(동년배 중 사춘기에 먼저 도달하는 20%에 속하는 청소년).

② 만숙(late maturation): 늦게 성장하는 청소년을 만숙한 청소년이라고 말한다(동년배 중 성장 속도가 느린, 하위 20%에 속하는 청소년).

③ 성숙일탈가설(maturational deviance hypothesis): 사춘기의 발달이 또래보다 늦거나 빠른 청소년은 스트레스를 더 많이 경험하고 적응문제에도 취약해진다는 관점으로, 오프타임가설(off-time hypothesis)이라고도 한다.

④ 조기성숙가설(early maturational hypothesis): 조기성숙, 특히 여자 조숙아의 경우 커다란 사회적 압력에 직면하도록 만들고, 그 결과 득보다 실이 더 크다는 관점이다.

　㉠ 조기성숙 청소년의 경우 어른과 유사한 신체모양을 갖추었기 때문에 사회에서는 그들이 나이가 더 들었고 사회적·인지적으로 발달했다고 생각한다.

　㉡ 사춘기 발달이 너무 빠르기 때문에 그들의 심리사회적 발달수준이 신체발달에 못 미친다.

　㉢ 신체발달과 심리사회적 발달의 불일치로 인해 조기성숙 청소년이 이중구속감에 시달린다는 관점이다.

⑤ 연구결과

　㉠ 첫째, 조숙이 남자 청소년에게는 보다 긍정적으로 작용하는 반면, 여자 청소년에게는 보다 부정적으로 작용한다는 것이다.

　㉡ 둘째, 만숙 남자 청소년은 조숙 남자 청소년에 비해 부정적인 영향을 더 많이 받지만 청소년기 끝날 때까지 지속되지 않는다는 것이다.

　㉢ 셋째, 만숙 여자 청소년은 정상적으로 성숙한 또래들과 기본적으로 차이점이 없고, 조숙 여자 청소년보다는 사춘기의 영향을 더 적게 받는다.

　㉣ 사춘기 동안에도 생물학적 변화 외에 인지적, 사회적 또는 환경적 변화가 함께 일어나기 때문에 조숙과 만숙의 효과는 우리가 생각하는 것만큼 그렇게 크지 않다.

(3) 남자 청소년의 조숙과 만숙

① 조숙: 만숙 청소년들보다 긍정적인 효과가 있다. 남성이 일찍 큰다는 것은 힘세고 용기 있고 적극적인 행동을 할 수 있다는 것을 의미하며 그래서 일찌감치 성인으로 취급되어 신뢰를 얻을 수 있다.

      ㉠ 어떤 일을 수행할 때 또래로부터 리더로 꼽히는 경우도 많다.

      ㉡ 또래집단의 여자 청소년들과도 신체적으로 큰 차이가 없으므로 더 빨리 쉽게 친해질 수 있다.

      ㉢ 정신적으로 성숙할 시간이 짧아 자기탐색의 기회나 시간이 부족하여 자아정체감의 혼란을 더 크게 경험한다.

      ㉣ 어른과 같은 외모로 인해 유해환경에 노출될 가능성이 높고, 흡연, 음주, 성관계 등의 성인행동을 더 일찍 시작할 가능성이 높다.

  ② 만숙: 더욱 오랫동안 아동 취급을 받고, 그 기대에 맞게 더 오랫동안 아동처럼 행동할 수 있다.

      ㉠ 친구에 비해 체격이 작고 성적으로 덜 성숙해서 자신의 외모에 열등감을 느끼고 자신감이 없고 위축될 수 있다.

      ㉡ 사춘기가 끝나면 만숙 남자 청소년은 신체발달이 조기 성숙 청소년들과 거의 같아지고, 동시에 성인기에 대한 심리적 준비를 할 여유가 그만큼 많았기 때문에 더 적응적인 능력을 나타내는 경향이 있다.

(4) 여자 청소년의 조숙과 만숙

  ① 조숙: 조숙의 긍정적인 효과는 별로 없다. 특히 주위에서 성적으로 더 많은 관심을 받기 때문에 성적 행동의 대상이 되기 쉽고 그 결과 여러 가지 성적인 문제가 발생하기 쉽다.

      ㉠ 가정에서도 처녀답게 행동하라는 간섭으로 인해 부모와 더 많이 갈등한다.

      ㉡ 심리적·정서적으로 미숙한 상태에 있으므로 적기에 사춘기를 시작하는 청소년이나 만숙 청소년에 비해 자아존중감이 낮고 불안이나 우울, 섭식장애 등의 문제를 경험할 가능성이 높다.

  ② 만숙: 외견상 아동처럼 보이고 또 그런 취급을 받는다. 주위로부터 성적 행동의 관심 대상이 아니므로 성적인 문제에 빠질 확률이 낮다.

      ㉠ 만숙 남자 청소년들과 비슷한 수준에 있게 되므로 이들과 친구로서 편하게 지낼 수 있다.

      ㉡ 부모나 어른들의 비난을 덜 받게 되고, 변화와 도전에 적응할 수 있는 시간을 더 많이 갖게 되는 장점이 있기 때문에 만숙으로 받게 되는 부정적인 영향은 사소하거나 일시적이라고 한다.

07 청소년 정서발달

1. 정서와 정서의 분류

(1) 정서구분

  ① **일차정서(또는 기본정서)**: 모든 사람에게 공통적으로 나타나는 정서를 뜻한다.

    예 행복, 분노, 놀람이나 공포, 불안, 혐오, 슬픔, 기쁨 등

  ② **이차정서(또는 복합정서)**: 일차정서의 조합에 의해 파생되는 복합적인 정서다.

    예 수치심, 당황, 질투, 죄책감, 부러움, 자부심 등

  ③ **긍정적 정서**: 무슨 일을 겪든 어떤 사람을 만나든 매사 긍정적으로 생각하는 데서 오는 좋은 감정과 좋은 느낌, 좋은 기분상태를 의미한다.

    예 행복, 희망, 사랑, 기쁨, 자부심 등

  ④ **부정적 정서**: 매사 비관적으로 생각하는 데서 오는 불쾌하고 나쁜 기분상태를 말한다.

    예 불안, 우울, 분노, 슬픔, 죄책감과 수치감, 시기와 질투 등

(2) 정서의 차원 이론

모든 정서는 쾌-불쾌와 각성-비각성의 두 차원으로 이루어진 평면상의 좌표로 표현될 수 있다.

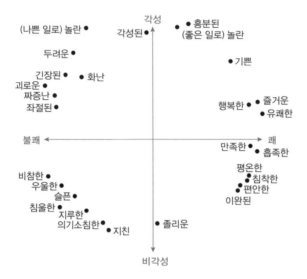

[그림 4-2] 정서의 차원 이론

2. 청소년기 정서의 특징

(1) 급속한 신체발달과 생리적 변화로 인한 심리적 불안정성

① 성호르몬 변화

㉠ 남자 청소년: 테스토스테론 분비의 증가가 공격성을 증가시킨다.

㉡ 여자 청소년: 에스트로겐과 프로게스테론 분비의 증가가 우울감을 증가시킨다.

② 사춘기의 급격한 신체발달과 2차 성징의 출현으로 외형적으로 성인과 가까운 신체모양을 이루면서 청소년은 성숙에 대한 설렘과 성취감을 느끼지만 아동기와 성인기 어느 쪽에도 속하지 못하는 주변인(경계인)으로서 초조, 불안, 갈등을 경험하게 된다.

(2) 인지발달로 인한 형식적 조작능력의 획득

① 추상적 개념의 사용과 함께 가설 연역적인 추리능력으로 인해 과학적 추론이 가능해진다. 또한 상위인지능력의 획득으로 사고과정이 어떻게 구성되고 어떻게 기능하는지 이해하기 시작하면서 자기성찰(자기반성)이나 내성(introspection)에 몰두하게 된다.

② 추상적 영역에 대한 이해와 자아정체감의 획득이 가능해지지만, 동시에 미래와 가능성에 대해 생각할 수 있게 되면서 그에 대한 불안과 두려움이 가중될 수 있다. 또한 이상주의를 추구함으로써 세상의 결점과 논리적 모순을 발견하고 부모나 사회에 반항하기도 한다.

(3) 생활영역과 인간관계 영역의 확대

① 청소년기가 되면 의존과 독립 사이에서 갈등을 경험하는데, 부모나 주변 어른들로부터 독립하여 스스로 생활하면서 심리적 자유를 누리길 원하지만 현실적으로는 여전히 의존관계에 머물러야 한다.

② 동성이나 이성친구를 통해 친밀감을 충족하려는 욕구가 커진다. 따라서 청소년의 생활범주와 인간관계 영역은 아동기 때와 비교하여 상당히 넓어진다. 이 변화들을 통해 청소년은 다양한 인간관계에서 복잡한 적응문제에 직면하고, 그에 따른 보다 다양한 정서를 경험한다.

③ 선택과 결정의 시기: 진학문제, 전공 선택의 문제, 이성문제, 교우문제 등 결정과 선택이 요구되는 상황에 많이 직면한다. 이 상황에서 청소년은 현명한 선택과 결정을 내리기 위해 고민에 빠지고, 이 과정에서 정서적 동요 (흔들림)를 경험하는 경우가 많다.

(4) 청소년들의 불규칙한 영양섭취, 수면부족, 운동부족, 외모 스트레스, 학업 스트레스 등의 요인

① 한국의 청소년들은 과도한 학업량과 학업 스트레스로 인해 심리적 부담을 크게 받고 있는 것으로 나타난다.

② 공부를 잘하고 좋은 대학에 진학해야 한다는 부모의 압력과 사회문화적 기대 역시 청소년들의 정서변화에 큰 원인으로 작용한다.

3. 청소년기의 정서와 정서조절 능력

(1) 정서조절 능력

① 의미: 정서표현, 특히 자신의 부정적인 정서표현을 조절·통제하는 능력을 말한다.

② 정서조절 능력의 함양: '정서를 통제할 수 있는 능력', '언제 부정적 정서를 감추어야 할지에 대한 지식', '정서를 통제하고자 하는 동기'의 세 가지 요소가 있어야 한다.

③ 좌절에 대한 참을성: 좌절에 대한 참을성이 높은 청소년일수록 분노감에 덜 빠지고, 만족지연을 더 잘 견뎌낼 수 있다.

④ 만족지연(delay of gratification): 지금 바로 보상을 받는 것보다 만족을 지연시켜 나중에 더 큰 보상을 받는 것을 말한다.

(2) 감정이입과 역할수용

① 감정이입(empathy): 다른 사람이 느끼는 감정 그대로를 느끼는 것을 말한다. 즉, 상대방이 슬퍼하면 자기도 슬프고, 상대방이 행복해하면 자기도 행복하게 느끼는 것을 말한다. 흔히 공감이라고도 한다.

② 역할수용(role-taking): 다른 사람 입장이 되어 그 기분을 이해하는 능력을 말한다. 역할수용은 다른 사람이 느끼고, 생각하고, 지각하는 것을 정확하게 이해하지만 반드시 자신도 그와 똑같이 느낄 필요는 없다.
  예 자신은 슬픔을 느끼지 않으면서도 상대방이 슬퍼하고 있다는 것을 인지할 수는 있다.

(3) 불안(anxiety)

① 불안: 임박한 또는 예상되는 불행(위험)에 대해 느끼는 불쾌하고 불길한 염려(근심, 걱정)를 말한다.

② 정상적 불안(normal anxiety): 긴장·경계하여 어려운 상황 또는 부정적 결과가 예상되는 상황에 대처하라는 신호로 작용하며 적응적인 심리적 반응을 이끈다.

③ 병적 불안(pathological anxiety): 불안반응이 비정상적인 방식으로 작동하는 경우로 '불안해하지 않아도 될 상황에 불안해하거나', '현실적인 위험 정도에 비해 과도하게 심한 불안을 느끼거나', '불안을 느끼게 한 위협요인이 사라졌는데도 불안이 과도하게 지속되는 경우'를 말한다.

④ 상황불안과 특성불안

　　㉠ **상황불안(state anxiety)**: 어떤 내적·외적인 자극을 받을 때 주관적으로 느껴지는 긴장, 근심, 걱정 등의 '지금 이 순간에 느끼는 반응적 불안'을 뜻한다.

　　㉡ **특성불안(trait anxiety)**: 개인의 생물학적 또는 유전적 소인에 의해 일어나는 타고난 불안성향(불안수준)을 뜻한다.

　　　➡ **불안신경증(anxiety neurosis)**: 어떤 안 좋은 일로 인해 심리적 충격을 받았을 때 병적인 불안에 빠질 가능성도 그만큼 더 높아진다. 특질불안이 높은 청소년은 위험에 관한 인지도식을 지니고 있어, 일상생활에서 위험자극에 주의를 더 많이 기울이고 그 의미를 위협적인 것으로 해석하는 경향이 있는데, 이것이 바로 불안신경증이다.

(4) 우울(depression)

① 상실과 실패에 대한 정서적 반응으로 슬픔, 침울함, 공허함, 절망감 등을 동반한다.

② 우울증은 '지속적인 우울한 기분'과 '흥미와 즐거움의 상실'이 지속될 때 진단된다.

③ 우울한 청소년은 자신, 상황(환경), 미래에 대해 부정적으로 생각하는 경향이 있다.

　　㉠ 부정적인 자기 지각(예 나 자신은 못났고 아무도 원치 않는 존재라고 생각)

　　㉡ 현재 경험하고 있는 것(상황)에 대한 부정적인 해석(예 나의 세계는 나를 힘들게 만들고 처벌하는 장소로 생각)

　　㉢ 미래에 대한 부정적 시각(예 나의 미래도 힘들고 실패가 계속 반복될 것이라고 예상)이다.

　　　➡ 이러한 세 주제에 대한 독특한 사고패턴을 인지삼제(cognitive triad, 3개가 한 벌로 된 것)라고 한다.

④ 우울한 청소년이 인지삼제의 부정적 사고를 하는 이유: 우울한 청소년은 인지적 오류를 범하기 때문이다. 이때 인지적 오류(cognitive error)는 우울한 청소년이 생활사건의 의미를 해석하는 과정에 흔히 범하는 논리적 잘못을 뜻한다.

(5) 분노(anger)

① 개인의 욕구가 어떠한 형태로든 방해받거나 좌절되었을 때 불쾌감과 함께 나타나는 정서적 반응을 말한다.

② 상태분노와 특성분노

　　㉠ **상태분노(state anger)**: 어떤 외·내부적인 자극을 받고 짜증에서부터 심한 격노에 이르기까지 현재 일어나고 있는 감정 상태를 말한다.

　　㉡ **특성분노(trait anger)**: 선천적으로 가지고 태어난 그 사람의 분노수준, 화를 잘 내는 성격인지 아닌지를 나타내는 유전적 성향을 말한다.

③ 청소년들이 분노를 일으키는 주된 이유는 자기주장의 방해, 간섭, 압박, 이유 없이 꾸중을 듣는 일, 불공평한 취급, 흥미 없는 충고, 무시를 당하거나 하고자 하는 일이 억압당한 경우이다. 이러한 이유 중 자기주장의 방해에서 오는 분노가 가장 많다고 한다.

(6) 죄책감과 수치감

① 죄책감과 수치감(수치심)은 자신이 잘못한 행동에 대해 느끼는 부정적 감정이다.

② 죄책감(guilt)은 도덕적 기준을 위반하는 잘못한 생각이나 행동을 했을 때 느끼는 자기처벌적인 감정이다. 그러므로 경직된 도덕관념을 지니거나, 올바른 지식을 알지 못하거나, 자기 자신에 대한 당위적 요구가 많은 청소년은 죄책감을 느끼기 쉽다.

③ 죄책감은 자신의 잘못을 인정하고 뉘우치는 후회와 함께 올바른 행동을 유발하는 유용한 기능을 하지만 청소년기의 지나친 죄책감은 개인적, 사회적 발달을 방해한다.

④ 수치감(shame)은 남들로부터 조롱과 무시를 당하고 존중받지 못한다고 느끼는 고통스러운 감정이다.

⑤ 수치심은 부끄러운 감정으로 예의를 차리게 하는 유용한 기능을 하지만 성적 수치심 같은 외상적 수치심은 특히 여러 청소년의 경우 학교생활에 부적응을 일으키며 오래도록 자신을 괴롭히고 개인적, 사회적 발달을 방해한다.

(7) 시기와 질투

① 시기와 질투는 인간관계에서 흔히 경험하는 부정적 정서이다. 그러나 질투는 두려움에 기반이 있고, 시기는 욕구에 기반을 둔다.

② 질투(jealousy): 자신이 가지고 있는 것을 빼앗기거나 빼앗길 것 같은 위기에서 불타오르는 감정이다.

③ 시기(envy): 자신이 원하는 것을 다른 사람이 갖게 되었을 때 불타오르는 감정이다.

08 청소년 인지발달

1. 청소년기의 인지발달 특성

(1) 인지발달 특성

① 추상적 사고: 눈에 보이지 않는 가상적인 상황이나 추상적 사건(예 민주주의, 종교, 사랑, 예술작품의 상징성 등)을 생각하고 이해하고 논리적인 추론을 할 수 있는 능력을 말한다.

② 가설·연역적 사고: 일어날 수 있는 모든 조건 간의 가설을 설정하고, 가설의 검증을 통해 연역적으로 문제를 풀어나가는 능력을 말한다. 예 if-then

③ 체계적·조합적 사고: 문제해결을 위해 사전에 계획을 세우고, 모든 가능한 사실의 조합을 체계적으로 고려하여 해결책을 시험하는 능력을 말한다.

(2) 사회인지(social cognition)

① 의미: 사회적 관계를 이해하는 능력, 즉 다른 사람의 감정, 생각, 의도, 사회적 행동을 이해하는 능력이다.

② 사회인지는 모든 인간관계의 기본이다. 다른 사람이 무슨 생각을 하는지 어떻게 느끼는지를 아는 것은 다른 사람과 원만한 관계를 유지하고 그들을 이해하는 데 필수적이다.

③ 인상형성(impression formation): 다른 사람에게서 어떤 인상을 받는가, 즉 다른 사람에 대한 판단은 어떻게 이루어지는가이다.

④ 역할수용(role taking): 다른 사람의 입장이 되어 그 기분을 이해하는 능력을 말한다. 청소년의 역할수용 능력은 자신에 대한 이해를 높이기도 하지만 또래관계와 우정의 질에도 영향을 미친다. 또래 간에 가장 인기 있는 청소년은 역할수용 능력이 뛰어난 청소년이며, 이는 청소년의 우정형성에도 중요한 역할을 한다.

2. 청소년기의 자기중심성 기출 18, 22

(1) 이상주의적 사고(idealistic thinking)

① 자신과 다른 사람들 또는 사회에 대해 이상적이었으면 하고 바라는 특성들에 대해 사고하는 것이다.

② 이상주의적 사고는 현재의 상태와 미래의 가능성을 구분해서 파악할 수 있는 능력을 갖추었음을 의미한다.

(2) **자기중심성(adolescent egocentrism)**

① **청소년기 자기중심성**: 청소년기의 향상된 지적능력이 균형을 잃고 지나치게 자의식적인 감정에 빠져 있는 독특한 사고착각을 말한다. 또한 자신의 역할은 물론 타인의 생각, 감정, 의도 등을 관찰하고 추론 및 조망하는 사회인지능력의 부족에서 비롯된다.

② 청소년기 자기중심성은 11~12세경에 시작되며, 15~16세경에 정점을 이루다가 다양한 대인관계 경험을 통해 자신과 타인에 대한 객관적인 이해가 이루어지면서 서서히 사라진다.

③ **상상적 관중(imaginary audience)**: 자신이 마치 '무대 위의 주인공'처럼 다른 사람들로부터 주의와 관심의 대상이 되고 있다고 믿는 것을 말한다. 즉, 자신은 주인공이 되어 무대 위에 서 있는 것처럼 행동하고 다른 사람들은 모두 구경꾼으로 생각하는 것이다.

ㄱ 상상적 관중은 시선끌기 행동, 즉 다른 사람들의 눈에 띄고 싶은 욕망으로부터 나온다.

ㄴ 실제로 청소년이 서로 만날 때 상대방을 관찰하기보다 자신이 어떻게 관찰되는가에 더 관심을 갖는다.

ㄷ 상상적 관중 의식이 지나치게 높은 청소년은 부정적 자기개념을 갖는 경향이 높고, 자기존중감 발달단계가 낮으며, 자아정체감 확립수준이 낮다.

④ **개인적 우화(personal fable)**: 자신이 마치 '독특한 존재'인 것처럼 자신의 사고와 감정이 다른 사람 것과는 근본적으로 다르다고 믿는 것을 말한다. 즉, 자신의 감정과 사고는 너무 독특하여 남들이 이해할 수 없을 것이라고 생각하는 것이다.

ㄱ 청소년은 자신의 우정, 사랑 등은 다른 사람이 결코 경험하지 못하는 것으로 생각하며 다른 사람이 경험하는 죽음, 위험, 위기가 자신에게는 일어나지 않고 혹시 일어난다 해도 피해 보지 않을 것으로 생각한다.

ㄴ 개인적 우화는 청소년 세대의 긍정적인 독특성(예 이상주의적 사고)과도 연결된다. 청소년은 자기 세대는 기성세대가 하지 못한 것을 해낼 수 있는 많은 가능성을 가지고 있다고 믿고, 이를 행동으로 옮긴다.

ㄷ 개인적 우화는 청소년들의 자기 과신에서 비롯된다. 개인적 우화가 높은 청소년은 자의식과 자신에 대한 관심이 지나치게 높다. 개인적 우화가 심한 경우 자살상념, 우울증 문제로 발전할 수 있다.

3. 청소년기의 지적 능력과 창의성

(1) **지적 능력(intellectual capacity)**

① 일반적으로 학습능력, 언어능력, 사고능력, 문제해결력, 적응능력 등의 총합을 의미한다.

② **지적 능력의 목적**: 새로운 상황에 적응하는 능력과도 관련 있다. 새로운 상황에 잘 적응하는 사람은 융통성, 자발성, 창의성, 자기통제력이 있다.

ㄱ **융통성(flexibility)**: 상황, 일의 형편에 따라 그때그때 순발력을 발휘하여 적절하게 처리하는 능력이다.

ㄴ **자발성(spontaneity)**: 남의 지시나 명령을 받지 않고 자기 자신의 힘에 의해 능동적으로 어떤 생각이나 행동을 이루려는 특성(자기활동성)을 말한다.

ㄷ **창의성(creativity)**: 새롭고도 가치 있는 아이디어를 생성하는 능력을 말한다.

ㄹ **자기통제력(self control)**: 목표를 달성하기 위해 순간의 충동적 욕구나 행동을 억제할 수 있는 능력을 말한다. 유혹에 저항하는 능력, 만족을 지연하는 능력, 충동을 억제하는 능력으로 구성되며, 자기조절이라고도 한다.

(2) 결정성 지능과 유동성 지능

① **결정성 지능(crystallized intelligence)**: 어휘력, 일반상식, 기억회상과 같이 교육이나 학습, 연습, 일상생활에서의 경험, 문화 등 주로 후천적인 경험에 의해 습득되는 정신능력을 의미한다.
　➡ 출생부터 꾸준히 증가하여 청소년기에 절정에 이르렀다가 그 후부터는 현상 유지를 하거나 계속 증가하며 안정적으로 유지되는 경향이 있다.

② **유동성 지능(fluid intelligence)**: 생물학적인 유전적 요인에 의해 결정되는 정신능력으로 개념형성 능력, 관계 능력의 파악, 추상적이며 복합적인 추론능력 등이 여기에 속한다.
　➡ 아동기와 청소년기를 통해 점차 발달하는데 뇌성숙이 완성되는 청소년기에 절정에 이르렀다가 그 후 점차 쇠퇴한다.

(3) 창의성

① **창의성(creativity)**: 참신하고 색다른 방법으로 사고하고(독창성), 독특한 해결책을 생각하여 유용한 것을 만들어낼 수 있는 능력(적응성)을 뜻한다.

② **확산적 사고(divergent thinking)**: 하나의 문제를 해결하기 위해 다양한 해결책이나 답을 모색하는 사고를 말한다. 사고의 유창성, 융통성, 독창성, 정교성, 집중성 등이 확산적 사고에 포함된다.
　➡ 창의성 검사에서 매우 독창적인 답을 하는 사람들은 확산적 사고를 하는 경향이 있다.

③ **수렴적 사고(convergent thinking)**: 여러 가지의 가능한 해결책들 중에서 가장 적합한 해결책을 모색하는 사고를 말한다. 즉, 하나의 문제에 하나의 가장 적합한 정답을 유도하는 사고이다.

(4) 왈라스(Wallas)의 창의적인 사고과정

구분	내용
준비 단계 (preparation)	문제해결에 집중하고, 문제해결과 관련된 정보들을 수집하며 준비하는 과정
부화 단계 (incubation)	문제를 무의식 속에 내면화하면서 암중모색을 하는 과정
예견 단계 (intimation)	무언가 좋은 해결책이 나타날 듯한 느낌을 감지하는 과정
통찰 단계 (illumination)	창의적인 생각이 갑자기 의식에 떠오르며 해결책을 발견하는 과정
검증 단계 (verification)	창의적인 생각을 검토하고 정교화하여 적용하는 과정

(5) 일상적 창의성과 위대한 창의성

① **일상적 창의성(everyday creativity)**: 가정, 직장에서 부딪치는 일상적인 문제를 독창적으로 해결해 가는 능력을 의미하며 그 영향력이 가정이나 직장에 한정되는 경우를 말한다.

② **위대한 창의성(big creativity)**: 보통 사람들이 지니지 못하는 탁월한 독창적 능력으로 많은 사람과 인류에 광범위한 영향을 미치는 역사적 공헌을 하는 경우를 말한다. 위대한 창의성은 영역에 따라 과학적 창의성과 예술적 창의성으로 구분된다.

1. 청소년 도덕성의 이론적 관점

구분	내용
정신분석학적 관점	• 초자아의 발달을 도덕성 발달로 보고, 초자아의 강도가 양심의 강도를 결정한다고 주장함 • 초자아는 부모의 기대나 사회적 규준 등 가치의 내면화된 표상인데, 2가지 체계로 구성됨 • **구성**: 자신의 내면화된 도덕적 가치에 위배될 때 죄책감을 느낌으로써 도덕적 위반에 반응하는 '양심'과 자신의 행동이 내면화된 기준과 일치될 때 자부심을 느끼고 만족을 하게 하는 '자아이상'으로 구성됨. 양심은 주로 처벌을 통해서 생기는 반면, 자아이상은 긍정적인 보상이나 칭찬으로부터 발생함 • 초자아는 남근기 동안 발달하는데, 이 시기에 아동은 이성 부모에 대한 근친상간적 욕망이 생기고 동성 부모와의 정서적 갈등을 경험함. 이러한 오이디푸스 콤플렉스를 해결하기 위해 남아는 아버지를 동일시하고 아버지의 행동유형을 본받게 됨
인지발달적 관점	• 청소년기는 형식적 조작사고의 발달과 더불어 가설 설정능력의 획득으로 인해 자신을 둘러싼 사람, 사람과의 관계, 나아가 사회 전반의 도덕적 특성에 대해 관념적이고 이상주의적인 경향성을 나타냄 • 강력한 이타적 성향과 정의에 대한 인식 및 주장으로 표출됨 예) 많은 청소년이 다른 사람들을 돕는 자원봉사활동에 적극 참여하는 것, 부정과 불의에 대한 비판과 저항을 보이는 것 등
사회학습론적 관점	• 도덕적 판단보다는 도덕적 행동발달에 관심을 가짐 • **반두라(Bandura)**: 도덕성도 다른 행동과 마찬가지로 모방학습, 대리학습, 관찰학습에 의해 학습됨 • **모방학습**: 가장 단순한 형태로서 다른 사람의 행동을 그대로 따라하는 것 • **대리학습**: 다른 사람들의 행동이 어떤 결과를 가져오는지 관찰함으로써 자신이 그러한 행동을 했을 경우 초래될 결과를 예상하는 학습방법 • **관찰학습**: 다른 사람의 행동을 관찰해 두었다가 관찰한 행동 중에서 성공할 수 있다는 확신을 가질 수 있는 행동만을 선택적으로 반복하는 학습방법 • 모방, 대리, 관찰학습은 서로 밀접한 관련이 있는데, 반두라는 이러한 사회학습이론이 인간의 도덕적 행동을 이해하는 데 적절하다고 주장함 − 아동이나 청소년들은 부모나 교사 등 주변의 어른들을 모델로 삼아 이들의 도덕적 행동을 보고 배우는 모델학습을 통해 도덕성을 획득함 − 이 과정에는 스스로 도덕적으로 옳은 행동을 했을 때는 보상을 받고, 부적절한 행동은 처벌받음으로써 억압되는 강화의 원리가 작용함 − 타인이 강화받는 것을 보고 배우는 대리강화도 도덕성의 학습기제가 됨

2. 콜버그(Kohlberg)의 도덕성 발달 단계

(1) 인습적 수준

구분	특징
착한 소년·소녀 지향 (3단계)	• 12~17세 청소년은 타인의 관점과 의도를 이해할 수 있어, 타인의 기대에 부응하는 것을 중시함 • 이 단계의 청소년은 다른 사람, 특히 권위 있는 사람에게서 칭찬을 받는 행위가 도덕적 행위라고 생각함. 따라서 신뢰, 의리, 충성이 대인관계를 유지하는 데 매우 중요하다고 여김
법과 질서 지향 (4단계)	• 18~25세 청소년은 법과 사회질서를 기준으로 도덕적 판단을 함 • 이 시기 청소년은 법을 어기거나 공공의 질서를 심각하게 위해했는가에 따라 친구의 비행을 말할 수도 있고 하지 않을 수도 있음. 그들은 법과 사회질서를 지키는 것이 자신의 의무라고 생각함

① 인습적 수준은 행동의 결과보다 의도에 근거하여 옳고 그름을 판단하고 사회질서를 유지하며, 타인의 기대에 부응하는 행동이 도덕적이라고 판단하는 수준이다.

② 인습적 수준에 해당하는 청소년들은 사회가 기대하는 바에 따라 행동하는 것, 법과 사회적 규범을 준수하는 행동이 도덕적이라고 생각한다.

(2) 도덕적 퇴행현상

① 도덕성 발달 단계의 인습 수준에 있는 청소년들이 전인습 수준의 하위 단계인 2단계로 후퇴했다가 다시 인습 수준으로 되돌아오거나 후인습 수준의 하위 단계인 5단계로 발달하는 현상을 말한다.

② 일시적으로 나타나는 현상으로 청소년기 자아정체감을 형성하기 위해 경험하는 심리사회적 갈등, 동요 때문에 발생한다.

3. 도덕적 정체성과 영향 요인

(1) 친사회적 행동(prosocial behavior)

① 다른 사람을 이롭게 하는 행동을 말한다. 친구에게 자기 물건을 나누어주거나, 곤경에 처한 사람을 도와주거나, 집안일을 거들어주거나, 다른 사람의 이야기에 공감(감정이입 또는 역할수용)하거나, 다른 사람의 복지 증진에 관심을 갖는 것은 모두 친사회적 행동에 속한다.

② 친사회적 행동을 자신에게 돌아올 어떤 대가(보상)를 바라지 않고, 오로지 다른 사람을 이롭게 할 의도(동기)로 하면 '이타적 행동(altruistic behavior)'이라고 한다.

③ 도덕적 정체성(moral identity): 친사회적 행동의 요소로, 청소년이 도덕적 정체성을 지닌다는 것은 도덕적으로 행동하는 것이 옳은 것이라는 인식이 자기개념에 내재되어 있음을 의미한다.

   ㉠ 모범적인 행동을 보여주는 청소년은 강한 도덕적 정체성을 지니고 있다. 이들은 반사회적 행동을 피하고, 건강을 위협하는 행동을 피하며, 지역봉사 활동에 참여하는 등 친사회적 행동을 잘 나타낸다.

   ㉡ 도덕적 정체성은 도덕적 행동의 강한 동기가 되며, 도덕적 사고와 도덕적 행동을 연결하는 연결고리이다.

(2) 도덕성 발달에 영향을 주는 요인

① 부모: 부모의 역할이 제일 크다. 특히, 자녀에 대한 부모의 수용력과 신뢰(예 자녀에게 보여주는 따뜻함과 배려), 부모-청소년 자녀 간의 상호작용의 빈도와 강도(예 수평적이고 개방적이며 상호적인 의사소통), 청소년 행동에 대한 부모의 훈육 유형(예 공정하고 일관성 있으며 가혹한 훈육을 피함), 부모의 역할모델(예 부모 행동의 모범적인 모델), 청소년에 대한 독립성 기회 부여(예 도덕 판단을 청소년 스스로 해보게 하고 체험해볼 기회를 만들어줌)가 청소년의 도덕학습에 큰 영향을 미친다.

② 기타: 동년배의 관계(예 청소년은 비슷한 방식으로 행동하는 경향이 있음), 매스컴(예 TV, 신문, 잡지 등), 스마트
폰(예 스마트폰 게임), 폭력물(예 폭력적이거나 성적인 자극물), 물질주의적 풍조, 대학진학을 위한 입시 위주의
학교교육도 청소년의 도덕성 발달에 큰 영향을 미친다.

③ 일반적으로 공감, 동정심, 자기존중감 등의 긍정적 감정은 청소년들의 도덕성 발달과 정적 상관이 있고 분노,
수치심, 불안과 우울 등의 부정적 감정은 도덕성 발달과 부적 상관이 있다.

(3) 레스트(Rest)의 도덕성 구성요소

구분	내용
도덕적 감수성	도덕적인 반응을 필요로 하는 상황이 일어나고 있음을 지각하는 능력에 초점을 맞추는 것
도덕적 판단	개인의 도덕적 이상의 측면에서 도덕 문제를 보고, 도덕적 이상에 적절한 행동이 무엇인가를 결정하기 위해 노력하는 것
도덕적 동기화	도덕적 가치를 다른 가치에 비해 우선시 하는 것
도덕적 품성	도덕적 선택을 행동으로 옮기는 데 필요한 품성(용기, 인내, 자기통제 등)

10 청소년기 자아정체감 발달

1. 자아정체감

(1) 에릭슨(Erikson)의 자아정체감

① 의미: 나는 어떤 사람이라는 깊은 인식을 말한다. 즉 언제, 어떤 상황에서든지 그 인식이 개인의 행동에 강한
영향을 미칠 때 그러한 인식을 자아정체감이라 할 수 있다.

② 자아정체감을 확립한 사람: 개별성, 총체성, 계속성을 경험한다.

   ㉠ 개별성: 자신이 다른 사람과 다르다고 인식하는 것이다.

   ㉡ 총체성: 자신의 욕구, 감정, 태도, 행동들이 균형 잡히고 통일되어 있다고 인식하는 것이다.

   ㉢ 계속성: 세월이 흘러도 자신의 개별성이나 총체성은 변하지 않는다는 것을 인식하는 것이다.

(2) 청소년기에 자아정체감 확립이 중요한 발달과업이 되는 이유

① 첫째, 사춘기 동안의 급격한 신체적 변화와 성적 성숙 때문이다.

② 둘째, 청소년기는 아동기에서 성인기로 옮겨가는 과도기로서 청소년은 아동도 어른도 아닌 어중간한 존재인
주변인이기 때문이다.

③ 셋째, 청소년기는 선택과 결정의 시기이기 때문이다.

   예 진학문제, 전공 선택의 문제, 이성문제, 교우관계 등

④ 넷째, 청소년기에 현저한 성장을 보이는 인지능력의 발달 때문이다.

⑤ 다섯째, 청소년이 자신의 심리적 참조준거로서 간직해왔던 이전의 동일시 내용들이 그 유용성을 상실하고 다시
재조정되는 과정을 겪기 때문이다.

2. 자기인식과 자기이해

(1) 자기인식(self recognition)

① 자기인식: '나'와 '나 아닌 대상'을 구별하는 것, 즉 '내가 다른 사람들과 구분되는 독립된 실체임'을 인식하는 것을 말한다.

② 인식되는 수준에 따른 자기인식

    ㉠ 외현적 자기(explicit self): 의식적으로 쉽게 인식되는 자기를 의미한다.

    ㉡ 내현적 자기(inplicit self): 의식적으로 잘 인식되지 않지만 개인의 행동, 감정에 영향을 주는 자기이다.

③ 자기인식은 성장하면서 자기를 범주화할 수 있게 되고 자기개념과 자기존중감의 발달을 가져온다. 자기개념이 확립되면 자아정체감이 형성되고, 이는 다시 자기존중감의 토대를 만든다. 자아정체감은 자기개념보다 그 범위가 훨씬 더 포괄적이다. 자아정체감은 자기개념보다 더 완전하고 일관적이며, 장기적 목표를 포함한다는 점에서 더 미래지향적이다.

(2) 자기개념(self-concept) 기출 22

① 자기개념: 자기 자신의 다양한 영역들에 대한 인지적인 자기평가를 의미한다.

② 긍정 및 부정적 자기개념

    ㉠ 긍정적 자기개념: 남들의 평가에 기초하여 자기 자신을 긍정적으로 평가하는 것을 말한다.

    ㉡ 부정적 자기개념: 남들의 평가에 기초하여 자기 자신을 부정적으로 평가하는 것을 말한다.

③ 스트랭(Strang)의 분류

    ㉠ 전체적 자기개념: 자신의 능력, 신분, 역할 등에 대한 전반적인 인식을 말한다.

    ㉡ 일시적 자기개념: 순간적인 기분에 의해 영향을 받는 인식을 말한다.

    ㉢ 사회적 자기개념: 다른 사람이 자신을 어떻게 보느냐에 따라 자신을 평가하는 인식을 말한다.

    ㉣ 이상적 자기개념: 자신이 그렇게 되었으면 하고 바라는 이상적인 자기인식을 말한다.

④ 현실자기와 이상자기

    ㉠ 현실적 자기(real self): 현재의 자기 모습이나 상태를 주관적으로 생각하는 자기 모습(현재 있는 그대로의 자기 모습)을 뜻한다.

    ㉡ 이상적 자기(ideal self): 자신이 바라고 원하는 이상적 모습이나 자기 상태(자기가 되고 싶은 모습)이다.

    ㉢ 이상과 현실적 자기의 적절한 괴리: 개인에게 성취동기를 강화하며 이상적 자기를 실현하기 위한 노력을 기울이게 만든다.

    ㉣ 이상과 현실적 자기의 격차가 너무 큰 경우(불일치가 심한 경우): 오히려 환상(환영)에 갇히게 되어 부적응적 문제(예 불안, 방어, 우울, 왜곡된 사고 등)를 유발하게 된다.

    ㉤ 평가: 두 자기 간에 격차가 큰 이유는 현실적 자기가 '너무 부끄럽고 못났다'고 생각하거나(과소평가), '나는 굉장한 사람이다'라는 환상에 사로잡혀 그것을 이상적 자기로 착각하기 때문이다(과대평가).

    ㉥ 과소평가와 과대평가 간의 간극이 클수록 결과적으로 자기를 미워하게 되고 부적응적 문제에 빠진다.

    ㉦ 현실적 자기에 비해 이상적 자기가 너무 낮으면 성취욕이 없고, 너무 높으면 좌절과 자기모멸에 빠진다.

    ㉧ 청소년은 개인적 신화(personal myth)로 인해 비현실적으로 높은 이상을 지니는 경향이 있으므로, 심리적 고통을 느끼는 경우가 많다.

⑤ 제임스(James): 자기개념은 물질적, 정신적, 사회적 자기와 같은 다양한 구성요소를 지닌다. 이러한 다양한 구성요소가 서로 상호작용하고 영향을 주고받으며 개인의 행동양식에 강력한 영향을 미친다.

구분		구성요소
'나'	물질적 자기	• 신체적 건강 및 체력 • 외모 및 신체적 매력 • 재산 및 물질적 소유물
	정신적 자기	• 성격 및 성격적 매력 • 지적 능력 • 자기조절 및 대인관계 능력 • 학업 및 직업에서의 업적 • 인생관 및 가치관 • 꿈과 희망
	사회적 자기	• 가족관계 • 이성관계 • 교우관계 • 사회적 지위와 신분

(3) 자기존중감(self-esteem)

① 의미: 자신의 존재에 대한 정서적인 평가로서 자기 가치감과 관련되어 있다. 즉, 내가 나 자신을 가치 있고 긍정적인 존재로 느끼고 있는지, 아닌지의 정서적 평가를 의미한다.

② 일반적으로 자기존중감은 아동기에 비해 청소년 초기에 저하되며, 청소년 후기로 가면서 증가하거나 안정되는 경향이 있다.

③ 청소년 초기에 자아존중감이 저하되는 이유: 사춘기의 진행과 함께 인생의 중요한 사건이나 변화에 매우 민감해지기 때문이다.

④ 학령기 아동은 학업, 신체, 사회성의 세 측면에서 자기존중감을 형성하게 되는데, 연령이 증가함에 따라 다음과 같은 세분화된다.
  ㉠ 학업적 자기존중감: 국어, 산수, 기타 과목 등
  ㉡ 사회직 자기존중감: 또래관계, 부모와의 관계
  ㉢ 신체적 자기존중감: 외모, 신체적 능력

3. 자아정체감 발달이론

(1) 자아정체감의 5가지 차원

① 첫째, 각 개인이 인간이라고 느끼는 인간성 차원이다.

② 둘째, 내가 남성인지 여성인지를 알고 느끼는 성별 차원이다.

③ 셋째, 각 개인이 독특하고 특별하다고 인식하는 개별성 차원이다.

④ 넷째, 자신의 욕구, 태도, 동기, 행동양식 등이 전체적으로 통합되어 있다는 느낌인 통합성(총체성) 차원이다.

⑤ 다섯째, 시간이 경과해도 자신은 동일한 사람이라는 인식, 어제의 나와 오늘의 나는 같은 사람이라는 지속성(일관성, 계속성, 동질성) 차원이다.

(2) 블로스(Blos)의 자아 적응체계이론

> **참고**　**적응체계**
>
> 블로스는 자아발달 양상을 체계화한 자아의 적응체계(adjustment system) 이론을 구축했는데, 이는 청소년기의 성적인 변화와 밀접한 관련이 있다. 블로스에 따르면, 청소년기 자아 적응체계의 형성은 청소년기 발달의 중요한 지표이다. 또한 그는 청소년기의 자아발달과정과 적응체계가 형성되는 과정을 여섯 개의 하위단계로 구분했다.

① 잠복기(latency, 잠재기): 리비도의 충동이 약화되는 반면에 자아가 강력하게 발달하는 시기이다. 잠복기는 사춘기에 도래될 성적 충동과 증가에 대처할 수 있는 자아의 적응체계가 발달하는 중요한 단계이다.

② 전청소년기(preadolescent): 급격하게 증가된 성적 욕구와 공격적 욕구가 산만하고 방향성이 없는 상태로 표출되는 단계이다. 이 단계에서 자아는 상대적으로 약화되어 청소년들은 성적 자극에 대한 놀라움, 두려움, 흥분, 관심 등의 산만한 감정을 나타내며, 전반적으로 안정감이 없고 우울하며 공격적이다. 부모의 통제를 거부함으로써 청소년기 비행이 나타나는 시기이기도 하다.

③ 청소년 초기(early adolescence): 이 시기에 들어서면 청소년기 자아는 자신의 성적 욕구를 표출할 수 있는 구체적인 대상을 찾는 목표지향적 행동을 보인다. 친구, 운동선수, TV스타 또는 자신보다 나이가 많은 대상에 열광하는 것은 이 시기 독특한 자아 적응체계의 특징을 잘 보여주는 행동이다. 블로스는 이러한 행동을 이성에 대해 표출되어야 할 성적 욕구가 변형되어 나타나는 것으로 보았다.

④ 청소년 중기(middle adolescence): 성적 혼란과 갈등이 심리적으로 구조화되는 단계이다. 이 단계의 청소년은 이성에 대한 관심을 보다 솔직하게 표현한다. 여전히 불안정하고 우울하며 혼란과 위기도 지속되지만, 이를 통합하려는 자아의 기능 또한 크게 강화된다. 따라서 이 시기의 청소년은 보다 성숙한 모습을 보이며, 성인의 지시도 따르게 된다.

⑤ 청소년 후기(late adolescence): 청소년 중기까지의 성적 혼돈과 갈등을 극복하려는 노력을 통해 강화된 자아가 보다 안정되고 지속적인 통합력을 발휘한다. 따라서 이전 단계까지 지속되던 내적 위기와 갈등은 사라지며, 사회적 역할과 개인적 정체성에 대한 강한 인식이 나타난다. 이 점에서 블로스는 청소년 후기를 성격 공고화(personality consolidation) 단계라고도 한다. 그러나 이 단계의 자아는 성취하기 어려운 완벽한 목표를 지향하는 내재적 자아이상(internal ego-ideal)과 그보다 현실적이고 합리적인 외재적 자아이상(external ego-idael)간의 균형을 이루어야 하는 새로운 과업에 직면한다.

⑥ 청소년 이후기(post adolescence): 청소년 후기로부터 성인기로 이행하는 과도기이다. 이 단계에서는 매우 안정된 자아가 형성되며, 외부로부터 실패와 비판에 직면해도 방어기제에 의존하지 않고 이를 통합해 나갈 수 있는 성숙한 대처능력과 적응체계를 갖게 된다. 이러한 성공적인 갈등해결 과정을 통해 성격이 형성되고 자기존중감이 길러진다. 청소년 후기에서 성인기로 이행하는 이 기간에도 자아의 적응적이며 통합적인 기능은 계속해서 발달해 간다.

(3) 에릭슨의 정체감 위기이론(정체성 위기를 경험하고 극복해야 할 7가지 과업)

> **참고** **심리사회적 유예기(moratorium)**
>
> 청소년기에 이르면 '나는 누구인가?'에 대한 근본적인 의문이 생기게 된다. 그 이유는 과거 자아에 대한 이해가 부적절해지고 생물학적 성숙과 인지적 변화에 불균형이 생기면서 자신에 대해 그리고 자신을 둘러싸고 있는 사람들과 사회에 대해 재검토하고 재평가를 하기 때문이다. 이러한 자아검토 시기를 에릭슨은 심리사회적 유예기라 칭하였다. 즉, 심리사회적 유예기는 젊은이들이 자기 자신을 찾고자 노력하는 얼마간의 일정 기간을 말하며, 이 기간 동안 이들에게 성인의 역할과 책임을 물어서는 안 된다고 에릭슨은 주장했다.

① 시간 조망(time perspective) 대 시간 혼돈(time confusion) ➡ 신뢰 대 불신
  ㉠ 시간 조망: 과거와 현재의 자기를 인정하고 이를 바탕으로 미래를 설계할 수 있는 능력이다.
  ㉡ 시간 조망을 잘 하면 하루를 체계적으로 계획할 수 있고, 시간 조망이 확장되면 인생의 장기적인 계획을 세울 수 있다.
  ㉢ 시간 조망이 잘 이루어지지 않으면 계속 과거만 회상하거나 앞날의 계획을 제대로 세울 수 없게 된다.
② 자기확신(self-certainty) 대 무감각(apathy) ➡ 자율성 대 수치/회의
  ㉠ 청소년기에는 외모를 포함한 자신의 여러 특성을 점검하여 자신의 가치를 확인해야 한다.
  ㉡ 자신의 특성을 그대로 인정하고 받아들이는 과정에서 때로는 자신에 대한 회의가 들고 고통을 경험할 수 있다.
  ㉢ 청소년이 스스로 긍정적이라고 생각하는 한 가지 특성에만 집착하고 나머지 특성은 상관없다는 듯 허세를 부리거나 무관심한 모습을 보이면, 자신의 있는 모습 그대로를 아직 받아들이지 못하고 자기확신이 없는 상태로 볼 수 있다.
③ 역할 실험(role experimentation) 대 부정적 정체성(negative identity) 혹은 역할고착 ➡ 주도성 대 죄책감
  ㉠ 역할 실험: 청소년은 사회에서 수행해야 하는 다양한 역할을 실험하게 되며, 이러한 역할 실험은 특히 청소년이 직업적 정체성을 탐색하는 과정에서 필수적인 단계다.
  ㉡ 부정적 정체성, 역할 고착 : 청소년기에는 이상적인 자기상에 매몰되기 쉽기 때문에 자신의 수준에 맞지 않는 비현실적인 역할 실험을 하게 되어 실패할 가능성이 있으며, 이후에 부정적인 정체성을 갖게 되면 자신의 잠재력을 충분히 탐색할 기회를 놓치고 결국 역할 고착에 빠질 수 있다.
④ 성취 기대(anticipation of achievement) 대 과업 마비(work paralysis) ➡ 근면성 대 열등감
  ㉠ 성취 기대: 자신이 시도하는 과업에 대해 성취할 수 있다는 긍정적인 기대를 가지고 꾸준히 과업에 몰두할 수 있는 역량을 기르는 것과 관련있다.
  ㉡ 과업 마비(work paralysis): 자신에게 적절한 기대 수준을 설정하지 못하면 노력하는데도 과업을 완수하지 못하게 되고 결국 주어진 일을 제대로 해내지 못하는 과업 마비를 경험한다.
⑤ 성 정체성(sexual identity) 대 양성적 혼미(bisexual diffusion) ➡ 친밀 대 고립
  ㉠ 성 정체성: 자신을 남성 또는 여성으로 인식하는 것과 성이 고정된 특성을 지니고 있어 나이가 들어도 변하지 않는다는 사실을 이해하는 것을 의미한다. 청소년기에는 동성과 이성과의 만남을 통해 자신의 성 역할 특성을 확인하고, 자신의 성에 적합한 행동양식을 습득해야 한다.
  ㉡ 양성적 혼미: 성 정체성을 확립하지 못하면 자신의 성에 적합한 행동양식을 획득하기 어렵고 결국 양성적 혼미 상태에 이른다.

⑥ 지도성의 극대화(leadership polarization) 대 권위 혼미(authority diffusion) ➡ 생산성 대 침체성

    ㉠ 지도성의 극대화: 자신이 속한 사회의 권위 구조 내에서 직접 지도력을 발휘하거나 지도를 적절히 따르는 능력은 정체성 형성의 주요 요인이다. 특히 한 사회의 구성원으로서 지도자로서의 책임과 다른 사람을 따르는 추종 방식을 배워야 한다. 또한 권위에 대해 정당하게 평가할 수 있고, 자신이 지도자 역할을 담당하게 되었을 때 지도성을 제대로 발휘하기 위해 열심히 준비하는 것이 정체감 형성에 중요하다.

    ㉡ 권위 혼미: 만일 지도력을 충분히 키우지 못하면 자신의 역할에 부여되는 권위를 제대로 행사하기 힘들고 지도력에 한계를 느끼는 권위 혼미 상태에 이를 수 있다.

⑦ 관념의 극대화(신념실천, ideological polarization) 대 이상의 혼미(diffusion of ideals)

    ➡ 통합성 대 절망감

    ㉠ 관념의 극대화(신념 실천, ideological polarization): 청소년기는 자신의 삶의 방향을 결정하는 기본 철학, 관념, 종교 등을 선택하고 인생관을 확립하는 시기다.

    ㉡ 이상의 혼미(diffusion of ideals) : 관념의 극대화가 이루어지지 않으면 편견에 물들기 쉽고, 자기가 속한 집단의 신념과 가치를 지나치게 신봉하게 되어 다른 사람의 신념, 가치에 배타적인 태도를 보일 수 있다.

제**3**절 청소년 발달과 맥락

11 청소년기의 가족관계

1. 청소년기 부모와 자녀

(1) 개념

① 원가족(family of origin): 출생 후 부모 슬하에서 형제자매가 같이 자라며 생활하는 가족을 말한다.

② 생식가족(family of procreation): 성장 후 결혼과 더불어 새롭게 가족을 형성하여 자녀를 낳아 기르며 살아가는 가족을 말한다. 대부분의 사람은 일생을 통해 원가족과 생식가족의 두 종류를 경험한다.

③ 부모효과(parent effect) 모델: 가족 내의 영향력이 부모로부터 자녀에게 흐른다고 보는 관점이다.

④ 자녀효과(parent effect model) 모델: 가족 내의 영향력이 자녀들로부터 부모에게 흐른다고 보는 관점이다.

⑤ 상호적 사회화(social socialization model) 모델: 부모와 자녀의 관계는 서로 영향을 미치며 서로를 사회화시키는 양방향적 관계라는 점을 강조한다.

(2) 청소년들이 원하는 부모관계

① 유대감(connection): 부모와 자녀 간의 따뜻하고 안정적이며 사랑스럽고 배려하는 유대감을 원한다. 유대감은 청소년 자녀들이 가족 밖의 세상을 적극적으로 탐색하고 활동할 수 있도록 하는 심리적 안전감을 제공한다. 유대감은 부모의 관심과 도움, 경청과 공감적 이해, 사랑과 긍정적 정서, 수용과 승인, 신뢰감에서 나온다.

② 심리적 자율성(psychological autonomy): 청소년이 자신의 견해를 형성하고 스스로 의사결정을 내리는 것을 말한다. 자율성은 두 가지로 구분되며, 자율성이 없는 청소년은 독립적(자립적)인 성인이 되기 어렵다.

　　㉠ 행동적 자율성(behavioral autonomy): 주변 사람의 견해나 충고를 수용하고 여러 대안을 평가해서 자기 스스로 결론을 내리고 행동하는 것을 말한다.

　　㉡ 정서적 자율성(emotional autonomy): 어린 아이 같은 정서적 의존에서 벗어나는 것을 말한다.

③ 규제(regulation): 성공적인 부모들은 자녀의 행동을 모니터링, 감독하며 행동의 한계를 제한할 규칙들을 세운다. 이를 통해 자녀는 자기통제를 배우고 반사회적 행동을 피할 수 있게 된다.

　　㉠ 자기통제(또는 자기조절, 자기규제): 자기가 자기를 잘 다스릴 수 있는 능력을 말한다. 만약 청소년이 자기통제를 배우지 못하면 다른 사람의 권리를 침해하거나 규칙을 위반함으로써 남들과 마찰을 일으킬 것이며, 장기적인 목표 달성에 필요한 인내심을 갖지 못하게 될 것이다.

　　㉡ 청소년기에는 자기통제 능력이 크게 향상되는데 그 이유로 두 가지를 들 수 있다.

　　　　ⓐ 첫째, 청소년의 인지적 성숙 때문이다. 청소년은 인지적으로 성숙함에 따라 자신의 사고와 행동을 규제하는 보다 효율적인 전략을 사용할 수 있게 된다.

　　　　ⓑ 둘째, 자기규제와 자기통제의 가치를 강조하는 규준을 내면화하기 때문이다. 더불어 청소년의 신중성이 높을수록 자기통제도 높게 나타난다. 즉, 상황을 검토하고 심사숙고해 상황적 요구에 대응하며 적절히 행동할 수 있는 신중성은 자기통제를 높이는 중요한 변인이다.

2. 청소년과 부모의 양육방식

(1) 바움린드(Baumrind)

① 허용적(permissive) 부모: 부모의 양육방식은 아동의 충동적이고 공격적인 행동과 연관된다.

② 독재적(authoritarian) 부모: 부모의 양육방식은 아동의 불안하고 억제적인 행동과 연관된다.

③ 권위 있는(authoritative) 부모: 부모의 양육방식은 활기차고 다정한 행동과 연관된다.

➡ 허용적 부모와 독재적 부모는 청소년 초기 자녀의 자율성을 방해하는 반면, 권위 있는 부모의 청소년 자녀는 보다 독립적이고 개인적인 정체감을 잘 형성해 나갈 수 있었다.

(2) 맥코비(Maccoby)와 마틴(Martin) ➡ 바움린드의 부모 양육유형을 확장

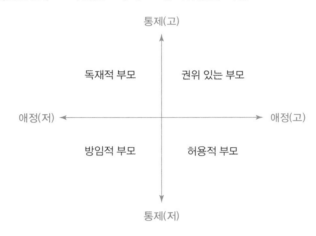

[그림 4-3] 통제와 애정에 따른 부모의 유형

① 차원

㉠ 애정(affection: 자애로움): 부모가 수용적이고 지원적인 방식으로 아동의 요구사항에 반응하는 정도를 말한다.

➡ 부모의 관여도

㉡ 통제(control): 부모가 아동에게 성숙하고 책임 있는 행동을 하도록 기대하고 요구하는 정도를 말한다.

➡ 부모의 훈육 정도

② 유형

유형	애정	통제	내용
권위 있는 부모 (authoritative parent)	↑	↑	• 따뜻하고 애정적이며 자녀의 행동을 위한 확고한 기준을 설정함 • 자녀에게는 개인의 책임, 의사결정, 자율성에 대한 용기를 북돋아줌 • 의사소통이 양방향적이며 존중, 이해, 감사, 온정, 수용의 가정 분위기가 형성됨 • 이러한 가정에서 성장한 청소년은 자존감 높고 독립적이며 부모의 요구에 순응하고, 자기 신뢰가 있어 성취지향적이고 성적도 높은 경향이 있음 • 권위 있는 부모유형은 자녀에게 가장 긍정적인 발달적 결과를 초래함

유형	애정	통제	내용
허용적 부모 (permissive parent)	↑	↓	• 자녀의 훈육 문제에 지극히 수동적이며, 통제가 자녀의 발달에 부정적이라고 생각함 • 대신 자녀의 주장이나 요구를 무조건 수용해 주려는 경향이 있음 • 이 유형의 부모 밑에서 성장한 청소년은 자기통제력이 낮고 책임감, 독립심이 부족함 • 학교에서의 수행이 저조하고 미성숙하며 쉽게 화를 내는데, 부모가 자녀의 화내는 것에 대해 허용적일 때 더욱 그럼
독재적 부모 (authoritarian parent)	↓	↑	• 자녀에게 엄격한 훈육을 잘 하지만 따뜻함이나 애정이 결여됨 • 자녀에게 주로 처벌적이고 강압적인 훈육방식을 사용함 • 자녀의 독립적 행동을 격려하지 않고, 오히려 자율성의 발달을 제한하는 역할을 함 • 이 유형의 부모 밑에서 성장한 청소년은 피동적이며 자신감이 결여되어 있고 자기 존중감이 낮음. 사회적으로도 적응적이지 못함 • 이들 중 일부는 아주 위축된 성향을, 일부는 높은 공격성과 적대감을 나타내기도 함
방임적 부모 (neglective parent)	↓	↓	• 자녀에게 무관심하고 비훈육적임 • 자녀와의 대화가 거의 없고 의사결정을 내릴 때 자녀의 견해를 고려하지 않음 • 이 유형의 부모는 자신의 문제(⑩ 경제적 압박, 부부갈등, 부모의 자신감 결여, 약물 중독 등) 때문에 자녀를 보살필 심리적 여유가 없음 • 이 유형의 부모 밑에서 성장한 청소년은 충동적, 반사회적이며 자기존중감이 낮음 • 학교에서 성취지향적이지 못하고 또래나 성인과 관계를 맺는 것에 어려움을 보임 • 방임적 부모유형은 자녀에게 가장 부정적인 발달적 결과를 초래함

3. 청소년과 부모의 관계

(1) 청소년과 부모의 갈등 원인

① **애착에서의 변화**: 애착(attachment)은 한 개인이 자신과 가장 가까운 사람에게 느끼는 긍정적인(친밀한) 강한 감정적 유대관계를 뜻한다. 청소년기 시작과 함께 청소년은 부모에 대한 애착이 약화되고 동년배 집단에 의존하기 시작한다.

② **신체조건과 힘의 균형 변화**: 청소년기의 신체적, 성적 성숙은 젊음과 힘의 상징인 반면, 부모는 늙어가고 있기 때문에 자녀를 물리적으로 처벌하거나 통제를 가하는 데 한계를 느낀다. 부모 스스로도 몸이 여기저기 아픈 데가 생기고 기운이 떨어지기 때문에 청소년 자녀가 말을 잘 듣지 않을 경우 짜증과 잔소리를 더 자주 하게 된다. 그럴수록 자녀의 반발심만 키우고 갈등을 부추긴다.

③ **세대차이 또는 가치관 차이**: 부모는 자기세대에 배우고 익힌 것을 자녀에게 사회화하려 하지만 청소년은 이를 진부한 구식으로 받아들이는 경향이 있다. 부모는 자녀와의 세대차이를 과소평가하는 반면, 청소년은 부모와의 세대차이를 과대평가한다. 그러나 세대차이는 부모가 생각하는 것만큼 크지 않고, 자녀가 생각하는 것만큼 작지도 않다.

④ **자녀의 진로문제**: 부모는 자녀의 앞날에 대한 걱정을 많이 하고, 이로 인한 스트레스도 매우 크다. 그런데 자녀는 늘 부모의 기대에 잘 부응하지 못하는 것으로 보인다. 특히, 부모가 생각하는 자녀의 미래상을 강요할 경우 청소년은 지나친 간섭으로 받아들이고 자기가 하고 싶은 것만 계속하면서 갈등이 초래된다.

⑤ **기타**: 부모에 대한 불복종, 형제자매와의 다툼, 학교성적, 친구문제, 귀가시간, 용돈 사용, 청결, 정리정돈, 자질구레한 집안일 등의 일상적인 일로 갈등이 있는 경우가 많다.

(2) 청소년과 부모의 갈등해결

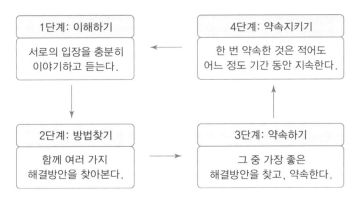

[그림 4-4] 스테인버그(Steinberg)와 레빈(Levine)의 부모-자녀 갈등해결 전략 단계(1990)

① 1단계 이해하기: 부모와 자녀가 서로의 입장을 이해하고 현재 당면한 문제가 무엇인지, 그 문제에 대해 어떻게 느끼는지를 솔직하게 대화한다.

② 2단계 당면한 문제를 해결하기 위한 방법찾기: 부모와 청소년이 각자 자기가 가장 선호하는 해결책을 선택한 후 결정한다.

③ 3단계 합의사항 서로 약속하기(예 문서로 기록)

④ 4단계 약속된 사항 지키기: 이때는 실천할 수 있는 기간을 정해두는 것이 좋다.

(3) 의사소통

① 의사소통 망

　㉠ 수레바퀴형: 중심인 인물이 가운데 위치하고, 그 밖의 가족 구성원은 모두 수레바퀴의 바퀴통 역할을 한다.

　㉡ 완전 통로형: 모든 사람 간에 자유롭게 의사소통이 이루어지는 유형이다.

② '나 전달법'의 구성요소

　㉠ 첫째, 상대방의 행동에 대한 객관적이고 비판적이지 않은 묘사

　㉡ 둘째, 그 행동이 나에게 미치는 눈에 보이는 확실한 영향

　㉢ 셋째, 내가 그것에 대해 느끼는 기분

　㉣ 넷째, 그래서 상대방이 그 점에 대해 어떻게 해주기를 바라는가 하는 것

③ 예시

구분	상대방 행동에 대한 비판적이 아닌 묘사	나에게 미치는 영향	나의 기분	상대가 해주기를 바라는 사항
예시	네가 맡은 집안일을 언제나 미루기만 하면	너를 얼마나 믿어야 할지 알 수 없고	나는 화가 난다.	네가 맡은 일을 언제까지 할 것인지 확실하게 정하고 그것을 지켰으면 좋겠다.
	친구들과 쓸데없이 다닌다고 화를 내면	무시한다는 생각이 들고	잔소리가 듣기 싫어 밖으로만 맴돌게 된다.	나를 하나의 독립적 인격체로 생각해주고, 나의 생활을 존중해주면 좋겠다.

1. 성역할 발달 이론

(1) 성의 개념

① sex: 생물학적 개념으로 남성과 여성을 구분하거나 직접적인 성행위를 뜻한다.

② gender: 사회문화적 관점에서 남성성(남성다움)과 여성성(여성다움)이 어떻게 구체화되어 확립되는가를 말하는 것이다.

③ sexuality: 남성과 여성의 구별을 토대로 성적인 것 전체를 가리키는 것인데, 여기에는 성역할, 성의식, 성적 담론, 성적 지향성, 성정체감 등을 모두 포괄하는 개념이다.

(2) 성역할 발달이론

① 성유형화(gender typing): 사회가 각각 성(남성과 여성)에 적합한 것으로 규정한 행동, 태도를 자신의 것으로 내면화하는 것이다. 이를 통해 우리는 자신의 성에 적합한 성역할 개념을 획득하게 된다.

② 성역할 사회화(gender role socialization): 한 개인이 사회 구성원으로서 성별에 따라 필요한 성역할을 학습하는 과정을 말한다.

③ 성역할 발달의 3가지 이론 비교

이론	정신분석이론	사회학습이론	인지발달이론
내용	성적 충동 ⬇ 이성 부모에 대한 근친상간적 성적 욕망이 동성 부모에 의해 차단됨 (동성 부모의 보복에 대한 두려움) ⬇ 동성 부모와의 동일시 ⬇ 성역할 동일시	사회문화적 압력 ⬇ 직접학습, 관찰학습 ⬇ 남성(여성) 역할에 적합한 행동을 함 (강화와 처벌) ⬇ 성역할 동일시	인지발달 ⬇ 자신의 성 정체감에 대한 자아개념 출현 ⬇ 자아개념에 따라 행동하려는 노력 (성역할 동일시) ⬇ 성역할의 수용

(3) 정신분석이론

① 남근기: 남자와 여자의 근원적인 차이(⑩ 성정체성과 성역할에 대한 선호)는 심리성적 발달의 5단계 중 3단계인 남근기(만 3~6세) 동안의 서로 다른 경험으로부터 기인한다.

② 남아-오이디푸스 콤플렉스: 남아는 엄마에 대한 근친상간적 욕망을 없애고 거세 불안에서 벗어나기 위해 자신과 아버지를 동일시하게 되며, 이 과정에서 성역할 발달이 나타난다.

③ 여아-엘렉트라 콤플렉스: 여아는 자신이 이미 거세되었다 느끼고 자신의 애정의 대상인 아버지로부터 여성적 행동에 대한 격려를 받기 위해 엄마의 여성적 특성을 동일시하게 된다.

(4) 사회학습이론

성역할은 아동이 속한 사회적 환경 내에서 경험하는 다양한 학습의 결과이며, 성역할과 성역할 행동은 강화와 모방을 통한 직접학습과 관찰학습에 의해 발달한다고 본다.

① **직접학습**: 부모, 교사나 친구가 아동의 성에 적합한 행동을 강화하고, 성에 적합하지 못한 행동은 벌함으로서 직접학습이 이루어진다. 직접학습에 의해 남아는 단호하고 경쟁적이며 자동차나 총과 같은 장난감을 가지고 놀도록 장려되는 반면, 여아는 얌전하고 협동적이며 인형이나 소꿉놀이 장난감을 가지고 놀도록 장려된다.

② **관찰학습**: 아동은 부모, 친구 또는 다양한 형태의 매체를 통해 자기 성에 적합한 행동을 학습하고, 행동유형은 강화를 통해 내면화된다. 따라서 성역할 동일시는 환경과 학습경험에 의해 습득되는 후천적 행동양식이다.

(5) 인지발달이론

① **성별 자기개념**: 성역할 동일시의 가장 중요한 요인은 아동 자신이 '남자다 또는 여자다'라는 성별 자기개념을 인식하는 것으로, 이것이 동일시에 선행된다고 주장한다. '나는 남자다 또는 나는 여자다'라는 인식이 먼저이고, 그 다음 '그러므로 나는 남자(또는 여자)에 적합한 행동을 한다'는 동일시가 이루어진다는 것이다.

② 정신분석이론이나 사회학습이론은 모두 같은 성의 부모와 동일시하는 것이 자기 성에 적합한 행동 및 태도를 습득하는 선행조건이라고 본 반면, 인지발달이론은 같은 성의 부모와 동일시가 성유형화의 결과라고 본다.

③ **콜버그**: 아동이 3세경이 되면 최초로 "자신을 남자다 또는 여자다"라는 성 정체감이 발달하고, 4세경이 되면 자라서 이후에 남자어른 또는 여자어른이 된다는 성 안정성에 대한 인식이 발달하고, 5~6세경이 되면 자신의 성이 결코 변하지 않는다는 성 항상성을 획득하게 된다고 주장한다.

(6) 성도식이론

① 개인의 성역할 개념의 습득과정에서 성도식이 중요하다는 점을 강조한다.

② **성도식(gender schema)**: 성에 대한 신념과 기대를 반영하는 인지적 구조(인식의 틀)로서, 개인이 성과 관련된 정보에 주의를 기울이고 이를 조직화하여 기억하는 데 영향을 미친다.

③ 성도식이론에 따르면, 아동이 2~3세에 기본적인 성 정체감을 확립하면 이를 바탕으로 성에 대한 여러 정보를 학습하면서 성도식에 통합하게 된다. 아동은 여러 대상이나 행동을 '남자의 것과 여자의 것'으로 구분하는 성도식을 발달시키게 되며, 이것은 자기 성도식(own-sex schema)을 형성하는 기초가 된다. 아동이 자기 성도식을 형성하면, 자신의 성과 일치하는 활동에 흥미를 갖게 된다.

④ 성도식은 성역할의 발달에 중요한 기능을 한다.

　㉠ 첫째, 성도식은 아동이 성과 관련된 행동을 선택하거나 조절하는 데 영향을 미친다. 아동은 자기 성도식에 근거하여 적합한 놀이를 선택하고 그렇지 않은 것은 배척한다.

　㉡ 둘째, 성도식은 자기 성도식에 맞는 정보에 선택적으로 주의를 기울이고 그러한 정보를 학습한다. 남아는 모형 비행기를 만드는 것에 주의를 기울이는 반면, 여아는 바느질하는 것에 주의를 기울인다. TV를 봐도 남아는 스포츠나 전투 장면에 주의를 기울이며, 여아는 정서적 주제의 장면에 주의를 더 기울인다.

　㉢ 셋째, 성도식은 생활 속에서 접하는 여러 사건의 의미를 추론하고 해석하는 데 영향을 미친다. 여아가 아이를 업고 있는 것은 자연스러운 것으로 여기지만, 남아가 아이를 업고 있으면 특별한 일로 여기며 다양한 의미를 부여한다.

2. 사회적 성 고정관념

(1) 성역할 고정관념

① 성역할 고정관념(gender role stereotype): 특정한 행동·활동이 남성이나 여성에게 배타적으로 적용된다는 믿음을 의미한다.

  예 요리나 바느질은 여성만의 활동이기 때문에 남성은 그러한 행동을 해서는 안 된다고 생각하는 것

② 청소년 성역할 집중화(강화) 가설(gender role intensification hypothesis)

  ㉠ 청소년기가 되면서 성역할 고정관념이 더욱 강해지는 현상이다.

  ㉡ 사춘기가 시작되면서 외모에서 남녀차이가 확연해지고, 성역할과 관련된 사회적 압력을 많이 받게 되며, 또 이성교제를 시작할 무렵이면 이성에게 더 매력적으로 보이기 위해 청소년기는 남성성 또는 여성성으로 더욱 성유형화된 행동을 많이 하기 때문이다.

(2) 심리적 양성성과 동성애

① 심리적 양성성(androgyny): 한 개인이 바람직한 남성적 특성과 여성적 특성의 균형과 통합을 함께 지니는 경우이다.

② 양성적인 사람은 유연한 성도식을 지니고 있어서 남성성과 여성성에 제한을 받지 않고 자신의 행동을 상황에 맞춘다.

③ 성역할 초월(gender-role transscendence): 개인의 유능성(능력)을 따질 때 남성성, 여성성, 양성성을 기초로 개념화하면 안 되며 사람 그 자체에 기초를 두어야 한다는 주장이다. 성역할 초월은 성역할로 사람을 고정시키지 말고 사람을 사람으로 생각하기 시작해야 한다는 관점이다.

④ 동성애(homosexuality): 생물학적 성이 같은 사람에게 성적 흥미를 느끼는 성적 지향을 말한다. 남성이 남성에게 향하는 것을 게이(gay)라고 하고, 여성이 여성에게 향하는 것을 레즈비언(lesbian)이라고 한다.

⑤ 이성애(heterosexuality): 반대 성의 사람에게 성적 흥미를 느끼는 성적 지향을 말한다.

⑥ 양성애(bisexuality): 이성애와 동성애를 혼합하여 지닌 경우로, 양성애를 지닌 청소년은 성 정체감(성불편증) 혼란이나 심리적 부적응 상태에 빠질 가능성이 높다. 이들은 자신의 성 정체감을 부모에게 밝히는 것을 극히 어려워한다.

⑦ 성 정체감(gender identity): 자신이 남성인지 여성인지를 분명히 알고 있는 감정 상태를 의미한다.

3. 사랑과 이성관계

(1) 사랑의 삼각형 이론

① 사랑의 3가지 구성요소

  ㉠ 친밀감: 사랑의 정서적 요소로 '누군가와 가깝게 느끼는 감정'을 말한다. 이러한 친밀감은 남녀 간의 사랑뿐만 아니라 친한 친구 사이나 부모와 자녀 간에도 존재한다.

  ㉡ 열정: 사랑의 동기유발적 요소로 신체적 매력, 성적 욕망 등을 포함한다. 이러한 열정은 사랑을 느끼는 순간 처음 나타나는 사랑의 구성요소이지만 시간이 지날수록 맨 먼저 사라지는 요소이기도 하다.

  ㉢ 책임감: 인지적 요소로서 관계를 유지하기 위한 약속이며, 관계를 지속시켜야 한다는 책임감을 말한다.

② 3가지 요소는 관계가 지속됨에 따라 강도가 변화하는데 친밀감과 책임감은 증가하고 열정은 식는다.

③ 사랑의 유형에 따른 구성요소의 합

요인			
	친밀감	열정	책임
가식적 사랑	–	–	–
우정	+	–	–
광적인 사랑	–	+	–
공허한 사랑	–	–	+
낭만적 사랑	+	+	–
우애적인 사랑	+	–	+
눈먼 사랑	–	+	+
완전한 사랑	+	+	+

(2) 이성관계의 유형

① **사랑의 애착이론**: 사랑하고 사랑받을 수 있는 건강한 능력은 어린 시절의 안정애착과 밀접한 관련이 있다는 것이다. 어린 시절의 애착관계는 청소년기뿐만 아니라 성인기의 이성교제에도 영향을 미친다.

② **애착(attachment)**: 특정한 두 사람(◉ 어머니와 아기) 간에 형성되는 친밀한 정서적 유대감을 의미한다. 즉, 한 개인이 자신과 가장 가까운 사람에 대해 느끼는 강한 감정적 유대관계를 말한다.

③ **청소년이 지닌 애착사(attachment history)의 뿌리**: 어릴 때 부모(특히, 어머니)와의 애착의 질(양육과 애정)에 따른 관계경험에서 형성된 것이다.

④ **유형**: 4가지 애착유형에 따라 개인의 자기표상과 타인표상이 달라진다. 또한 자기표상과 타인표상은 대인관계의 내적 작동모델(internal working model)이 되어 개인이 대인관계(대인행동)를 어떻게 맺을 것인가에 영향을 미친다.

　㉠ 애착유형과 청소년기 이성교제의 방식

구분		자기표상	
		긍정	부정
타인표상	긍정	안정애착	불안애착
	부정	회피애착	혼란애착

　ⓐ **안정애착**: '나는 사랑스럽다, 주위 사람들은 믿을 만하고 의지할 수 있다.'라는 자신과 타인에 대해 긍정적 표상을 발달시킨 경우이다.

　ⓑ **불안정 애착**: '나는 사랑받지 못하거나 가치가 없다. 주위 사람들을 믿을 수 없고 의지할 수 없다.'라는 부정적 표상을 발달시킨 경우이다. 그러므로 청소년의 애착사와 표상방식에 따라 이성교제의 방식도 4가지 유형으로 나타난다.

ⓛ 이성교제 방식의 4가지 유형 및 특징

유형	내용
안정-애착형 (secure-attachment)	• 자신과 상대를 긍정적으로 보는 사람들임 • 이들은 자신뿐만 아니라 상대의 가치와 자존감을 신뢰하므로 이성관계가 건강하고 상대와의 사소한 갈등이나 좌절에도 민감하게 반응하지 않음 • 협력적이며 건강한 태도를 지니고 있음 • 자신감 있고 상대를 편하게 대해주고 이성관계에서 의존과 독립의 균형을 잘 맞춤
불안-집착형 (anxious-preoccupied type)	• 자신을 부정적으로, 상대는 긍정적으로 보는 사람들임 • 이들은 쉽게 열등감에 빠져 자신을 아프게 만들고, 상대에게 집착하려는 이성관계를 나타냄 • 자신을 믿지 못하므로 불안수준이 높음 • 상대와의 친밀함을 원하면서도 거부에 대한 불안감을 지니고 있음 • 갈등을 겪고 있거나 갈등이 끝난 후에도 상대와의 관계를 악화시키는 쪽으로 귀인하는 경향이 있음
거부-회피형 (dismissing-avoidant type)	• 자신은 긍정적으로, 상대는 부정적으로 보는 사람들임 • 이들은 자신만을 생각하고, 상대를 무시하기 때문에 방어적인 이성관계를 맺음 • 상대와의 친밀한 관계를 불편해하고 적당한 거리를 두면서 지냄 • 상대를 신뢰하지 못하므로 너무 가까이 가지 않으려는 방어적인 성향을 나타냄
공포-회피형 (fearful-avoidant type)	• 자신과 상대를 모두 부정적으로 보는 사람들임 • 이들은 자신도, 다른 사람도 신뢰하지 않기 때문에 서로 상처받는 이성관계를 맺음 • 상대를 당혹하게 만들고 자신에게는 무익한 태도를 취함 • 이성관계에서 우울한 기분이 깔려 있고, 일이 잘못되면 자신과 상대를 모두 탓함으로써 본인도 상대방도 괴롭게 만드는 유형임

13 청소년기의 친구관계

1. 청소년과 우정관계

(1) 우정의 기본 요소

① 우정(friendship): 친구와의 친밀하고 지속적인 애정적 유대감, 충실성(신의, 믿음)을 바탕으로 정을 나누는 관계를 의미한다.

② 친밀감(intimacy): 우정의 가장 중요한 측면으로, 우정에서의 친밀감은 자기개방 또는 아주 개인적인 생각을 공유하는 것을 말한다. 가장 친한 친구는 문젯거리를 함께 공유하고 자기를 이해해주며, 자기 생각이나 감정을 이야기할 때 잘 들어주는 친구를 의미한다.

③ 청소년은 친밀감과 함께 우정관계에서 충실성(신의, 믿음)을 매우 중요시하고, 친구가 기꺼이 자기편이 되어줄 사람이라고 믿고 싶어 한다. 친밀감과 충실성은 친구관계의 지속기간, 접촉빈도와 관련이 있다.

④ 우정관계의 6가지 기본 요소

구분	설명
유사성 (similarity)	• 친구 간의 흥미나 행동, 태도, 성취 지향성 등에 있어 어떤 공통성을 말함 • 유사성은 우정형성 관계의 중요한 근거가 됨
상호성 (reciprocity)	• 서로 도와주거나 지지해주는 행동을 의미함 • 의견과 행동을 이해하고 격려하거나 너그럽게 받아들이는 자세를 말함 • 상호성은 서로 간의 신뢰감에 바탕을 둠
양립가능성 (compatability)	• 친구 간에 별다른 다툼이나 갈등 없이 잘 어울려 지낼 수 있는 측면 • 즉, 서로 간에 편안한 마음자세로 상호관계를 맺을 수 있고 또 좋아하는 정도를 나타냄
구조성 (structure)	우정관계의 질적인 문제와 상관없이 살고 있는 지역의 근접성, 교류한 기간의 길이, 우정관계로 인해 유리하거나 편리한 점 등을 말함
역할모델 (role model)	• 친구를 자기 자신의 행동모델로 삼는 측면 • 친구가 보이는 이상적인 행동과 태도, 욕구나 특성, 친구에 대한 본보기나 존경심 등을 내면화하는 것
기타 차원	다섯 가지 차원에 속하지 않는 기타의 속성이 포함됨 예 친구가 가진 신체적 특징이나 매력, 사회경제적 지위, 성격특성 등

(2) **설리번의 우정에 관한 이론**

① **전청소년기(preadolescence)**: 청소년기 발달의 기초를 다지는 아동 후기(대략 10~12세)에 해당된다. 이 시기의 아동은 또래집단(peer group)의 필요성을 강하게 느끼고 친밀감의 욕구가 높게 나타난다.

  ㉠ 단짝친구(chum): 특별한 친구와 맺는 아주 가깝고 상호적인 관계로 서로 간 심리적으로 관여하는 정도가 매우 깊다.

  ㉡ 이 시기의 단짝친구 관계는 치유적 기능을 할 수 있다. 따라서 전청소년기의 단짝친구와 좋은 친구는 아동기 동안 생긴 대인관계의 문제나 가족관계가 나빠서 생기는 불안정감을 극복하도록 도울 수 있다.

  ㉢ 다른 사람과 지지적 관계를 형성하고 사회적 자신감과 자기가치감을 느끼는 데도 결정적인 영향을 미친다. 단짝친구를 통해 사회적인 지지를 받지 못하면 자기존중감이 떨어지고, 사회적 거부와 배척의 감정 또는 고립감을 느끼게 된다.

② **청소년 초기(early adolescence)**: 대략 12~16세에 해당하는 시기이다. 이 시기에는 신체적·생리적 발달이 급격해지고 특히 성적 성숙을 경험하면서 성적 욕구가 나타난다.

  ㉠ 성적 욕구의 감정은 흔히 불안감을 수반하기도 하지만, 청소년의 정상적인 발달과 성숙을 이끌도록 돕는다.

  ㉡ 청소년 초기에 겪는 갈등적 욕구: 성적 욕구의 충족, 불안감이 없는 안정 상태, 적어도 한 사람과의 친밀하고 지속적이며 의미 있는 협조관계가 있다. 이 세 가지 욕구가 얼마나 제대로 충족되느냐에 따라 청소년은 스트레스 상황을 잘 이겨나갈 수도 있고, 그렇지 못할 수도 있다.

③ **청소년 후기(late adolescence)**: 대략 16세~20대 초반에 해당하는 시기이다. 이 시기는 성적 성숙이 완성되는 시기이므로 주요 관심사가 이성 간의 사귐(교제)이다.

  ㉠ 동성 간의 친밀감보다 이성 간의 성적 관계가 중요한 문제로 등장한다. 이와 동시에 다양한 친구를 사귀고 안정된 대인관계를 유지하고자 한다.

  ㉡ 이 시기의 청소년에게는 선택의 자유와 재량의 폭이 그리 크지 않아 여러 제약이 따를 수밖에 없다. 청소년은 이러한 제약 속에서 성적 욕구의 조절과 더불어 자아형성의 문제에 직면한다.

(3) 청소년기 우정의 발달

구분	내용
청소년 초기 (11 ~ 13세경)	• 친구 간의 상호교섭 관계보다는 단순한 활동에 중점을 두는 공통적 활동이 중요할 뿐, 친구 간 상호성이나 깊은 감정은 생기지 않음 • 자기노출이나 친구에 대한 신의가 이제 막 나타나기 시작함
청소년 중기 (14 ~ 16세경)	• 서로 배반당하거나 버림받지 않고 어느 정도 신뢰할 수 있는가가 중심주제가 됨 • 이 시기에는 자기와 비슷한 신체적·심리적·사회적 문제를 가지고 동시대를 살아가는 친구들을 통해 나 자신을 비추어보고 비교 판단의 준거로 삼기 위해 진정한 친구의 충실성(신의, 믿음)이 필요하게 됨 • 또한 이들은 서로의 감정이나 비밀을 격의 없이 털어놓을 대상도 필요하게 됨 • 이때의 우정은 뜨거워졌다 차가워졌다 하는 갑작스런 변화를 겪으며, 친구와 헤어지는 것, 배신당하는 것에 상당히 민감해짐 • 이 무렵 이성교제가 시작되지만 여전히 동성친구가 이성친구보다 더 중요함
청소년 후기 (17세 이상)	• 우정관계가 신뢰감, 상호성, 친밀감을 바탕으로 성인처럼 보다 안정적인 관계가 됨 • 자신이 친구로부터 버림받을 위험성과 불안은 그다지 중요하지 않게 되고, 우정관계는 긴장이 이완된 상태로 변화되면서 개인이 가진 성격특성과 흥미, 관심 등이 더욱 중요한 요소가 됨 • 결과적으로 청소년 후기에는 친구와의 사귐에서 많은 경험을 쌓기 때문에 진정한 우정의 실체를 이해할 수 있으며, 우정의 표현방식도 서로 다를 수 있음을 알게 됨 • 이 시기는 이성친구가 보다 보편적이지만 동성친구를 대신한다기보다는 보완적인 것임

(4) 우정발달의 5단계(셀만의 사회적 조망능력의 발달을 중심으로)

구분	내용
0단계: 일시적인 물리적 놀이단계	• 가장 초보적인 사회적 관점 수용을 반영하기 때문에 우정관계는 일시적이고 신체적인 상호작용을 중심으로 이루어짐 • 이때의 우정관계는 쉽게 변하며 순간적이고 즉흥적임
1단계: 일방적인 도움단계	• 한쪽 편에서 보이는 사회적 행동을 상대편에서 주관적으로 평가하는 단계 • 즉, 상대방이 얼마나 자신의 욕구를 충족시켜 줄 수 있느냐에 따라 친구 관계의 유지가 결정되므로 순간적으로 놀이친구가 형성됨
2단계: 공평한 협력 단계	• 우정을 상호 간 협동적이고 공평한 상호성으로 정의하게 됨 • 이전의 단계보다 상호 간의 협력 관계가 다소 진전되지만 아직 불안정한 상태 • 서로 간의 상호작용이 안정된 원칙에 의존하기보다는 서로 간의 좋고 싫음에 따라 유지되기도 하고 깨어지기도 함
3단계: 친밀하고 상호적으로 공유된 관계	• 이 단계에 들어서면서 제3자의 관점을 받아들이는 진보가 나타나게 됨 • 친밀감이 두터워짐으로써 작은 갈등을 초월하여 서로 주고받는 우정을 지속적으로 유지하려는 노력을 보이기도 하지만, 상호 간에 자기편이나 소유를 과도하게 주장하는 경우 서로 간에 유지되던 친밀한 관계가 깨어지기도 함
4단계: 자율적이고 상호 의존적 우정의 단계	서로의 감정이 독립적·자율적임을 존중하고 심리적 상호 의존적인 관계로 통합되어 가면서 우정관계가 성장해 나감

2. 또래집단

(1) 또래집단의 영향

① 또래집단은 사회적 지원과 안정감을 제공한다. 지금까지의 부모에게 의존하던 단계에서 벗어나 이제 부모로부터 독립하기를 원하지만 스트레스와 갈등을 경험한다. 이때 친구의 존재는 자신도 유사한 갈등을 겪고 있다는 동정적인 피드백과 정서적 안정감을 제공함으로써 청소년의 스트레스와 갈등해소에 도움을 준다.

② 또래집단은 준거집단으로서의 역할을 한다. 인간은 자기와 비슷한 사람끼리 비교하는 경향이 있기 때문에 어떤 연령이든 준거집단이 필요하며, 급격한 변화를 겪는 청소년기에는 자신의 경험과 행동을 판단하는 데 기준이 되는 준거집단이 특히 더 필요하다. 부모와의 갈등이나 여러 학교문제로 인한 스트레스는 비슷한 경험을 한 친구들의 이해를 받음으로써 훨씬 가벼워질 수 있다.

③ 또래집단은 보다 성숙한 인간관계를 형성할 기회를 제공한다. 청소년은 친구관계에서 무엇을 기대하고 무엇을 기대하지 말아야 하는지를 배운다. 또한 성적 성숙으로 인해 청소년은 이성친구와도 어떻게 사귀어야 하는지를 배워야 한다. 이때 여러 형태의 또래집단에 참여하면서 상호성과 협동심의 가치를 배우고 권위-복종이 특징인 부모와의 관계로부터 보다 상호적이고 평등한 관계로 옮겨가는 것을 배운다.

④ 자신의 정체감을 추구하는 과정에서 또래집단은 중요한 역할을 한다. 새로운 역할을 시험해보고자 할 때 또래와의 상호작용을 통해 격려 받을 수 있고, 이는 청소년으로 하여금 긍정적인 자아상을 발견하게끔 도와준다. 그러나 또래집단의 영향이 반드시 긍정적인 것만은 아니다. 좋지 못한 또래집단에 소속되는 경우 청소년은 부정적 정체감을 형성하게 될 수 있다.

⑤ 기타: 청소년들은 또래집단을 통해 성인의 역할과 가치를 실험하고 새로운 신념과 행동을 시도하기도 한다. 대개의 부모는 청소년에게 요구사항(예 공부, 귀가시간, 진로 강요, 행동교정, 청소 등)이 많지만, 친구들은 잘못된 부분이나 문제에 별 간섭을 하지 않고 또래의 신념과 행동을 수용해주기 때문이다.

(2) 이스트(East)의 또래집단 인기도(1991) _{기출 23}

구분	내용
인기형 (popular)	• 신체적인 매력이 있고, 머리가 좋으며, 사교적이고, 행동적이며, 지도력이 있음 • 자아존중감이 높고 여러 부류의 다양한 친구들과 어울림
보통형 (acceptable)	• 아동의 절반 정도가 이 유형에 속함 • 친구들이 특별히 좋아하지도 않고 특별히 인기가 있는 것도 아니지만 친구들이 싫어하는 유형도 아님 • 이들은 집단에 무난히 어울리는 보통 아동임
고립형 (isolated or neglected)	• 고립되거나 무시당하는 아동은 친구들의 관심 밖에 있어, 친한 친구로 지명되지 않고 싫어하는 친구로도 지명되지도 않음 • 이들은 수줍음을 잘 타고 위축된 성격으로 말미암아 낮은 자아존중감, 불안, 우울증 등 내적인 문제를 가진 경우가 많음
거부형 (rejected)	• 친구들이 가장 싫어하는 유형 • 거부 아동은 신체적·언어적 공격을 많이 하고 교실의 수업 분위기를 망치며 학업성적도 좋지 못함 • 역시 인기가 없는 아동들과 친구가 되며, 자기보다 어린 아이들과 어울림 • 이들 중에는 약물남용, 청소년 비행과 같은 외적인 문제가 있는 경우가 많음
혼합형 (controversial)	• 친한 친구로 꼽히기도 하고 싫은 친구로 꼽히기도 함 • 혼합형 아동은 공격적이고 파괴적인 면이 있는가 하면, 자기주장이 강하고 지도력이 있음 • 또래집단에서 눈에 띄긴 하지만 이들을 좋아하는 사람도 많고 싫어하는 사람도 많아 친구들로부터 복합 적인 반응을 유발함

(3) 동조행동

① 동조행동은 다른 사람의 압력 때문에 그들의 태도나 행동을 채택하는 것을 말한다.

② 동조행동에 대한 또래의 압력은 청소년기에 가장 강력함: 상상적 청중에서처럼 청소년은 다른 사람의 반응에
민감하기 때문에 다른 사람들로부터 인정받기 위해서, 적어도 바보 같이 보이지 않기 위해서 동조행동을 한다.

③ 자아존중감이 높은 청소년들은 동조행동을 별로 하지 않고, 청소년 후기에 자아정체감이 발달되면 자율성이
높아지고 따라서 동조행동을 덜하게 된다.

(4) 또래수용

① 또래수용: 상호 관계를 바탕으로 하는 우정과 구별되며, 한 개인에 대한 집단적 인식·평가라는 일방적 특성을
지닌다.

② 우정과 또래수용: 우정은 신뢰, 민감성, 친밀감의 발달에 기여하는 반면 또래수용은 협동, 리더십, 팔로우십,
집단 목표에 대한 충성심을 경험하는 기회를 제공한다.

③ 또래수용은 집단 구성원들이 선호하는 정도에 따라 또래로부터 수용되거나 거부된다.

　㉠ 사회적 수용도가 높은 사람: 보다 직접적이고 우호적인 표현을 쓰며, 낯선 상황에서도 자신에 관한 정보를
상대방에게 적극적으로 전달하고 자신을 나타내 보이려는 노력을 한다.

　㉡ 사회적 수용도가 낮은 사람: 상황을 피하려고 하며, 어떻게 상호작용해야 할지 모르는 것과 같은 당혹감을
보인다. 이러한 아동은 또래갈등을 자주 경험하고 비언어적 저항과 통제적인 전략을 활용하여 갈등을 해결
하고자 하며, 갈등이 종결된 후에 부정적인 정서를 더 많이 보이는 경향이 있다.

④ 또래수용 유형

유형	내용
인기아	많은 아이로부터 선호의 대상이 되는 아동
배척/거부아	많은 아이로부터 싫어하는 아이로 지목되는 아동
고립/무시아	선호의 대상도 아니고 배척의 대상도 아닌 아동
논란대상아	많은 아이로부터 선호와 배척을 고루 받는 아동

㉠ 인기아: 또래로부터 수용도가 높고 인기 있는 아동은 친사회적인 행동을 하고 지도력이 있으며, 긍정적인 자아개념을 갖는 특성을 보인다. 이들은 또래 간의 갈등을 최소화하고 관계를 지속하기 위해 직접적이고 긍정적인 정서를 표현하고 행동한다.

㉡ 배척 또는 거부아: 또래에게 공격적이고 학업성취가 낮은 경향이 있다. 이들은 비협조적이고, 심하게 떼를 쓰는 등의 공격적인 행동을 보이기도 하고, 반사회적 주장과 사회적 상호작용의 수준이 낮고, 사람들과의 대인 접촉을 기피하는 행동을 보이기도 한다.

㉢ 고립 또는 무시아: 또래 집단으로부터 수줍은 아이로 지각된다. 이는 고립아동이 대개 말이 없고 비활동적이기 때문이다. 고립아동은 낯선 집단에 어울리거나 새로운 친구를 사귀는 것을 힘들어 하며, 망설이고 두려워하는 행동을 보인다.

㉣ 논란대상아: 많은 또래가 좋아하는 반면에 싫어하기도 한다. 적대적이고 파괴적이나 긍정적이고 친사회적 행동을 하기도 한다. 또한 어떤 아동들은 이 논란의 대상이 되는 아동을 싫어하지만, 그들은 배척으로부터 자신을 보호하는 특성을 지닌다. 이러한 아동은 대개 자기주장이 강하고 지배적이며, 인기가 있는 아동만큼 많은 친구가 있고 자신의 또래관계에 만족해한다.

제4절 청소년기 발달문제

14 청소년기의 심리사회적 문제

1. 심리사회적 문제의 원인

(1) 세 가지 범주

① 내면화된 증상(internalizing symptom): 청소년들의 문제가 내적으로 향하고 자신을 괴롭히는 것과 같이 내면화된 증상으로 나타나는 경우이다. 내면화된 증상으로 우울, 불안, 공포, 자살관념, 거식증 등이 있다.

② 외면화된 증상(externalizing symptom): 청소년들의 문제가 외적으로 향하고 행동문제로 연결되는 등의 외면화된 증상으로 나타나는 경우이다. 외면화된 증상으로는 반항, 무단결석, 흡연과 음주, 성적 문란, 비행, 폭행 등이 있다.

③ 내면화·외면화 증상이 상호 연관된 경우: 청소년 문제가 내면화·외면화로 둘 다 동시에 나타나는 경우이다.

(2) 심리적사회적 문제의 내적인 핵심 유발원인

① 자기조절(self regulation): 목표를 달성하기 위해 순간의 충동적인 욕구나 행동을 억제할 수 있는 능력이다.

② 구성: 유혹에 저항하는 능력, 만족을 지연하는 능력, 충동을 억제하는 능력으로 구성된다.

(3) 외적인 핵심 유발원인

① 스트레스 요인

ㄱ 중요한 생활 변화 예 부모의 이혼이나 별거, 가족의 질병, 학교 전학, 중요한 시험에서의 실패, 이민

ㄴ 구조적인 스트레스 환경 예 빈곤, 계속되는 부모갈등, 장애질병, 학업과 학교시험

ㄷ 일상의 혼란 예 부모님의 잔소리, 친구들의 괴롭힘, 선생님의 무관심

② 스트레스(stress): 생활의 변화로 심리적·생리적 안정이 흐트러지는 유쾌하지 못한 상태로 정의힐 수 있다.

③ 셀리에(Hans Selye)는 스트레스를 유스트레스와 디스트레스로 구분했다.

ㄱ 유스트레스(eustress, 이로운 스트레스): 인생에 긍정적인 촉매제로 작용하여 흥미, 즐거움, 자극을 제공한다. 예 결혼, 승진, 입시합격, 학위취득, 원하던 직장취업, 임무완수 등

ㄴ 디스트레스(distress, 해로운 스트레스): 불쾌한 상황에 계속 노출되게 함으로써 우리의 심신을 피로하게 만든다. 예 실패, 좌절, 어려운 인간관계, 고민, 불안, 두려움 등

④ 대처전략

ㄱ 문제중심적 대처: 스트레스 상황 자체를 해소(또는 변화, 수정)하기 위한 것이다.

ㄴ 정서중심적 대처: 스트레스 상황으로 인해 생긴 부정적 감정을 달래기 위한 것이다.

ㄷ 스트레스를 일으키는 문제 자체를 해결할 수 있는 때는 문제중심적 대처가 효과적이다.

ㄹ 문제가 해결될 수 없거나 다시 되돌릴 수 없는 때는 정서중심적 대처가 효과적이다.

ⓜ 문제를 해결할 수 있음에도 정서중심적 대처를 하면 상황이 더 악화될 수도 있다. 문제 자체가 해결되지 않은 상태에서 기분전환을 통해 그것에서 벗어나려고 하면 단기적인 위안은 되지만, 약효가 짧아서 문제를 더욱 심각하게 만들기 때문이다.

2. 청소년의 적응문제

(1) 적응장애(adjustment disorder)

① 어떤 스트레스 사건(스트레스 사건이 무엇이었는지 확인 가능함)에 대한 적응 실패로 정서적 또는 행동적 문제가 발생하는 경우를 말한다.

② 적응문제가 6개월 이하로 지속되면 급성, 6개월 이상 지속되면 만성으로 구분한다.

(2) 적응의 발달경로

① 경로 1 – 안정된 적응패턴: 이 경로를 따르는 청소년은 부정적인 상황에 노출될 일이 거의 없고, 환경적 문제나 행동적 문제가 없고, 자신을 긍정적으로 바라보며 지속적으로 우수한 적응의 특징을 나타내는 유형이다.

② 경로 2 – 지속적인 부적응: 이 경로를 따르는 청소년은 이미 어떤 문제를 가지고 있고, 역경을 겪고 있으며, 역경을 완화해줄 자원이 없는 상태이다. 만성적인 환경문제(예 가난, 궁핍, 부모의 지속적인 갈등, 학대와 방임 등)에 둘러싸여 있기 때문에 부적응 행동이 계속 유지되는 경향이 있다.

③ 경로 3 – 부적응의 반전: 환경적으로 주어진 어떤 기회에 의해(예 대학입학, 군 입대 등이 반전 기회를 마련해줌) 또는 자신의 대오각성으로 인해(예 무언가를 깨우치고 새로운 기회를 창출해냄) 부적응의 사슬을 끊고 긍정적인 결과로 변모하는 경우이다.

④ 경로 4 – 적응의 감퇴: 이는 청소년기 중·후기까지 잘 적응해오다가 어떤 역경(예 부모의 이혼, 사업실패, 환경의 변화 또는 생물학적 변화)이 초래되어 적응이 퇴보하는 경우이다.

⑤ 경로 5 – 일시적 부적응: 일시적으로 마음의 중심을 잡지 못하고 주변 유혹(예 흡연과 음주, 게임중독, 가출)에 빠져들어 부적응이 초래되지만 다시 적응행동으로 복원되는 경우이다.

3. 청소년의 적응유연성

(1) 적응유연성(resilience)

① 회복력 또는 탄력성이라는 용어로 사용되기도 한다.

② 역경에 처해 있는 청소년이 스트레스를 회복하고 긍정적 적응 결과를 도출하는 개인의 심리적·사회적 복원력이다.

③ 스트레스나 힘든 변화에 직면하여 성공적인 적응이라는 좋은 결과를 보인 사람을 묘사하기 위해 사용된 용어인데, 이러한 사람들은 공통적으로 강인함(hardiness)이라는 성격특성을 가진다.

(2) 적응유연성이 높은 청소년

① 강인함(또는 강인성)도 강하기 때문에 스트레스 난관을 잘 극복하여 좋은 적응력을 나타낸다.

② 높은 적응유연성은 청소년의 삶에서 바람직한 적응을 이끄는 보호요인으로 작용한다.

(3) 적응유연성이 낮은 청소년

① 스트레스 취약성은 높고 강인함이 낮기 때문에 사소한 스트레스도 이겨내지 못하고 부적응적 행동을 나타낼 가능성이 높은 청소년이다.

② 낮은 적응유연성은 스트레스 취약성을 높여 심리적 부적응을 이끄는 위험요인으로 작용한다.

1. 학업성취에 영향을 미치는 변인

(1) 지능

① 일반적으로 지능이 학업성취를 설명하는 비율이 15~36% 정도로 추정된다. 따라서 학습상담을 위해서는 내담자의 지적능력과 특성을 평가하여 지능이 학업성취도에 미친 정도를 객관화할 필요가 있다.

② 지능검사를 실시하는 것은 학업 곤란의 원인을 밝히는 데 도움이 되고, 학생이 가진 학업상의 강점과 약점을 찾아 취약점을 보완하고 강점을 활용하는 계획을 세우는 데 도움이 된다.

③ 지능검사 결과를 분석할 때에는 전체 지능지수뿐만 아니라 지표점수, 소검사별 수행점수를 확인해야 하며, 이 수치가 규준집단 내에서 어떤 위치에 있는지를 확인해야 한다. 또한 이를 근거로 내담자의 인지적 강약점을 분석할 수 있어야 한다.

④ 다중지능이론

    ㉠ 기존의 지능이론이 지적 활동을 언어나 수리 분야의 정보처리체계로만 지나치게 한정시켜 개념화한 것을 비판하며 등장했다.

    ㉡ 언어와 수리를 중요시하는 학교 장면에서는 높은 성취를 기대하기 어려우나 일상생활이나 다른 학습 장면에서는 유용하게 활용될 수 있는 능력에 초점을 맞춤으로써 지능의 개념을 확대했다.

    ㉢ 상호 독립적인 다양한 지능을 개념화했기 때문에 학습상담 장면에서 학업에 대한 자아개념을 변화시키거나 진로 탐색의 자료로 활용할 경우 학습동기를 높이는 데 기여할 수 있다.

    ㉣ **영역**: 언어 지능, 논리-수학 지능, 자연주의 지능, 시각-공간 지능, 신체-운동 지능, 음악지능, 대인관계 지능, 자기이해 지능이 있다.

(2) 학습 전략

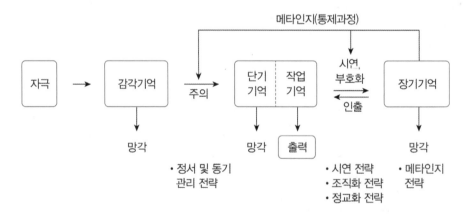

[그림 4-5] 정보처리 과정에 따른 학습 전략 구분

① 학습 전략은 정보의 획득, 저장, 활용을 촉진할 수 있는 일련의 과정 또는 단계로, 학습을 촉진시키기 위해 학습자가 사용하는 여러가지 정신적 조작활동 등으로 정의되는 목표 지향적 행동이다.

② 구분

    ㉠ 정서 및 동기관리 전략: 감각기억 정보 중 특정 정보에만 선택적으로 주의를 기울여 단기기억으로 이동하는 데 필요한 전략이다.

    ㉡ 인지전략: 단기기억으로 이동한 정보를 장기기억으로 이동시키는 데 필요한 시연, 정교화, 조직화 등의 전략이다.

    ㉢ 메타(초)인지 전략: 정보처리의 전 과정을 모니터링하면서 조정하는 전략이다.

③ 정보처리과정

구분	내용
주의	어떤 정보에 어느 정도의 초점을 맞출지에 대한 개인의 선택을 의미함. 이는 학습환경이 구조화되어 있고 정서적 각성 상태와 학습동기가 높을수록 향상되기 때문에 정서 및 동기 관련 전략이 요구됨
시연	단기기억의 용량을 늘리거나 단기기억 정보를 장기기억으로 이동시키기 위해 요구되는 정신활동으로 암송이라고도 불림. 시연 전략은 정보를 가장 피상적으로 처리하는 낮은 단계의 인지 전략임
부호화	새로운 정보를 기억하기 위해 그 정보를 유의미하게 만들거나 장기기억 정보와 관련짓는 것을 의미하며, 약호화라고도 불림. 부호화를 위해서는 조직화 전략과 정교화 전략을 활용하는 것이 요구됨
조직화 전략	정보를 유의미한 범주로 묶어 체계적으로 기억하는 전략으로, 개념도, 다이어그램 등을 통해 정보를 위계화하고 유목화하여 정보를 보다 체계적으로 저장하는 것
정교화 전략	정보에 새로운 의미를 추가하거나 기존 정보와의 연결고리를 만들어서 정보의 의미를 심화하고 확장하는 전략임. 정보의 의미를 해석하고 구체적인 특징을 분석하고 추론하여 그 정보와 다른 정보 간의 관계를 분석하는 것이 정교화 전략의 예임
인출	장기기억에 저장되어 있는 정보를 꺼내는 과정임. 인출은 두 가지 기능을 하는데, 하나는 장기기억에 저장된 정보를 출력하는 것임. 또 다른 기능은 단기기억 정보를 장기기억에 저장하기 위해 이미 저장되어 있는 관련 장기기억 정보를 연결시키는 것임. 만일 장기기억에 저장되어 있는 정보가 빈약하거나 기존 정보와 새로운 정보 간의 연결고리를 잘 만들지 못하는 등의 이유로 인출이 용이하지 않은 경우 새로운 정보를 학습하는 과정은 비효율적일 수밖에 없음
메타인지	인지에 대한 인지, 즉 자신의 인지과정을 인식하고 통제하는 정신 상태를 의미하며 계획 전략, 점검 전략, 조정 전략이 포함됨. 메타인지과정을 효율적으로 사용하는 학습자는 학습과제와 자신의 인지 수준을 고려하여 필요한 전략을 도출할 수 있음

(3) 주의집중능력

[그림 4-6] 정보처리 과정에 따른 주의집중능력 구분

① 주의력(attention)
  ㉠ 초점적 주의력, 선택적 반응능력 등과 유사한 개념으로, 정보처리의 초반 단계에 요구되는 능력이다.
  ㉡ 감각저장소와 단기기억 사이에서 가장 크게 요구: 감각저장소에 머문 무수히 많은 정보 중 주의의 대상이
     된 특정 정보만 단기기억에 저장되고 선택받지 못한 정보의 대부분은 망각된다. 어떤 정보에 주의를 기울일
     것인가는 개인의 선택에 달려 있다.
  ㉢ 주의력이 낮은 학습자: 제대로 된 선택을 통해 중요한 정보에만 초점을 맞추고 방해 자극을 무시하는 능력이
     낮기 때문에, 학습환경을 구조화하는 것이 매우 중요하다.
② 집중력(concentration)
  ㉠ 선택된 단기기억 정보를 장기기억화하는 데 필요한 능력으로, 작업기억 용량의 영향을 받는다. 작업기억의
     용량이 클수록 새로운 정보와 기존에 알고 있던 정보 각각에 필요한 만큼 주의를 분할할 수 있기 때문이다.
     이 능력을 분할주의력 또는 학습집중력이라고 한다.
  ㉡ 작업기억 용량: 단기기억 정보와 장기기억 정보의 연계성이 클수록 증가한다. 선수 학습량이 많아 장기기억
     정보가 많은 학습자는 정보 간의 연결고리가 다양하기 때문에 분할주의 혹은 학습집중력을 잘 발휘할 수
     있는 반면, 선수 학습량이 적은 학습자는 배경지식의 부족으로 인해 새로운 정보를 장기기억 정보로 이동시
     키는 데 어려움을 겪는다.
  ㉢ 집중력을 높이기 위해서는 내담자의 학습결손 정도와 인지능력을 고려하여 과제 난이도와 과제 제시방법을
     차별화해야 한다. 즉, 내담자가 이해할 수 있는 수준의 과제를 체계적으로 제시하여 장기기억의 많은 정보
     가 저장되어야 높은 집중력이 발휘될 수 있다.
  ㉣ 지루함, 피곤함, 좌절감, 불안감 등을 극복하고 과제를 지속하는 힘을 포함한다. 이러한 힘은 지속적 주의력
     (집중력)으로 불리는데, 자신의 정서를 조절할 수 있는 능력을 반영한다.
  ㉤ 지속적 주의력은 개인의 반응 속도와 정확도의 영향을 받으며 특히 자극이 제한된 장면, 자극이 단조로운
     장면, 과제 완수에 오랜 시간이 걸리는 장면, 도전적 과제를 수행하는 장면 등에서 더 많이 요구된다.

(4) 선행학습량

① 선행학습량이 부족한 경우 학교 학습에서는 이해력 부족이나 집중력 저하와 같은 문제가 나타나고 결과적으로
   학습 결손의 폭이 넓어진다.
② 특히 기초학습 기능이 자동화되어 있지 않은 경우, 이후 요구되는 보다 복잡한 문제해결 상황에서 필요한 능력
   을 발휘하지 못하는 문제로 이어질 수 있다. 이러한 경우 기초학습 기능을 강화하고 부족한 선행학습 영역을
   보완하는 학습 프로그램을 구성하는 것이 바람직하다.
③ 선행학습이 지나친 경우
  ㉠ 학업 소진: 보통의 또래들에 비해 뒤처지는 능력으로 같은 수준을 유지하려다 보니 과도한 학습을 하게 됨으
     로써 정신적 스트레스와 피로가 심해져 나타나는 현상이다.
  ㉡ 학업 무의미: 공부 자체에 대한 의문이나 회의, 공부에 대한 반감을 나타내는 현상이다.
  ㉢ 낮은 학업 자아개념: 공부를 해야겠다는 마음은 있지만 남들이 모두 나보다 더 잘할 것 같다는 생각으로 인
     해 자신감이 없거나, 잘하는 친구 또는 어려운 과목과 같은 난관에 맞설 때 포기해 버리는 현상이다.

(5) 학습동기

① **내재적 동기와 외재적 동기**: 내재적 동기는 행동을 하는 근원적인 목적이 행동의 내부에 있는 것을 의미하고, 외재적 동기는 행동의 외부에 있는 것을 의미한다. 행동 자체로 얻는 만족감, 성취감, 즐거움 등으로 인해 행동하는 것은 내재적 동기이고, 행동을 통해 얻는 인정, 돈, 보상 등을 위해 행동하는 것은 외재적 동기이다.

② 외재적 동기에 비해 내재적 동기는 자발성과 지속성이 높기 때문에 내재적 동기가 높은 것이 바람직하지만, 외재적 동기도 학습행동을 촉진하기 때문에 외재적 동기가 전혀 없는 것보다는 있는 것이 낫다.

③ 외재적 동기에 의한 학습행동은 외적 보상이 주어지지 않거나 주어지지 않을 것으로 예상되는 상황에서는 학습행동이 쉽게 단절되는 문제가 발생할 수 있다.

④ 학습상황에서 크고 작은 실패상황을 극복하면서 계속해서 학습행동을 하게 하려면 내재적 동기와 외재적 동기 모두 강화하는 것이 필요하다.

⑤ 학습동기가 낮은 학습자의 경우, 학습 초기 단계에서 외적 보상을 통해 외재적 동기를 높이되, 점차 유능감과 지식수준이 향상되면 내재적 동기를 강화하는 것이 바람직하다.

(6) 성취동기

① **성취동기**: 도전적이고 어려운 과제를 성취함으로써 만족감을 얻으려고 하는 욕구이다.

② **성취동기가 높은 사람**: 자신감과 책임감이 높고 과업지향적이며, 자신의 능력을 평가받을 수 있는 도전적이고 모험적인 과제를 선호한다. 자신의 능력을 인정받으려는 욕구가 강하기 때문에 학업 성취도를 높일 수 있는 학습행동을 더 많이 하고 실패상황에서도 더 지속적인 노력을 한다.

③ 성취동기는 성공 확률과 성공 유인가가 클수록 향상된다. 즉, 성공가능성이 높으면서 동시에 성공을 통해 얻는 것이 자신에게 의미가 있을 때 향상된다. 따라서 성공가능성이 높은 도전적 과제를 찾는 것이 중요하다.

④ 성취동기는 성공추구동기와 실패회피동기로 구분된다.

  ㉠ 특정 상황에서 성공을 추구하고자 하는 욕구보다 실패를 회피하고자 하는 욕구가 더 크게 나타난다면 도전적인 상황에 맞서기보다는 회피하려는 경향을 보이게 된다.

  ㉡ **실패회피동기가 높은 사람**: 공부를 해서 성공할 가능성보다 실패할 가능성을 더 크게 지각하고, 실패상황에서 경험하게 될 좌절감과 수치심을 피하기 위해 의식적 혹은 무의식적으로 공부 이외의 활동에 몰두하는 경향을 보인다. 또한 아주 쉬운 과제나 지나치게 어려운 과제를 선호함으로써 성공을 통한 성취감은 물론 실패에 따른 절망감으로부터 자유롭고자 하는 경향을 보인다.

⑤ 상담 장면에서는 도달할 가능성이 높은, 작은 목표를 설정하고 노력을 독려하여 실제 학업상황에서의 성공을 경험시키는 것이 필요하다. 이때 달성한 작은 목표가 성취감으로 이어지게 하려면 달성한 목표에 큰 의미를 부여해야 한다.

(7) 성취 목표

① **성취 목표**: 개인이 어떤 과업을 수행할 때 달성하고자 하는 목적으로, 성취행동과 관련된 이유와 의도에 초점을 맞춘 개념이다. 즉, 성취하려고 하는 욕구가 '어느 정도'인지가 아니라 '왜'인지를 개념화한 것이다.

② **구분**: 숙달목표와 수행목표로 나뉘며, 성취목표의 차이는 학습의 선택, 학습의 노력과 시간, 학습태도 등에 영향을 미친다.

⊙ 숙달 목표: 학습 목표나 과제 성취 목표와도 유사한 개념이다. 숙달 목표가 높은 사람은 행동의 목적이 자신의 유능성을 발달시키는 것이기 때문에 내재적 동기가 높고, 자신의 수행에 대한 올바른 평가와 학습의 기능을 제공받을 수 있는 정보를 선호한다.

⊙ 수행 목표: 능력 목표, 자아성취 목표와 유사한 개념이다. 수행 목표가 높은 사람은 자신의 유능성을 증명하거나 다른 사람보다 더 잘하는 것이 목적이기 때문에 외재적 동기가 높고 타인과 비교를 가능케 하는 정보를 선호하는 경향이 있다.

③ 성취동기 수준과 과제에 대한 개인의 인식
　⊙ 숙달 목표: 성취동기가 높고 과제에 대한 자신감이 높을수록 지향된다.
　⊙ 수행접근 목표: 성취동기와 자신감이 높은 것에 더해 실패에 대한 두려움이 높을수록 지향된다.
　⊙ 수행회피 목표: 과제에 대한 자신감이 낮고 실패에 대한 두려움이 높을수록 지향된다.

④ 지적인 능력에 대한 지각
　⊙ 숙달 목표: 지능을 변화 가능한 것으로 지각한다. ➡ 실패상황에 그 원인을 노력에서 찾는다.
　⊙ 수행 목표: 지능이 고정되어 있어 변화 불가능한 것으로 지각한다. ➡ 실패상황에 그 원인을 능력에서 찾는다.

⑤ 실패상황
　⊙ 숙달 목표: 자신의 능력이 아닌 노력의 정도나 방법으로 귀인하여 성공을 높이기 위한 더 많은 노력을 할 수 있을 뿐만 아니라 과제와 관련하여 긍정적 정서를 유지하여 이를 통해 능력도 향상될 수 있다.
　⊙ 수행 목표: 성적이 떨어진 이유를 능력에서 찾고, 능력을 변화 불가능한 것으로 지각하기 때문에 자존감이 위협받고 수치심을 경험하면서 실패상황에 대해 더 많은 불안을 경험한다.
　　ⓐ 이 상황에서 실패를 반복하지 않기 위해 더 많은 학업행동을 하는 경향이 있다.
　　ⓑ 실패가 반복되거나 자존감에 상처를 입은 경우에는 실패의 이유가 자신의 능력 때문이 아님을 입증하기 위해 학업행동을 회피하는 수행회피 경향을 나타낸다.

⑥ 숙달목표와 수행목표의 차이

구분	숙달목표	수행목표	
		수행접근	수행회피
목적	자신의 유능성 발달	자신이 유능성 입증	
과제에 대한 자신감	높음	높음	낮음
지능에 대한 지각	변화가능	변화불가능	
실패귀인	노력	능력	
선호정보	자기 수행에 대한 정보(점수)	타인과의 비교에 필요한 정보(등수)	
내재적 동기	증진	무관	저하
성적과의 관계	무관	증진	저하

⑦ 최근, 수행 목표가 높은 학습자가 오히려 더 높은 성적을 받는 것과 같은 교육적 이익이 증명되고 여러 목표를 동시에 갖는 것이 가능하다는 주장이 부각되었기 때문에 숙달 목표만 강조하기보다 각각의 목표별로 긍정적 부분을 활성화해야 한다는 주장이 힘을 얻고 있다.

(8) 귀인양식

① 귀인요소

귀인요소	내용
능력	• 성공상황에서는 강한 자부심과 유능감을 느껴 긍정적인 자아개념을 형성하게 되지만, 실패상황에서는 수치심과 무능감에 사로잡혀 강한 절망에 빠지게 됨 • 능력은 자기 안에 있는 원인이기 때문에 누구를 탓할 수도 없는데다 변화나 통제가 불가능하다고 지각되기 때문에 부정적인 자아개념을 형성하고 무력해지기 쉬움
노력	• 성공상황에서는 강한 자부심과 열의를 느껴 더 많은 에너지를 창출할 수 있고 상황에 흔들림이 적은 평온한 상태를 유지할 수 있음 • 실패상황에서는 수치심과 죄책감을 느끼는데, 이때 경험하는 수치심과 죄책감은 능력귀인으로 인한 부정적 감정에 비해서는 가벼울 수 있음. 이유는 노력의 경우 자신의 의지로 변화시킬 수 있는 통제가능한 요인이기 때문에 자기 전체에 대한 부정적 개념을 형성하거나 절망감에 빠지지는 않기 때문
운, 과제 난이도	• 외부의 통제 불가능한 요인으로 귀인을 하는 경우 성공상황에서는 기쁨, 감사함, 놀라움 등을 느끼며 앞으로도 같은 행운이 일어나기를 고대하게 됨 • 실패상황에서는 분노, 놀라움 등을 느끼며 상황 탓을 하게 됨

② 통제와 변화 가능한 내부요인인 노력에 귀인하는 것이, 이전 학습에서의 성공 혹은 실패에 관계없이 행동을 증가시키는 데 가장 도움이 된다.

③ 적절한 자부심과 유능감을 경험하게 하기 위해서는 성공상황에서 능력, 노력 같은 내부 요인에 귀인하는 것이 바람직하다는 주장도 설득력이 있다.

④ 학습상담과정의 경우 성공상황에서는 내담자의 정서적 특성을 고려하여 능력과 노력에 귀인하는 정도를 달리하되, 실패상황에서는 반드시 노력으로 귀인하는 것이 요구된다.

⑤ 노력 귀인을 하기 위해서는 내담자의 학습시간, 학습량, 교재, 공부방법 등을 내담자와 함께 검토하여 노력의 정도나 방법에서의 문제점을 구체화해야 한다.

2. 학습상담의 과정

(1) 관계 형성 및 구조화

① 상담자는 청소년 내담자와 신뢰관계를 형성하기 위해 상담 자체에 대한 내담자의 불만을 수용해 주고, 학습과 관련하여 겪었던 갈등과 부당한 대우에 공감적으로 반응하면서 내담자의 인정받고 사랑받고 싶은 욕구를 읽어 줄 필요가 있다. 또한 상담자와 협력적으로 노력할 경우 원하는 바를 이룰 수 있을 것이라는 기대감을 고무하여 상담에 대한 자발성을 높일 필요가 있다.

② 학부모는 '성적 향상'이라는 분명한 목표를 가지고 상담에 임하는데, 상담에 대한 구조화가 제대로 이루어지지 않으면 자녀의 성적을 책임지고 높여 줄 의무가 있는 사람이나 과외 선생님으로 오인하는 문제가 생기기 쉽다.

(2) 학습문제의 진단

① **방법**: 관찰과 면접으로 진단할 수 있다.

② **학부모 면접**: 학습 문제에 대한 부모의 생각과 역사, 가족환경 등을 탐색한다.

③ **지적 능력**: 지능검사를 통해 인지적 특성을 파악한다.

④ 주의력: 주의력 관련 검사를 통해 주의력 특성을 파악한다.

검사명	대상	검사 구성 및 활용
주의집중능력검사 (ACAT, 한국집중력센터, 2011)	만 6세 7개월 ~17세 6개월	• 시각 주의력, 청각 주의력, 청각 집중력, 지속적 주의력, 선택적 집중력, 정보처리 속도 • 각 하위 영역별 상대적 능력 및 문제점 세분화
아동 충동성검사 (K-MFFT, 한국가이던스, 2004)	만 7세 ~ 12세	• 수행 속도, 정확도 • 사려성을 요구하는 과제를 수행하는 동안 얼마나 정확하면서도 빠르게 문제를 해결할 수 있는지 평가
주의력장애 진단검사 (ADS, 아이큐빅, 1999)	만 5세 ~ 15세	• 시각 주의력, 청각 주의력 • 단순 시청각 자극에 대한 부주의, 충동성, 반응의 일관성 정도, 반응 속도를 평가

⑤ 학습 전략 및 동기: 학습 전략 및 동기를 파악한다.

검사명	대상	검사 구성 및 활용
ALSA 청소년 학습 전략검사 (학지사, 2007)	초등 ~ 고등	• 학습동기, 자기효능감, 학습기술(인지·메타인지 전략), 학습시간 및 환경관리(자원관리 전략) • 자기조절학습의 하위 영역을 측정하고, 도움이 필요한 영역에 해당하는 학습 전략 프로그램을 연결하여 활용할 수 있음

MLST 학습 전략검사
(한국가이던스, 2006)
	초등 ~ 고등	• 4가지 차원에 대한 평가
		  – 성격적 차원(효능감, 자신감, 실천력)
		  – 정서적 차원(우울, 짜증, 불안)
		  – 동기적 차원(학습동기, 경쟁동기, 회피동기)
		  – 행동적 차원(시간관리, 공부환경, 수업태도, 노트필기, 집중 전략, 책 읽기, 기억 전략, 시험준비)

학습동기 및 학습 전략검사
(학지사, 2011)
	초등 ~ 고등	• 3가지 요인
		  – 학업동기(학습동기, 학습 효능감)
		  – 학습 전략(수업참여 기술, 노트정리 기술, 읽기 기술, 쓰기 기술, 시험치기 기술, 자원관리 기술, 과제 해결 기술, 정보처리 기술)
		  – 학업 스트레스(시험불안, 주의집중의 어려움)

학업동기검사 (학지사, 2011)	초, 중, 고, 대학생	• 학습자의 동기에 대한 세분화된 정보 제공 • 학업적 자기효능감(자신감, 자기조절 효능감, 과제 수준 선호)과 학업적 실패 내성(감정, 행동, 과제 난이도 선호)으로 구분
학습흥미검사 (한국가이던스, 2004)	초등 4학년 ~ 고등학생	• **학습 유형별 흥미**: 창의형, 사고형, 탐구형, 활동형 • **교과별 학습흥미**: 국어, 수학, 사회, 영어, 과학, 체육, 음악, 미술, 실과 • **타당도 척도**: 바람직성 척도, 수행 신뢰도

⑥ 정서적 특성: MMPI-A, 기질 및 성격검사(TCI), HTP, KFD, SCT, TAT 등으로 정서적 어려움을 파악한다.

(3) 상담목표 설정

① **일반적인 학습상담의 목표**: 학업과 관련된 적응적 행동의 증가를 통한 성취도 향상이다.

② 상담목표를 설정할 때에는 학업과 관련된 적응적 행동을 향상하기 위해 우선적으로 다뤄야 할 내담자의 인지적·정서적 특성이나 환경적 문제를 객관화하여 이를 근거로 상담목표를 설정하도록 내담자와 학부모를 설득할 수 있어야 한다.

③ **구체적인 상담목표**: 구체적이면서 도달 가능한 상담목표를 설정하되, 그러한 목표에 도달하기 위해 증가시켜야 할 행동과 감소시켜야 할 행동을 목록화하여 상담목표를 단계적으로 설정하는 것이 바람직하다.

④ 구체적인 목표라고 하더라도 석차나 점수와 같은 결과를 수치화하는 것은 경계해야 한다. 상담자에게 성적은 학업과 관련된 적응적 행동의 증가를 통해 나타나는 여러 결과물 중 하나여야 한다.

(4) 개입 전략 설정 및 개입

① 학습문제의 원인과 심각도에 따라 전략은 차이가 난다.

② 우선적으로 고려해야 하는 사항은 학습문제가 개인 내적 문제에 의한 것인지 혹은 가족이나 또래, 학교와 같은 환경적 요인에 의한 것인지를 구분하는 것이다.

③ **개인 내적 요인**: 인지, 정서, 행동적 요인으로 구분하여 개입 전략을 설정한다.

④ 학습상담에서의 성공은 행동의 변화를 통해 나타난다. 인지적 능력이나 학습동기는 직접적으로 학업 성취도에 영향을 미치는 것이 아니라, 학업행동을 매개로 하여 영향을 미친다. 그러므로 개입의 최종 성과는 행동으로 나타나야 한다. 따라서 학습상담 성공을 위해서는 보다 효율적인 방법으로 적정 수준의 학습행동을 지속적으로 수행할 수 있게 개입하는 것이 중요하다.

(5) 사례관리

상담목표가 달성되어 종결을 고려할 때에는 당장 종결하기보다는 상담 간격을 늘려 변화 추이를 관찰하는 것이 바람직하다. 주 1회 진행되던 상담을 월 1회로 전환하거나 새 학기 시작 시점, 주요 시험의 한 달 전 시점 등에 상담을 다시 할 수 있게 계획하여 이전 상담을 통한 변화가 지속되도록 하는 것이 필요하다.

3. 학습 전략(McKeache 등) 기출 23

(1) 인지 전략

① **의미**: 정보를 이해하고 부호화하여 장기기억에 저장하고 인출하는 데 사용되는 전략이다.

② **구성**

㉠ **시연 전략**: 학습과정에서 학생이 정보를 습득하고 기억하는데 도움을 주는 것으로, 암송하기, 중요한 부분에 밑줄을 그어 강조하거나 노트정리 등이 있다.

㉡ **정교화 전략**: 새롭게 유입되는 정보를 이전 지식과 관련을 맺도록 하여 장기기억 속에 저장하는 것으로, 다른 말로 바꾸어 자신의 것으로 만들어 보기, 요약하기, 질문하기, 심상법, 유추하기, 사례제공 등이 있다.

㉢ **조직화 전략**: 학습내용 요소들 간의 내적 연결 구조를 만들어 논리적으로 구성·위계화시키는 것으로 주제나 아이디어의 개요 작성하기, 도식화(지도, 개념지도, 흐름도 등) 등이 있다.

(2) 상위(초)인지 전략

① **의미**: 자신의 학습과정을 계획하고 모니터링하며 조절하는 과정으로 자신의 전반적인 인지과정을 인식하고 통제할 수 있는 능력이다.

② 구성

　　㉠ **계획 전략**: 효율적인 학습을 위해 필요한 전략을 계획하고 구성하는 것으로 학습자의 목표를 설정하는 활동, 학습 시작 전에 목차와 대강의 내용을 훑어보는 활동, 문제를 풀기 전에 출제자의 의도를 추측하는 활동, 질문을 만들어 보는 활동 등이 이에 해당된다.

　　㉡ **점검(모니터링) 전략**: 과제를 수행하는 동안 자신의 주의집중과 이해정도를 지속적으로 확인하는 과정으로 주의집중을 확인하는 활동, 자신의 이해 정도를 수시로 평가하는 활동, 시험 상황에서 문제를 푸는 속도와 자신의 생각이 어디에 있는지 점검하는 활동 등이 이에 해당된다.

　　㉢ **조정(조절) 전략**: 앞의 점검활동을 거쳐 현재 자신이 사용하고 있는 전략의 적절성을 검토한 후 자기의 전략을 수정하고 조정하는 전략으로 이해되지 않고 넘어간 부분에 대해서 다시 읽는 활동, 어려운 부분에 대해 독서속도를 줄이는 활동 등이 포함된다.

(3) 자원관리 전략

① **의미**: 학습수행을 지속하도록 하는 자원을 통제하는 전략이다.

② 구성

　　㉠ **시간관리**: 시간표 작성, 목표 설정 등이 있다.

　　㉡ **공부환경관리**: 장소 정리, 조용한 장소, 조직적인 장소 등이 있다.

　　㉢ **노력관리**: 노력에 대한 귀인, 기분, 스스로에게 이야기하기, 끈기 가지기, 자기강화 등이 있다.

　　㉣ **타인의 조력 추구**: 교사로부터 조력 추구, 동료로부터 조력 추구, 동료 및 집단 학습, 개인지도 등이 있다.

16 　청소년기 비행

1. 비행과 비행의 기준

(1) 비행

① **비행**: 실정법을 위반한 행위뿐만 아니라 여러 가지 사회적 규범을 위반하여 장차 실정법인 '형법'을 위반할 우려가 있는 모든 행위를 의미한다.

② **지위비행(status offense)**: 성인이 했을 때에는 범죄로 규정되지 않으나 청소년에게는 불법인 행위이다.
　　 예 무단결석, 부도덕한 사람들과의 교제 등

(2) 소년범죄

① **우범소년**: 10세 이상 19세 미만인 자로 보호자의 정당한 감독에 불복종하거나 가정에서 이탈하거나 부도덕한 사람과의 교제 등으로 아직 형벌법령을 위반한 것은 아니나 그의 성격이나 환경에 비추어 가까운 장래에 위반할 가능성이 매우 높은 청소년을 말한다.

② **촉법소년**: 10세 이상 14세 미만의 소년으로서 형벌법령에 위배되는 행위를 한 자로 형사책임이 있다.

③ **범죄소년**: 14세 이상 19세 미만의 소년으로서 형벌법령에 위배되는 행위를 한 자로 형사책임이 있다.

> **참고 　보호처분**
>
> 우범소년과 촉법소년은 형사처분을 할 수 없고 보호처분만 가능하다.

2. 와이너(Weiner)의 접근방법

(1) 사회적 비행

① **정의**: 반사회적 행동 기준을 부과하는 하위 문화의 구성원으로서 비행을 저지르는 것, 즉 집단 문화에 동조하기 위한 수단으로 비행을 하는 것이다.

② **특징**: 인간은 유아기, 아동기에 적절한 양육환경에서 성장하며 적절한 판단능력, 자아조절능력, 대인관계능력 등을 배우고 기능하게 된다. 하지만 초등학교나 청소년기에 적절한 부모의 보호와 훈육, 감독을 받지 못하면 반사회적인 또래의 영향을 받아 비행 문화를 접하게 된다. 또한 사회적으로 합의된 목표와 수단으로써 자신의 자존감, 소속감을 획득할 수 없는 경우 이를 획득할 수 있는 새로운 하위집단을 형성하게 된다.

③ **상담과제**: 사회적 비행청소년에 대한 주요 상담과제는 비행집단 이외에 재미와 이득을 얻을 수 있도록 안내하는 것이다. 상담자는 구체적으로 다음과 같은 문제들을 다루어주어야 한다.

ㄱ 비행청소년의 현재 행동이 자신의 재능과 에너지를 소모한다는 인식을 갖게 한다.

ㄴ 학교나 직업세계에서 다른 방법으로 욕구와 바람을 성취할 수 있다는 확신과 그 방법을 습득하도록 돕는다.

ㄷ 비행집단의 압력에 대처하는 방법을 알게 한다.

ㄹ 비행집단 대신 소속감과 정체감을 제공하는 새로운 지지체계를 형성하도록 돕는다.

ㅁ 이웃시민 위원회 조직, 직업증진 계획, 또래대화집단, 운동집단 등과 같은 사회적 행동 프로그램을 적용한다. 즉, 현실생활에서 청소년으로서의 합당한 지위를 새롭게 획득할 기회가 있음을 인식하고 경험하게 한다.

(2) 성격적 비행

① **정의**: 청소년의 비사회적 또는 반사회적 성격구조에서 비롯된 비행이다.

② **특징**: 성격적 비행을 저지르는 청소년은 타인에 대한 공감, 동일시 능력, 충동을 통제하는 능력이 부족하다. 기본적으로 양심이 발달되지 않아 타인의 권리나 감정을 무시하는 행동에도 전혀 죄의식을 느끼지 못한다. 이들은 어린 시절 부모나 의미 있는 타인으로부터 거절당하거나 애정, 관심을 충분히 받지 못한 경우가 많아 타인을 공감하는 능력이나 대인관계에서 온정을 느낄 수 있는 정서적 능력이 개발되지 못한다. 또한 아동 후기나 청소년기에 부적절하거나 비일관된 부모의 훈육과 감독에서 비롯되기도 한다.

③ **상담과제**: 성격적 비행청소년의 주요 상담과제는 개인적인 충성심과 타인에 대한 관심을 증진하는 것이다. 상담자는 아동 초기의 감정적 유대박탈을 보상할 수 있는 허용적 분위기를 제공하는 것이 중요하며, 신체적 상해를 방지하기 위한 제한, 공격성을 억제하는 놀이를 하면서 지속적으로 대화에 임한다. 또한 이들은 미성숙하거나, 피상적인 도덕적 판단 수준에 머물러 있거나, 자기중심적 사고구조를 지니고 있어, 사회적 맥락에서 적절하게 판단하지 못하고 욕구 충족을 위한 비행을 저지르는 경우가 많다. 따라서 사회적 조망을 획득할 기회를 충분히 제공하여 도덕적 판단능력을 향상시킨다.

(3) 신경증적 비행

① **정의**: 자신의 욕구를 표현하고 충족시키는 방법으로 행해지는 비행이다.

② **특징**: 신경증적 비행은 주로 단독으로, 급작스럽게, 우발적으로 일어나며 비행의 시작은 개인의 긴장, 분노, 낙담과 관련되는 경우가 많다. 이들은 이전에 동조적이고 잘 통제되는 청소년인 경우가 많으며, 누군가에게 직접 말하기 두렵고 당혹스러운 문제를 경험할 때 자신의 필요나 욕구를 전달하기 위한 방편으로 비행을 저지르는 경우가 많다. 가장 핵심적인 욕구는 타인의 인정, 찬탄, 조력 받고 싶은 마음이다. 어린 시절에는 가정이 상당히 안정적이고 상호 애정적이며 법을 준수하는 분위기였을 수 있다. 하지만 가족 구성원의 성장이나 가족환경의 변화로 애정과 관심이 변질되어 신경증적인 비행이 일어날 수 있다.

③ 상담과제: 이들은 심리적 갈등이나 좌절을 겪게 하는 환경적 스트레스를 갖고 있으며, 이러한 좌절감과 불안감을 적절하게 표현하는 사회적 기술이 부족한 경우가 많다. 따라서 상담자는 이들이 자신의 내면적인 갈등이나 불안의 원인을 인식할 수 있도록, 자신의 부적절감을 적절하게 표현하고 해결할 수 있는 사회적 기술을 학습하도록 돕는다. 와이너(1982)는 신경증적인 비행청소년의 상담과제로 첫째, 인정과 존경을 경험할 수 있는 상담관계 형성, 둘째, 비행을 저지르게 된 동기의 자각, 셋째, 비행이 궁극적으로 자기패배적 결과를 낳을 수 있다는 인식, 넷째, 문제 해결을 위한 긍정적인 방안의 강구를 제안했다.

(4) 정신병적·기질적 비행

① 특징: 정신병적 비행은 환경에 대한 비현실적인 지각과 행동 결과에 대한 손상된 판단능력, 행동통제능력의 부족을 보이는 정신분열증 청소년에게서 나타난다. 기질적 비행은 미소뇌장애, 주의집중장애, 충동조절장애, 낮은 자아존중감 등의 특징을 보이는 청소년에게서 나타나며 갑작스럽게 분노를 폭발하는 경향을 보인다.

② 상담과제: 상담자는 이들에게 의학적 처치와 함께 매우 지지적인 심리치료를 병행하여 자아의 기능을 회복하게 도와야 한다. 정신증적 비행청소년이 현실을 올바르게 지각할 수 있도록 돕고, 현재의 기능 상태를 고려하여 적절한 사회적 과업을 성취할 수 있게 구체적으로 지도한다.

3. 청소년 비행의 특징

(1) 보편화

① 최근 들어 청소년의 사소한 비행이 상당히 많이 발생하고 그 비율도 증가하고 있다.

② 대부분의 청소년이 비행을 경험해 보았으며, 비행행동에 근접해 있다.

(2) 집단화

① 또래집단의 규범과 행동양식을 모방하고 동일시한다. 이러한 또래집단화 현상은 청소년 비행의 집단화에도 영향을 미친다.

② 성인 범죄에 비해 소년 범죄의 공범률이 현저히 높은데, 대부분의 청소년은 혼자가 아니라 집단을 형성하여 활동한다.

(3) 누범화

① 전체 소년 범죄자 중 초범사의 비율이 점차 감소하고 전과자의 비율이 매년 증가하고 있다.

② 소년 범죄자 중 성인 범죄자로의 발전에 가장 큰 영향을 주는 요인으로는 최초 범죄 연령이 다른 사람에 비해 대체로 낮은 것으로, 초범 연령이 어릴수록 범죄 횟수가 더 많았다.

(4) 일반적 특성

① 에릭슨: 청소년이 역할정체감을 성공적으로 해결하지 못한 결과로 본다.

② 자기통제능력의 부족: 비행청소년은 허용되는 행동과 허용되지 않는 행동을 구별하지 못하고, 구별한다고 하더라도 충동적인 성격으로 인해 자기통제력이 부족하다.

③ 사회경제적 요인: 저소득층 청소년은 교육 기회, 좋은 직장을 얻을 기회가 적기 때문에 자신의 불우한 환경에 좌절하여 비합법적인 수단으로 자신이 원하는 것을 얻고자 한다.

(5) 가족 특성

① 청소년이 해도 좋은 일과 해서는 안 되는 일에 대한 규칙이 없다.

② 부모의 감독 소홀로 자녀가 어디서 무슨 짓을 하는지, 무슨 생각을 하는지에 관심이 없다.

③ 자녀 훈육에 일관성이 없다. 즉, 자녀의 바람직하지 못한 행동에 대해 일관성 없이 반응한다. 그리고 바람직한 행동을 칭찬하기보다는 바람직하지 못한 행동을 벌하는 경향이 있다.

④ 가족문제나 위기를 효율적으로 해결하는 능력이 부족하다.

4. 비행 및 폭력의 이론적 관점

(1) 생물학적 관점

① 남성 호르몬인 테스토스테론 수준이 강하게 상승하고 신경전달물질인 세로토닌 수준이 강하게 하강하면 주장적 행동을 공격적 행동으로 전환하기 쉽다.

② 각성이론: 각성 수준이 낮으면 상과 벌에 대한 반응력이 떨어져 친사회적 행동을 학습하거나 반사회적 행동에 따른 벌을 피하는 것을 학습하는 데 어려움이 있다.

③ 신경심리적 결함이론: 언어적 추리와 수행기능상 신경심리적 결함이 자기조절을 어렵게 하여 공격행동과 품행 문제를 일으키며, 또한 신경심리적 결함으로 학업성취 욕구가 떨어지고 욕구 좌절을 경험하게 되어 결국 공격 행동과 같은 품행문제를 유발한다.

(2) 정신분석학적 관점

① 프로이트(Freud): 자아와 초자아의 통제력이 너무 약해 원초아의 추동을 저지하지 못할 때 폭력행위가 유발된다.

② 에릭슨(Erickson): 자아정체감을 제대로 확립하지 못하면 부적응 현상이 나타나 역할혼란과 좌절감에 빠지거나 기존의 사회적 기대 또는 가치관에 정반대되는 부정적인 정체감이나 무규범적인 자아개념을 갖게 된다. 이러한 정체감 혼란이 내적 위기를 동반하여 가출, 공격성, 반사회적 행동 등의 폭력행위로 나타난다.

③ 아들러(Adler): 심한 열등감을 보상하는 행위로 보았다.

➡ 로크만(Lochman): 학교폭력자들은 다른 사람을 통제하고자 하는 욕구가 강하고, 남을 지배하고자 하는 욕구는 통제받고 싶지 않은 근원적 두려움을 감추고 있는 것이며, 학교폭력을 행사함으로써 부적절감을 감추는 것이다.

(3) 좌절-공격이론

① 본능에 의한 폭력행위가 나타나는 것이 아니라 좌절 경험과 같은 외적 자극에 의해 내적 추동이 야기되어 폭력 행동이 나타난다는 추동이론이다.

② 에론(Eron)과 슬라비(Slaby, 1994)에 의하면 공격적인 행동이 나타나기 위해서는 좌절이 필요조건이 되며, 좌절은 언제나 어떤 유형의 공격행동을 유도한다.

③ 이 이론은 폭력성에 대한 시각을 통제할 수 있는 변인으로 변화시켜 좌절을 예방한다면 폭력성의 발생빈도를 낮출 수 있다고 설명한다.

(4) **학습이론적 관점**

① 폭력에 대한 규범, 가치관, 신념, 태도 등은 고전적 조건형성과 조작적 조건형성을 통해 부모, 교사, 친구로부터 학습될 수 있다.

 ㉠ **고전적 조건형성**: 공격행동과 특정 자극이 연합되어 이후 유사한 상황에서 특정 자극이 제시되는 경우 공격행동이 유발된다.

 ㉡ **조작적 조건형성**: 특정 상황에서 공격행동을 보였을 때 강화를 받으면 유사한 상황에서 동일한 공격행동이 나타날 가능성이 증가한다.

 ㉢ **자극 일반화**: 어떠한 상황에서 보인 공격행동이 보상을 받으면 유사한 상황에서도 공격행동을 보이게 될 가능성이 높아진다.

 ㉣ **자극의 변별**: 상황에 따라 공격행동이 보상을 받기도 하고 처벌을 받기도 하는 것을 알게 되면 보상 받을 수 있는 상황에서만 공격행동이 나타난다.

 ㉤ 어떠한 형태의 공격행동이 보상을 받으면 유사한 형태의 다른 공격행동도 증가하지만(일반화), 한 형태의 공격행동은 처벌을 받지 않고 또 다른 형태의 공격행동은 처벌을 받는다면 처벌을 받지 않는 공격행동을 선택하게 된다(변별).

② **반두라(Bandura)의 사회학습이론**

 ㉠ 폭력행위는 관찰과 모델링을 통해 대리적 학습기제를 통해 학습될 수 있다.

 ㉡ 학생의 폭력행동은 TV나 영상매체, 만화나 서적 등에 나타난 폭력물에 의해 학습될 수도 있고, 부모나 기성세대의 폭력행위를 모방함으로써 발생할 수 있다.

 ㉢ 학생은 다른 사람들의 폭력행동을 관찰하고 모방함으로써 새로운 폭력기술을 습득하기도 하고 폭력행동에 대한 억제력이 둔화되거나 감퇴되어 양심의 가책이나 별 문제없이 폭력행동을 모방할 수 있다.

③ **모델링의 기능**

 ㉠ **관찰학습기능**: 공격행동을 수행하는 모델이 관찰자에게 새로운 공격방법을 가르쳐 준다.

 ㉡ **탈억제기능**: 공격행동을 했지만 처벌 받지 않은 모델을 관찰하는 것은 공격행동에 대한 억제를 감소시켜서 공격행동의 확률을 증가시킨다.

 ㉢ **정서 및 각성기능**: 단순하게 공격을 관찰하는 것만으로도 정서적 흥분이 유발되어 충동적이고 공격적으로 반응하게 된다.

(5) **캐플런(Kaplan)의 자기정화 가설(1944)**

① 낮은 자아존중감을 지니고 있는 개인이 비행을 저지르고 비행을 통해 자기존중감을 강화한다.

② **낮은 자기존중감에서 비행에 이르는 과정**

 ㉠ 자신에 대해 부정적 태도를 지닌 청소년들은 정상적인 동년배집단의 신념이나 행동도 부정적으로 지각하고 그로부터 벗어나는 행동을 시도한다.

 ㉡ 자신에 대한 부정적인 지각에서 벗어나서 자기존중감을 충족시킬 수 있는 비정상적인 방안이 모색된다.

 ㉢ 낮은 자기존중감을 강화하기 위한 대안으로 비행을 선택한다.

(6) 사회학적 관점

① **사회해체론**: 특정 지역에서 범죄율이 높은 이유를 설명하면서, 다양한 인종의 이민자가 유입되어 기존 거주자와의 문화갈등과 충돌을 야기하고 일관된 가치가 실종된다고 본다. 이 이론에 따르면, 외부 이민자의 비행을 용인하는 가치가 도심에 유입되며 비행현상이 발생할 수 있다.

② **아노미이론**: 개인이 문화적으로 규정된 목표를 성취하기 위한 합법적 제도와 수단이 부족할 때 대안적 수단을 찾으면서 일탈행위가 발생한다. 사회구조적 측면에서 하층계급의 청소년에게 제도적 수단이 차단되고 균등한 기회가 주어지지 않는 것이 구조적 긴장을 야기하는 비행의 원인이 된다.

  ○ 아노미 상태에서의 개인적 적응양식

개인적 적응양식	문화적 목표	제도적 수단	특성
동조형	+	+	문화적 목표를 합법적인 제도적 수단으로 달성함
혁신형	+	−	부당하게 목표를 추구하므로 비행이 높아짐
의례형	−	+	목적 없이 관습과 규범을 엄격히 지키며 생활을 영위함
도피형	−	−	사회에 존재하지만 사회 구성원으로 볼 수 없음
반역형	±	±	현존하는 목표와 제도적 수단은 거부하지만 대안적 목표와 수단은 적극적으로 제시함

③ **하층계급 문화이론**: 성공에 대한 기회가 차단된 하층계급 청소년은 하위계급에 내포된 범죄를 유도하는 가치와 행동양식을 배우기 때문에 하위계급 청소년들이 비행을 저지를 가능성이 높다고 본다.

④ **중화기술이론**: 일탈이 특정한 개인적 또는 사회경제적 요인에 의해 결정되는 것이 아니라 개인의 자유의지와 사회통제 간의 역학관계에서 발생하는 표류로 설명하며, 일탈자를 표류자(drifter)로 규정한다. 개인은 일탈행위에 대한 합리화와 변명을 통해 주류사회의 가치를 위반하는 죄의식을 부정한다.

⑤ **사회통제이론(사회유대이론)**: 사회적 유대는 개인으로 하여금 사회의 기본 가치와 기대행동을 하게 하므로, 이러한 사회적 유대감이 약해지거나 없어질 때 비행을 하게 된다. 즉, 학생이 가정, 학교, 사회와 유대가 없고 통제력이 약화되어 학생에게 어떤 영향력도 미치지 못하며, 학생도 부모, 교사 등 의미 있는 사람들에 대해 아무 관심(유대, 결속)이 없으면, 학생의 학교폭력과 같은 폭력행위는 더욱 자유롭게 이루어질 수 있다.

⑥ **낙인이론**: 청소년비행을 사회·경제·사법제도에 초점을 두고, 비행의 원인은 낙인이라 주장한다. 낙인이 찍히면 부정적 자아가 형성되고, 부정적 자아에 의해 비행을 하게 된다. 이 상황은 자기충족적 예언과도 관련되는데, 부정적인 기대나 편견이 청소년의 행동에 영향을 미치기 때문이다.

⑦ **차별접촉이론**: 청소년이 정서적으로 친밀한 집단에서 접촉에 의해 가치와 태도를 학습하는데, 법 위반을 선호하는 비행 문화와의 접촉이 법 준수를 선호하는 규범 문화와의 접촉을 능가할 때 비행이 발생한다. 이 이론에서는 비행행동이 1차적으로 대인관계를 맺는 집단으로부터 학습되며, 청소년이 비행집단과 접촉함으로써 비행에 대한 우호적인 생각을 습득하고 일탈하게 된다고 본다.

5. 비행청소년 상담 모형

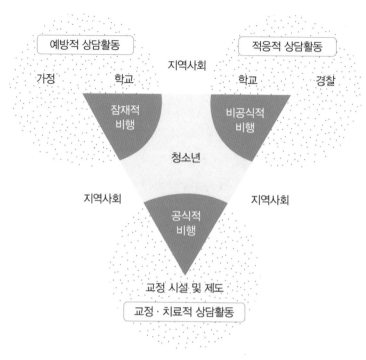

[그림 4-7] 비행청소년 상담 모형

(1) 제1영역(예방적 상담활동)

① **초점**: 물리적·사회적·심리적 환경 중에서 비행의 원인이 되기 쉬운 제반 여건을 개선하는 데 초점을 둔다.

② **목표**: 비행행동을 촉진하거나 기회를 제공하는 제반 조건을 변화시키는 것이다.

③ **대상**: 아직 비행을 하지 않았거나 사소한 일탈행동의 조짐과 비행 가능성이 있는 잠재적 비행청소년과 그를 둘러싼 제반환경이다.

(2) 제2영역(적응적 상담활동)

① **초점**: 본격적인 비행세계에 빠져들기 전에 적응력을 향상시켜 재활할 수 있도록 조력하는 데 초점을 둔다.

② **목표**: 가벼운 비행을 저질렀을 때 초기에 적절한 개입을 통해 비행이 상습화되지 않도록 자신과 주변환경을 이해하고 새롭게 적응해 나가는 능력을 함양시키는 것이다.

③ **대상**: 공식적인 법망에 검거되지 않았거나 경찰의 단속에 적발되었더라도 법원에 소추되지 않고 가벼운 처리과정을 거쳐 훈방 내지 귀가조치되는 비공식적 비행청소년이다.

(3) 제3영역(교정·치료적 상담활동)

① **초점**: 더 이상 재범화하지 않도록 비행 성향을 교정하고 사회적응력을 향상시키는 데 초점을 둔다.

② **목표**: 비행성을 교정함으로써 재비행과 성인 범죄자로의 전이를 예방하는 것이다.

③ **대상**: 실제로 범죄를 저질러 보호시설에 수용 또는 위탁된 비행청소년으로서 주로 법무행정제도에서 직접 관리하는 공식적 비행청소년과 이들을 둘러싼 제반환경이다.

1. 약물 사용의 유형과 평가

(1) 청소년 약물 사용의 단계별 유형

① **위기 단계**: 호기심 충족이나 또래와의 동질감 형성을 위한 사회적 수단으로 약물을 사용하는 단계이다. 이 단계는 약물 사용 자체가 목적인 일차적 약물 사용보다 다른 활동 과정에서 부차적으로 약물을 경험하는 이차적 약물 사용이 나타난다. 겉으로 드러나는 적응상의 문제는 가지지 않지만 청소년기에 경험하는 다양한 위험에 노출된다.

② **남용 단계**: 이차적 약물 사용이 일차적 약물 사용으로 전환되기 시작하며, 스트레스 및 부정적 경험을 회피하기 위한 수단으로 약물이 이행되기 시작한다. 이 단계부터 약물의 역기능적 조짐이 나타나기 시작하지만 의존적이지 않으며, 상황에 따라 필요를 느껴 약물을 찾게 된다.

③ **의존 단계**: 약물 사용이 일차적 약물 사용으로 굳어지고 강박적으로 약물에 의존한다. 의존 단계의 청소년은 심리적 문제의 근원이 아동기 이전에 있을 가능성이 높고, 연령의 변화에도 불구하고 비행이 지속되기 때문에 심리적·환경적 개입이 통합적으로 이루어져야 한다.

(2) 약물 사용의 동기별 유형

구분	내용
실험적 동기	• 호기심이나 모험심으로 약물을 사용하는 경우 • 이 유형은 아주 적은 양의 약물을 단기간 복용하는 특징이 있음
사회 도구적 동기	• 또래관계에서 동질감과 소속감을 경험하기 위해 약물을 사용하는 경우 • 특정 하위집단 구성원끼리 약물을 사용하면서 즐거움과 소속감을 경험함
상황적 동기	• 특정한 상황에서 정서적 혹은 정신적 자극이 필요하여 약물을 사용하는 경우 • 흔히 밤새워 공부하기 위해 각성제를 복용하거나 잠을 청하기 위해 수면제를 복용하는 경우가 이에 해당함
심화된 강박적 동기	• 일상적인 문제와 스트레스에서 벗어나기 위해 약물을 장기간 남용하는 경우로, 약물 사용이 생활의 한 부분을 차지하게 됨 • 이 상태의 청소년은 약물 복용으로 나타나는 다양한 효과나 즐거운 심리적 상태를 유지하려 다량의 약물을 자주, 장시간 동안 사용하므로 약물이 없으면 삶 자체가 공허하고 우울해지는 것을 경험함

(3) 약물 사용별 유형

① **약한 약**: 약물의 작용이 그다지 세지 않은 약으로 대마초, 암페타민, 알코올 등이 포함된다.
　㉠ 집단상담으로 다루어질 때 효과적이다.

② **강한 약**: 약물의 작용이 비교적 센 약으로, 코카인, 헤로인, LSD 등이 포함된다.
　㉠ 개별상담을 하는 것이 효과적이다.
　㉡ 약한 약을 사용하는 사람보다 더 큰 심리적 어려움을 경험하는 경우가 많다.
　㉢ 청소년의 자아 발달과 생활 패턴에 막대한 부정적 영향을 준다.

(4) 약물 사용방법별 유형

① **혼자 약물을 사용하는 경우**: 개인적 욕구 때문에 약물을 사용하는 경우로, 여럿이 함께 사용하는 경우보다 중독 위험성이 더 높고 상담의 예후도 좋지 않다. 흔히 본드를 불고 취한 기분으로 상실감을 극복하고 싶다거나 부탄가스를 불고 난 이후 보이는 돌아가신 어머니의 환상을 보고 싶다거나 하는 개인적인 욕구와 바람으로 약물을 사용한다.

② **여럿이 함께 사용하는 경우**: 대부분 약물 사용의 권유를 받으면 함께 약물을 사용하는 집단에 소속되지 못하고 혼자 떨어져 나갈 것 같은 두려움 때문에, 함께 약물을 사용하는 친구들과 느끼는 집단의식 때문에, 집단에서 약물도 함께 사용한다는 과시욕 때문에 약물을 사용하게 된다.

(5) 약물의 종류

구분	종류
중추신경계 흥분제	담배, 카페인(각성제 등), 암페타민류(필로폰 등), 코카인 등
중추신경계 억제제	술, 흡입제(본드, 가스, 가솔린, 아세톤 등), 마약류, 수면제, 신경안정제, 진해제, 항히스타민제 등
환각제	대마초, 환각제 등
기타	진통제, 누바인 등

(6) 약물의 인지행동적 접근

① **활성화 자극(activating stimuli)**: 약물 관련 신념과 자동적 사고를 일으키는 단서나 방아쇠 역할을 하는 자극을 말한다. 이 자극은 곧 갈망감이나 충동으로 이어진다.
   ㉠ 활성화 자극이 부정적 정서로 이어진다.
   ㉡ 중독자들이 추구하는 약효: 즉각적으로 정서 상태를 조절해 주는 것이다.

② **활성화된 신념**
   ㉠ 기대신념(acticioatiry belief): 약을 사용함으로써 만족감, 효율감, 사회성이 증가한다는 예감이다.
   ㉡ 위안 지향적인 신념(relief-oriented belief): 불쾌한 몸 상태나 감정 상태가 약으로 인해 덜어질 것이라는 기대이다.

③ **자동적 사고**: 짧고 자발적인 인지적 과정으로 생각의 형태일 수도 있고 이미지 형태일 수도 있다.

④ **충동과 갈망감**: 배고픔이나 목마름 같은 신체적 감각의 형태를 취한다.

⑤ **촉진적 신념**: 약물 사용의 부정적 결과를 무시하도록 하는 인지적 왜곡으로, 이를 '허용'이라고도 한다.
   ㉠ 자격부여(entitlement): '나는 한 잔 마실 자격이 있다.'
   ㉡ 결과의 최소화(minimization of consequences): '한 번 하는 것인데 뭐 해로울까?'
   ㉢ 합리화(justification): '인생은 본래 그런 것인데 한 대 피운다고 뭐가 달라지겠냐?'

⑥ **도구적 전략에 집중하는 것**: 약을 획득하는 데 필요한 계획을 수립하는 과정이다. 약물중독자들은 대부분 나름대로 정교한 계획을 가지고 있는 경우가 많다.

⑦ **지속적 사용 혹은 재발**: 한 번의 실수는 지속적인 재발의 활성화 자극이 된다. 즉, 한 번의 실수는 부정적 정서 상태를 유발하고, 다시 완전한 재발로 이어지는 악순환을 형성하며, 이 배경에는 이분법적 사고가 작용한다.

2. 청소년의 약물상담과정

(1) 상담 초기

① **평가**: 약물남용의 수준이 어느 정도인지 확인한다.

  ㉠ 의학적 검사뿐만 아니라 현재 사용하는 약물의 대체물질이 있는지, 그 약물을 얼마나 사용하고 있는지 등을 파악해야 한다.

  ㉡ 과거 치료경험을 알아본다.

  ㉢ 약물을 사용할 돈은 어디서 구한건지, 잠재적인 반사회적 성격은 어느 정도 가지고 있는지, 얼마나 자기 파괴적이며 위험 수치가 높은지, 가족력은 어떠한지, 동료들은 어떠한지 등 주변 환경 조사가 필요하다.

② 절제와 상담을 위한 동기화를 시행한다.

③ **해독**: 기존에 사용한 약물들의 잔재를 해독하는 작업이 필요하다. 이때 상담자는 의학적인 방법과 함께 사용하여 해독작업을 한다.

④ **절제와 상담 계획 세우기**: 입원치료를 할 것인지 외래치료를 할 것인지 결정한다. AA(단주집단)와 같은 개입을 할지, 약물요법을 사용할지, 그 외의 치료방법을 사용할지 결정한다.

(2) 상담 중기

① 초기에 설정된 상담계획에 따라 약물 사용을 절제하며 재발에 대처할 수 있게 구체적인 사고와 행동의 변화를 촉진한다.

② 약물 사용을 중단하고 효과적으로 자신의 삶을 다루어 나갈 수 있도록 건설적인 대안(예 공부방법, 새로운 친구 사귀기 등)을 제시하고 이에 익숙해지도록 돕는다.

③ **약물을 절제하기 위한 필수적인 단계**

  ㉠ 약물 남용의 재발을 일으키는 요소들에 대해 교육한다.

  ㉡ 약물을 이용하도록 자극하는 외적 요소와 내적 감정을 확인한다.

  ㉢ 약물 사용과 관련된 활동들을 대체할 수 있는 지지체계와 일상 구조를 확립한다.

  ㉣ 위기상황과 약물을 사용하고 싶은 욕망을 다루는 행동 계획을 세운다.

  ㉤ 치료를 받다가 초기에 그만두지 않도록 계획을 세운다.

(3) 상담 종결기

① 친밀성과 자율성을 높여 주는 상담을 한다.

② **여러 상담기법 활용**: 감정처리기술, 의사결정기술, 긍정적 행동을 확립하는 기술, 기분유지기술, 의사소통기술, 거절기술 등이 있다.

3. 약물 사용의 예방

(1) 1차 예방: 사용 예방

① 약물문제가 발생하기 전의 예방이다. 약물 남용의 발생 감소와 새로운 남용자가 발생하지 않도록 예방하는 접근으로, 선행 위험 요소의 감소, 취약성 감소, 보호 요인의 증가를 목표로 한다.

② 약물남용 가능성을 높이는 요소들을 사전에 규명하고, 약물 사용을 피할 수 있게 약물과 개인과 환경에 변화를 시도한다.

(2) 2차 예방: 조기 개입

① 문제를 조기에 규명하고 해로운 영향을 감소시키며 그 이상의 발전을 막을 수 있는 적절한 교정적 반응을 하는 것이다. 이미 약물을 사용하고 있으나 아직 심각한 부정적 영향이 나타나지 않은 대상자를 위한 활동이다.

② 약물남용의 원인이 되는 약물의 차단이 중요하며, 스트레스를 감소시키고 대처능력과 생활을 조절할 수 있는 능력을 얻도록 도와야 한다.

(3) 3차 예방: 치료, 재활 및 재발 예방

① 약물남용이나 강박적 사용의 문제 유형에 이미 연루되어 있는 대상자들의 문제 파급을 감소시켜 악화를 예방하고 재발을 예방하는 것이다.

② 적극적인 의료적·심리적·사회적 치료를 포함한다. 입원치료 및 재발 예방 재활 프로그램을 포함한 약물치료, 심리치료, 가족치료, 자조집단, 치료적 공동체 등의 개입이 이루어진다.

제5장

학습심리와 행동수정

🔍 핵심 이론 흐름잡기

제5장 | 핵심 이론 흐름잡기

제1절 학습과 행동주의

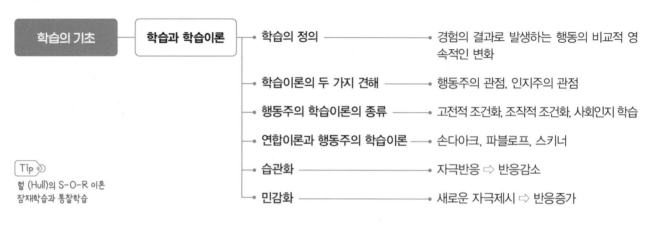

| 학습의 기초 | 학습과 학습이론 | 학습의 정의 | 경험의 결과로 발생하는 행동의 비교적 영속적인 변화 |

학습의 기초 → **학습과 학습이론**
- 학습의 정의 ──── 경험의 결과로 발생하는 행동의 비교적 영속적인 변화
- 학습이론의 두 가지 견해 ──── 행동주의 관점, 인지주의 관점
- 행동주의 학습이론의 종류 ──── 고전적 조건화, 조작적 조건화, 사회인지 학습
- 연합이론과 행동주의 학습이론 ──── 손다이크, 파블로프, 스키너
- 습관화 ──── 자극반응 ⇨ 반응감소
- 민감화 ──── 새로운 자극제시 ⇨ 반응증가

Tip
헐 (Hull)의 S-O-R 이론
잠재학습과 통찰학습

제2절 고전적 조건형성

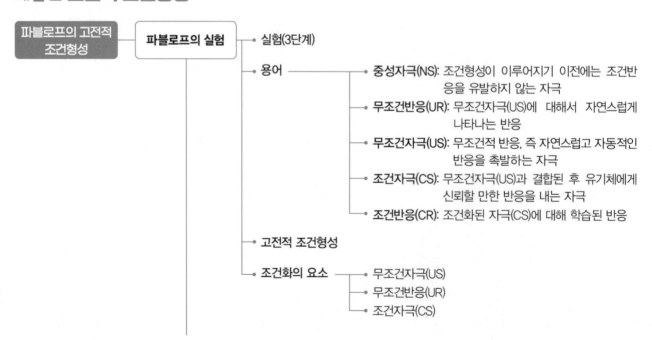

파블로프의 고전적 조건형성 → **파블로프의 실험**
- 실험(3단계)
- 용어
  - **중성자극(NS):** 조건형성이 이루어지기 이전에는 조건반응을 유발하지 않는 자극
  - **무조건반응(UR):** 무조건자극(US)에 대해서 자연스럽게 나타나는 반응
  - **무조건자극(US):** 무조건적 반응, 즉 자연스럽고 자동적인 반응을 촉발하는 자극
  - **조건자극(CS):** 무조건자극(US)과 결합된 후 유기체에게 신뢰할 만한 반응을 내는 자극
  - **조건반응(CR):** 조건화된 자극(CS)에 대해 학습된 반응
- 고전적 조건형성
- 조건화의 요소
  - 무조건자극(US)
  - 무조건반응(UR)
  - 조건자극(CS)

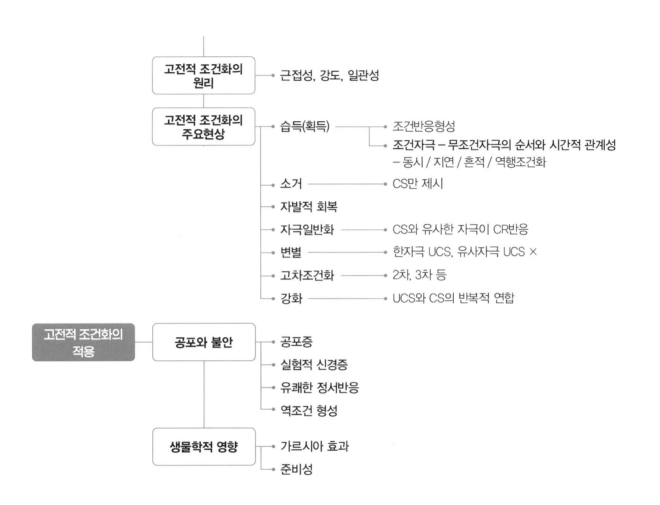

근접성, 강도, 일관성 → 고전적 조건화의 원리

고전적 조건화의 주요현상

- 습득(획득)
  - 조건반응형성
  - **조건자극 – 무조건자극의 순서와 시간적 관계성**
    – 동시 / 지연 / 흔적 / 역행조건화
- 소거 ── CS만 제시
- 자발적 회복
- 자극일반화 ── CS와 유사한 자극이 CR반응
- 변별 ── 한자극 UCS, 유사자극 UCS ×
- 고차조건화 ── 2차, 3차 등
- 강화 ── UCS와 CS의 반복적 연합

고전적 조건화의 적용

- 공포와 불안
  - 공포증
  - 실험적 신경증
  - 유쾌한 정서반응
  - 역조건 형성
- 생물학적 영향
  - 가르시아 효과
  - 준비성

제3절 조작적 조건형성

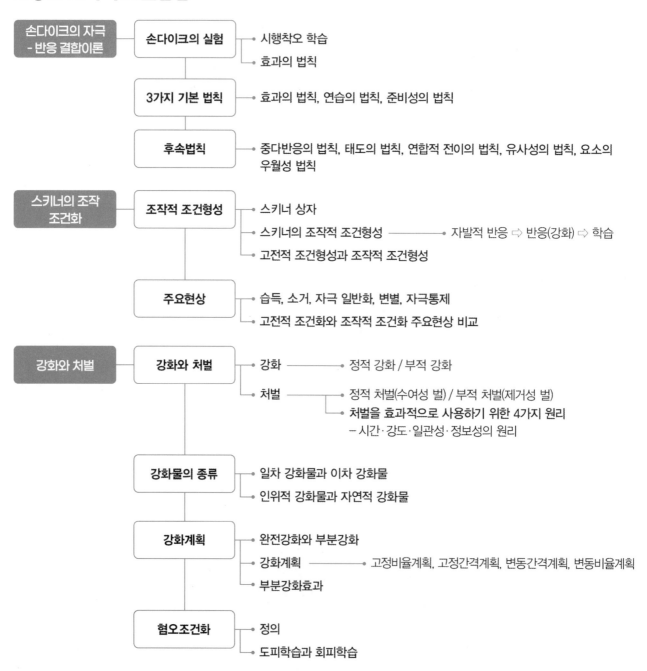

| 손다이크의 자극 - 반응 결합이론 | 손다이크의 실험 | • 시행착오 학습 |
| | | • 효과의 법칙 |

3가지 기본 법칙 → 효과의 법칙, 연습의 법칙, 준비성의 법칙

후속법칙 → 중다반응의 법칙, 태도의 법칙, 연합적 전이의 법칙, 유사성의 법칙, 요소의 우월성 법칙

스키너의 조작 조건화

조작적 조건형성
• 스키너 상자
• 스키너의 조작적 조건형성 ─→ 자발적 반응 ⇨ 반응(강화) ⇨ 학습
• 고전적 조건형성과 조작적 조건형성

주요현상
• 습득, 소거, 자극 일반화, 변별, 자극통제
• 고전적 조건화와 조작적 조건화 주요현상 비교

강화와 처벌

강화와 처벌
• 강화 ─── 정적 강화 / 부적 강화
• 처벌 ─── 정적 처벌(수여성 벌) / 부적 처벌(제거성 벌)
          처벌을 효과적으로 사용하기 위한 4가지 원리
          – 시간·강도·일관성·정보성의 원리

강화물의 종류
• 일차 강화물과 이차 강화물
• 인위적 강화물과 자연적 강화물

강화계획
• 완전강화와 부분강화
• 강화계획 ─── 고정비율계획, 고정간격계획, 변동간격계획, 변동비율계획
• 부분강화효과

혐오조건화
• 정의
• 도피학습과 회피학습

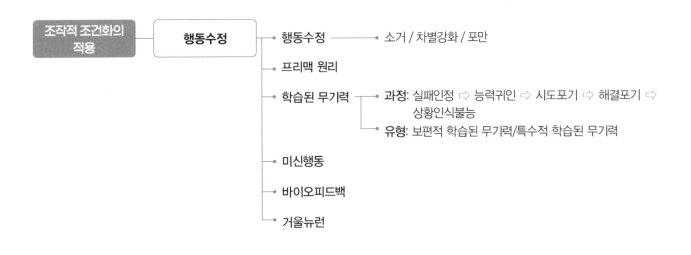

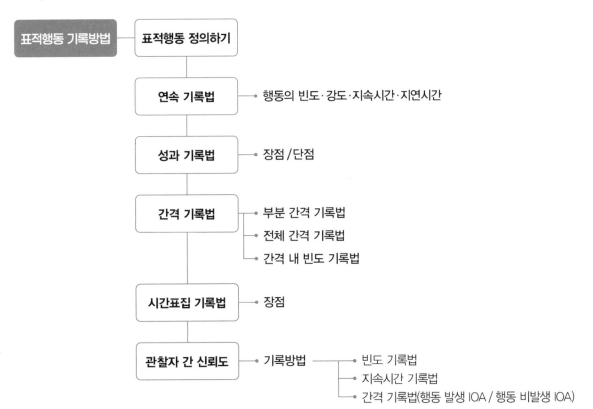

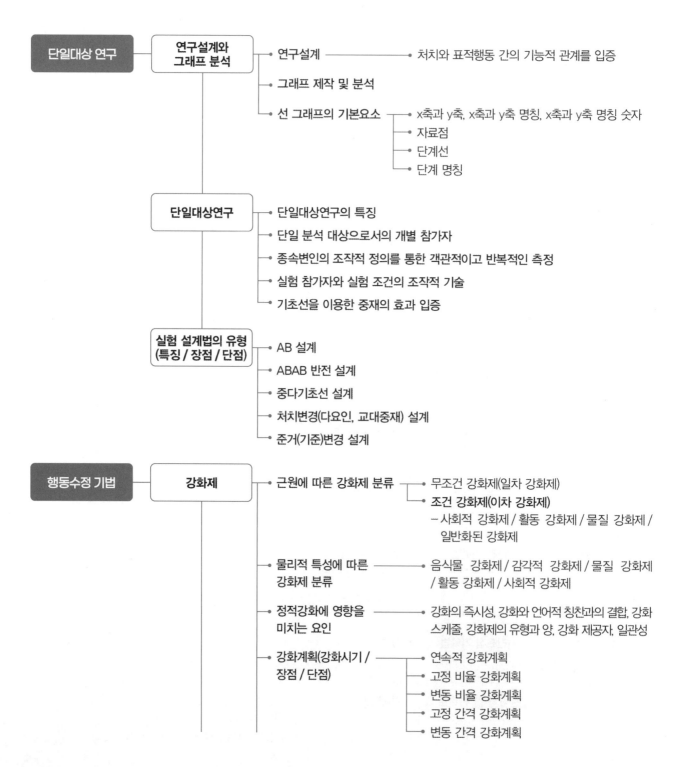

단일대상 연구

연구설계와 그래프 분석
- 연구설계 — 처치와 표적행동 간의 기능적 관계를 입증
- 그래프 제작 및 분석
- 선 그래프의 기본요소 —
  - x축과 y축, x축과 y축 명칭, x축과 y축 명칭 숫자
  - 자료점
  - 단계선
  - 단계 명칭

단일대상연구
- 단일대상연구의 특징
- 단일 분석 대상으로서의 개별 참가자
- 종속변인의 조작적 정의를 통한 객관적이고 반복적인 측정
- 실험 참가자와 실험 조건의 조작적 기술
- 기초선을 이용한 중재의 효과 입증

실험 설계법의 유형 (특징 / 장점 / 단점)
- AB 설계
- ABAB 반전 설계
- 중다기초선 설계
- 처치변경(다요인, 교대중재) 설계
- 준거(기준)변경 설계

행동수정 기법

강화제
- 근원에 따른 강화제 분류 —
  - 무조건 강화제(일차 강화제)
  - **조건 강화제(이차 강화제)**
    - 사회적 강화제 / 활동 강화제 / 물질 강화제 / 일반화된 강화제
- 물리적 특성에 따른 강화제 분류 — 음식물 강화제 / 감각적 강화제 / 물질 강화제 / 활동 강화제 / 사회적 강화제
- 정적강화에 영향을 미치는 요인 — 강화의 즉시성, 강화와 언어적 칭찬과의 결합, 강화 스케줄, 강화제의 유형과 양, 강화 제공자, 일관성
- 강화계획(강화시기 / 장점 / 단점) —
  - 연속적 강화계획
  - 고정 비율 강화계획
  - 변동 비율 강화계획
  - 고정 간격 강화계획
  - 변동 간격 강화계획

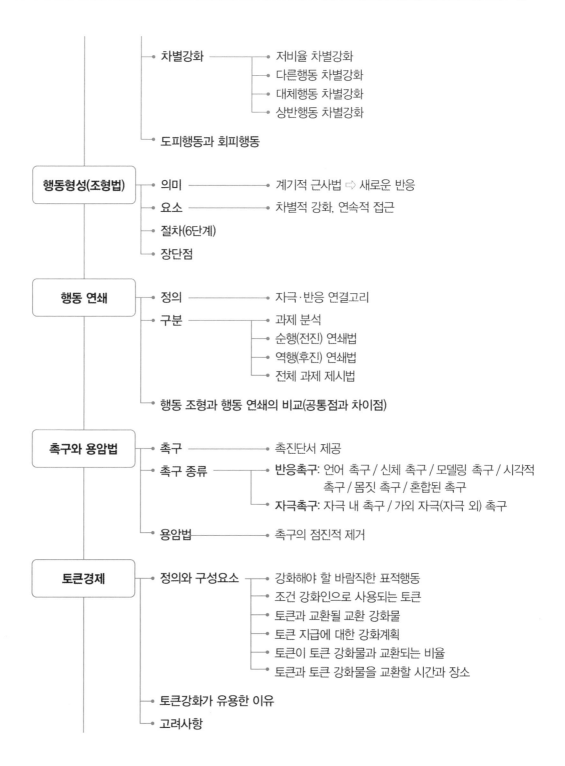

차별강화 ─┬─ 저비율 차별강화
         ├─ 다른행동 차별강화
         ├─ 대체행동 차별강화
         └─ 상반행동 차별강화

도피행동과 회피행동

행동형성(조형법)
- 의미 ──── 계기적 근사법 ⇨ 새로운 반응
- 요소 ──── 차별적 강화, 연속적 접근
- 절차(6단계)
- 장단점

행동 연쇄
- 정의 ──── 자극·반응 연결고리
- 구분 ─┬─ 과제 분석
        ├─ 순행(전진) 연쇄법
        ├─ 역행(후진) 연쇄법
        └─ 전체 과제 제시법
- 행동 조형과 행동 연쇄의 비교(공통점과 차이점)

촉구와 용암법
- 촉구 ──── 촉진단서 제공
- 촉구 종류 ─┬─ **반응촉구**: 언어 촉구 / 신체 촉구 / 모델링 촉구 / 시각적 촉구 / 몸짓 촉구 / 혼합된 촉구
            └─ **자극촉구**: 자극 내 촉구 / 가외 자극(자극 외) 촉구
- 용암법 ──── 촉구의 점진적 제거

토큰경제
- 정의와 구성요소 ─┬─ 강화해야 할 바람직한 표적행동
                 ├─ 조건 강화인으로 사용되는 토큰
                 ├─ 토큰과 교환될 교환 강화물
                 ├─ 토큰 지급에 대한 강화계획
                 ├─ 토큰이 토큰 강화물과 교환되는 비율
                 └─ 토큰과 토큰 강화물을 교환할 시간과 장소
- 토큰강화가 유용한 이유
- 고려사항

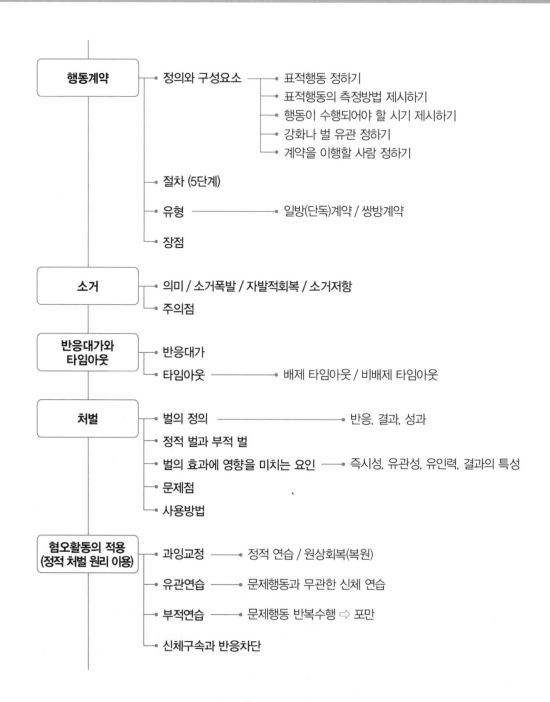

행동계약
- 정의와 구성요소
  - 표적행동 정하기
  - 표적행동의 측정방법 제시하기
  - 행동이 수행되어야 할 시기 제시하기
  - 강화나 벌 유관 정하기
  - 계약을 이행할 사람 정하기
- 절차 (5단계)
- 유형 ── 일방(단독)계약 / 쌍방계약
- 장점

소거
- 의미 / 소거폭발 / 자발적회복 / 소거저항
- 주의점

반응대가와 타임아웃
- 반응대가
- 타임아웃 ── 배제 타임아웃 / 비배제 타임아웃

처벌
- 벌의 정의 ── 반응, 결과, 성과
- 정적 벌과 부적 벌
- 벌의 효과에 영향을 미치는 요인 ── 즉시성, 유관성, 유인력, 결과의 특성
- 문제점
- 사용방법

혐오활동의 적용 (정적 처벌 원리 이용)
- 과잉교정 ── 정적 연습 / 원상회복(복원)
- 유관연습 ── 문제행동과 무관한 신체 연습
- 부적연습 ── 문제행동 반복수행 ⇨ 포만
- 신체구속과 반응차단

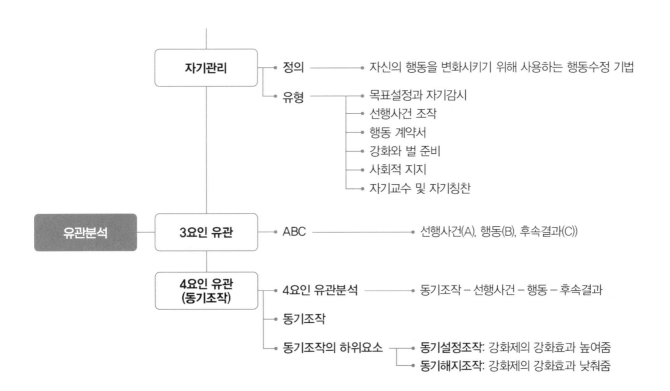

자기관리 → 정의 ──── 자신의 행동을 변화시키기 위해 사용하는 행동수정 기법

유형 ──── 목표설정과 자기감시
선행사건 조작
행동 계약서
강화와 벌 준비
사회적 지지
자기교수 및 자기칭찬

유관분석 ─ 3요인 유관 → ABC ──── 선행사건(A), 행동(B), 후속결과(C))

4요인 유관
(동기조작) → 4요인 유관분석 ──── 동기조작 – 선행사건 – 행동 – 후속결과

동기조작

동기조작의 하위요소 → **동기설정조작**: 강화제의 강화효과 높여줌
동기해지조작: 강화제의 강화효과 낮춰줌

01 학습의 기초

1. 학습과 학습이론

(1) 학습의 정의

학습은 경험의 결과로 발생하는 행동 혹은 행동목록에서의 비교적 영속적인 변화이다.

(2) 학습이론의 두 가지 견해

① **행동주의 관점**: 반응의 결합과 연합에 초점을 두고, 자극과 반응의 관계로 학습이 일어난다고 주장한다.

② **인지주의 관점**: 내적 인지과정에 초점을 두고, 자극과 행동을 매개하는 인지과정에서 학습이 일어난다고 주장한다.

③ 행동주의 학습과 인지주의 학습의 비교

구분	행동주의 학습	인지주의 학습
심리학이론	연합주의	형태주의
내용	외적 행동(반응)	내적 행동(사고)
학습개념	연합의 획득	지식 습득, 사고구조의 변화
관찰	반드시 관찰	학습과 수행(관찰) 구분

(3) 행동주의 학습이론의 종류

① **고전적 조건화**: 자극에 대한 정서적·심리적 반응이다.

② **조작적 조건화**: 행동한 결과로 주어지는 자극에 따라 일어나는 변화다.

③ **사회인지 학습**: 다른 사람의 행동결과를 관찰한 뒤에 일어나는 행동적 변화다.

(4) 연합이론과 행동주의 학습이론

① **연합**: 요소 간의 결합을 의미한다. 연합이론에서 학습은 자극과 반응의 결합, 자극 간의 연합, 아이디어 간의 반복적인 연합의 결과로 이루어진다.

② **행동주의 학습의 종류**: 손다이크(Thorndike)의 자극 – 반응 결합, 파블로프(Pavlov)의 조건반사, 스키너(Skinner)의 조작 조건화 등이 있다.

③ **신행동주의**

  ㉠ 인간의 행동학습은 동물과 다르게 정신과정이 완전히 배제된 S-R의 관계로만 설명할 수 없다. 따라서 유기체 인지과정을 설명하는 S-O-R의 관계를 발전시켰다.

  ㉡ **S-O-R**: 정신과정(O)이 자극(S)과 반응(R)의 사이에 작용하기 때문에 개인이 최종으로 반응을 결정한다는 것이다. 이는 단순히 자극을 통해 학습하는 수동적 인간관에서 탈피하여 적극적으로 환경을 다루며 사고하는 능동적 인간관으로의 변화를 의미한다.

① 인간의 행동을 외부에서 주어지는 자극과 반응의 결합으로 설명지만, 그 자극과 반응 사이에 직접 관찰할 수 없는 유기체라는 매개변인을 가정하였다.

② **학습을 규정하는 원리로 추동감소를 가정**: 여기서 추동은 생리적 결핍상태로 인한 심리적 불편함을 의미한다. 이러한 불편함을 감소시키는 것이 강화의 역할을 하여 행동을 하고자 하는 동기를 유발한다.

③ **공식: 반응경향성(E)=f(추동 D × 습관강도 H × 유인가)**
   ㉠ 반응의 확률이 추동, 습관강도, 유인가의 3가지 요인에 의해 도출된다.
   ㉡ 추동: 결핍상태의 지속시간으로 측정이 가능하다. 예 10시간 굶주린 쥐는 3시간 굶주린 쥐보다 추동이 강하다.
   ㉢ 습관강도: 자극과 반응 간의 연합강도를 의미한다. 즉, 자극과 반응 간 짝지음에 대한 강화횟수가 증가할수록 습관강도는 높아진다.
   ㉣ 유인가: 욕구감소와 밀접하게 그리고 지속적으로 연합되어 있는 자극을 의미한다.
   ㉤ 아무리 습관강도가 높을지라도 추동이나 유인가가 0이라면 학습된 반응은 일어나지 않는다.

④ 헐은 동물에게 아무리 강화가 주어지더라도 만약 동물이 추동상태에 놓이지 않는다면 반응을 수행하지 않을 것이라고 생각하였다. 이와 유사하게 동물이 아무리 높은 추동상태에 놓여 있을지라도 만약 반응을 수행할 때 강화가 주어지지 않는다면 동물은 학습된 반응을 수행하지 않을 것이다.

(5) 습관화(habituation)

① **의미**: 어떤 자극에 반복적으로 노출되어 친숙해지면 그 자극에 반응하는 경향성이 감소하는 현상이다.

② **정향(정위)반응**: 낯선 자극을 받으면 그 자극에 주의를 기울이는데, 이러한 행동을 정향반응이라고 한다.

③ **습관화의 적응적 중요성**: 도피반응을 유발하는 자극범위를 축소시킨다. 습관화는 유기체로 하여금 친숙한 자극을 무시하게 하고 새롭거나 위험을 알리는 것들에 대해 위기반응을 집중하도록 해준다.

(6) 민감화(sensitization)

① **의미**: 자극의 제시가 그 이후의 자극에 대해 반응의 증가를 낳을 때 발생하는 단순한 형태의 학습이다.

② 일반적으로 민감화는 다른 자극에 대한 높은 반응성을 유도한다.

(1) 인지도와 잠재학습
① 인지도(cognitive map)
   ㉠ 환경의 여러 특성과 위치에 대한 정보를 그림 또는 지도와 같이 형태화한 정신적 표상이다.
   ㉡ 쥐의 미로실험에서 집단 3의 쥐들이 10일 동안 강화물이 없어도 무언가를 학습했음을 시사한다. 이들의 머릿속에는 미로에 대한 지도가 이미 그려져 있었던 것이다.
② 잠재학습(latent learning): 학습이 실제로 일어났지만 직접 관찰할 수 없는 행동으로 나타나는 학습이다.
   ㉠ 쥐의 미로실험에서 강화물은 잠재학습을 직접 관찰 가능한 행동으로 표현되게 하는 유인책 역할을 한다.
   ㉡ 눈에 보이지 않는 인지적 변화도 학습이며, 이 학습은 강화와 관계없이 일어날 수 있다.

(2) 통찰학습
① 문제상황에서 관련 없는 여러 요인이 갑자기 완전한 형태로 재구성되어 문제를 해결하는 것이다. 서로 관련 없는 부분의 요소들이 갑자기 유의미한 전체로 파악되면서 문제해결을 위한 수단과 목적으로 결합된다.
② 통찰을 통해 획득된 지식은 다른 상황에 쉽게 전이되고 오랫동안 기억된다.
③ 통찰에 필요한 조건: 자극의 전체적인 관계를 파악할 수 있는 인지능력과 사전지식이 있어야 한다.

02 파블로프(Pavlov)의 고전적 조건형성

1. 파블로프의 실험

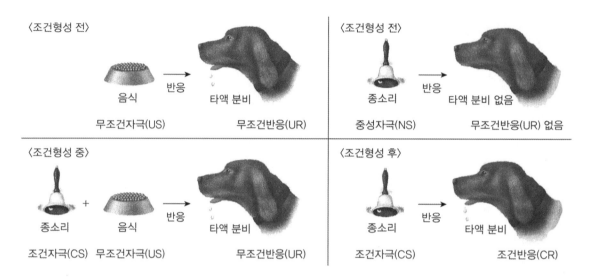

[그림 5-1] 파블로프의 조건반사

(1) 실험

실험	내용
1단계	• 개의 입에 음식물을 넣어 주면 타액이 분비되고, 종소리를 들려주면 타액이 분비되지 않는다는 것을 확인함 • 음식물을 넣어 줄 때 나타나는 타액 분비는 선천적이고 자동적으로 유발되는 반사임 • 종소리는 개의 타액 분비와 무관한, 즉 타액 분비를 촉진 또는 억제시키는 작용을 하지 못하는 중성자극임 • **정향(정위)반사**: 종소리가 들릴 때, 개가 귀를 쫑긋 세우고 소리가 들리는 쪽으로 머리를 돌리는 행동임
2단계	• 종소리를 들려 준 직후 개의 입에 음식물을 넣어 줌 • 음식물이 제시되기 때문에 타액 분비가 일어남 • 종소리와 음식물을 짧은 시간 간격으로 함께 제시하는 짝지음을 반복함
3단계	• 음식물 없이 종소리만 제시함 • 음식물이 제시되지 않아도 타액 분비가 일어남 • **정신반사**: 종소리만으로 타액 분비를 유발하는 것을 의미함

(2) 용어

① **중성자극(NS)**: 조건형성이 이루어지기 이전에는 조건반응을 유발하지 않는 자극이다.

② **무조건반응(UR)**: 먹이가 입에 들어올 때 침을 흘리는 것처럼, 무조건자극(US)에 대해서 자연스럽게 나타나는 반응이다.

③ **무조건자극(US)**: 무조건적 반응, 즉 자연스럽고 자동적인 반응을 촉발하는 자극이다.

④ **조건자극(CS)**: 이전에는 중성적이었으나 무조건자극(US)과 결합된 후 유기체에 어떤 신뢰할 만한 반응을 내는 자극이다.

⑤ **조건반응(CR)**: 이전에는 중성적이었으나 현재는 조건화된 자극(CS)에 대해 학습된 반응이다.

(3) 고전적 조건형성

무조건자극(음식)과 중성자극(종소리)을 반복적으로 연합하여 조건자극(종소리)에 대해서 조건반응(타액 분비)을 일으키는 과정이다.

(4) 조건화의 요소

① **무조건자극(US)**: 유기체로부터 자연적이고 자동적인 반응을 인출한다.

② **무조건반응(UR)**: 무조건자극에 의해 인출되는 자연적이고 자동적인 반응이다.

③ **조건자극(CS)**: 중성자극으로, 유기체로부터 자연적이고 자동적인 반응을 인출하지 않는다.

2. 고전적 조건화의 원리

(1) 근접성(contiguity)

① 근접성은 시간적인 동시성으로 동시조건반응이라고도 한다.

② 두 가지 이상의 감각(종소리와 음식)이 동시에 발생하여 그 자극 간에 근접성이 있을 때 두 자극의 연합이 잘 이루어진다.

③ 연합된 자극은 한 자극(감각)만 활성화되어도 다른 자극이나 감각이 함께 활성화된다.

(2) 강도(intensity)

① 강도는 무조건자극에 대한 무조건반응이 조건자극에 대한 반응보다 완전하게 클 때 적용된다.

② 무조건자극인 음식에 대한 타액 분비반응이 조건자극인 종소리에 대해 강아지가 놀랄 수 있는 반응보다 훨씬 강력해야 조건화를 통한 조건자극(종소리)에 대해 조건반응(타액 분비)이 일어난다.

③ 음식과 종소리가 연합되기 전에 종소리가 커서 그 소리를 듣고 놀라면 종소리에 대한 타액 분비반응을 조건화할 수 없다.

(3) 일관성(consistency)

① 일관성은 조건화 과정에서 무조건자극과 조건자극이 완전하게 결합할 때까지 무조건자극과 함께 제시되는 조건자극이 동일한 자극임을 말한다. 즉, 음식과 동시에 제시된 종소리 자극이 다른 소리 자극으로 바뀌면 조건화가 형성되지 못한다.

② 조건화 과정에서 무조건자극(음식)과 연합된 종소리는 이 두 개의 자극이 완전히 결합할 때까지 일관성 있게 사용되어야 한다.

3. 고전적 조건화의 주요현상

(1) 습득(획득, acquisition)

① **의미**: 새로운 조건반응이 형성 또는 확립되는 과정을 의미한다.

② **근접성(contiguity)**: 두 자극(조건자극과 무조건자극) 사이 제시 간격이 짧을수록 조건반응이 더 잘 습득된다.

③ **조건자극(CS) – 무조건자극(US)의 순서와 시간적 관계성**

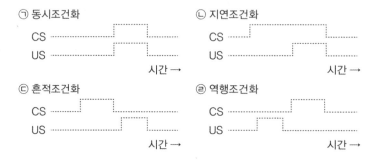

지연조건화 > 동시조건화 혹은 흔적조건화 > 역행조건화

[그림 5-2] CS – US의 순서와 시간적 관계성

ㄱ **동시조건화**: 조건자극과 무조건자극이 동시에 제시되는 것이다.

　예 종을 울리는 동시에 사람의 눈 속에 공기 불어 넣기

ㄴ **지연조건화**: 조건자극이 무조건자극보다 먼저 제시되고 무조건자극이 제시될 때까지 계속해서 제공되는 것이다.

　예 버저를 5초 동안 울리면서 그 시간 중 어느 시점에 공기를 눈에 분사하기

ㄷ **흔적조건화**: 무조건자극이 제시되기 전에 조건자극이 제시되었다가 종료되는 것이다.

　예 버저가 5초 동안 울리고 난 지 0.5초 후에 공기를 눈에 분사하기

ㄹ **역행조건화**: 조건자극이 무조건자극보다 나중에 제시되는 것이다.

　예 사람의 눈에 공기를 분사하고 나서 버저 울리기

(2) 소거와 자발적 회복

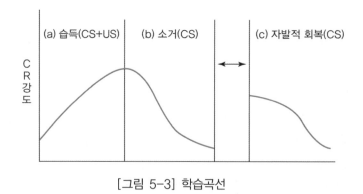

[그림 5-3] 학습곡선

① **소거(extinction)**: 무조건자극 없이 조건자극만을 계속적으로 제시하면 이미 습득되었던 조건반응의 강도가 점차 약화되고 결국에는 완전히 사라지는 현상이다.
   ⊙ 소거가 시행되는 동안 동물은 습득에서와는 달리 조건자극에 뒤이어 아무 결과도 수반되지 않는다는 점을 학습한다.
   ⓒ **소거와 망각의 차이**: 소거의 원인은 조건자극에 뒤이어 무조건자극이 제시되지 않는 새로운 경험을 하는 것이지만, 망각의 원인은 단지 오랫동안 반응을 수행할 기회를 갖지 못하는 것이다.
② **자발적 회복(spontaneous recovery)**: 소거 이후에 무조건 자극과 연합하지 않은 채 다시 조건화된 자극을 제시했을 경우 재훈련을 하지 않아도 조건화된 반응이 다시 나타나는 것을 말한다.
   ⊙ 회복된 조건반응은 소거 이전의 조건반응보다 그 강도가 약하며, 다시 소거과정에 들어가면 소거 이전보다 빠르게 소거된다.
   ⓒ 소거되었던 조건반응이 다시 나타나는 자발적 회복은 소거에 의해 학습된 반응이 무효화되거나 폐지되는 것이 아니라 일시적으로 차단되는 것임을 보여 준다.
③ **학습곡선**: 습득 동안에 조건반응의 강도는 최고 수준까지 증가하고, CS만 제시되는 소거 동안에 감소하여 거의 반응이 나타나지 않게 된다. 아무 자극 없이 일정 시간이 지난 후 다시 CS만 제시한 검사에서는 소거되었던 반응이 일시적으로 다시 나타난다.

(3) 자극 일반화와 변별 _{기출 22}

① **자극 일반화(stimulus generalization)**
   ⊙ 본래의 조건자극과 유사한 다른 조건자극에서도 조건반응을 유발하는 현상이다.
   ⓒ 파블로프의 개는 조건자극인 종소리가 아닌 버저소리에도 타액 분비반응이 일어나고 토끼는 다른 버저소리를 듣고도 눈꺼풀을 깜박이는 반응을 나타냈다.
   ⓒ 자극 일반화를 지배하는 기본법칙은 새로운 자극이 원래의 조건자극과 유사할수록 일반화의 가능성도 높아진다는 것이다.
② **일반화 기울기(generalization gradient)**: 새로운 자극에 의해 유발된 CR은 기존 CS에 의해 유발된 것보다 약한데, 새로운 자극과 기존의 CS 사이의 차이가 커질수록 CR의 감소가 더 크다. 이 효과를 나타내는 곡선을 '일반화 기울기'라고 한다.

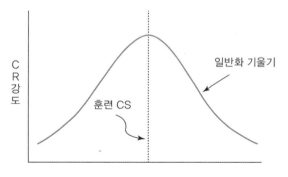

[그림 5-4] 일반화 기울기

왓슨(Watson)의 실험

피험자는 11개월 된 앨버트(Albert)라는 유아였는데, 앨버트는 처음에 흰쥐를 무서워하지 않았다. 왓슨은 놀라움을 일으키는 큰 소리와 짝지어 흰쥐를 제시하였다. 앨버트는 큰 소리에 대해서 공포반응을 보였고, 여러 번의 결합으로 인해 흰쥐는 공포반응을 이끌어 내는 조건자극이 되었다. 5일 후에 왓슨은 앨버트가 흰쥐와 비슷한 흰 털을 가진 토끼, 개, 털 코트, 산타클로스 마스크, 그리고 왓슨의 흰 머리털과 같은 자극에 대해서도 공포반응을 나타낸다는 사실을 발견하였다.

③ **자극변별(stimulus discrimination)**: 본래의 조건자극과 다른 조건자극에 대해서는 조건반응을 유발하지 않는 현상이다. 자극 일반화와 반대로 자극변별에서는 새로운 자극과 원래의 조건자극 사이에 유사성이 적을수록 변별이 더 잘 이루어진다.

자극변별의 예시

500Hz의 버저소리에 대해 눈꺼풀반응을 하도록 훈련받은 토끼는 유사한 자극, 즉 600Hz의 버저소리가 제시될 때도 자극 일반화 때문에 원래의 자극에 대한 반응과 유사하게 반응하게 될 것이다. 그러나 실험조건을 변화시켜 500Hz 소리는 공기분사와 짝을 지우고 600Hz의 소리는 무조건자극 없이 제시하는 훈련을 시키면 결과가 달라진다. 이렇게 훈련받은 토끼는 500Hz 소리에는 눈꺼풀반응을 하지만, 600Hz의 소리가 제시되는 경우에는 눈꺼풀반응을 보이지 않게 된다.

(4) 고차 조건화

① **2차 조건화**

ㄱ 종소리와 음식을 짝지어 개의 타액 분비반응을 조건화한다.

ㄴ 훈련을 통해 종소리가 조건자극의 역할을 하게 되면, 이 종소리를 기존의 무조건자극 대신 사용하고 있는 다른 자극(예 불빛)을 새로운 조건자극으로 사용하여 반복해서 짝지어 제시한다.

ㄷ 이후 종소리 없이 불빛만 제시하면 개는 불빛에 대해 타액 분비를 나타낸다.

ㄹ 불빛은 음식물과 짝지어진 적이 없는데도 종소리와 짝지어져 타액 분비반응을 일으키는 속성을 갖게 되는데, 이 과정을 2차 조건화라고 한다.

② **3차 조건화**

ㄱ 한 단계 더 나아가 다른 조건자극을 제시한다.

ㄴ 예컨대 파란색과 불빛을 반복해서 짝을 지어 제시한다. 그러면 나중에 파란색만 제시되어도 타액 분비반응이 나타나며, 이 과정을 3차 조건화라고 한다.

③ **고차 조건화(higher-order conditioning)**

ㄱ 반복적으로 새로운 조건자극을 제시하여 새로운 조건화를 반복해 나가는 과정들을 말한다.

ㄴ 고차 조건화는 고전적 조건화가 반드시 자연적인 무조건자극이 존재할 때만 형성되는 것이 아님을 보여준다.

ㄷ 고차 조건화에서는 새로운 조건반응이 이미 확립된 조건반응(더 정확하게는 조건자극)을 기초로 형성되는 것이고, 이로 인해 고전적 조건화를 통해 습득된 행동의 범위가 크게 확장될 수 있다.

(5) 강화

① 고전적 조건화에서 강화란 무조건자극과 조건자극의 반복적인 연합이다.

② 조건자극에 대한 조건반응은 무조건자극에 의존하기 때문에 무조건자극은 조건반응을 강화하는 강화물이 된다.

1. 공포와 불안

(1) 공포증

많은 공포는 고전적 조건화의 결과로 형성된 것이다. 처음에는 중성적인 자극이 외상적이거나 혐오적인 사상들과 짝지어질 때 공포스러운 자극이 된다.

(2) 실험적 신경증(experimental neurosis)

① 고전적 조건화에 의해 불안이나 더 심각한 심리장애가 유발될 수 있다.

② 파블로프는 실험에서 나타난 개의 행동이 신경증 환자의 행동 유형과 유사하다고 생각하여 실험적 신경증이라 불렀다.

③ 실험적 신경증은 동물이 갈등상황에 처할 때 나타나는 결과인데, 갈등상황에 장기간 노출되면 수명 또한 짧아진다고 보았다.

④ 인간에게 적용: 인간은 과중한 업무나 내적 갈등에 장기간 시달리거나 스스로 통제할 수 없는 많은 스트레스를 받으면 심신의 건강에 유해한 결과가 유발된다.

> **참고** **실험적 신경증**
>
> 개에게 원을 보여 준 후 음식을 제공하여 타액을 분비하도록 하고 타원에 대해서는 타액을 분비하지 않도록 변별훈련을 시켰다. 훈련이 진행되면서 변별과제는 더욱 어려워졌다. 즉, 타원의 모양을 원에 더 가깝게 하였다. 과제가 일정 수준 이상 어려워졌을 때 개는 실수하기 시작하고 행동이 이상하게 변화하였다. 조용하던 개가 낑낑거리며 짖었고 계속 서성거리며, 주변에 있는 물건을 물어뜯는 등 전혀 하지 않던 행동을 하였다.

(3) 유쾌한 정서반응

유쾌한 정서반응도 고전적 조건화를 통해서 형성된다.

예 광고물에서 어떤 상품을 긍정적 정서를 불러일으키는 무조건자극과 교묘하게 짝을 짓는다. 가장 널리 이용되는 전략은 상품을 매력적인 인물(연예인, 운동선수 등)이나 즐거움을 주는 배경(아름다운 경치, 음악 등)과 연합시켜 보여 주는 것이다.

(4) 역조건 형성

① 특정 자극에 바람직하지 못한 조건반응을 바람직한 조건반응으로 대치하려는 방법이다.

② 바람직하지 못한 반응과 바람직한 반응을 동시에 할 수는 없으므로 결국 바람직한 반응이 바람직하지 않은 반응을 대치하게 된다.

2. 생물학적 영향

(1) 가르시아 효과

① 고전적 조건형성은 보통 수차례 반복되어야 무조건자극과 조건자극 간의 연합이 이루어지는데, 수차례 반복을 통한 연합이 아니라 단 한 번의 강렬한 경험으로 바로 조건반응을 일으키게 되는 현상을 가르시아 효과라고 한다.

② 실험: 쥐가 쥐약이 들어 있는 음식을 조금 먹고 살아남았을 경우 다시는 같은 종류의 음식을 먹지 않는다는 사실을 발견하였다. 이렇게 조건형성이 되는 이유는 한 번의 경험이었지만 생명과 관련이 있는 중대한 것이었기 때문이다.

③ 혐오학습은 고전적 조건화의 예와는 달리 한 번의 경험으로 학습이 될 뿐만 아니라 조건자극(맛)과 무조건자극(배탈)이 시간적으로 멀리 떨어져 있어도 학습이 일어나며, 소거도 잘 되지 않는다.

④ 미각혐오와 같이 생명과 관련이 있으면서 특정 음식을 섭취한 뒤에 질병이 발생한 경우, 시간간격이 커도 고전적 조건화가 일어날 수 있다.

> **참고** **가르시아와 쾰링의 실험**
>
> 물과 혐오적 자극을 연합시키는 고전적 조건화 실험을 수행하였다. 실험에서 쥐들이 밝고 소리가 나는 물 또는 단맛이 나는 사카린 물을 마신 후에 X-선에 노출시켜 복통이 유발되도록 하였고, 다른 실험에서는 밝고 소리가 나는 물 또는 단맛의 사카린 물을 마신 후에 전기충격을 주었다. 이후 이들은 쥐들에게 밝고 소리가 나는 맹물과 사카린 물 둘 중에 선택하도록 했다. 그 결과 복통이 났던 쥐들은 사카린 물을 회피하는 경향을 나타내었고, 전기충격을 받은 쥐들은 밝고 소리 나는 물을 회피하는 경향을 보였다. 이것은 쥐들이 특정 자극을 특정 결과와 연합시키도록 선천적으로 편향되어 있음을 시사한다.

(2) 준비성(continuum of preparedness)

① 동일한 자극의 크기와 빈도에도 불구하고 어떤 동물이나 사람은 고전적 조건화가 빨리 일어나고 어떤 사람에게는 잘 일어나지 않는다. 또한 조건화가 일어나기 위해서는 두 자극이 서로 잘 어울려야 한다.

② 특정 자극들끼리 연합이 더 잘 일어난다는 것은 생물학적 준비성이 고전적 조건화가 일어나는 과정에서 중요한 역할을 한다는 것이다.

③ 생물학적 준비성은 특히 공포증을 일으키도록 조건화시키는 연구를 통해 증명되었다.

  ㉠ 뱀이나 거미는 꽃이나 버섯보다 전기충격과 더 연합이 잘되며, 소거에 대한 저항은 더 강하다. 이는 뱀 자체가 공포반응을 일으키도록 준비되어 있기 때문이다.

  ㉡ 인간이 진화하는 과정에서 꽃이나 버섯보다는 뱀이나 거미로부터 더 자주 생명의 위협을 받아서 뱀이나 거미에 쉽게 공포증을 일으키도록 태어날 때부터 준비되어 있다는 뜻이다.

제3절 조작적 조건형성

04 손다이크(Thorndike)의 자극 – 반응 결합이론

1. 손다이크의 실험

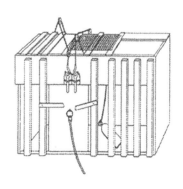

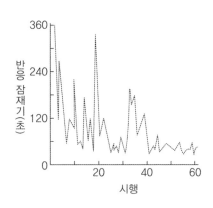

[그림 5-5] 손다이크의 자극 – 반응 결합이론

(1) 문제상자(puzzle box)

처음에 손다이크는 동물지능이 존재하는지 알아보기 위해 스스로 설계하고 제작한 문제상자를 사용하여 실험을 시작하였다. 손다이크는 고양이를 문제상자에 집어넣고 고양이가 지렛대를 밟고 밖으로 나올 때까지 소요된 반응 잠재기(response latency)를 측정하였다.

(2) 실험 내용

문제상자 속의 고양이는 상자에서 벗어나 바깥에 놓인 음식물을 얻기 위해 다양한 행동을 하였다. 처음에는 문을 앞발로 할퀴거나 이빨로 갉고, 벽을 할퀴며, 이리저리 돌아다니다 우연히 지렛대를 밟아 문을 열었다. 두 번째 실험에서 고양이는 이전 실험에서와 비슷한 행동을 하지만 지렛대를 조금 더 빨리 밟았다. 시행이 반복됨에 따라 고양이가 지렛대를 밟고 바깥으로 나오는 반응 잠재기는 짧아지지만 감소되는 형태는 점진적이고 다소 불규칙적이었다.

(3) 강화

강화가 있기 직전에 했던 반응이 미래에 다시 나타날 가능성을 증가시키는 사건이다. 즉 강화는 정확반응을 점차 많이 나타나게 한다.

(4) 효과의 법칙

① **시행착오 학습**: 문제해결을 위해 여러 방법을 시도해 보는 것이다.
   ➡ 고양이는 탈출방법을 간파하거나 통찰에 의해 깨닫기보다 반복적인 시행착오로 점진적으로 학습하게 되었다.

② **효과의 법칙((law of effect)**: 행동의 결과를 강조하는 것으로 결과가 좋은 행동은 학습되고 결과가 좋지 않은 행동은 학습되지 않음을 뜻한다.

⊙ 반응 후에 수반되는 결과가 바람직한 것(긍정효과)이면 그 반응이 나타날 확률이 증가하고, 그 결과가 바람직하지 않은 것(부정효과)이면 그 확률이 감소한다는 것이다.

ⓒ 효과의 법칙에서 중요한 것은 고양이가 문제해결을 위해 생각하거나, 그 문제를 이해해야 한다고 가정할 필요가 없다는 것이다.

2. 3가지 기본 법칙

(1) 효과의 법칙(law of effect)

① 효과의 법칙은 자극(S)과 반응(R) 간의 결합에 수반되는 만족감이 클수록 강하게 결합하고, 만족스럽지 못하면 자극과 반응의 결합이 약해진다는 것이다. 즉, 반응결과가 자극과 반응 간의 연합을 강화 또는 약화시킨다.

② 효과의 법칙은 행동의 결과에 대한 만족의 정도가 특정한 상황과 행동을 결합하는 힘으로 작용한다고 본다.

(2) 연습의 법칙(law of practice)

① 연습의 법칙은 빈도의 법칙 또는 사용의 법칙이라고 하는데, 연습의 횟수가 많을수록 결합이 강해지고 연습과 사용이 적을수록 결합이 약해진다는 것이다. 사용과 비사용은 자극과 반응을 결합하는 중요한 요인이 된다.

② 문제점: 연습의 유무는 결합에 영향을 주긴 하지만 어떤 반응이나 기능을 일시적으로 사용하지 않는다고 해서 결합이 반드시 약해지는 것은 아니다. 또한 피드백 없는 연습만으로는 행동을 개선할 수 없다.

(3) 준비성의 법칙(law of readiness)

① 준비성의 법칙은 행위준비성 또는 목표지향성을 말한다. 구속에서 벗어나려는 충동이나 먹이에 대한 욕구가 강한 고양이는 탈출행동을 더욱 빨리 학습한다. 준비성의 법칙에 따르면 행동을 시도할 준비가 되어 있을수록 자극과 반응의 결합이 강하게 일어난다.

② 굶주림이나 도피본능: 행위준비성으로 탈출행동을 더욱 강하게 유발한 내적 상태이다.

③ 준비성의 법칙은 이후에 어떤 행동을 할 태도 또는 자세를 의미하는 것으로 발전했다.

ⓙ 어떤 학생이 수행할 준비가 되어 있을 때 수행하는 것은 만족스럽다.

ⓒ 어떤 학생이 수행할 준비가 되어 있는데 수행하지 못하는 것은 혐오적이다.

ⓒ 어떤 학생이 행위를 수행할 준비가 되어 있지 않을 때 수행을 하도록 강요받으면 혐오적이다.

3. 후속법칙

(1) 중다반응(multiple response)의 법칙

자극에 대한 첫 번째 반응이 문제 해결을 하지 못하면 다시 여러 가지 반응을 시도한다는 것이다. 그 중 어떤 반응이 우연히 적절한 결과를 가져오면 그 반응을 재시도할 확률이 올라가고 결국 자극과 그 반응이 결합된다.

(2) 태도(set of attitude)의 법칙

학습이 유기체의 자세나 태도, 기질에 의해 결정된다는 것이다. 자세나 태도, 기질 등은 어떤 행동을 수행할 준비가 되어 있는 내적 준비도인데, 학습 결과의 차이는 바로 이러한 내적 준비도의 차이에서 발생한다.

(3) 연합적 전이(associative shifting)의 법칙

한 장면에서 자극과 반응의 결합이 완전해지면, 유사하거나 공통점이 많은 장면의 다른 자극에서도 같은 반응이 일어난다.

(4) 유사성(assimilation)의 법칙

자극이나 상황에 대한 반응은 이전의 경험에 근거한 동화 또는 유추를 통해 일어난 반응이다. 즉, 새로운 장면에서 적절한 반응을 할 수 있는 것은 새로운 장면과 이전에 경험한 장면 간에 유사성이 있기 때문이다.

(5) 요소의 우월성(prepotency of elements) 법칙

자극에 대해 무조건적으로 반응하는 것이 아니라 자극의 여러 요소 중 우월하거나 중요하다고 인정되는 요소를 나름대로 선택하여 반응한다는 것이다.

05 스키너(Skinner)의 조작 조건화

1. 조작적 조건형성

(1) 스키너 상자

① 레버를 누른 이후의 결과를 변화시켜 쥐의 지속적인 행동이 어떻게 수정될 수 있는지 연구하는 데 효과적인 장치이다.

② 과정: 쥐가 여러 가지 행동을 하다가 지렛대를 누르면(반응) 먹이가 접시로 떨어진다(강화). 이 과정이 여러 번 반복되면 쥐는 상자에 들어가자마자 지렛대를 누른다(학습).

(2) 스키너의 조작적(operant conditioning) 조건형성

① 고전적 조건형성이 인간을 단순히 자극에 반응하는 수동적 존재로 간주하고 있어서 다양한 인간행동을 설명하는데 한계가 있다는 것을 지적하고 조작적 조건형성 이론을 제시하였다.

② 조작적 조건형성은 유기체가 다양한 환경조건에서 능동적으로 조작적 행동을 함으로써 보상을 받거나 유리하게 적응하는 것이다. 즉, 유기체의 자발적 반응에 대하여 강화(보상)를 함으로써 학습을 하는 것이다.

　㉠ 실험에서 쥐가 환경에 스스로 반응하여 어떤 결과를 생성해 낸다고 해서 작동(operant)이라고 한다.

　㉡ 이러한 절차로 학습되는 과정을 조작적 조건형성이라고 한다.

③ 스키너는 유기체가 어떤 반응을 한 후에 보상이 있느냐 없느냐에 따라 조작행동은 강해지거나 약해진다고 보고 자신의 이름을 딴 실험상자인 '스키너 상자'를 고안하였다.

(3) 고전적 조건형성과 조작적 조건형성

구분	고전적 조건형성	조작적 조건형성
내용	• CS－US의 관계 • CS가 나타나면 US가 따라온다는 것을 학습	• 반응과 보상의 관계 • 반응을 하면 강화가 따라온다는 것을 학습

2. 주요현상

(1) 습득

① 고전적 조건화: CS와 US 간의 관계에서 나타났다.

② 조작적 조건화: 반응 후에 오는 보상과의 관계에서 습득이 이루어진다.

> **참고** **조작적 조건화**
>
> 스키너 상자에서 레버를 누르는 반응과 그 뒤에 따라오는 먹이와의 관계에서 조작적 조건화가 나타나는데, 먹이는 레버를 누르는 반응을 강화하기 때문에 레버를 누르는 반응이 증가하게 된다. 여기에서 먹이는 반응률을 높이는 강화물이 된다.

(2) 소거

① 고전적 조건화: CS 다음에 US가 동반하지 않음에 의해 소거가 나타난다.

② 조작적 조건화: 흰쥐가 레버를 눌렀을 때 먹이를 생략함으로써 소거를 일으킬 수 있다.

(3) 자극 일반화

① 한 피험 동물이 특정 자극에 있을 때 어떤 반응을 수행한 결과로 강화를 받았다면, 그 피험 동물은 유사한 자극 조건하에서도 동일한 반응을 할 것이다. 이러한 현상을 자극 일반화라고 한다.

② 일반화의 정도는 원래의 자극과 새로운 자극 간의 유사성 정도에 비례한다.

(4) 변별 `기출 21`

한 자극에 대한 반응결과로 강화를 받으며 다른 자극에 대해서는 반응을 해도 강화를 받지 못하거나 훨씬 적은 강화를 받으면, 학습자는 두 자극을 구분하여 상이한 반응률을 나타낼 것이다. 이것이 바로 변별 현상이다.

(5) 자극통제

조작적 조건화에서 반응에 선행하는 자극에 의해 그 반응이 변하게 되는 것을 자극통제라고 한다.

(6) 고전적 조건화와 조작적 조건화 주요현상 비교

구분	고전적 조건화	조작적 조건화
용어	CS, US, CR, UR	반응, 강화
행동의 효과	US를 통제하지 못함	강화를 통제함
습득 절차	CS – US	특정 자극하에서 반응과 결과를 짝지음
학습되는 반응	장기반응	골격근반응
소거	US 없이 CS만 제시함	반응 후 강화를 생략함
일반화	CS와 유사한 자극이 CR과 유사한 반응을 유발함	강화를 받았을 때와 유사한 자극이 제시되면 유사한 반응이 나타남
변별	한 자극에는 US가 뒤따르고, 유사한 자극에는 US가 뒤따르지 않음	한 자극이 있을 때 수행한 반응은 강화되고 다른 자극이 있을 때 수행한 반응은 강화되지 않음

06 강화와 처벌

1. 강화와 처벌

구분	자극제시	자극철회
행동촉진	정적 강화	부적 강화
행동감소	정적 처벌	부적 처벌

(1) 강화
특정 행동의 발생에 즉각적인 결과가 뒤따르고 결과적으로 행동의 증가를 가져온다. 그에 선행하는 반응이 미래에 반복해서 나타날 가능성을 증가시키는 사건이다.
① 정적 강화: 어떤 행동 후에 만족스러운 강화물을 제공함으로써 의도한 행동의 빈도와 강도를 증가시키고 유지하는 것을 의미한다. 정적 강화에서 행동 후에 주어지는 자극을 정적 강화인이라고 한다.
② 부적 강화: 어떤 행동 후에 싫어하는 자극을 제거함으로써 의도한 행동의 빈도와 강도를 증가시키는 것을 의미한다. 부적 강화에서 행동 후에 제거되거나 회피하는 자극을 혐오자극이라고 한다.

(2) 처벌
특정 행동이 일어나고 행동에 뒤이어 즉시 어떤 결과가 뒤따른다. 결과적으로 미래에 그 행동이 일어날 가능성은 줄어든다.
① 정적 처벌(수여성 벌): 바람직하지 않은 행동의 빈도를 감소시키려 혐오자극을 제공하는 것이다.
② 부적 처벌(제거성 벌): 바람직하지 않은 행동의 빈도를 감소시키려 좋아하는 자극(강화자극)을 제거하는 것이다.
➡ 따라서 반응의 빈도를 증가시키는 사건이 강화이고, 감소시키는 사건은 처벌이다. 그리고 반응자에게 좋아하는 것이든 싫어하는 것이든 자극을 제시하는 것은 정적인 것이고, 제거하는 것은 부적인 것이다.
③ 교육장면에서 처벌을 효과적으로 사용하기 위한 4가지 원리
  ㉠ 시간의 원리: 억제되어야 할 행동이 일어난 직후에 즉시 벌이 주어져야 한다.
  ㉡ 강도의 원리: 가능한 한 강한 벌이 주어져야 하며, 벌을 피할 수 있는 상황이 제공되어서는 안 된다.
  ㉢ 일관성의 원리: 같은 행동에 대해 같은 처벌이 일관성 있게 주어져야 한다.
  ㉣ 정보성의 원리: 벌을 받는 이유를 정확히 설명하고, 벌을 안 받을 행동이나 대안적 행동을 제시해야 한다.

2. 강화물의 종류

(1) 일차 강화물과 이차 강화물
① 일차 강화물(무조건 강화물): 그 자체로 강화능력을 가지고 있어 생리적 욕구를 충족시켜주는 것으로 음식물, 물 등이 해당된다.
② 이차 강화물(조건 강화물): 그 자체로 강화능력을 가지지 않는 중성자극이 강화능력을 가진 자극과 결합되어 강화의 속성을 갖는 것으로 돈, 별 도장, 스티커 차트 등이 해당된다.

(2) 인위적 강화물과 자연적 강화물
① 인위적 강화물: 대개 행동을 수정하게 할 목적으로 누군가로부터 주어지는 사건들이다.
② 자연적 강화물: 특정 행동을 하면 자동적으로 자연스럽게 생겨나는 사건들이다.

3. 강화계획 [기출 23]

(1) 완전강화와 부분강화

① **완전강화:** 행동이 일어날 때마다 빠짐없이 매번 강화를 주는 것이다. → 행동을 빨리 변화시키기 때문에 학습 초기 단계에서 매우 효과적이지만, 강화가 주어지지 않을 경우 학습된 행동이 매우 빨리 소거된다.

② **부분(간헐)강화:** 정확한 일부 반응에만 강화가 주어지는 것이다. 즉, 행동이 발생할 때마다 강화물을 제시하는 것이 아니라 선택적으로 강화하는 것이다. → 계속강화보다 학습이 더디게 일어나지만, 강화가 사라졌을 때 학습된 행동을 유지하는 데는 유용하다.

(2) 강화계획

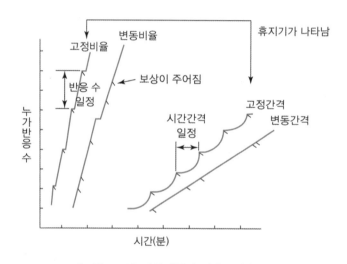

[그림 5-6] 강화계획별 반응 특성

① **고정비율계획(FR; Fixed-Ratio schedule):** 정해진 반응횟수에 따라 강화물이 제시되는 것이다.

  ㉠ 고정비율계획은 일정한 수의 정확반응이 나타난 후에 강화시키는 절차이다. 행동의 일정한 반응률을 단위로 강화하는 것으로 몇 번째 반응을 강화할 것인지를 결정해야 한다.

  ㉡ 반응은 빠르고 안정적으로 나타난다. 하지만 한 번의 강화물을 얻기 위해 많은 수의 반응을 해야 하는 경우 강화물을 받은 직후에 반응을 멈추는 휴식기간(휴지기)이 관찰된다.

  ㉢ 휴식기간은 강화를 얻기 전에 수행해야 하는 반응 수가 많을수록 길어진다.

    예 수학문제를 10문제 푼 다음 국어 공부를 시작해야 하는 경우에는 휴식기간이 짧겠지만, 수학문제를 100문제 풀고 다른 과제를 시작해야 하는 경우에는 휴식기간이 더 길어질 수 있다.

  ㉣ 일정 수의 반응이 누적되어야 강화를 받기 때문에 초기 행동의 반응률은 약하고 강화받기 전의 행동의 반응률은 높아지는 문제점이 있다.

② **고정간격계획(FI; Fixed-Interval schedule)**: 일정한 시간간격을 기준으로 강화가 제시되는 것이다.
  ㉠ 반응 수에 관계없이 일정기간이 경과한 후 처음 나타나는 반응을 강화시키는 절차이다. 일정한 시간간격을 두고 강화물을 제시하는 것으로 한 강화물과 다음 강화물을 제시하는 시간 간격이 일정하다.
  ㉡ 두 강화 사이에 수행되는 반응의 수는 강화물 획득에 아무런 영향을 미치지 않는다. 따라서 이 계획하에서 학습자는 강화물을 받은 후에 휴식을 취하고 정해진 시간간격이 끝날 무렵에 빈번히 반응을 하는 특징을 보인다. 강화 받은 직후에는 반응률이 낮아지고 강화 받을 시간이 가까워지면 반응률이 증가한다.
  ㉢ **부채꼴 현상(냄비효과, scallop)**: 한 번의 강화물을 받은 직후에는 거의 반응이 나타나지 않다가 정해진 간격이 종료될 무렵에 갑자기 증가하는 특성을 반응곡선으로 나타내면 곡선 모양이 가리비의 부채꼴과 닮게 된다. 따라서 이를 부채꼴 현상이라 한다.
  ㉣ 강화의 시기가 예측되기 때문에 강화 직전의 반응률은 높아지고 강화 직후의 반응률은 낮아진다. 이처럼 소거에 약하기 때문에 반복적으로 사용하는 것은 바람직하지 않다.
③ **변동간격계획(VI; Variable-Interval schedule)**: 강화가 제시되는 시기를 예측할 수 없도록 설정해 행동의 빈도를 증가시키고 유지하는 방법이다.
  ㉠ 한 번의 강화와 그 다음 강화 간의 시간간격이 시행에 따라 변화한다. 이 계획에서는 시간이 얼마나 지난 후에 수행하는 반응이 강화될지 전혀 알 수 없다. 이는 강화물을 제시하는 시간을 변화시키는 방법으로 한 강화물을 제시한 후 다음 강화물을 제시하기까지의 시간간격이 일정하지 않다.
  ㉡ 고정간격계획과 달리 강화시간을 예측할 수 없기 때문에 행동을 일정한 수준으로 유지하는 경향이 있다.
  ㉢ 동물은 안정적인 반응을 하지만 반응의 속도는 느리게 나타난다.
  ㉣ 고정간격계획과 변동간격계획은 강화물을 제시하는 시간간격에는 차이가 있지만 제시되는 강화의 수가 같을 수도 있다.
④ **변동비율계획(VR; Variable-Ratio schedule)**: 강화물을 얻기 위해서 수행해야 하는 횟수를 전혀 예측하지 못하도록 강화물을 제시하는 것을 의미한다.
  ㉠ 강화할 반응비율을 다양하게 변화시키는 방법이다. 즉, 강화물의 제공은 반응들의 특정한 평균적인 수에 근거를 둔다. 강화물은 시행에 따라 1회 반응 후 받을 수도 있고, 10회 반응 후 받을 수도 있으며, 15회 반응 후 받을 수도 있다. 이때 강화물을 제공받는 비율은 반응 수의 합을 강화물 수로 나눈 평균값이 된다.
  ㉡ 반응률이 안정적이고 휴식기간이 없어진다. 또한 강화를 받은 직후에도 행동수준이 거의 약해지지 않는다.
  ㉢ 다른 강화에 비해 소거에 강하고 높은 수준의 반응률을 유지한다.
⑤ **소거와 강화계획**
  ㉠ **부분강화효과**: 부분강화에 의해서 학습된 반응은 계속적으로 강화된 반응보다 소거가 느리게 이루어진다. 이렇게 소거가 느리게 나타날 때 '소거에 대한 저항이 강하다.'라고 하며, 이를 부분강화효과라고 한다.
  ㉡ 반응을 할 때마다 강화물을 받는 데 익숙해졌다면 소거 시행에서 반응 후에 강화물이 주어지지 않는 것이 아주 놀라운 사건이 될 것이고, 몇 번의 강화물 부재의 경험은 소거를 급격히 일어나게 한다.
  ㉢ 반응의 일부분만 강화되는 경우, 반응 후에 강화물이 제공되지 않는 것은 과거에 많이 경험했던 사건이고 그 결과로 반응이 계속해서 수행될 것이기 때문에 소거가 느리게 나타날 것이다.

4. 혐오 조건화

(1) 정의

조작적 조건화에서 특정 반응 뒤에 전기쇼크와 같은 혐오적 사건이 수반되면 특정 반응을 감소시키는 것을 말한다.

(2) 도피학습과 회피학습

혐오적 사건은 반응 경향성을 약화시킬 수 있으나 반대로 반응 경향성을 증가시킬 수도 있다. 이것은 도피학습이나 회피학습에서 나타난다.

① **도피학습**: 유기체가 현재 진행중인 혐오적 사건을 종료시키는 반응을 학습하는 것으로, 이미 시작된 혐오적 사건을 반응이 중지시킨다.

② **회피학습**: 유기체가 혐오적 사건이 시작되는 것 자체를 차단하는 반응을 학습하는 것으로 혐오적 사건을 예방한다. 회피학습이 이루어지려면 도피학습이 먼저 선행되어야 한다.

07 조작적 조건화의 적용

1. 행동수정

(1) 행동수정

① 특정 행동을 변화시키기 위해 강화와 벌을 이용하여 체계적으로 조작적 조건형성 원리를 적용하는 방법으로, 나쁜 습관이나 문제행동을 교정하고 바람직한 행동을 습득시키는 데 효과적이다.

② **소거(extinction)**: 바람직하지 않은 행동을 보일 때 강화를 주지 않음으로써 그 행동을 소거시키는 방법이다. 무시하기 기법으로, 수업시간에 떠들거나 떼쓰는 아이의 행동에 반응하지 않고 무시하는 것이 대표적인 예다.

③ **차별강화(differential reinforcement)**: 바람직한 행동에 강화를 제공하고 바람직하지 못한 행동에는 강화를 제공하지 않음으로써 강화를 받지 못하는 행동을 감소시키는 것이다.

④ **포만(satiation)**: 정적 강화자극이라고 할지라도 계속적으로 주어지면 더이상 강화자극으로서의 기능을 상실하고 반대의 효과를 나타내는 현상을 의미한다.

(2) 프리맥(premack) 원리

① 발생빈도가 높은 행동을 강화물로 사용하여 발생빈도가 낮은 행동을 강화하는 것이다.

② 프리맥 원리를 적용하려면 우선 개인의 활동목록을 작성해 가장 발생빈도가 높은 행동을 찾아야 한다. 따라서 이때 강화물로 사용하는 행동은 개인이 가장 선호하며 자주 발생하는 활동이 된다.

(3) 학습된 무기력 기출 22

① **의미**: 삶을 전혀 통제할 수 없고, 무엇을 하더라도 실패를 피할 수 없다는 신념이다. 이는 아무리 노력해도 반드시 실패할 것이라는 확고한 기대로 나타난다.

② **무력감이 발생하는 가장 중요한 요인**: 자신의 반응이 미래에 일어날 결과를 통제하지 못할 것이라는 예측, 즉 반응과 결과가 무관할 것이라는 기대이며, 이는 통제되지 않았던 경험의 반복으로 형성된다.

③ 학습된 무기력이 형성되면 환경을 통제하기 위한 어떤 노력도 포기하게 되며, 이 경우 인간에게 심한 우울증, 스트레스 문제를 야기할 수도 있다. 우울증 환자는 행복과 불행한 결과 사이의 유관성 결핍인 것이다

④ 학습된 무기력 과정
 ㉠ **실패인정**: 자신이 실패했음을 스스로 인정한다.
 ㉡ **능력귀인**: 자신의 노력은 아무 소용없기 때문에 능력이 없다고 귀인 한다.
 ㉢ **시도포기**: 새로운 시도는 실패만 낳기 때문에 더 이상 시도하지 않으려고 한다.
 ㉣ **해결포기**: 새로운 해결방법을 찾으려 하지 않고 문제해결을 포기한다.
 ㉤ **상황인식불능**: 이제 상황이 바뀌어서 조금만 노력하여도 성공할 수 있음에도 불구하고, 상황이 바뀐 것을 눈치 채지 못하고 시도하지 않는다.

⑤ 학습된 무기력의 유형
 ㉠ **보편적 학습된 무기력**: 자신은 무능하기 때문에 무엇을 하든 실패할 것이라 강하게 믿는 경향을 의미한다. 이런 무기력을 경험한 사람은 어떠한 것을 해도 실패할 것이라 믿기 때문에 아무런 시도를 하지 않고 은둔하려고 한다.
 ㉡ **특수적 학습된 무기력**: 자신은 특수한 영역에서 잘 못한다고 믿는 경향을 의미한다.

(4) 미신행동

① **의미**: 특별한 생각이나 어떤 대상 혹은 행동이 어떤 사건을 일으킨다는 잘못된 신념을 가리키며, 행동과 그로 인한 강화 간에 생기는 우연한 연합에 기초한 학습결과이다.

② 강화물이 뒤따라 제공되는 행동은 더욱 증가하게 된다. 하지만 때때로 강화에 앞서 발생한 행동이 인과관계 없이 시간적으로 정확히 일치하기도 한다. 그에 따라 행동과 강화에 대한 연합이 형성된다.

(5) 바이오피드백

① 바이오피드백은 개인에게 신체작용에 대해 증폭된 피드백을 제공하도록 고안된 절차를 말한다. 환자에게 심장박동, 혈압 또는 뇌의 전기적 활동 등의 내적 기능에 관한 시각 혹은 청각 정보를 제공하는 장치가 주어진다. 이 과정에서 보통 음식, 물 같은 강화인은 사용되지 않는다. 피드백 장치에 의해 주어지는 정보가 학습이 일어나는 데 필요한 전부다.

② **적용**: 심장병 환자는 자신의 심장 이상을 조절하는 방법을 학습할 수 있고, ADHD를 가진 아이들이 뇌에서 전기적 활동을 조절하는 법을 학습함으로써 주의력과 집중력을 증가시킬 수 있다.

③ **종류**: 근전도(EMG) 바이오피드백, 신경(EEG) 바이오피드백 등이 있다.

④ **한계점**: 바이오피드백 연구가 실험실 내에서 수많은 자율 기능을 통제하는 것을 학습할 수 있다는 것을 보여주고 있다고 해도 실험실 밖에서의 통제 여부와 이 기법으로 어떤 종류의 질환을 치료할 수 있는지 여전히 의구심이 남아 있다.

(6) 거울뉴런(mirror neuron)

① 동물이 직접 어떤 동작을 할 때와 동물이 그 동작을 하는 누군가를 관찰할 때 모두 똑같이 이 뉴런이 흥분한다는 것이다.

② 거울뉴런은 정상적인 사회적 상호작용과 소통에 중요하다. 자폐장애 아동의 경우 정상인의 거울뉴런과 동일한 방식으로 기능하지 않는다는 증거가 발견되었다.

③ 거울뉴런은 전두엽 및 두정엽의 특정 하위영역에 있는 것으로 여겨지며, 개별 하위영역들은 어떠한 종류의 행위를 관찰할 때 아주 강하게 반응한다는 증거가 있다.

08 표적행동 기록방법

기록방법	내용
연속 기록법	관찰기간 내 모든 행동발생의 빈도, 지속시간, 강도, 지연시간을 기록함
성과 기록법	행동발생의 결과인 영속적인 산물이나 실체가 있는 결과물을 기록함
간격 기록법	관찰기간의 각 간격에서 지속적으로 행동발생과 비발생을 기록함
시간표집 기록법	관찰기간의 각 간격에서 비지속적으로 행동발생과 비발생을 기록함

1. 표적행동 정의하기

(1) **행동정의**: 사람이 나타내는 특정한 행동을 설명하는 동작성 동사로 객관적이고 명확하게 해야 한다.

(2) 행동정의가 분노, 화, 슬픔과 같은 개인의 내적 상태로 표현되지 않았음에 주의해야 한다. 그와 같은 내적 상태는 타인이 관찰하고 기록할 수 없는 것이다.

(3) 행동정의는 한 개인의 의도를 추측하는 것이 아니다. 의도는 관찰될 수 없을 뿐 아니라 의도를 추측하는 것은 흔히 빗나가기가 쉽다.

(4) 결과적으로 어떤 명칭(예 나쁜 스포츠)은 행동을 정의하는 데 사용되지 않는다. 명칭으로는 개인의 행위를 확인하지 못하기 때문이다.

2. 연속 기록법(continuous recording)

(1) **의미**: 관찰자가 전 관찰기간 동안 지속적으로 내담자를 관찰하고 발생하는 모든 행동을 기록하는 것이다.

(2) **행동의 빈도(frequency)**

① 관찰기간 동안에 행동이 발생하는 횟수를 의미한다.

② 1회 발생이란, 표적행동이 한 번 시작하여 끝나는 것으로 정의된다.

③ 일반적으로 행동발생 횟수가 행동에 관한 중요한 정보가 될 때 빈도측정을 사용한다.

④ 빈도는 대개 관찰기간의 시간으로 나눈 비율(rate)로 나타낸다.

(3) **행동의 강도(intensity)**

① 행동의 힘, 에너지, 노력 등의 정도를 의미한다.

② 강도는 흔히 측정도구로 기록하거나 평정척도를 사용하여 기록한다.

③ 강도는 빈도나 지속시간에 비해 자주 사용되지 않지만, 한 연구에서 행동의 정도나 수준이 중요한 사항이라면 이 방법을 사용할 수 있다.

(4) 행동의 지속시간(duration)

① 행동이 시작되어 끝날 때까지의 전체 시간을 의미한다. 그러므로 행동이 시작될 때부터 끝날 때까지의 시간을 측정해야 한다.

② 행동이 얼마나 오래 지속되었는지가 행동의 가장 중요한 측면일 때 지속시간 측정을 사용한다.

③ 지속시간은 관찰기간의 시간으로 나눈 백분율로 나타낸다.

④ 실시간 기록법(real-time recording): 표적행동이 시작되는 시간과 끝나는 시간을 정확하게 기록하는 것이다. 이 방법은 행동발생의 정확한 시간에 대한 정보뿐만 아니라 빈도와 지속시간에 대한 정보도 제공해 준다.

(5) 행동의 지연시간(latency)

① 자극이 주어지고 행동이 발생하기까지의 반응시간을 의미한다.

② 특정한 자극이나 사건 후에 내담자가 행동을 개시하기까지의 시간을 측정하는 것이다.

> **더 알아보기** **지속시간과 지연시간의 차이**
>
> 지연시간은 어떤 자극사건으로부터 행동이 개시되기까지의 시간인 반면, 지속시간은 행동 개시시각부터 종료시각까지의 시간이다. 즉, 지연시간은 행동이 시작되기까지의 시간을 의미하고 지속시간은 행동이 얼마나 오래 지속되는가의 시간을 의미한다.

3. 성과 기록법(product recording)

(1) 의미

행동의 결과로 어떤 실체가 생성되었을 때 사용할 수 있는 간접 평가방법이다.

ⓔ 감독관은 사원의 작업 수행력을 측정하기 위해 조립한 물건의 수를 셀 수 있고, 교사는 학생의 학업 수행력을 측정하기 위해 숙제의 정답 수를 기록할 수도 있다.

(2) 장점

행동발생 시에 관찰자가 함께 있지 않아도 된다.

(3) 단점

학생이 어떤 행동을 할 때 누가 개입했는지를 알 수 없다.

4. 간격 기록법(interval recording)

(1) 의미

행동이 일정한 시간에 일어났는지 아닌지를 기록하는 것이다.

(2) 간격 기록법을 사용하기 위해서는 먼저 관찰기간을 작은 시간단위 혹은 간격으로 나누어야 한다. 나눈 각 간격마다 표적행동이 발생했는지를 관찰하고 기록하는 것이다.

(3) 부분 간격 기록법

① 부분 간격 기록법을 사용할 때는 행동의 빈도나 지속시간에 관심을 두지 않는다. 따라서 행동의 시작과 종료를 규정하지 않아도 되지만 각 간격에서 행동이 발생했는지를 기록해야 한다.

② 부분 간격 기록법은 한 간격 동안에 행동이 몇 번 발생하는가 또는 얼마나 오래 지속되는가에 관계없이 한 번만 기록하면 되므로 시간과 노력이 덜 드는 장점이 있다.

(4) 전체 간격 기록법

① 행동이 한 간격의 전 시간에 걸쳐 발생될 때 행동발생으로 기록한다.

② 행동이 한 간격에서 부분적으로 발생한다면 그 간격에서 행동은 발생하지 않은 것으로 간주된다.

(5) 간격 내 빈도 기록법(frequency-within-interval recording)

① 빈도 기록법과 간격 기록법을 혼합한 것으로 관찰자가 한 간격 내에서의 표적행동의 빈도를 기록한다.

② 행동발생 빈도와 더불어 특별히 행동이 발생한 간격에 관한 정보를 제공해 준다.

5. 시간표집 기록법(time sample recording)

(1) 시간표집 기록법으로 행동을 관찰할 때는 일단 관찰기간을 단위간격으로 나누고, 각 간격에서는 한 순간 동안에만 행동을 관찰하고 기록한다. 관찰하는 기간과 관찰하지 않는 기간이 분리되는 것이다.

(2) 장점

관찰자가 관찰기간 내내 관찰하지 않고 간격의 일부분 혹은 간격의 특정 지점에서만 관찰해도 된다.

> **더 알아보기** **행동발생 계산방법**
>
> 간격 기록법이나 시간표집 기록법에서 행동의 수준은 행동이 발생하는 간격의 백분율로 보고된다. 즉, 행동발생이 기록된 간격 수를 관찰기간의 전체 간격 수로 나누어 계산한다.

6. 관찰자 간 신뢰도

(1) 관찰자 간 신뢰도(IOR; Interobserver Reliability)

① 표적행동이 일관성 있게 기록되는가를 알아보기 위해 관찰자 간 신뢰도를 구한다.

② 관찰자 간 신뢰도는 두 명의 관찰자가 동일한 내담자에 대해 동일한 관찰기간 동안 동일한 표적행동을 독립적으로 관찰하고 기록하여 구한다.

③ 두 관찰자의 기록을 비교하여 일치된 백분율을 계산하며, 이 백분율이 높으면 두 관찰자 간 점수부여가 일관성 있음을 의미한다.

(2) 기록방법

① 빈도 기록법: 낮은 빈도를 높은 빈도로 나누어 IOA를 백분율로 나타낸다.

⑩ 관찰자 A가 관찰기간 내 공격적 행동발생 비율을 10회로 기록하고, 관찰자 B가 9회로 기록했다면 일치도는 90% 이다.

② 지속시간 기록법: 적은 지속시간을 많은 지속시간으로 나누어 IOA를 계산한다.

⑩ 어떤 연습량에 대해 관찰자 A가 48분으로 기록하고 관찰자 B가 50분으로 기록했다면 IOA는 48/50, 즉 96%이다.

③ 간격 기록법: 두 관찰자 간에 일치된 간격 수를 조사하여 그것을 전체 간격 수로 나누어서 계산한다. 일치란 각 간격에서 두 관찰자가 모두 표적행동이 발생했다고 표시하거나 모두 발생하지 않았다고 표시한 경우 전체를 의미한다.

	A	A	A	A	A	D	A	A	A	A	A	D	A	A	D	A	A	A	A	A
관찰자 A	×	×	×		×		×	×		×		×		×	×		×			
관찰자 B	×	×	×		×	×	×	×		×	×	×		×		×				

$$A/(A+D) = 17/(17+3) = 0.85 = 85\%$$

[그림 5-7] 간격 기록법

㉠ 두 관찰자가 같은 시간에 같은 대상의 행동을 독립적으로 관찰하여 기록한 간격 기록법이다.

㉡ A는 행동 발생 혹은 비발생이라는 관찰자 간의 일치를 나타내며, D는 관찰자 간 불일치를 나타낸다.

④ 간격 기록법의 IOA 산출방법은 행동 발생 IOA와 행동 비발생 IOA 두 가지가 있다.

	A	D							A				A			A	
관찰자 A	×	×							×				×			×	
관찰자 B	×								×				×			×	

$$A/(A+D) = 4/5 = 80\%$$

[그림 5-8] 행동 발생 IOA

				D			A		A		A						A		A
관찰자 A	×	×	×		×	×		×		×		×	×	×	×	×		×	×
관찰자 B	×	×	×	×	×	×		×		×		×	×	×	×	×		×	×

$$A/(A+D) = 5/6 = 83.3\%$$

[그림 5-9] 행동 비발생 IOA

㉠ 행동 발생 IOA: 두 관찰자가 모두 행동이 발생한 것으로 기록한 간격들만 일치로 간주한다. 두 관찰자 모두 행동이 발생하지 않은 것으로 기록한 간격은 계산에 포함시키지 않는다.

㉡ 행동 비발생 IOA: 두 관찰자가 모두 행동이 발생하지 않은 것으로 기록한 간격들만 일치로 간주한다. 두 관찰자 모두 행동이 발생한 것으로 기록한 간격은 계산에 포함시키지 않는다.

⑤ 간격 내 빈도 기록법에서는 각 간격에서 적은 빈도를 큰 빈도로 나누어 각 간격의 관찰자 간 일치율을 구하고, 그 일치율을 모두 합한 후 관찰기간의 간격 수로 나누어 IOR을 구한다.

관찰자 A	×××	×	××		××××	×××		×	××	×××
관찰자 B	×××	×	×××		×××	×		×	×××	×××
	3/3	1/1	2/3	0/0	3/4	1/3	0/0	1/1	2/3	3/3

$$100\% + 100\% + 67\% + 100\% + 75\% + 33\% + 100\% + 100\% + 67\% + 100\% = 842\%$$
$$842\% \div 10(\text{총 간격 수}) = 84.2\%$$

[그림 5-10] 간격 내 빈도 기록법

제 5 장

학습심리와 행동수정 해커스임용 김진구 전문상담 기본개념 1

1. 연구설계와 그래프 분석

(1) 연구설계

① 행동수정을 연구하는 자들은 행동수정 절차가 행동변화의 원인임을 입증하고자 한다. 연구자가 행동수정 처치로 표적행동이 변화되었음을 밝히면 처치와 표적행동 간의 기능적 관계(functional relationship)를 입증한 것이다.

② 독립변인이 적용될 때(처치가 실행될 때), 다른 모든 변인은 일정하고 처치가 한 번 이상 반복되면서 그때마다 행동변화가 나타나면 기능적 관계가 성립된다.

③ 행동수정 연구자들은 이 기능적 관계를 밝히기 위해 연구설계를 사용하는데, 연구설계는 처치의 실행과 반복을 모두 포함한다. 처치가 실행되는 절차마다 표적행동이 변화하거나 처치가 실행될 때만 표적행동이 변화한다면 기능적 관계는 입증된 것이다.

④ 처치가 적용될 때만 행동이 변화했다는 것은 다른 변인이 행동변화를 야기했을 가능성이 희박하다는 것을 의미하기 때문이다.

(2) 그래프 제작 및 분석

① 그래프는 시간(날짜 또는 관찰 회기)의 흐름에 따른 목표행동의 수준을 보여 준다.

② 이 그래프의 각 자료점은 목표행동의 수준(자료점이 y축과 만나는 지점)과 목표행동을 관찰한 날짜 또는 회기(자료점이 x축과 만나는 지점)에 대한 정보를 제공한다.

(3) 선 그래프의 기본 요소

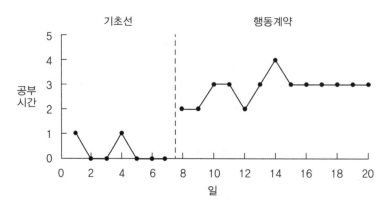

[그림 5-11] 선 그래프의 기본 요소

① x축과 y축: 수평축과 수직축이 왼쪽 밑에서 만나도록 구성된다.

② x축과 y축 명칭: y축의 명칭은 기록된 행동 영역, x축의 명칭은 행동이 기록된 기간 동안 시간 단위를 나타낸다.

③ x축과 y축 명칭 숫자: y축의 숫자는 행동의 측정 단위, x축의 숫자는 시간의 측정 단위를 나타낸다.

④ 자료점: 각 특정 시간에 발생한 행동수준을 정확하게 나타내도록 표시되어야 한다.

⑤ 단계선: 그래프상에 수직선으로 나타내는데 이는 처치 단계로, 처치의 상태가 달라졌음을 의미한다.

⑥ 단계 명칭: 그래프의 각 단계에는 명칭이 부여되어야 한다. 단계 명칭은 그래프의 각 단계 상단에 적어 넣는다.

2. 단일대상연구

(1) 단일대상연구의 특징

① 개별 실험참가자를 단일 분석 대상으로 삼고 능동적이고 실제적인 조작을 통한 실제적 중재절차(독립변인)를 적용한다.

② 조작적 정의를 통하여 객관적이고 반복적인 종속변인을 측정하고, 이를 통해 조작적으로 명확하게 기술된 실험 조건 속에서 얻어진 기초선 데이터와 비교하여 중재의 효과를 입증한다.

③ 데이터를 시각적으로 분석하여 실험적 통제를 입증하는 과정을 거치는데, 이러한 과정을 통해 내적 타당도를 입증하고 체계적인 반복연구로 외적 타당도를 강화시킨다.

(2) 단일 분석 대상으로서의 개별 참가자

① 단일대상연구에서는 1명의 실험 참가자를 대상으로 할 수 있으나 주로 3명에서 8명까지의 실험 참가자를 선정하여 연구를 실시한다.

② 특수한 경우에는 개인이 소속된 집단의 행동을 종속변인으로 측정·분석하기도 한다.

(3) 종속변인의 조작적 정의를 통한 객관적이고 반복적인 측정

① 종속변인은 조작적 정의를 이용하여 명확하게 기술해야 한다.
- ㉠ 연구자가 종속변인을 명확한 조작적 정의로 기술했을 때 실험기간 동안 타당하고 일관적인 평가가 가능해진다.
- ㉡ 조작적 정의: 상황, 변인, 행동, 사건을 발생 여부, 횟수, 지속시간 등의 요소를 명확하게 기술하는 것으로 행동 형태중심정의와 기능중심정의 요소를 포함한다.
  - ⓐ 행동 형태중심 요소: 상황, 변인, 행동, 사건의 발생 여부, 지속시간, 반응률을 포함하는 개념이다.
  - ⓑ 기능중심 요소: 행동이 주변 환경에 미치는 영향이다.

② 종속변인을 반복적으로 측정해야 한다.

③ 지속적인 관찰자 간 일치도를 통한 종속변인 측정의 신뢰도를 평가한다.

④ 사회적 중요성을 고려하여 종속변인을 선정한다. 개념적이고 이론적인 평가와 함께 실험 참가자에게 실제적·사회적 중요성을 제공할 수 있는 표적행동을 종속변인으로 선정하고 측정해야 한다.

(4) 실험 참가자와 실험 조건의 조작적 기술

① 연구자는 조작적 정의를 통해 실험 참가자에 대한 정보, 선정 과정, 실험 조건을 기술해야 한다.

② 실험 참가자와 실험 조건에 대한 명확한 정보가 제공되었을 때 다른 연구자들은 실험적으로 동일한 조건에서 동일한 성향을 지닌 실험 참가자를 대상으로 반복연구를 실시할 수 있으며, 이를 통해 종속변인의 외적 타당도를 입증할 수 있다.

(5) 기초선을 이용한 중재의 효과 입증

① 기초선: 중재 조건과 대조적인 실험 조건을 의미한다. 단일대상연구에서는 기초선에서 측정되는 표적 행동과 중재 과정에서 일어나는 행동을 비교함으로써 중재 효과를 식별한다.

② 기초선 논리가 수립되기 위해서는 특정 자료점(data points)의 개수(⑩ 단순히 3개의 자료점)를 미리 정하는 것이 아니라, 다수의 자료점과 자료선이 안정적인 경향을 보이거나 혹은 변화 경향과 반대되는 경향을 보이는 수준까지 기초선 데이터를 수집해야 한다.

3. 실험 설계법의 유형

(1) AB 설계

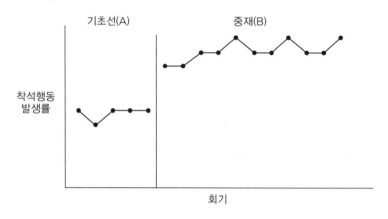

[그림 5-12] AB 설계 그래프

① A는 기초선, B는 처치: 기초선과 처치를 비교하여 행동이 처치 후에 원하는 방향으로 변화되었는지를 결정한다.
② 처치가 2번 실행되지 않았으므로 기능적 관계를 밝히지는 못함: 진실험설계가 아니다.
③ 행동수정 절차가 행동 변화의 원인임을 증명하기보다는 단지 행동 변화가 일어났음을 밝히는 데 관심이 있는 비연구 상황에서 자주 적용된다.

(2) ABAB 반전 설계

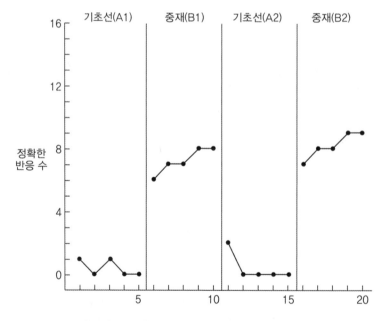

[그림 5-13] ABAB 반전 설계 그래프

① 개념

    ㉠ A-B-A-B 반전설계는 단순 A-B 설계(A=기초선, B=처치)의 확장이다.

    ㉡ A-B-A-B 설계에서 기초선과 처치단계는 각각 두 번씩 실행된다. 첫 번째 처치단계 후에 처치를 제거하고 기초선으로 되돌아가기 때문에 반전설계라고 한다. 두 번째 기초선 뒤에는 처치의 반복이 뒤따르게 된다.

② 고려사항

    ㉠ 만일 행동이 위험한 것이라면(◉ 자해행동) 두 번째 기초선 단계에서 처치를 철회하는 것은 윤리적이지 못하다.

    ㉡ 처치가 철회되었을 때 행동수준이 반전될 것이라는 어느 정도의 확신이 있어야 한다. 처치가 철회되었을 때 행동이 변화하지 않으면 기능적 관계는 입증될 수 없다.

    ㉢ 처치가 실행된 이후에는 실제로 처치를 제거할 수 있는지가 고려되어야 한다. 예를 들어, 처치가 어떤 교수 절차에 이어서 연구대상이 새로운 행동을 학습하는 것이라면 습득한 학습능력을 원점으로 되돌릴 수는 없다.

③ 장점

    ㉠ 독립변인과 종속변인 간의 기능적 관계를 검증할 수 있다.

    ㉡ 교육 및 임상 현장에서 제기되는 많은 현실적 윤리적 문제를 해결해 준다.

    ㉢ 중재의 긍정적인 효과를 반복 입증함으로써 내적 타당도를 강화해 준다.

    ㉣ 중재들 간의 비교가 가능할 수 있도록 융통성을 제공해 준다.

④ 단점

    ㉠ 현실적이고 윤리적인 문제와 관련된다. 즉, 짧은 시간 동안이라도 효율적인 중재를 제거한다는 것은 윤리적 문제를 야기할 수 있다.

    ㉡ 목표행동이 반전될 수 없는 특성을 지닐 때는 ABAB설계가 적절하지 않다. ◉ 학업과제의 습득

더 알아보기   **한계점**

아래 조건에서는 다른 설계법의 사용을 고려하거나 설계법을 변형하여 연구를 실시해야 한다.
① 반전설계의 실험 조건적 한계점으로 인해 표적행동이 기초선으로 반전되지 않는 특성을 가질 때
② 중재를 제거하더라도 그 효과가 지속되는 특성을 보일 때
③ 교실 현장과 같이 기초선 단계로 돌아갈 수 없는 실험 상황일 때
④ 중재의 제거가 교육적·윤리적 문제를 일으킬 수 있을 때

---

(3) 중다기초선 설계

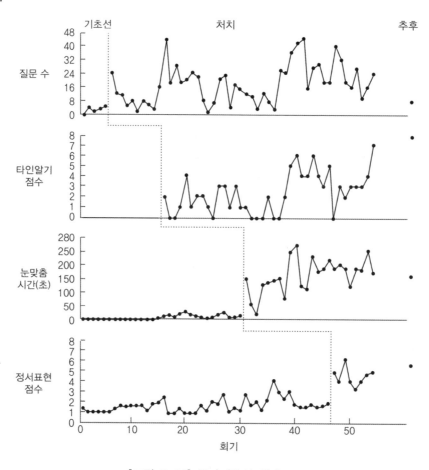

[그림 5-14] 중다기초선 설계

① 중다기초선 설계는 연속하는 자료점과 자료선의 변화를 실험 대상자 간 혹은 표적행동 간에 3회 이상 실험 효과를 보여 주어 실험 통제를 입증하는 설계법이다.

② 적용

    ㉠ 윤리적인 이유로 중재를 제거할 수 없을 때

    ㉡ 1개 이상의 표적행동, 상황, 대상자에게 중재를 적용하여 실험 효과를 입증하는 연구목적을 가질 때

    ㉢ 중재를 제거하더라도 그 효과가 지속되어 기초선의 조건으로 회귀할 수 없을 때

③ 반전설계법과 차이: A-B-A-B 설계도 2개의 기초선 단계와 처치단계를 갖지만 기초선과 처치단계 모두 동일한 장면에서 동일한 대상의 동일한 행동발생을 다룬다. 그러나 중다기초선 설계는 다른 대상이나 다른 행동 혹은 다른 상황에서 발생하는 서로 다른 기초선과 처치단계를 갖는다.

④ 형태

구분	내용
대상별 중다기초선 설계	서로 다른 2명 이상을 대상으로 동일한 표적행동에 대해 기초선단계와 처치단계를 가짐
행동별 중다기초선 설계	동일한 대상의 서로 다른 2가지 이상의 행동에 대해 기초선단계와 처치단계를 가짐
상황별 중다기초선 설계	동일한 대상의 동일한 행동을 2가지 이상의 상황에서 측정하는 기초선단계와 처치단계를 가짐

⑤ 장점
　ㄱ 실험통제를 입증하기 위해 중재를 제거하거나 반전하지 않아도 된다.
　ㄴ 목표행동, 상황 또는 대상자에게 동시에 실시되므로 일반적인 교육환경에서의 교육 목표와 유사한 특성을 지닌다.
　ㄷ 실제 교육 현장에서 사용하기 용이하다.
⑥ 단점
　ㄱ 다수의 기초선을 동시에 측정해야 한다.
　ㄴ 동시에 측정할 수 있는 기초선을 여러 개 찾기 어려울 수 있고, 동시 측정의 시간 소모, 경제성이나 비현실성 등으로 문제가 될 수 있다.
　ㄷ 기초선 기간이 연장될수록 학습자를 지루하게 하거나 지치게 하는 등의 부정적인 영향을 미침으로써 타당성이 없는 결과를 초래할 수 있다.

(4) 처치변경(다요인, 교대중재) 설계

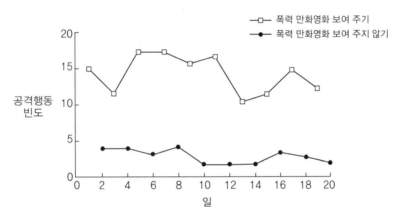

[그림 5-15] 처치변경 설계 그래프 예시

① 처치변경 설계는 한 대상자(대상군)에게 여러 중재를 교대로 실시하여 중재들 간의 효과를 비교하는 방법이다.
② 처치변경 설계는 2개 이상의 독립변인 중재 요소들의 효과를 비교하기 위해 사용한다.
③ 특징: 2개 이상의 독립변인 요소들이 빠르게 교대되는 특징을 가지며, 서로 다른 중재 요소들을 동일한 횟수로 적용하고, 적용 순서는 무작위로 선정된다.
④ 기초선과 처치조건을 가지는 연구설계와 비교
　ㄱ 빠르게 연속되고 서로 비교되도록 실행한다. 예를 들어, 첫 번째 날에 처치가 주어지고 다음날에 기초선, 그 다음날에 처치, 다시 다음날에 기초선 식으로 진행된다. 즉, 기초선과 처치가 순차적으로 일어난다.
　ㄴ 2가지 조건(기초선과 처치, 2가지 서로 다른 처치)이 일/회기 동안 교대로 주어진다. 그러므로 두 조건은 동일한 기간 내에서 비교될 수 있다. 외부로부터의 어떤 변인이 2가지 조건에 모두 비슷하게 영향을 끼쳤고, 그러므로 외부로부터의 그 변인은 두 조건 간에 나타난 차이의 원인이 될 수 없다는 점에서 가치를 지닌다.

처치변경 설계는

(1) 특정 행동에 대해 한 가지 이상의 중재의 '상대적 효과'를 비교하고 싶을 때

(2) 기초선 자료가 불필요하거나 안정적이지 못할 때

(3) 대상자들이 중재 조건의 차이를 변별할 정도로 서로 충분한 차이를 보일 때 사용된다.

하지만 처치변경 설계의 기본적 한계점으로 인해

(1) 중재 요소들이 서로 영향을 미쳐 명확한 결과를 얻지 못할 때

(2) 중재를 통한 행동변화가 늦게 나타나는 상황일 때

(3) 중재효과를 보이기 위해 일정한 시간을 필요로 할 때

(4) 다양한 중재 요소들의 균형적 배열이 어려울 때

다른 설계법 사용을 고려하거나 설계법을 변형하여 연구해야 한다.

⑤ 장점

ㄱ 기초선 자료의 측정을 반드시 하지 않아도 된다.

ㄴ 반전설계나 중다중재설계가 갖는 내적타당도나 중재 간 순서 및 간섭효과에 대한 위협이 줄어든다.

ㄷ 이 설계는 실험 종료시기에 따른 타당도 문제가 다른 단일대상연구 설계들에 비해 적은 편이다.

⑥ 단점

ㄱ 훈련자가 미리 계획된 중재 절차를 일관성 있게 지키지 않으면 연구의 결과를 전혀 신뢰할 수 없게 된다.

ㄴ 중재 방법은 자연스럽지 않고 다소 인위적이다. 실제 교육이나 임상현장에서 한 번에 한 가지 중재 방법을 적용하며 동시에 두 가지 중재 방법을 다 적용하는 일은 매우 드물다.

ㄷ 중다기초선설계와 같은 다소 단순한 설계에 비해 더 많은 변인을 통제하고 균형을 맞추어야 하는 연구 절차 상의 번거로움이 있다. 즉 훈련자, 중재 장소, 중재시간 등의 중재 간에 균형을 잘 맞추어야 한다.

ㄹ 다른 비교 중재 설계들보다는 다소 작지만 한 중재가 다른 중재에 미치는 간섭 효과의 가능성을 전혀 배제할 수는 없다.

ㅁ 이 설계는 약한 효과를 나타내는 중재에는 적합하지 않다.

(5) 준거(기준)변경 설계

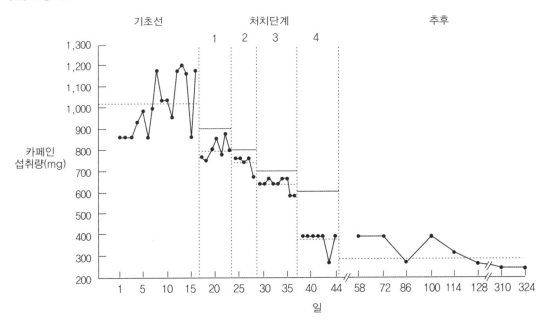

[그림 5-16] 준거변경 설계 그래프

① 준거변경 설계는 독립변인을 이용하여 종속변인의 점진적이고 단계적인 변화를 이루고자 할 때 사용된다.
② 준거변경 설계는 전형적으로 기초선과 처치단계를 갖는다. 준거변경 설계가 A-B 설계와 다른 점은 처치단계 내에서 실행준거가 순차적으로 지정된다는 것이다. 즉, 표적행동이 처치단계 동안에 얼마나 변화해야 한다는 표적행동의 달성수준이 지정된다.
③ 처치의 효과는 '대상의 행동이 실행준거에 도달되도록 변화했는지', 다시 말해 '대상의 행동이 각 목표수준으로 변화했는가?'로 결정된다. 준거변경 설계의 그래프에서는 각 준거수준과 행동수준점을 나타내 주기 때문에 행동수준이 준거수준에 도달했는지를 쉽게 알 수 있다.
④ 장점
  ㉠ 대상자의 행동 레퍼토리 안에 있으면서(대상자가 이미 할 수 있는 행동으로) 단계적으로 증가 혹은 감소시킬 수 있는 행동일 경우에 적절하다.
  ㉡ 최종 목표에 도달하기까지 시간이 걸리는 경우에 유용하다.
  ㉢ 중재와 목표행동 간의 기능적 관계를 보여주기 위해 중재를 반전할 필요가 없다.
⑤ 단점
  ㉠ 특정한 행동이나 중재에 대해 장점으로 작용하던 기준변동설계의 특성들이 동시에 다른 행동이나 중재에 대해서는 제한점으로 작용할 수 있다.
  ㉡ 실험통제를 잘 입증하기 위해서는 정해진 기준만큼의 변화만 일어나야 한다는 점이 실제로 행동을 교수할 때 문제가 될 수 있다.
  ㉢ 기준변동설계를 적절히 계획하고 실행하는 데 필요한 많은 시간과 노력을 들일 수 없다면 이 점 역시 제한점으로 작용할 수 있다.

1. 강화제

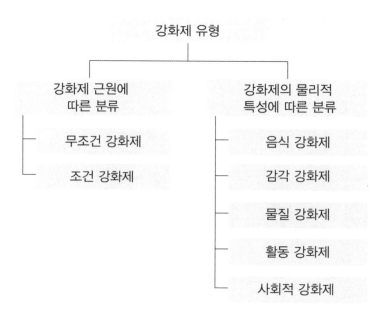

[그림 5-17] 강화제의 유형

(1) 근원에 따른 강화제 분류

① **무조건 강화제(일차 강화제)**: 학습이나 조건화 없이 자연적으로 생존을 위해 필요한 자극이나 생물학적 가치를 갖는 자극들을 의미한다. 이는 학습되지 않은 강화제 또는 일차 강화제라고도 한다.
  예 음식, 음료, 잠, 감각 등과 같이 학습할 필요 없이 생득적으로 동기부여되는 자극

② **조건 강화제(이차 강화제)**: 자연적으로 강화되지 않는 자극으로 학습된 강화제 또는 이차 강화제라고도 한다. 조건 강화제는 무조건 강화제와 같이 학습 없이도 강화제로 작용할 수 있는 것이 아니기 때문에, 무조건 강화제와 연합시키는 짝짓기(pairing) 과정을 통해 강화제로서 가치를 갖게 된다.

  ㉠ **사회적 강화제**: 부모, 교사 등의 타인으로부터 제공되는 다양한 형태의 인정과 관련된 강화제이다.
    예 미소, 고개 끄덕임, 칭찬 등

  ㉡ **활동 강화제**: 학생이 좋아하는 활동을 할 수 있는 기회, 임무, 특권을 제공하는 것이다.
    예 칠판 지우기, 영화 보기, 늦잠 자기 등

  ㉢ **물질 강화제**: 학생이 좋아하는 물건이나 사물에 해당한다.
    예 장난감, 스티커, 책 등

  ㉣ **일반화된 강화제 또는 토큰 강화제**: 강화제로서 내재적 가치를 가진 것은 아니지만 일차 또는 이차 강화제로 교환할 수 있기 때문에 그 가치를 갖는 것이다.
    예 토큰, 쿠폰, 점수, 현금 등

(2) 물리적 특성에 따른 강화제 분류

종류	설명	강화제의 예
음식물 강화제	씹거나, 빨아먹거나, 마실 수 있는 것	음료수, 과자, 사탕, 크래커, 비스킷 등
감각적 강화제	시각, 청각, 후각, 미각, 촉각에 대한 자극제	음악, 조명, 그림, 사진, 동영상, 거울, 향수, 깃털, 흔들의자 등
물질 강화제	학생이 좋아하는 물건들	스티커, 장난감, 학용품, 책, 미술 도구, 인형, 장신구 등
활동 강화제	학생이 좋아하는 활동을 하도록 기회나 임무 또는 특권을 주는 것	칠판 지우기, 우유 나르기, 칠판에 숙제 적기, 급식실에 갈 때 앞장서 안내하기, 유인물 나누어주기, 모둠 활동 시간 관리하기 등
사회적 강화제	여러 가지 방법으로 학생을 인정해 주는 것	• **감정표현**: 미소 짓기, 고개 끄덕이기, 박수치기, 관심 주기 등 • **근접**: 학생 옆에 앉기, 아동 옆에 서기, 이야기하는 동안 교사 옆에 앉도록 허락하기, 함께 식사하기 • **접촉**: 악수하기, 손잡기, 등 두드리기, 영유아의 경우 간지럼 태우기 • **특혜**: 벽에 아동 작품 달기, 상장 수여 • **칭찬**: 편지, 쪽지, 카드, 구어적 칭찬 등

(3) 정적강화에 영향을 미치는 요인

① **강화의 즉시성**: 강화를 제공하는 초기에는 강화 프로그램의 효과성을 높이기 위해 표적행동이 발생하는 즉시 강화가 제공되어야 한다. 이후에는 행동과 강화 간의 지연시간(latency)이 길어지도록 한다.

② **강화와 언어적 칭찬과의 결합**: 바람직한 표적행동과 강화제 간의 관련성을 알 수 있도록 학생에게 강화제를 받는 행동이 무엇인지를 분명하게 언급한다. 강화제와 함께 언어적 칭찬(학생이 보인 표적행동을 구체적으로 언급해 주는 것)을 주어 강화제와 언어적 칭찬의 연합이 학습되면 언어적 칭찬이 갖는 강화의 가치가 높아져 이후 언어적 칭찬만으로도 표적행동의 발생 가능성을 높일 수 있다.

③ **강화 스케줄**: 강화를 제공하는 초기에는 학생이 표적행동을 보일 때마다 매번 강화를 하는 연속 강화 스케줄을 적용한다. 이후 연속 강화 스케줄에서 간헐 강화 스케줄로 변경한다.

④ **강화제의 유형과 양**: 학생의 개별적인 선호에 따라 어떤 강화제가 다른 강화제보다 더 효과적일 수 있다. 또한 효과적인 강화를 위해 제공할 강화제의 양(quantity)은 학생이 만족할 수 있도록 너무 많지 않으면서도 관심을 이끌기에는 충분한 양이어야 한다.

⑤ **강화 제공자**: 학생이 좋아하거나 존경하는 사람 또는 학생에게 의미 있는 사람이 강화제를 제공할 때 강화제는 보다 효과적일 수 있다. 학생이 싫어하거나 신뢰하지 않는 사람이 강화제를 주면 강화의 특성 중에 일부 또는 전부가 상실될 수 있다.

⑥ **일관성**: 강화는 일관되게 시행되어야 한다. 표적행동의 발생과 관련 있는 모든 사회 및 물리적 상황에서 일관성 있게 시행하는 것이 중요하다.

(4) 강화계획

① 강화계획의 종류

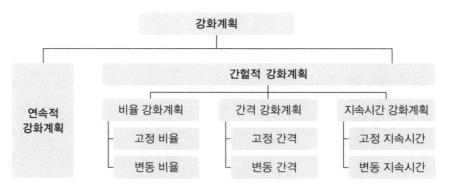

[그림 5-18] 강화계획의 종류

㉠ 연속적 강화계획(continuous reinforcement schedule): 모든 반응이 강화되는 것으로 사람이 행동을 배우거나 처음 그 행동을 해 볼 때, 즉 습득 단계에서 주로 적용한다.

㉡ 간헐적 강화계획(intermittent reinforcement schedule): 모든 반응이 강화되지 않고 가끔 또는 간헐적으로 강화된다. 행동을 습득하거나 학습하면 간헐적 강화계획을 통해 행동을 유지하는 것이 효과적이다.

② 강화계획의 비교

강화계획		강화시기	장점	단점
연속		표적행동이 발생할 때마다	새로운 행동 습득에 유용함	포만(포화) 문제가 생길 수 있음
비율	고정 비율	표적행동이 정해진 수만큼 발생할 때	표적행동 비율을 높일 수 있음	강화 후 휴지기간 현상이 나타남
	변동 비율	표적행동이 정해진 평균 수만큼 발생할 때	부정확한 반응이나 강화 후 휴지기간을 방지할 수 있음	많은 아동에게 동시에 사용하기 어려움
간격	고정 간격	표적행동이 정해진 시간 간격이 경과한 후 처음 표적행동이 발생할 때	1명의 교사가 여러 아동에게 실행 가능함	• 표적행동 발생비율을 낮추게 됨 • 고정 간격 스캘럽 현상이 나타남
	변동 간격	표적행동이 정해진 평균 시간 간격이 경과한 후 처음 표적행동이 발생할 때	낮아지는 행동 발생률이나 고정 간격 스캘럽 문제를 방지할 수 있음	간격의 길이가 다양하도록 관리하는 어려움이 있음

(5) 차별강화 기출 18

① 강화의 원리를 제공하지만 행동증가가 아닌 감소가 주목적이며, 바람직한 행동에 대해 강화를 제공하고 바람직하지 않은 표적행동에 대해 강화를 제공하지 않음으로써 바람직하지 않은 행동을 감소시키는 것이다.

② 종류 및 목적

차별강화 종류	강화 받는 행동	목적
저비율 차별강화	정해진 기준치 이하의 표적행동	표적행동 발생빈도의 감소
다른 행동 차별강화	표적행동 외의 모든 행동	표적행동이 발생하지 않는 시간의 증가
대체행동 차별강화	표적행동과 동일한 기능의 대체행동	대체행동의 강화를 통한 표적행동의 제거
상반행동 차별강화	표적행동의 상반행동	상반행동을 통한 표적행동의 제거

ⓐ DRL(낮은 행동 차별 강화, 저비율 행동 차별강화): 행동이 정해진 시간 동안 정해진 기준만큼 또는 기준보다 적게 발생했을 때 강화하는 것이다.

ⓑ DRO(다른 행동 차별강화): 일정 시간 동안 바람직하지 못한 행동이 발생하지 않으면 그 기간 끝에 강화를 제공하는 것이다.

ⓒ DRA(대체행동 차별강화): 부적절한 행동을 감소시키기 위해 그에 대한 대안적인 행동에 강화를 주는 것이다.

ⓓ DRI(상반행동 차별강화): 어떤 행동과 동시에 발생할 수 없는 행동으로, 문제행동의 상반행동에 대해 강화하는 것이다.

(6) 도피행동과 회피행동

① **도피행동**: 행동발생이 이미 존재하고 있는 혐오자극의 종결을 가져온다. 즉, 특별한 행동을 함으로써 혐오자극으로부터 벗어나고 그 행동은 강화된다.

② **회피행동**: 행동발생이 혐오자극의 출현을 방지한다. 특별한 행동을 함으로써 혐오자극을 피할 수 있게 되고 그 행동은 강화된다.

예 어떤 사람이 뜨거운 아스팔트 위를 맨발로 걷다가 재빨리 잔디 위로 올라와 걷는다. 잔디 위를 걷는 것은 뜨거운 아스팔트의 열기에서 도피한 결과이다. 다음에는 신발을 신고 뜨거운 아스팔트 위를 걷는다. 신발을 신은 것은 뜨거운 아스팔트의 열기에서 회피하려는 결과이다.

2. 행동 형성(조형법, behavioral shaping) 기출 24

(1) **의미**

① 연속적 접근법(계기적 근사법, successive approximation)을 사용함으로써 연구자가 원하는 새로운 반응을 이끌어 내는 것이다.

② 조형은 학습할 최종의 목표행동을 작은 단위의 하위행동으로 나누어 단계적으로 강화함으로써 결국 최종 목표행동을 강화하는 방법이다.

(2) **요소**

① **차별적 강화**: 강화해야 할 행동과 강화하지 않을 행동을 정확하게 구분하여 강화하는 것이다.

② **연속적 접근**: 목표행동에 근접한 행동을 점진적으로 강화하는 것이다.

(3) **절차**

① 표적행동을 명확히 정의해야 한다.

② 표적행동의 시작행동을 정의해야 한다.

③ 표적행동에 근접한 중간행동(단계)들을 결정해야 한다.

④ 사용할 강화제를 결정한다.

⑤ 표적행동으로의 진행속도를 결정하여 차별강화한다.

⑥ 표적행동이 형성되었을 때 강화한다.

(4) **장단점**

① 장점

㉠ 최종 목표에 점차적으로 접근해 가는 반응을 계속해서 강화하는 긍정적인 절차이다. 앞에서 숙달된 반응에 대해서는 소거절차만 실시하며, 벌이나 혐오적인 절차는 사용하지 않는다.

㉡ 새로운 기술을 가르치는 데 효과적이다.

② 단점

㉠ 최종 목표행동에 이르기까지 여러 단계를 거쳐야 하므로 시간이 많이 걸린다. 목표행동에 이르기까지 걸리는 시간을 예상해야 한다. 예상 외로 시간이 오래 걸릴 경우에는 다른 절차로 바꿀 수 있다.

㉡ 기술의 진전 상태가 늘 고르지 않고, 빠른 진전을 보이다가 전혀 진전을 보이지 않는 상태에 머무를 수도 있다. 어떤 단계에서는 여러 번 시도해야 하는가 하면 어떤 단계는 단 한 번만에 통과할 수 있다. 한 단계에 너무 오래 머물면 고착되어 다음 단계로 나아가기가 어렵다.

㉢ 교사가 계속해서 학생의 행동이 기준에 도달했는가를 점검해야 한다. 교사가 점검할 충분한 시간이 없다면 다른 절차를 고려해야 한다.

3. 행동 연쇄(behavioral chaining)

(1) **정의**

① **연쇄**: 한 자극이 어떤 한 반응을 일으키면 이 반응이 다음 반응을 유발하는 단서로 이어지는 과정이다. 이것은 한 반응이 다른 반응을 유발하는 선행사건으로 기능하기 때문이다.

② 조형처럼 행동을 작은 단위로 세분화하고 단순한 행동부터 단계적으로 강화하면서 최종 목표행동을 학습한다.

(2) **구분**

• 순행(전진) 연쇄법
$(S_1 \rightarrow R_1) \longrightarrow$ 강화제 제시
$(S_1 \rightarrow R_1) \longrightarrow (S_2 \rightarrow R_2) \longrightarrow$ 강화제 제시
$(S_1 \rightarrow R_1) \longrightarrow (S_2 \rightarrow R_2) \longrightarrow (S_3 \rightarrow R_3) \longrightarrow$ 강화제 제시
• 역행(후진) 연쇄법
$(S_3 \rightarrow R_3) \longrightarrow$ 강화제 제시
$(S_2 \rightarrow R_2) \longrightarrow (S_3 \rightarrow R_3) \longrightarrow$ 강화제 제시
$(S_1 \rightarrow R_1) \longrightarrow (S_2 \rightarrow R_2) \longrightarrow (S_3 \rightarrow R_3) \longrightarrow$ 강화제 제시
• 전체 과제 제시법
$(S_1 \rightarrow R_1) \longrightarrow (S_2 \rightarrow R_2) \longrightarrow (S_3 \rightarrow R_3) \longrightarrow$ 강화제 제시

① **과제 분석**: 복잡한 행동을 위계에 따라 분류해 소단위의 간단한 행동으로 세분화하는 것이다. 과제 분석을 통해 목표행동을 쉽게 학습할 수 있도록 간단한 작은 단위의 행동으로 나누기 때문에 학습자는 쉽게 수행하고 강화받을 수 있다.

② **순행(전진) 연쇄법**: 과제분석을 통해 결정된 여러 단계의 행동들을 처음 단계부터 마지막 단계까지 순차적으로 가르치는 것이다.

③ **역행(후진) 연쇄법**: 과제분석을 통해 나눈 단계의 행동들을 마지막 단계부터 처음 단계까지 역순으로 가르치는 것이다. 즉, 행동 연쇄의 뒷부분에서 앞부분으로 후진하며 가르치는 것이다.

④ **전체 과제 제시법**: 과제분석을 통한 모든 단계를 회기마다 가르치는 것이다. 이 방법은 아동이 행동연쇄에 있는 단위행동은 습득했으나 행동을 순서대로 수행하지 못할 때 사용하면 유용하다. 아동이 순서를 따를 수 있도록 촉구를 사용하면서 가르치고 잘 수행하게 될수록 촉구를 용암시킨다.

⑤ **순행행동 연쇄와 역행행동 연쇄의 비교**

구분	내용
유사점	• 행동 연쇄를 가르치기 위해 사용함 • 자극 – 반응 구성요소로 이루어지는 과제분석을 먼저 수행해야 함 • 한 번에 한 가지 행동을 가르치고 나서 그 행동들을 함께 연쇄시킴 • 각 구성요소를 가르치기 위해 촉구와 용암법을 사용함
차이점	• 순행행동 연쇄는 첫 번째 구성요소를 먼저 가르치는 반면, 역행행동 연쇄는 마지막 구성요소를 먼저 가르침 • 역행행동 연쇄에서는 마지막 구성요소를 먼저 가르치기 때문에 학습자가 모든 훈련에서 자연적 강화인을 받게 되는 반면, 순행행동 연쇄에서는 학습자가 모든 훈련을 마무리하지 않으므로 마지막 단계를 제외한 훈련에서 인위적인 강화인이 사용됨 • 순행행동 연쇄에서 자연적 강화인은 연쇄의 마지막 행동 후에 주어짐

⑥ **전체과제 제시법 사용시기**: 행동연쇄 전체를 지도해야 하기 때문에 가르쳐야 할 과제가 너무 길거나 복잡하지 않은 것이 좋다. 과제가 너무 길거나 어렵다면 한 번에 하나의 구성요소에 초점을 맞추어 가르치고, 그것이 완전히 습득되면 서로 연결시키는 방법인 전진 혹은 후진 행동연쇄가 더 적절하다. 또한 학습자의 능력수준과 교사의 능력수준이 고려되어야 한다.

⑦ **수행, 역행, 전체과제 제시법의 비교**

구분	내용
유사점	• 복잡한 과제나 행동연쇄를 가르치기 위해 사용된다. • 훈련시작 전에는 과제분석이 완성되어야 한다. • 촉구와 용암이 사용된다.
차이점	전체과제 제시법은 매번 전체 과제에 대해 촉구한다. 반면에 전진·후진 행동연쇄 절차에서는 한 번에 하나의 구성요소를 가르치고, 그리고 나서 그 구성요소들을 함께 연결시킨다.

(3) 행동 조형과 행동 연쇄의 비교

① **행동 조형**: 목표행동과 유사하거나 목표행동에 근접해 가는 행동을 단계적으로 강화한다.

② **행동 연쇄**: 목표행동의 일련의 연속적인 과정인 부분행동을 연속적으로 강화한다.

③ **공통점과 차이점**: 한 과제가 완성되지 않은 상태에서 쉽게 실행할 수 있는 소단위 행동을 단계적으로 강화하는 것이 공통점이다. 그러나 행동 조형은 목표행동에 근접하는 행동을 강화하고, 행동 연쇄는 목표행동의 일련의 과정인 한 부분을 강화한다는 점에서 차이가 있다.

4. 촉구와 용암법

(1) 촉구(prompting)

아동이 변별자극에 바람직한 반응을 보이는 데 실패한 경우, 바람직한 반응을 보일 수 있도록 도와주는 부가적인 자극을 말한다.

(2) 촉구 종류

① 반응 촉구: 식별자극이 있을 경우 원하는 반응을 일으키게 하는 다른 사람의 행동이다.

종류	내용
언어 촉구 (verbal prompts)	언어로 지시, 힌트, 질문 등을 하거나 개념의 정의나 규칙을 알려주는 것으로써 바람직한 행동을 유발하는 것 예 교사가 "국어 교과서 20쪽을 펴세요."라는 변별자극을 제시했는데도 은지가 아무 반응이 없다면 "은지야, 지금은 국어 교과서를 펼 시간이야."라고 힌트를 줄 수 있음
신체 촉구 (physical prompts)	신체적 접촉을 통해 학생의 바람직한 행동을 유발하도록 돕는 것 예 쓰기를 처음 배우는 아동의 손을 잡고 연필 쥐는 법과 글씨 쓰는 법을 가르치는 경우
모델링 촉구 (model prompts)	목표행동을 수행할 수 있을 때 주어지는 방법으로 언어나 몸짓, 또는 두 가지를 함께 사용하는 것 예 한쪽 운동화를 신겨주면서 "이쪽은 선생님이 도와줄 테니 저쪽은 네가 혼자 신어보렴."이라고 말하는 경우
시각적 촉구 (visual prompts)	사진, 그림 등을 사용하여 바람직한 행동을 유발하도록 돕는 것 예 아이들이 올바르게 양치하도록 양치 순서를 개수대의 거울에 붙여 놓고 양치할 때마다 거울의 그림을 보고 순서대로 따라 하게 할 수 있음
몸짓 촉구	신체적으로 접촉하지 않고 교사의 동작이나 자세 등의 몸짓으로 정반응을 이끄는 것 예 "급식실에 가서 점심 먹어요."라는 변별자극이 주어져도 급식실이 어디 있는지 모르는 표정을 짓는 은혜에게 급식실이 있는 곳을 턱이나 손가락으로 가리켜 주는 것이 이에 해당함
혼합된 촉구	언어, 신체, 몸짓, 시각적 자료 등 다양한 촉구를 혼합하여 사용함으로써 아동의 바람직한 행동을 유발하는 것 예 "점심 먹으러 갈 사람은 한 줄로 서세요."라는 변별자극에 대해 아무 반응이 없는 민영이에게 "민영아, 줄 서야지!"라는 언어적 촉구와 함께 민영이가 벽에 걸려 있는 아이들이 줄 서 있는 사진을 보게 함

② 자극 촉구: 정확한 반응을 더 잘하도록 자극을 약간 변화시키기 혹은 자극을 증가시키거나 자극을 제거하기 등을 포함한다.

종류	내용
자극 내 촉구 (within stimulus prompts)	식별자극의 어떤 차원, 즉 위치, 크기, 모양, 색깔 등을 변화시키는 것 예 학생들에게 '출구' 카드를 지적하도록 지시한 교사가 '출구' 카드를 '입구' 카드보다 학생들에게 가깝게 놓거나(위치) '출구' 카드의 글씨를 '입구' 카드보다 더 크게 하는 것
가외 자극(자극 외) 촉구 (extrastimulus prompt)	다른 자극을 추가하거나 식별자극에 대한 힌트를 주는 것 예 학생들에게 오른손을 구별하는 것을 가르치고자 하는 교사가 올바른 식별을 돕기 위해 아이의 오른손에 X자를 써 넣으면 시간이 지나면서 X자는 지워지지만 학생들은 올바른 식별을 할 수 있게 됨

(3) 용암법(fading)

① 어떤 부가적인 자극이 없더라도 식별자극이 있는 경우 바른 행동이 일어날 때까지 점차 촉구를 제공하지 않는 것이다.

② 어떤 특정 행동의 수행을 알려주는 단서나 변별자극을 제공하여 바람직한 행동을 유발하는 것이 변별학습이다. 이것은 과제행동을 수행하도록 촉진하는 단서를 제공하는 것으로 행동발생을 촉구(prompting)한다.

③ 용암법은 변별력을 가르칠 때 자극을 점진적으로 조절하여 궁극적으로 변화된 자극 또는 새로운 자극에 대해 반응할 수 있는 절차다.

④ 촉구는 반응단서를 제공하는 것이고, 용암법은 반응단서를 줄여 나가는 것이기 때문에 함께 사용된다. 즉, 정확한 반응을 유도하기 위해 되도록 많은 단서를 제공하는 촉구를 쓰면서 학습자가 행동을 정확하게 잘 수행함에 따라 단서나 힌트를 줄여 가는 용암을 동시에 진행한다.

5. 토큰경제 [기출 24]

(1) 정의와 구성요소

① 토큰경제: 토큰이라는 조건 강화인이 바람직한 행동을 한 사람에게 전달되는 강화 시스템이다. 토큰은 이후에 강화물로 교환될 수 있다.

② 목적: 구조화된 치료환경 혹은 교육환경 내에서 매우 드물게 나타나고 있는 내담자의 바람직한 행동을 강화하고 바람직하지 않은 행동을 감소시키는 데 있다.

③ 토큰
　㉠ 토큰은 바람직한 행동을 하는 즉시 주어지며 교환 강화인과 교환할 수 있다.
　㉡ 토큰은 강화인과 짝을 이루기 때문에 바람직한 행동을 강화하는 조건 강화인이 된다.

④ 구성요소
　㉠ 강화해야 할 바람직한 표적행동
　㉡ 조건 강화인으로 사용되는 토큰
　㉢ 토큰과 교환될 교환 강화물
　㉣ 토큰 지급에 대한 강화계획
　㉤ 토큰이 토큰 강화물과 교환되는 비율
　㉥ 토큰과 토큰 강화물을 교환할 시간과 장소(어떠한 경우에는 바람직하지 못한 표적행동인 반응대가 요소와 각 행동에 따라 상실될 토큰 비율을 함께 확인하기도 함)

(2) 토큰 강화가 유용한 이유

① 토큰은 일반화된 조건 강화제이므로 학생들의 동기부여를 위한 노력이 덜 필요하다.

② 토큰은 학생의 행동과 교환 강화제가 제공되는 시간 사이를 연결해 주어 지연된 강화의 효과를 가능하게 한다.

③ 토큰은 학생의 행동과 교환 강화제가 주어지는 장소를 연결시켜 주므로 동일한 토큰을 학교 밖에서도 사용할 수 있도록 만들 수 있다.

(3) **고려사항**

① 항상 바람직한 표적행동 후 즉각적으로 토큰을 지급해야 한다.

② 바람직한 행동을 한 내담자에게 토큰을 지급하면서 칭찬을 해 주어야 한다.

③ 프로그램 초기에 심각한 지적장애를 가지고 있는 개개인이나 아동에게 토큰이 조건 강화인으로서 더 효과를 갖기 위해서는 토큰이 주어지는 동시에 교환 강화인을 주어야 한다.

④ 토큰은 인위적이기 때문에 학교, 가정, 직장 등 대부분의 일상적 환경에서는 찾아볼 수 없으므로, 내담자가 치료 프로그램을 마치기 전에 점진적으로 사라지게 해야 한다.

6. 행동 계약 `기출 15 추시`

계 약 서

교사 (　　　　　)와(과) 아동 (　　　　　)는(은) 다음과 같이 약속합니다.

계약의 내용은
아동은 _____
교사는 _____

만약 아동이 계약의 내용대로 수행하면 아동은 교사로부터 약속된 보상을 받을 것입니다. 그러나 만약 아동이 계약의 내용대로 수행하지 못한다면, 보상은 보류됩니다.

이 계약은 ○월 ○일에 시작하여 ○월 ○일에 끝납니다.
○월 ○일에 다시 검토할 것입니다.

아동:　　　　　(인)
교사:　　　　　(인)
날짜:　　월　　일

[그림 5-19] 행동계약서

(1) **정의와 구성요소**

① 행동 계약서는 한쪽이나 양쪽에서 상세한 수준의 표적행동 혹은 행동을 이행할 것을 동의하는 동의서이다. 더 나아가 계약서는 행동의 발생(혹은 발생하지 않음)에 따라 실행할 결과를 제시한다.

② **구성요소**

㉠ **표적행동 정하기**: 표적행동을 명확하게 정의해야 한다.

㉡ **표적행동의 측정방법 제시하기**: 표적행동 발생에 대한 객관적인 증거를 찾아야 한다.

㉢ **행동이 수행되어야 할 시기 제시하기**: 유관성 실행을 위해 행동이 나타나거나 혹은 나타나지 않아야 하는 시기를 제시해야 한다.

    ⓔ **강화나 벌 유관 정하기**: 계약서에 제시한 표적행동을 수행 또는 제거하는 것을 돕기 위해 정적·부적 강화나 정적·부적 벌을 사용한다. 강화나 벌 유관은 계약서에 분명히 제시한다.

    ⓜ **계약을 이행할 사람 정하기**: 한쪽은 구체적인 표적행동 수준을 실행할 것에 동의하고, 다른 쪽은 계약서에 제시한 강화나 벌을 실시한다. 계약서에는 표적행동에 대해 누가 유관을 이행할 것인지를 분명하게 기술한다.

      ➡ 혹은 과제에 대한 설명, 과제 완성에 따라 주어지는 보상에 대한 설명, 과제수행 여부에 대한 기록, 계약자와 피계약자의 서명

(2) 절차

① 학생의 이해 수준에 맞게 행동계약이 무엇인지 설명하고 행동계약을 하겠다는 학생의 동의를 얻는다.

② 계약서에 명시될 표적행동을 선정한다.

③ 행동목표를 달성하면 주어질 강화제의 내용을 결정하고, 강화제를 받을 수 있는 기준과 계약 기한을 결정한다. 두 번째와 세 번째 절차에서 학생의 의견을 반영할 수 있다.

④ 계약 내용의 이행에 관련 있는 사람들이 모두 계약 내용을 이해하고 동의한 후에 계약서에 서명하고 복사하여 한 부씩 나눠 갖고, 각자 보관한다. 계약은 절대로 강요되지 않아야 한다.

⑤ 행동계약서에 있는 표적행동의 발생에 대한 정보를 수집하며 계약서에 명시된 기한에 계약서 내용을 검토하고 그대로 이행한다. 계약 내용의 수행은 미루지 않고 계약서의 내용대로 즉각 이루어져야 한다.

(3) 유형

① **일방(단독)계약**: 한 사람이 유관을 이행하는 계약관리자와 함께 표적행동과 강화나 벌 유관을 정한다. 일방계약은 주로 바람직한 행동을 증가시키거나 바람직하지 않은 행동을 감소시키기를 원할 때 사용한다.

② **쌍방계약**: 양쪽이 변화되기를 원하는 표적행동과 표적행동에 대해 이행될 유관을 정한다. 쌍방 계약서에는 배우자, 부모와 자녀, 형제자매, 직장 동료 등 특정한 관계를 가진 두 사람 사이에서 작성된다.

(4) 장점

① 학생의 참여가 가능하다.

② 행동지원의 개별화를 쉽도록 해 준다.

③ 계약의 내용이 영구적으로 남을 수 있다.

④ 교사와 학생 모두 자신의 역할에 대해 구체적으로 알고 시행할 수 있다.

⑤ 개별화 교육계획서를 작성할 때 학생의 현재 수준과 목표를 진술하는 데 사용될 수 있다.

7. 소거

(1) 의미

① 바람직하지 못한 문제행동을 유지하게 하는 강화요인을 제거함으로써 그 문제행동을 감소시키는 것이다.

② **소거폭발**: 소거가 적용되면 행동에 수반했던 강화요인이 제거되지만 이전에 받았던 강화요인이 다시 주어질 것으로 여겨 일시적으로 행동의 빈도 또는 강도의 증가를 보인다. 이렇게 소거 적용 초반에 나타나는 행동의 증가를 '소거폭발'이라고 한다.

③ **자발적 회복**: 소거를 적용하여 행동이 감소되거나 나타나지 않게 된 경우에도 갑자기 행동이 나타나는 자발적 회복이 발생할 수 있다. 자발적 회복이 나타날 때 의도치 않게 강화가 주어지면 이는 간헐 강화를 받는 것이 되어 소거 적용 이전보다 소거저항이 커지게 된다.

④ **소거저항:** 소거가 적용되는 동안에도 표적행동이 지속적으로 나타나는 것을 의미한다. 소거저항이 작을수록 행동감소가 빠르게 나타나며, 소거저항에 영향을 미치는 요인은 다음과 같다.

  ㉠ **행동을 유지시킨 강화 스케줄:** 연속적으로 강화된 행동이 간헐적으로 강화된 행동보다 소거저항이 작아서 행동감소가 빠르게 나타난다.

  ㉡ **행동을 유지시킨 강화의 양과 정도:** 행동과 연계된 강화의 양이나 정도가 클수록 소거저항이 크다.

  ㉢ **행동과 사전에 연계된 강화:** 행동 발생에 수반하여 강화가 적용되었던 행동과 강화 간의 연계 시간이 길면 소거저항이 크다.

  ㉣ **소거성공의 횟수:** 소거의 효과가 나타나서 문제행동이 제거된 소거성공의 횟수가 많을수록 소거저항이 작다.

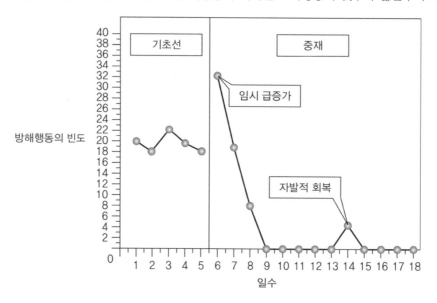

[그림 5-20] 소거 그래프

(2) 주의점

① 다른 행동 감소절차들과 비교할 때 소거는 행동을 감소시키기까지 시간이 더 오래 걸린다. 소거를 적용하여 문제행동을 유지해 온 강화가 제거되더라도 문제행동은 얼마 동안 계속될 수 있기 때문이다. 그러나 행동이 연속 강화계획에 의해 강화되어 온 경우에는 강화인이 주어지지 않으면 빠른 속도로 문제행동이 감소한다. 따라서 소거를 적용하기 전에 강화가 주어진 시간이 길수록, 적용되었던 강화계획의 정도가 간헐적일수록, 소거기간 동안에 동등한 가치가 있는 다른 강화제에 접근이 가능할수록 문제행동을 소거하는 기간이 더욱 오래 걸린다.

② 소거가 적용되어도 문제행동이 존속하거나 문제행동의 빈도와 강도, 지속 시간 등이 일시적으로 증가하는 소거저항이 나타날 수 있다. 전부터 주어지던 강화가 갑자기 제거되면 강화에 의해 유지되어 오던 문제행동이 소거되기 전보다 더 심해질 수 있다. 또한 자판기에 돈을 넣어도 원하는 물건이 안 나오고 돈도 돌려받지 못한 때 자판기를 흔들거나 손으로 치거나 발로 차는 것과 비슷한 행동을 '소거발작'이라 한다. 즉, 소거저항은 표적이 되는 문제행동이 증가하는 것이고, 소거발작은 문제행동 이외의 분노행동이 나타나는 것이다.

③ 문제행동이 소거된 후 자발적으로 회복되는 경우도 있다. 이는 문제행동이 소거되었다가 우연히 다시 나타나는 경우이다.

④ 소거가 적용되고 있는 아동의 문제행동에 대해 아무 조치도 취해지지 않는 것을 보고 다른 아동이 문제행동을 따라 할 수 있다.

⑤ 소거 절차는 효과적이지만 일반화되기는 쉽지 않다. 즉, 동일한 문제행동이 다른 장소에서 나타날 때는 소거가 적용되지 못할 가능성이 있기 때문에 문제행동이 다시 나타나게 되는 것이다. 그러므로 문제행동이 발생할 수 있는 모든 장소에서 동시에 소거가 적용되는 것이 바람직하다.

⑥ 소거가 효과적이었다고 해도 또 다른 문제행동이 나타날 수 있다.

8. 반응대가(response cost)와 타임아웃(time-out)

(1) 반응대가

① 문제행동을 하였을 때 그 대가로 이미 지니고 있던 강화제를 잃게 함으로써 문제행동의 발생률을 감소시키는 절차이다.

② 소거, 타임아웃, 반응대가의 비교

    ㉠ 소거: 문제행동 이전에 그 행동을 유지시켰던 강화인이 더이상 뒤따르지 않는다.

    ㉡ 타임아웃: 문제행동을 하는 사람이 문제행동에 수반하여 모든 강화인에 접근하지 못하게 한다.

    ㉢ 반응대가: 문제행동에 대한 강화인은 아니지만 일정량의 강화가 문제행동을 한 후에 제거된다.

(2) 타임아웃

① 문제행동이 발생했을 때 학생이 정적 강화를 받지 못하도록 일정 시간 동안 강화제로의 접근을 차단하는 것이다.

② 유형

    ㉠ 배제 타임아웃: 학생을 문제행동이 일어난 장소인 강화 환경에서 벗어나 다른 장소로 가게 한다. 이는 모든 정적 강화인을 제거하는 것이다.

    ㉡ 비배제 타임아웃: 학생을 문제행동이 일어난 장소인 강화 환경에 있게 하면서 정적 강화인에 접근하지 못하게 하는 것이다.

9. 처벌(punishment)

(1) 벌의 정의

① 반응: 특정 행동이 일어난다.

    예 철수는 뜨거운 철제 프라이팬을 잡는다.

② 결과: 행동에 뒤이어 즉시 어떤 결과가 따른다.

    예 손에 화상을 입는다(고통스러운 자극).

③ 성과: 결과적으로 행동이 약화되어 미래에 문제행동이 일어날 가능성은 적을 것이다.

    예 미래에 철수는 뜨거운 철제 프라이팬을 잘 만지지 않을 것이다.

(2) **정적 벌과 부적 벌**

　① 정적 벌: 행동의 발생은 혐오자극을 수반하도록 만들고, 그 결과 미래에 그 행동이 일어날 가능성은 보다 적을 것이다.

　② 부적 벌: 행동의 발생은 강화자극을 제거함으로써 일어나고, 그 결과 미래에 그 행동이 일어날 가능성은 보다 적을 것이다.

(3) **벌의 효과에 영향을 미치는 요인**

　① 즉시성: 자극은 행동 후, 즉시 제시될 때 벌 인자로서 더 효과적이다.

　② 유관성: 자극은 행동과 유관될 때 벌 인자로서 더 효과적이다.

　③ 유인력: 어떤 선행사건은 특정 사건에 벌 인자로서의 자극을 더 효과적이게 한다.

　④ 결과의 특성: 벌은 사람에 따라 다양하다. 일반적으로 더 강렬하고 혐오적인 자극은 더 효과적인 벌 인자가 된다.

(4) **문제점**

　① 벌은 공격성을 가져오거나 여타 정서적 측면의 효과를 가져올 수 있다.

　② 벌의 사용은 벌을 받고 있는 사람의 행동으로 인해 회피나 도피행동을 가져올 수 있다.

　③ 벌의 사용은 벌을 사용하는 사람에게 부적으로 강화될 수 있으므로 벌의 오용이나 남용을 가져올 수 있다.

　④ 벌의 사용은 모방될 수 있다. 벌 받는 행동을 관찰한 사람은 미래에 스스로 벌을 더 많이 사용할 가능성이 있다.

　⑤ 벌은 많은 윤리적인 문제와 수용의 문제와 관련된다.

(5) **사용방법**

　① 감소시킬 행동을 구체적으로 선택한다.

　② 바람직한 상반행동이 일어날 수 있는 조건을 극대화한다.

　③ 벌이 주어지는 행동의 발생원인을 극소화시킨다.

　④ 효과적인 벌을 선택한다.

　⑤ 벌의 제공

　　㉠ 즉시 줄 수 있는 것이어야 한다.

　　㉡ 벌을 주는 사람은 침착하고 사무적인 태도로 임해야 한다.

　　㉢ 벌을 주는 사람은 바람직한 상반행동에 대해 상당한 정적 강화를 주어, 조건화된 처벌자가 되지 않도록 한다.

　　㉣ 벌이 정적 강화와 동시에 사용되어지지 않도록 조심해야 한다.

10. 혐오활동의 적용(정적 처벌 원리 이용)

(1) **과잉교정(overcorrection)**

　① 학생들이 문제행동을 할 때마다 긴 시간 동안 힘든 행동을 하게 하는 것이다.

② 과잉교정의 종류

구분	내용
정적 연습	부적절한 행동을 한 경우, 그 행동을 대체할 수 있는 적절한 행동(교정행동)을 반복적으로 연습하게 하는 것 예 받아쓰기에서 틀린 단어를 반복해서 다시 쓰게 하는 것
원상회복 (복원)	문제행동 발생에 따라 내담자가 문제행동의 환경적 결과를 바로잡고, 문제행동 전보다 더 나은 조건으로 환경을 복원시키는 것 예 아동이 가지고 놀던 장난감들을 던져 흩뜨려 놓았다면 놀이실에 있는 모든 장난감을 원상태로 정리하게 하는 것

(2) 유관연습(contingent exercise)

① 학생이 문제행동을 한 후에 문제행동과 관련 없는 신체연습을 하도록 하는 것이다.

　예 지각행동에 대해 운동장을 10바퀴 뛰게 하는 것, 친구를 때린 행동에 대해 앉았다 일어서기를 30번 하게 하는 것

② 과잉교정과의 차이점

과잉교정에서 혐오활동은 문제행동과 관련된 교정행동(정적 연습)이거나 문제행동에 의해 야기된 환경 훼손을 교정하는 행동(복원)이지만, 유관연습에서의 혐오활동은 문제행동과 무관한 신체연습을 포함한다.

(3) 부적연습(negative practice)

① 학생이 문제행동 발생에 수반하여 해당 문제행동을 반복 수행하게 하는 것이다.

② 반복 수행을 통해 학생이 지쳐서 문제행동의 포만상태가 되게 하여 문제행동을 감소시키는 것이다.

(4) 신체구속과 반응차단

① 신체구속(Physical restraint): 문제행동에 따라 행동과 관련된 신체 부분을 움직일 수 없도록 하는 것이다. 신체를 구속했을 때, 문제행동이나 다른 행동은 할 수 없다.

　예 옆에 앉은 친구를 때리는 공격적인 행동을 할 때 팔을 붙잡고 있는 경우

② 반응차단(response blocking): 상담자가 신체적인 차단을 통해 문제행동의 발생을 막는 것이다. 내담자가 문제행동을 시작하자마자 상담자는 그 반응을 하지 못하도록 막는다.

　예 엄지손가락 빨기: 손에 입을 가져가자마자 입에 넣는 것을 막기 위해 학생의 입 앞에서 손을 잡는 것

11. 자기관리

(1) 정의

자신의 행동을 변화시키기 위해 사용하는 행동수정 기법이다.

(2) 유형

① 목표설정과 자기감시(self-monitoring)

　㉠ 목표설정은 표적행동의 수준과 행동이 발생할 기간을 정하는 것이다.

　㉡ 달성할 수 있는 목표를 정해야 한다.

　㉢ 목표설정은 자기감시와 함께 실시된다. 자기감시를 이용하여 표적행동이 일어나는 것을 기록하며, 이것은 목표를 향한 진전을 평가하게 된다.

② 선행사건 조작: 바람직한 반응을 유발하거나 경쟁적이고 바람직하지 않은 행동이 적게 일어나도록 하기 위해 물리적 환경 또는 사회적 환경의 어떤 측면을 조작하는 것이다.

③ **행동 계약서**: 표적행동을 정하고 특정 기간 동안 특정 수준의 표적행동에 따른 결과를 제시하는 문서이다.

④ **강화와 벌 준비**: 계약서에 쓰지 않고 강화나 벌 유관을 준비할 수 있다.

⑤ **사회적 지지**: 삶에서 중요한 사람이 표적행동이 발생하도록 하는 자연환경이나 단서를 제공할 때나 표적행동이 발생할 때 자연스럽게 강화결과를 제공할 경우 일어난다.

⑥ **자기교수 및 자기칭찬**: 자기교수는 특정한 표적행동을 요구하는 상황에서 스스로에게 무엇을 어떻게 해야 하는지를 이야기하는 것이다. 적절한 행동이 일어난 직후 자신의 행동에 대해서 긍정적인 평가를 제공하는 자기칭찬이라고 할 수 있다.

---

11 유관(contingency)분석

1. 3요인 유관: ABC

(1) ABC 공식

① ABC 공식의 가장 기본적인 단위: 선행사건(A), 행동(B), 후속결과(C)로 구성된다.

② 선행사건(A)이 존재할 때 행동이 발생하게 되며, 행동 발생 이후에 제시되는 후속결과는 선행사건-행동의 연계관계, 즉 선행사건이 존재할 때 행동이 발생하는 유관관계를 더 강력하게 맺어 준다.

③ 후속결과는 미래에 그 선행사건이 존재할 때 이어질 행동의 발생 빈도를 증가 또는 감소하는 데 영향을 준다.

④ ABC 공식에 따른 예시

선행사건 (A)	행동 (B)	후속결과 (C)	미래에 선행사건(A)이 존재할 때 행동(B)이 발생할 확률
아빠가 아기에게 "철수야!"라고 부른다.	쳐다본다.	아빠도 쳐다보면서 칭찬한다.	증가
냉장고를 본다.	냉장고 문을 연다.	음식을 얻는다.	증가
아기가 방을 기어 다니다 뜨거운 커피 잔을 본다.	커피 잔에 손을 넣는다.	손을 데었다.	감소

2. 4요인 유관: 동기조작

[사례 1] 배가 고파 냉장고에 와서 문을 열어 음식을 꺼내 먹었다.

동기조작	선행사건	행동	후속결과
배고프다 (음식 결핍, 동기설정조작)	냉장고를 본다.	냉장고 문을 열었다.	음식을 얻었다. (정적 강화)

➡ 이중적 효과를 보이는 동기조작은 배고픈 상태, 즉 음식결핍 상태이기에 음식을 얻는 강화의 효과를 높여 준다. 동시에 선행사건의 역할로서 다음 행동을 유발하여 즉각적으로 냉장고의 문을 여는 행동의 빈도를 높여 준다.

[사례 2] 영미는 저녁을 먹고 마트에 장을 보러 갔지만 평소와는 다르게 지방분이 많고, 달고, 맛깔스런 과자를 많이 사지 않았다.

동기조작	선행사건	행동	후속결과
배부르다 (포만, 동기해지조작)	마트에 갔다.	장을 보았다.	달고 지방분이 많은 음식을 덜 샀다.

➡ 이중적 효과를 보이는 동기조작은 배부른 상태, 즉 음식포만 상태이기에 음식을 얻는 강화의 효과를 감소시킨다. 동시에 선행사건의 역할을 하지 않게 되어 지방분과 당이 많은 음식을 구매하는 행동의 빈도를 감소시킨다.

(1) 4요인 유관분석

4요인 유관분석은 3요인 유관분석의 선행사건 바로 앞에 동기조작이 위치한다.

(2) 동기조작

행동을 유도하는 동기를 높이거나 낮추어서 행동에 대한 의도와 작동 수준을 조절하는 동기조작은 이중적 통제의 효과가 있다.

① 첫째, 후속결과와 연관하여 강화한다.

② 둘째, 선행사건에 해당하는 동기유발을 통해 행동을 촉발하거나 차단시킨다. 즉 행동을 변화시키는 유관적인 작동원리로 작용한다.

(3) 동기조작의 하위 요소

① 동기설정조작: 허기와 결핍을 유도하여 반응의 동기 수준을 높여주는 원리이다.

② 동기해지조작: 허기와 결핍을 상쇄시켜 반응의 동기 수준을 낮춰주는 원리이다.

부록

전문상담
과목별 평가영역

Ⅰ 성격심리학 평가영역

기본 이수 과목 및 분야	평가영역	평가 내용 요소
성격심리학	성격심리의 정의 및 개인차	• 성격의 정의
		• 성격심리의 접근법
		• 성격특질의 개념과 특징
		• Big Five 성격의 하위차원별 명칭과 특징
		• 성격평가의 방법 및 성격 측정자료 유형의 장단점
	성격형성	• 정신분석적 접근에서 성격을 이해하는 기본개념
		• 불안과 방어기제의 관계 및 방어기제의 종류
		• 에릭슨(Erikson)의 심리사회적 발달단계
		• 사회학습이론에서 설명하는 성격의 형성과정
	성격의 정서 및 동기요소	• 정서이론의 기본 개념
		• 정서지능의 개념 및 특징
		• 추동 이론과 유인가 이론
		• 귀인이론과 학습된 무기력
		• 인본주의 접근에서의 내재적 동기와 자기 – 결정이론
	성격과 적응	• 반두라의 자기 효능감, 로저스의 자기실현경향성, 히긴스의 자기 불일치 개념과 적응 간의 관계
		• 심리 신체적 건강에 영향을 미치는 성격변인들

기본 이수 과목 및 분야	평가영역	평가 내용 요소
상담이론과 실제	상담에 대한 일반적 이해	• 상담에 대한 다양한 정의와 특성 이해
		• 상담과 심리치료, 생활지도 차이 이해
		• 목적, 방법, 형태, 대상 등에 따른 상담유형 이해
		• 상담의 기본 원리와 원칙에 대한 이해
		• 상담의 구성요소의 특성 이해
	상담 기초이론에 대한 이해	• 다양한 상담이론들의 역할과 기능, 구성요소 및 내용에 대한 이해
		• 각 이론들의 인간관, 가정, 개념, 문제발생 과정에 대한 이해 및 실제 문제에의 적용
		• 각 이론들의 상담자와 내담자의 관계특성, 개입 방법에 대한 이해 및 실제 상담에의 적용
		• 이론별 장단점과 한계에 대한 이해 및 상담에의 적용
		• 상담의 기초 이론 외에 활용할 수 있는 다양한 이론들에 대한 이해 및 적용
	상담에서 심리평가 및 과학적 기초	• 상담에서 심리평가의 기능과 역할 이해
		• 이론별 심리평가의 차별적 특성 이해 및 적용
		• 다양한 전문 상담영역 이해
		• 상담의 윤리 문제의 이해와 적용, 가치영향력 이해
		• 과학과 실제(science & practice) 모형에 근거한 상담자 수련과정
	상담과정과 개입	• 상담의 과정적 특성 및 전체 과정 이해
		• 이론별 상담과정 및 적용기법에 대한 이해 및 차이
		• 상담초기과제, 적용방법, 기법에 대한 이해 및 적용
		• 상담중기과제, 적용방법, 기법에 대한 이해 및 적용
		• 상담종결과제, 적용방법, 기법에 대한 이해 및 적용
	학교 장면에서의 상담의 활용	• 학교에서 활용되는 매체(전화, 인터넷 채팅, 메일 등)상담에 대한 이해 및 적용
		• 학교에서 활용되는 대상별 상담(부모상담 및 교육, 또래상담 등)에 대한 이해 및 적용
		• 학교에서 활용되는 문제유형별 상담(위기, 비행, 폭력, 우울, 자살 등)에 대한 이해 및 적용
		• 학교상담실(Wee 클래스) 운영에 대한 계획, 준비, 실시, 평가 등 전체 과정에 대한 이해 및 적용
		• 학교상담에서의 자원 활용, 연계망 구축 및 활용

기본 이수 과목 및 분야	평가영역	평가 내용 요소
아동심리학	신체 및 신경계의 발달과 특성	• 신체발달과 심리적 발달의 관계
		• 운동능력의 발달
		• 환경적 자극(경험)과 뇌 발달의 관계
	인지발달과 심리	• 피아제 이론, 피아제 이론과 교육
		• 비고츠키의 사회 문화적 접근
		• 정보처리 관점에서의 발달 이론
		• 정보처리 과정의 발달과 개인차
	언어 및 사회인지 발달과 심리	• 언어의 5요소 발달
		• 이중 언어의 장단점 이해
		• 영·유아기 자기인식의 발달과정
		• 타인의 마음 이해의 발달과정
	사회성 발달과 심리	• 정서 인식과 표현의 발달과정
		• 기질 정의와 관련 요인
		• 애착의 정의, 유형 및 그 관련 요인
		• 도덕성 발달
		• 성차와 성 유형화
	아동기의 발달장애	• **행동장애**: 자폐장애, 주의력결핍과잉행동장애, 품행장애, 학습장애
		• **심리적 장애**: 불안장애, 학교공포증

기본 이수 과목 및 분야	평가영역	평가 내용 요소
청소년심리학	청년기 발달이론	• 정신분석학적 접근
		• 인지발달적 접근
		• 맥락중심적 접근
		• 생애 발달적 접근
	청년기의 발달적 특성	• 신체 및 성적 발달
		• 인지 발달
		• 자아 발달
		• 도덕성 발달
	청년기 과제	• 학업성취
		• 직업발달
		• 가족관계
		• 교우관계
		• 이성교제와 성
	청년기의 발달장애	• ADHD
		• 품행장애
		• 불안장애
		• 우울증
		• 자살
	청소년 위기 및 비행	• 위기 및 비행에 대한 이해
		• 위기 및 비행청소년의 특성
		• 위기 및 비행청소년의 가족
		• 위기 및 청소년 비행의 예방 프로그램

V 학습심리학 평가영역

기본 이수 과목 및 분야	평가영역	평가 내용 요소
학습심리학	학습과 행동주의	• 학습이란
		• 행동주의와 행동분석
	고전적 조건형성	• 고전적 조건형성의 이해
		• 소거와 자발적 회복
		• 학습 현상에의 적용
		• 근접과 수반 개념의 이해
		• 고전적 조건형성의 중요현상
		• 정서반응에서의 고전적 조건형성의 이론
	조작적 조건형성	• 조작적 조건형성의 절차
		• 강화의 의미와 강화계획
		• 강화물/조성/반응연쇄의 의미, 프리맥(Premack)의 원리
		• 조작적 조건형성과 고전적 조건형성의 차이
		• 바이오피드백 현상
	관찰학습	• 모델링과 반두라(Bandura) 이론
		• 관찰학습으로 이해한 공격성과 사회 현상
		• 관찰학습과 조작적 조건형성의 차이점
	일반화와 변별	• 일반화와 변별 개념의 이해와 실제생활의 사례에 적용
		• 일반화 기울기 개념 이해와 변별훈련과의 관계
		• 변별훈련과 개념형성 관계

참고문헌

- 강진령(2015), 학교상담과 생활지도 이론과 실제, 학지사
- 강진령(2020), 상담심리학, 학지사
- 강진령(2022), 상담과 심리치료 2판, 학지사
- 강차연, 손승아, 안경숙, 윤지영(2010), 청소년 심리 및 상담, 학지사
- 권석만(2012), 현대 심리치료와 상담이론, 학지사
- 권석만(2017), 인간이해를 위한 성격심리학, 학지사
- 권정혜, 강연욱 외 4명 역(2014), 임상심리학(8판), 센게이지러닝
- 김계현, 권경인, 황매향 외 10명(2011), 상담학개론, 학지사
- 김교헌, 심미영, 원두리 역(2006), 성격심리학: 성격에 대한 관점들, 학지사
- 김규식 외(2013), 상담학 개론, 학지사
- 김기중 외 2명 역(2011), 학습과 기억, 시그마프레스
- 김동일(2020), 청소년상담학 개론(2판), 학지사
- 김동일 외(2002), 특수아동상담, 학지사
- 김동일 외(2014), 청소년상담학 개론, 학지사
- 김동일 외(2016), 특수아 상담, 학지사
- 김문수, 박소현 공역(2014), 학습과 행동(7판), 센게이지러닝
- 김민정(2020), 쉽게 풀어 쓴 성격심리학, 학지사
- 김영혜, 박기환, 서경현, 신희천, 정남운 역(2014), 상담 및 심리치료 이론(4판), 시그마프레스
- 김아영, 김성일, 조윤정(2022), 학습동기 이론 및 연구와 적용, 학지사
- 김완일, 김옥란(2015), 성격심리학, 학지사
- 김인자, 현실요법과 선택이론, 한국심리상담연구소
- 김정규(1996), 게슈탈트 심리치료, 학지사
- 김정희 역(2017), 현대심리치료(10판), 박학사
- 김청송(2022), 현대 청소년 심리 및 상담, 싸이앤북스
- 김춘경(2006), 아들러 아동상담, 학지사
- 김춘경, 김숙희, 최은주, 조민규, 정성혜(2021), 아동상담의 이해, 학지사
- 김춘경, 김숙희, 최은주, 류미향, 조민규, 장효은(2018), 활동을 통한 성격심리학의 이해, 학지사
- 김춘경, 이수연, 이윤주, 정종진, 최웅용(2016), 상담의 이론과 실제(2판), 학지사
- 김춘경, 이수연, 최웅용(2022), 청소년 상담(2판), 학지사
- 노석준, 소효정 외 4명 역(2006), 교육적 관점에서 본 학습이론(4판), 아카데미프레스
- 노안영(2011), (삶의 지혜를 위한) 상담심리, 학지사
- 노안영(2018), 상담심리학의 이론과 실제(2판), 학지사
- 노안영, 강만철, 오익수, 기광운, 정민(2011), 개인심리학 상담원리와 적용, 학지사
- 노안영, 강영신(2018), 성격심리학(2판), 학지사
- 민경환(2007), 성격심리학, 법문사
- 민경환, 김민희, 황석현, 김명철 역(2015), Pervin: 성격심리학(12판), 시그마프레스
- 박경애(1999), 인지행동치료의 실제, 학지사
- 서진(2010), 서진 특수교육학, 참교육과미래
- 성현란 외(2019), 발달심리학, 학지사
- 손정락 역(2006), (통합을 향하여) 성격심리학, 시그마프레스
- 신명희 외(2017), 발달심리학(2판), 학지사
- 신명희 외(2018), 영유아 발달, 학지사

- 신종호 외(2015), 교육심리학: 교육실제를 보는 창(8판), 학지사
- 신종호 외(2015), 학습심리학, 학지사
- 안병환, 윤치연, 이영순, 천성문 공역(2017), 최신 행동수정(6판), 학지사
- 양명숙 외(2013), 상담이론과 실제, 학지사
- 유영달(2022), 상담의 이론과 실제, 창지사
- 윤순임 외(2000), 현대상담 심리치료의 이론과 실제, 중앙적성
- 이무석(2003), 정신분석에로의 초대, 이유
- 이미리, 김춘경, 여종일(2019), 청소년 심리 및 상담, 학지사
- 이수현 외 8명(2018), 성격의 이해와 상담(2판), 학지사
- 이영애, 이나경, 이현주 역(2013), 학습심리학(7판), 시그마프레스
- 이장호, 김현아, 백지연(2011), 상담심리 가이드북, 북스힐
- 이장호, 정남운, 조성호(2005), 상담심리학의 기초, 학지사
- 이재규, 김종운, 김현진 외(2022), 상담학 총서: 학습상담 2판, 학지사
- 이재창, 정진선, 문미란(2017), 자신과 타인의 이해를 위한 성격심리학, 태영출판사
- 이정흠, 최영희 공역(1997), 인지치료의 이론과 실제, 하나의학사
- 임선아, 김종남 공역(2012), 행동수정, 학지사
- 임은미 외(2019), 인간발달과 상담(2판), 학지사
- 장성화, 김순자 외(2022), 상담의 이론과 실제 3판, 동문사
- 장휘숙(2004), 청년심리학, 박영사
- 전경원(2020), 교육심리학, 창지사
- 정순례, 양미진, 손재환(2015), 청소년상담 이론과 실제, 학지사
- 정순례, 이병임, 조현주, 오대연(2013), 학습이론의 이해와 적용, 학지사
- 정옥분(2005), 발달심리학: 전생애 인간발달, 학지사
- 정옥분(2014), 발달심리학, 학지사
- 정옥분(2015), 발달심리학: 전생애 인간발달(개정판), 학지사
- 천성문, 김진숙, 김창대 외 6명 역(2015), 심리치료와 상담이론 개념 및 사례(5판), 센게이지러닝
- 천성문, 권선중, 김인규, 김장회 외 4명 외 역(2017), 심리상담의 이론과 실제, 센게이지러닝
- 천성문 외(2015), 상담심리학의 이론과 실제(3판), 학지사
- 최은영, 양종국(2005), 청소년비행 및 약물중독상담, 학지사
- 한국청소년개발원(2006), 청소년 문제론, 교육과학사
- 한상철, 김혜원, 설인자, 임영식, 조아미(2014), 청소년심리학(2판), 교육과학사
- 한소영 외(2018), 임상 및 상담심리학, 지식과 미래
- 허승희, 이영만, 김정섭(2020), 교육심리학 2판, 학지사
- 현명호, 유제민, 이정아, 박지선 역(2008), 통합적 상담: 사례중심의 접근, 시그마프레스
- 현성용 외(2016), 현대 심리학의 이해(3판), 학지사
- 홍숙기(2016), 성격심리, 박영사

MEMO